भारत वापस पटरी पर

भारत वापस पटरी पर

सुधार हेतु आवश्यक एजेंडा

संपादक

विवेक देवराय

एशले जे. टेलिस

रीस ट्रेवर

भूमिका

रतन एन. टाटा

प्रभात प्रकाशन, दिल्ली

ISO 9001:2008 प्रकाशक

प्रकाशक • **प्रभात प्रकाशन**
4/19 आसफ अली रोड,
नई दिल्ली–110002

संस्करण • प्रथम, 2018
मूल्य • छह सौ रुपए
अनुवाद • महेंद्र यादव
मुद्रक • आर–टेक ऑफसेट प्रिंटर्स, दिल्ली

BHARAT VAPAS PATRI PAR

Ed. Bibek Debroy, Ashley J. Tellis, Reece Trevor ₹ 600.00
Published by Prabhat Prakashan, 4/19 Asaf Ali Road, New Delhi-2
by arrangement with Random House India
e-mail: prabhatbooks@gmail.com ISBN 978-93-5266-532-7

भूमिका

'भारत वापस पटरी पर' का यह क्षण जल्दी नहीं आता है। मुश्किल से एक दशक पहले भारत की संभावनाएँ अत्यंत उज्ज्वल दिखाई दे रही थीं। 10 प्रतिशत को छूती हुई वार्षिक वृद्धि दर के साथ नाटकीय आर्थिक उछाल देखने को मिल रही थी। प्रधानमंत्री मनमोहन सिंह की सरकार ने वॉशिंगटन से रणनीतिक साझेदारी के लिए रास्ता साफ करते हुए अभूतपूर्व परमाणु समझौता किया था। यह लग रहा था कि भारत को सन् 1991 से दो चक्रों के आर्थिक सुधार का फल मिल चुका था और अब भारत केवल एशिया में ही नहीं, बल्कि पूरे विश्व में मुख्य आर्थिक और राजनीतिक भूमिका निभानेवाला देश बन जाएगा।

आज ये बुलंद उम्मीदें धुँधली पड़ गई हैं। भारत का सकल घरेलू उत्पाद अब बड़ी मुश्किल से 5 प्रतिशत प्रतिवर्ष की दर से वृद्धि कर रहा है। यह धीमी गति देश के व्यापक विकास उद्देश्यों को कमजोर कर देगी तथा अंतरराष्ट्रीय साझेदारों के साथ गहरे संबंधों को खतरा उत्पन्न हो जाएगा। लंबी मंजूरी और असंगत नीति प्रस्तुतीकरण भारत की प्रतिष्ठा को कलंकित कर रहे हैं और अंतरराष्ट्रीय निवेशकों को विमुख कर रहे हैं। यदि इन विचारधाराओं पर रोक नहीं लगाई गई तो वे भारत की महत्त्वाकांक्षाओं को घर के बाहर और अंदर; दोनों जगह पर भ्रष्ट कर देंगे। धीमी गति से विकास होने से लाखों सुशिक्षित युवाओं की महत्त्वाकांक्षाएँ धूमिल हो जाएँगी और उन कई लोगों की आशाओं पर भी पानी फिर जाएगा, जो बिना शिक्षा के सफल होना चाहते हैं।

मंजूरियों और अनुमतियों की सूची कई व्यावसायिक उद्यमों, सिविल सोसाइटी अभियानों या गैर लाभकारी उपक्रमों के रूप में मौजूद है। उस समय जब इन ढाँचागत कमियों को दूर करना उत्कृष्ट रूप में संभव है, इन पर बिना काररवाई किए ऐसे ही छोड़ देना विशेष रूप से खतरनाक होता है। भारत के लिए अपनी आर्थिक गतिशीलता को वापस लाने हेतु रास्ता ढूँढ़ना बहुत ही जरूरी हो गया है।

वर्ष 2014 के आम चुनाव भारत के समक्ष अपनी नीतियों पर फिर से विचार करने का अवसर प्रदान करेंगे। विशेषज्ञों ने 'भारत वापस पटरी पर' में एक साथ आज भारत में कार्यरत अधिकांश तीक्ष्ण नीति विचारों को प्रस्तुत किया है। वे विशेषज्ञ, टीकाकार और पेशेवर और प्राय: तीनों विशेषताओं के धनी व्यक्ति हैं। उनकी व्यक्तिगत अंतर्दृष्टि और सिफारिशों को एक साथ तैयार किया गया है और इन्हें विवेक देवराय, एशले जे. टेलिस और रीस ट्रेवर के कुशल क्यूरेशन द्वारा सुशोभित किया गया है। यह प्रशंसनीय है कि यह प्रयास कार्नेगी एंडाउमेंट फॉर इंटरनेशनल पीस द्वारा किया गया है। कार्नेगी के पास नीति नवप्रवर्तन पर केंद्रित विद्वानों के अनुसंधान की

समृद्ध परंपरा है। इसकी पूरे विश्व में उपस्थिति अन्यत्र सफलता से अंतर्दृष्टि एवं विचार लाती है और इसका दक्षिण एशिया में कार्यक्षेत्र गहरा और व्यापक है।

राष्ट्रीय वार्त्तालाप से बदलाव हेतु नए विचार और नई वचनबद्धता प्रदान करने में मदद मिलेगी, जिससे भारत दोबारा विकास और समृद्धता के रास्ते पर आगे बढ़ेगा। 'भारत वापस पटरी' पर केवल हमारे नीति निर्माताओं के लिए ही नहीं, बल्कि उस प्रत्येक बुद्धिजीवी व्यक्ति के लिए सार्थक पठन सामग्री है, जो भारत में रहते हैं, भारत के साथ कार्य करते हैं, भारत पर टिप्पणी करते हैं या भारत के भविष्य के बारे में गंभीरता से चिंतित हैं।

—रतन एन. टाटा

चेयरमैन, टाटा ट्रस्ट

अप्रैल 2014

ट्रस्टी, कार्नेगी एंडाउमेंट फॉर इंटरनेशनल पीस

आभारोक्ति

'भारत वापस पटरी पर' की उत्पत्ति पिछले साल नई दिल्ली में विवेक देवराय, जेसिका टी. मैथ्यूज और मेरे बीच हुई बातचीत के दौरान हुई थी। उस शुरुआती बातचीत के बाद हमें सुंजोय जोशी, के.वी. कामथ, देवेश कपूर, सुनील मित्तल, सुनील मुंजाल, गौतम थापर, शिवनाथ ठुकराल और मिलन वैष्णव के विचार प्राप्त हुए।

सबसे पहले मैं इस अंक के उन योगदानकर्ताओं का बहुत ज्यादा आभारी हूँ, जिन्होंने अपनी कई अन्य जिम्मेदारियों के बावजूद तेजी से कई मसौदे तैयार किए एवं धैर्यपूर्वक संपादकों के कई प्रश्नों के उत्तर दिए। जॉर्ज पर्कोविच ने सावधानीपूर्वक सभी अध्यायों को पढ़ा और प्रस्तुति एवं सार दोनों पर विचारशील सुझाव दिए। इलोंका ओस्ज्वाल्ड के कुशल नेतृत्व में कार्नेगी की प्रकाशन टीम ने बहुत ही कम समय में इस अंक को निकालने का शानदार कार्य किया। मैं मेरिको क्रेमर के प्रभावशाली संपादन का ऋणी हूँ। इसमें कोई भी संदेह नहीं है कि उन्होंने इस अंक में दृष्टिकोणों की विविधता को बनाए रखा तथा लोगों के विचारों को प्रस्तुत किया। जोसेलिन सोली ने इस पुस्तक के लिए बहुत ही सुंदर कवर और ब्रोशर डिजाइन किए।

वित्तीय मदद के लिए, जिसकी वजह से इस परियोजना को समय से पूर्ण करना संभव हो पाया, मैं जीई फाउंडेशन और करन भाटिया, रणवीर त्रेहन और आर्मेन चोकसी का बहुत ज्यादा आभारी हूँ। उनकी उदारता से ही भारत के आगामी विचार-विमर्शों में उसके भविष्य के बारे में योगदान देना संभव हो पाया।

विवेक देवराय मेरे शानदार सहयोगी रहे हैं, जिन्होंने अपनी कई अन्य जिम्मेदारियों के बावजूद उदारतापूर्वक अपना बहुमूल्य समय तथा अपनी बौद्धिक ऊर्जा प्रदान की है और रीस ट्रेवर ने लेखकों एवं उत्पादन स्टाफ; दोनों से संपर्क में रहते हुए और अपने साथी संपादकों को कार्य में व्यस्त रखते हुए पूरी संपादकीय प्रक्रिया में अध्यायों को सँवारने में बहुत ज्यादा मदद की। उनके बिना विवेक और मैं इस पुस्तक को आपके बीच लाने में असमर्थ होते।

अप्रैल 2014

—एशले जे. टेलिस

अधूरा काम पूरा करना बड़े से छोटे दृष्टिकोण

—एशले जे. टेलिस

वर्ष 2014 के राष्ट्रीय चुनाव भारत की आर्थिक वृद्धि को पुनर्जीवित करने की महत्त्वाकांक्षा को पूरा करने के रास्ते के महत्त्वपूर्ण पड़ाव होंगे। एक के बाद एक किए गए विचार सर्वेक्षणों में बदलाव की गहरी इच्छा प्रकट की गई थी और यह विशिष्ट विसंगति प्रतीत होती है, जब भारत के स्वतंत्रता के बाद के इतिहास के मोड़ के खिलाफ राय बनी तो शहरी और ग्रामीण; दोनों क्षेत्रों में वृहद् रूप से निर्वाचन क्षेत्र उच्च विकास के रास्ते पर देश को वापस लाने को अति आवश्यक मानते हुए इस समय रुका हुआ प्रतीत होता था।

भारत का आर्थिक प्रदर्शन वर्ष 1980 से पहले के कई दशकों में लगातार औसत से नीचे रहा था, वर्ष 1991 में यह बहुत ही खराब रहा। जहाँ तक इसका सवाल है, लंबी अवधि के लिए निरंतर उच्च विकास होना केवल सपना ही था, लेकिन हाल के दिनों में हुए बदलाव, जिसकी शुरुआत पिछली शताब्दी के अंतिम दशक में आर्थिक सुधार से हुई थी, ने अंततः भारतीयों को ढाँचागत बदलाव का स्वाद चखाया। बाजार पद्धति की ऊर्जा को उन्मुक्त करने पर केंद्रित यह बदलाव बढ़ी हुई समृद्धि और व्यापक आर्थिक विकास; दोनों उनकी रोजाना की जिंदगी में आ सके। भारत में भ्रष्टाचार के खिलाफ असंतोष का वर्तमान विस्फोट केवल राष्ट्र के आर्थिक फायदे के बेहतर वितरण की लोकप्रिय इच्छा का ही बयान करता है। इस प्रकार का प्रयास विफल हो जाएगा, यदि सतत विकास द्वारा इन्हें उत्पन्न नहीं किया जा सकता है।

भारत की आर्थिक मंदी के बारे में हाल के वर्षों में तीव्र राष्ट्रीय चिंता इस कथन की पुष्टि करती है कि यद्यपि मतदान करनेवाली जनता गूढ़ अर्थशास्त्र को नहीं समझ सकती है, लेकिन उसमें इस बात की स्वाभाविक समझ है कि कब राजनीतिक दिशा और नीति बदलाव व उन्नति को बनाए रखने या उसे कम करने में मदद करती है। भारत की हाल की आर्थिक मंदी के बहिर्जात और अंतर्जात कारणों के बीच जो भी संतुलन हो, राजनीति में यह बड़े पैमाने पर दृढ मत है कि राष्ट्रीय नेतृत्व राष्ट्र को आर्थिक रूप से लाभकर दिशा में ले जाने में असफल रहा है। इससे यह प्रश्न उठता है कि फिर से आर्थिक रूप से गति पकड़ने के लिए क्या करना जरूरी होगा, जब नई सरकार सत्ता सँभालेगी।

इस अंक में इस प्रश्न का उत्तर देने के लिए कार्नेगी एनडाउमेंट फॉर इंटरनेशनल पीस द्वारा किए गए एक छोटे प्रयास को प्रस्तुत किया गया है। स्पष्ट रूप से इस प्रकार के भ्रामक रूप से सामान्य पूछताछ के लिए प्रस्तुत हलों को किसी भी स्तर पर प्रकट किया जा सकता है। कुछ गहन चिंतन के बाद इस पुस्तक के संपादकों ने यह निष्कर्ष निकाला कि सबसे ज्यादा उपयोगी योगदान में अपेक्षाकृत संक्षिप्त, सकेंद्रित निबंध शामिल होंगे, जो मुख्य रूप से (यद्यपि पूरी तरह से नहीं) भारतीय अर्थव्यवस्था के मुख्य पहलुओं का परीक्षण करेंगे, जो सतत सुधार वृद्धि को बढ़ाने के लिए केंद्रित होगा। तदनुसार इसमें कवर किए गए विषयों में कृषि, पर्यावरण, ढाँचा, विनिर्माण, राजनीतिक-नौकरशाही प्रक्रियाएँ और विदेशों में रणनीतिक साझेदारी शामिल है। कुल मिलाकर इसमें संग्रहीत 17 अध्याय विस्तृत विश्लेषण प्रस्तुत करते हैं, जो अगली सरकार को विचार करने के लिए प्रत्येक विषय क्षेत्र में समान रूप से विशिष्ट नीति सुझाव देते हैं। ये सिफारिशें कभी भी सुधारों की समग्रता की व्याख्या नहीं करती हैं, जो दीर्घकाल में भारत के व्यापक परिवर्तन के लिए आवश्यक होंगे, बल्कि वे सैद्धांतिक रूप से उन चीजों के प्रति उन्मुख हैं, जिन्हें अल्पकाल में यानी 16वीं लोकसभा के काल में प्राप्त किया जा सकता है और यह माना जाता है कि यह इस अवधि में पूर्ण संवैधानिक रूप में कार्य करेगा।

कई व्यक्तियों द्वारा किए गए विश्लेषणों से उत्पन्न निष्कर्षों को परिचय कॉलम के अंतर्गत संक्षेप में पेश करना असंभव है। फिर भी उस स्तर तक कि सामूहिक विषयों को चुना जा सके, कई प्रकार से विविध निबंध आर्थिक और रणनीतिक, दोनों कारणों के लिए सतत सुधार की अनिवार्यता; उच्च वृद्धि के रास्ते पर वापस लौटने की महत्ता और प्रक्रिया में बाजारों की केंद्रीयता; मुख्य राज्य संस्थाओं को उचित ढंग से मजबूत करने की महत्ता; भावी सुधारों की सफलता के लिए सही विवरण प्राप्त करने की प्राथमिकता और अंततः प्रासंगिक संवैधानिक जनादेश और केंद्र सरकार से राज्यों के अधिकारों में स्थायी विस्थापन, दोनों चीजों को देते हुए राज्य स्तर पर सोद्देश्य कारवाई की आवश्यकता पर जोर देते हैं।

कुल मिलाकर इस अंक के निबंधों में उन आवश्यक कार्यों पर लगातार विचार किया गया है, जिन्हें अभी भी पूरा किया जाना है। इस तथ्य के अलावा यह इस बात के स्मरण पत्र के रूप में कार्य करता है कि भारत का भावी सुधार कितनी भव्यता समेटे है, लेकिन यह हमें समस्याग्रस्त विरासत के रूप में मिला है। इस परिचय के मुख्य वसीयत रूपों की समीक्षा करते हुए तथा लंबे, पूर्वप्रभावी दृष्टिकोण को ध्यान में रखते हुए यह चुनौतियों की गहरी जड़ों के सफल परिवर्तन को उजागर करता है। अतः इस अंक के 17 नीति अध्यायों में प्राप्त सिफारिशों का त्वरित कार्यान्वयन भारत की सतत सफलता के लिए बहुत ही आवश्यक है।

भारतीय परियोजना की त्रिपदी नींव

भारतीय राष्ट्रीय परियोजना आधुनिक राष्ट्र के रूप में भारत के जन्म के समय पर जितना अनुमान लगाया गया था, उसकी अपेक्षा निस्संदेह ज्यादा सफल रही है। जब भारत को सन् 1947 में आजादी मिली थी, तब कई लोगों को संदेह था कि गरीबी से त्रस्त, विस्मयकारी विविधताओं से पूर्ण और कमजोर संस्थाओंवाला यह देश लंबे समय तक नहीं टिक पाएगा।

विंस्टन चर्चिल ने मानवद्वेषियों की भीड़ के लिए बात की थी, जब उसने उपमहाद्वीप में ब्रिटिश शासन के खत्म होने से बहुत पहले स्पष्ट रूप से घोषित किया था, "भारत भौगोलिक ढाँचे में कल्पनामात्र है। यह भूमध्यरेखा की अपेक्षा संयुक्त राष्ट्र नहीं है।" अपनी स्थापना के साठ साल बाद भारत राष्ट्र ने वास्तव में निराशावादियों को गलत साबित कर दिया है। इस देश ने केवल अपनी राष्ट्रीय एकता को ही बनाए नहीं रखा है, बल्कि अपनी क्षेत्रीय अखंडता को भी अक्षुण्ण रखा है और इसकी राजनीतिक स्वायत्तता वृहद् रूप से निरापद है, लेकिन इसने ऐसा इस तथ्य पर केंद्रित ऐतिहासिक रूप से अनोखे परीक्षणों द्वारा किया है जैसा जवाहरलाल नेहरू ने आंद्रे मालरौक्स को बताया था कि यह 'न्यायसंगत साधनों द्वारा न्यायप्रिय समाज' है।

इस अति महत्त्वाकांक्षी परियोजना को उदार लोकतंत्र, नागरिक राष्ट्रवाद और समाजवादी अर्थशास्त्र की विशिष्ट त्रिपदी नींव पर खड़ा किया गया था। इन तीनों घटकों की प्रवृत्ति पारस्परिक रूप से मजबूत होने की थी। कुल मिलाकर इन्हें भारत की संस्थापक पीढ़ी के आधुनिकतावादियों द्वारा कल्पित सबसे व्यापक अर्थ में महान् शक्ति बनने के भारत के स्वप्न को पूरा करने के लिए बनाया गया था। भारत एक महान् सभ्यता है, यह उनके लिए स्पष्ट और स्वीकृत तथ्य था, लेकिन समकालीन भावना से इस सम्मानित अस्तित्व को महान् शक्ति में परिवर्तित करने के लिए इसके अंदर अपनी सीमाओं से परे व्यापक प्रभाव डालनेवाली क्षमता होनी जरूरी होगी, जिसकी भारत को नई राजनीतिक शक्ति की मिसाल कायम करने के लिए आवश्यकता होगी।

इस व्यवस्था की सफलता मूल रूप से तीव्र वृद्धि और सार्थक विकास उत्पन्न करने की इसकी क्षमता पर निर्भर होगी, जो लाखों सामाजिक रूप से बेदखल भारतीयों को न्याय और गौरव दिलाते हुए बड़े पैमाने पर गरीबी को खत्म करेगी। ये नागरिक शांतिपूर्ण ढंग से अपने समृद्ध देशवासियों के साथ शांतिपूर्वक सहयोग करना जारी रखेंगे। सार्वभौमिक मताधिकार की पद्धति से उनके आम भविष्य के बारे में निर्णय करेंगे। इससे जो भी नतीजा निकलेगा, उन विविध लोगों की पहचान तथा पसंद का पर्याप्त ढंग से सम्मान करेगा, जिन्होंने इस नए राष्ट्र का निर्माण किया है। यदि इन उपलब्धियों से भारत के लाखों लोगों को फलने-फूलने तथा भारतीय राष्ट्र के सशक्त होने का अवसर मिलता है तो यह देश दूसरे लोगों के लिए निस्संदेह राजनीतिक उपलब्धि का सच्चा उदाहरण बन जाएगा। इस तथ्य से यह वैश्विक मंच पर अपनी उपस्थिति का दावा कर सकेगा, जिसमें वह ऐसे नियमों को बनाने में शामिल होगा, जो उसकी उचित और शांतिपूर्ण अंतरराष्ट्रीय व्यवस्था के दृष्टिकोण को विकसित करेगा।

उदार लोकतंत्र देश को एक साथ बाँधे रखता है

भारत के प्रथम प्रधानमंत्री, जवाहरलाल नेहरू और स्वतंत्रता के पश्चात् नेतृत्व करनेवाले कई अन्य व्यक्तियों, यद्यपि सुस्पष्ट रूप से इस पलटन में शामिल सभी व्यक्ति नहीं, का गहरा विश्वास था कि उदार लोकतंत्र, नागरिक राष्ट्रवाद और समाजवादी अर्थशास्त्र का संयोजन शांतिपूर्वक आधुनिक भारतीय राष्ट्र का निर्माण करने के लिए जरूरी था। फलस्वरूप इसे दोनों महान् शक्ति क्षमताओं के संग्रह और व्यापक अंतरराष्ट्रीय अनुमोदन के आधार के रूप में आँका गया। ऐतिहासिक रिकॉर्ड से यह संकेत मिलता है कि वे लोग, जो ऐसा दृष्टिकोण रखते हैं, वे

दो या तीन बार में ही सही साबित हो जाते हैं।

उदार लोकतंत्र स्पष्ट रूप से विलक्षण गोंद में परिवर्तित हो गया है, जिसने भारत की एकता और इसकी क्षेत्रीय अखंडता को महफूज रखा है। भारत के मौलिक राष्ट्रवाद की आश्चर्यजनक विविधता, चाहे उसे भाषा, धर्म, जाति में व्यक्त किया जाए या उसे सहभोजी के रूप में व्यक्त किया जाए, ने देश को अलग कर दिया है, जैसा कई अन्य उपनिवेश के बाद के राष्ट्रों में हुआ है। इसका तथ्य यह है कि भारत ने सतर्कतापूर्वक स्वयं को संवैधानिक व्यवस्था में रखा, जिसमें सार्वभौमिक मताधिकार और कानून के शासन, गारंटीयुक्त व्यक्तिगत अधिकारों और संघीय प्रणाली को शामिल किया गया, जिसने केंद्र में शक्तियों के विभाजन को लागू किया तथा राज्यों पर केंद्र सरकार के अधिकार को सीमित किया गया और आवर्ती चुनावों को स्थापित किया गया, जिससे प्रतिस्पर्धा में भाग लेनेवाले राजनीतिक दलों की क्षमता का परीक्षण किया गया और उन्हें सीमित अवधि के लिए शासन का सौभाग्य प्रदान किया गया। इस प्रकार के ढाँचे को अपनाते हुए भारत ने दो घटकों को प्रतिष्ठापित किया, जो व्यवस्थित प्रक्रिया द्वारा सत्ता के लिए मुकाबला या शांतिपूर्ण संघर्ष से सभी वास्तविक लोकतंत्रों की तरफ इशारा करता है, जो राज्यतंत्र की प्राथमिकता और अपनी पसंद की सरकार के लिए मतदान करने हेतु धन, लिंग, धर्म या जातीयता की परवाह किए बिना सभी वयस्क नागरिकों की सहभागिता या अधिकार की पुष्टि करता है।

लेकिन भारत अच्छाई के लिए बहुत आगे चला गया। नेहरू की दृष्टि से और भारत के संविधान निर्माताओं के दृष्टिकोण में लोकतंत्र खाली हो चुका होता, यदि यह सिर्फ प्रक्रियात्मक होता और पूर्णतया सीमित, प्रतिनिधि सरकार और इससे जुड़ी चुनावी प्रक्रियाओं की पद्धति के चारों तरफ घूम रहा होता।

इस दृढ विश्वास के साथ भारतीय संविधान ने औपचारिक लोकतांत्रिक प्रक्रिया को मूल उद्देश्यों के प्रति उन्मुख किया। ये मूल उद्देश्य हैं—''सामाजिक, आर्थिक और राजनीतिक संस्थाओं का निर्माण करना, जो प्रत्येक पुरुष और महिला को न्याय और जीवन की परिपूर्णता प्रदान करेंगे,'' जैसा नेहरू ने भारत की स्वतंत्रता के उपलक्ष्य में अपने अविस्मरणीय आधी रात के संबोधन 'नियति के साथ साक्षात्कार' में बताया था। संविधान में इस कांटवाद का मूल सिद्धांत व्यापक 'व्यक्तियों के सम्मान' को अंतर्निविष्ट करने पर केंद्रित है, जो भारतीय राजनीतिक व्यवस्था को केवल लोकतांत्रिक ही नहीं बनाता है, बल्कि अखंडनीय रूप से उदार भी बनाता है। यह मान्यता है कि शासन का परम उद्देश्य मनुष्य की प्रतिष्ठा को बहुत हद तक सुरक्षित करना है। भारत की विविधता और इसकी सामाजिक विरूपता को देखते हुए इस प्रकार के दृष्टिकोण को अल्पसंख्यकों के अधिकार की रक्षा करते हुए तथा सकारात्मक काररवाई के विभिन्न रूपों को कार्यान्वित करते हुए धार्मिक सहिष्णुता पर आधारित धर्म-निरपेक्षता की धारणा को आगे बढ़ाने के जागरूक प्रयासों के लिए अनिवार्य रूप से तथा कभी-कभी समस्यापूर्वक बढ़ावा मिला।

क्योंकि इस प्रशस्त भावनावाले उदार लोकतंत्र की कल्पना भारत की स्थापना से ही मजबूत थी, इसने उचित राजनीतिक एवं सामाजिक सुरक्षा के साथ शासन में अपने नागरिकों को सुनिश्चित आवाज प्रदान करते हुए कई अपकेंद्रीय प्रवृत्तियों की प्रचुरता के बावजूद देश

को सफलतापूर्वक एक साथ बाँधे रखा। इसने उन्हें अलगाववाद पर विचार करने के विकल्प से मुक्त रखते हुए या उनके मुक्त रूप से प्रदान की गई वफादारी के एवज में भारतीय राष्ट्र से बाहर निकलने से मुक्त रखा।

अत: इन बाधाओं के बावजूद भारत एकजुट रहा है, जो इसकी उदार लोकतंत्र की संगठित शक्ति का एक साक्ष्य है और इस एकजुटता को शांतिपूर्ण साधनों द्वारा अधिकांश भाग के लिए उत्पन्न किया गया है। वास्तव में इस साक्ष्य से यह सुझाव मिलता है कि सशस्त्र बगावत की महत्त्वपूर्ण घटनाएँ, जो भारत की स्वतंत्रता के बाद घटी हैं, ये तभी घटित हुई हैं, जब लोकतंत्र असफल हुआ है अर्थात् जब प्रतिनिधि संस्थाएँ पर्याप्त रूप से या तो राज्य की नीतियों के साथ लोकप्रिय असंतोष या संघीय व्यवस्था के अंदर अधिक स्वायत्तता की माँग को सूचित करने में असफल रहीं या जब प्रक्रियात्मक प्रणाली, जिसने नियम के संदर्भ में लोकप्रिय प्राथमिकताओं को दिशा दी, उन्हें बाहरी राजनीतिक तिकड़म से नष्ट कर दिया गया, उसे सूचित करने में असफल रहीं।

सिविक राष्ट्रवाद की महत्त्वपूर्ण सफलता

ये औपचारिक प्रक्रियाएँ अपने मूल उद्देश्य के साथ स्वतंत्रता के बाद की परियोजनाओं की सफलता के लिए मूलभूत प्रतिनिधि शासन भारत के सिविक राष्ट्रवाद द्वारा बढ़ाया गया। आज भारतीय समरूपता की सर्वव्यापक अंतरंगता ने मुश्किलों पर परदा डाल दिया है। राज के पहुँचने तक वास्तव में यह संदेहास्पद है कि क्या 'भारतीय' शब्द का प्रयोग राजनीतिक पहचान या उपमहाद्वीप में रहनेवाले लोगों की निष्ठा को परिभाषित करने के लिए किया जा सकता है या नहीं? इस क्षेत्र की व्यापक सांस्कृतिक एकता के बावजूद इसके निवासियों ने स्वयं को निरपवाद रूप से अपनी जातीयता (प्राय: भाषा द्वारा उल्लेखनीय), उनके धर्म (आगे जाति के संदर्भ के साथ) या उनकी राजनीतिक सदस्यता (उस स्थानीय राज्य के अधीन, जिसमें वे रहते हैं) से परिभाषित किया। प्राय: उन्होंने स्वयं की इन तीनों और कभी कभी इससे ज्यादा विशेषताओं से पहचान की।

यह तथ्य कि यहाँ के निवासियों ने कई पहचान रखीं और उसके बाद ब्रिटिश साम्राज्यवाद द्वारा प्राय: विकसित दावे को उचित ठहराया कि भारत को स्वतंत्रता नहीं प्रदान की जा सकती है, क्योंकि यह सच्चा राष्ट्र नहीं है। इसमें जो भी प्रेरणा अंतर्निहित हो, इस दावे में कुछ हद तक सच्चाई निहित है। राष्ट्रीयता की परीक्षा आयोजित की जाए, जैसा आधुनिक यूरोप में किया गया, जिसकी सीमाएँ इसके अंदर रहनेवाले जातीय समूह की स्थानिक सीमाओं के अनुरूप हैं।

आधुनिक राष्ट्र के निर्माण में भारत की सफलता, जिसने संस्थापित करने पर अपने पूर्ण आग्रह से अपनी समाप्ति की भविष्यवाणी को झुठला दिया, वह महात्मा गांधी की स्वतंत्रता आंदोलन की सबसे बड़ी वसीयत थी। ऐसे नए भारतीय राष्ट्र का निर्माण, जिसे केवल इसकी कई विशेषताओं को दबाए बिना ही तैयार नहीं किया गया, बल्कि इसमें एक नई मिश्रित पहचान को भी शामिल किया गया, जिसने पूरी जातीय, धार्मिक और प्रजातीय श्रेणियों में इसकी सभी मूल विविधताओं को मार्बल-केक के रूप में संरक्षित किया। इन विविधताओं ने अभिलोपित

से अलग, संदर्भ के आधार पर प्रमुखता अर्जित की और उलझे हुए तथा लगातार प्रवाहित होते हुए इन्होंने द्वीपीय तथा राष्ट्रीय पहचानों के बीच उपस्थित सीमाओं को खत्म कर दिया और इन्हें पहले से भी ज्यादा स्थिरता प्रदान की। अतः आधुनिक भारतीय नीति राष्ट्र राज्य के रूप में नहीं, जैसा इसकी असंख्य विविधताओं में दिया गया है, बल्कि राष्ट्रों के राज्य के रूप में उभरी। 'विविधता में एकता' के सरनामे के तहत इसके विभिन्न जातीय, धार्मिक और प्रजातीय समूह एक नए, बहुपरती राजनीतिक पहचान बनाने के लिए एकजुट हो गए। यद्यपि बाहर की दुनिया इससे भ्रमित है, फिर भी वे प्रामाणिक रूप से और निर्विवाद रूप से भारतीय हैं।

साठ से ज्यादा वर्षों के बाद अब यह स्पष्ट है कि यह नई पहचान निश्चित रूप से अस्तित्व में है, क्योंकि इससे पैदा सत्ता की स्वशासन पद्धति संकीर्ण राष्ट्रवाद की बजाय प्रबल रूप से सिविक में स्थापित है। इसके मानव-शास्त्र और इसके इतिहास (जिसमें स्वतंत्रता के पहले हिंदू-मुसलिम संघर्ष शामिल है) को देखते हुए कोई भी संकीर्ण राष्ट्रवाद, जो धर्म, प्रजाति या जाति के संबंध में 'भारतीय' को परिभाषित करने की माँग करता है, उसने देश की असंख्य आंतरिक दरारों को और ज्यादा बढ़ा दिया है। अंदरूनी और बाहरी व्यक्ति की उत्पन्न नई क्षयकर परिभाषाएँ भारत के घरेलू झगड़ों को भड़का दिया। आर्थिक एवं सामाजिक संसाधनों पर हमेशा संघर्ष ने राष्ट्र को फिर से दो फाड़ कर दिया, जिसे राज द्वारा विजय और एकीकरण से अनजाने में लाया गया और उसके बाद महात्मा गांधी के नेतृत्व में राष्ट्रवादी आंदोलन द्वारा राजनीतिक चेतना उत्पन्न की गई।

इन खतरों को पहचानते हुए भारत की स्वतंत्रता के बाद के नेतृत्व ने सिविक राष्ट्रवाद के पक्ष में संकीर्ण राष्ट्रवाद से परहेज किया, जिसमें भारतीय होने के अधिकार तथा विशेषाधिकार को उत्पन्न करते हुए धर्म, संप्रदाय या जाति की पहले से विद्यमान प्रणाली की बजाय, इसकी सामूहिक राजनीतिक प्रयास में भाग लेने की कल्पना की गई। भारतीय संविधान की प्रस्तावना के अनुसार इस आम खोज का उद्देश्य अपने सभी नागरिकों के सामाजिक, आर्थिक और राजनीतिक न्याय; विचार, अभिव्यक्ति, आस्था, विश्वास और पूजा की स्वतंत्रता; हैसियत और अवसर की समानता को सुरक्षित करना और व्यक्ति की प्रतिष्ठा और राष्ट्र की एकता एवं अखंडता को सुनिश्चित करना है।

यह अभिकथन कि भारतीय लोकतंत्र पूर्णतया साझा नागरिकता पर स्थापित किया जाएगा, जो धर्म, संप्रदाय या जाति की बजाय उदार सिद्धांतों और भागीदारी व्यवस्था पर केंद्रित था और इससे यह सुनिश्चित था कि कई अंग, जिन्होंने अन्यथा भारत को विभाजित कर दिया होता, किसी मौलिक राजनीतिक आशय से वंचित होते हुए चैन की नींद सो गए। इसका यह आशय नहीं है कि ये अंग स्वयं ही नहीं पनप पाए या उन्होंने विवाद को नहीं भड़काया, बल्कि उन्हें सुविधाओं से वंचित कर दिया गया, जिसने उनके धारकों को कम-से-कम सिद्धांत के रूप में या तो ज्यादा अधिकार या सत्ता पर स्वाभाविक दावा प्रदान किया।

अतः उदार लोकतंत्र और सिविक राष्ट्रवाद के अंगीकरण ने भारत की प्रादेशिक इकाई के रूप में उत्तरजीविता को सुनिश्चित किया और समय से इसकी राजनीतिक एकजुटता को मजबूत किया। यह एक ऐसी उपलब्धि थी, जो पाकिस्तान और कई अन्य उपनिवेश के बाद के राष्ट्रों

में दुहराई नहीं जा सकी, लेकिन सन् 1947 से भारतीय राष्ट्रवाद की सफलता केवल भौतिक दृढ़ता की कठोर कसौटी से मापने के लिए अभिप्रेत नहीं थी। क्या इस स्थिरता से 'प्रत्येक पुरुष और महिला की जिंदगी में न्याय और संपूर्णता' को महसूस किया गया, यह एक विचार करने का विषय है और क्रमशः इस महत्त्वाकांक्षा ने नेहरू की धारणा को आकार प्रदान किया कि भारत की आर्थिक गरीबी पर विजय मूलभूत तिपाई, समाजवादी अर्थव्यवस्था के तीसरे पैर से भिन्न किसी अन्य साधन से नहीं प्राप्त की जा सकती है।

समाजवादी अर्थव्यवस्था, ऐसा प्रयोग, जो असफल रहा

समाजवाद भारत की स्वतंत्रता के समय में कई कारणों से आकर्षक था। वास्तव में बहुत समय से व्यापक मंदी होने से समाजवादी विचारों को वृहद् रूप से बाजार पूँजीवाद के व्यवहार्य विकल्प के रूप में देखा जा रहा था। इसके अतिरिक्त सोवियत संघ की प्रत्यक्ष सफलता, जिसने स्वयं को कुछ ही दशकों में सामंती समाज से औद्योगिक अर्थव्यवस्था में बदल दिया था, पर्याप्त रूप से केंद्रीकृत योजना की सर्वोच्चता और उत्पादन और वितरण के साधनों पर राष्ट्र के नियंत्रण को साबित करती हुई प्रतीत हो रही थी, जिससे 1950 के दशक के कई नव स्वतंत्रता प्राप्त देशों ने स्वेच्छा से अपनी अर्थव्यवस्थाओं को व्यवस्थित करने के लिए समाजवाद को एक विचारधारा के रूप में अपनाया।

स्वतंत्रता के तुरंत बाद भारत की तुरंत की आवश्यकता विशाल गरीबी पर जल्दी से विजय पाना था, जिससे वह समाजवाद की तरफ ज्यादा आकर्षित हुआ। नेहरू की इसकी अपील विशुद्ध रूप से महत्त्वपूर्ण भूमिका थी। वे शुरुआती वर्षों में अवसर की प्रतीक्षा करनेवाले समाजवादी थे और इस प्रकार उनकी समाजवाद के प्रति वचनबद्धता मुनाफे के गहरे संदेह पर आधारित थी, जो पूँजीवाद और पक्षपात के प्रति पूँजीवाद के आंतरिक संपर्क की धारणा पर केंद्रित थी। उनकी यह दृढ धारणा थी कि पूँजीवाद, साम्राज्यवाद और उपनिवेशवाद, जिसमें से उपनिवेशवाद का विरोध करते हुए उन्होंने अपनी पूरी जवानी बिताई थी, जटिल रूप से एक दूसरे से जुड़े थे और ये आधुनिक युग की शुरुआत से भारत के पतन के मूलभूत कारण थे।

यदि नए राष्ट्र भारत की आर्थिक नींव स्वतंत्रता के बाद तेजी से पुनर्निर्मित हुई होती तो भारतीय अर्थव्यवस्था की समाजवादी पुनर्व्यवस्था इतनी ज्यादा अनिवार्य हो जाती जैसा नेहरू ने शासन में रहते हुए अपनी धारणा दी थी। यद्यपि अपने मजबूत लोकतांत्रिक स्वभाव को देखते हुए भारतीय समाजवाद में न तो पूँजीवादी वर्ग का हिंसक कत्ल शामिल होगा, न ही मौजूदा शेयर पूँजी का व्यवस्थित राष्ट्रीयकरण शामिल होगा। वास्तव में इसने निजी क्षेत्र के अस्तित्व को अनुमति दे दी, लेकिन दुर्भाग्य से इस अर्थव्यवस्था में प्रतिबंधित अवसरों का ही फायदा उठा पाया, जिस पर राज्य का वर्चस्व था, लेकिन अनिवार्यताओं ने इस वर्चस्व को कम किया और उनकी इच्छा भारत को पारंपरिक महान् शक्ति बनाने की थी। भारतीय समाजवाद ने भारी औद्योगिक आधार की उपलब्धि के प्रति राज्य-वर्चस्ववाली मिश्रित अर्थव्यवस्था को गठित किया।

केंद्रीकृत योजना में व्यवस्थित प्रयास निहित था, जो अर्थव्यवस्था के लिए केवल सामान्य रूप से रणनीतिक दिशा ही प्रदान करने के लिए अभिप्रेत नहीं था, बल्कि राष्ट्रीय बचत की

शक्तिशाली लामबंदी द्वारा सार्वजनिक निवेशों के हिस्से को बढ़ाने के लिए भी अभिप्रेत था। यह बचत विशाल सार्वजनिक क्षेत्र के उद्यमों में निहित थी, जिसने भारतीय अर्थव्यवस्था की नियंत्रित ऊँचाइयों को छुआ। इसके अतिरिक्त औद्योगिक उत्पादन के स्तरों तथा संयोजन को नियंत्रित करने तथा संपत्ति की अत्यधिक एकाग्रता को रोकने के लिए अभिप्रेत व्यापक लाइसेंस द्वारा अर्थव्यवस्था के द्वितीयक क्षेत्र में निजी उद्यमों की गतिविधियों को व्यवस्थित रूप से नियंत्रित करने के लिए आवश्यक था।

इस प्रयास के परिणामस्वरूप दुर्भाग्य से भारत के घरेलू बाजार में प्रतिस्पर्धा अपने सभी सांघातिक परिणामों: अभाव, उत्पाद की निम्न गुणवत्ता और ऊँची कीमतों के कारण दब गई। इसके अतिरिक्त आत्मनिर्भरता के प्रति भारतीय केंद्रीय योजना में स्पष्ट पूर्वाग्रह ने भारत की अंतरराष्ट्रीय व्यापार के साथ संयोजकता को कम कर दिया। इसकी बजाय मुख्य रूप से आंतरिक संसाधनों (यद्यपि व्यवहार में विदेशी मदद पर भी निर्भर) द्वारा निवेश और रोजगार को उत्पन्न करने के उद्देश्य से 'आयात प्रतिस्थापन' की रणनीति शुरू की गई। उच्च प्रौद्योगिकी को घरेलू बनाने और देशी संसाधनों की लामबंदी से 'निवेश अंतराल' को भरने की सनक से निजी संपत्ति के अधिकारों और अन्य प्रत्यक्ष कल्याणकारी व्ययों को मजबूत करते हुए मानव पूँजी निवेश पर जोर देने से भारत राष्ट्र को रोकने का अंत हुआ, जिसने सीधी तरह से देश की निर्धन आबादी की मदद की। अंत में प्रत्यक्ष निवेश की रणनीति के समर्थन के लिए सभी उपलब्ध घरेलू संसाधनों को पूर्ण अधिकार में लेने से केंद्रीय योजनाकारों के निर्धारण के परिणामस्वरूप उच्च कर व्यवस्था उत्पन्न हुई। यह दबाई गई निजी पहल बची रही और समान रूप से संदिग्ध रूप से कर योग्य अधिशेष को राष्ट्र की पहुँच से दूर काला बाजार में भेज दिया गया। इसके परिणामस्वरूप भारत सरकार को आधुनिक कल्याणकारी उद्देश्यों के लिए आवश्यक राजस्व वृद्धि नहीं प्राप्त हो सकी और व्यापक कर चोरी की घटना बपौती बन गई, जिससे आज तक हमारा राष्ट्र संघर्ष कर रहा है।

आश्चर्यजनक ढंग से राज्य के प्रभुत्ववाली योजना, निवेश और व्यवस्थापन द्वारा आधुनिक राष्ट्र बनाने की सनक के कारण भारतीय कृषि एवं अनौपचारिक क्षेत्रों की भयानक उपेक्षा की गई, जिसमें स्वतंत्रता के समय से ही भारत की अधिकांश आबादी रोजगार प्राप्त करती है। यद्यपि नेहरू सरकार ने प्रथम पंचवर्षीय योजना में कृषि से संबंधित कई तत्त्वों जैसे भूमि सुधार, सिंचाई उन्नयन और सहकारी खेती पर फोकस किया था, इस फोकस को तुरंत ही द्वितीय पंचवर्षीय योजना से औद्योगीकरण द्वारा विस्थापित कर दिया गया। जिस परिणाम का अशोक गुलाटी ने अपने अध्याय 'कृषि एवं सार्वजनिक वितरण प्रणाली में सुधार' में वर्णन किया है, जो अभी भी लगभग आधी आबादी का रोजगार है, उसमें अभी भी कमजोर प्रदर्शन दरशाना जारी है, जहाँ तक उत्पादकता, नवीनीकरण और आउटपुट का सवाल है।

भारतीय कृषि, जो विशेष रूप से स्वतंत्रता के तुरंत बाद राष्ट्रीय रोजगार का बड़ा आधार है, के परिवर्तन को सफल होने के लिए वास्तव में पूँजीवाद की सफलता की आवश्यकता है। कृषि उत्पादों को अंतिम ग्राहक तक लाने के लिए सुव्यवस्थित बाजार प्रणाली के संस्थानीकरण ने मशीनीकरण, बायोटेक्नोलॉजी, सिंचाई और उर्वरकों में बढ़ते हुए निवेश को हासिल किया

है। इसकी बजाय भारत ने उत्साहहीन भुमि सुधार को शुरू किया, जिससे मुख्य रूप से भूमि जोत के विखंडन की वृद्धि हुई। राज्य के खाद्य की कीमतों और खरीद में हस्तक्षेपों के साथ जुड़ी इन नीतियों ने केवल भारतीय अर्थव्यवस्था के प्राथमिक क्षेत्र के वृहद् परिवर्तन को अवरुद्ध कर दिया है।

हालाँकि भारत को खाद्यान्न में आत्मनिर्भर बनानेवाली सन् 1960 की हरित क्रांति ने वास्तव में भारतीय कृषि की बड़ी समस्याओं को छिपा दिया। मूलभूत बाजार सुधार की आवश्यकता को ढकने से अरक्षणीय उत्पादन पारिस्थितिकी विद्यमान हो गई। आज सब्सिडीयुक्त, मुफ्त और अत्यधिक विनियमित कृषि आगत से यह उत्पादन पारिस्थितिकी भयानक रूप से सार्वजनिक खजाने के लिए खतरा बन गई है। इसके अतिरिक्त यह उस उत्पादन और उत्पादकता लाभ को प्राप्त करने में असफल हो गई है, जो अन्यथा वैकल्पिक संस्थागत शासन के तहत मिल सकता था।

निक्षिप्त रूप से भारत में अनौपचारिक क्षेत्र का प्रभुत्व भी घातक श्रम कानूनों द्वारा बड़े उद्यमों पर अधिरोपित प्रतिबंधों का नतीजा है। यद्यपि इसका कारण जो भी हो, अनौपचारिक क्षेत्र में कम उत्पादकता, जो इसकी व्यापक रूप से कम आमदनी में परिलक्षित होती है, का अर्थ यह है कि इनमें रोजगारप्राप्त लोगों की बहुत बड़ी संख्या भारत की वृद्धि के लिए संचालित प्रयास के फायदे को प्राप्त करने में असमर्थ रही।

दुःखद रूप से इसका अंतिम परिणाम यह हुआ कि नेहरू की 'प्रत्येक पुरुष और महिला की जिंदगी में न्याय और संपूर्णता लाने' की महान् महत्त्वाकांक्षा सबसे ज्यादा महत्त्वपूर्ण क्षेत्र, जो अधिकांश भारतीयों की जिंदगियों को प्रभावित करता है, उसकी तुलनात्मक रूप से उपेक्षा करने से क्षीण हो गई। इससे भी खराब बात राज्य के वर्चस्व को कुचलने की थी, जिसने धीरे-धीरे शेष अर्थव्यवस्था में उत्साह को क्षीण कर दिया तथा राष्ट्रीय स्तर पर सामान्य ढंग से समाजवाद की लत से उभरती नीतियों को उचित ठहराने के लिए पूर्णतया पर्याप्त रूप से फायदा नहीं मिल पाया। इन नीतियों से राष्ट्रीय आउटपुट में बहुत थोड़ी बढ़ोतरी हुई और यह विशाल नौकरशाही की प्रगति विकृत रूप में थी, जो जल्द ही भ्रष्ट और कुंद हो गई। आखिरकार राज्य के नियंत्रण से उत्पन्न इन समस्याओं के धीरे ऊष्मायन के बावजूद सन् 1950 के दौरान भारत की प्रगति निराशाजनक नहीं थी। यद्यपि सन् 1960 में एक नया मोड़ आया, जब समाजवाद के प्रति वचनबद्धता धीरे-धीरे विचारवाद से सत्ता और संरक्षण के श्वेतपटली साधन में परिवर्तित हो गई। दुर्भाग्य से इन प्रवृत्तियों का 1980 तक उत्साहवर्धन होता रहा, जब नेहरू की पुत्री इंदिरा गांधी ने 'परमिट लाइसेंस राज' को भारतीय राजनीतिक अर्थव्यवस्था के नए चेहरे के रूप में पेश किया।

इंदिरा गांधी ने नेहरू की सोची हुई कल्पना से परे भारतीय अर्थव्यवस्था का अनुचित नियंत्रण और राजनीतिक छल-कपट पेश किया। उनके लोकलुभावन समाजवाद की छाप से राष्ट्रीयकरण पर एकमात्र फोकस, राजनीतिक पक्ष के लिए निजी उद्यमों से जबरदस्ती वसूली और राज्य के नेतृत्ववाले पुनर्वितरण के व्यापक वादे किए गए। इन प्रयासों से अर्थव्यवस्था में बहुत थोड़ा सा ही परिवर्तन हुआ, जिसकी उनके पिता की इच्छा थी। इसकी बजाय उन्होंने भारत में आर्थिक और सामाजिक मतभेदों को और विकृत कर दिया और संदिग्ध हकों के युग का आरंभ हुआ,

जिससे राष्ट्र आज भी संघर्षरत है। अपने जीवन के अंतिम दिनों तक इंदिरा गांधी ने राजनीतिक जर्जरता और आर्थिक स्थिरता को मजबूती से प्रतिष्ठापित करने के लिए चिंताजनक मतभेद प्राप्त किया, जो भारतीय समाजवाद का नमूना बन गया, जिसे त्रय को परिभाषित करने के तीसरे तत्त्व के रूप में देखा गया, जिसने नई दिल्ली की स्वतंत्रता के बाद की परियोजना को चित्रित किया।

सन् 1980 तक भारतीय समाजवादी प्रयोग के दु:खद परिणाम सभी लोगों को दिखाई देने लगे थे। भारत में समाजवाद के कई समर्थकों ने तर्क दिया कि सन् 1950 से 1980 के बीच का तैयार देश का 3 प्रतिशत का निंदनीय आर्थिक प्रदर्शन या 'प्रगति की हिंदू दर' पिछले 100 वर्षों के ब्रिटिश राज पर अभी भी सुधार प्रदर्शित करते हैं। उस समय भारतीय अर्थव्यवस्था आवश्यक रूप से स्थिर रही तथा मोटे तौर पर भारत की आबादी की दर से वृद्धि कर रही थी। यदि भारत की सन् 1980 से पहले के आर्थिक प्रदर्शन को ब्रिटिश राज के दौरान तैयार प्रगति के सापेक्ष मापा जाए तो भारत सर्वोत्कृष्ट प्रदर्शक के रूप में दिखाई देता है। फिर भी यह अपने लोगों की जिंदगियों को नहीं बदल सका, जिनकी स्वतंत्रता के बाद विस्फोटक जनसांख्यिकीय वृद्धि उन्नत सार्वजनिक स्वास्थ्य एवं स्वच्छता द्वारा घटती हुई मृत्यु दर के कारण थी। जब विश्व के अन्य देशों में आर्थिक उपलब्धि के विरुद्ध मापा गया तो भारत की असफलता कठोर और अक्षम्य थी। जैसा अरविंद विरमानी ने अपने प्रभावशाली ऑडिट, 'द गाड दैट फेल्ड' में ध्यान दिलाया है—

> वर्ष 1950 में औसत भारतीय की समृद्धि विश्व के औसत नागरिकों की तुलना में 29 प्रतिशत थी। सन् 1979 तक यह घटकर विश्व के औसत नागरिकों की तुलना में 20 प्रतिशत या पाँचवाँ हिस्सा हो गई। इसका आशय यह है कि विश्व भारत की अपेक्षा औसतन तेजी से प्रगति कर रहा था, जिसमें केवल दक्षिण कोरिया ही नहीं, केवल पूर्वी तथा दक्षिण-पूर्व एशिया ही नहीं, बल्कि अफ्रीका, लैटिन अमेरिका और विकसित देश भी शामिल थे।
>
> नेहरू के कार्यकाल में भारत का क्रय शक्ति समता (PPP) पर प्रति व्यक्ति सकल घरेलू उत्पाद (GDP) विश्व की PPP पर औसत प्रति व्यक्ति GDP की तुलना में 3 प्रतिशत (या अपने पिछले स्तर से 11 प्रतिशत) घट गया। यह सन् 1965 के युद्ध के दौरान और ज्यादा घट गया तथा यह सन् 1966 में 23 प्रतिशत था, जब इंदिरा गांधी पहली बार सत्ता में आईं। सन् 1976 तक औसत भारतीय की समृद्धि विश्व स्तर की अपेक्षा 21 प्रतिशत तक घट गई (अत: 2 प्रतिशत की और कमी या पिछले स्तर से 8 प्रतिशत कम)। यह सन् 1980 में इसी सापेक्ष स्थिति में रही।
>
> विभिन्न स्रोतों से प्रति व्यक्ति आय वृद्धि यह पुष्टि करती है कि भारतीय आर्थिक वृद्धि विश्व के बाकी देशों की तुलना में धीमी थी। सन् 1960 और 1979 के बीच भारत के प्रति व्यक्ति की सकल घरेलू उत्पाद की वृद्धि दर विश्व के प्रति व्यक्ति की सकल घरेलू उत्पाद में 2.7 प्रतिशत प्रति वर्ष की वृद्धि दर की तुलना में 1.1 प्रतिशत प्रति वर्ष थी। अत: औसत भारतीय प्रति व्यक्ति आय इस अवधि के दौरान विश्व के 1.6 प्रतिशत प्रति वर्ष से पीछे थी।

अतः भारतीय हाव-भाव ने अपने आधुनिक संस्थापन के समय से समाजवाद के साथ कष्ट पहुँचाते हुए इस बात की पुष्टि की कि नरक के रास्ते को अच्छे इरादे से बनाया गया है। दुःख की बात है कि यह आज भी स्वतंत्रता के बाद की परियोजना की घातक कमजोरी रही है और देश इससे बचने के लिए सन् 1980 से ही प्रयासरत है। इसका पुनरावलोकन करने पर यह पता चलता है कि नेहरू के समाजवाद ने दो परस्पर विरोधी प्रभाव उत्पन्न किए। एक तरफ यद्यपि इसने भारत में आधुनिक औद्योगिक राष्ट्र बनाने के लिए अपनी उल्लेखनीय उपलब्धियों से अदक्ष रूप से नींव रखी। दूसरी तरफ इसने इसके साथ देशी भारतीय उद्यमिता को दबाने का कार्य किया।

वर्तमान काल में पहले तत्त्व में कुछ बदलाव किए गए हैं, क्योंकि संसाधनों की कमी ने भारत सरकार की क्षमता को केवल विभिन्न प्रकार के उच्च प्रोफाइलवाले निवेश को आगे बढ़ाने के लिए विवश किया है। यद्यपि दूसरा तत्त्व उग्र ढंग से मौजूद है। यद्यपि भारतीय निजी उद्यम पहले से ज्यादा मुक्त है, फिर भी यह अभी भी दबंग स्थिति के बावजूद संघर्ष कर रहा है। इसकी सफलता के लिए परिस्थितियाँ उत्पन्न करने की बजाय राज्य अपनी लोकलुभावन योजनाओं के आर्थिक समर्थन के लिए सामाजिक संसाधनों का इस्तेमाल करने पर बहुत ज्यादा फोकस करते हुए प्रतीत होते हैं। हाल ही में इन मुफ्त की विज्ञापन-वस्तुओं के समर्थकों ने 'अधिकार पर आधारित कल्याणकारी राज्य' उत्पन्न करने की आड़ में अपने संवितरण को वैध ठहराने की माँग की है, जिसमें जनता इस प्रकार की विरोधात्मक और वर्जित वस्तुओं जैसे भोजन, शिक्षा, स्वास्थ्य और घर के लिए अभूतपूर्व संवैधानिक दावे करेगी। यह भूलते हुए कि इस प्रकार की निजी वस्तुएँ कभी भी राजनीतिक आधार के रूप में वितरित नहीं की जा सकती हैं, क्योंकि इनका पूर्व उत्पादन न तो निष्क्रिय है, न ही यह दैवावतरण द्वारा आश्वासित हो सकता है। इस प्रकार के विचारात्मक दावों की अटलता भारत में केवल दिवालिया सांख्यवाद की दृढ स्थिति को उजागर करती है और यह राष्ट्र के उपयोगी नागरिकों पर भारी बोझ अधिरोपित करना जारी रखे है। किसी भी स्थिति में यदि सभी किए गए समाजवादी प्रयोग देश को अपने आर्थिक क्षमता प्राप्त करने से रोकने के लिए थे, फिर भी ये कमियाँ काफी चिंताजनक थीं, ये क्षम्य हो सकते थे, लेकिन इनके परिणाम बहुत ज्यादा संक्षारक और व्यापक थे।

मूलभूत स्तंभों को क्षति पहुँचाना

सबसे पहले बात करें तो भारत की आर्थिक विफलताओं की जड़ें इसके राज्य और राष्ट्र-निर्माण के प्रयासों के तीसरे अंग में छिपी थीं, जिन्होंने राज्य के साथ दो अन्य आधारभूत स्तंभों, उदारवादी लोकतंत्र और नागरिक राष्ट्रवाद की सफलता के महत्त्व को कम करना शुरू कर दिया। यदि इन प्रभावों का असर जल्द ही प्रत्यक्ष रूप से दिखने लगा तो यह आश्चर्य का विषय नहीं है। लोकतंत्र की सफलता के सबसे अच्छे अध्ययन बताते हैं कि उदारवादी लोकतंत्र के बचे रहने और राष्ट्रीय आय के बीच एक गहरा अंतर्संबंध होता है। बेशक भारत पर इस व्यापक चलन का कोई असर नहीं हुआ, क्योंकि अगर कहा जाए तो 1960 के दशक से ही उसके समकालीन विकासशील देशों ने जितने उच्च स्तर की आय दर्ज की है, उसे जुटाने में

विफल रहने के बावजूद इसके उदारवादी लोकतांत्रिक संस्थान कार्य करते रहे।

फिर भी इस असामान्य उपलब्धि के कारण उस वास्तविकता को भुलाया नहीं जा सकता कि भारत के उदारवादी लोकतंत्र तथा इसके नागरिक राष्ट्रवाद, दोनों का ही स्वरूप इसकी आर्थिक विफलताओं के कारण बिगड़ गया है। उदाहरण के लिए, देश ने जी.डी.पी. विकास दर की उस ऊँचाई को नहीं छुआ, जो कानून और व्यवस्था को प्रभावी ढंग से लागू करने और उसे बनाए रखने की उसकी क्षमता में (और उसके साथ-ही-साथ प्रभावी राष्ट्रीय रक्षा मुहैया कराने में भी), प्रतिस्पर्धी सामाजिक दावों के बीच निष्पक्ष न्याय करने के उपकरण के समान कार्य करने में तथा आर्थिक सुधार उपलब्ध कराने में कमी आई है, जो इसके लोकतांत्रिक प्रयोग की उदार दृष्टि का अभिन्न अंग है।

इसी प्रकार स्थिर विकास भारत के नितांत आवश्यक सुधारों का मुख्य उद्देश्य है : उदाहरण के लिए, ओंकार गोस्वामी ने इस खंड के अपने अध्याय, 'जेनरेटिंग एंप्लॉयमेंट' में इस प्रकार के विकास को भारत में रोजगार पैदा करने के एकमात्र सबसे महत्त्वपूर्ण कदम के रूप में गिनाया है। यही नहीं, ऐसी स्थिति में जब सरकार ही निजी और सामूहिक वस्तुओं की एक महत्त्वपूर्ण उत्पादक और वितरक है, तब उसके निरंतर औसत प्रदर्शन से उच्च राजनीतिक जागरूकतावाली आबादी की बढ़ती माँग को पूरा करना संभव नहीं हो पा रहा है। इस प्रकार की स्थिति ने उन विस्फोटक परिस्थितियों का निर्माण किया, जिनके कारण 1975 से 1977 तक लोकतंत्र को निलंबित कर दिया गया, यानी देश में इमरजेंसी लगा दी गई, जो आज भी आजादी के बाद भारत के उल्लेखनीय इतिहास पर एक धब्बा है।

भले ही इस प्रकरण का एक बार फिर आनेवाले समय में दोहराया जाना संभव नहीं दिखता, फिर भी आर्थिक मोर्चे पर भारत की निरंतर विफलताओं ने विभिन्न धड़ों के बीच ऐसी प्रबल इच्छा उत्पन्न कर दी है कि वे राजनीतिक प्रक्रिया का इस्तेमाल इस प्रकार करते हैं कि धन और आय के वितरण से उन्हें निजी लाभ प्राप्त हो। और फिर घोर पूँजीवाद पर जोर न सिर्फ बाजार की अर्थव्यवस्था के समर्थन को कमजोर करता है, बल्कि कटु परिणामों के कुचक्र के फलस्वरूप लोकतांत्रिक प्रक्रिया भी बदनाम होती है। वंचित नागरिक 'लोकतंत्र' को प्राथमिक रूप से नियमों से जुड़ी सामूहिक पसंद के परीक्षण के निष्पक्ष तंत्र के रूप में नहीं, बल्कि राजनीतिक पदों को कब्जे में लिये जानेवाले तंत्र के रूप में देखते हैं, जो दिए जानेवाले लाभ अपने वश में कर लेता है। देवेश कपूर और मिलन वैष्णव ने इस दुखद तथ्य को अपने कानून के नियम के सशक्तीकरण अध्याय में स्पष्ट किया है।

इसके बाद भारतीय लोकतंत्र की उदार प्रकृति का क्या कहना, जिसके कारण शुरू किया गया सामाजिक सुधार संदिग्ध हो जाता है, क्योंकि इसे नाम-मात्र के संसाधनों के दुरुपयोग के तौर पर देखा जाता है। उन क्षेत्रों के कब्जे के रूप में जो, राजनीति का इस्तेमाल कर अपनी निजी आर्थिक क्षति की पूर्ति करते हैं। जबकि सामाजिक सुधार का उद्देश्य सामूहिक प्रयास से सामाजिक रूप से पिछड़े समूहों की मदद करना होता है, ताकि वे राजनीति में प्रभावी भूमिका निभा सकें। ऐसी परिस्थितियों में पेशेवर राजनेता सरकार के अंगों को आम जनता की भलाई के उपकरण के रूप में नहीं, बल्कि विभिन्न वोट बैंकों को खुश करने के साधन के रूप में देखने

लगता है, ताकि वह चुनावों में लगातार सफलता प्राप्त कर सके।

इन विकृत हो चुकी प्रक्रियाओं के विभिन्न रूपों के विद्यमान होने की स्थिति में इसमें कोई आश्चर्य नहीं कि हाल के दशकों में महानगरीय राष्ट्रवाद पर भी राजनीतिक विकल्पों की ओर से लगातार हमले किए जा रहे हैं। ऐसे विकल्प नागरिकता की उस जैविक एकजुटता को समाप्त करना चाहते हैं, जो सरकार के लक्ष्य के रूप में कुछ 'राष्ट्रीय अवतार के समूहों' को बढ़ावा देने या उनकी रक्षा करने के निश्चित आदर्शों पर आधारित होते हैं। भारतीय समाजवाद का ध्येय भले ही एकमात्र राष्ट्रवादी परियोजना है, लेकिन दुर्भाग्य से इसने दो अन्य हिस्सों को कमजोर किया है, जिसका विनाशकारी परिणाम भारत के भाग्य के साथ किए गए प्रयासों की सफलता को भुगतना पड़ा है।

अंत में समाजवाद की विफलता संभवत: इतनी विनाशकारी इस कारण भी रही कि यह मॉडल अपने आप में विघटित होनेवाला और अपने वादों पर खरा उतरनेवाला नहीं था, लेकिन विश्व को लेकर भारत के दृष्टिकोण में इसका प्रभुत्व बना रहा। स्वतंत्रता के बाद से ही सामाजिक कार्यक्रम को सबसे बड़ी चुनौती सी. राजगोपालाचारी, मीनू मसानी, एन.जी. रंगा और के.एम. मुंशी जैसे कुछ लोगों ने दी, लेकिन इस विरोध का वैसा राजनीतिक या विचार के स्तर पर प्रभाव नहीं पड़ा, जैसा कि पड़ना चाहिए था। मुक्त बाजार के इन हिमायतियों की विफलता के विपरीत समाजवाद के अग्रदूतों की सफलता उतनी ही चौंकानेवाली थी। आज भी वे भारतीय राजनीति के साथ ही न केवल राजनीतिक तथा बौद्धिक वर्गों पर, बल्कि व्यापारिक वर्गों पर भी हावी हैं, चाहे यह कितना भी विचित्र क्यों न लगे। हालाँकि व्यापारिक वर्गों की बात करें तो समाजवाद अकसर मूल्यवान् होता है, क्योंकि वाणिज्यिक वर्ग के पास मौजूद धन-बल उन्हें अपने हित में सरकार की नीतियों को मोड़ने की इजाजत देता है।

भारत में समाजवाद के बौद्धिक तथा राजनीतिक प्रभुत्व का विशुद्ध परिणाम यह हुआ कि देश अपनी वादा-खिलाफी पर उतर आया और तब तक ऐसा करता रहा, जब तक कि अनेक संकटों से उसका सामना नहीं हो गया। वैसे इस तरह की विफलता से पहला आमना-सामना 1960 के दशक में ही हो गया था, लेकिन 1991 में हालात बेकाबू हो गए। उस संकटपूर्ण साल में ही भारत का गुटनिरपेक्षवाद सोवियत संघ के विखंडन के बाद बिखर गया और समाजवाद भुगतान के संतुलन के संकट के कारण तहस-नहस हो गया। तब (तत्कालीन प्रधानमंत्री नरसिम्हा राव के कहने पर) तत्कालीन वित्त मंत्री मनमोहन सिंह के अंतर्गत भारत ने उस आर्थिक नुकसान की भरपाई की दिशा में पहला कदम बढ़ाया, जिसे देश चालीस साल से भी अधिक समय से झेलता आ रहा था।

उस समय से अब तक काफी प्रगति हो चुकी है, लेकिन यह कार्य अभी पूरा नहीं हुआ है। कुछ हद तक इसका कारण यह है कि 1991 के बाद बाजार-तंत्र की शुरुआत आर्थिक उदारवाद को लागू करने की विवेकपूर्ण इच्छा पर नहीं, बल्कि मुख्य रूप से उस संकट के कारण बना दबाव था। इस कारण बाजार के सुधारों को जारी रखने की एक सतत चुनौती उनके लिए कम होता उत्साह भी है, क्योंकि उनकी तात्कालिक आपदा कम होने लगी।

समाजवादी अतीत के प्रकोप को अब व्यापक रूप से स्वीकार किया जाता है। फिर भी

सफलता के साथ विकास और तरक्की के लिए मुक्त बाजार की अनिवार्यता को लेकर एक प्रामाणिक दृढता के अभाव का मतलब यह है कि आज भी भारत में 'उदारवाद के अर्थशास्त्र' का व्यापक स्तर पर बचाव करना कठिन है। बेशक किसी को भी यह समझने के लिए राजीव कुमार की ओर से लिखे गए 'विनिर्माण नीति का पुनरावलोकन' अध्याय में उनके विश्लेषण को पढ़ लेना ही काफी है कि भारत के निराशाजनक कारोबारी माहौल के लिए काफी हद तक समाजवाद जिम्मेदार है। स्पष्ट रूप से 1991 से ही समाजवादी नीतियों का एक धीमा रोलबैक चल रहा है। लेकिन जैसा चीन में 1978 से हो रहा है, उसके विपरीत भारत में यह बदलाव सीधा और दमदार होने की बजाय हिचक भरा, विवादित और गुपचुप तरीके से चल रहा है।

समाजवाद की खतरनाक विरासत

इस प्रकार की कमियाँ केवल वैचारिक स्तर पर विफलता के कारण नहीं हैं, लेकिन उनके कारण भी कई विफलताएँ मिली हैं। कुछ और मौलिक रूप से उनकी सच्चाई यह है कि समाजवाद ने भारत में सरकार-समाज के संबंधों की संरचना को गहराई तक भ्रष्ट बनाया है, जिससे सुधार का काम और भी चुनौतीपूर्ण तथा कठिन हो गया है। इस प्रकार का भ्रष्टाचार तीन तरीकों से सामने आया है।

एक पैतृक राज्य

सबसे पहले भारतीय समाजवाद ने एक पैतृक राज्य बनाया। भारत के निर्माताओं का इरादा ऐसे राज्य का निर्माण करना नहीं था, जो भारतीय समाज पर हावी हो जाए या व्यक्ति का स्थान ले ले। लेकिन आजादी के समय और आज भी भारत की अभावग्रस्तता ने ऐसी परिस्थितियों का निर्माण किया, जिसने एक पैतृक राज्य के गठन को उचित ठहराया। भारत की आधुनिक राष्ट्रीयता के शुरुआती पलों में इसकी आबादी का एक बहुत बड़ा हिस्सा प्रभावी एजेंसी के रूप में कार्य करने में सक्षम नहीं था। लेकिन भारत ने मानव पूँजी में निवेश नहीं किया, जो समाज के सबसे गरीब तबकों के बीच भी माध्यम बनने की क्षमता पैदा कर सकता था। न ही इसने कानूनी और नियामक ढाँचा बनाया, जो इन नए सशक्त लोगों की तरक्की के लिए बाजार के संबंधों को पनपने का मौका देते।

ऐसा करने में विफल रहने के कारण भारत ने लंबे समय तक उच्च और स्थिर आर्थिक विकास की टिकाऊ नींव रखने के अवसरों को गँवा दिया, जो उसे भारी पड़ा, क्योंकि दुनिया भर में आर्थिक सफलता के अधिकांश अध्ययन संपत्ति के अधिकारों, जब्ती के खिलाफ सुरक्षा और अनुबंधों की पवित्रता और ईमानदारी से उन्हें लागू किए जाने को सुनिश्चित करते हैं, क्योंकि वे उद्यमिता और निवेशों को बढ़ावा देने में महत्त्वपूर्ण भूमिका निभाते हैं। इससे तेज आर्थिक तरक्की संभव होती है। इतना ही महत्त्वपूर्ण यह भी है कि इस विफलता ने भारत को अपनी सबसे बड़ी संरचनात्मक कमी को दूर करने से भी रोका, जो आर्थिक विकास की दृष्टि से महत्त्व रखता है—भारत की राजनीति में सामाजिक विश्वास का अभाव। इन मौलिक समस्याओं को दूर करनेवाले संस्थानों का सृजन करने के बजाय, स्वतंत्रता के बाद नेतृत्व सँभालनेवालों ने

समाजवाद को केंद्र में रखने की नीति को चुन लिया, सरकार को तमाम उत्पादनों की प्रमुख एजेंसी के रूप में सिंहासन पर बैठा दिया।

इस प्रकार स्वामित्व ने सशक्तीकरण का स्थान ले लिया, जो आज भी जीवंत है और जिसे आज भी तरजीह दी जा रही है। लेकिन इस क्रम में व्यक्तिगत जिम्मेदारी की भावना नष्ट हो रही है, जो सत्ता पर निर्भरता का एक दूरगामी परिणाम है। साथ ही जिस पर सारे सफल लोकतंत्र और विकास का अस्तित्व टिका है। 1991 के बाद भारतीय अनुभव ने दिखाया है कि इच्छा के अनुसार आर्थिक और सामाजिक परिणामों को हासिल करने के लिए सरकारी काररवाई की तुलना में निजी रचनात्मकता, पहल और योगदान में क्षमता कहीं अधिक होती है। इस सच्चाई की पुष्टि इससे पहले भी उन लाखों आम भारतीयों ने की है, जिन्होंने प्रतिकूल परिस्थितियों में सुधार के कार्य किए, भले ही उनपर किसी की नजर न पड़ी हो। लेकिन बड़े पैमाने के परिवर्तन के लिए एक संस्थागत आदेश आवश्यक होता है, जो इस तरह की गतिविधियों को पुरस्कृत करे। सुरजीत भल्ला का अध्याय 'कल्याणकारी राज्य का विखंडन' महज इस तरह के ढाँचे के साथ गलत अवधारणावाले कल्याणकारी राज्य के अस्तित्व को हटाने के पक्ष में अपनी दलील देता है।

यहाँ तक कि 1991 के बाद के सुधारों के साथ त्रासदी यह है कि सत्ता में बैठे लोगों ने भी उसका विरोध किया है और आज भी पूरे जोर-शोर से कर रहे हैं, जबकि ऐसे सुधार पहले ही सर्वव्यापी हो चुके हैं। यहाँ तक कि इस दिशा में समझ-बूझकर किए गए सुधारों ने भी सरकार की मौजूदगी और शक्ति को कम करने की बजाय बढ़ाया ही है। यह तथ्य उन अनेकानेक नियामक संस्थानों के अस्तित्व में आने से पूरी तरह स्पष्ट हो गया है, जिन्हें सुधार के नाम पर बनाया गया है। इस गलती को माफ भी किया जा सकता था कि इस प्रकार के संस्थानों के पास दी गई जिम्मेदारी को निभाने के साधन नहीं हैं, बशर्ते 'नियंत्रण' वह साधन नहीं बन जाता, जिसकी सहायता से सरकार उदारीकरण के प्रयासों का बदला नहीं लेती। चूँकि भारतीय समाजवाद पैतृक राज्य को तोड़ने के प्रयासों का विरोध इस हद तक करता है, इसलिए सुधारों की सफलता और भी मुश्किल हो जाती है।

एक नियंत्रक राज्य

दूसरा भारतीय समाजवाद ने एक नियंत्रक राज्य की रचना की। भारतीय राजनीति के सामने उसके जन्म के तुरंत बाद मौलिक चुनौती जल्द-से-जल्द धन का सृजन करने की थी। इसे प्राप्त कर लेने के बाद इसकी विशाल आबादी आवश्यकताओं के मैस्लो के पदानुक्रम को मनोवैज्ञानिक (सबसे बुनियादी और तात्कालिक) से लेकर अंत में स्वयं वास्तविकीकरण (उच्चतर आकांक्षाएँ) तक यथाशीघ्र पार कर लेती और इस प्रकार सार्थक लोकतंत्र की पकड़ को मजबूत कर देती। धन का सृजन या जिसे युद्ध के बाद के युग में आर्थिक विकास कहा जाने लगा, निजी संपत्ति के अधिकारों को मजबूत करने और ऐसे संस्थानों की रचना पर निर्भर है, जो उन अधिकारों के प्रयोग को सुरक्षा प्रदान करेंगे। विशेष रूप से भारत जैसे देश में जो प्रमुख रूप से गरीब था और जहाँ संपत्ति के अधिकार की सुरक्षा मौलिक होनी चाहिए थी, क्योंकि इससे व्यक्तियों को अपने और अपने श्रम पर स्वामित्व के अधिकार मिलते थे। लेकिन कष्टकारक प्रयासों के बावजूद

भारत इन मौलिक अधिकारों को शामिल नहीं कर सका और आज तक यह अपनी विफलताओं से जूझ रहा है। 'शहरीकरण का प्रबंधन' अध्याय में सौमिक लाल और तारा विश्वनाथ ने जिस प्रकार भूमि अधिग्रहण की व्याख्या की है और उसे 'भूमि प्रबंधन के नवीनीकरण' पर बरुन और मधुमिता मित्रा के अध्याय के साथ देखें तो वे सामान्य रूप से एक कमजोर निजी संपत्ति की व्यवस्था और उन तनावों के परिणाम हैं, जो तब सामने आते हैं, जब स्वामित्व के नियम और टिकाऊ विकास के बीच टकराव की आशंका खड़ी हो जाती है।

पश्चिम के उदय ने दिखाया है कि त्वरित आर्थिक विकास के पीछे प्रमुख तत्त्व ऐसी परिस्थितियों का निर्माण रहा है, जो व्यक्तियों को निजी संपत्ति, जैसे अपने सामानों, जमीन या श्रम का उपयोग खुलकर करने और दूसरों की माँग को पूरा करने के लिए करने की इजाजत देता है और ऐसा करते हुए वे ऐसी आय अर्जित करते हैं, जिससे विकास को बढ़ावा मिला है। बाजार में जिस हद तक इस तरह की गतिविधियाँ मुक्त रूप से होती हैं, उस दौरान उनके साथ-साथ तुलनात्मक कीमतों के रूप में सूचना को लेकर चलनेवाले कार्य भी होते रहते हैं।

भारतीय समाजवाद की इस वैचारिक आशंका के आधार पर संपत्ति के अधिकारों को मजबूत न किया जाना कि गरीबों का हित खतरे में पड़ जाएगा और विकास की रफ्तार धीमी पड़ जाएगी, हाशिए पर खड़े लोगों पर भारी पड़ा, जिनके लिए अपने अधिकारों का दावा करना भी कठिन हो गया। इससे त्वरित विकास की संभावनाएँ (अन्यथा जिसने सामाजिक सुधार के सही तत्त्वों और सामूहिक वस्तुओं के उत्पादन को सुनिश्चित किया होता) भी कम हो गईं, क्योंकि बाजारों का स्थान घोर केंद्रित सरकारी योजना और नियंत्रण ने ले लिया। अन्य बातों के अलावा इन दो तत्त्वों ने विशालकाय राज्य-नियंत्रित उद्यमों की रचना की, जिन्हें सक्रिय बाजार प्रणाली के माध्यम से ग्राहकों की माँग पर प्रतिक्रिया देने से मुक्त कर दिया गया। चूँकि उनके उत्पादन को कभी माँग या कीमत की वास्तविक कसौटी पर कसा नहीं गया, क्योंकि औपचारिक अर्थव्यवस्था पर राज्य का नियंत्रण था, जिसके कारण कई महत्त्वपूर्ण क्षेत्रों में प्रतिस्पर्धा ही नहीं रही। सार्वजनिक क्षेत्र के उपक्रम श्रमिकों और नौकरशाह प्रबंधकों को अनुत्पादक रोजगार दे सकते थे, जबकि अपना निर्वाह करने के लिए जनता की गाढ़ी कमाई को चूस सकते थे।

सार्वजनिक क्षेत्र में निवेश पर जोर देने की इस भूल को राज्य की ओर से की जानेवाली भारी दखलंदाजी ने और भी गंभीर बना दिया। इसमें वस्तुओं की कीमतों पर नियंत्रण से लेकर भारी सब्सिडी दिया जाना शामिल था। इन सबने मिलकर बाजार में भारी विकृतियाँ पैदा कर दीं, जिनका बोझ भारतीय खजाने पर पड़ा, जिसने संसाधनों की बरबादी को बढ़ाया और पूरी अर्थव्यवस्था के अस्तित्व को ही खतरे में डाल दिया।

व्यवस्था से जुड़ी इस तरह की समस्याएँ आज भी बनी हुई हैं। उदाहरण के लिए, इस पुस्तक में सुजॉय जोशी का अध्याय 'ऊर्जा नीति और कीमतों में सुधार' भारत के भयंकर रूप से विकृत हुए ऊर्जा बाजार के लिए सब्सिडी तथा अन्य अनुदारवादी सरकारी हस्तक्षेपों को जिम्मेदार ठहराता है। 1969 में तत्कालीन प्रधानमंत्री इंदिरा गांधी की ओर से किए गए भारतीय बैंकों के राष्ट्रीयकरण ने इस तरह की समस्याओं को काफी हद तक बढ़ा दिया, क्योंकि वित्तीय क्षेत्र के इस हिस्से में नियंत्रण ने बड़े पैमाने पर अनुत्पादक गतिविधियों के लिए पैसे मुहैया

कराना संभव बनाया, जबकि बाजार के अनुशासन का पालन करने की बाध्यता भी नहीं थी। इस प्रकार यह भी एक विडंबना ही है कि भारत में गरीबी दूर करने की इच्छा से प्रेरित इन कदमों ने इतने लंबे समय तक गरीबी को बढ़ा दिया, जिसकी कोई जरूरत नहीं थी।

नतीजा यह हुआ कि समाजवादी उपक्रमों ने न केवल निजी निवेश और स्पर्धा को बाहर कर दिया, जो दुर्भाग्यपूर्ण था, क्योंकि आर्थिक रूप से बचे रहने की परीक्षा ही आखिरकार दक्षता की परीक्षा होती है, बल्कि उन्होंने किल्लत को बेवजह बढ़ाने में मदद की। इन सबके बीच विशेष हितों के कई रूप सामने आए, जिन्होंने अपनी जड़ें जमा लीं। इसके कारण दोनों ही तत्त्वों का मेल हो जाने से सर्वव्यापी भ्रष्टाचार फलने-फूलने लगा। यह भ्रष्टाचार सिर्फ पारंपरिक नियमों को तोड़-मरोड़कर ही नहीं फैला, बल्कि उन आकर्षक आराम की नौकरियों के कारण भी फैला, जो सुधार के रास्ते में बहुत बड़ा रोड़ा बन गए हैं। इस कारण नियंत्रित राज्य की भारतीय समाजवाद की वसीयत ने आर्थिक और नौकरशाही से जुड़े दुनिया भर के पदों को बना दिया, जिनका काम मुख्य रूप से उनके एकाधिकार की रक्षा करना था, चाहे निजी गतिविधियों में अड़ंगा लगाने या गरीबी को बढ़ाने के लिए कोई भी कीमत क्यों न चुकानी पड़े।

इतने ही दुर्भाग्यपूर्ण तरीके से सर्वोच्च स्तरों पर राजनीति रूप से हावी होनेवाला नियंत्रक राज्य सामान्य नागरिकों की नजर में दमनकारी राज्य के रूप में भी दिखने लगा। भारतीय राष्ट्र ने कब्जा जमाए बैठे अंग्रेजों से क्लर्कों की एक फौज को विरासत में पाया, जो पूरी मेहनत से ऐसे भारी-भरकम दस्तावेजों को भरते रहते थे, जो उनकी शाही संपत्ति की स्थिति को बताने के लिए जरूरी था। जब आजादी मिली, तब औपनिवेशक शासकों को जाना पड़ा, लेकिन नौकरशाही की आदतें यहीं रह गईं। इसके विपरीत नई सरकार ने उस लंबी-चौड़ी कागजी काररवाई को धीरे-धीरे बढ़ाना शुरू कर दिया, जिन्हें पूरा करने की माँग यहाँ के नागरिकों से हर संसाधन, सेवा और अनुमति के लिए जाने लगी, जो नियंत्रक राज्य की ओर से दी जाती थी। इस प्रकार की सुविधा चाहे कितनी ही मामूली और कम क्यों न हो, लाल फीताशाही से उनका बच पाना मुमकिन नहीं था। वह लालफीता, जिसका इस्तेमाल बाबुओं की ओर से अनगिनत फार्म और आवेदनों को बाँधने के लिए किया जाता है, जिन्हें लाचार जनता को राज्य से किसी भी मदद को प्राप्त करने के लिए भरना पड़ता था। संसाधनों की सामान्य रूप से कमी, जब सरकारी कामकाज के जटिल नियमों से जुड़ जाती थी, तब उन नियमों के साथ जुड़ी हुई अरजी की प्रक्रिया और देखरेख करनेवाले अधिकारियों की विवेकाधीन शक्तियाँ जैसी बातों को मिला दिया जाए, तो झटपट भ्रष्टाचार का एक कुआँ तैयार हो जाता है। जल्दी ही इस तरह की विकृति को मिटाना असंभव हो गया। इससे सिर्फ आबादी की लाचारी बढ़ गई और उसे नौकरशाही के तंत्र के आगे झुकना पड़ा, जो आम आदमी की नजर में अपनी अकड़ और अक्षमता के लिए भी पहचाना जाता था। इस तरह नियंत्रक राज्य भारतीय अर्थव्यवस्था के साथ ही भारतीय लोकतंत्र के लिए भारी नुकसानदेह बन गया।

एक अक्षम राज्य

तीसरा, भारतीय समाजवाद ने एक अक्षम राज्य का निर्माण किया। न सिर्फ भारतीय राज्य

इस मायने में अक्षम था कि इसने निजी प्रतिस्पर्धियों की तुलना में भारी बरबादी के साथ वस्तुओं और सेवाओं का उत्पादन किया, बल्कि यह संरचनात्मक रूप से भी उतना ही अक्षम था कि उन दायित्वों को भी नहीं निभाता था, जो किसी भी राज्य की जिम्मेदारी होते हैं। ऐतिहासिक दृष्टि से देखें तो बेशक इस समस्या का जन्म इस कारण हुआ, क्योंकि समाजवादियों के भीतर अर्थव्यवस्था की 'कमांडिंग हाइट्स' पर दबदबा कायम करने की लालसा थी। एक बार फिर मंशा बड़ी अच्छी थी : क्योंकि भारतवर्ष में संसाधनों और कौशल का घोर अभाव था, ऐसे में भारतीय सार्वजनिक क्षेत्र को निजी सामानों के उत्पादक के रूप में देश में विशिष्ट भूमिका का निर्वाह करना था। इस दृष्टि ने भारत सरकार को कारोबार की गहराइयों में ले जाने का काम किया, जहाँ वह विमान सेवाओं से लेकर होटल और बिजली उत्पादन संयंत्रों को चलाने तथा प्राकृतिक संसाधनों के खनन से लेकर सीमेंट, खाद, इस्पात, घड़ियाँ और कपड़े बनाने में भी शामिल हो गई। पूरी भारतीय अर्थव्यवस्था में सिवाय कृषि को छोड़, भारतीय सार्वजनिक उपक्रमों की बरसोबरस तक मौजूदगी रही, जहाँ वह निजी वस्तुओं का उत्पादन कर रहे थे। आज भी यह मौजूदगी रक्षा और वित्त क्षेत्रों में पूरी तरह से दिखती है।

इस पर भी कोई आश्चर्य नहीं होना चाहिए कि भारतीय सार्वजनिक उपक्रमों का प्रदर्शन भी काफी हद तक अलग-अलग रहा है। इसका कारण बाजार से मिलनेवाली प्रतिक्रिया की गुणवत्ता तथा आंतरिक जवाबदेही रही है, जिसमें नियामक माहौल के अनुसार अंतर होता है। साथ ही उस विशेष उद्योग में प्रतिस्पर्धा को किस हद तक इजाजत मिलती है। उदाहरण के लिए रक्षा के क्षेत्र में, जहाँ रविंदर पाल सिंह ने अपने अध्याय 'उन्नत रक्षा प्रौद्योगिकी क्षमता का निर्माण' में खासतौर पर सरकार की ओर से देसी उत्पादन की ढकोसलेबाज प्रतिबद्धता को देखा, जिसके फलस्वरूप भारत की उपलब्धियाँ निराशाजनक रही हैं। लेकिन बड़ा सवाल यही है कि भारत सरकार ने निजी वस्तुओं के उत्पादन के कारोबार में कदम रखा ही क्यों? इस सवाल का जवाब वैचारिक आधारों के सिवाय अन्य किसी भी आधार पर संतुष्ट करने लायक नहीं रहा है, जबकि शुरुआत से ही उपयुक्त निवेश की व्यवस्था को लागू कर दिया गया होता, जिसमें अंतरराष्ट्रीय व्यापार के सशक्त संपर्क होते, तो निजी पूँजी को कहीं अधिक प्रभावी ढंग से जुटाकर इन उत्पादों को कम कीमत और बेहतर गुणवत्ता के साथ बनाने में लगाया जा सकता था। इस सोच के साथ चलने पर सरकारी संसाधनों को उन क्षेत्रों में निवेश के लिए मुक्त कराया जा सकता था, जिनमें निजी उपक्रम विशेष रूप से कम स्पर्धी हैं।

एक अलग दृष्टिकोण से देखें तो सरकार को यदि निजी उत्पादों को बनाने पर ही ध्यान केंद्रित करना था, तो भारत संभवत: इससे बेहतर स्थिति में होता, बशर्ते सरकार सामने दिखनेवाले उत्पादों पर कम और शिक्षा तथा स्वास्थ्य सेवा के माध्यम से मानव पूँजी पर अपना ध्यान केंद्रित करती, जैसा कि लवीश भंडारी और के. शिवा कुमार ने अलग-अलग तरीकों से अपने-अपने अध्यायों 'शिक्षा तथा कौशल का विस्तार' और 'स्वास्थ्य समस्याओं का सामना' में सुझाया है। भले ही इस प्रकार की सेवाएँ आम तौर पर निजी वस्तुएँ हैं, लेकिन किसी बाजार में उनका उत्पादन असंभव नहीं तो कठिन अवश्य है, क्योंकि कई अव्यावहारिक प्रोत्साहन रहते हैं और इस कारण भी कि उनमें अर्ध-सामूहिक सामान की कुछ विशेषताएँ होती हैं। किसी भी स्थिति में सरकार

इन क्षेत्रों में दखल देती है या नहीं या किस प्रकार से दखल देती है, यह भी महत्त्व रखता है।

भारत सरकार की ओर से निजी सामानों के उत्पादन की जिम्मेदारी उठाने का मूल्यांकन चाहे कोई किसी भी प्रकार से कर ले, इस रणनीति की खामियों को दूर किया जा सकता था, यदि भारतीय नीति-निर्माताओं का ध्यान उसके साथ-साथ उन पर भी गया होता, जो सिर्फ सरकार ही कर सकती है : सार्वजनिक वस्तुओं का उत्पादन और प्रभावी कानून-निर्माण, प्रशासन और न्याय के लिए सशक्त संस्थानों का गठन। दुर्भाग्य से भारत में दोनों में से एक भी काम अच्छी तरह नहीं किया गया। सार्वजनिक वस्तुओं का बंदोबस्त आज भी राज्य के प्राथमिक कर्तव्यों में शामिल है, क्योंकि गैर-अपव्यय, गैर-प्रतिद्वंद्वी होने के कारण बाजार की व्यवस्थाओं में आम तौर पर उनका उत्पादन कम ही होता है।

इसके फलस्वरूप चाहे वह प्रत्यक्ष रूप से न दिखनेवाली चीजें (जैसे कानून-व्यवस्था, राष्ट्रीय सुरक्षा, पर्यावरण की गुणवत्ता और सार्वजनिक स्वास्थ्य) हों या प्रत्यक्ष दिखनेवाली चीजें (जैसे सार्वजनिक बुनियादी ढाँचा), जैसा कि राजीव लाल और ऋतु आनंद ने अपने अध्याय 'परिवहन संरचना के आधुनिकीकरण' में बताया है, राज्य की भूमिका इन परिसंपत्तियों के निर्माण में अहम होती है। हालाँकि भारतीय समाजवाद उन स्तरों पर इन वस्तुओं का उत्पादन करने में विफल रहा, जिनका होना तेज तरक्की के लिए आवश्यक था। इसका कारण यह है कि सरकार का ध्यान भारी उद्योगों और अर्थव्यवस्था के अन्य रणनीतिक क्षेत्रों को बढ़ावा देने की मृग मरीचिका की ओर भटक गया था। इसके फलस्वरूप उन महत्त्वपूर्ण पूरकों का घोर अभाव था, जो शायद निजी कंपनियों को भारतीय अर्थव्यवस्था के विकास में सार्थक योगदान करने में सक्षम बना सकते थे। निजी उपक्रम को दबाने के कारण पैदा हुई इस कमी ने समस्याओं को कई गुना बढ़ा दिया।

दूसरी विफलता भी इतनी ही दुर्बलता लानेवाली थी। कानून, नीतियों तथा नियमों को तटस्थ, दक्ष और निष्पक्ष रहकर लागू करनेवाले संस्थानों में निवेश न कर पाने का परिणाम यह हुआ कि सार्वजनिक नीतियाँ इस प्रकार लागू नहीं की जा सकीं जैसा कि आर्थिक विकास या प्रभावी शासन के लिए किया जाना अनिवार्य था। भारत ने ब्रिटिश राज से नौकरशाही का एक उल्लेखनीय उपकरण विरासत में पाया, भारतीय सिविल सेवा, जो 'स्टील फ्रेम' के नाम से विख्यात है, जिसका रूप बाद में बदला और वह भारतीय प्रशासनिक सेवा बन गया। आजादी के बाद इस कुलीन समूह के साथ कुछ सहयोगी सेवाएँ जुड़ गईं, जो देश के पुरातत्त्व से लेकर जंतु-विज्ञान तक की देखरेख करने लगीं।

हालाँकि जरूरत से ज्यादा नियंत्रित देश में ऐसी नौकरशाही के अंदर की क्षमता इसकी वास्तविक जरूरतों के मुकाबले दयनीय रूप से कम ही रही। इसके परिणाम और भी गंभीर हुए। तुषार शाह और शिल्प वर्मा ने 'जल प्रबंधन की समस्या का निपटारा' अध्याय में यह जीवंत उदाहरण दिया कि कैसे विशेष क्षेत्र की जानकारी रखनेवाले नौकरशाहों को भी सही ट्रेनिंग नहीं मिलती है और उनकी सोच की दिशा भी सही नहीं होती, जिससे पूरी भारतीय अर्थव्यवस्था पंगु बनकर रह जाती है। सभी भारतीय सिविल सेवाओं में कार्मिकों की गुणवत्ता, संस्थानों का पेशेवर रवैया और अपेक्षित राजनीतिक तटस्थता में समय के साथ गिरावट दर्ज की गई।

फलस्वरूप भारत में प्रशासनिक और नियामक सार्वजनिक सेवा के निकाय भारत की

अर्थव्यवस्था और राजनीति की बढ़ती जटिलता का सामना नहीं कर पा रहे हैं। हाल के दिनों में आंतरिक उदारीकरण और कई दशकों के बाद अंतरराष्ट्रीय एकीकरण से प्रेरित अर्थव्यवस्था में परिवर्तन ने नई और अधिक गंभीर समस्याएँ पेश की हैं, जो बाजार और सरकार के जटिल मेल-मिलाप के कारण पैदा हुई हैं, जिन्हें सुलझाना सामान्य जानकारीवाली नौकरशाही के लिए संभव नहीं है।

इस प्रकार की समस्याएँ राजनीति में जिस रूप में दिखीं, उनका कारण सत्ता का बढ़ता विकेंद्रीकरण और पूरे भारत में होनेवाली सामाजिक क्रांति है, जो धीरे-धीरे पैर पसारती बाजार की अर्थव्यवस्था की वजह से संभव हो रही है, जिसमें अपने ही विजेता और पराजित लोग होते हैं। इन ताकतों ने 'माँग की राजनीति' के दबावों को इतना बढ़ा दिया है, जितना इतिहास में कभी देखा नहीं गया था, जिसका बोझ विविधता के गुणवानर भारतीय नौकरशाही पर बढ़ता जा रहा है। भारतीय राज्य में संस्थागत क्षमता की कमजोरियों के कारण समाजवादी कमी में पैदा हुई भ्रष्टाचार की पारंपरिक समस्याओं ने अब राजनीतीकरण, भाई-भतीजावाद और अयोग्यता की अन्य बाधाओं को भी जन्म दे दिया है। दुर्भाग्य से इस तरह की समस्याएँ ऐसे समय में खड़ी हुई हैं, जब स्वयं भारतीय नौकरशाही, राजनीतिक आकाओं के साथ इसके संबंध, मिलकर निर्णय लेने और नीति-निर्माण की प्रक्रियाएँ और भी जटिल एवं बोझिल हो गई हैं और एक ऐसी निराशाजनक स्थिति पैदा हो गई है, जिसे विवेक देवराय ने अपने अध्याय प्रशासनिक घाटे में भूल-सुधार में कुशलता के साथ बताया है।

व्यापक सुधार के लिए अनिवार्य और संक्षिप्त दृष्टि की प्राथमिकता

तो संक्षेप में यह विस्तृत दृष्टिकोण बताता है कि समाजवाद के साथ भारत का दुर्भाग्यपूर्ण प्रयोग एक दुखद स्थिति के रूप में सामने आया, जो न तो इसे तरक्की दिला सका और न ही संपत्ति का स्वामित्व। इन दोनों की विफलताओं ने फिर उदारवादी लोकतंत्र और नागरिक राष्ट्रवाद की सफलता को खतरे में डालने की साजिश की, जिनमें से नागरिक राष्ट्रवाद अधिक समृद्धिशाली और स्वतंत्रता के बाद की परियोजना की बुनियाद है। इसी प्रकार भारत में समग्र सुधार की आवश्यकता है। और कोई आसान सा विश्लेषण चाहे कुछ भी सुझाए, महज राज्य का स्थान बाजार के ले लेने भर से सुधार का प्रयास पूरा नहीं हो सकता है।

इसकी बजाय सुधार को तीन अलग-अलग रास्तों से एक साथ गति देने की आवश्यकता है : उन क्षेत्रों में राज्य की भूमिका और सहभागिता में कमी, जहाँ इसे तुलनात्मक रूप से लाभ नहीं मिलता, जैसे निजी वस्तुओं का उत्पादन, भले ही जिन्हें पारंपरिक तौर पर अर्थव्यवस्था का 'रणनीतिक' क्षेत्र ही क्यों न कहा जाए। बेहतर प्रशासनिक, नियामक और अदालती सार्वजनिक संस्थानों के माध्यम से राज्य के योगदान तथा प्रभावकारिता को बढ़ाने के साथ ही प्रत्यक्ष और अप्रत्यक्ष दिखनेवाली सार्वजनिक वस्तुओं का भी अधिक कुशलता से उत्पादन। और उपकरणीय उचित सार्वजनिक नीतियों के लिए राज्य की क्षमता में सुधार, जिन्हें अन्य बातों के अलावा बाजार की चुनौतियों के समक्ष जहाँ तक संभव हो, परखा जाना चाहिए। इस सेकुलर अवधि के दौरान भारतीय सफलता की संभावनाएँ एक विस्तृत, कुशल बाजार के साथ ही प्रभावी,

कानूनी–न्यायोचित राज्य पर निर्भर करती हैं। लिगिया नोरोन्हा ने अपने अध्याय 'पर्यावरण का प्रबंधन' में स्थिरता को आर्थिक मूल्यवाली वस्तु के साथ पेश किया है, जिसे राज्य की ओर से बाजार में प्राथमिकता देने के साथ ही सुरक्षा देनी चाहिए। यह दिखाता है कि इस तरह का मॉडल हासिल किया जा सकता है, क्योंकि यह आवश्यक है।

1991 के संकट के तुरंत बाद सुधार के जिन प्रयासों की शुरुआत हुई, वे सिर्फ शुरुआती कदम थे, जिन्हें भारतीय राजनीतिक जीवन को भ्रष्ट करनेवाले भारतीय समाजवाद के दुष्प्रभावोंवाली विरासत को समाप्त करने के लिए लागू किया गया था। इस प्रयास की शुरुआती सफलता इस सदी के पहले दशक में दिखने लगी, जब भारत ने विकास की अप्रत्याशित दरें हासिल कीं, जिनका अनेक भारतीयों को भयंकर गरीबी से मुक्त कराने में भी भारी लाभ मिला। इस उपलब्धि से भारत को महत्त्वपूर्ण अंतरराष्ट्रीय पहचान भी मिली और यह उम्मीद जगी कि यह देश आखिरकार अपने दम पर 'छलाँग' लगाने के लिए तैयार है, जिसकी प्रतीक्षा इसे कई दशकों से थी। पिछले पाँच वर्ष भारत की आर्थिक और प्रतिष्ठा संबंधी भाग्य के लिए बेहद क्रूर साबित हुए और ऐसा लगा, मानो पुरानी कहावत की पुष्टि करने पर तुला था कि भारत को भविष्य का देश बनने में अनगिनत वर्ष लगेंगे।

इसमें संदेह नहीं कि भारत के आर्थिक प्रदर्शन को धीमा करने में वैश्विक वित्तीय संकट ने भी अपनी भूमिका निभाई। लेकिन सच्चाई यही है, चाहे सरकार के प्रवक्ता इसका कितना ही खंडन क्यों न करें, कि भारत इस कारण लड़खड़ाया, क्योंकि जब सबसे ज्यादा जरूरत थी, तब इसका राजनीतिक नेतृत्व विफल साबित हुआ। नई दिल्ली में 2008 से ही सत्ता और अधिकार का जैसा बँटवारा हुआ, उसने ऐसी परिस्थिति बनाई कि आगे के सुधारों को गति नहीं मिल सकी और इससे भी खतरनाक तो यह हुआ कि लोकलुभावन समाजवाद की असहज करनेवाली पुरानी बातों की झलक दिखा दी, जिसमें इसकी सारी गंदगी शामिल थी। हालाँकि भारत के लिए बार–बार इस तरह लड़खड़ाना महँगा साबित हो सकता है : आए दिन दूषित माहौल बना रहेगा तो 'हर पुरुष और स्त्री के लिए न्याय और जीवन की संपूर्णता को सुनिश्चित' करना और भी कठिन हो जाएगा।

सी. राजा मोहन ने जहाँ अपने अध्याय 'विदेश नीति का कायाकल्प' में जैसा बताया है कि एक स्पष्ट विदेश नीति की दृष्टि के बिना भारत समय बरबाद कर रहा है, उस स्थिति में यह और भी खतरनाक है कि दुनिया इससे आगे निकलती जा रही है। अमरीका जैसे भारत के रणनीतिक साझीदार और यूरोप तथा एशिया में सत्ता के प्रमुख केंद्र, इस बात से हैरान हैं कि जिन मुद्दों के साथ भारत का हित व्यापक रूप से जुड़ा है, उनमें भी नई दिल्ली में सहयोग की क्षमता नहीं दिखती। इस बीच इसके साथ होड़ में शामिल, पाकिस्तान और चीन और भी खतरनाक रूप से विकसित हो रहे हैं। पाकिस्तान अपनी कमजोरियों के कारण और चीन अपनी ताकत के कारण। ऐसे समय में जब भारत के सामने एक सच्ची महाशक्ति बनने की उम्मीद दिख रही है, जैसा कि इसके इतिहास में पहले कभी नहीं देखा गया था, तब आंतरिक रूप से संतुलन बनाए रखने की हाल की भारतीय विफलताएँ, बाहरी संतुलन को स्थापित करने के प्रयासों को खारिज करने के कारण घातक और गलत साबित हो सकती हैं।

यदि भारत की सबसे स्पष्ट दिखनेवाली विफलताएँ आज भी आर्थिक बंदोबस्त और राजनीतिक रुख के कारण हैं, जिन्हें विभिन्न प्रकार की काल्पनिकता से प्रेरणा मिलती है, तो सुधार के उपाय एक या किसी भ्रम के रूप में नहीं मिलनेवाले। न्यूयॉर्क के पूर्व गवर्नर मारियो कुओमो ने इस बात को बखूबी कहा, जब उन्होंने ऐलान किया, "आप पद्य से प्रचार करते हैं। आप गद्य से शासन करते हैं।" सुधार के साथ भारत को उच्च विकास की राह पर फिर से ले जाना एक जटिल और जुटे रहनेवाला कार्य रह जाएगा, जिसके लिए जैसा कि कार्ल पॉपर ने एक बार कहा था, 'खुदरा सामाजिक इंजीनियरिंग' करनी पड़ेगी। यह ऐसी स्थिति होगी, जब यह अपनी आबादी की भौतिक जरूरतों को पूरा कर सकेगा, अपनी राजनीति के लोकतांत्रिक आदर्शों को जीवंत बना सकेगा और अपने अंतरराष्ट्रीय साझीदारों की उम्मीदों को सही ठहरा सकेगा। यह व्यक्तियों को सशक्त बनाने की सोच को लेकर चाहे कितना ही नाटक क्यों न कर ले और राज्य को उपयुक्त रूप से शक्तिशाली भी बना ले, फिर भी भविष्य में लक्ष्यों की दिशा की ओर बढ़ने में सहायक ऐसे सुधारों में अकसर जटिल तकनीकी समस्याएँ खड़ी हो जाती हैं। उनके लाभकारी प्रभाव सिर्फ एकत्रीकरण, निरंतर कार्यान्वयन से ही सामने आएँगे। दूसरे शब्दों में, इसके लिए वैसा ही कमरतोड़ परिवर्तन करना होगा, जिसका सुझाव इला पटनायक के अध्याय 'व्यापक आर्थिक स्थिरता को बनाए रखना' में है। इसमें दूरदर्शिता को संक्षिप्त दृष्टि में बदला गया है और अंत में इसी का महत्त्व होता है।

इस खंड में यह भी पूरी तरह स्पष्ट हो गया है कि सुधार का केंद्र अब निर्णायक रूप से केंद्र की बजाय राज्यों की तरफ चला गया है। भारत में पहली पीढ़ी के सुधार से जुड़े परिवर्तनों में उत्पादन के कोटा का उन्मूलन, आंतरिक बाजारों को धीरे-धीरे स्वतंत्र करना और अंतरराष्ट्रीय व्यापार को लेकर अधिक खुलापन शामिल था, जिन्हें नई दिल्ली से तेजी से बढ़ाया जा सकता है। इसके लिए काफी सरल काररवाई की जरूरत है, जिसे अकसर शासकीय काररवाई द्वारा किया जा सकता है। यह तो भारतीय संविधान का भला हो, जिसके कारण सुधार के आगे के कई सबसे महत्त्वपूर्ण कदम राज्यों के स्तर पर उठाए जाएँगे, जिनमें से कई की पहचान इस पुस्तक में की गई है और जो सामान्य रूप से बाजारों के उदारीकरण के कारक (जो पहली लहर के विपरीत है, जिसमें उत्पाद बाजारों पर फोकस किया गया था) से संबंधित हैं। इसके मुताबिक ऐसी संभावना है कि भारत में आनेवाले समय में आर्थिक उदारीकरण विभिन्न स्तरों पर दिखेगा, क्योंकि उनतीस (या भविष्य में इससे अधिक) राज्य अलग-अलग रफ्तार से विभिन्न रास्तों पर चलेंगे।

ऐसा बस इस वजह से भी है, क्योंकि जिस प्रकार अधीनता का सिद्धांत बताता है कि सबसे अच्छा यह होता है कि सामाजिक नीति का निर्माण निम्नतम स्तर पर उपयुक्त अधिकारियों द्वारा बनाया जाए : भारत में इसका मतलब है कम-से-कम इस समय, इस देश के तमाम राज्यों के स्तर पर, भले ही भविष्य में आर्थिक निर्णय लेने की व्यवस्था इससे भी निम्न स्तर तक जाए, जैसे शासन के तीन स्तर होते हैं, जिनमें ग्रामीण इलाकों में पंचायत होती है और शहरी में नगर निगम। भारत की गहरी जटिलताओं को देखते हुए अधीनता के सिद्धांत को सिर्फ शुरुआत में राज्यों के स्तर पर प्रणालीबद्ध लागू किया जाना ही यह सुनिश्चित करेगा कि

भविष्य के सुधार इसके नागरिकों की इच्छाओं और आकांक्षाओं के अनुरूप हों। इस तरह के तरीकों से हद से अधिक विकेंद्रीकरण का जोखिम हो सकता है, लेकिन इसकी कमियों की भरपाई सुधार की अनेक प्रयोगशालाओं के तैयार होने और अकसर देश के आकार के प्रतिष्ठानों के बीच स्पर्धा से मिलनेवाले फायदों से हो जाएगी। और तब दूर की दृष्टि को संक्षिप्त दृष्टि में बदलना अपने आप में ही दिलचस्प प्रयास बन जाता है।

अपने मौलिक लेखों से यह खंड ऐसे विचारों को पेश करता है, जो बताते हैं कि भारत के आगे बढ़ने के दौरान संक्षिप्त दृष्टि से कैसी बातें सामने आ सकती हैं। 2014 के आम चुनावों की बात करें तो इसके नतीजे यह तय करने में मुख्य भूमिका निभाएँगे कि क्या भारत तेज विकास की उड़ान को फिर से आगे बढ़ा सकेगा या नहीं। लेखों का यह संग्रह भारत के बाईस विशिष्ट विद्वानों को एक साथ लाता है, जो सुधार के विभिन्न पहलुओं पर अपने विचार रख रहे हैं, जिन्हें अगली सरकार को अवश्य अमल में लाना चाहिए। इस प्रकार प्रत्येक अध्याय का ध्यान इस बात पर है कि अगर भारत को अपनी आर्थिक चमक फिर से हासिल करनी है तो आनेवाली सरकार को हर हाल में क्या करना होगा। इस उद्देश्य से इस प्रकार के विश्लेषण नीति के तात्कालिक कदमों पर पूरी तरह से केंद्रित हैं। लेकिन हर मामले में उनके सुझाव प्रमुख चुनौतियों को उनकी नीति के क्षेत्र के अनुसार विस्तार से बताते हैं और यह भी बताते हैं कि उनका महत्त्व भारत के आर्थिक भविष्य से क्यों जुड़ा है।

स्पष्ट रूप से इस प्रकार के किसी भी संग्रह में कई महत्त्वपूर्ण विषय छूट जाते हैं। यह उम्मीद करते हैं कि ऐसे विषय और जिन विषयों पर इस पुस्तक में चर्चा की गई है, आगे के विद्वत्तापूर्ण परीक्षण और सार्वजनिक बहस का विषय बनेंगे। हालाँकि यह खंड यदि भारत को अधिक सफल देश के साँचे में ढाल पाता है और इस विषय पर बहस की शुरुआत कर देता है कि नई सरकार उस उद्देश्य को पूरा कैसे कर सकती है, तो इसका मकसद पूरा हो जाएगा। न तो भारत और न ही विश्व और विशेष रूप से अमरीका अगले पाँच वर्षों तक भारत को किस्मत के भरोसे नहीं छोड़ सकता है।

नोट

1. अरविंद वीरमानी, द गॉड दैट फेल्ड, टाइम्स ऑफ इंडिया, 21 नवंबर, 2013

अध्ययन के सुझाव

संजय बारू, स्ट्रैटेजिक कंसीक्वेंसेज ऑफ इंडियाज इकोनॉमिक परफॉरमेंस, होबोकेन, एनजे, टेलर एंड फ्रांसिस, 2013

अरविंद पनगढ़िया, इंडिया : द इमरजिंग जायंट न्यूयॉर्क : ऑक्सफोर्ड यूनिवर्सिटी प्रेस, 2008

आशुतोष वार्ष्णेय, बैटल्स हाफ वोन : इंडियाज इमप्रोबेबल डेमोक्रेसी, नई दिल्ली : पेंग्विन, 2013

अनुक्रम

अध्याय-1

व्यापक आर्थिक स्थिरता बनाए रखना

—इला पटनायक

भारत की दीर्घकालीन विकास की संभावनाएँ ज्यादा रहती हैं। यहाँ के युवा औपचारिक शिक्षा और व्यावहारिक प्रशिक्षण प्राप्त कर रहे हैं। आंतरिक और अंतरराष्ट्रीय व्यापार के फायदे बढ़ रहे हैं, जबकि राज के तत्त्व मौजूद हैं, लेकिन भारत ने काफी हद तक बाजार अर्थव्यवस्था को प्राप्त कर लिया है। यद्यपि बाद में भारत में तेजी से मंदी आई है। दो साल पहले अर्थव्यवस्था ने जबरदस्त आशावाद उत्पन्न किया था। आज दीर्घकालीन आशावाद बरकरार रहने के बावजूद व्यापक निराशावाद प्रबल है। इससे यह सुनिश्चित करते हुए कि भारत स्थिर राज्य विकास के रास्ते पर रहा है, व्यापक आर्थिक स्थिरता की नीतियों पर नए सिरे से फोकस करना जरूरी हो गया है, जो व्यवसाय चक्र को निरुत्साहित कर सकती हैं।

अर्थव्यवस्था की स्थितियाँ चुनौतीपूर्ण हैं। लोगों का झुकाव सोने की तरफ होने से बचत कम हो गई है। सरकार की राजकोषीय सुदृढता पर प्रश्नचिह्न लगा है। मंदी में जो कुछ भी हो रहा है, वह अनिवार्य रूप से तेजी की स्थिति से संबंधित है, जो पहले थी। तेजी के वर्षों के दौरान अनुचित व्यापक अर्थव्यवस्था नीति ने मुश्किलों का बीज बोया था, जो आज दोषपूर्ण राजकोषीय रवैए और अनुचित मौद्रिक नीति के साथ दिखाई दे रहा है, जिसने भारत को सबसे ज्यादा ऋण के भार से दबा दिया है।

निवेश परियोजनाओं, विशेष रूप से ढाँचे द्वारा सामना की जा रही अनुमोदनों और कानूनी अड़चनों की समस्याओं पर काफी फोकस करना है। यद्यपि उन परियोजनाओं को मंजूरी दे दी गई है, जो पहले से ही विलंबित हैं; लेकिन उन्हें अभी भी वित्तीय व्यवस्था में गंभीर अवरोधों का सामना करना पड़ेगा। वे बैंक, जो तेजी के दौरान बुनियादी ढाँचों को ऋण दे रहे थे, वे अब अगले ढाँचा निवेश का आर्थिक प्रबंध करने में असमर्थ हैं।

बड़े चालू खाता घाटे से देश को पूँजी के आगमन की आवश्यकता है। अभी भी पूँजी के प्रवाह का नीतिगत ढाँचा पुराना है और सीमा पार से प्रवाह पर कई प्रतिबंध हैं, जबकि भारत ने वास्तव में पूँजी लेखा उपलब्ध कराया है, लेकिन ऐसे कई असंख्य पूँजी नियंत्रण मौजूद हैं, जो पूँजी का प्रवाह नहीं होने देते हैं। वर्ष 2013 में नीति-निर्माताओं ने रुपए को बचाने के प्रयास में संदिग्ध दुष्कर कार्य शुरू किया, जो असफल रहा तथा अनिश्चितता में वृद्धि का कारण बना। यह प्रकरण

इस बात की याद दिलाता है कि आज भारत में व्यापक वित्त नीति विशेष प्रवृत्ति का मामला है, जिसमें गहरी संस्थागत नींववाले सुज्ञात ढाँचे की कमी है। हमारा देश एक दूसरे संकट से ग्रस्त है।

वैश्विक वित्त बाजार में कई सालों तक उथल-पुथल मची रहने की संभावना है, जब तक अमेरिका में सामान्य स्थिति नहीं हो जाती है। जब तक ऐसा होगा, तब तक अंतरराष्ट्रीय बाजार कई झटके खा चुका होगा। किसी देश की घरेलू अर्थव्यवस्था में गहरे और तरल बाजार के झटके को सहनेवाले आवश्यक तत्त्व हैं, जिनके द्वारा अंतरराष्ट्रीय वित्तीय एकीकरण के जोखिम भरे सागर में गोता लगाया जा सकता है। इस प्रकार के गहरे और तरल बाजारों को प्राप्त करने के लिए मौजूदा नियामक ढाँचे में पूर्णतया बदलाव करते हुए वृहद् पैमाने पर वित्तीय क्षेत्र में सुधार करने की जरूरत है।

वर्ष 2008 से इन बदलावों ने भारत के व्यापक आर्थिक और वित्तीय स्थिरता के लिए उचित ढाँचे की कमी को बढ़ा दिया है। जब भारत कम आमदनीवाला देश था तथा इसका चालू एवं पूँजीगत खाता काफी हद तक सीमित था तो यह वर्तमान संस्थागत, कानूनी और नियामक ढाँचे को बरदाश्त कर सकता था, लेकिन इस विकासशील देश की संस्थागत मशीनरी और @2 ट्रिलियन की अर्थव्यवस्था की आवश्यकता के बीच बहुत ज्यादा असंतुलन है। जब तक भारत अपने राजकोषीय, वित्तीय और मौद्रिक नीतिगत ढाँचे में सुधार नहीं करेगा, व्यापक आर्थिक और वित्तीय अनिश्चितता बढ़ती ही जाएगी।

व्यापक आर्थिक स्थिरता महत्त्वपूर्ण क्यों है?

भारत में नीति निर्माण प्रायः इस पूर्वधारणा पर आधारित होता है कि अर्थव्यवस्था विकास दर की रेखीय प्रवृत्ति का अनुसरण करेगी। निस्संदेह यह माना जाता है कि भारतीय अर्थव्यवस्था में व्यवसाय चक्र नहीं होता है, पुरानी समाजवादी सोच की निरंतरता के साथ जब सरकार ने अर्थव्यवस्था में निवेश के स्तर को निर्धारित किया तो अर्थव्यवस्था का एक बड़ा हिस्सा कृषि था और यह मानसून पर निर्भर था और सेवाओं का उत्पादन सरकार द्वारा निर्धारित था। जब भारत समाजवादी विकासशील देश था तो इसके द्वारा अनुभव की गई अचानक मंदी बहिर्जात झटके जैसे सूखा, तेल की कीमतों और युद्धों के कारण थी। यहाँ की अर्थव्यवस्था में उस प्रकार का निवेश-वस्तु सूची चक्र नहीं था, जिस प्रकार का सभी बाजार अर्थव्यवस्थाओं में देखा गया।

इन पुरानी प्रवृत्तियों को अभी तक खत्म नहीं किया जा सका है, जबकि भारत में अब बाजार-अर्थव्यवस्था है और धीरे-धीरे यह विकासशील देश से उभरते हुए बाजार की तरफ आगे बढ़ रहा है। सरकारी अधिकारियों और व्यवसायों; दोनों का इस बात पर भरोसा प्रतीत होता है कि भारत ऐसा देश है, जहाँ इसकी अर्थव्यवस्था बिना किसी उतार-चढ़ाव के वृद्धि दर रवैए में निहित है। प्रत्येक चक्रीय उतार-चढ़ाव को प्रायः वृद्धि दर की नई सामान्य या नई प्रवृत्ति के रूप में माना जाता है। यद्यपि विशिष्ट उभरती हुई अर्थव्यवस्था के रूप में भारत की वृद्धि दर चक्र प्रवृत्ति के आसपास घूमती है। उभरती हुई अर्थव्यवस्था व्यवसाय चक्र आधुनिक अर्थव्यवस्थाओं की अपेक्षा ज्यादा परिवर्तनशील है। भारत की वृद्धि दर 4 से 10 प्रतिशत के बीच झूलती रहती है, जो अमेरिका की वृद्धि दर से बिल्कुल भिन्न है, जहाँ पर वृद्धि दर की पहुँच ज्यादा मामूली है।

भारतीय अर्थशास्त्र में सबसे महत्त्वपूर्ण एकल मुद्दा उच्च और सतत विकास की प्रवृत्ति की वृद्धि प्राप्त करना है। अनुमानतः यदि भारत को तेज उतार-चढ़ाव के साथ उच्च औसत प्रवृत्ति विकास दर और कम औसत प्रवृत्ति विकास दर, जो निर्बाध और स्थिर है, के बीच चुनाव करना हो तो वह कम औसत प्रवृत्ति विकास दर को ही चुनेगा। उदाहरण के तौर पर, दक्षिण कोरिया में वर्ष 1997 एवं 2008 में दर्दनाक व्यापक आर्थिक संकट उत्पन्न हुआ, यद्यपि दक्षिण कोरिया ने भारत की अपेक्षा उच्च विकास की प्रवृत्ति को प्राप्त किया और इसके परिणामस्वरूप वह अब समृद्ध देश है। यदि महत्त्वपूर्ण संकट को टाल दिया जाता तो भारत दक्षिण कोरिया की अपेक्षा बेहतर स्थिति में होता।

जबकि इन उतार-चढ़ावों को ज्यादा खराब नहीं माना गया, लेकिन सकल घरेलू उत्पाद का उतार-चढ़ाव इस हद तक चिंताजनक है कि वह विकास की प्रवृत्ति को नुकसान पहुँचा सकता है। कई ऐसे तंत्र हैं, जिनके द्वारा उच्च उतार-चढ़ाव विकास की प्रवृत्ति को नुकसान पहुँचाते हैं। वित्तीय संकट, उच्च मुद्रास्फीति या राजकोषीय संकट जैसी घटनाएँ कभी-कभी लंबी अवधि की धीमी गति से विकास उत्पन्न करती हैं। इसी प्रकार, यदि सरकार बाजारों के विकास में बाधा डालते हुए और बाजारों में कीमतें स्थिर रखते हुए स्वाभाविक ढंग से हस्तक्षेप करती है जैसा भारत में कभी-कभी होता है तो इसकी परिणामी विकृतियाँ संसाधन के गलत आवंटन उत्पन्न कर सकती हैं और दीर्घकालीन बाजार तंत्र के स्वस्थ कामकाज में बाधा डालती हैं। इससे राज्य की दीर्घकालीन स्थिर विकास दर कम हो जाती है।

- **वित्तीय संकट :** बड़े उछाल में निवेश और ऋण का बहुत ज्यादा विस्तार होता है। जब मंदी आती है तो वित्तीय व्यवस्था में गिरावट के कारण विकास पर प्रतिकूल प्रभाव पड़ सकता है। इसे पहले से ही रोकने के लिए दो रणनीतियों—ठोस वित्तीय विनियमन और व्यापक आर्थिक स्थिरता की आवश्यकता होती है, जो व्यवसाय चक्र के उतार-चढ़ाव को कम कर देती है।
- **कीमत की स्थिरता :** व्यापक आर्थिक स्थिरता धीमी और स्थायी मुद्रास्फीति की समानार्थक है। सतत कम मुद्रास्फीति कम ब्याज दर के माहौल और सापेक्ष मूल्य में कम उतार-चढ़ाव के साथ होती है। इससे ऐसा माहौल उत्पन्न होता है, जिसमें निजी क्षेत्र अनुमान लगाने में ज्यादा समर्थ होते हैं। कम अनिश्चितता दीर्घकालीन निवेश को प्रोत्साहित करती है। भारत में कम और स्थायी मुद्रास्फीति वर्ष 1999 से वर्ष 2006 तक केवल सातों सालों के लिए ही बरकरार रही। इसके अलावा मुद्रास्फीति लगातार ऊँची और अस्थिर रही है, जो विपरीत ढंग से निवेश और विकास को प्रभावित करती है।
- **अनुचित हस्तक्षेप :** भारत में व्यापक नीतिगत माहौल में अर्थव्यवस्था में सरकार के हस्तक्षेप को उचित ठहराने की कम सीमा है। जब आर्थिक स्थितियाँ कठिन होती हैं तो सरकार की प्रवृत्ति अर्थव्यवस्था में बार-बार और अधिक विकृत रूप से हस्तक्षेप करने की होती है, लेकिन मामलों को सुधारने की बजाय इस हस्तक्षेप से सिर्फ सकल घरेलू उत्पाद के विकास की प्रवृत्ति और खराब होने लगती है।

- **राजकोषीय संकट :** खराब समय में कर की वसूली कम होती है और लोकलुभावन खर्च के लिए ज्यादा दबाव होता है। पुराने राजकोषीय तनाव के भारतीय माहौल में व्यवसाय चक्र की मंदी संभावित रूप से हानिकारक राजकोषीय संकट में बदल सकती है। राज्य कुछ सालों से इसी प्रकार के संकट में अशक्त हो सकता है, जो इस तरह से सकल घरेलू उत्पाद के विकास की प्रवृत्ति को नुकसान पहुँचा सकता है।

यह दूसरा चैनल उत्पन्न करता है, जिससे उच्च सकल घरेलू उत्पाद के विकास का उतार-चढ़ाव सकल घरेलू उत्पाद के विकास की प्रवृत्ति को कम कर सकता है।

उतार-चढ़ाव अपने आप खराब नहीं होते हैं, जबकि आर्थिक नीति को उच्च लंबे समय के विकास की प्रवृत्ति को प्राप्त करने पर फोकस करना चाहिए, भारत के लिए व्यापक आर्थिक और वित्तीय स्थिरता के लिए संस्थागत आधार उत्पन्न करना लाभप्रद है, जो इस प्रकार के विकास की अवस्था को स्थापित करेगा। व्यापक आर्थिक स्थिरता के लिए सुधार के चार तत्त्व-राजकोषीय समेकन, वित्तीय क्षेत्र में सुधार, पूँजी खाता परिवर्तनीयता और प्रति-चक्रीय मौद्रिक नीति की आवश्यकता है।

स्थिरीकरण के लिए ढाँचा

राजकोषीय समेकन

कुछ ऐसे सबूत हैं कि वर्तमान में भारत के पास अग्र चक्रीय राजकोषीय नीति है। जब अर्थव्यवस्था की स्थिति अच्छी होती है तो कर वसूली ज्यादा होती है और सरकार इसे ज्यादा खर्च करने के अवसर के रूप में देखती है। खराब समय में कर वसूली कम हो जाती है और राजकोषीय दबाव बढ़ जाता है। तब सरकार खर्च घटाने का प्रयास करने लगती है। यह अर्थव्यवस्था को और ज्यादा मंद कर देता है, अत: इससे व्यवसाय चक्र बिगड़ने लगता है। गंभीर राजकोषीय दबाव सरकार पर मुद्रास्फीति की योजना बनाने के लिए दबाव उत्पन्न करता है, जो अर्थव्यवस्था को स्थिर कर देता है।

इसके लिए दो तत्त्वों की आवश्यकता होती है। राजकोषीय नीति को मजबूती से गंभीर तनाव से दूर रहना जरूरी है और राजकोषीय नीति को अच्छे समय में अधिशेष और खराब समय में अभाव में सुचारु रूप से बदलाव होना चाहिए।

पहला मामला राजकोषीय सुदृढता का है। भारत को संकीर्ण राजकोषीय नीति के ढाँचे में गंभीर राजकोषीय संकट से धीरे-धीरे बाहर आने की आवश्यकता है। अच्छे समय में इसमें 2 से 3 प्रतिशत सकल घरेलू उत्पाद (केंद्र सरकार और पूरे राज्यों में समेकित) अधिशेष होना चाहिए और खराब समय में इसे इसी प्रकार के परिमाण में समेकित घाटे में परिवर्तित होना चाहिए।

राजकोषीय उत्तरदायित्व एवं बजट प्रबंधन अधिनियम, 2003 (और सन् 2012 में इसका संशोधन) में सरकार को राजकोषीय घाटे को कम करना तथा इसे स्थिर स्तर पर रखना जरूरी है। इससे प्रति-चक्रीय राजकोषीय नीति का कार्यक्षेत्र सीमित होता है। खराब समय में घाटा बढ़ नहीं सका और अच्छे समय में सरकार ने अधिशेष उत्पन्न नहीं किया। नई व्यवस्था की आवश्यकता

है, जिसके अंतर्गत सरकार खराब समय में राजकोषीय विस्तार कर सके। इस व्यवस्था के अंतर्गत प्राथमिक शेष कई सालों तक सकारात्मक रहेगा, अत: इससे यह सुनिश्चित होगा कि कुछ सालों में सकल घरेलू उत्पाद के लिए ऋण में कमी आएगी। यह राजकोषीय नीति के संकीर्ण ढाँचे की सहायता करती है, जो राजकोषीय संकट से सुरक्षा प्रदान करेगी, जो हमेशा भारत के दरवाजे पर दिखाई देता है।

किस प्रकार राजकोषीय नीति बनाई जाए, ताकि गिरावट में सकल घरेलू उत्पाद में 2 से 3 प्रतिशत के घाटे का विस्तार करके उसे 2 से 3 प्रतिशत सकल घरेलू उत्पाद के अधिशेष तक लाया जा सकता है। यह गतिविधि सहज स्थायीकारी या साधन से आनी चाहिए, जो सकल घरेलू उत्पाद के संकुचन के दौरान राजकोषीय विस्तार और तेजी के दौरान राजकोषीय संकुचन को बढ़ावा देता है, ताकि किसी भी विवेकाधीन काररवाई की आवश्यकता न हो। भारत के पास कॉरपोरेट आयकर के रूप में एक महत्त्वपूर्ण स्थायी कर है। महात्मा गांधी राष्ट्रीय ग्रामीण रोजगार गारंटी अधिनियम (NREGA) को यह सुनिश्चित करने के लिए सावधानी से तैयार किए जाने की आवश्यकता है कि संकुचन के दौरान व्यय की वृद्धि हो और विस्तार के दौरान कमी हो। नरेगा जैसे कार्यक्रमों में वर्तमान खतरे में बड़े खर्च शामिल हैं, जो व्यवसाय चक्र की स्थितियों के प्रति संवेदनशील हैं।

विचार की ये दोनों पंक्तियाँ दो तरफ से व्यापक आर्थिक स्थिरता में प्रेरित होती हैं। हमेशा मौजूद राजकोषीय संकट कम हो जाएगा और राजकोषीय नीति व्यवसाय चक्र के उतार-चढ़ाव को कम करे।

वित्त के लिए विनियामक और कानूनी ढाँचे को सुधारना

वित्तीय संकट विशेष रूप से उभरते हुए बाजारों में व्यापक आर्थिक अस्थिरता के मुख्य स्रोत हैं। भारत ने कष्ट की प्रतिकूल व्यवस्था का अनुभव किया है, जिसमें बैंकिंग संकट, अंतरराष्ट्रीय वित्तीय संकट, दिवालिया पेंशन प्रणाली और प्रतिभूतियों के घोटाले शामिल हैं।

इन समस्याओं का अनुमान लगाने के लिए वित्तीय विनियमन हेतु एक ठोस ढाँचे की आवश्यकता है। इनमें छह तत्त्व शामिल हैं—

1. **उपभोक्ता संरक्षण :** वे विनियम, जो उपभोक्ताओं के प्रति ज्यादा निष्पक्ष हैं, प्रणाली में जोखिम को कम करेंगे। वे वित्तीय फर्मों द्वारा गलत बिक्री और ऐसे जोखिम, जो चिट फंड और मल्टी लेवल मार्केटिंग योजनाओं में देखे गए हैं, को रोक सकेंगे। उपभोक्ता संरक्षण पोंजी योजनाओं द्वारा की जानेवाली धोखाधड़ी को कम करने में मदद करेगा। इसके लिए एक द्विआयामी रणनीति की आवश्यकता है। पहला उपभोक्ता संरक्षण सभी वित्तीय विनियमों का उद्देश्य होना चाहिए। इस उद्देश्य को प्राप्त करने के लिए विनियम लिखे जाने जरूरी हैं और यदि वे नहीं लिखे गए हैं तो उन पर पुनर्विचार करना और पलटना संभव होना चाहिए। दूसरा, देश के प्रत्येक जिले, शहर और गाँव में एक वित्तीय निवारण एजेंसी होनी चाहिए। इसमें तेजी से न्याय निर्णयन तंत्र होना चाहिए, जिसमें उपभोक्ता सुविधापूर्वक केस दर्ज कर सकें और इन केसों के सुलझने में कई साल न लग जाएँ।

2. **लघु-मितव्ययी विनियमन :** उपभोक्ता संरक्षण का एक मुख्य तत्त्व, जिसका व्यक्तिगत रूप से उल्लेख होता है, वह लघु-मितव्ययी विनियमन है, जिसमें नियामक एजेंसियाँ वित्तीय फर्मों पर असफलता की संभावना को कम करने का दबाव डालती हैं। इससे बैंकिंग संकट, दिवालिया पेंशन प्रणाली और प्रतिभूतियों के घोटाले को संबोधित करने में मदद मिलेगी।
3. **समाधान :** किसी भी वित्तीय प्रणाली में संस्थागत मशीनरी का मुख्य भाग समाधान निकाय है, जो संकटग्रस्त वित्तीय फर्मों का पता लगाता है और अपरिष्कृत उपभोक्ताओं के हितों को सुरक्षित करते हुए उन्हें बंद कर देता है। वर्तमान में इस प्रकार की एजेंसी की भारत में कमी है। इससे संकटग्रस्त वित्तीय फर्मों की बिना जाँच किए हुए आगे बढ़ते रहने और बड़ी समस्या में तब्दील होने को बढ़ावा मिलता है और उसके बाद ये फर्में ऐसी समस्याएँ खड़ी कर देती है कि सरकार को उन्हें अनिवार्य रूप से संबोधित करना पड़ता है।
4. **शॉक ऑब्जार्बर :** गहरे और तरल वित्तीय बाजार जोखिम अवशोषण के आवश्यक साधन हैं। जब बाजार धीमा होता है तो शॉक कीमतों में अतिशयोक्तिपूर्ण उतार-चढ़ाव उत्पन्न करते हैं। इसके अतिरिक्त, जब बाजार मंद होता है तो जोखिम का स्थानांतरण संभव नहीं होता है और कई वित्तीय फर्में अत्यधिक जोखिम को पकड़े रखती हैं।
5. **प्रणालीगत जोखिम विनियमन :** संपूर्ण भारतीय वित्तीय प्रणाली के बारे में एक मजबूत डाटाबेस को प्रणालीगत जोखिम पर संचालित एक परिष्कृत अनुसंधान कार्यक्रम में फीड करना जरूरी है, जो नियामक परिषद्, वित्तीय स्थिरता और विकास परिषद् द्वारा ठोस काररवाई को बढ़ावा देता है।
6. **नियामक संरचना और प्रशासन :** बिना अतिच्छादन और खामियों के एक ठोस नियामक ढाँचा स्थापित करना जरूरी है, जिसमें प्रत्येक एजेंसी के उद्देश्यों के बारे में स्पष्टता हो और जिसमें सभी एजेंसियाँ मजबूत जवाबदेही तंत्र द्वारा अच्छा प्रदर्शन करें।

वर्तमान में इन सभी तत्त्वों की कमी है। अत: वर्तमान माहौल ने अर्थव्यवस्था के प्रति जोखिम को बढ़ा दिया है। इस ढाँचे की अनुपस्थिति में नीति-निर्माता बार-बार संकट से ग्रस्त हो जा रहे हैं और इन संकटों से विशेष स्वभाववाले तरीकों से निपटते हैं। नीति-निर्माताओं की असंगत प्रतिक्रियाएँ प्रत्याशित जोखिम को बढ़ा देती हैं, ऐसा आर्थिक एजेंटों द्वारा कहा जाता है।

सेवानिवृत्त न्यायाधीश बी.एन. श्रीकृष्ण की अध्यक्षता में वित्तीय क्षेत्र विधायी सुधार आयोग ने सभी मौजूदा भारतीय वित्तीय कानूनों को हटाने और इन सभी समस्याओं को सुलझाने के लिए प्रस्तावित भारतीय वित्तीय संहिता का प्रारूप तैयार किया है। इस समय की आवश्यकता इस प्रारूप विधेयक को संसद् के अधिनियम में रूपांतरित करने की है।

पूँजी खाता परिवर्तनीयता

जैसा ऊपर जोर दिया गया है, व्यापक आर्थिक स्थिरता प्राप्त करने के लिए अंतरराष्ट्रीय वित्तीय संकट को दूर करना जरूरी है। इसका पूँजी खाता उदारीकरण के मामले से घनिष्ठ संबंध है।

भारत के पास पूँजी नियंत्रण की जटिल भूलभुलैया है। कई सार्वजनिक निकाय अपने दृष्टिकोण

से इस पर नियंत्रण रखते हैं। कई वित्तीय क्षेत्र के कानून और विनियम विदेशी निवेशकर्ताओं से पक्षपात करते हुए उनसे भारतीय निवेशकों से अलग व्यवहार करते हैं। आज यह ढाँचा इतना अव्यवस्थित है कि सरकार भी अपने खुद के नियमों को लागू करना मुश्किल कार्य समझती है। विदेशी प्रत्यक्ष निवेश और विदेशी पोर्टफोलियो निवेश की कई परिभाषाओं में प्रायः स्पष्टता और कानूनी निश्चितता की कमी है। पारदर्शी ढाँचे की कमी बार-बार उन निवेशकों को दूर कर देती है, जो भारत में पैसे लगाना चाहते हैं।

इन नियंत्रणों ने कई नीति-निर्माताओं के बीच इस प्रयासहीन दृष्टिकोण को बढ़ावा दिया है कि भारत अंतरराष्ट्रीय वित्तीय एकीकरण की समस्याओं के प्रति अतिसंवेदनशील नहीं है। यह दृष्टिकोण गलत है। यद्यपि विधिसम्मत पूँजी नियंत्रण की भूलभुलैया मौजूद है, व्यवहारतः आर्थिक एजेंट वैध और अवैध तरीके से बहुत बड़ी धनराशि सीमा पार ले जाने में सक्षम हैं। जब नियम शेयर का पक्ष लेता है, लेकिन ऋण का नहीं तो आर्थिक एजेंट इन लेन-देनों को शेयर के रूप में पुनः वर्गीकृत कर देते हैं। जब कानून सीमा-पार गतिविधियों को निषिद्ध कर देता है तो पूँजी का लेन-देन व्यापार के गलत चालान द्वारा किया जाता है।

कई ठोस सबूतों से यह स्पष्ट होता है कि विधिसम्मत प्रतिबंधों के बावजूद भारत वृहद् रूप से एक वास्तविक खुली अर्थव्यवस्था है। नियंत्रणों से परिवहन की लागत और भ्रष्टाचार बढ़ता है, लेकिन इससे अंतिम परिणाम नहीं बदलता है। उदाहरण के तौर पर, सितंबर 2008 में जब लीमैन ब्रदर्स का पतन हुआ तो भारतीय मुद्रा बाजार का विघटन सभी उभरते हुए बाजारों में सबसे खराब था।

यह सर्वविदित है कि उभरते हुए बाजार में पूँजी खाता खोलने से पहले राजकोषीय, वित्तीय और मौद्रिक नीति के लिए ठोस ढाँचा स्थापित करना जरूरी है। भारत के केस में यह राजकोषीय, वित्तीय और मौद्रिक नीति की क्षमता के अनुरूप नींव स्थापित किए बिना वास्तविक खुलेपन का खतरनाक परिग्रहण है।

वास्तविक से विधिवत् पूंजी खाता परिवर्तनीयता स्थानांतरण में दो प्रकार के फायदे हैं। पहला, नीति-निर्माताओं को उन जोखिमों से पूर्णतया अवगत होने की आवश्यकता है, जो वे ले रहे हैं; यहाँ पर कोई भी भ्रम नहीं होना चाहिए कि भारत पूँजी नियंत्रण द्वारा सुरक्षित है। दूसरा, किराए पर लेने की माँग, लेन-देन की लागत और वर्तमान ढाँचे से जुड़े भ्रष्टाचार का सफाया हो जाएगा।

उभरते हुए बाजार में विदेशी निवेशकों से जुड़ी मुश्किलें असममित जानकारी से गंभीर रूप से जुड़ी हैं। उदाहरण के तौर पर कनेक्टिकट का एक निवेशक, जो मोजांबिक के बारे में ज्यादा नहीं जानता है, वह विवेकी समूह, अचानक बंद और पूँजी प्रवाह लहर के प्रति संवेदनशील है, क्योंकि समस्या का मूल कारण असीमित जानकारी है। इस समस्या का समाधान वित्तीय वैश्वीकरण के साथ गहरे अनुबंध में निहित है। इसके लिए भारत में संचालन स्थापित करने के लिए विदेशी कोष प्रबंधकों के लिए सुविधाजनक (जो अब कर कानून द्वारा अवरुद्ध कर दिया गया है) बनाते हुए और ऐसा अनुकूल माहौल उत्पन्न करते हुए, जिससे वैश्विक वित्तीय फर्में भारत से संबंधित संगठनात्मक पूँजी और मानव पूँजी अर्जित करती हैं, पूँजी खाते में वस्तुतः से विधितः खुलेपन का स्थानांतरण जरूरी है।

भारत एक बड़ा उभरता हुआ बाजार है। एक बार जब भारत विधितः खुल जाएगा तो सभी बड़ी वैश्विक वित्तीय फर्में भारत में व्यापार करने लगेंगी। भारतीय मूल के व्यक्ति सभी बड़ी वैश्विक वित्तीय फर्मों में अग्रणी भूमिका निभाते हैं। छोटे उभरते हुए बाजार के विपरीत भारत के पास इस असीमित जानकारी पर काबू पाने तथा ज्यादा जानकार विदेशी निवेशकों को प्राप्त करने का उचित अवसर है।

कुल मिलाकर भारत पूँजी नियंत्रण की जटिल प्रणाली के साथ संकटपूर्ण स्थिति में है, जहाँ पर सुरक्षा प्रदान नहीं की जाती है, जो नीति-निर्माताओं के दिमाग में आत्मनिर्भरता का भ्रम पैदा करता है और जो वित्तीय वैश्वीकरण के साथ गहरे एकीकरण में रुकावट डालता है। यह ज्यादा सुरक्षित होगा यदि विधितः व्यवस्था को वस्तुतः सुधारा जाए।

मौद्रिक नीति

चौथा महत्त्वपूर्ण तंत्र, जिसके द्वारा व्यापार चक्र में अस्थिरता को कम किया जा सकता है, जवाबी चक्रीय मौद्रिक नीति है। अच्छे समय में ब्याज दर बढ़नी चाहिए, जो अर्थव्यवस्था को सुचारु ढंग से संचालित करती है। खराब समय में ब्याज दर कम होनी चाहिए, जो अर्थव्यवस्था को प्रेरित करती है। इस प्रकार की मौद्रिक नीति कम और स्थायी मुद्रास्फीति को प्राप्त करती है।

उचित ढंग से संरचित मौद्रिक नीति ढाँचा भावी मुद्रास्फीति का पूर्वानुमान, मुद्रास्फीति का कम उतार-चढ़ाव और स्थिरीकरण के लिए दबाव डालते हुए व्यापक आर्थिक स्थिरता को प्रभावित करता है। इनमें से कोई भी विशेषता भारत में आज दिखाई नहीं दे रही है।

भारत की उपभोक्ता कीमत मुद्रास्फीति वर्ष 2006 से 10 प्रतिशत प्रतिवर्ष तक बढ़ी है। भारतीय रिजर्व बैंक (RBI) के पास न तो स्पष्ट उद्देश्य या मुद्रास्फीति का उपाय है, न ही वह मुद्रास्फीति के लिए जवाबदेह है। मौद्रिक नीति कानून में भारत की मौद्रिक नीति के उद्देश्यों को परिभाषित करने की आवश्यकता है, क्योंकि यह ज्यादा आधुनिक और सबसे ज्यादा उभरती हुई अर्थव्यवस्थाओं में होता है। कानून में मौद्रिक नीति के साधनों को निर्धारित करना जरूरी है। इन उद्देश्यों को प्राप्त करने के लिए भारतीय रिजर्व बैंक को जवाबदेह बनाना और उसे स्वतंत्रता प्रदान करना जरूरी है।

भारत में मौद्रिक नीति पर निर्णय लेना अगले दो सालों में बहुत ज्यादा मुश्किल हो जाएगा। यह विशेषकर तब होगा, जब अमेरिकी फेडरल रिजर्व अपनी मात्रात्मक सहजता को बंद कर देगा तथा अमेरिका की ब्याज दर बढ़ जाएगी। अब यह अच्छी तरह से समझ में आ गया है कि जब पूँजी खाता खुला होता है तो देश को विनिमय दर को अधिकीलित करने तथा एक स्वतंत्र मौद्रिक नीति का अनुसरण करने में से एक चीज को चुनना होगा। दोनों चीजें नहीं की जा सकती हैं। यदि भारतीय अर्थव्यवस्था में व्यवसाय चक्र अमेरिका के साथ पूर्णतया गठबंधित होता तो भारत को स्वतंत्र मौद्रिक नीति की आवश्यकता नहीं होती, लेकिन यदि अमेरिका अपनी दरों को बढ़ाने जा रहा है तो भारत को अपने वास्तविक पूँजी खाते को खुला रखना होगा। रुपए को लचीला रहने दें या रुपए को डॉलर से अधिबंध कर दें और इसे अमेरिका के साथ सीमित कर दें।

भारतीय रिजर्व बैंक में स्पष्ट सोच की कमी भारत में व्यापक आर्थिक अस्थिरता का मुख्य

स्रोत है। स्वाभाविक प्रतिक्रियाएँ, जो केवल उन नीति बदलावों के प्रभाव के एक ही तत्त्व पर फोकस होती हैं, उनका तकलीफदेह होना स्वाभाविक है। कष्टप्रद गलत प्रबंधन के कई प्रकरणों, जिन्होंने कई सालों तक मुद्रास्फीति, मंदी, मुद्रास्फीतिजनित मंदी और वृहद् पैमाने पर बेरोजगारी को बढ़ावा दिया, जिन्होंने आधुनिक अर्थव्यवस्थाओं को केद्रीय बैंकों को कार्य सौंपने को बढ़ावा दिया, के बाद मौद्रिक नीति निर्माण में इन कठिनाइयों को समझा गया। इन्हें सरकार से स्वतंत्रता प्राप्त थी और ऐसे ढाँचों जैसे मौद्रिक नीति समितियों की आवश्यकता थी, जिसने सूचित निर्णय और दृष्टिकोणों की विविधता को अनुमति दी और उन्हें जिम्मेदार ठहराया गया।

पिछले दो दशकों से खुली भारतीय अर्थव्यवस्था के साथ मौद्रिक नीति निर्माण की कठिनाइयाँ बढ़ गई हैं। अब तक कई सरकारी समितियों ने सिफारिश की है कि भारत के लिए यह मौका है कि वह मौद्रिक नीति निर्माण के लिए आधुनिक ढाँचा तैयार करे। भारत को स्वतंत्रता और जवाबदेही के साथ और पेशेवर मौद्रिक नीति समिति के साथ एक केंद्रीय बैंक की आवश्यकता है, जो नीति के सुव्यवस्थित साधनों का प्रयोग करते हुए मौद्रिक नीति काररवाइयों का निर्णय लेता है। इस प्रकार की आधुनिकतम सिफारिशें वित्तीय क्षेत्र विधायी सुधार आयोग के मसौदा कानून में शामिल की गई हैं, जबकि किसी निश्चित समय में मौद्रिक नीति को आकार प्रदान करने में सक्षम होने हेतु सरकार के लिए यह बहुत ही आकर्षक है। यह समझना जरूरी है कि इस प्रकार के अल्पकालीन समाधान दीर्घकाल में नुकसानदायक होते हैं। सरकार ऐसे ढाँचे से सुसज्जित होगी, जो धीमी और स्थायी मुद्रास्फीति प्रदान करे। मुद्रास्फीति की उम्मीद के लिए केवल मौद्रिक नीति के उद्देश्यों को संकीर्ण करना ही जरूरी नहीं है, बल्कि वित्तीय क्षेत्र में सुधार भी लाने की आवश्यकता है, जो मौद्रिक नीति के वर्तमान कमजोर प्रसारण तंत्र को मजबूत कर सके।

भारत की महत्त्वाकांक्षा ऐसा संसार प्राप्त करने की होनी चाहिए, जहाँ रुपया चालित मुद्रा हो, इसमें सरकार की बिल्कुल भी संलग्नता न हो और दशक के अंत तक उपभोक्ता कीमत सूचकांक मुद्रास्फीति स्थिरतापूर्वक 4 से 5 प्रतिशत (साल-दर-साल आधार पर) के बीच में हो। पूर्ण रूप से आर्थिक फायदा प्राप्त करने से पहले यह कम-से-कम एक दशक की विजय का समय लेगा।

उपसंहार

भारत में व्यापक आर्थिक एवं वित्तीय स्थिरता संदेहास्पद है, क्योंकि भारत में वृहद् अर्थशास्त्र एवं वित्त के लिए संस्थागत मशीनरी मोटे तौर पर आज की अर्थव्यवस्था की आवश्यकताओं से अछूती है। उतार-चढ़ाव बाजार की अर्थव्यवस्था का एक अभिन्न हिस्सा है और यह स्वयं से दूर नहीं रहना चाहिए। यद्यपि वृहद् अर्थव्यवस्था और वित्त में उतार-चढ़ाव दीर्घकालीन सकल घरेलू उत्पाद की विकास दर की प्रवृत्ति को नुकसान पहुँचा सकता है। इन समस्याओं को संबोधित करने के लिए राजकोषीय और मौद्रिक नीति के लिए ठोस मशीनरी स्थापित करना जरूरी है। जब तक इसे नहीं किया जाता भारत एक संकट से दूसरे संकट में लड़खड़ाता रहेगा।

सरकार को व्यापक आर्थिक स्थिरता के लिए नीतिगत ढाँचे को सुधारने हेतु निम्नलिखित कदम उठाना चाहिए—

1. ऐसे राजकोषीय उत्तरदायित्व अधिनियम को अधिनियमित करना, जो व्यवसाय चक्र पर

विचार करे और जवाबी चक्रीय राजकोषीय नीति की अनुमति दे। इसका आशय व्यय एवं सकल घरेलू उत्पाद के अनुपात को विशिष्ट स्तर पर रखने के लिए नियम बनाना है। ऐसे कानून को बनाने के लिए तत्काल एक टास्क फोर्स तैयार करनी चाहिए।

2. वित्तीय क्षेत्र विधायी सुधार आयोग ने अपनी रिपोर्ट प्रस्तुत की है और किस प्रकार वित्तीय विनियमन को सुधारा जाए और पूँजी नियंत्रण के लिए ढाँचे में कानून के नियमों को सुनिश्चित किया जाए, इसके लिए एक प्रारूप कानून प्रस्तावित किया है। सरकार ने निम्नलिखित कार्य शुरू कर दिए हैं। पहला, इसने इस प्रारूप से स्वेच्छा से भागों को अपनाने के लिए नियामकों के साथ कार्य करना शुरू कर दिया है। इनमें बेहतर उपभोक्ता संरक्षण से संबंधित प्रावधान और परामर्शक तथा पारदर्शी प्रक्रियाओं द्वारा विनियमों को बनाने की प्रक्रिया शामिल है। इस पहल का अनुसरण किया जाएगा और नियामकों द्वारा इसे कार्यान्वित किया जाएगा। दूसरा, सरकार को इस प्रारूप पर समयबद्ध परामर्श प्रक्रिया आयोजित करनी चाहिए और इस प्रक्रिया के पूरे होने की समय-सीमा निर्धारित करनी चाहिए तथा संसद् के समक्ष नया विधेयक पेश करना चाहिए। अंतत: कई नए निकायों, जिनका आयोग द्वारा प्रस्ताव किया गया है, सरकार के लिए डिजाइन, कार्यालय के लिए स्थान प्राप्त करने, आई.टी. व्यवस्था और भरती की प्रक्रिया को शुरू करना जरूरी है।

3. भारतीय रिजर्व बैंक अधिनियम, 1934 को बदलने के लिए जवाबी चक्रीय मौद्रिक नीति को एक नए मौद्रिक नीति कानून द्वारा प्राप्त करना चाहिए। नए कानून में स्पष्ट रूप से कीमत की स्थिरता को प्राप्त करने के संदर्भ में मौद्रिक नीति के उद्देश्य को परिभाषित करना चाहिए। यह उद्देश्य गौर करने लायक होना चाहिए और भारतीय रिजर्व बैंक को इसके लिए जवाबदेह बनाया जाना चाहिए और उसे इसे प्राप्त करने के लिए स्वतंत्रता और अधिकार देने चाहिए। मुद्रास्फीति की अपेक्षाओं को नीचे लाने के लिए इसे जितना जल्दी हो सके, प्रयास किया जाना चाहिए, क्योंकि यह व्यापक आर्थिक स्थिरता को प्राप्त करने का सबसे आसान विकल्प है। अब तक यह ऐसा तरीका है, जहाँ कीमत की स्थिरता के लिए ढाँचे को इसे विश्वसनीय बनने से पहले कुछ समय के लिए स्थापित करना है।

□

अध्याय-2

कल्याणकारी राज्य का निराकरण

—सुरजीत भल्ला

परिचय

किसी भी समाज के लिए दो चीजें सर्वोपरि होती हैं—आर्थिक विकास और गरीबों की भलाई में सुधार। विकास की आवश्यकता वित्त के दोबारा वितरण के लिए होती है। यह पुनर्वितरण आम तौर पर दो रूपों में होता है—1. उत्पादक निवेश, उदाहरण के तौर पर बुनियादी ढाँचे का वित्तपोषण, स्वास्थ्य एवं शिक्षा पर व्यय; और 2. आय का सरल स्थानांतरण। इस अध्याय में भारत में इस प्रकार के पुनर्वितरण की प्रकृति और प्रभावकारिता और क्या इन पुनर्वितरण नीतियों ने भारत को समय से पहले एक कल्याणकारी राष्ट्र बनाया है, इसका वर्णन किया गया है।

भारतीय अर्थव्यवस्था चौराहे पर खड़ी है। कुछ साल पहले मैंने मुख्य नीति-निर्माताओं से पूछा था कि क्या उन्होंने 2003-2010 के सकल घरेलू उत्पाद के विकास में लगभग 8.5 प्रतिशत प्रतिवर्ष की विकास दर से लगभग दुगुनी वृद्धि की अपेक्षा की थी। उनका जवाब नहीं में था। पिछले तीन सालों में मैंने उन्हीं नीति-निर्माताओं से थोड़ा घुमाकर प्रश्न पूछा है कि क्या आप देख रहे हैं कि बहुत बड़ी मंदी का समय आनेवाला है? पुनः उनका जवाब नहीं में था।

मैं अब भारत के सौभाग्य और दुर्भाग्य के लिए घिसे-पिटे और गलत स्पष्टीकरण के बारे में बताता हूँ। जैसे वे पहले थे, वैसे आज भी हैं, ये सभी बाहरी कारकों के कारण हैं या ये नीति-निर्माताओं के नियंत्रण से परे हैं। विश्वव्यापी ज्वार के चढ़ने से भारत और बाकी विश्व वर्ष 2000 के स्तर पर पहुँच गया और बाद में भाटा के आने से भारत लगभग 5.5 प्रतिशत प्रतिवर्ष की विकास दर के साथ वर्ष 2003 से पहले के स्तर पर ही रह गया। यदि वित्तीय वर्ष 2013-2014 में लगभग 5 प्रतिशत की विकास दर रहती है तो पिछले तीन सालों की औसत विकास दर सन् 1991 में शुरू किए गए सुधार के समय से दूसरी बार सबसे कम होगी। वैश्विक प्रवृत्ति के प्रभाव के संदर्भ में भारत के 2003 से पहले की निवेश दर की वर्ष 2011-2014 के बीच की निवेश दर से तुलना करना जरूरी है। निवेश और सकल घरेलू उत्पाद का अनुपात सन् 1980 और सन् 2002 के बीच सकल घरेलू उत्पाद का लगभग 20 प्रतिशत था। सन् 2002 से यह औसत 30 के बीच है। अत: इससे कोई फर्क नहीं पड़ता है कि किस प्रकार आँकड़ों का विश्लेषण किया जा रहा है, तथ्य यही है कि भारत लगभग दुगुना निवेश कर रहा है और कम सकल घरेलू उत्पाद की विकास दर प्राप्त कर रहा है।

कई घटक, जिनमें नीति पक्षाघात और पथभ्रष्ट राजकोषीय और मौद्रिक नीतियाँ शामिल हैं, भारत के वर्तमान निराशाजनक विकास के लिए जिम्मेदार हैं। भारत के पास उच्च राजकोषीय घाटे का दु:खद रिकॉर्ड है, लेकिन यह निष्कर्ष निकालना गलत होगा कि ये भारतीय अस्वस्थता के लिए जिम्मेदार हैं। यह इन राजकोषीय घाटों का संयोजन है, जो भारतीय अर्थव्यवस्था की समस्या का सूचक है। यदि सब्सिडी को उत्पादक और अंतरण में विभाजित कर दिया जाए तो अंतरण का हिस्सा सकल घरेलू उत्पाद का लगभग 3 प्रतिशत होगा, जो एक दशक पहले के मान का लगभग दुगुना होगा। आर्थिक विकास के अवरुद्ध होने से इस प्रकार की सब्सिडी अब ज्यादा वहन नहीं की जा सकती है। इसके अतिरिक्त यह अच्छी तरह से मालूम है कि इस प्रकार की सब्सिडी अब उचित नहीं है।

सब्सिडी और अन्यथा अक्षम नीतियाँ जैसे प्रत्यक्ष स्थानांतरण, जो लगभग भ्रष्टाचार द्वारा विकृत हो गया है, वर्ष 2013 तक भारतीय कल्याणकारी राज्य के दिल में रहा है। भारत में प्रत्यक्ष स्थानांतरण नीतियों के साथ चार समस्याएँ हैं। पहला, इन नीतियों में हद से ज्यादा कमियाँ हैं और इस प्रकार इनसे लक्षित गरीब आबादी को फायदा नहीं हो पाता है। दूसरा, सब्सिडी की प्रकृति—खाद्य पदार्थ, रोजगार, उर्वरक—वर्ष 1970 (जब भारत का प्रति व्यक्ति सकल घरेलू उत्पाद $200) से अब तक (इस तथ्य के बावजूद कि अब प्रति व्यक्ति सकल घरेलू उत्पाद लगभग $1,500 है) बदली नहीं है। तीसरा, भारत ने इस सब्सिडी का वर्ष 2004 के बाद संयुक्त प्रगतिशील गठबंधन (UPA) सरकार के अतंर्गत विस्तार किया है, जो अधिकारों के संभ्रांतवादी वेश में आच्छादित हो गया है। किसी भी देश ने ऐसा पहले कभी नहीं किया और न ही अब कर रहा है। पूरे इतिहास में सभी देशों ने गरीबों की मदद की समस्या का सामना किया है, लेकिन किसी ने भी खाद्य पदार्थ या रोजगार के अधिकार को संवैधानिक अधिनियमों के रूप में प्रदान करने का निर्णय नहीं लिया है। जबकि इन नीतियों के पास मोहक अपील है, फिर भी इनमें भ्रष्टाचार की ज्यादा संभावना है।

यह महत्त्वपूर्ण है कि गरीबों के लिए निर्धारित सब्सिडी न्यूनतम ह्रास के साथ गरीबों तक पहुँचे। भारत में प्रचलित सब्सिडी योजनाओं के लिए कई महत्त्वपूर्ण विकल्प हैं। पिछले दशकों के शोध में प्रलेखित किया गया है कि भारत में कुपोषण का महत्त्वपूर्ण स्पष्टीकरण उचित स्वच्छता (उदाहरण के तौर पर नालियाँ और शौचालय) की अनुपस्थिति है।[1] यदि भारत ने भोजन के अधिकार की बजाय शौचालय के अधिकार को कार्यान्वित किया होता तो गरीब लोग अपने लिए उपलब्ध खाद्य पदार्थों के एक बहुत बड़े हिस्से को प्राप्त करने में सक्षम हो गए होते और इस तथ्य से कि आधी आबादी के पास पहले से ही जल और स्वच्छता मौजूद है, इन परियोजनाओं का लक्ष्य करने से पूर्णतया इसका लाभ गरीबों को ही मिलता।

एक बार लेनिन ने कहा था, "क्या किया जा रहा है?" आज भारत बहुत ज्यादा चालीस साल पहले की अर्थव्यवस्था में तब्दील हो चुका है, जब मौजूद खाद्य पदार्थ, उर्वरक और रोजगार योजनाओं को पहली बार बनाया और कार्यान्वित किया गया था। यह रिकॉर्ड करना उपयोगी है कि इस नियमन के कुछ वर्षों बाद वर्ष 1985 में राजीव गांधी ने सुविदित रूप से यह व्यक्त किया था कि गरीबों के लिए निर्धारित आवंटन का केवल 15 प्रतिशत ही वास्तव में गरीबों तक पहुँचता है। यह बयान प्राथमिक ढंग से खाद्यान्नों की सार्वजनिक वितरण प्रणाली (PDS) के अनुभव के

आधार पर दिया गया था। किसी दूसरे राजनेता ने सार्वजनिक वितरण प्रणाली पर इस प्रकार प्रत्यक्ष और स्पष्टवादी ढंग से उँगली उठाने की हिम्मत नहीं की थी। वास्तव में भारतीय राष्ट्रीय कांग्रेस पार्टी की अध्यक्ष सोनिया गांधी अपने स्वर्गवासी पति के विवेक और साहस को व्यापक रूप से रद्द करने के लिए लीक से हटकर चली गईं। वास्तव में उनका और कांग्रेस का दृष्टिकोण यह प्रतीत होता है कि पूरी व्यवस्था असफल हो चुकी है और भ्रष्ट है तथा अब उन्होंने निष्कर्ष निकाला है कि इसे सुधारने का सबसे अच्छा उपाय इसका विस्तार करना है। यू.पी.ए.-2 ने संसद् के एक अधिनियम के साथ ठीक ऐसा ही किया है, जो सैद्धांतिक रूप से दो-तिहाई आबादी को महीने में 5 किलोग्राम खाद्यान्न प्राप्त करने के अधिकार की गारंटी देता है।

इन कल्याणकारी नीतियों और इनके उच्च मुद्रास्फीति और धीमे विकास पर संभावित प्रभाव को देखते हुए भारत की कल्याणकारी योजनाओं पर नए सिरे से संशोधित अवलोकन लंबे समय से अपेक्षित है। नई दृष्टि की आवश्यकता है, ऐसी दृष्टि, जो यह माँग करती है कि मौजूदा कल्याणकारी कार्यक्रमों को बंद किया जाए, ऐसी दृष्टि, जो चाहती है कि भारत में ऐसी व्यवस्था लागू हो, जिसमें राज्यों को कल्याणकारी नीतियों के कार्यान्वयन और निर्माण के प्रति ज्यादा जिम्मेदारी प्रदान की गई हो। वित्त आयोग सही ढंग से इस बारे में चिंतित है और राज्यों को निधियों के संवितरण का समर्थन करता है। कल्याणकारी नीतियों पर सभी केंद्रीय सरकारी व्ययों को वित्त आयोग के अनुदान के हिस्से के रूप में आवंटित किया जाना चाहिए और उसके बाद राज्य अपनी स्वयं की खाद्य सब्सिडी, स्वयं का उर्वरक अनुदान, स्वयं के रोजगार कार्यक्रम और स्वयं के श्रम कानूनों को कार्यान्वित करने के लिए स्वतंत्र हों। अपरिहार्य भविष्य में राज्यों के लिए ज्यादा अधिकार दिखाई देंगे और इसे कार्यान्वित करने का नई 2014 की सरकार के कुछ महीनों के अंदर शपथ ग्रहण से अच्छा कोई समय नहीं है। नए दृष्टिकोण का साक्ष्य अपरिहार्य है, केवल दृष्टि और इच्छाशक्ति की कमी है।

यह राजनीतिक अर्थव्यवस्था नहीं है, यह केवल शुद्ध विचारधारा है

यू.पी.ए.-1 और यू.पी.ए.-2 सरकारों के अधीन पिछले दस साल कल्याणकारी नीतियों के डिजाइन की आधारशिला के रूप में अधिकारों पर जोर देने के लिए स्मरणीय हैं। वे नीतियाँ, जो प्रकट रूप में गरीबों को रोजगार और खाद्य पदार्थ प्रदान करती हैं, इतनी छिद्रयुक्त हैं कि गरीबों को लक्षित सरकारी व्यय का पाँचवें हिस्से से भी कम वास्तव में गरीब आबादी के पास पहुँचता है। ये कई अधिकार-आधारित नीतियाँ भारत के लिए अनोखी हैं, जो स्वयं यह प्रश्न खड़ा करती हैं कि क्या भारत की अर्थव्यवस्था और राज्यव्यवस्था इस प्रकार के दृष्टिकोण का फायदा उठाने का विशेष गुण रखती है। इस संपूर्ण कथन और इसके पीछे छिपी विचारधारा को समझने की जरूरत है।

औसतन अधिकांश भारतीय नीति-निर्माता इस प्रकार व्यवहार करते हैं मानो देश बहुत ही गरीब है और लगभग दो-तिहाई आबादी पर सरकार से स्थानांतरण (अर्थात् भोजन की खैरात) के रूप में ध्यान देने की सलाह देते हैं। भारत और विश्व में अधिकांश व्यक्ति और वस्तुत: सभी करदाता गरीबों के उत्थान, उन्हें मूलभूत ढाँचा एवं मूलभूत सेवाएँ प्रदान करने में किए गए खर्च पर आपत्ति नहीं करते हैं। वे खर्च, जो व्यक्तिगत उत्पादकता और समान अवसर को बढ़ाते हैं,

उनकी अधिकांश लोगों द्वारा सराहना की जाती है; गरीबों के लिए सड़क, जल, स्वच्छता, शिक्षा और स्वास्थ्य देखभाल का प्रावधान करने पर किसी व्यक्ति द्वारा आपत्ति किए जाने की कल्पना करना बहुत ही मुश्किल है।

यह पुनर्वितरण नहीं है, लेकिन गरीबों के नाम पर क्षरण, भ्रष्ट सब्सिडी पर कोई भी आपत्ति कर सकता है। इस प्रकार की सब्सिडी गरीबों को बहुत ही थोड़ी सी मदद करती है और उनके प्रावधानीकरण को अन्य सब्सिडी की आपूर्ति से घटा दिया जाता है, जिनकी उन्हें अत्यंत आवश्यकता होती है। इस तथ्य में जारी और निष्फल विकास बनाम पुनर्वितरण बहस के लिए औचित्य है। अधिकांश प्रमुख पक्षसमर्थकों (जिसमें नोबेल पुरस्कार विजेता अमर्त्य सेन, पूर्व प्रधानमंत्री मनमोहन सिंह और सोनिया गांधी) द्वारा प्रस्तुत की गई बहस के तरीके से यह प्रतीत होता है कि भारत पुनर्वितरण आय पर बहुत थोड़ा ही खर्च करता है और इसे वास्तव में ज्यादा खर्च करना चाहिए। यह असत्य है।

करों और व्यय पर तथ्यों की प्रस्तुति में बहुत बड़ा भ्रम है, दुर्भाग्य से इसमें कई अर्थशास्त्री भी शामिल हैं, जिन्हें निश्चित रूप से ज्यादा जानकारी होनी चाहिए। पारंपरिक और राजनीतिक रूप से सही बुद्धिमानी की बात यह है कि भारतीय कराधान राजस्व बहुत ही कम है। प्राय: यह गलत दावा सुनने में आता है कि भारत कर के रूप में आय का केवल 10 प्रतिशत ही वसूलता है, जबकि इसकी प्रति व्यक्ति आय के अनुसार इसे 15 प्रतिशत के आसपास वसूलना चाहिए।

यह भ्रम इसलिए उत्पन्न होता है, क्योंकि भारत एक विशाल देश है और अंतरराष्ट्रीय संगठनों जैसे विश्व बैंक और अंतरराष्ट्रीय मुद्रा कोष द्वारा प्रस्तुत अधिकांश कर एवं व्यय आँकड़े केंद्र सरकार के लिए होते हैं। भारत में राजस्व वसूली में केंद्रीय कर के रूप में सकल घरेलू उत्पाद का 10-12 प्रतिशत, राज्य कर के रूप में सकल घरेलू उत्पाद का लगभग 5-7 प्रतिशत और गैर-कर राजस्व (ऐसे स्रोतों से ब्याज भुगतान और विनिवेश के रूप में प्राप्त राजस्व) के रूप में सकल घरेलू उत्पाद का लगभग 4 प्रतिशत ही शामिल है। केंद्र स्तर पर राजकोषीय घाटा लगभग 5 प्रतिशत और राज्य स्तर पर राजकोषीय घाटा लगभग 3 प्रतिशत है। इससे कराधान स्तर सकल घरेलू उत्पाद का 18 प्रतिशत हो जाता है और व्यय स्तर सकल घरेलू उत्पाद का 30 प्रतिशत हो जाता है, जो भारत के प्रति व्यक्ति आय स्तर पर बहुत ही ज्यादा है। इसके अतिरिक्त यह तथ्य कि भारत के पास बहुत ही छोटा आयकर आधार है, इसकी आबादी की केवल शीर्ष 20 प्रतिशत आबादी ही आयकर दाता है, जो विश्व में सबसे कम है। अत: न तो गरीब, न ही उभरते हुए मध्यम वर्ग, न ही आधे मध्यम वर्ग किसी भी आयकर का भुगतान करते हैं और कॉरपोरेट कर समृद्ध लोगों द्वारा दिए जाते हैं। अत: पुनर्वितरण पर खर्च किए गए धन के बहुत बड़े हिस्से का प्रबंध धनी करदाताओं द्वारा किया जाता है। ऐसा नहीं है किं भारत के कर बहुत कम हैं, समस्या यह है कि यह बहुत ज्यादा खर्च करता है और निरर्थक, भ्रष्टाचार पनपानेवाली सरकारी योजनाओं में बहुत ज्यादा खर्च करता है।

खराब सब्सिडी उत्पादकता को नहीं बढ़ाती है; अच्छी सब्सिडी इसे बढ़ाती है और कांग्रेस के नेतृत्ववाली यू.पी.ए. सरकार आधी से लेकर दो-तिहाई आबादी के उपभोग के लिए एक बड़े पूरक के रूप में खैरात के समर्थन में सुसंगत रही है। भारत के इतिहास में, यहाँ तक कि तत्कालीन प्रधानमंत्री इंदिरा गांधी के गरीबी हटाओ के नारे के अंतर्गत भी दो-तिहाई आबादी को गरीब कभी

नहीं माना गया। वास्तव में, विश्व का कोई भी देश अपनी दो-तिहाई आबादी की गरीबी रेखा नहीं स्थापित करता है।

कुल मिलाकर इन तथ्यों से यह सुझाव मिलता है कि भारत बहुत पहले से ही कल्याणकारी राष्ट्र है। व्ययों के संयोजन का झुकाव खैरात सब्सिडी की तरफ ज्यादा है, जो संभवतया विकासशील विश्व में सबसे ज्यादा अनुपात है और निश्चित रूप से $1,000 से $2,000 प्रति वर्ष के प्रति व्यक्ति क्षेत्रवाले देशों के लिए है। जबकि अन्य देशों के लक्षित आँकड़े उपलब्ध नहीं हैं, गरीबों के लिए किए जानेवाले खर्चों का पैमाना अत्यधिक कम है और पिछले तीस सालों से 15 से 20 प्रतिशत तक रहा है। इसके अतिरिक्त ये खर्च पिछले पाँच सालों में तेजी से बढ़े हैं।

पिछले चौंसठ सालों और विशेष रूप में कांग्रेस पार्टी के नेतृत्व में पिछले दस सालों में भारत का एक वैकल्पिक आर्थिक और राजनीतिक दृष्टिकोण रहा है। यह दृष्टिकोण यह है कि गरीबी, भुखमरी और कुपोषण ऐसी समस्याएँ हैं, जिनके लिए सिफारिश की गई नीतियाँ केवल अपूर्ण ही नहीं हैं, बल्कि विकृत रूप से गलत भी हैं। राष्ट्र को और विशेष रूप से गरीबों को जो चीजें कष्ट पहुँचा रही हैं, वे उपलब्ध खाद्य पदार्थों की बरबादी, खराब पानी और अस्वच्छता (उदाहरण के तौर पर, वर्ष 2013 की गरमियों में बिहार के विद्यालय में बच्चों की मध्याह्न भोजन खाने से हुई मृत्यु का कारण खाद्य पदार्थ की कमी नहीं थी, बल्कि अस्वच्छता थी) हैं। सरकार के स्वच्छ जल और स्वच्छता पर किए जानेवाले खर्च और नकद हस्तांतरण के रूप में भ्रष्टाचारहीन खाद्य वितरण के लिए किए जानेवाले खर्च से भोजन और रोजगार पर अधिकार-आधारित कानूनों की अपेक्षा गरीबों की ज्यादा मदद होगी।

गरीबी में कमी पर तथ्य

विकास की अर्थव्यवस्था के चरण या इसकी प्रति व्यक्ति आय पर ध्यान दिए बिना महत्त्वपूर्ण चिंता का विषय समाज में गरीबी होना चाहिए। यह केवल नैतिक मामला ही नहीं है, बल्कि यह अर्थव्यवस्था की उत्पादकता के बारे में भी है, जो परिणामस्वरूप इसकी आबादी की उत्पादकता पर गंभीर रूप से निर्भर है। अत: गरीब की मदद करते हुए गरीब न बनना किसी भी अर्थव्यवस्था के लिए जीत का प्रस्ताव है, चाहे वह गरीब हो या अमीर। अपने नैतिक मूल्यों और राजनीतिक तथा आर्थिक संरचना पर निर्भर होते हुए प्रत्येक देश यह परिभाषित करता है कि उनके स्वयं के मानकों के अनुसार किसे गरीब कहा जाता है। गरीबी को कई तरह से परिभाषित किया जा सकता है, लेकिन व्यापक रूप से आम सहमति यह है कि उसे प्रति व्यक्ति आय (या उपभोग) के रूप में परिभाषित किया जाए।

जबकि कल्याणकारी नीतियों के कई साधन हैं, वे सभी एक ही प्रकार के मूलभूत लक्ष्य, उन लोगों को आय मदद का न्यूनतम स्तर प्रदान करना, जिन्हें इसकी आवश्यकता है, को साझा करते हैं। अत्यधिक रूप से गरीबी को कम करने के लिए दो व्यापक दृष्टिकोण हैं। पहला, अप्रत्यक्ष दृष्टिकोण है, जिसे सामान्य रूप से टपकन विकास के रूप में जाना जाता है। इस दृष्टिकोण या दर्शन के आधार पर यह धारणा है कि यदि आर्थिक विकास होता है और व्यापक आधार है तो आबादी के सभी वर्गों को फायदा होगा और शायद गरीब अपेक्षाकृत तेजी से फायदा प्राप्त करेंगे।

यद्यपि उसी समय यह संभव है, क्योंकि विकास प्रक्रिया स्वाभाविक रूप से असमान है, गरीब की आमदनी उस दर से बढ़े, जो औसत से कम हो। यह प्रत्याशित वास्तविकता गरीबी कम करने के लिए प्रत्यक्ष दृष्टिकोण हेतु मूलभूत प्रेरणा है, जिसे सामान्य रूप से खैरात दृष्टिकोण कहा जाता है। यह महत्त्वपूर्ण है कि भारत का नया प्रशासन सावधानीपूर्वक कल्याणकारी नीति के इन दोनों ध्रुवीय साधनों के भारतीय संदर्भ में फलोत्पादकता के रिकॉर्ड का परीक्षण करे।

चित्र 1 में दो गरीबी रेखाओं (पहली, वर्ष 1973 की कीमतों पर रु. 49 प्रति व्यक्ति प्रति मास की पुरानी दांडेकर-राथ गरीबी रेखा और दूसरी, वर्ष 2009 में प्रस्तुत की गई नई 25 प्रतिशत ज्यादा तेंदुलकर गरीबी रेखा) के लिए वर्ष 1951 से भारत में गरीबी में गिरावट की प्रकृति को दरशाया गया है।

चित्र-1 : भारत में गरीबी, 1951-2012

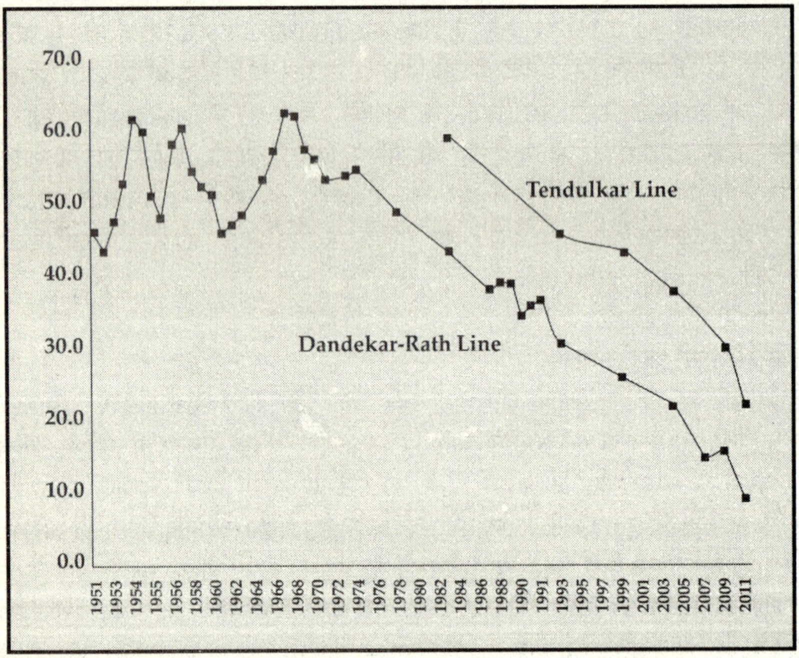

स्रोत : सन् 1982 से पहले के आँकड़ों के लिए गौरव दत्त एवं मार्टिन रैवेलियन, 'इज इंडियाज इकोनॉमिक ग्रोथ लीविंग द पुअर बिहाइंड?' जर्नल ऑफ इकोनॉमिक पर्सपेक्टिव्स 16, नं. 3 (2002); इसके बाद के वर्षों के लिए, राष्ट्रीय नमूना सर्वेक्षण के आँकड़ों के आधार पर लेखक की संगणना। गरीबी के आँकड़े उपभोग मदों के मिश्रित खंडन (टिकाऊ वस्तुओं के लिए 30 और 365 दिन) के अनुसार हैं।

ये आँकड़े स्पष्ट हैं। पहला, वर्ष 2011-2012 में केवल 22 प्रतिशत आबादी ही गरीब थी और यदि तेंदुलकर समिति द्वारा गरीबी रेखा को ऊपर की तरफ संशोधित नहीं किया गया होता तो गरीबी का स्तर 9 प्रतिशत से भी कम होता। इसका यह मतलब नहीं है कि गरीबी रेखा को

ऊपर की तरफ संशोधित नहीं करना चाहिए, बल्कि इस बात पर जोर देना है कि भारत में गरीबी कम है और उस आबादी के दो-तिहाई से काफी कम है, जिनके लिए राजनीतिक रूप से प्रेरित कल्याणकारी कार्यक्रमों को डिजाइन किया गया है। दूसरा, लगभग 60 प्रतिशत आबादी का गरीबी स्तर वर्ष 1950 से 1980 के बीच कम विकास दर अवधि के लिए सुस्त रहा, लेकिन वर्ष 1980 के बाद से गरीबी की गिरावट में तेजी से बढ़ोतरी हुई। तीसरा, गरीबी में गिरावट वर्ष 2003 से 2012 तक, सबसे हाल ही में 8 से ज्यादा प्रतिशत प्रतिवर्ष सकल घरेलू उत्पाद की विकास दर के दौरान तेजी से हुई है।

कम 5.5 प्रतिशत प्रतिवर्ष की विकास दर (वर्ष 1980 से 2002) की अवधि और उच्च 8.5 प्रतिशत विकास दर (वर्ष 2003 से 2012) की अवधी दोनों के दौरान गरीबी को कम करने के लिए प्रत्यक्ष कार्यक्रम उर्वरक, जल, बिजली, खाद्य पदार्थ और रोजगार प्रदान करते हुए बहुतायत में थे। दोनों अवधियों के बीच प्रमुख अंतर उच्च प्रति व्यक्ति विकास दर है।

अतिरिक्त और कुछ हद तक आश्चर्यजनक परिणाम यह है कि भारत में उपभोग असमानता तीस सालों से स्थिर रही है। इसका आशय यह है कि भारत में असमानता, बदलाव की गरीबी में कमी में बहुत थोड़ी सकारात्मक या नकारात्मक भूमिका रही है। वास्तव में यह सबसे गरीब 20 प्रतिशत से बहुत थोड़ा ही सुधरी है; इन सबसे गरीब व्यक्तियों का उपभोग हिस्सा वर्ष 1983 में 8.8.9 प्रतिशत था और वर्ष 2009-2010 तथा वर्ष 2011-2012 दोनों में 9.1 प्रतिशत था। भारत में वर्ष 1983 से 2012 तक तीस सालों की अवधि के लिए गरीबी में 90 प्रतिशत से ज्यादा की कमी आर्थिक वृद्धि के कारण हुई है; यह व्यक्त करता है कि विकास दर तेज होने से गरीबी तेजी से घटेगी; जिसका आशय यह है कि विकास दर धीमी होने पर गरीबी धीमी गति से घटेगी।[2]

प्रत्यक्ष गरीबी उन्मूलन योजनाओं की आवश्यकता और महत्त्व

भारत में यह स्पष्ट है कि विचारधारा को बहुत ज्यादा साख दी जाती है और गरीबी उद्योग से संबंधित मामलों पर तथ्यों के लिए पर्याप्त साख नहीं दी जाती है। 'गरीजी औद्योगिक परिसर' विशाल है, यह अच्छी तरह से पोषित है और यह भ्रष्टाचार को बढ़ावा देता है। हाल ही में अधिनियमित खाद्य सुरक्षा विधेयक इस भ्रष्टाचार को बढ़ाता है, प्रोत्साहित करता है और इसका समर्थन करता है।

भारतीय कल्याणकारी राष्ट्र के खर्च के कई पैटर्न रहे हैं। इसमें आश्चर्य की बात नहीं है कि यह पैटर्न सत्ता में आई पार्टी के अनुसार बदलता रहा है, विशेष रूप से वर्ष 1998 से इन व्ययों का पैटर्न सारगर्भित रहा है, यह ऐसी अवधि थी, जिसमें पिछले सत्रह वर्षों में दो मुख्य राजनीतिक शासन रहे। तालिका 1 में केंद्र सरकार द्वारा पिछले दशक में किए गए व्यय का महत्त्व और 'पुनर्वितरित' सब्सिडी की प्रकृति दी गई है। सब्सिडी, को दो प्रकार में विभाजित किया गया है—अच्छी सब्सिडी, जो व्यक्तिगत उत्पादकता (सड़कें, शिक्षा, स्वास्थ्य व्यय) को बढ़ाती है और खराब खैरात आधारित सब्सिडी, जो समय में किसी बिंदु पर केवल आमदनी को स्थानांतरित करती है और गरीबी (असमान स्थिति में जब यह गरीब तक संगत, लक्ष्यित आधार पर पहुँचती है) को केवल 'अनुरक्षण' स्तर तक घटाती है।

तालिका-1. भारत में अच्छा और बुरा सरकारी व्यय, 1999/2000-2011/2012

	1999-2000	2004-05	2009-10	2011-12
सकल घरेलू उत्पाद (000 करोड़ में)	1,952	3,242	6,550	8,354
सकल घरेलू उत्पाद के प्रतिशत के रूप में केंद्र सरकार का व्यय	15.6	15.6	15.6	15.8
अच्छी सब्सिडी	**0.81**	**0.86**	**1.19**	**1.52**
ढाँचा	0.24	0.21	0.32	0.42
शिक्षा एवं स्वास्थ्य	0.54	0.65	0.87	1.10
खराब सब्सिडी (खैरात)	**1.11**	**1.58**	**2.72**	**2.88**
भोजन एवं रोजगार	0.66	0.99	1.40	1.25
ईंधन एवं उर्वरक	0.45	0.59	1.33	1.63

स्रोत : भारत सरकार, http:indiabudget.nic.in/budget.asp पर उपलब्ध वित्त वर्ष 1999-2000, 2004-2005, 2009-2010 और 2011-2012 के लिए केंद्रीय बजट और आर्थिक सर्वेक्षण।

वर्ष 2004-2005 में अच्छी सब्सिडी में सकल घरेलू उत्पाद का 0.9 प्रतिशत शामिल था और खराब सब्सिडी में इससे ज्यादा 1.6 प्रतिशत शामिल था। वर्ष 2011-2012 में खराब सब्सिडी सकल घरेलू उत्पाद की करीब 3 प्रतिशत तक पहुँच गई। यहाँ तक कि कांग्रेस पार्टी की जिसने इस बढ़ोतरी की अध्यक्षता की थी, यह तर्क प्रस्तुत नहीं करती है कि खराब सब्सिडी भोजन एवं रोजगार के संबंध में गरीबों की बहुत ज्यादा मदद नहीं करती है, इस प्रकार की खैरात सब्सिडी का 15 प्रतिशत से भी कम हिस्सा लक्षित गरीबों तक वास्तव में पहुँचता है और ऐसा नहीं है कि सभी 85 प्रतिशत शेष हिस्सा आम आदमी को प्राप्त हो रहा है, लेकिन यह गरीब के पास नहीं पहुँच रहा है। इन व्ययों का बहुत बड़ा हिस्सा (लगभग एक चौथाई) धनी या गरीब किसी के पास नहीं पहुँचता है और यह अधिकांशत: अस्पष्टीकृत रहता है।[3]

अधिकांश देश यह सुनिश्चित करने के लिए हस्तांतरण का प्रयास करते हैं कि योग्य व्यक्ति को उचित ढंग से लक्ष्य किया जाए। विश्व को हस्तांतरणों के कई रूपों—नकदी हस्तांतरण, सशर्त नकदी हस्तांतरण, खाद्य टिकट का काफी अनुभव है और रिकॉर्ड नकदी हस्तांतरण को सबसे ज्यादा प्रभावी तंत्र के रूप में पेश करता हुआ प्रतीत होता है, लेकिन भारत इस तथ्य को समझने में अभी अन्य देशों से पीछे है और पुनर्वितरण की इस प्रकार की योजनाओं के गुणों पर बहस जारी है। बहस के जारी रहने का कारण यह है कि शक्तिशाली हित समूह नकदी हस्तांतरण का विरोध करते हैं, क्योंकि इससे बड़े भ्रष्टाचार के अवसर काफी हद तक कम (लेकिन खत्म नहीं होंगे) हो जाएँगे।

सार्वजनिक वितरण प्रणाली एवं नरेगा : भारत की मार्की कल्याणकारी योजनाएँ

खाद्य सुरक्षा विधेयक गरीबों को खाद्यान्न बाँटने की मौजूदा सार्वजनिक वितरण प्रणाली का एक विस्तार है, लेकिन गरीबों को लक्षित करने की बजाय इस कानून में दो-तिहाई आबादी को सब्सिडीयुक्त खाद्यान्न प्रदान किया गया है। खाद्यान्न की वितरण प्रणाली की उत्पत्ति का परीक्षण करना जानकारीपूर्ण और सार्थक है।

दुर्भाग्य से, भारत में गरीबों के लिए खाद्यान्न उत्पादन और पुनर्वितरण की कहानी की अपेक्षा कफकेस्क (Kafkaesuqe) अर्थशास्त्र का कोई उदाहरण नहीं है। सन् 1970 के मध्य में सरकार द्वारा इस योजना की शुरुआत गरीबों को भोजन प्रदान करने के ध्येय से की गई थी। उस समय नकदी हस्तांतरण की व्यवस्था नहीं थी और उस समय की प्रधानमंत्री इंदिरा गांधी के लिए गरीबों को आमदनी स्थानांतरित करने की विधि के रूप में नकदी हस्तांतरण का आविष्कार करना बहुत ही ज्यादा अनुचित होता। यद्यपि दो देश—श्रीलंका और अमेरिका के पास विस्तृत भोजन टिकट प्रणाली है और निश्चित रूप से भारत इन सफल योजनाओं का अनुसरण कर सकता था, लेकिन इस नीति को अपनाना शायद बहुत ही आसान रहा होगा तथा इसमें भ्रष्टाचार की बहुत ज्यादा संभावना नहीं रही होगी, क्योंकि जो भी इंदिरा गांधी शुरू किया, जिसका भी सोनिया गांधी ने खाद्य सुरक्षा विधेयक के माध्यम से विस्तार किया, यह ऐसी प्रणाली है, जो भारत के सभी कार्यक्रमों के लिए तथा कहीं पर भी आविष्कृत सबसे ज्यादा भ्रष्ट कार्यक्रम के रूप में प्रथम पुरस्कार पाने के लिए चुनौती दे रही है। यह अतिशयोक्ति नहीं है, न तो यह अतिरंजना है, न ही यह असमर्थित अभिकथन है। जैसा पहले व्यक्त किया गया है, स्वर्गीय प्रधानमंत्री राजीव गांधी अपनी माँ के खाद्यान्न के लिए सार्वजनिक वितरण प्रणाली के आविष्कार के आधार पर इसी निष्कर्ष पर पहुँचे थे।

सार्वजनिक वितरण प्रणाली को भ्रष्टाचार ने बरबाद कर दिया। इंदिरा गांधी की सरकार ने भारतीय खाद्य निगम को गरीबों के लिए सब्सिडीयुक्त खाद्यान्नों का एकमात्र खरीदार और विक्रेता नियुक्त किया। खुले बाजार से खाद्य पदार्थ खरीदने और/ या खाद्य पदार्थ की दुकानों को सीधी सब्सिडी प्रदान करने की बजाय सरकार ने खुद किसानों से उस कीमत पर खाद्य पदार्थ खरीदने का कार्य शुरू किया, जिसे सरकार ने स्वयं निर्धारित (खरीद मूल्य) किया। इसके लिए खाद्यान्नों की निजी गतिविधियों पर अधिशेष से घाटेवाले राज्यों तक प्रतिबंध लगा दिया गया (इस कठोर नीति को पिछले दशक में जाकर हटाया जा सका), खाद्य पदार्थों को सरकारी साइलो (बफर स्टॉक) में भंडारित किया जाने लगा, सरकार द्वारा खरीदे गए खाद्यान्नों को वितरित करने के लिए अनन्य राशन की दुकानें नियुक्त की गईं और सरकार द्वारा अधिकृत राशन की दुकानों से खाद्यान्नों को खरीदने की पात्रता के लिए एक प्रक्रिया स्थापित की गई।

लेकिन यही पूरी बात नहीं है। राज्य को अपनी उन्नत आवश्यकताओं को पूरा करने के लिए ज्यादा खाद्यान्नों की आवश्यकता थी। अतः इसके लिए उर्वरक पर सब्सिडी देने का प्रावधान किया गया, ताकि किसान ज्यादा अन्न उगा सकें, लेकिन उर्वरक तकनीकी उन्नत हो गई, अतः पुरानी उर्वरक फर्मों को जिंदा रखने के लिए सरकार ने इन पुरानी, अदक्ष फर्मों को बहुत ज्यादा सब्सिडी देना शुरू कर दिया। ज्यादा उत्पादन के लिए ज्यादा पानी की आवश्यकता हुई, अतः किसानों के लिए पानी की सब्सिडी शुरू की गई, लेकिन पानी के प्रावधान के लिए बिजली की

आवश्यकता थी, अत: बिजली की सब्सिडी को शुरू किया गया और स्पष्ट रूप से सब्सिडी के व्यय ने विस्फोटक रूप ले लिया।

इन नीतियों के परिणाम आश्चर्यजनक नहीं रहे हैं। वित्त वर्ष 2012-2013 (सार्वजनिक वितरण प्रणाली के संचालन के पैंतीसवें साल में) के लिए भारतीय खाद्य निगम से राशन की दुकानों पर भेजे गए खाद्यान्नों की आधी मात्रा कभी भी राशन की दुकानों पर नहीं पहुँची। यह मात्रा करीब 25 मिलियन टन थी, जिसका खोना इतना आसान नहीं था और न ही यह धनी या गरीब खाद्यान्न उपभोक्ताओं को प्राप्त हुई। इसके अतिरिक्त 15 मिलियन टन खाद्यान्न (या रु. 30,000 करोड़ का व्यय) भंडारण सुविधा की कमी के कारण नष्ट हो गया। दूसरे शब्दों में यह सड़ गया।[4] इसके शराब व्यापार में जाने की ज्यादा संभावना है, जिसके लिए सड़ा हुआ अनाज मुख्य संपत्ति है। इस रिसाव की सुंदरता को नोटिस करें, सरकार इसे व्यय मान लेती है। भारतीय खाद्य निगम इसे नुकसान मान लेता है और शराब निर्माता इसे लागत मानते हैं। खाद्यान्न की यह थोड़ी सी मात्रा, जो राशन की दुकानों पर पहुँचती है, उसका 25 प्रतिशत ही तेंदुलकर स्तर के गरीबों के पास पहुँचता है।[5] अत: सार्वजनिक वितरण प्रणाली में व्याप्त बहुतायत भ्रष्टाचार निम्नलिखित हैं—खाद्यान्न की लगभग आधी मात्रा सरकारी गोदामों तथा राशन की दुकानों के बीच में गायब हो जाती है। इसके अतिरिक्त चौथाई हिस्सा भंडारण में नष्ट हो जाता है। अत: गरीबों तक पहुँचने से पहले खाद्यान्न का तीन-चौथाई हिस्सा नष्ट हो जाता है। इस बचे हुए पच्चीस प्रतिशत में से गरीब को आधे से भी कम प्राप्त होता है। कुल मिलाकर गरीबों को उनके नाम पर सरकार द्वारा की गई खरीद का 10 प्रतिशत से कम खाद्यान्न ही मिल पाता है। वर्ष 2012-2013 में खाद्य सब्सिडी पर कुल अनुमानित खर्च, खाद्य सुरक्षा विधेयक प्रस्तुत करने से पहले, लगभग रु. 80,000 करोड़ था। गरीबों को इसमें से लगभग रु. 8,000 करोड़ से भी कम मिला या प्रत्येक व्यक्ति को लगभग रु. 320 प्राप्त हुए।

सरकारी व्यय की प्रत्यक्ष नीतियों की प्रभावोत्पादकता की गणना करने की दूसरी विधि गरीबी कम करने की लागत का आकलन करना है। गरीबी अंतर गरीबी कार्यक्रमों की प्रभावोत्पादकता का मूल्यांकन करने के लिए एक उपयोगी सूचक है। इस अंतर को गरीबी रेखा के लिए गरीब के औसत प्रति व्यक्ति उपभोग के अनुपात के रूप में परिभाषित किया जाता है। वर्ष 2011-2012 में गरीब का औसत प्रति व्यक्ति व्यय रु. 708 प्रति व्यक्ति, प्रति मास और गरीबी रेखा रु. 847 पर थी। सही लक्ष्य निर्धारण से (अर्थात् कौन गरीब है और कितना है, इसका पूर्ण ज्ञान होना), रु. 139 प्रति व्यक्ति प्रति मास के हस्तांतरण (या रु. 1,668 प्रति वर्ष) से शून्य प्रतिशत तेंदुलकर गरीबी का लक्ष्य पूरा करने में समर्थ होगा। वर्ष 2011-2012 में भारत में लगभग 250 मिलियन तेंदुलकर गरीब थे। शून्य गरीबी की उपलब्धि को प्राप्त करने के लिए रु. 42,000 करोड़ का व्यय या 0.5 प्रतिशत से कम सकल घरेलू उत्पाद की आवश्यकता होगी। बेशक और स्पष्ट रूप से सही लक्ष्यीकरण की असंभावना है, लेकिन यह एक न्यूनतम मानदंड प्रदान करता है, जिससे गरीबी को कम करने की नीतियों का मूल्यांकन किया जा सकता है।

महात्मा गांधी राष्ट्रीय ग्रामीण रोजगार गारंटी अधिनियम (NREGA) और सार्वजनिक वितरण प्रणाली के संयुक्त परिचालन से अकेले वर्ष 2011-2012 में लगभग रु. 1,00,000 करोड़

रुपए खर्च किए गए। ईंधन और उर्वरक सब्सिडी ने अतिरिक्त रु. 1,60,000 करोड़ रुपए को बोझ डाला। वर्ष 2009-2010 और 2011-2012 के बीच कुल गरीबी में कमी लगभग 8 प्रतिशत प्वॉइंट थी और सब्सिडी से दो वर्षों के लिए 4 प्रतिशत प्वॉइंट की गरीबी में कमी हुई या प्रतिवर्ष 45 मिलियन व्यक्तियों की गरीबी में कमी हुई। अत: सरकार ने 45 मिलियन व्यक्तियों की गरीबी को दूर करने के लिए रु. 2,60,000 करोड़ खर्च किए। इस प्रकार एक व्यक्ति की गरीबी दूर करने में लगभग रु. 58,000 खर्च हुए। सही लक्ष्य निर्धारण में रु. 1,668 का व्यय स्तर शामिल होगा। सही लक्ष्य निर्धारण का व्यय स्तर सरकारी सार्वजनिक वितरण प्रणाली/ नरेगा लक्ष्य निर्धारण का 2.9 प्रतिशत है या दूसरे शब्दों में, सरकार प्रत्येक साल गरीबी हटाने के लिए आवश्यक व्यय से तीस गुना ज्यादा खर्च करती है।

क्या यह ज्यादा आसान और विशेष रूप से ज्यादा उदार नहीं होता, यदि सरकार ने नकद हस्तांतरण स्थापित किया होता या कम-से-कम गरीबों के लिए खाद्य टिकट वितरित किया होता? खाद्य टिकट से प्राप्तकर्ता को उस किराने की दुकान से खाद्य पदार्थ खरीदने की स्वतंत्रता होती है, जहाँ से वह खरीदना पसंद करता है। उसे खाद्य पदार्थ खरीदने के लिए राज्य से धनराशि मिलती है; चाहे वह उससे ब्रेड खरीदे या फूलगोभी, यह उसके ऊपर निर्भर है। किस प्रकार राज्य उसे निर्णय करने देने की अपेक्षा ज्यादा तानाशाह हो सकता है कि उसे कौन सा खाद्य पदार्थ खरीदना चाहिए और किस दुकान से खरीदना चाहिए? विश्व के बाकी देश भी उसी तरह की समस्याओं का सामना करते हैं जैसा भारत करता है, फिर भी दूसरे देश इन समस्याओं को उपभोक्ता को अधिकतम स्वतंत्रता प्रदान करते हुए इन समस्याओं का सामना करते हैं और उन्हें सुलझाते हैं। पूरे संसार ने नकद हस्तांतरण को अपना लिया है, लेकिन भारत अभी भी बार-बार बहस आयोजित कर रहा है। यह बहस की गंभीरता के बराबर का विकास है।

उपसंहार

सुधारों को कार्यान्वित करने का महत्त्वपूर्ण भाग यह मान्यता है कि यू.पी.ए. सरकार से पहले आंशिक सुधार हो रहा था। रोजगार गारंटी योजनाएँ जो मौजूद थीं, उनमें नरेगा में व्यय के आदेश की अपेक्षा आधे से भी कम व्यय हो रहा था और विभिन्न सरकारें इस तथ्य से अवगत थीं कि सार्वजनिक वितरण प्रणाली भ्रष्ट एवं अव्यवहार्य दोनों है। सोनिया गांधी ने इन कार्यक्रमों का केवल काफी महत्त्वपूर्ण ढंग से विस्तार ही नहीं किया, बल्कि उन्हें व्यापक अधिकार भी दिए। यू.पी.ए. के अंदर और बाहर बहुत बड़े दल हैं, जो मानते हैं कि भ्रष्टाचार को सशर्त नकद हस्तांतरण के रूप में वैकल्पिक कल्याणकारी योजनाओं को अपनाकर कम किया जा सकता है। इस नीति को विश्व के कई देशों द्वारा अपना लिया गया है। यदि इस प्रकार के हस्तांतरण अगले तीन सालों में पूर्णतया कार्यान्वित हो जाते हैं तो गरीब और सभी भारतीय काफी कम भ्रष्टाचार झेल सकेंगे।

सार्वजनिक वितरण प्रणाली को तुरंत भंग नहीं किया जा सकता है; लेकिन इसके लिए तीन-वर्षीय योजना संभव है। तब तक आधार पहचान प्रणाली भी पूरी हो जाएगी। नई पुनर्वितरण प्रणाली नई सरकार की पहली प्राथमिकता होनी चाहिए और भारत के लिए नई नीति के मुख्य भाग में वृहद् पैमाने पर जल और स्वच्छता कार्यक्रम शामिल होना चाहिए।

टिप्पणियाँ

1. डीन स्पीयर्स, 'द न्यूट्रिशन वैल्यू ऑफ टॉइलिट्स : हाउ मच इंटरनेशनल वैरिएशन इन चाइल्ड हाइट कैन सैनीटेशन एक्सप्लेन,' आधार पत्र, विकास अध्ययन केंद्र, दिल्ली स्कूल ऑफ इकोनॉमिक्स, दिसंबर 2012।
2. सुरजीत एस. भल्ला द्वारा सेंटर फॉर डेवलपमेंट ऐंड इंटरप्राइज, जोहन्सबर्ग, दक्षिण अफ्रीका के लिए जुलाई 2013 में तैयार किए गए 'डेमोक्रेसी ग्रोथ ऐंड डेवलपमेंट इन इंडिया,' नामक अप्रकाशित लेख को देखें।
3. पूर्वोक्त।
4. सुरजीत एस. भल्ला, 'रोटिंग फूड—रोटेन आर्ग्यूमेंट्स,' इंडियन एक्सप्रेस, 4 सितंबर, 2013 में देखें।
5. सुरजीत एस. भल्ला, 'द नीड ऐंड कास्ट्स ऐंड आल्टरनेटिव्स टू द फूड सिक्योरिटी बिल,' योजना, जनवरी 2014।

□

अध्याय-3
कृषि एवं सार्वजनिक वितरण प्रणाली में सुधार

—अशोक गुलाटी

कृषि महत्त्वपूर्ण क्यों है?

भारतीय अर्थव्यवस्था में, जहाँ पर एक औसत परिवार का लगभग आधा खर्च भोजन पर होता है और जहाँ आधे श्रमिक कृषि में लगे हैं, कृषि की केंद्रीयता को सामान्य ढंग से केवल इस बात से नजरअंदाज नहीं किया जा सकता है कि इसका सकल घरेलू उत्पाद के लिए योगदान अब लगभग 14 प्रतिशत ही है। यह बहुत ज्यादा संकीर्ण दृष्टिकोण होगा और शायद पथभ्रष्ट भी होगा। भारत की कृषि बहुत बड़ी और बढ़ती हुई आबादी के भरण के लिए जिम्मेदार है, जो आज 1.25 अरब है तथा इसके वर्ष 2035 तक चीन की आबादी को पार कर जाने का अनुमान है, लेकिन इससे भी ज्यादा महत्त्वपूर्ण बात यह है कि जबकि भारत का फोकस संपूर्ण विकास को बढ़ाने पर है, गरीबी कम करने के लिए विकास दर की प्रकृति बहुत हद तक जिम्मेदार है। ग्यारहवीं और बारहवीं पंचवर्षीय योजनाओं में स्पष्ट किए गए 'समाविष्टि के साथ तेज विकास' का उद्देश्य का बहुत ही थोड़ा सा अभिप्राय होगा, जब तक कि नीति सुधार एजेंडे में कृषि को केंद्रीय स्थिति प्रदान नहीं की जाती है। यह इसलिए है, क्योंकि पिछले पच्चीस सालों से विकासशील देशों में किए गए शोध से यह प्रकट हुआ है कि कृषि में प्रत्येक प्रतिशत प्वॉइंट का विकास अन्य क्षेत्रों में इसी विकास के रूप में गरीबी को कम करने में दो से तीन गुना ज्यादा महत्त्वपूर्ण है। चीन के केस में यह 3.5 गुना ज्यादा प्रभावी था और लैटिन अमेरिकी देशों, विशेष रूप से ब्राजील के केस में यह 2.7 गुना प्रभावी था।[1]

इस संबंध में चीनी अनुभव का स्मरण करना ज्यादा जरूरी है। चीन ने अपनी सुधार प्रक्रिया वर्ष 1978 में प्राथमिक तौर पर कृषि के साथ, कम्यून प्रणाली को समाप्त करते हुए तथा बहुत हद तक मूल्य नियंत्रण को स्वतंत्र करते हुए शुरू की थी। इसके परिणामस्वरूप वर्ष 1978-1984 के दौरान चीन में कृषि-सकल घरेलू उत्पाद में 7.1 प्रतिशत प्रतिवर्ष की वृद्धि हुई; कीमतों के मुक्त होने से कृषि आय लगभग 14 प्रतिशत प्रतिवर्ष तक बढ़ गई। कृषि आय में इस उच्च वृद्धि से कस्बों और गाँवों के उद्यमों द्वारा उत्पादित तैयार माल की माँग बढ़ गई, जिससे चीन में विनिर्माण क्रांति शुरू हो गई।[2]

चीनी अनुभवों के विपरीत भारत ने अपना आर्थिक सुधार वर्ष 1991 में अपनी विनिमय दर को सुधारते हुए और औद्योगिक सुरक्षा को अंशशोधित ढंग से कम करके अपने व्यापार एवं औद्योगिक

नीतियों को तर्कसंगत बनाते हुए तथा बहुत हद तक उद्योग के लिए लाइसेंसिंग व्यवस्था को समाप्त करते हुए शुरू किया। भारत सरकार ने कृषि को उदारीकरण की बहुत थोड़ी सी ही खुराक दी। उदाहरण के तौर पर, इसने वर्ष 1994 में चावल, गेहूँ और कुछ अन्य मुख्य वस्तुओं का निर्यात शुरू किया, लेकिन यह नीति जल्द ही औंधे मुँह गिर गई। वर्ष 1996 में निर्यात पर प्रतिबंध लगा दिया गया, क्योंकि घरेलू कीमतें बढ़ने लगी थीं। इसी प्रकार आयात क्षेत्र में भी खाद्य तेलों के आयात पर मात्रात्मक प्रतिबंध लगाया गया। इन्हें आयात शुल्क के दायरे में लाया गया, जो शुरुआत में ही बहुत ज्यादा (वर्ष 1994 में 65 प्रतिशत) था। वर्ष 1998 तक इस शुल्क को धीरे-धीरे कम करके 15 प्रतिशत किया गया, लेकिन उसके बाद पूर्वी एशियाई संकट और उपयोगी वस्तुओं की कीमतें गिरने के मद्देनजर अप्रैल 2001 में इसे तेजी से बढ़ाकर 92 प्रतिशत से भी ज्यादा कर दिया गया।[3]

कुल मिलाकर कृषि को भारत में किसी भी प्रत्यक्ष सुधार एजेंडे में सबसे आगे कभी भी नहीं रखा गया। फिर भी कृषि को अप्रत्यक्ष रूप से विनिमय दर में संशोधनों और व्यापार तथा विनिर्माण क्षेत्र में सुधार से फायदा मिला, जिससे शुरुआती वर्षों (वर्ष 1992-1996) में कृषि-सकल घरेलू उत्पाद में 4.8 प्रतिशत प्रतिवर्ष की वृद्धि हुई और कृषि निर्यात बढ़ा, लेकिन अगले दस वर्षों में कृषि-सकल घरेलू उत्पाद 2.5 प्रतिशत से नीचे रहा। यह ग्यारहवीं पंचवर्षीय योजना (वर्ष 2007-2012) में जाकर 4.1 प्रतिशत (संशोधित आँकड़ा) तक बढ़ा। यह अभी भी बहुत ही ज्यादा परिवर्तनशील है। वर्ष 2012-2013 में यह 1.4 प्रतिशत तक गिर गया और वर्ष 2013-2014 में इसके 4.6 प्रतिशत तक बढ़ने का अनुमान है (दूसरा आकलन)। वर्ष 1991 में आर्थिक सुधार शुरू होने के समय से कृषि-सकल घरेलू उत्पाद में दीर्घकालीन विकास दर 3.4 प्रतिशत प्रतिवर्ष रही है, जो 4 प्रतिशत प्रतिवर्ष की लक्षित विकास दर से काफी कम है। (चित्र-1 देखें)

चित्र-1 : संपूर्ण सकल घरेलू उत्पाद और कृषि-सकल घरेलू उत्पाद का विकास प्रदर्शन

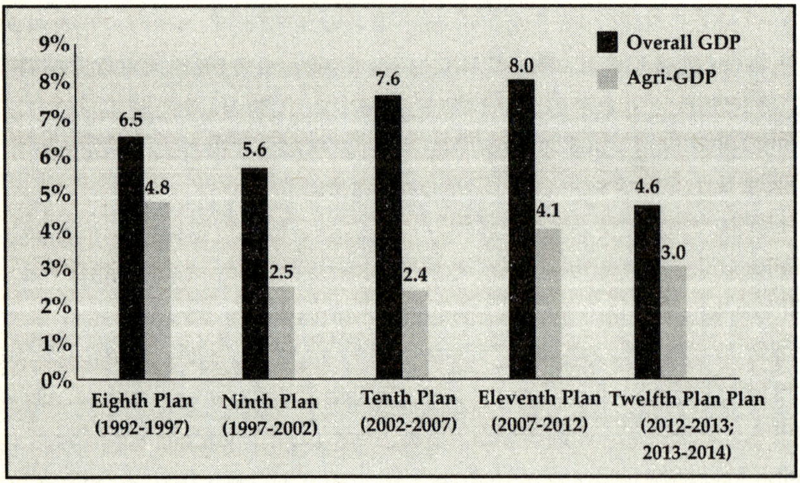

***स्रोत :** लेखक की गणना केंद्रीय सांख्यिकी कार्यालय के आँकड़ों पर आधारित है।*

भारतीय कृषि में समस्याओं के व्याप्त होने से 4 प्रतिशत प्रतिवर्ष से ज्यादा की निरंतर वृद्धि प्राप्त करने में बाधा आती रही है। भारतीय कृषि को सुधारने के लिए किसी एजेंडा को निर्धारित करने से पहले दीर्घ अवधि में इस क्षेत्र के प्रदर्शन को पहले देखना तथा यह मूल्यांकन करना कि इसे लक्षित विकास दर प्राप्त करने में क्या चीजें बाधक हैं, उचित होगा। तद्नुसार पहले अध्याय में भारतीय कृषि के प्रदर्शन की गुंजाइश को बताया गया है और उसके बाद इसके विकास में आनेवाली बाधाओं का पता लगाने का प्रयास किया गया है। इस संदर्भ में नोट करनेवाली मुख्य चीज यह है कि कृषि केवल खाद्यान्नों की अपेक्षा ज्यादा व्यापक है, जबकि नीति विचार-विमर्श प्रायः केंद्र-केंद्रित होते हैं, कृषि के विकास की संभावना ज्यादा-से-ज्यादा फल और सब्जियों, डेयरी, अंडा, मांस और मछली से है, जिन्हें ज्यादा मूल्य की कृषि माना जाता है और जिसमें माँग बढ़ने से आमदनी बढ़ती है। इसका इस रूपरेखा से अनुसरण किया जाता है कि विकास दर को बढ़ाने के लिए क्या किया जा सकता है और ऐसी नीतियों को किस प्रकार कार्यान्वित किया जा सकता है। भारत के खाद्य सुरक्षा उपकरण, सार्वजनिक वितरण प्रणाली को सितंबर 2013 में पारित राष्ट्रीय खाद्य सुरक्षा अधिनियम के साथ संयोजन के रूप में देखा जाएगा। इसके द्वारा सामना की जा रही मुख्य चुनौतियों तथा खाद्य सुरक्षा को कम लागत पर प्रदान करने के विकल्प का मूल्यांकन किया जाएगा। अंततः मुख्य नीति सुधार, जो उच्च विकास पथ पर भारतीय कृषि को रखने के लिए आवश्यक हैं, उनकी पुनरावृत्ति की जाएगी।

दीर्घकालीन प्रदर्शन और भारतीय कृषि में क्या बाधक है

यदि पिछले छह दशकों या वर्ष 1950-1951 से वर्ष 2012-2013 तक कृषि के संपूर्ण प्रदर्शन को देखा जाए तो यह काफी अच्छी सफलता की कहानी लगती है (तालिका-1 देखें)। खाद्यान्नों का उत्पादन वर्ष 1950-1951 में 50 मिलियन टन से बढ़कर वर्ष 2011-2012 में 259 मिलियन टन हो गया; इस अवधि में दूध का उत्पादन 17 मिलियन टन से बढ़कर 127 मिलियन टन हो गया। इस अवधि के दौरान आबादी में तीन गुना से थोड़ा ज्यादा 361 मिलियन टन से 1.21 बिलियन की वृद्धि हुई।[4] यह स्पष्ट रूप से यह सूचित करता है कि भारत आबादी में वृद्धि की तुलना में ज्यादा तेज खाद्यान्न का उत्पादन करने में समर्थ रहा है। वर्ष 1960 के अंत से लेकर वर्ष 1970 की शुरुआत के दौरान गेहूँ एवं चावल में हरित क्रांति, वर्ष 1970 में दूध में श्वेत क्रांति और मत्स्य पालन में नील क्रांति ने इस सफलता की कहानी में योगदान दिया है। वर्ष 2000 के पहले दशक में कपास, मक्का और पूसा बासमती के उत्पादन स्तर के दुगुना होने से ज्यादा कृषि निर्यात और कीमती विदेशी मुद्रा कमाने को ज्यादा बढ़ावा मिला। इससे भारतीय कृषि अगला निर्यातक बन गया तथा वर्ष 2012-2013 में $41 बिलियन का निर्यात और $20 बिलियन का आयात किया गया (चित्र-2 देखें)। दिलचस्प बात यह है कि वर्ष 2012-2013 में भारत ने 22 मिलियन टन अनाज का निर्यात किया गया, जिसे कृषि लागत आयोग एवं खरीफ की फसल, 2014-2015 के लिए कीमत नीति पर कीमत रिपोर्ट के अनुसार यह बताया गया कि इस स्तर को स्वतंत्रता से लेकर अब तक कभी भी छुआ नहीं गया था और शायद इस स्तर पर भारत के पिछले तीन हजार वर्षों के लिखित इतिहास में ऐसा नहीं हुआ।[5]

तालिका-1. भारतीय कृषि में दीर्घकालीन उन्नति

	1950-51	1970-71	1990-91	2010-11
खाद्यान्न *मिलियन टन*	50.8	108.4	176.4	259 (2011-12)
दूध *मिलियन टन*	17	23 (1973-74)	53.9	127 (2011-12)
मछली *मिलियन टन*	0.75	1.75	3.84	8.00 (P)
अंडा *बिलियन सं.*	1.8	7.8 (1973-74)	21.1	60 (P)
फल एवं सब्जियाँ *मिलियन टन*			85	221
जनसंख्या *मिलियन*	361	548	846	1,210

स्रोत : भारत सरकार, कृषि एवं सहयोग विभाग, कृषि सांख्यिकी एक नजर में (कई अंक)

चित्र-2 : कृषि उत्पादों के भारत के निर्यात और आयात

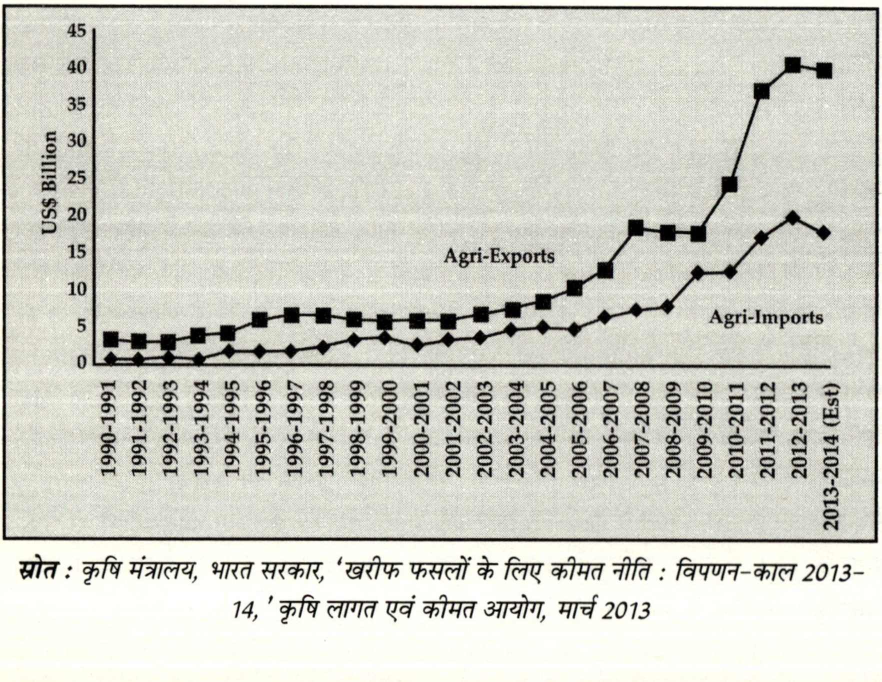

स्रोत : *कृषि मंत्रालय, भारत सरकार, 'खरीफ फसलों के लिए कीमत नीति : विपणन-काल 2013-14,' कृषि लागत एवं कीमत आयोग, मार्च 2013*

केवल अनाज के निर्यात में ही महत्त्वपूर्ण रूप से वृद्धि नहीं हुई है, बल्कि सरकारी एजेंसियों ने बड़े पैमाने पर अनाज के स्टाक का संचय भी किया है, जो जुलाई 2012 में लगभग 80 मिलियन टन था और जुलाई 2013 में 74 मिलियन टन था। यह ऐतिहासिक रूप से सरकार द्वारा संचित सबसे ज्यादा स्टॉक था। (चित्र-3 देखें)

चित्र-3 : सरकारी एजेंसियों द्वारा संचित अनाजों का स्टॉक

1. जुलाई को केंद्रीय पूल स्टॉक

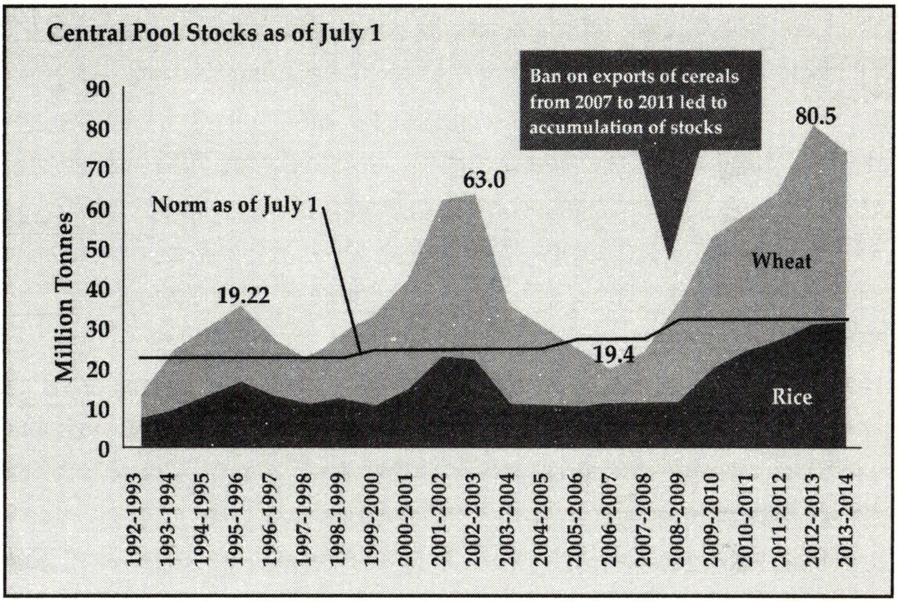

स्रोत *: कृषि मंत्रालय, भारत सरकार, 'खरीफ फसल के लिए कीमत नीति : विपणन काल 2013-14,' कृषि लागत एवं कीमत आयोग, मार्च 2013।*

इन उपलब्धियों के होने पर भी यह तथ्य स्थापित है कि संपूर्ण कृषि-सकल घरेलू उत्पाद की विकास दर भारतीय कृषि की अप्रयुक्त क्षमता का संकेत करते हुए पिछले सत्रह वर्षों (वर्ष 1997-2014) में औसतन 3 प्रतिशत प्रतिवर्ष रही है।

सामान्यतया, किसी भी क्षेत्र की विकास दर दृढ़तापूर्वक उस क्षेत्र में निवेश (पूँजी निर्माण) तथा इसके पूँजी-आउटपुट अनुपात द्वारा प्रभावित होती है। भारतीय अर्थव्यवस्था के लिए पंचवर्षीय योजना दस्तावेज में प्राय: 4:1 के पूँजी-आउटपुट अनुपात का अनुमान लगाया जाता है, अर्थात् चार यूनिट पूँजी के निवेश से एक यूनिट आउटपुट प्राप्त किया जा सकता है। अत: यदि अर्थव्यवस्था में संपूर्ण निवेश 30 प्रतिशत सकल घरेलू उत्पाद के आसपास होता है तो सभी अन्य कारकों को वृहद् रूप से उदासीन मानते हुए सकल घरेलू उत्पाद की विकास दर लगभग 7.5 प्रतिशत होनी चाहिए। अभी तक सकल घरेलू उत्पाद की विकास दर

निवेश के अलावा अन्य कारकों पर निर्भर होते हुए 7.5 प्रतिशत से ऊपर-नीचे होती रहती है। इसी प्रकार कृषि में कृषि-सकल घरेलू उत्पाद कम-से-कम तीन कारकों द्वारा प्रभावित होता है, कई सालों से कृषि में सार्वजनिक और निजी दोनों पूँजी निर्माण; कृषि के लिए सापेक्ष मूल्य प्रोत्साहन, जिन्हें प्राय: कृषि उत्पादों की कीमतों तथा विनिर्मित उत्पादों (मोटे तौर पर कृषि और विनिर्माण क्षेत्र के बीच व्यापार के रूप में संदर्भित) के बीच के अनुपात के रूप में मापा जाता है; और वर्षा।

कृषि में निवेश के दृष्टिकोण से कृषि का अवलोकन करने से यह बात सत्य है कि वर्ष 1980 और 1990 के दौरान कृषि में निवेश वृहद् रूप से कृषि-सकल घरेलू उत्पाद के 8 से 12 प्रतिशत के बीच था (चित्र-4)। माना कि कृषि में पूँजी-आउटपुट अनुपात भी लगभग 4:1 था, कृषि से विकास के मोरचे पर आश्चर्यजनक कार्य करने की अपेक्षा करना व्यर्थ था। अन्य कारकों को उदासीन मानते हुए कृषि-सकल घरेलू उत्पाद में विकास की औसत दर के 2.5 से 3 प्रतिशत से ज्यादा होने की अपेक्षा नहीं की जा सकती थी। यद्यपि निवेश के मोर्चे पर स्थिति 2000 के दशक, विशेष रूप से वर्ष 2004-2005 के दौरान बदल गई और यह वर्ष 2010 के अंत तक कृषि-सकल घरेलू उत्पाद के 20 प्रतिशत तक पहुँच गई। यह निश्चित रूप से सकारात्मक समाचार था और इससे ग्यारहवीं पंचवर्षीय योजना (वर्ष 2007-2012) के दौरान कृषि-सकल घरेलू उत्पाद में 4.1 प्रतिशत तक की वृद्धि दिखाई दी।

कृषि में पूँजी निर्माण के बारे में अन्य रुचिकर तथ्य यह है कि कृषि में निवेश स्रोतों का संयोजन कई सालों से निजी क्षेत्र की तरफ स्थानांतरित हो गया है। आज कृषि में निजी क्षेत्र का निवेश कृषि के कुल निवेश का तीन-चौथाई हिस्सा है, जो वर्ष 1980-1981 में आधे हिस्से की अपेक्षा ज्यादा है (चित्र-4 देखें)। यह दिलचस्प है, क्योंकि इससे अपेक्षा की जा सकती है कि निजी स्वामित्व के अंतर्गत पूँजी की दक्षता सार्वजनिक स्वामित्व के अंतर्गत रही दक्षता की अपेक्षा ज्यादा होगी। यह आनेवाले सालों में उच्च कृषि-सकल घरेलू उत्पाद दरों के लिए शुभ होगा।

कृषि में निजी क्षेत्र का बढ़ता हुआ हिस्सा, जो कृषि में संपूर्ण निवेश को भी आकर्षित कर रहा है, संभवतया कृषि में विशेष रूप से वर्ष 2005 से कीमतों के सुधरने का परिणाम है। कृषि-कीमत और विनिर्मित कीमतों का अनुपात वर्ष 2004-2012 के दौरान लगभग 1 से 1.4 प्रतिशत तक महत्त्वपूर्ण रूप से बढ़ा है।[6] कृषि में यह उन्नत कीमत माहौल पर्याप्त निवेश को आकर्षित कर रहा है, जो आशा है कि कृषि-सकल घरेलू उत्पाद की विकास दर को बढ़ाएगा।

चित्र-4 : भारतीय कृषि में सकल पूँजी निर्माण: सार्वजनिक एवं निजी क्षेत्र के बीच बदलता संयोजन और कृषि-सकल घरेलू उत्पाद के प्रतिशत के रूप में बदलाव

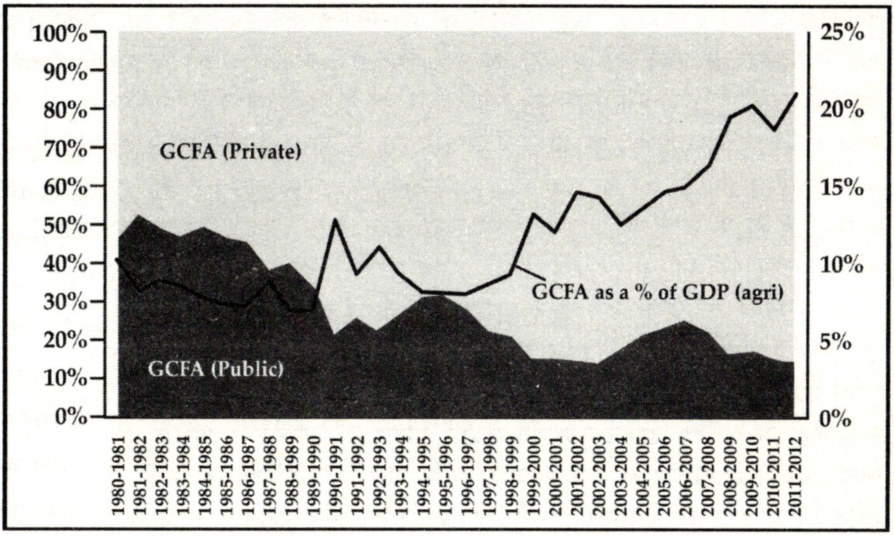

स्रोत : *लेखक की गणना केंद्रीय सांख्यिकी कार्यालय, भारत सरकार के आँकड़ों पर आधारित है।*

इन सभी सकारात्मक संकेतों से संपूर्ण उत्पादन, व्यापार, अनाज का स्टाक और कृषि में निवेश, इन सभी चीजों की तसवीर यथोचित् आशावादी और यहाँ तक कि इस समय उज्ज्वल दिखाई दे रही है, लेकिन इसी समय किसानों की आत्महत्या की घटनाएँ और किसानों द्वारा इस बात की शिकायत भी सुनने में आ रही है कि कृषि में बहुत ज्यादा फायदा नहीं हो रहा है। देश के आकार और इसकी विविध कृषि को मानते हुए यह स्थिति कुछ क्षेत्रों में सत्य हो सकती है।

यह समस्या उपभोक्ता के पक्ष में ज्यादा गंभीर प्रतीत होती है। पिछले पाँच सालों से खाद्य पदार्थों की कीमतों में मुद्रास्फीति असुविधाजनक रूप से उच्च स्तर पर रही है, जो लगभग दो अंकीय आँकड़े पर रही है। उदाहरण के तौर पर सितंबर 2013 में खाद्य कीमतों में मुद्रास्फीति (पिछले सितंबर की अपेक्षा) 12 प्रतिशत से ज्यादा थी, खाद्य वस्तुओं में 18 प्रतिशत की मुद्रास्फीति के साथ सब्जियों की कीमतें 89 प्रतिशत से ज्यादा बढ़ गई थीं, प्रोटीनयुक्त खाद्य वस्तुओं (अंडे, मांस और मछली) की कीमतें लगभग 13 प्रतिशत बढ़ी थीं और अनाजों की कीमतें 13 प्रतिशत तक बढ़ी थीं।[7] पिछले कुछ सालों में ज्यादा मूल्यवाले उत्पादों (जैसे फल और सब्जियाँ, दूध और मांस उत्पाद, जिनमें आम तौर पर ज्यादा विटामिन एवं प्रोटीन पाया जाता है) की मुद्रास्फीति मुख्य खाद्य पदार्थों की अपेक्षा ज्यादा थी। इससे यह प्रवृत्ति स्पष्ट रूप से दिखती है कि आमदनी बढ़ने से लोग फलों, सब्जियों, दूध और दूध उत्पादों, अंडों, मांस

और मछली पर ज्यादा धनराशि खर्च कर रहे हैं। इन उत्पादों की आपूर्ति माँग से पीछे हो जा रही है, जिससे उनकी कीमतों में इजाफा हो रहा है। यह भारतीय कृषि की वास्तविक दुविधा को प्रदर्शित करती है, जबकि नीति माहौल वृहद् रूप से खाद्य सुरक्षा विषयों के लिए अनाजों पर फोकस किया जा रहा है, खाद्य कीमतों की मुद्रास्फीति उच्च मूल्यवाले उत्पादों के शुल्क बढ़ने से अव्यवस्थित हो गई है, यहाँ तक कि वर्ष 2013 में अनाज की मुद्रास्फीति हाथ से बाहर निकलती हुई प्रतीत हो रही थी। इसका अर्थ यह है कि लोगों को पोषक पदार्थों की वह मात्रा नहीं मिल पा रही है, जिसकी उन्हें आवश्यकता है और यह नीति की दुविधा है, जिसने कृषि में संपूर्ण विकास को भी रोक रखा है। अनाजों की व्यय लोच लगभग शून्य है। इसका आशय यह है कि लोगों की आमदनी और खर्चे बढ़ने के बावजूद वे प्रति व्यक्ति आधार पर ज्यादा अनाज नहीं खा पा रहे हैं। इसकी बजाय माँग का दबाव उच्च मूल्यवाले उत्पादों पर जाएगा। अनाजों की घरेलू माँग वृहद् रूप से आबादी में वृद्धि की दर के अनुसार बढ़ेगी, जो लगभग 1.4 प्रतिशत प्रतिवर्ष है। मुरगीपालन की बढ़ती माँग से पशुआहार की तरफ से भी कुछ दबाव आ सकता है। अत: अनाजों में 1.7 प्रतिशत की वृद्धि (जनसंख्या वृद्धि से 1.4 प्रतिशत तथा मोटे तौर पर पशु आहार की माँग से 0.3 प्रतिशत) से उनके अतिरिक्त भाग को बढ़ावा मिलेगा, जिसे या तो निर्यात किया जाना है या सरकारी स्टॉक में जमा करना है। अत: कृषि में वास्तविक वृद्धि उच्च मूल्यवाले उत्पादों (बागबानी, दूध और प्रोटीन खाद्य पदार्थ) से होनी है। ये वस्तुएँ स्वभाव में विनाशशील हैं और इनसे मूल्य उत्पन्न करने के लिए बहुत तेजी से आपूर्ति करने की आवश्यकता है। खेती से मूल्य शृंखला तक भारत की कृषि नीति के पूरे प्रतिमान को बदलने की आवश्यकता है, यदि 4 प्रतिशत की विकास दर को प्राप्त करना है और इस समय नीतियाँ विकास के प्रति ज्यादा अनुकूल नहीं हैं।

उच्च मूल्यवाले उत्पादों में माँग आधारित दृष्टिकोण के प्रति जोतने से लेकर थाली में परोसने तक की नीतियाँ

यह मानते हुए कि कृषि-सकल घरेलू उत्पाद में कम-से-कम 4 प्रतिशत की संपूर्ण वृद्धि अनाज के क्षेत्र से नहीं आ सकती है, सरकार की नीति का फोकस पहले उच्च मूल्यवाले उत्पादों की तरफ स्थानांतरित होना जरूरी है। वर्तमान में उत्पादों की आपूर्ति शृंखलाएँ अनावश्यक रूप से लंबी और खंडित हैं, जिससे बहुत बड़े स्तर पर नुकसान तथा बिचौलियों द्वारा मूल्य के असंगत प्रयोग को बढ़ावा मिलता है। इससे उत्पादकों का व्यय बढ़ जाता है और वे इसकी कम कीमत पाते हैं तथा उपभोक्ता इसके लिए ज्यादा कीमत का भुगतान करते हैं। इस स्थिति को बदलना जरूरी है। मूल्य उत्पन्न करने के लिए किसानों का सीधे व्यवस्थित संसाधकों, खुदरा व्यापारियों और निर्यातकों से संपर्क कराने के लिए आपूर्ति क्षेत्र को संकुचित करना जरूरी है। इन मूल्य शृंखलाओं को ज्यादा सक्षम बनाकर ही किसानों तथा उपभोक्ताओं को अच्छा फायदा पहुँचाया जा सकता है, जो उन्हें आज नहीं मिल रहा है। आपूर्ति क्षेत्र में बदलाव करने से इन वस्तुओं पर उच्च मुद्रास्फीति के दबावों को कम करने में भी मदद मिलेगी।

यह स्मरण किया जा सकता है कि दुग्ध क्रांति के समय भी ऐसा ही किया गया था, जिससे

अमूल मॉडल द्वारा भारत विश्व का सबसे बड़ा दुग्ध उत्पादक बन गया था, जिसके तहत दूध को पहले गाँव स्तर पर सभी किसानों, यहाँ तक कि छोटे और बड़े सभी किसानों से एकत्र किया जाता था; उसके बाद गाँव में ही उसे ठंडा किया जाता था और प्रशीतित ट्रकों द्वारा उसे ढोकर समांगक (homogenizing) और पास्तेरीकारक (pasteurizing) प्लांट में ले जाया जाता था और अंत में बड़े शहरों में स्थित रिटेल आउटलेट पर वितरित किया जाता था। इससे यह सुनिश्चित हुआ कि किसान को उपभोक्ता की धनराशि का अच्छा हिस्सा मिला, जबकि उपभोक्ताओं को भी उचित मूल्य पर दूध मिल गया। इसी प्रकार का दृष्टिकोण इसी प्रकार या इससे बड़े पैमाने पर फलों तथा सब्जियों (विटामिन क्षेत्र) और अंडों, मांस तथा मछली (प्रोटीन क्षेत्र) के लिए भी अपनाने की जरूरत है। दूध एवं दुग्ध उत्पादों के प्रसंस्करण को बढ़ाए जाने की भी आवश्यकता है, क्योंकि दुग्ध क्रांति और श्वेत क्रांति के बावजूद अभी भी भारत में व्यवस्थित क्षेत्र द्वारा केवल 20 प्रतिशत दुग्ध उत्पादन किया जाता है, जिसका आशय यह है कि दूध में अभी भी व्यवसाय के लिए विशाल संभावनाएँ हैं और इससे किसानों तथा उपभोक्ताओं दोनों को फायदा पहुँचेगा।

ये संकुचित और दक्ष मूल्य शृंखलाएँ नीति, नए संस्थागत ढाँचे और संचालन एवं क्रियान्वयन, प्रसंस्करण और व्यवस्थित खुदरा बिक्री में बदलाव किए बिना संभव नहीं हैं। यदि नीति माहौल में इसके लिए प्रचुर अवसर प्रदान किए जाएँ और इसे इस दिशा में संचालित करने के लिए प्रोत्साहन प्रदान किया जाए तो निजी क्षेत्र इसके लिए बहुत कुछ कर सकते हैं। अभी तक की नीति में कमी और सक्षम मूल्य शृंखला बनाने के लिए जमीनी स्तर पर आवश्यक चीजों की कमी के कारण भारत कृषि में कम वृद्धि, ताजा उत्पादों का ज्यादा नुकसान और किसानों के लिए कम एवं ज्यादा अस्थिर कीमतों एवं उपभोक्ताओं के लिए उच्च कीमतों से ग्रस्त है, तो क्या करने की जरूरत है?

पहला, फलों और सब्जियों को सूची से हटाते हुए कृषि उत्पाद विपणन समिति (APMC) अधिनियम में संशोधन करने की आवश्यकता है, जिससे किसानों को कृषि उत्पाद विपणन समिति के बाजारों के अंदर तथा बाहर किसी भी व्यक्ति को अपना सामान बेचने की अनुमति मिलेगी। इसका आशय यह है कि कोई भी खरीदार किसी भी मंडी शुल्क का भुगतान किए बिना या कमीशन एजेंट को कमीशन दिए बिना किसानों से सीधे खरीद सकता है। यह संशोधन एक दशक से भी ज्यादा समय से लंबित है और इस क्षेत्र में सुधार की भी आवश्यकता है। केंद्र सरकार कहती है कि यह राज्य का मामला है, लेकिन राज्यों के पास अपनी राजनीतिक मजबूरियाँ हैं और वे बहुत थोड़ा सा सुधार करते हैं, जिसका कोई फायदा नहीं है। इसको करने का साधारण तरीका कृषि उत्पाद विपणन समिति अधिनियम में सुधार के अधीन विभिन्न राज्यों की स्थिति के अनुसार राष्ट्रीय बागबानी मिशन के तहत आवंटन किया जाना है। यद्यपि यह भी सक्षम मूल्य शृंखला बनाने के लिए पर्याप्त नहीं है।

दूसरे, आपूर्ति शृंखलाओं को व्यवस्थित करने और उन्हें सक्षम बनाने के लिए संस्थागत नवपरिवर्तन करने तथा छोटे धारकों से उत्पादों को एकत्र करने, उन्हें साफ करने, धुलने और सुखाने, ग्रेडिंग करने और पैक करने, आसानी से पहचानने के लिए बार कोड लगाने, साथ ही कोल्ड स्टोर में भंडारित करने तथा व्यवस्थित खुदरा व्यापारियों की दुकानों तक प्रशीतित वाहनों

द्वारा पहुँचाने के लिए बड़ा निवेश करने की आवश्यकता है। व्यवस्थित खुदरा व्यापारी केवल बैक भाग के संचालन को व्यवस्थित करने में रुचि लेंगे, यदि उन्हें फ्रंट भाग में अपना संचालन करने की स्वतंत्रता दी जाती है। संगठित मल्टी-ब्रांड खुदरा व्यापार पर विदेशी प्रत्यक्ष निवेश नीति किसी भी गंभीर स्थिति के बिना खराब मौसम में भी संचालित होती है। घरेलू व्यापारी भी ताजा वस्तुओं को सँभालने में असंख्य समस्याओं को देखते हुए तथा छोटे किसानों की बहुत बड़ी संख्या के साथ व्यापार करते हुए इस पर बहुत ज्यादा उत्साहित नहीं होते हैं। सामान्यतया व्यवस्थित खुदरा व्यापार में ताजा उत्पादों को सँभालना तथा छोटे एवं सुविधावंचित किसानों से इसे सीधे खरीदना किसी किले को जीतने जैसा कार्य है, क्योंकि यह सबसे ज्यादा कठिन है। व्यवस्थित खाद्य खुदरा व्यापार में अस्सी से नब्बे प्रतिशत उत्पादों को प्रसंस्कृत किया जाता है। अत: सबसे पहले खाद्य प्रसंस्करण गतिविधि को बढ़ाने पर ध्यान दिया जाना तथा किसानों का खाद्य प्रसंस्करणकर्ताओं से संपर्क कराना जरूरी है।

अत: तीसरी नीति में बदलाव के रूप में खाद्य प्रसंस्करण को प्राथमिकता प्राप्त क्षेत्र के रूप में मानने तथा लघु उद्योग आरक्षण की सूची से खाद्य प्रसंस्करण को हटाने की आवश्यकता है, जो इन इकाइयों में निवेश और संचालनों की मात्रा को सीमित करता है। (उदाहरण के तौर पर, मूँगफली और सरसों प्रसंस्करण तेल संयंत्र अभी भी लघु उद्योग के लिए आरक्षित हैं।) कृषि की उपयोगिता को बढ़ाने, व्यापक नुकसान को कम करने तथा किसानों एवं उपभोक्ताओं को बेहतर फायदा पहुँचाने के लिए बड़े पैमाने पर किफायतों के साथ वृहद् पैमाने पर आधुनिक संयंत्रों की आवश्यकता है। यह मानते हुए कि अधिकांश भारतीयों के लिए भोजन कितना खर्चीला है, यह देश का अगला तेजी से बढ़नेवाला उद्योग हो सकता है, लेकिन इसके लिए दो क्षेत्रों में सुधार की आवश्यकता है—(क) खाद्य वस्तुओं पर कर एवं कमीशन शून्य तक लाने या अधिक-से-अधिक 5 प्रतिशत से कम करने की आवश्यकता है और इस उद्योग को बढ़ावा देने के लिए प्रसंस्कृत खाद्य पदार्थों पर भी कर को 5 प्रतिशत से कम रखने की आवश्यकता है तथा (ख) किसान स्तर पर वृहद् पैमाने पर किफायत देने के लिए किसान उत्पादक संगठन के रूप में किसानों को समूहों में संगठित करना जरूरी है। यह मानते हुए कि भारत में औसत खेत का आकार 1.16 हेक्टेयर है, वृहद् पैमाने पर व्यवस्थित प्रसंस्करण तथा खंडित खेतों के साथ कार्य करनेवाले खुदरा व्यापार को प्रोत्साहित करना चुनौती भरा कार्य है।[8] लाखों किसानों के साथ लेन-देन की लागत ज्यादा होती है, जिसका कार्यक्षमता के अलावा व्यवसाय में समावेश को प्रोत्साहित करने के लिए सरकार द्वारा बीमा कराना जरूरी है। सार्वजनिक-निजी भागीदारी मॉडल उन मूल्य शृंखलाओं को कारगर बनाने के लिए पीछे से उद्योग को निवेश करने में मदद करने के लिए विकसित किया जा सकता है, जो सक्षम, प्रतिस्पर्धात्मक और समावेशी हैं।

चौथा, मुख्य अनाजों के लिए विपणन अधिकार पाने के लिए व्यापक रूप से सुधार की जरूरत है। यह एक नीतिगत मामला है, क्योंकि यह राष्ट्रीय खाद्य सुरक्षा अधिनियम (NFSA), 2013 से संबंधित है और क्योंकि इसमें वृहद् पैमाने पर सार्वजनिक खरीद, भंडारण और वितरण शामिल है। व्यापक सुधार के बिना दक्षता का बहुत बड़ा नुकसान होने की संभावना है, जो कल्याणकारी फायदों पर भारी पड़ सकता है, जिसे प्राप्त करने के लिए राष्ट्रीय खाद्य सुरक्षा अधिनियम बनाया गया है।

राष्ट्रीय खाद्य सुरक्षा अधिनियम, खामियों से युक्त सार्वजनिक वितरण प्रणाली और सशर्त नकदी हस्तांतरण का विकल्प

राष्ट्रीय खाद्य सुरक्षा अधिनियम में मूलभूत रूप से 67 प्रतिशत आबादी को अत्यधिक रियायती दरों (चावल, गेहूँ और मोटे अनाज के लिए क्रमश: रु. 3, 2 और 1 प्रति किलोग्राम) पर प्रति व्यक्ति प्रति माह 5 किलोग्राम अनाज प्रदान किया जाता है। इन कीमतों को अगले तीन सालों के लिए निर्धारित किया गया है। राष्ट्रीय खाद्य सुरक्षा अधिनियम इसे कार्यान्वित करने के लिए सार्वजनित वितरण प्रणाली पर निर्भर है। भारत के अन्य बड़े पोषण कार्यक्रम में इसकी मध्याह्न स्कूल भोजन योजना और स्तनपान करानेवाली माताओं के लिए कुछ नकद प्रतिपूर्ति राशि शामिल हैं। इन सभी पैकेजों में सार्वजनिक वितरण प्रणाली द्वारा प्रत्येक साल मोटे तौर पर 62 मिलियन टन अनाज का वितरण किया जाता है, जिससे राष्ट्रीय राजकोष पर लगभग रु. 1,30,000 करोड़ का भार पड़ता है।[9] राष्ट्रीय खाद्य सुरक्षा अधिनियम भंडारण में, उच्च उत्पादन सुनिश्चित करने के लिए कृषि में, विविध स्थानों पर खाद्य पदार्थों को ढोने के लिए संभार तंत्र में और अन्य योजनाओं में ज्यादा निवेश को संबोधित करता है। इन निवेशों में खाद्य सब्सिडी, खाद्य उत्पादन को स्थिर करने, खरीदे गए अनाजों का उचित गोदामों में भंडारण करने और इन्हें पूरे देश में दक्षतापूर्वक उन स्थानों पर ले जाने, जहाँ पर इनकी वितरण के लिए आवश्यकता है, के रूप में सबसे ज्यादा रु. 1,30,000 करोड़ का व्यय शामिल है। यदि इन अतिरिक्त निवेशों को शामिल किया जाए तथा इस तथ्य को भी देखा जाए कि प्रत्येक साल अनाजों की खरीद की कीमतें बढ़नी हैं, जबकि इनको जारी करने की कीमतें निश्चित हैं, तो राष्ट्रीय खाद्य सुरक्षा अधिनियम की वास्तविक लागत बहुत ज्यादा होनी है। कृषि लागत एवं मूल्य आयोग द्वारा किया गया मोटा अनुमान रु. 2,00,000 करोड़ वार्षिक से भी ज्यादा है, यदि भारत राष्ट्रीय खाद्य सुरक्षा अधिनियम को कार्यान्वित करने के बारे में गंभीर है।[10] यदि इसे प्राप्त नहीं किया जाता है तो संभावना है कि देश सामान्यतया खाद्य सुरक्षा द्वारा अव्यवस्थित हो जाएगा और कई सालों के बाद भी खाद्य पदार्थों की किफायती सुलभता लाखों भारतीयों के लिए एक चुनौती रह जाएगी।

यह भी उल्लेखनीय है कि राष्ट्रीय नमूना सर्वेक्षण कार्यालय (NSSO) के वर्ष 2011 के उपभोग रार्वेक्षण के अनुरार औरात अनाज उपभोग 10.7 किलोग्राम प्रति व्यबित प्रति माह (ग्रामीण और शहरी क्षेत्र का वजन किया गया औसत) है।[11] इसका आशय यह है कि अनाजों के लिए भी लोगों को अपनी आधे से ज्यादा उपभोग आवश्यकताओं के लिए खुले बाजार पर निर्भर रहना होगा। अत: राज्य की एजेंसियाँ, जो भी सार्वजनिक वितरण प्रणाली द्वारा खाद्य पदार्थों की खरीद, भंडारण और वितरण के लिए कार्य कर रही हैं, उसका खुले बाजार की कीमतों पर प्रभाव पड़ेगा।

राष्ट्रीय खाद्य सुरक्षा अधिनियम की सबसे बड़ी चुनौती खाद्य में सबसे ज्यादा रिसाव को रोकना है। यह वह मात्रा है, जो अक्षमताओं या भ्रष्टाचार के कारण मौजूदा सार्वजनिक वितरण प्रणाली के अभिप्रेत लाभार्थियों तक कभी नहीं पहुँच पाती है, जबकि इसे सरकारी स्टॉक से भेजा जाता है। राष्ट्रीय प्रतिदर्श सर्वेक्षण संगठन (NSSO) के उपभोग सर्वेक्षण में रिपोर्ट किए गए वर्ष 2009 में सार्वजनिक वितरण प्रणाली से निकासी के उपभोग आँकड़ों तथा सार्वजनिक वितरण प्रणाली द्वारा जारी की गई मात्रा के आधार पर लेखक का आकलन राष्ट्रीय स्तर पर 40 प्रतिशत की रिसाव दर

को दरशाता है। राज्य स्तर पर यह एक राज्य से दूसरे राज्य में अलग-अलग है। बिहार में रिसाव की दर सबसे ज्यादा 71 प्रतिशत है, पश्चिम बंगाल में यह 69 प्रतिशत, असम में 67 प्रतिशत, राजस्थान में 67 प्रतिशत, पंजाब में 65 प्रतिशत और उत्तर प्रदेश में 59 प्रतिशत तथा तमिलनाडु एवं छत्तीसगढ़ में लगभग शून्य है (चित्र-5 देखें)। वास्तव में ये अनुपात एक साल से दूसरे साल में बदल जाते हैं और आशा है कि आनेवाले समय में संपूर्ण रिसाव में कमी आएगी, लेकिन कमजोर शासन व्यवस्था के कारण महत्त्वपूर्ण सुधारों के अवसर बहुत ही कम दिखाई दे रहे हैं।

यद्यपि पूरी व्यवस्था का कंप्यूटरीकरण करने से आनेवाले समय में इन रिसावों को कम करने की आशा की जा रही है, लेकिन कुछ राज्यों द्वारा अनाजों पर लगाए गए ज्यादा कर और उगाही कायम रहेगी। उदाहरण के तौर पर, पंजाब में ये 14.5 प्रतिशत तक लगाए जा सकते हैं। आंध्र प्रदेश, हरियाणा और उड़ीसा में इस प्रकार के कर 10 प्रतिशत से ज्यादा हैं। क्या इन राज्यों को इन करों को 20 प्रतिशत तक बढ़ाना चाहिए और उन्हें ऐसा करने से क्या कोई भी रोक नहीं सकता है, यह मामला अधिक सख्त होता जाएगा। यह भी उल्लेखनीय है कि अधिशेष वस्तुओंवाले कई राज्यों (पंजाब, आंध्र प्रदेश, हरियाणा, छत्तीसगढ़ और मध्य प्रदेश) में गेहूँ और सामान्य चावल की लगभग 70 से 90 प्रतिशत मंडी आमद की खरीदारी राज्य एजेंसियों द्वारा की जाती है, जो वस्तुत: अनाज व्यापार पर कब्जा करनेवाले राज्य को बढ़ावा देती है। राज्य की एजेंसियाँ स्वाभाविक रूप से उच्च लागतवाली हैं। इस स्थिति में रिसाव को रोके बिना और कई करों को तर्कसंगत किए बिना राष्ट्रीय खाद्य सुरक्षा अधिनियम की जल्दबाजी में की गई शुरुआत बहस का खुला मुद्दा है।

चित्र-5 : सार्वजनिक वितरण प्रणाली से रिसाव (2009) (प्रतिशत)

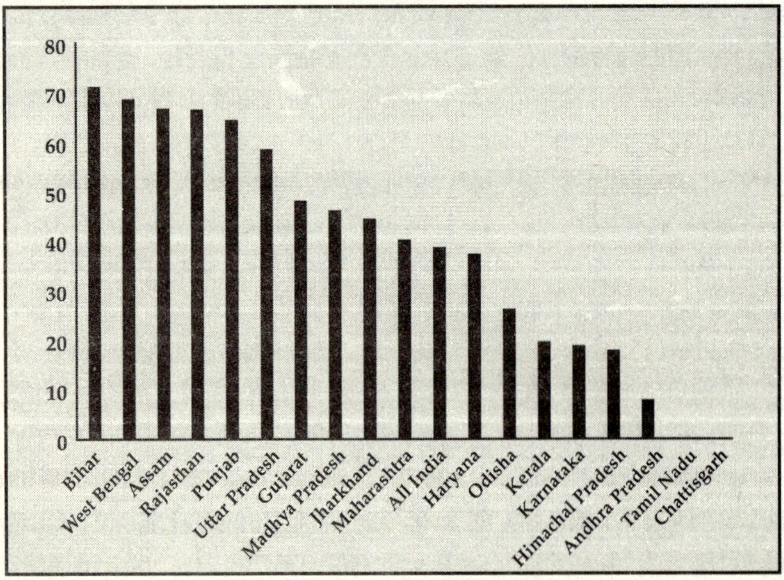

स्रोत : *लेखक की गणनाएँ राष्ट्रीय प्रतिदर्श सर्वेक्षण कार्यालय और भारतीय खाद्य निगम के आँकड़ों पर आधारित हैं।*

अत: खाद्य वस्तुओं के वितरण के संबंध में बड़ा प्रश्न यह है कि कोई व्यक्ति ज्यादा सक्षम ढंग से खाद्य पदार्थों की किफायती सुलभता को किस प्रकार प्राप्त कर सकता है? इसका उत्तर सामान्य है—राज्य एजेंसियों द्वारा अनाजों को भौतिक रूप से सँभालने की नीति को बदलकर आधार योजना का प्रयोग करते हुए, भारत के विशिष्ट पहचान प्राधिकरण के आधार पर सशर्त नकदी हस्तांतरण नीति को लागू कर दिया जाए, क्योंकि इसके लिए उन सभी लोगों के उँगलियों के निशान की आवश्यकता होगी, जो सरकार से लाभ प्राप्त कर रहे हैं तथा सीधे उनके बैंक खाते में नकदी लाभ को जमा कर दिया जाएगा और इस प्रकार रिसाव स्वत: ही कम हो सकता है। इसके अतिरिक्त इस प्रकार के दृष्टिकोण से अनाज के बाजारों में गंदगी नहीं फैलेगी। इस सुझाए गए दृष्टिकोण के पीछे का आर्थिक तर्क सामान्य है, इसमें इक्विटी सिरों को प्राप्त करने के लिए आमदनी नीति का प्रयोग किया जाता है और इससे कीमत नीति में हेरफेर नहीं हो पाता है।

ब्राजील से मैक्सिको और फिलीपिंस तक तथा अब पाकिस्तान में भी इस सर्वश्रेष्ठ अंतरराष्ट्रीय परंपरा के तहत नकदी हस्तांतरण को अपनाया गया है, जबकि भारत अनाजों की विशाल हैंडलिंग में संलग्न है, जिससे बहुत ज्यादा दक्षता के नुकसान को बढ़ावा मिल रहा है। अभी भी बहुत देर नहीं हुई है और अभी भी ऐसे एक लाख से ज्यादा आबादीवाले कम-से-कम 51 शहरों में नकदी हस्तांतरण को शुरू किया जाना उपयुक्त होगा, जहाँ प्रचुर वित्तीय ढाँचा मौजूद है और इसके बाद घाटेवाले राज्यों को नकद या भौतिक मात्रा में भुगतान प्राप्त करने का विकल्प देते हुए, इसका किसानों के लिए विस्तार किया जा सकता है। पूरे देश में एक ही मॉडल लागू करने के लिए भारत एक विशाल देश है। इसके लिए नवपरिवर्तन करना तथा सार्वजनिक व्यय में दक्षता लाना जरूरी है, यदि गरीबी को कम करना है और इसके लोगों को सच्ची खाद्य सुरक्षा प्रदान करनी है। इस प्रकार की कारवाई से सार्वजनिक एजेंसियों पर से दबाव हटेगा, रिसाव में कमी आएगी, अनाज बाजार विक्षुब्ध नहीं होगा और आशापूर्वक इसमें ज्यादा दक्षता आएगी। सरकार को संभावित सूखे की स्थिति से निपटने के लिए केवल 15-20 मिलियन टन अनाज का महत्त्वपूर्ण रिजर्व रखना पड़ेगा, जो जुलाई 2012 में खरीदे गए 80 मिलियन टन अनाज से बहुत ही कम है। इससे खुले बाजार में मुख्य अनाजों की कीमतों को कम करने तथा उन्हें स्थिर रखने में भी मदद मिलेगी, अत: खाद्य मुद्रास्फीति को बहुत बड़ी राहत मिलेगी। नकदी हस्तांतरण की कारवाई से उच्च मूल्यवाले उत्पादों के प्रति कृषि में विविधता की प्राकृतिक प्रक्रिया की अनुमति, किसानों की आमदनी में बढ़ोतरी और उपभोक्ताओं को बेहतर एवं ज्यादा पोषक खाद्य पदार्थों का प्रयोग करने का अवसर मिलेगा। ये सभी स्थितियाँ सरकार के साथ ही लोगों के लिए जीत की स्थिति होंगी और वर्तमान व्यवस्था की अपेक्षा इसमें बहुत ही कम लागत आएगी।

उपसंहार

ऊपर सूचित सुधारों और कुछ अन्य सुधार, जो कृषि को उच्च विकास के पथ पर रखते हैं, किसानों की आमदनी को बढ़ाते हैं और उपभोक्ताओं का फायदा करते हुए कीमत की मुद्रास्फीति पर नियंत्रण भी करते हैं, उनका सारांश प्रस्तुत करने में निम्नलिखित बिंदु मददगार होंगे—

- APMC अधिनियम की सूची में से फलों और सब्जियों को हटाना; इस पक्ष में विपणन में

सुधारों के साथ राष्ट्रीय बागबानी मिशन के तहत वित्त प्रबंध को जोड़ना; व्यवस्थित खुदरा व्यापार (जिसमें विदेशी प्रत्यक्ष निवेश शामिल है) को मुक्त करना; खाद्य प्रसंस्करण को प्राथमिकता की सूची में रखना और खाद्य प्रसंस्करणकर्ताओं तथा व्यवस्थित खुदरा व्यापारियों को सार्वजनिक-निजी भागीदारी के अंतर्गत किसान उत्पादक संगठनों के साथ संचालनों को सुप्रवाही बनाने तथा बैकएंड संचालनों के लिए प्रोत्साहित करना।

- व्यवस्थित प्रसंस्करणकर्ताओं तथा खुदरा व्यापारियों की आवश्यकताओं के समान उभरते हुए आर्थिक रूप से स्वामित्व के व्यवहार्य आकार ग्रहण करने के लिए भूमि पट्टा बाजार खोलना। इससे खेतों पर पूँजी का बेहतर प्रयोग भी सहज होगा।
- अनिवार्य वस्तु अधिनियम में संशोधन करना तथा निजी क्षेत्र को भंडारगृह बनाने तथा अनाजों का भंडारण करने की अनुमति देना। इसके लिए केवल यह आवश्यकता होनी चाहिए कि जिनके पास बड़ा भंडार है, अर्थात् 10,000 टन से ज्यादा भंडार है, वे त्रैमासिक आधार पर अपने भंडार स्तर के बारे में सरकार को जानकारी भेजें। इसके अतिरिक्त सरकार को नियामक ढाँचे को लागू करते हुए परक्राम्य गोदाम रसीद प्रणाली को प्रोत्साहित करना चाहिए। ये सभी कदम बाजार के अधिकार को प्राप्त करने तथा सरकार पर से दबाव को कम करने में दीर्घकाल में मददगार साबित होंगे।
- धीरे-धीरे उच्च रियायती दरों पर अनाजों के भौतिक वितरण की व्यवस्था को सशर्त नकदी हस्तांतरण की व्यवस्था में बदलें, जिसे पहले एक लाख से ज्यादा आबादीवाले 51 शहरों में शुरू किया जाए तथा इसका किसानों तक विस्तार किया जाए। यह सर्वश्रेष्ठ अंतरराष्ट्रीय परंपराओं के अनुसार होगा और इससे बहुत बड़ी मात्रा में संसाधनों की बचत होगी।
- उर्वरकों, बिजली, जल और ऋण इनपुट सब्सिडी को निवेश सब्सिडी तथा किसानों को प्रत्यक्ष नकदी हस्तांतरण में बदलें तथा उर्वरक और अन्य इनपुट बाजारों तथा कीमतों पर से पूरी तरह से नियंत्रण हटाएँ।

टिप्पणी

1. वर्ल्ड बैंक, वर्ल्ड डेवलपमेंट रिपोर्ट, 2008 : एग्रीकल्चर फॉर डेवलपमेंट (वाशिंगटन, डी.सी. : इंटरनेशनल बैंक फॉर रिकंस्ट्रक्शन ऐंड डेवलपमेंट/वर्ल्ड बैंक, 2007)।
2. अशोक गुलाटी एवं शेंगेन फैन, 'द ड्रैगन ऐंड द एलीफैंट : लर्निंग फ्रॉम एग्रीकल्चरल ऐंड रूरल रिफार्म्स इन चाइना ऐंड इंडिया,' इंटरनेशनल फूड पॉलिसी रिसर्च इंस्टीट्यूट, इश्यू ब्रीफ 49, जुलाई 2008,
www.ifprit.org/sites/default/files/pubs/pubs/ib/ib49.pdf.
3. अशोक गुलाटी एवं अशोक विशनदास, 'ट्रेड ऐंड फूड सिक्योरिटी : अ केस स्टडी ऑफ एडिबल आयल्स इन इंडिया,' इन रीजनल ट्रेड एग्रीमेंट्स ऐंड फूड सिक्योरिटी इन एशिया (बैंकॉक : फूड ऐंड एग्रीकल्चर ऑर्गनाइजेशन ऑफ द यूनाइटेड नेशंस, 2012)।
4. कृषि मंत्रालय, भारत सरकार, 'टेबल 2.1 : सेलेक्टेड इकोनॉमिक ऐंड सोशल इंडीकेटर्स,' इन एग्रीकल्चर ऑफ अ ग्लांस 2013, अर्थशास्त्र एवं सांख्यिकी निदेशालय, दिसंबर 2013,

http:eands.dacnet.nic.in/Publication13-12-2013/Agricultureat Per cent 20a Per cent 20Glance2013/page24-89.pdf.

5. कृषि मंत्रालय, भारत सरकार, 'प्राइस पॉलिसी फॉर खरीफ क्रॉप्स : द मार्केटिंग सीजन 2013-14,' कृषि लागत एवं कीमत आयोग, मार्च 2013।
6. वित्त मंत्रालय, भारत सरकार, 'टेबल 5.4 : इंडेक्स नंबर ऑफ होलसेल प्राइसेज- रिलेटिव प्राइसेज ऑफ मैन्युफैक्चर्ड ऐंड एग्रीकल्चरल प्रोडक्ट्स,' इन इकोनॉमिक सर्वे 2012-13 (नई दिल्ली : भारत सरकार, 2013) http://indiabudget.nic.in/budget2013-2014/es2012-13/estat1.pdf.
7. 'होलसेल प्राइस इंडेक्स सितंबर 2013,' 'आई.सी.आर.ए. रिसर्च सर्विसेज, अक्तूबर 2013, www.icra.in/Files/ticker/ICRA Per cent 20WPI Per cent 20Sep Per cent 202013.pdf.
8. राष्ट्रीय सूचना विज्ञान केंद्र, भारत सरकार, 'एग्रीकल्चरल सेंसस 2010-11 : एवरेज साइज ऑफ होल्डिंग बाइ क्लास साइज,' कृषि जनगणना डाटाबेस, http://agcensus.dacnet.nic.in/natt1table4.aspx.
9. 'वर्ल्ड फूड प्रोग्राम कैन हेल्प इंडिया प्लग लीकेज इन पी.डी.एस. : केवी थामस,' इकोनॉमिक टाइम्स, 21 नवंबर, 2013, http://articles.economic. indiatimes.com/2013-11-21/news/44327071_1_food-security-bill-wfp-kv-thomas.
10. अशोक गुलाटी एवं अन्य, 'नेशनल फूड सिक्योरिटी बिल : चैलेंजेज ऐंड आप्शंस,' कृषि लागत एवं कीमत आयोग, डिस्कशन पेपर नं. 2, दिसंबर 2012, http://cacp.dacnet.nic.in/NFSB.pdf.
11. सांख्यिकी एवं कार्यक्रम कार्यान्वयन मंत्रालय, भारत सरकार, 'टेबल आई.आर. : मंथली पर कैपिटा क्वांटिटी ऐंड वैल्यू ऑफ कंजंप्शन फॉर ईच स्टेट/ यूटी ऐंड सेक्टर : फूड आइटम्स,' हाउसहोल्ड कंजंप्शन ऑफ वेरियस गुड्स ऐंड सर्विसेज इन इंडिया, राष्ट्रीय प्रतिदर्श सर्वेक्षण कार्यालय, रिपोर्ट नं. 541 (फरवरी 2012), A145, http://mospi.nic.in/mospi_new/upload/nss_report_541.pdf.

□

अध्याय-4

विनिर्माण नीति की समीक्षा

—राजीव कुमार

संदर्भ : भारत में विनिर्माण की स्थिति

भारत में विनिर्माण तंग हालत में है। देश के सकल घरेलू उत्पाद में विनिर्माण क्षेत्र का हिस्सा वर्ष 2006-2007 में 16 प्रतिशत तक पहुँचा, उसके बाद अगले कुछ सालों तक यह स्थिर रहा और वर्ष 2010-2011 से कम होने लगा (तालिका-1) यहाँ तक कि जब यह वर्ष 1980 में सकल घरेलू उत्पाद का लगभग 18 प्रतिशत अर्थात् सबसे उच्च स्तर पर था तो भी भारत के सकल घरेलू उत्पाद में विनिर्माण क्षेत्र का हिस्सा अन्य एशियाई देशों जैसे थाईलैंड (36 प्रतिशत), दक्षिणी कोरिया (31 प्रतिशत), चीन (30 प्रतिशत) और ताइवान (30 प्रतिशत) की अपेक्षा बहुत कम रहा है। \$226 बिलियन के सकल मूल्य संवर्धन से भारत का विनिर्माण क्षेत्र चीन के \$1.9 ट्रिलियन से तुलना करने पर बहुत ही छोटा दिखाई देता है। इसके परिणामस्वरूप, वैश्विक विनिर्माण में इसका हिस्सा चीन के 18.9 प्रतिशत से तुलना करने पर सिर्फ 2.2 प्रतिशत है।[1] औपचारिक विनिर्माण क्षेत्र में रोजगार वर्ष 2004-2005 में 55 मिलियन (भारत के संपूर्ण रोजगार का 12.2 प्रतिशत) से घटकर वर्ष 2010 में 50 मिलियन (10.5 प्रतिशत) रह गया है।[2] भारत के कुल निर्यात में विनिर्मित उत्पादों के निर्यात का हिस्सा भी कम हुआ है, जो वर्ष 1991 में 74 प्रतिशत से गिरकर वर्ष 2011-2012 में लगभग 61 प्रतिशत रह गया। इस अध्याय में यह तर्क प्रस्तुत किया गया है कि भारत का विकास मॉडल विनिर्माण क्षेत्र के विकास में बाधा डालने के लिए जिम्मेदार है।

तालिका-1 : सकल घरेलू उत्पाद में विनिर्माण का हिस्सा, 1993/ 1994-2012/ 2013

1993-1994	14.6 प्रतिशत
1994-1995	15.2 प्रतिशत
1995-1996	16.4 प्रतिशत
1996-1997	16.6 प्रतिशत

1997-1998	15.9 प्रतिशत
1998-1999	15.4 प्रतिशत
1999-2000	15.1 प्रतिशत
2000-2001	15.5 प्रतिशत
2001-2002	15.0 प्रतिशत
2002-2003	15.4 प्रतिशत
2003-2004	15.2 प्रतिशत
2004-2005	15.3 प्रतिशत
2005-2006	15.3 प्रतिशत
2006-2007	16.0 प्रतिशत
2007-2008	16.1 प्रतिशत
2008-2009	15.8 प्रतिशत
2009-2010	16.2 प्रतिशत
2010-2011	16.2 प्रतिशत
2011-2012	15.7 प्रतिशत
2012-2013	15.1 प्रतिशत

तालिका-2 : कुल रोजगार में क्षेत्रवार हिस्सा

	1999-2000	**2004-2005**	**2009-2010**
कृषि	59.9 प्रतिशत	56.6 प्रतिशत	52.9 प्रतिशत
विनिर्माण	11.1 प्रतिशत	12.2 प्रतिशत	10.5 प्रतिशत
गैर-विनिर्माण	5.3 प्रतिशत	6.5 प्रतिशत	12.2 प्रतिशत
सेवाएँ	23.7 प्रतिशत	24.7 प्रतिशत	24.4 प्रतिशत

स्रोत : *योजना आयोग, भारत सरकार*

लेकिन चिंता की बात यह है कि विनिर्माण क्षेत्र के विकास की दर जनवरी 2010 से लगातार कम हो रही है (चित्र-1)। इससे अब यह क्षेत्र वर्ष 2012-2013 तथा 2013-2014 की पहली तिमाही में विकास दर के नकारात्मक क्षेत्र में प्रवेश करने से मूल्य संवर्धन के वास्तविक ह्रास की पराकाष्ठा पर पहुँच गया है। अच्छी तरह से कल्पित नीति प्रतिक्रिया की अनुपस्थिति में यह यथोचित् निष्कर्ष निकाला जा सकता है कि भारत में विनिर्माण क्षेत्र या तो पहले से ही बड़े संकट में है या बहुत जल्दी इस पर संकट आनेवाला है।

चित्र-1 : विनिर्माण क्षेत्र में त्रैमासिक आधार पर विकास दर

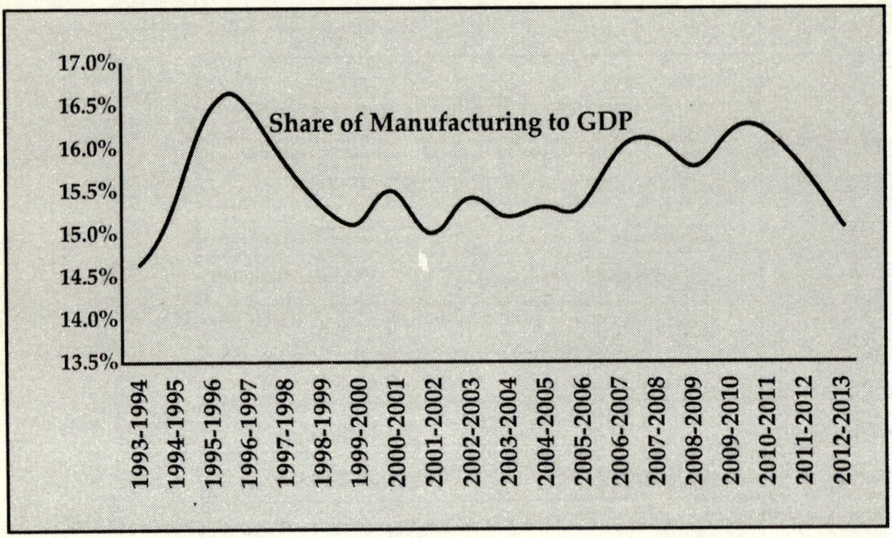

स्रोत : *भारतीय रिजर्व बैंक।*

भारत के विनिर्माण क्षेत्र का अपेक्षाकृत खराब प्रदर्शन सरकार द्वारा इसके भविष्य को सुधारने के कई प्रयासों के बावजूद रहा है। इसमें वर्ष 2004 में राष्ट्रीय विनिर्माण प्रतिस्पर्धात्मकता परिषद् के निर्माण तथा सितंबर 2011 में घोषित नवीन विनिर्माण नीति शामिल हैं। इन दोनों पहलों का सुस्पष्ट उद्देश्य इस क्षेत्र की वैश्विक प्रतिस्पर्धात्मकता को सुधारना तथा इसके सकल घरेलू उत्पाद के हिस्से को वर्ष 2025 तक 25 प्रतिशत के महत्त्वाकांक्षी स्तर तक ले आना है। अभी तक इसके बाद के सालों में सकल घरेलू उत्पाद का इस क्षेत्र का हिस्सा स्थिर ही है और इसका विकास प्रदर्शन महत्त्वपूर्ण रूप से पिछले दो सालों में कमजोर हुआ है।

विनिर्माण क्षेत्र में व्यापक एवं गहरा द्वैतवाद मौजूद है, जो औपचारिक और अनौपचारिक अर्थव्यवस्थाओं के बीच का अंतराल है, यह वास्तव में प्रत्येक उपक्षेत्र में मौजूद है और यह अंतिम उपभोक्ता उत्पादों में ज्यादा स्पष्ट रूप से परिलक्षित होता है। यह द्वैतवाद सभी पहलुओं जैसे वेतन, उत्पादकता, तकनीकी क्षमताओं, कार्य की दशाओं में परिलक्षित है तथा इससे क्षमता विखंडन उत्पन्न होता है, जो स्तर एवं कार्यक्षेत्र की अर्थव्यवस्थाओं की अपेक्षाकृत अनुपस्थिति है और यह क्षेत्र को वैश्विक रूप से अप्रतिस्पर्धात्मक बनाता है। बहुत बड़ी संख्या में 'अनौपचारिक क्षेत्र के उत्पादकों' की मौजूदगी से भी गुणवत्ता चेतना तथा उच्च गुणवत्तायुक्त मानव कौशल को आकर्षित करने तथा भरण-पोषण करने की कमी को बढ़ावा मिलता है, यह ऐसी घटना है, जिसका भारतीय टिप्पणीकार प्राय: क्षेत्र की 'चलता है' संस्कृति के रूप में उल्लेख करते हैं।[3]

एक परेशान करनेवाली विशेषता, जो पिछले दस सालों से उभरी है, वह स्थापित निर्माताओं का धीमा, लेकिन नियमित गमन रहा है। इनमें से कई ने देश के अंदर विनिर्माण गतिविधियों को जारी रखने की बजाय इसी प्रकार के उत्पादों को चीन तथा अन्य स्रोतों से आयात करना शुरू

कर दिया है।[4] ऐसा देश में विनिर्माण के लिए बढ़ते हुए मुश्किल माहौल के परिणामस्वरूप हुआ है। हाल ही में पारित भूमि अधिग्रहण, पुनर्वास एवं पुनर्स्थापन (LARR) विधेयक, जिसने चार के न्यूनतम गुणकों में ग्रामीण जमीन की कीमतों को बढ़ाया है तथा बहुत ही जटिल एवं अधिक समय खानेवाली अधिग्रहण प्रक्रिया को अधिदेशित किया है, उसने भारत में औद्योगीकरण में कमी होने की प्रक्रिया को बहुत ज्यादा बढ़ा दिया है। ऐसा मानना है कि भारत को अगले पंद्रह सालों में (बारहवीं पंचवर्षीय योजना के अनुसार अगले पंद्रह सालों में 180 मिलियन) प्रत्येक महीने कर्मचारियों की संख्या में कम-से-कम 1 मिलियन नए प्रवेशकों के लिए नई नौकरी प्राप्त करने की आवश्यकता है। अत: विनिर्माण क्षेत्र के सिमटने की संभावना बहुत बड़ी चिंता का विषय है।[5]

आवश्यक संख्या में नौकरी उत्पन्न करने तथा भारत के लिए इसके तीव्र, समावेशी और स्थायी विकास के लक्ष्य को पूरा करने के लिए निकट भविष्य में संपूर्ण सकल घरेलू उत्पाद के साथ सभी प्रकार से विनिर्माण क्षेत्र के विकास को तालमेल रखना होगा। उत्तर प्रदेश, बिहार, पंजाब, उड़ीसा, राजस्थान और मध्य प्रदेश में उनके राज्य सकल घरेलू उत्पाद में विनिर्माण क्षेत्र के समान हिस्से को प्राप्त करने के लिए उनकी विकास दर ज्यादा होनी चाहिए जैसा संपूर्ण देश में औसत स्तर है। इसके लिए अविलंब, मौलिक और स्थायी सुधार प्रयासों की आवश्यकता है।

क्या गलत हुआ है?

विनिर्माण क्षेत्र कई चुनौतियों को झेल रहा है, उनमें से कई नीति-प्रेरित हैं। यद्यपि कुछ ऐसी चुनौतियाँ हैं, जिनके लिए उद्योग खुद जिम्मेदार है। इन समस्याओं पर सभी विचार-विमर्शों तथा सरकार पर उँगली उठाने से शुरू हुई चुनौतियों को देखते हुए कुछ बाध्यताओं द्वारा, जो भारतीय उद्योग के स्व-प्रेरित कमजोरियों का परिणाम हैं, इस क्षेत्र की समस्याओं को दूर करने के लिए ज्यादा नए दृष्टिकोण को अपनाना उपयोगी हो सकता है।

वे चुनौतियाँ, जिन्हें उद्योग द्वारा संबोधित किया जा सकता है

पहला, भारतीय उद्योग लगातार गंभीर रूप से कौशल की कमी का सामना कर रहा है। इस क्षेत्र ने इस समस्या पर अफसोस जताया है, लेकिन सूचना प्रौद्योगिकी (IT) और अन्य सेवा क्षेत्रों का अनुकरण करने का प्रयास भी नहीं किया है, जिन्होंने बड़े पैमाने पर इन-हाउस प्रशिक्षण कार्यक्रमों के साथ इस समस्या को सुलझाने का प्रयास किया है, दूसरा, भारतीय निजी क्षेत्र या तो सरकारी जवाबदेही की माँग करने और लागू करने या सामूहिक समस्याओं का समाधान प्राप्त करने के लिए सामूहिक कारवाई के प्रभावी रूप को अपनाने में असमर्थ रहा है और अनिच्छुक भी रहा है, तीसरा, उद्योग द्वारा अपने स्वयं के सदस्यों द्वारा किए जानेवाले भ्रष्टाचार के खिलाफ स्व-विनियमन का कोई भी प्रयास नहीं किया गया है। इससे जनता की नकारात्मक धारणा, सरकार के साथ न्यूनतम साख और न्यायिक हस्तक्षेप के बढ़ते हुए स्तर का प्रतिफल मिला है, चौथा, भारतीय लघु एवं मध्यम उद्यम (SMEs) अपने बड़े खरीदारों से अपनी बकाया धनराशि को प्राप्त नहीं कर पाते हैं, इन कंपनियों के पोषण से एकदम अलग जापान और दक्षिण कोरिया में इन उद्यमों को संरक्षण प्राप्त है। यह रिपोर्ट किया गया है कि यदि भारतीय लघु एवं मध्यम

उद्यम अपना भुगतान समय से प्राप्त करें तो उनकी लाभप्रदता 25 प्रतिशत तक बढ़ सकती है।[6] पाँचवाँ और अंत में विश्वास के साथ यह कहा जा सकता है कि भारतीय उद्योग का बहुत बड़ा हिस्सा उत्पादक संघ है। प्रत्यक्ष निहितार्थ लाभ प्रति इकाई आउटपुट को ज्यादा पाने के लिए प्रयास करने के लिए मूल्य प्रतिस्पर्धा में प्रवेश करने में बहुत बड़ा बाधक है।[7] यह विनिर्माण क्षेत्र के दीर्घकालीन हितों के प्रतिकूल है, क्योंकि यह उद्योग को बड़े पैमाने की अर्थव्यवस्थाओं को प्राप्त करने तथा वैश्विक रूप से प्रतिस्पर्धी बनने से रोकता है। इन सभी पाँचों कमजोरियों को उद्योग द्वारा स्वयं संबोधित किया जा सकता है और करना चाहिए, यदि इससे उनकी प्रतिस्पर्धात्मकता और इसकी नीति-निर्माताओं तथा उपभोक्ताओं की नजर में विश्वसनीयता बढ़ने की आशा है।

सरकारी नीतियों से उत्पन्न चुनौतियाँ

सरकार की नीतियों से प्रत्यक्ष या अप्रत्यक्ष रूप से उत्पन्न चुनौतियाँ पहले से ही विख्यात हैं और इन पर कई सालों से कई बार विचार-विमर्श किया गया है। इन्हें पाँच शीर्षकों से स्पष्ट किया जा सकता है—मुश्किल कारोबारी माहौल; श्रम तैनाती कठोरता एवं श्रम से संबंधित विरासत मुद्दे; एक व्यापक ढाँचे की कमी, जो अर्थव्यवस्था विशेष रूप से विनिर्माण क्षेत्र को प्रभावित करता है; समय के विरुद्ध निर्णय देने की लागत और पर्यावरण मंजूरी तथा भूमि अधिग्रहण प्राप्त करने में अनिश्चितता और कमर्शियल बैंक ऋण, विशेष रूप से लघु एवं मध्यम उद्यम के लिए भी उपलब्ध ऊँची लागत।

मुश्किल कारोबारी माहौल

वर्ष 2013 में विश्व बैंक द्वारा किए गए व्यापार सर्वेक्षण में भारत को 185 देशों में से 132वाँ दरजा दिया गया। यह दरजा हाल के वर्षों में गिरा है, जो व्यावसायिक माहौल को सापेक्ष बिगाड़ रहा है। आधिकारिक आँकड़ों के अनुसार लगभग व्यवसाय को शुरू करने तथा संचालन जारी रखने के लिए वार्षिक रूप से लगभग 70 मंजूरियों की आवश्यकता होती है। इसके अतिरिक्त एक साल में सौ से ज्यादा रिटर्न फाइल करनी होती है।[8] इन काररवाइयों और प्रक्रियाओं की सबसे ज्यादा लागत लघु एवं मध्यम उद्यमों पर पड़ती है, जिसमें इसके मालिक को पूरे अनुपालन के बोझ को सहना पड़ता है। यह व्यापक किराए की माँग तथा भ्रष्टाचार का स्रोत भी बन गया है। अधिक महत्त्वपूर्ण बात यह है कि इस प्रकार का व्यावसायिक माहौल कर माँगों में पूर्वव्यापी परिवर्तन के साथ मिलकर बहुत ज्यादा अनिश्चितता उत्पन्न करता है, जो निवेश के लिए अभिशाप है। दूसरे, विनिर्माताओं, विशेष रूप से लघु एवं मध्यम उद्यमों द्वारा झेली जा रही ज्यादा मूलभूत चुनौती जबरदस्ती वसूली, सुरक्षा रैकेट और एकमुश्त संगठित अपराध के संचालन के खिलाफ कमजोर या अस्तित्वहीन सुरक्षा है, जबकि इन पर खुले तौर पर विचार-विमर्श नहीं किया गया है, लेकिन ये अवैधानिक गतिविधियाँ काफी व्यापक हैं।[9]

श्रम तैनाती कठोरता

श्रम बाजार दशाओं के संदर्भ में भारतीय विनिर्माण क्षेत्र अतीत में उग्रवादियों तथा प्रतिस्पर्धी

व्यापार संघवाद तथा श्रम कानून की अधिकता की कमियों से जूझता रहा है। हाल के वर्षों में प्रतिस्पर्धी एवं उग्रवादी संघवाद स्पष्ट रूप से कमजोर हो गया है। फिर भी यह अभी भी बड़े औद्योगिक केंद्रों में मौजूद है और इसका कभी-कभी होनेवाला, लेकिन हिंसात्मक प्रदर्शन विदेशी निवेशकों को हतोत्साहित करता है तथा दूसरों को न्यूनतम स्तर तक रोजगार रखने के लिए प्रेरित करता है। भारत में या तो केंद्र स्तर पर या राज्य स्तर पर लगभग पचास ऐसे कानून हैं, जो किसी-न-किसी तरह से भारत में श्रम दशाओं को प्रभावित करते हैं।[10] इसके परिणामस्वरूप, शायद ही कुछ उद्यम ऐसे हैं, जो श्रम दशाओं का संचालन करनेवाले कानूनी प्रावधानों के साथ संपूर्ण रूप से अनुपालन करने का दावा कर सकें। यह कहना अनुचित नहीं होगा कि यह बेकार कानूनी ढाँचा शायद भारत में वृहद् स्तरीय एवं वैश्विक रूप से प्रतिस्पर्धात्मक विनिर्माण के धीमे विकास का मुख्य कारण है।

ढाँचागत कमी

भारत की ढाँचागत कमी को अन्य अर्थव्यवस्थाओं की तुलना में इन सारांश आँकड़ों द्वारा सर्वश्रेष्ठ तरीके से समझा जा सकता है कि भारत का प्रति व्यक्ति वाणिज्यिक ऊर्जा उपभोग लगभग 760 किलोवाट-घंटा है, जबकि चीन का लगभग 3,000 किलोवाट-घंटा तथा अमेरिका का 12,000 किलोवाट-घंटा है। भारत में शिखर बिजली की कमी का आकलन 7-8 प्रतिशत है और उद्योग परिणामी बिजली कटौती से अछूता नहीं है, जो पूरे देश में आम बात है। बहुत बड़ी संख्या में बड़ी विनिर्माण इकाइयों को शत-प्रतिशत पावर बैकअप क्षमता रखनी पड़ती है, जिससे पूँजी लागत बढ़ जाती है और ग्रिड से उपभोग की गई बिजली की तुलना में इसमें 40-50 प्रतिशत ज्यादा लागत आती है। ढाँचागत कमी के परिणामस्वरूप भारतीय उद्योग पूरे देश में अपने वैश्विक प्रतिस्पर्धियों की अपेक्षा ढाँचागत सेवाओं तथा उपयोगिताओं के लिए महत्त्वपूर्ण रूप से ज्यादा कीमत चुकाता है।[11]

नियामक देरी एवं पारदर्शिता की कमी

अधिक समय तक तत्परतापूर्वक भारत में भूमि अधिग्रहण और भू-उपयोग के परिवर्तन, प्राकृतिक वनों के संरक्षण और पर्यावरण की सुरक्षा के संबंध में जटिल नियामक ढाँचा स्थापित किया जाता रहा है। अब यह स्थिति विशेष रूप से संयुक्त प्रगतिशील गठबंधन के शासन काल के अंतर्गत पिछले दस सालों में तेजी से समय खपानेवाली, अपारदर्शी और अप्रत्याशित हो गई है। एक सर्वेक्षण के अनुसार कुल मिलाकर (केंद्र और राज्य दोनों सरकारों को मिलाकर) 1,240 नियम हैं, जिन्हें औद्योगिक क्षेत्र में लागू किया गया है।[12] यह विशेष रूप से लघु एवं मध्यम उद्यम के लिए बहुत ही जटिल अनुपालन आवश्यकता है।

उच्च लागत एवं वाणिज्यिक बैंक ऋण की अनुपलब्धता

सामान्यतया, भारत के विनिर्माता अपनी वैश्विक प्रतियोगियों की 1-2 प्रतिशत लागत की तुलना में 4-5 प्रतिशत ज्यादा वास्तविक पूँजी लागत (नाममात्र ऋण प्रभार—मुद्रास्फीति) का

सामना करते हैं।[13] इसे कंपनी के निवल मूल्य के 200 प्रतिशत तक की बाहरी वाणिज्यिक उधारी की सरकारी अनुमति के साथ हाल ही में कम कर दिया गया है, लेकिन इस उपाय से केवल बहुत बड़ी विनिर्माण इकाइयों को ही मदद मिली है और उनके लिए भी विदेशी विनिमय जोखिम पूँजी की वास्तविक लागत को बढ़ा देता है। यह रिपोर्ट की गई है कि एक सर्वेक्षण में दो-तिहाई से ज्यादा लघु एवं मध्यम उद्यम लंबी और जटिल प्रक्रिया अवधि तथा बैंकों द्वारा माँग की जानेवाली समर्थक प्रतिभूति की ज्यादा मात्रा के कारण वाणिज्यिक बैंक के ऋण का इस्तेमाल न करने को वरीयता देते हैं। मालिक ऊँची दरों, लेकिन कम महती शर्तों पर अनौपचारिक बाजार से ऋण प्राप्त करने को वरीयता देते हैं, जिससे वे व्यक्तिगत रूप से आलोचनीय न हों। इससे सरकार की चयनात्मक ऋण नियंत्रण नीति का घोषित उद्देश्य सफल नहीं हो पाता है, जिसमें बैंकों को लघु एवं मध्यम उद्यमों को ऋण का 10 प्रतिशत अनुदान देना जरूरी है।

क्या करना है?

उद्योग द्वारा आत्मोन्नति

उद्योग कुछ कदमों को कार्यान्वित करते हुए इन चीजों को बेहतर बनाने में मदद कर सकते हैं, जो उनके सीधे नियंत्रण में हैं और जिनके लिए किसी भी नीति हस्तक्षेप की जरूरत नहीं होती है। निजी कंपनियों ने लगभग 110 औद्योगिक प्रशिक्षण संस्थानों को स्वीकार करते हुए कौशल की कमी से निपटना शुरू कर दिया है। इन्होंने निजी क्षेत्र के पाठ्यक्रम और प्रबंधन पर आपेक्षित नियंत्रण के आधार पर मिश्रित सफलता प्राप्त की है। प्रशिक्षण संस्थानों का और ज्यादा विस्तार किया जा सकता है और उद्योग क्षमताओं का विकास करने, पाठ्यक्रम डिजाइन करने और सुनिश्चित नियुक्ति प्रदान करने में व्यावसायिक कौशल प्रदाताओं के सहयोग से अच्छी पहल कर सकेगा।[14] इसे बड़े पैमाने पर प्रशिक्षण कार्यक्रम के साथ पूरा किया जा सकता है, जो इसके कार्यान्वयन के लिए सरकारी फंड पर मुख्य रूप से निर्भर नहीं है। सामान्य रूप से भारतीय उद्योग को सकारात्मक बाह्यताओं के मूल्यों को पहचानना है, जो उनके व्यक्तिगत कार्यों से उभरते हैं और ये निजी लाभों पर विशेष रूप से फोकस नहीं होते हैं। यह बड़ी कमजोरी है, जिसको दूर करना है।

भारतीय फर्में समयबद्ध ढंग से तथा स्वीकार्य गुणवत्ता के साथ सार्वजनिक सेवाएँ प्रदान करने के लिए अपनी तरफ से जवाबदेही की माँग करने तथा लागू करने के लिए सामूहिक काररवाई करने हेतु अपने संगठनों तथा संघों को सशक्तीकृत करते हुए बहुत ज्यादा फायदा उठाएँगी। इसके लिए तीन शर्तों की जरूरत होगी। पहला कि उद्योग संघों को स्वतंत्रता प्रदान की जाए और इन्हें कुछ कॉरपोरेट घरानों के हितों में कार्य करते हुए नहीं देखा जाए, दूसरा, उद्योग संघ सरकारी अनुदानों को स्वीकार न करें और वे सरकार की अपेक्षा अपनी स्वतंत्रता की रक्षा करें, तीसरा, व्यक्तिगत सदस्य संघों एवं संगठनों के प्रयासों को व्यक्तिगत लाभों के लिए नीति-निर्माताओं से सीधे संपर्क करके और सार्वजनिक सेवाओं तथा सरकारी जवाबदेही के अपेक्षित प्रतिपादन की तुलना में इससे कम प्रतिपादन की स्वीकृति के संदेश देते हुए कमजोर न बनाएँ।

उद्योग द्वारा सामूहिक काररवाई उचित होगी, यदि इसे विश्वसनीय के रूप में देखा जाता है और सरकार तथा सिविल सोसाइटी द्वारा इसे न्यायसंगत किया जाता है। विश्वसनीयता प्राप्त करने

के लिए उद्योग को अपने स्व-विनियमन का रिकॉर्ड सुधारना होगा तथा अपनी श्रेणी में 'खराब तत्त्वों' की पहचान करनी होगी। इससे उद्योग को प्रभावी ढंग से प्रत्युत्तर देने तथा अपनी 'डाकू दिग्गज' या 'सुहृद पूँजीपतियों' की सार्वजनिक छवि को सुधारने का प्रयास करते हुए ऐसी छवि बनानी होगी, जो नियम का पालन करता है तथा कॉरपोरेट संचालन तथा नैतिक मानदंडों का अवलोकन करता है।

चौथा, बड़े व्यवसायों को अपने उन आपूर्तिकर्ताओं के प्रति पोषण का रवैया अपनाना जरूरी है, जो निरपवाद रूप से सूक्ष्म, लघु एवं मध्यम उद्यमों से संबंधित हैं। ऐसा पूरे विश्व में किया गया है तथा कुछ भारतीय कंपनियों द्वारा भी सफलतापूर्वक किया जा रहा है। इसके अतिरिक्त बड़े व्यवसायों तथा उनके आपूर्तिकर्ताओं के बीच बेहतर संबंध विनिर्माण क्षेत्र में मौजूद द्वैतवाद को कम करने तथा देश के अनौपचारिक या अव्यवस्थित विनिर्माण क्षेत्र को आधुनिक बनाने में सहायक होगा, जबकि सरकारी नीतियाँ भी सहायक हो सकती हैं, उद्योग को इस ज्यादा आवश्यक बदलाव को लाने में अपनी महत्त्वपूर्ण भूमिका को पहचानने की जरूरत है।

पाँचवाँ, यदि भारतीय कंपनियाँ वैश्विक प्रतिस्पर्धा को प्राप्त करने के बारे में गंभीर हैं तो उन्हें काफी हद तक अपने शोध एवं विकास व्यय को बढ़ाना चाहिए। अनुसंधान एवं विकास के सरकारी प्रोत्साहन के रूप में राजकोषीय प्रोत्साहन को इनपुट-आधारित मानदंड से परिणाम-आधारित मानदंड में बदलना चाहिए तथा इसे ज्यादा आकर्षक बनाना चाहिए।[15]

छठवाँ, यह ऐसा समय है, जब भारतीय उद्योग अपनी सहमति से उन हजारों क्षेत्रीय एवं उपक्षेत्रीय संघों को भंग करे, जिनका राजकोषीय रियायत की बातचीत तथा सरकार से लाइसेंस प्राप्त करने का दिखावटी उद्‌देश्य है, जो उदारीकरण के बाद की अवधि में बहुत ही अप्रासंगिक है।

नीति सुधार हेतु सरकार का एजेंडा

सरकार की नीति सुधार प्राथमिकताओं पर वर्तमान में दो बिल्कुल विपरीत मतवाले समूह हैं। पहले समूह का विश्वास है कि ढाँचागत स्थितियाँ, इस लोकलुभावन लोकतंत्र के पिछले साढ़े छह दशकों में उभरी हैं, हाल ही में सूचना विस्फोट भारत में सामूहिक विनिर्माण का विकारा नहीं होने दे रहा है। श्रम एवं भूमि दोनों की कीमत के अंतर्गत सांविधिक मंजिल प्रदान करते हुए राजनीतिक प्रक्रिया ने श्रम (कुशल एवं अकुशल) और भूमि की कीमत को प्रभावी ढंग से बढ़ा दिया है, जो विनिर्माण के लिए उत्पादन के दो मुख्य कारक हैं। इसके अतिरिक्त भूमि अधिग्रहण, पुनर्वास एवं पुनर्स्थापन विधेयक में प्रतिष्ठापित जटिल पुनर्वास एवं पुनर्स्थापन प्रावधान किसी निजी उद्योग द्वारा जमीन की खरीद की प्रक्रिया को सबसे ज्यादा कष्टकर तथा समय बरबाद करनेवाली प्रक्रिया बनाता है। अपेक्षाकृत श्रम एवं जमीन की ज्यादा लागतों के अतिरिक्त यह समूह तर्क प्रस्तुत करता है कि नई पीढ़ी के श्रमिक पहले की पीढ़ी की अपेक्षा ज्यादा शिक्षित तथा आई.टी. कुशल होते हुए कम लाभकारी शॉप फ्लोर की नौकरी को स्वीकार नहीं करेंगे, जबकि यह सामूहिक विनिर्माण का एक महत्त्वपूर्ण घटक है। यह अनुमान लगाया जा सकता है कि इन ढाँचागत स्थितियों तथा नीति व्यवस्था को स्वीकार किया जाता है। जैसी भारतीय विनिर्माण फर्मों के लिए ऑपरेटिंग रूपरेखा तैयार की गई है तो भारत को इस अवस्था

में सामूहिक विनिर्माण क्षेत्र में प्रवेश करने का प्रयास छोड़ देना चाहिए।

इसकी बजाय इस समूह का मत है कि सरकार को अपनी प्रोत्साहन नीतियों को 'नवोदित विकासशील उद्योगों' पर फोकस करना चाहिए। इस क्षेत्र में अग्रणी तकनीकों का प्रयोग किया जाता है, इसके लिए उच्च कौशलवाले श्रमिकों की आवश्यकता होती है और यह डिजाइन तथा प्रौद्योगिकी प्रखर है। विशेषीकृत विनिर्माण का यह रूप अकेले चल सकने योग्य, अत्याधुनिक, अपेक्षाकृत लघु-स्तरीय फर्मों के रूप में पूरा किया जा सकता है, जो नवपरिवर्तन पर फोकस है। इस केस में नीति इस प्रकार की उच्च तकनीकवाली फर्मों की संख्या को बहुतायत से बढ़ाने तथा उन्हें सार्वजनिक क्षेत्र-विज्ञान तथा तकनीकी स्थापन से जोड़ने के लिए निर्देशित होनी चाहिए, जिन्हें अतिरिक्त संसाधन प्रदान किया जाना चाहिए तथा निजी उद्यमियों के साथ मिलकर कार्य करने के लिए प्रोत्साहित किया जाना चाहिए।[16] नीति का फोकस व्यवसाय के लिए सीखने का माहौल उत्पन्न करना और उसे बनाए रखना होगा; भारत जापानी तथा दक्षिण कोरिया का उदाहरण ले सकता है, जहाँ निजी फर्में, सरकारी विज्ञान एवं तकनीकी एजेंसियाँ (इसमें रक्षा अनुसंधान एवं विकास में शामिल एजेंसियाँ भी सम्मिलित हैं) और प्रौद्योगिकी संस्थान बड़े पैमाने पर उत्पाद उत्पन्न करने तथा नवपरिवर्तनों की प्रक्रिया के लिए एक साथ मिलकर काम कर सकते हैं, जिन्हें इसके बाद गतिशील भारतीय उद्यमियों द्वारा व्यावसायिक किया जा सकता है।

यह भारत के विनिर्माण क्षेत्र के भविष्य के लिए मोहक मॉडल है, विशेष रूप से यदि कोई ढाँचागत दशाओं के अस्तित्व को स्वीकार करता है, जो सामूहिक विनिर्माण के प्रतिकूल है। वे घटक, जो इस मॉडल को कुछ हद तक अव्यवहार्य बनाते हैं, वे भारतीय उद्योग और सार्वजनिक क्षेत्र की एजेंसियों का कम अनुसंधान एवं विकास उन्मुखीकरण है जैसा भारत के अपेक्षाकृत कम अनुसंधान एवं विकास व्यय; अनौपचारिक क्षेत्र में विनिर्माण फर्मों की बड़े पैमाने पर कम प्रौद्योगिकी अवशोषण की क्षमता; सरकारी एजेंसियों तथा निजी क्षेत्र के बीच सहयोग की संस्कृति की अनुपस्थिति; भारत में पेटेंट गतिविधि की कम दर में प्रतिबिंबित उच्च श्रेणी के कौशल की सापेक्ष कमी; ब्राडबैंड कनेक्टिविटी एवं इंटरनेट एक्सेस की कम पैठ, जो वर्ष 2012 में केवल 10 प्रतिशत आबादी तक ही पहुँच पाई है और अंततः कमजोर संचालन क्षमता तथा सरकार में नकारात्मक माहौल, जो पिछले दस सालों में और ज्यादा बिगड़ गया है, में परिलक्षित होता है। यह दशा किसी भी नवपरिवर्तन तथा सरकारी अधिकारियों द्वारा जोखिम लेने को प्रोत्साहित नहीं करती है और उनकी निजी फर्मों के साथ सहयोग करने की योग्यता को वस्तुतः नामुमकिन कर देती है। ये कमजोरियाँ बिल्कुल जोखिमयुक्त हैं तथा इस मॉडल के सफल कार्यान्वयन के लिए बाधक हैं।

वैकल्पिक नीति दृष्टिकोण

नीति सुधार के लिए वैकल्पिक दृष्टिकोण, जो बेहतर और ज्यादा वांछनीय साधन का प्रतिनिधित्व करता है, श्रम तथा भूमि की ज्यादा कीमत के कारण स्वीकार्य नहीं है। इसकी बजाय इस दृष्टिकोण का पूर्वानुमान है कि जनबल के लिए प्रवेशकों की बहुत बड़ी संख्या अर्धकुशल रहेगी तथा औपचारिक विनिर्माण क्षेत्र (यद्यपि अव्यवस्थित क्षेत्र में नहीं, जहाँ कामकाज की स्थितियाँ बहुत ही खराब हैं तथा उत्पादकता एवं आमदनी का स्तर अपेक्षाकृत ज्यादा शिक्षित जनबल की

अपेक्षाओं के स्तर से बहुत नीचे है) में लाभप्रद नौकरियों को स्वीकार करना चाहेगा। इसके लिए सरकारी नीति को हस्तक्षेप ज्यादा पारंपरिक रूप के प्रति निर्देशित होना आवश्यक होगा।

भूमि की लागत : विविध राज्यों के औद्योगिक विकास निगमों द्वारा पहले से अधिगृहीत भूमि का प्रयोग करके इन कीमतों को स्वीकार्य स्तर पर लाया जा सकता है। (उदाहरण के तौर पर, यह रिपोर्ट किया गया है कि महाराष्ट्र औद्योगिक विकास निगम ने एल लाख वर्गमीटर से ज्यादा जमीन का अधिग्रहण किया है)। यह अधिग्रहण नए विनिर्माण के लिए किया जाता है; इसमें फ्लोर एरिया और खाली स्थान के अनुपात को बढ़ाकर रखा जा रहा है, जिससे शहरी क्षेत्रों में भूमि की आपूर्ति का प्रभावी ढंग से विस्तार किया जाए और कीमतों को कम रखा जाए; सरकारी विभागों, रक्षा, सार्वजनिक क्षेत्र के उद्यमों और पोर्ट ट्रस्टों द्वारा अधिगृहीत भूमि के विशाल भंडार को मुक्त करके उनके विनिर्माण क्षमताओं को आवंटित किया जा रहा है और भूमि अधिग्रहण, पुनर्वास एवं पुनर्स्थापन विधेयक को खरीदी गई भूमि के आकार की परवाह किए बिना भूमि की निजी खरीद के लिए पुनर्वास एवं पुनर्स्थापन आवश्यकता को हटाने के लिए संशोधित किया जा रहा है तथा कृषि भूमि के अधिग्रहण पर प्रतिबंध जारी है जैसा कानून में हाल ही में शर्त रखी गई है।

श्रम दशाएँ : औद्योगिक विवाद अधिनियम के अध्याय-V के अनुच्छेद 35ए को हटाने तथा नियोक्ताओं को हायर एवं फायर की अनुमति देने के लिए तर्क प्रस्तुत करना निराधार है; यह वर्तमान भारतीय संदर्भ में सफलता न प्राप्त कर सकनेवाला है। इसकी बजाय श्रमिकों की तैनाती में लचीलेपन के वांछनीय स्तर को प्राप्त करने के लिए दूसरे उपाय प्राप्त करने हैं। छँटनी किए गए श्रमिकों को फिर से प्रशिक्षित करने और उन्हें नए कौशल सिखाने तथा जब वे यह प्रशिक्षण कर रहे होते हैं तो उस समय न्यूनतम अवधि के लिए बेरोजगार सुरक्षा प्रदान करने के लिए 'संसाधन पूल' उत्पन्न करने के लिए नई विनिर्माण नीति का प्रस्ताव राष्ट्रीय निवेश और विनिर्माण क्षेत्र के बाहर भी अनुप्रयोग के लिए अच्छी तरह से विचार करने लायक है। यह श्रमिकों की आमदनी सुरक्षा को सुनिश्चित करते हुए नियोक्ताओं को आवश्यक लचीलापन प्रदान कर सकता है।

सूक्ष्म, लघु एवं मध्यम उद्यम को ज्यादा लाभ पहुँचेगा, यदि श्रम कानून की अधिकता, जो पचास से भी ज्यादा है, को चार या पाँच व्यापक कानूनों में पुनर्गठित या कम किया जाता है, जिसमें श्रमिकों का न्यूनतम वेतन; न्यूनतम स्वीकार्य काम करने की शर्तों; महिला कर्मचारियों की उचित स्थितियों पर विशेष फोकस; मृत्यु, चोट या बेरोजगारी के केस में सामाजिक सुरक्षा; मेडिकल, मातृत्व लाभ और संबंधित दशाओं में श्रमिकों का कल्याण और नियमित एवं संविदावाले कर्मचारियों के लिए सेवानिवृत्ति के बाद लाभ का ध्यान रखा जाता है। इस प्रकार के श्रम कानून का आधुनिकीकरण लंबे समय से लंबित है।

श्रमिकों के अपने रोजगार के लिए स्वेच्छा से संक्षिप्त कार्यकाल स्वीकार करने की बजाय उनके लिए समान वेतन और कल्याणकारी उपाय (या थोड़ा ज्यादा सेवांत हितलाभ) का अधिदेश करते हुए ठेका श्रमिकों की व्यवस्था को कानूनी रूप देना जरूरी है।

उचित कर्मचारियों के लिए आवास का प्रावधान पूरे विश्व में कई सदियों से औद्योगीकृत अर्थव्यवस्थाओं में आम सुविधा रही है। इसका भारत में अभी भी कोई नियम नहीं है। सरकार

और नियोक्ताओं को तत्काल श्रमिकों, विशेष रूप से प्रवासियों के रहन-सहन की दशा को सुधारने के लिए एक साथ कार्य करना जरूरी है। ऐसा करने से उत्पादकता सुधरेगी, कारोबार बढ़ेगा तथा इससे श्रम की लागत में भी कमी आएगी।

कारोबारी माहौल : पाँच उपाय तुरंत ही कारोबारी माहौल को सुधार सकते हैं। पहला, जैसा विश्व बैंक ने सुझाव दिया है कि आवश्यक मंजूरियों को प्राप्त करने के लिए लागू कानूनों, नियमों, आदेशों तथा निर्देशों के तहत निर्धारित मौजूदा फार्मों के स्थान पर एक संयुक्त आवेदन फार्म शुरू किया जाए।[17]

दूसरा, सामूहिक रिटर्न की व्यवस्था शुरू करनी है, जिसे विभिन्न बारंबरता के साथ कई रिटर्न को प्रस्तुत करने की आवश्यकता के स्थान पर रखा जाएगा। यह सामूहिक रिटर्न वर्तमान में प्रयुक्त सौ से भी ज्यादा रिटर्न के बदले में रखी जाएगी।[18]

तीसरा, किसी व्यवसाय को शुरू और बंद करने में लगनेवाले समय को काफी कम करना है। किसी व्यवसाय को शुरू करने के लिए पूरे देश में तीन दिन की समय सीमा कार्यान्वित होनी चाहिए, क्योंकि इसे पहले से ही गुजरात में उपलब्ध करा दिया गया है। विश्व बैंक द्वारा किए गए व्यवसाय सर्वेक्षण के अनुसार किसी व्यवसाय को बंद करने में लगनेवाला औसत समय वर्तमान में भयानक रूप से 10 वर्ष का है। इसे निश्चित रूप से विशेष न्यायाधिकरण स्थापित करके या श्रम न्यायालय में न्याय निर्णय प्रक्रिया को तेज करके एक साल से भी कम समय सीमा तक लाया जा सकता है।

चौथा, नामित निरीक्षकों द्वारा वार्षिक मंजूरी की बजाय स्व-प्रमाणन की प्रणाली लागू करने पर गंभीर रूप से विचार किया जाए। इससे विशेष रूप से लघु एवं मध्यम उद्यमों का अनुपालन बोझ बहुत ज्यादा कम होगा, जहाँ यह मालिक-उद्यमी द्वारा उत्पन्न है।

अंत में, अन्य प्रक्रियाएँ जैसे आवेदन, आय करके अर्जन और बिक्री कर रजिस्ट्रेशन संख्याओं के लिए एकल विंडो व्यवस्था है, जिसमें पूरे राज्यों में प्रदर्शन की व्यापक श्रृंखला मौजूद है। केंद्र सरकार राज्यों को उन सर्वश्रेष्ठ तरीकों को दुहराने के लिए प्रोत्साहित कर सकती है, जो अन्य राज्यों में पहले से ही लागू हैं। इससे देश में कारोबारी माहौल में बहुत ज्यादा सुधार आएगा।

विनियामक काररवाइयों और प्रक्रियाओं के कारण काफी देरी तथा अनिश्चितता को सभी विनियामक मंजूरियों के लिए स्पष्ट समयबद्ध प्रक्रिया लागू करके कम किया जा सकता है। इसकी सभी कमियों तथा देश में औद्योगीकरण पर संभावित रूप से पड़नेवाले प्रतिकूल प्रभाव के साथ भूमि अधिग्रहण, पुनर्वास एवं पुनर्स्थापन अधिनियम में भूमि अधिग्रहण के लिए स्पष्ट प्रक्रिया स्थापित की गई है। अन्य सभी विनियामक मंजूरियों—वन, पर्यावरण, सुरक्षा एवं अन्य के लिए इसी प्रकार का दृष्टिकोण अपनाया जाना चाहिए। आई.टी.-समर्थित मंजूरी प्रक्रिया से विनिर्माण इकाइयों पर विनियामक बोझ में बहुत ज्यादा कमी आएगी।

वाणिज्यिक ऋण की कम लागत के लिए सरकार को ज्यादा नियमित आधार पर नए लाइसेंस देते हुए बैंकिंग क्षेत्र में प्रतिस्पर्धा को बढ़ाना चाहिए। सरकार विशेष रूप से सूक्ष्म, लघु एवं मध्यम उद्यमों की आवश्यकताओं को पूरा करनेवाले कुछ निजी क्षेत्र के बैंकों को भी लाइसेंस दे सकती है। इससे भारतीय लघु उद्योग विकास बैंक (SIDBI) के लिए प्रतिस्पर्धा बढ़ जाएगी और ऋण

अधिकारियों का एक विशिष्ट संवर्ग भी उत्पन्न होगा, जिन्हें सूक्ष्म, लघु एवं मध्यम उद्यम के क्षेत्र में जोखिमों तथा अवसरों का मूल्यांकन करने के लिए बेहतर ढंग से सुसज्जित किया जाएगा, जो देश में विनिर्माण क्षेत्र के विस्तार के लिए मुख्य संचालक के रूप में उभर सकते हैं।

उपसंहार

भारत को औद्योगिक उत्पादों के लिए अपनी बढ़ती हुई माँग को पूरा करने तथा हर महीने एक लाख नए प्रवेशकों को जनबल में शामिल करने के लिए तेजी से बढ़ते हुए विनिर्माण क्षेत्र की आवश्यकता है। इसके लिए क्षेत्र में वर्तमान मंदी को दृढतापूर्वक सुधारने और इस क्षेत्र को सकल घरेलू उत्पाद की दर में संपूर्ण वृद्धि की अपेक्षा ज्यादा विकास के लिए निरंतर तीव्र विकास के रास्ते पर रखने की आवश्यकता है। इसके लिए उद्योग एवं सरकार (केंद्र एवं राज्य) दोनों को एक साथ, एक सुधार एजेंडा कार्यान्वित करने की जरूरत है। यह एजेंडा संक्षेप में प्रतिस्पर्धा बढ़ाएगा, विनिर्माण क्षेत्र में द्वैतवाद की सीमा को कम करेगा, विनियामक प्रक्रिया को ज्यादा पारदर्शी बनाएगा और अनुपालन बोझ को कम करेगा।

ऊपर चर्चित भारत में विनिर्माण के भविष्य के प्रति दोनों दृष्टिकोण आवश्यक ढंग से परस्पर विरोधी नहीं हैं। वे सह-अस्तित्व में हो सकते हैं। नवीनता के द्वीपों और उच्च-तकनीकीयुक्त फर्मों का विस्तार विनिर्माण क्षेत्र के साथ सह-अस्तित्व में हो सकता है, जिसमें अनौपचारिक क्षेत्र का आकार लगातार कम होता जा रहा है और जिसमें उत्पादकता एवं प्रौद्योगिकी स्तर उसी उद्योग में मिलते हैं। लघु एवं मध्यम उद्यमों की अलग श्रेणी को कुछ समय के लिए बरकरार रखना चाहिए, यदि केवल प्रत्येक क्षेत्र में अधिक-से-अधिक तकनीकी एवं उत्पादकता अभिसरण को प्राप्त करना है तो विनिर्माण क्षेत्र के ज्यादा रोजगार-सघन खंडों का पोषण करना चाहिए। विनिर्माण क्षेत्र विस्तार के लिए आवश्यक सुधार को तत्काल करना जरूरी है। यदि देश को अपने रणनीतिक एवं विकास उद्देश्यों को प्राप्त करना है तो वह सिकुड़ते हुए विनिर्माण क्षेत्र को बरदाश्त नहीं कर सकता है।

टिप्पणी

1. योजना आयोग, भारत सरकार, ट्वेल्थ फाइव ईयर प्लान (नई दिल्ली : सेज पब्लिशर्स, 2013), अंक II, 52।
2. वर्ष 1999 और 2005 के बीच 44 लाख के साथ 25 प्रतिशत से बढ़कर 55 प्रतिशत हो गई। देखें ट्वेल्थ फाइव ईयर प्लान, 51।
3. अंग्रेजी में शुद्ध रूप से प्रस्तुत करने में मुश्किल, लगता है सिर्फ 'पर्याप्त' के लिए सहनशीलता के परिणाम को व्यक्त करता है, जो प्राय: व्यवसाय के संदर्भ में गैर-जिम्मेदारी से सीमित होता है।
4. देखें राजीव कुमार, मेनी फारचूंस ऑफ इंडिया (नई दिल्ली : एकडेमिक प्रेस, 2010)।
5. भारत के भावी रोजगार की जरूरतों के शीर्षक पर ज्यादा जानकारी के लिए अध्याय-6 देखें।
6. पंकज चंद्रा, लाल बहादुर शास्त्री नेशनल एकेडमी फॉर एडमिनिस्ट्रेशन में लेक्चरर (बैंगलोर, 7 अक्तूबर, 2013)।

7. भारत के नव स्थापित प्रतिस्पर्धा आयोग के वर्तमान निर्णय, जिन्होंने विकेंद्रीकरण को हतोत्साहित करने के लिए कुछ उद्योगों पर गंभीर जुर्माना लगाया, वे भारतीय उद्योग में उत्पादक-संघ के अस्तित्व के साक्ष्य हैं, लेकिन अभी तक इसने हिमशैल के केवल लौकिक शीर्ष को ही छुआ है। अत्यंत संकीर्ण क्षेत्र अधिदेशवाले हजारों उद्योग संघ (राष्ट्रीय या अंब्रेला उद्योग संगठनों के विरोध के रूप में) हैं, जिनका उद्देश्य सरकार को राजकोषीय रियायतों के लिए या आयात सुरक्षा के खिलाफ समर्थन करने के लिए राजी करना और कीमतों को उस स्तर पर रखना, जो सबसे अक्षम को परिचालित रखे।
8. वाणिज्य एवं उद्योग विभाग, भारत सरकार, 'प्रेस नोट-2 का संलग्न : नेशनल मैन्युफैक्चरिंग पॉलिसी,' 2011, http://dipp.nic.in/English/policies/National_Manufacturing_policy_25October2011.pdf
9. यह बड़े उद्योग को भी प्रभावित करता है, लेकिन कीमतों को ज्यादा आसानी से अवशोषित और प्रबंधित किया जाता है।
10. कुछ कानून हैं : व्यवसाय संघ अधिनियम, 1926; औद्योगिक नियोजन (स्थायी आदेश) अधिनियम, 1946; औद्योगिक विवाद अधिनियम, 1947; कारखाना अधिनियम, 1948; न्यूनतम मजदूरी अधिनियम, 1948; ठेका श्रम (विनियमन एवं उन्मूलन) अधिनियम, 1970; मजदूरी संदाय अधिनियम, 1936; उपदान संदाय अधिनियम, 1972; कर्मचारी राज्य बीमा अधिनियम, 1948; भविष्य निधि अधिनियम, 1952; मातृत्व लाभ अधिनियम, 1961; कर्मचारी क्षतिपूर्ति अधिनियम, 1952 और ठेका श्रम (विनियमन एवं उन्मूलन) अधिनियम, 1970।
11. ऊर्जा क्षेत्र और इनकी आँकड़ों पर अतिरिक्त चर्चा के लिए अध्याय-12 देखें।
12. एस. त्रिपाठी, लाल बहादुर शास्त्री नेशनल एकेडमी फॉर एडमिनिस्ट्रेशन (बैंगलोर, 7 अक्तूबर, 2013) में लेक्चरर।
13. प्रचलित ब्याज दर की व्यवस्था के तहत विनिर्माण इकाइयों, विशेष रूप से लघु एवं मध्यम उद्यम, जिनको बाहरी वाणिज्यिक उधारी सुलभ नहीं है, वे लगभग 13-14 प्रतिशत पर वाणिज्यिक बैंक से ऋण प्राप्त करते हैं, जबकि थोक मुद्रास्फीति लगभग 5-6 प्रतिशत एवं खुदरा मुद्रास्फीति 9 प्रतिशत है। इससे कम-से-कम 4-5 प्रतिशत की वास्तविक लागत उत्पन्न होती है।
14. क्षेत्र कौशल परिषद् तथा उद्योग ज्ञान हब के गठन से कुछ शुरुआत हुई है, लेकिन इस विवशता की गंभीर प्रकृति से कुल मिलाकर इस क्षेत्र में उद्योग कहीं अधिक सक्रिय है।
15. वर्तमान में प्रोत्साहन राशि शोध एवं विकास गतिविधियों पर कॉरपोरेशन द्वारा किए गए व्यय पर आधारित है। उन्हें वास्तविक नतीजों के आधार पर ज्यादा प्रोत्साहन जैसे पंजीकृत पेटेंट या नए डिजाइन और नवपरिवर्तन प्रदान करते हुए बदलाव लाया जा सकता है।
16. उदाहरण के तौर पर, जैसा प्रोफेसर आर.एम. माशेलकर के प्रबंधन में नेशनल केमिकल लैबोरेट्री, पुणे द्वारा सफलतापूर्वक प्राप्त किया गया तथा वैज्ञानिक एवं औद्योगिक अनुसंधान परिषद् के प्रकाशन में व्यापक रूप से रिपोर्ट किया गया, भारत सरकार में विज्ञान एवं प्रौद्योगिकी स्थापन को प्रबंधित करनेवाला शीर्ष निकाय है।
17. कुछ मंजूरियाँ, जो लागत एवं मालभाड़ा द्वारा प्रभावित हो सकती हैं, वे हैं—लघु उद्योग इकाई हेतु प्रांतीय पंजीकरण प्रमाण-पत्र; भूमि/ छप्पर आवंटन/ सरकारी भूमि का आवंटन/ कृषि भूमि का रूपांतरण/ भू उपयोग का परिवर्तन- स्थापना हेतु सहमति (जल); स्थापना हेतु सहमति (वायु); कारखाना स्थापित करने हेतु स्थल की अनुमति; कारखाने की इमारत के

निर्माण हेतु अनुमति; कारखाने के निर्माण की योजना का अनुमोदन; कारखाने की इमारत के निर्माण की अनुमति; इमारत खड़ी करने की अनुमति—नगर योजना/ इमारत योजना का अनुमोदन; आग की रोकथाम; विद्युत आपूर्ति; जल आपूर्ति; प्रांतीय पंजीकरण—बिक्री कर; पंजीकरण—सी.एस.टी.; पंजीकरण—प्रवेश कर; पंजीकरण—वृत्ति कर; पंजीकरण एवं लाइसेंस की मंजूरी—सी.आई.एफ. एवं बी; परिचालन की सहमति (वायु); परिचालन की सहमति (जल); खतरनाक कचरे के उपचार का पंजीकरण एवं बॉयलर का उपयोग; खनन परिचालन के लिए नोटिस; पंजीकरण—केंद्रीय उत्पाद शुल्क।

18. इसे पुनः विश्व बैंक द्वारा मंजूर किया गया है तथा योग्यता के आधार पर गंभीरतापूर्वक विचार-विमर्श किया जा रहा है। रिटर्न के कुछ उदाहरण, जिन्हें इस सामूहिक रिटर्न की जगह पर रखा जा सकता है, वे हैं—कारखाना नियम; मजदूरी भुगतान नियम; बोनस भुगतान नियम; दुकान एवं स्थापना नियम; मोटर ट्रांसपोर्ट वर्कर्स नियम; मातृत्व लाभ नियम; बिक्री कर, वैट नियम, केंद्रीय बिक्री कर नियम; प्रवेश शुल्क नियम; राज्य वृत्ति, व्यापार, आजीविका एवं रोजगार कर नियम।

□

अध्याय-5

रोजगार सृजन

—ओंकार गोस्वामी

इस सिद्धांत को व्यक्त करते हुए शुरू करना शायद सर्वश्रेष्ठ होगा, जो सामान्य सत्य का अनुमान लगाने के लिए बुनियादी होगा, जब राष्ट्रीय आमदनी का विकास मंद होता है तो रोजगार भी मंद हो जाता है। अकसर रोजगार के मंद होने की गति राष्ट्रीय आमदनी की गति पर हावी रहती है।

नौ तिमाही में वास्तविक सकल घरेलू उत्पाद विकास दर में भारत की नाटकीय गिरावट का उल्लेख करना महत्त्वपूर्ण है। चित्र–1 और तालिका–1 में इसे बहुत ही स्पष्ट ढंग से दरशाया गया है।

चित्र–1 : भारत की वास्तविक सकल घरेलू उत्पाद विकास दर

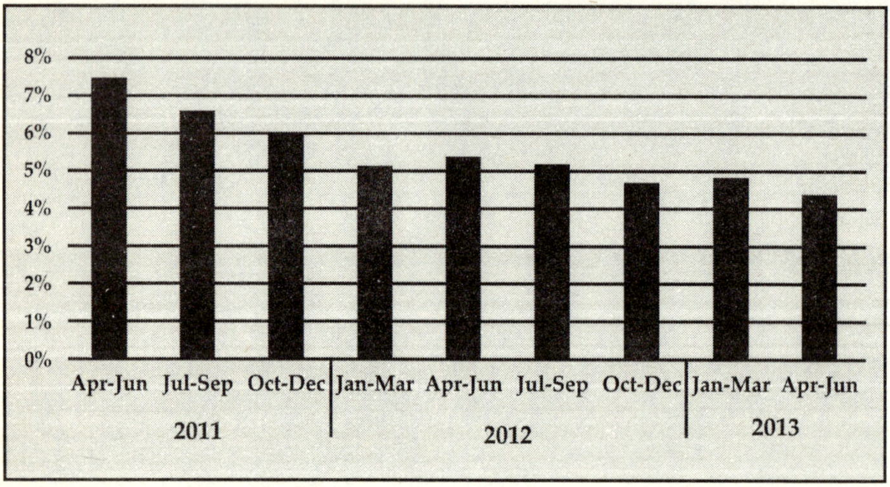

स्रोत : *नेशनल खाता आँकड़े, केंद्रीय सांख्यिकीय संगठन, भारत सरकार*

तालिका-1 : नौ तिमाही में क्षेत्रवार विकास दर

विकास दर (%)	2011			2012			2013		
	अप्रैल-जून	जुलाई-सितंबर	अक्तूबर-दिसंबर	जनवरी-मार्च	अप्रैल-जून	जुलाई-सितंबर	अक्तूबर-दिसंबर	जनवरी-मार्च	अप्रैल-जून
कृषि, वानिकी और मत्स्यपालन	5.4	3.2	4.1	2.0	2.9	1.7	1.8	1.4	2.7
खनन एवं उत्खनन	−0.4	−5.3	−2.6	5.2	0.4	1.7	−0.7	−3.1	−2.8
विनिर्माण	7.4	3.1	0.7	0.1	−1.0	0.1	2.5	2.6	−1.2
विद्युत्, गैस और जल आपूर्ति	6.6	8.4	7.7	3.5	6.2	3.2	4.5	2.8	3.7
निर्माण	3.8	6.5	6.9	5.1	7.0	3.1	2.9	4.4	2.8
व्यापार, होटल, परिवहन और संचार	9.6	7.0	6.9	5.1	6.1	6.8	6.4	6.2	3.9
वित्त, बीमा, रियल स्टेट और व्यापार सेवाएँ	11.6	12.3	11.4	11.3	9.3	8.3	7.8	9.1	8.9
समुदाय, सामाजिक एवं निजी सेवाएँ	3.5	6.5	6.8	6.8	8.9	8.4	5.6	4.0	9.4
साधन लागत पर जी.डी.पी.	**7.5**	**6.5**	**6.0**	**5.1**	**5.4**	**5.2**	**4.7**	**4.8**	**4.4**

नोट : पिछले वर्ष की उसी तिमाही के लिए विकास दर की तुलना की गई है।

स्रोत : *नेशनल खाता सांख्यिकी, केंद्रीय सांख्यिकीय संगठन, भारत सरकार।*

लगातार नौ तिमाही में भारत की वास्तविक सकल घरेलू उत्पाद विकास दर अप्रैल-जून 2011 में 7.5 प्रतिशत से 3.1 प्रतिशत सिमटकर अप्रैल-जून 2013 में 4.4 प्रतिशत रह गई। विशेष रूप से विनिर्माण में यह गिरावट ज्यादा है। अप्रैल-जून 2011 में 7.4 प्रतिशत विकास दर 8.6 प्वॉइंट गिरकर अप्रैल-जून 2013 में 1.2 प्रतिशत हो गई। निर्माण में महत्त्वपूर्ण रूप से गिरावट दर्ज की गई। यह अप्रैल-जून 2012 में 7 प्रतिशत थी तथा उसके एक वर्ष बाद 2.8 प्रतिशत तक रह गई। इसी प्रकार व्यापार, होटल, परिवहन और संचार में भी मंदी रही, जो

अप्रैल-जून 2011 में 9.6 प्रतिशत से घटकर एक वर्ष बाद 6.1 प्रतिशत रह गई और उसके बाद अप्रैल-जून 2013 में 3.9 प्रतिशत तक की गिरावट देखी गई।

इन सभी के लिए वैश्विक आर्थिक संकट को दोष देना बहुत ही आसान है। सितंबर 2008 में लेहमन बंधुओं का पतन भारत की विकास दर में तेजी से गिरावट का मुख्य कारण था। ऐसा भारतीय राष्ट्रीय कांग्रेस और संयुक्त प्रगतिशील गठबंधन (यू.पी.ए.) सरकार के कई वक्ताओं ने कहा था। इसमें कोई संदेह नहीं है कि कुछ गिरावट वैश्विक स्थितियों को परिलक्षित करती है। यद्यपि पिछले कुछ सालों में खराब आर्थिक प्रदर्शन के लिए ज्यादा दोष सत्ता में मौजूद केंद्रीय सरकार का है, जिसकी मुख्य आर्थिक मामलों पर लगातार फोकस की कमी रही है और पहले की अपेक्षा ज्यादा संसदीय बहुमत होने के बावजूद शासन का सामान्य अभाव रहा है।

दिल्ली में यू.पी.ए.-2 सरकार की पिछले चार सालों में की गई असंख्य गलतियों को यहाँ पर गिनना नहीं है। इसकी बजाय आनेवाले सालों में रोजगार वृद्धि की संभावनाओं का मूल्यांकन करना और ऐसे नीति बदलावों की सिफारिश करना, जो इस प्रकार की प्रक्रिया में मददगार हो सकते हैं, मुख्य उद्देश्य है। ऐसा करते हुए दो चीजों को पहचानने की आवश्यकता है कि किस प्रकार गिरती हुई विकास दर ने रोजगार को प्रभावित किया है और यह समस्या कितनी बड़ी है, जिसका भावी सरकार को सामना करना है।

यह कितना खराब है?

रोजगार की कमी वर्तमान महीनों और सालों में भारत का मुख्य शीर्षक रहा है। उदाहरण के तौर पर, इंडिया टुडे के वर्ष 2013 की मंदी पर कवर किए गए एक लेख में यह व्यक्त किया गया था कि वित्तीय वर्ष 2013-2014 में रोजगार की कमी लगभग 500,000 थी।[1] इसी प्रकार, इकोनॉमिक टाइम्स ने शहरी रोजगार में गिरावट पर फोकस करते हुए एक लेख प्रकाशित किया था।[2]

योजना आयोग ने भी परेशान करनेवाले आँकड़ों को पोस्ट किया है। वित्तीय वर्ष 1999-2000 और वर्ष 2004-2005 के बीच विविध क्षेत्रों में रोजगार कुल 457.5 मिलियन की अपेक्षा लगभग 61 मिलियन तक बढ़ा था। यद्यपि उसके बाद से रोजगार वृद्धि नाटकीय ढंग से धीमी हो गई—वर्ष 2004-2005 और वर्ष 2009-2010 के बीच यह कुल 460 मिलियन की अपेक्षा सिर्फ 2.7 मिलियन तक बढ़ी। वर्ष 2009-2010 में पाँच सालों में रोजगार में पूर्ण रूप से सबसे बड़ी गिरावट 15.7 मिलियन व्यक्तियों की कृषि में हुई, जो वर्ष 2004-2005 में नियुक्त व्यक्तियों की संख्या का 6 प्रतिशत थी। दूसरी सबसे ज्यादा गिरावट विनिर्माण में हुई, जो 7.2 मिलियन व्यक्तियों की थी या वर्ष 2004-2005 में नियुक्त व्यक्तियों की 13 प्रतिशत थी।[3]

यह गिरावट बहुत ज्यादा चिंता का विषय है। ज्यादा चिंताजनक रोजगार सापेक्षता में तेजी से हो रही कमी है, मान में प्रत्येक प्रतिशत बदलाव के लिए रोजगार में प्रतिशत बदलाव एकत्र होता जा रहा है। सभी क्षेत्रों को एक साथ देखने पर रोजगार की सापेक्षता वर्ष 1999-2000 और वर्ष 2004-2005 के बीच 0.44 की अचानक गिरावट बढ़कर वर्ष 2004-2005 एवं वर्ष

2009-2010 के बीच 0.01 हो गई। सामान्य रूप से पहली अवधि में मान में एक प्रतिशत की वृद्धि ने रोजगार में 0.44 प्रतिशत की वृद्धि को बढ़ावा दिया; दूसरी अवधि में यह वास्तव में शून्य रही।

कुछ क्षेत्रों में रोजगार सापेक्षता में गिरावट सही मायने में खतरनाक रही है। विनिर्माण में पहली अवधि में 0.76 से दूसरी अवधि में -0.31 की गिरावट देखी गई है। अत: मान में वृद्धि विनिर्माण क्षेत्र के रोजगार में पूर्णतया गिरावट की स्थिति में हुई है। अत: यही स्थिति कृषि की भी है, जो 0.84 से गिरकर -0.42 हो गई है और सकल घरेलू उत्पाद में इसके हिस्से को देखते हुए संभवतया सबसे ज्यादा परेशान करनेवाला आँकड़ा यह है कि नौकरियों में रोजगार सापेक्षता 0.45 से घटकर -0.01 हो गई है।[4]

यह स्पष्ट प्रतीत होता है कि विशेष रूप से असंगठित एवं गैर-कारखाना क्षेत्रों में वाणिज्यिक संस्थाएँ गंभीर विकास मंदी को देखते हुए अपने श्रम पूरक को घटा रही हैं। यद्यपि श्रम बाजार में ज्यादा छोटा होते हुए भी व्यवस्थित कारखाना क्षेत्र में रोजगार में कमी नहीं आई है, यदि उद्योगों की वार्षिक सर्वेक्षण (ASI) में दी गई संख्या को देखा जाए। वर्ष 1999-2000 और 2004-2005 के बीच लगभग 1,36,000 कारखानों में श्रमिकों की संख्या में 5 प्रतिशत का इजाफा हुआ और उसके बाद वर्ष 2004-2005 और 2009-2010 के बीच 1,59,000 से भी ज्यादा कारखानों में 39 प्रतिशत का अतिरिक्त इजाफा हुआ।[5] यद्यपि, थोड़ा सा भ्रम है कि कारखाना रोजगार की विकास दर, चाहे उसे कानून के तौर पर कामगार के रूप में मान्यता हो या कामगार और अन्य कर्मचारी हों, अतिरिक्त मान की अपेक्षा काफी कम है, जबकि यह बढ़ती हुई श्रम उत्पादकता के दृष्टिकोण से स्पष्ट रूप से सकारात्मक है, तथ्य यह है कि कारखानों में अतिरिक्त रोजगार की माँग कम होती जा रही है।

अत: मोटे तौर पर कहानी इस प्रकार है। रोजगार की माँग पूरे देश में काफी महत्त्वपूर्ण ढंग से कम होती जा रही है। यह व्यवस्थित और अव्यवस्थित दोनों क्षेत्रों में सही है। इसके दो पूरक कारण हैं। पहला, पूरी अर्थव्यवस्था की विकास दर में तेजी मंदी से संबंधित है, जो केवल श्रम की माँग को ही नहीं कम कर रही है, बल्कि जहाँ तक संभव हो, छँटनी को भी बढ़ावा दे रही है। दूसरा श्रम की तुलना में पूँजी की सापेक्ष कीमत के गिरने से बिगड़ी उत्पादकता बढ़ानेवाली पूँजी के पक्ष में श्रम से अलग सामान्य प्रतिस्थापन से संबंधित है। यह निश्चित रूप से विनिर्माण का केस है और यह नौकरी क्षेत्र में कई संस्थाओं के लिए सही भी है।

लेकिन नकारात्मक गिरावट के रूप में विकास ने महत्त्वपूर्ण रूप से पूरे क्षेत्र में श्रम की माँग को कम कर दिया है, अत: स्थिर उच्च विकास दर के चरण से अतिरिक्त रोजगार की आवश्यकता वापस लाई जा सकती है। जैसा हम देखते हैं, विनियामक परिवर्तन से मदद मिल सकती है; लेकिन यह बहुत ही कम है। भारत में बीमार रोजगार के लिए रामबाण दस सालों की अवधि तक 7 से 7.5 प्रतिशत की वार्षिक स्थायी वृद्धि का चरण है। क्या देश और इसके राज्यों के पास ऐसा करने की संचालन क्षमता है, यह बहस का मुद्दा है, लेकिन यदि औसत विकास दर 4.5 से 5 प्रतिशत प्रतिवर्ष के आसपास रहती है तो भारत अपनी भावी आपूर्ति के संबंध में अस्पष्ट रूप से भी श्रम की माँग कभी भी उत्पन्न नहीं कर पाएगा।

कल की समस्या का आकार

यह दूसरे मुद्दे का मंच है—वह चुनौती, जिसका भारत पिछले तीन दशकों से पर्याप्त रोजगार उत्पन्न करने में सामना कर रहा है। इसकी सराहना के लिए जनसंख्या वृद्धि और पिछले पाँच सालों की अवधि में जनशक्ति के परिवर्धन का परीक्षण करना जरूरी है।

इस विश्लेषण में प्रयुक्त जनसंख्या के आँकड़े वर्ष 2010 से 2040 तक प्रत्येक पाँच वर्षों के लिए आर्थिक एवं सामाजिक मामलों का संयुक्त राष्ट्र विभाग के जनसंख्या प्रभाग से प्राप्त मध्यम संस्करण अनुमान हैं।[6] इन्हें महिलाओं, पुरुषों और कुल के रूप में दिया गया है। वर्ष 2011-2012 के लिए आयोजित राष्ट्रीय नमूना सर्वेक्षण (NSS) के 68वें चक्र तथा ग्रामीण एवं शहरी भारत में 1,01,724 परिवारों के नमूनों के आधार पर श्रमिकों को पुरुषों एवं महिलाओं की जनसंख्या के अनुपात में दरशाया गया है।[7] इसे कर्मचारी जनसंख्या अनुपात या WPR कहा जाता है, जिसका प्रयोग कल की समस्या के आकार का आकलन करने के लिए किया जाता है।

दो WPR पर विचार किया जाता है—(1) वर्ष 2011-2012 में राष्ट्रीय नमूना सर्वेक्षण द्वारा 2040 तक किए गए आकलन की दर में WPR1 निश्चित है, जिसमें वर्ष 2015 के बाद पुरुष WPR प्रत्येक पाँच सालों में 2.5 प्रतिशत तक बढ़ती है, जबकि महिला WPR1 प्रतिशत (महिला की दर में परिवर्तन की उच्च दर वर्तमान में महिला WPR की ज्यादा कम संख्या के कारण है) तक बढ़ती है। WPR के दोनों सेटों को प्रासंगिक जनसंख्या आँकड़ों से गुणा करने पर उन पुरुषों एवं महिलाओं की संख्याओं का उचित अनुमान प्राप्त होता है, जो वर्ष 2040 तक रोजगार बाजार में मौजूद हो सकते हैं। तालिका-2 एवं चित्र-2 तथा चित्र-3 में इन आँकड़ों को प्रदर्शित किया गया है।[8]

तालिका-2 : वर्ष 2040 तक रोजगार उत्पन्न करना

	2010	2015	2020	2025	2030	2035	2040
पुरुष जनसंख्या (लाख में)	624	663	699	732	760	784	803
महिला जनसंख्या (लाख में)	582	620	655	687	716	741	763
परिदृश्य-1 : निश्चित WPR (WPR1)							
पुरुष WPR	0.544	0.544	0.544	0.544	0.544	0.544	0.544
महिला WPR	0.219	0.219	0.219	0.219	0.219	0.219	0.219
पुरुष श्रमिक (लाख में)	339	361	380	398	414	426	437
महिला श्रमिक (लाख में)	127	136	143	150	157	162	167

कुल श्रमिक (लाख में)	**467**	**496**	**523**	**548**	**570**	**589**	**604**
अतिरिक्त नौकरियों की जरूरत (लाख में)		**30**	**27**	**25**	**22**	**18**	**15**
परिदृश्य-2 : WPR (WPR2)							
पुरुष WPR	0.544	0.544	0.558	0.572	0.586	0.600	0.615
महिला WPR	0.219	0.219	0.230	0.241	0.254	0.266	0.280
पुरुष श्रमिक (लाख में)	339	361	390	418	445	471	494
महिला श्रमिक (लाख में)	127	136	151	166	182	197	213
कुल श्रमिक (लाख में)	**467**	**496**	**540**	**584**	**627**	**668**	**707**
अतिरिक्त नौकरियों की जरूरत (लाख में)		**30**	**44**	**44**	**43**	**41**	**39**

स्रोत : *संयुक्त राष्ट्र आर्थिक एवं सामाजिक मामला विभाग, जनसंख्या प्रभाग और 68वाँ चक्र, वर्ष 2011-2012, राष्ट्रीय नमूना सर्वेक्षण (NSS), सांख्यिकी मंत्रालय, भारत सरकार।*

चित्र-2 : श्रमिकों की अनुमानित संख्या (लाख में)

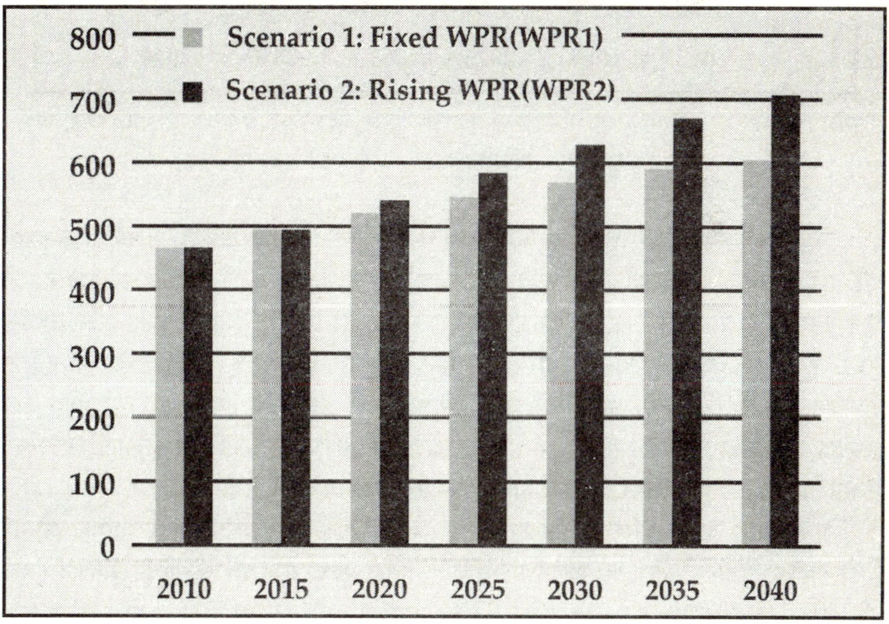

स्रोत : *संयुक्त राष्ट्र आर्थिक एवं सामाजिक मामला विभाग, जनसंख्या प्रभाग और 68वाँ चक्र, वर्ष 2011-2012, राष्ट्रीय नमूना सर्वेक्षण (NSS), सांख्यिकी मंत्रालय, भारत सरकार।*

चित्र-3 : अतिरिक्त रोजगार की आवश्यकता (लाख में)

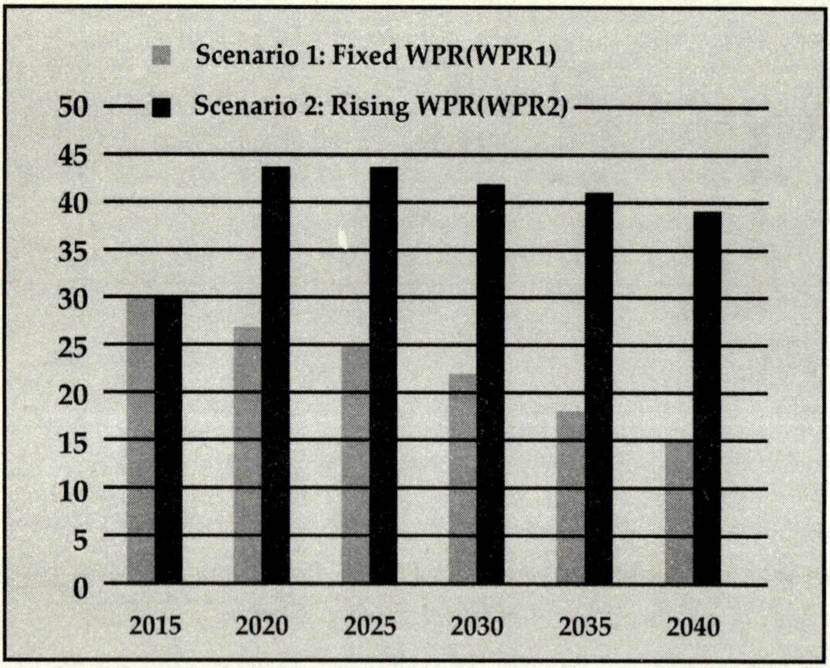

***स्रोत :** संयुक्त राष्ट्र आर्थिक एवं सामाजिक मामला विभाग, जनसंख्या प्रभाग और 68वाँ चक्र, वर्ष 2011-2012, राष्ट्रीय नमूना सर्वेक्षण (NSS), सांख्यिकी मंत्रालय, भारत सरकार।*

यहाँ तक कि निश्चित WPR के केस में भी स्थिति विकट दिखाई देती है। साक्ष्य के अनुसार, वर्ष 2014 और 2015 के बीच 30 लाख अतिरिक्त रोजगार उत्पन्न करने की आवश्यकता है, जो अर्थव्यवस्था की विक्षुब्ध स्थिति के कारण और इस तथ्य से कि वर्ष 2004-2005 और 2009-2010 के बीच केवल 2.7 लाख अतिरिक्त रोजगार ही उत्पन्न हो पाए हैं, निश्चित रूप से नहीं हो पाएगा। आज की स्थिति में, भारत न तो वृद्धि कर पा रहा है और न ही उसके पास वर्ष 2015 तक 6 लाख अतिरिक्त रोजगार प्रतिवर्ष और उसके बाद वर्ष 2015 से 2025 तक 5 लाख अतिरिक्त रोजगार प्रतिवर्ष उत्पन्न करने के लिए आवश्यक संस्थागत लचीलापन है।

परिदृश्य-2 के तहत स्थिति और खराब है, जिसमें ज्यादा यथार्थवादी धारणा शामिल की गई है कि बेहतर शिक्षा से लैस श्रम शक्ति में भरती होनेवाले पुरुषों एवं महिलाओं का प्रतिशत पहले की अपेक्षा ज्यादा होगा। अत: श्रम शक्ति की भागीदारी दर और WPR दोनों पुरुषों के लिए कम और महिलाओं के लिए ज्यादा वृद्धि करेंगे।

WPR में यह वृद्धि मामूली है, लेकिन निरपेक्ष संख्या नाटकीय ढंग से बड़ी है। परिदृश्य-2 के तहत भारत को परिदृश्य-1 के निश्चित WPR के साथ 5 लाख प्रतिवर्ष की तुलना में 9 लाख प्रतिवर्ष की दर से वर्ष 2015 और 2020 के बीच 44 लाख अतिरिक्त रोजगार प्राप्त करने की आवश्यकता होगी।

इन संख्याओं में शुद्धता का कोई दावा नहीं है। इसकी बजाय वे परिमाण की व्यापक व्यवस्थाओं के संबंध में स्थिति प्रकट करती हैं। ये आँकड़े आनेवाले वर्षों में ज्यादा व्यापक रोजगार उत्पन्न करने की तुरंत आवश्यकता को दरशाते हैं। प्रश्न यह है, "क्या करने की आवश्यकता है ?"

आगे का रास्ता

ऐसे नियम, जो व्यवस्थित क्षेत्र में श्रम के निरंकुश प्रवेश और निकास को रोकते हैं, उनकी मौजूदगी के बावजूद तथ्य यह है कि भारत के पास उचित श्रम बाजार लचीलापन है। विशाल असंगठित क्षेत्र, जो भारत के लगभग 470 लाख श्रमिकों के 90 प्रतिशत से ज्यादा है, उसके लिए कोई भी पूर्ण रूप से प्रवेश या निकास का अवरोधक नहीं है। इसके अतिरिक्त कानूनी बाधाएँ, जो संगठित क्षेत्र में अतिरिक्त नियोजन को कथित तौर पर रोकती हैं, जैसे—औद्योगिक विवाद अधिनियम, 1947 की धाराएँ 25(N) और 25(O) या संविदा श्रम (विनियमन एवं उन्मूलन) अधिनियम, 1970, प्राय: अतिरंजित होते हैं।

उदाहरण के तौर पर अधिकांश टिप्पणीकार भारत में श्रमिकों और कर्मचारियों के सबसे अड़ियल समूह सरकार के लिए कार्य करनेवाले 20 लाख व्यक्ति, जिसमें राज्य के स्वामित्ववाले सार्वजनिक क्षेत्र के उद्यम शामिल हैं, पर क्या विचार करते हैं, यह फोकस करने लायक है। वर्ष 1992 में भारत सरकार ने राष्ट्रीय नवीकरण निधि पेश की, जिसका प्रयोग मुख्य रूप से सार्वजनिक क्षेत्र के उद्यमों के लिए स्वैच्छिक सेवानिवृत्ति योजनाओं का वित्तपोषण करने के लिए किया गया। अतिरिक्त श्रम की हद बहुत बड़ी थी। वर्ष 1992-1993 में 55 केंद्र के स्वामित्ववाले सार्वजनिक उपक्रमों में 84,283 अनुमानित अतिरिक्त कर्मचारी थे। इनमें से लगभग आधे राष्ट्रीयकृत कपड़ा और जूट मिलों में थे।[9] अप्रैल 1992 और जून 1994 के बीच इन सार्वजनिक उपक्रमों के 70,826 श्रमिकों ने प्रबंधन द्वारा पेश की गई योजनाओं के तहत स्वैच्छिक सेवानिवृत्ति ली; उनमें से 38,363 या 54 प्रतिशत श्रमिक कपड़ा मिलों एवं जूट मिलों से थे।[10] अगस्त 1997 तक 1,46,663 अतिरिक्त श्रमिक स्वेच्छा से अलग हुए।[11]

इसमें कोई संदेह नहीं है कि कानूनी लचीलापन उत्पन्न करने से मदद मिलती है। लेकिन इतनी नहीं मिलती है, जितनी उन लोगों द्वारा व्यक्त की जाती है, जिनका विश्वास है कि 'आग की आजादी' श्रम बाजार सुधारों का मुख्य संचालक है, जिसके बिना भारत कभी भी महत्त्वपूर्ण रूप से उच्च रोजगार प्राप्त करने की आशा नहीं कर सकता है। तथ्यों ने इसे भुला दिया है। आज संगठित क्षेत्र में भी, जहाँ श्रम कानून का काफी निरीक्षण है, श्रमिकों को नियुक्त करने और उन्हें कानूनी ढंग से 'स्थायी' होने की आशा से परे रखने की पर्याप्त गुंजाइश है। इसी प्रकार श्रम पूरक को कम करने की कोई भी बाध्यता नहीं है, बशर्ते निष्पक्ष समाप्ति समझौता मौजूद हो। अतिरिक्त रोजगार के लिए बाधाएँ हर जगह मौजूद हैं।

यह सामान्य रूप से कहना असत्य होगा कि अधिकांश लोग इस डर से नियुक्त नहीं किए जाते हैं कि उन्हें मुश्किल की घड़ी में छोड़ा नहीं जा सकता है। उन्हें इस माहौल के कारण नहीं नियुक्त किया जा रहा है, जो देश की विकास क्षमता को तेजी से सीमित कर रहा है।

उदाहरण के तौर पर, निर्माण क्षेत्र, जहाँ श्रमिकों के प्रयोग में बहुत ज्यादा वास्तविक

लचीलापन मौजूद है, उस पर विचार करें। इसमें 1.54 की रोजगार सापेक्षता है। इसका आशय यह है कि मूल्यवर्धन में 1 प्रतिशत की वृद्धि, रोजगार में 1.54 प्रतिशत की वृद्धि उत्पन्न करती है। वर्ष 2009-2010 में भी यह सभी क्षेत्रों में 56 लाख से भी ज्यादा श्रमिकों या देश के कुल रोजगार का 12 प्रतिशत रही। इस क्षेत्र में रोजगार का बड़ा संचालक सड़कों तथा राजमार्गों का निर्माण है। राष्ट्रीय राजमार्ग विकास कार्यक्रम ने 47,476 किमी. राजमार्ग बनाने की उम्मीद जाहिर की है। जुलाई 2013 तक केवल 42 प्रतिशत राजमार्ग ही चार या छह लेन के बन पाए हैं; इसके अतिरिक्त 25 प्रतिशत का कार्यान्वयन जारी है। बाकी 33 प्रतिशत या 15,748 किमी के निर्माण की मंजूरी अभी नहीं मिल पाई है।[12] यह गति निराशाजनक है; 20 किमी. प्रतिदिन की लक्षित दर की अपेक्षा लगभग 8 किमी. प्रतिदिन की उपलब्धि स्वयं ही दक्षिण या मध्य एशियाई मानकों से बहुत कम है। ऐसा क्यों ? क्योंकि सफल बोली लगानेवाले कर्ज में डूबे होते हैं और समय पर पर्याप्त धन की व्यवस्था नहीं कर पाते हैं, इसके साथ ही कई राज्य सरकारों में विरोधी लोगों का रुख होता है, जो राजमार्गों को चौड़ा करने के लिए आवश्यक जमीन का अधिग्रहण करने में महँगी बाधाएँ उत्पन्न करता है। इसके परिणामस्वरूप अप्रैल-जून 2013 में निर्माण के विकास में दोगुने अंकों के साथ 2.8 प्रतिशत तक की कमी आई और श्रम की कम वृद्धिशील माँग उत्पन्न हुई।

भारत में 76,818 किमी. राष्ट्रीय राजमार्ग हैं। यदि सरकार विकास को बढ़ानेवाले बुनियादी ढाँचे के बारे में पर्याप्त गंभीर होती तो वह प्रत्येक किमी में चार या छह लेन बनाने तथा इस कार्य को कम-से-कम 25 किमी. प्रतिदिन की दर से पूरा करने को प्राथमिकता देती। इससे पूरे भारत में श्रमिकों की बहुत ज्यादा माँग उत्पन्न होती और बहुत ही आवश्यक बुनियादी ढाँचे को सुधारते हुए फायदेमंद रोजगार बढ़ाने में मदद मिलती।

जो बात राजमार्गों के लिए सत्य है, वही दूरसंचार उद्योग के लिए भी सच है। 2 फरवरी, 2012 को भारतीय उच्चतम न्यायालय ने उस समय के दूरसंचार मंत्री ए. राजा द्वारा प्रदान किए गए 122 मोबाइल दूरसंचार लाइसेंसों को निरस्त कर दिया। उनके ऊपर कथित तौर पर बाजार मूल्य से कम मूल्य पर इसे वितरित करने का, कथित तौर पर धाँधली करने का आरोप था। तब से भारतीय दूरसंचार विनियामक प्राधिकरण और दूरसंचार विभाग के लिए अतिरिक्त लाइसेंस और स्पेक्ट्रम आवंटित करना असंभव हो गया है, अत: इससे भारत में मोबाइल टेलीफोनी का विकास धीमा हो गया है। इस क्षेत्र में गहन रोजगार मौजूद है। इसकी मंदी ने भारत के शहर और देहातों में अतिरिक्त रोजगार उत्पन्न करने की संभावना को कम कर दिया है।

ऐसे क्षेत्रों की बहुत लंबी सूची है, जो कम विकास और न्यायपालिका और नियामक ठगी के कारण मंद पड़ गए हैं। गोआ, कर्नाटक और उड़ीसा में उच्चतम न्यायालय द्वारा लगाए गए प्रतिबंधों की लौह अयस्कों के आउटपुट के कम होने में महत्त्वपूर्ण भूमिका रही है, जो वर्ष 2010-2011 में लगभग 210 मिलियन मीट्रिक टन से घटकर वर्ष 2012-2013 में 136 मिलियन मीट्रिक टन रह गया और इससे लगभग 2,00,000 प्रत्यक्ष रोजगारों का संभावित नुकसान हुआ है।[13] इस क्षेत्र में 0.82 की रोजगार सापेक्षता है।

सितंबर 2010 के बाद जीवन बीमा व्यवसाय में गंभीर कमी दिखाई दी, जब बीमा नियामक एवं विकास प्राधिकरण ने जीवन बीमा कंपनियों को यूनिट लिंक्ड योजनाओं को बेचने से मना

कर दिया, जिससे व्यवसाय में भारी कमी आई और इससे उद्योग का आकार घट गया। यहाँ भी रोजगार सापेक्षता 1.24 तक ज्यादा थी। शीर्षस्थ के सिमटने और नुकसान के बढ़ने से बीमा एजेंट तथा समर्थन स्टाफ व्यापक रूप से बेरोजगार हो गए।

किसी समझौते को करने से पहले श्रम बाजारों से संबंधित तीन अन्य मामलों को छूना बहुत जरूरी है। पहला महत्त्वपूर्ण और श्रम बाजार में कौशल मामलों से संबंधित है। वे कौशल, जिनकी अगले दो दशकों में उद्योग और सेवाओं के कई भागों में आवश्यकता होगी, उनकी भी कम आपूर्ति है। वर्तमान में विशेष रूप से कंप्यूटिंग, सूचना प्रौद्योगिकी, दूरसंचार सेवाएँ, रसद, आधुनिक खुदरा व्यापार, इंजीनियरिंग, नर्सिंग और अन्य क्षेत्रों में कौशल की अत्यंत कमी है। सत्तारूढ़ सरकारों के लिए ज्यादा राज्य-वित्तपोषित व्यावसायिक प्रशिक्षण संस्थानों को स्थापित करते हुए इस अंतर को खत्म करना जरूरी होगा। यद्यपि इनका विरोध किया जाना चाहिए, क्योंकि हाल के इतिहास से पता चलता है कि इनमें से अधिकांश रोके नहीं गए हैं। इसकी बजाय देश को आवश्यक रूप से निजी प्रशिक्षण संस्थानों और व्यावहारिक प्रशिक्षणों पर भरोसा करना होगा। कुछ क्षेत्रों में निजी प्रशिक्षण विद्यालय बिल्कुल सफल रहे हैं, आतिथ्य उद्योग इसका उल्लेखनीय उदाहरण है। यही बात नर्सिंग में भी सत्य है। आशा है कि विशिष्ट क्षेत्रों में पर्याप्त कौशल की कमी 'उद्देश्य के लिए सही' प्रशिक्षण संस्थानों की स्थापना करने की पर्याप्त माँग उत्पन्न करेगी, जिसे व्यावहारिक प्रशिक्षण द्वारा पूरा करना जरूरी होगा। यह गंभीर चुनौती है, जो निकट भविष्य में विद्यमान रहेगी। इसे सरकार द्वारा निपटाए जाने की संभावना नहीं है, लेकिन संभवतया निजी क्षेत्र द्वारा इसका निपटान किया जा सकता है।

दूसरा मामला श्रम आपूर्ति और माँग के बीच भौगोलिक बेमेल से संबंधित है। यह बड़ी मात्रा में मौजूद है, लेकिन यह समस्या नहीं है। भारत में श्रम जितना आमतौर पर माना जाता है, उससे बहुत ज्यादा गतिशील है। उन्नीसवीं शताब्दी की अंतिम तिमाही में बिहार और पूर्वी उत्तर प्रदेश (उस समय का संयुक्त प्रांत) कई जिलों के ग्रामीण गरीब अनुबंधित मजदूर के रूप में डरबन, मॉरीशस और त्रिनिदाद गए। इन्हीं जिलों से मुंबई और अहमदाबाद की सूती कपड़ा मिलों तथा कोलकाता की जूट मिलों के लिए कामगारों की आपूर्ति की गई। आज भारत का प्रत्येक बड़ा शहर और प्रत्येक बड़ा कारखाना, कस्बा कामगारों से भरा पड़ा है। यहाँ पर देश के दूसरे भागों से आए प्लंबर, ईंट पाथनेवाले मजदूर, शीशे जड़नेवाले, बुनकर, निर्माण मजदूर, टैक्सी चालक, नर्स, होटल और रेस्तराँ के स्टाफ या कई प्रकार के अकुशल और अर्धकुशल श्रम मौजूद हैं। वे लोग अपनी बचत के पैसे को अपने गाँव में रहनेवाले परिवार को मनीआर्डर द्वारा भेजते हैं। भारत के अधिक समृद्ध भागों में गरीब भागों से बहुत बड़ी संख्या में लोगों को नियुक्त किया जाता है और उनकी बचत ने गरीब अपवाह क्षेत्रों में रहनेवाले परिवारों की खरीद शक्ति को बढ़ा दिया है। भौगोलिक बेमेल मौजूद है, लेकिन भारी मात्रा में श्रम की गतिशीलता के कारण यह शायद ही कोई समस्या है।

तीसरा मामला महात्मा गांधी राष्ट्रीय ग्रामीण रोजगार गारंटी अधिनियम (नरेगा) योजना का प्रभाव है, जिसका उद्देश्य ऐसे प्रत्येक परिवार को एक वित्तीय वर्ष में कम-से-कम सौ दिन का गारंटीयुक्त मजदूरी रोजगार प्रदान करते हुए ग्रामीण भारत में आजीविका की सुरक्षा को बढ़ाना है, जिसके वयस्क सदस्य अकुशल काम करने के लिए स्वेच्छा से राजी हैं। कमियों के बावजूद

नरेगा योजना ने निश्चित रूप से पूरे भारत में विशेष रूप से पिछड़े जिलों में ग्रामीण आमदनी को बढ़ाया है। इसने ग्रामीण भारत और शहरी भारत में अकुशल प्रवासी श्रम के बीच दैनिक मजदूरी को भी बढ़ाया है, जबकि नियोक्ताओं द्वारा नरेगा की मजदूरी पर उँगली उठाना और समेकित रूप से लचीला और पर्याप्त रूप से सस्ता श्रम बाजार का पसंदीदा स्वप्नलोक उत्पन्न करना दूसरी रुकावट है। यह उतनी महत्त्वपूर्ण समस्या नहीं है, जितना इसे बनाया जा रहा है। आगामी दशकों में अतिरिक्त कामगारों को लेने की योग्यता नरेगा द्वारा अहितकारी रूप से निर्धारित नहीं होगी। यह संपूर्ण आर्थिक विकास पर निर्भर होगी।

इसे नई सरकार की संस्तुतियों के लिए सामने लाना होगा, जो 2014 के आम चुनावों के बाद सत्ता सँभालेगी।

- नई सरकार को इस क्षेत्र में 7.5 प्रतिशत जी.डी.पी. वृद्धि दर को वापस पाने पर फोकस करना जरूरी है। यदि WPR1 के अपेक्षाकृत मामूली परिदृश्य के तहत 2015 और 2020 के बीच अतिरिक्त 27 लाख लोगों के नौकरी प्राप्त करने की थोड़ी सी आशा भारत को करनी है तो इसे पूर्ण करना होगा। अतिरिक्त 44 लाख को अकेले रहने दें, जिन्हें WPR2 के तहत नौकरी की आवश्यकता हो सकती है।
- नई सरकार को उन सुधारों को करना है, जो ज्यादा रोजगारवाले क्षेत्रों को काफी हद तक बढ़ा सकें, जो कृषि के बाहर के हैं, वे हैं—विनिर्माण; खनन और उत्खनन; स्वास्थ्य और जमीन जायदाद। उदाहरण के तौर पर, उन प्रतिबंधों की समीक्षा करना तथा हटाना जरूरी है, जिन्होंने खनन की वृद्धि में बाधा उत्पन्न की है। आज पर्यावरण की दृष्टि से उचित खनन को करना पूर्ण रूप से संभव है। खनन को प्रतिबंधित करने या गंभीर रूप से प्रतिबंधित करने, जैसा न्यायालय के निर्णयों द्वारा किया गया है, से केवल इस क्षेत्र को ही नुकसान नहीं पहुँचेगा, बल्कि रोजगार वृद्धि को भी नुकसान पहुँचेगा। इसी प्रकार अतिरिक्त दूरसंचार स्पेक्ट्रम स्पेस आवंटित किया जाना जरूरी है और मोबाइल नेटवर्क को बढ़ाने की आवश्यकता है। राजा के कृत्य की निंदा करने तथा दंड देने की आवश्यकता है, लेकिन अगला कदम क्या होना चाहिए?
- उद्योग—विनिर्माण, उपयोग या ढाँचा में फैक्टरी, बिजली संयंत्र और राजमार्ग बनाने के लिए जमीन उपलब्ध कराने की आवश्यकता है, जबकि प्रस्तावक तर्क करेंगे कि उचित मुआवजा का अधिकार और भूमि अधिग्रहण में पारदर्शिता, पुनर्वास और पुनर्स्थापन अधिनियम, जो अगस्त 2013 में पारित हुआ था, उन लोगों के खिलाफ गंभीर असंतुलन को संशोधित करता है, जिन्हें भूमि छोड़ने के लिए मजबूर किया गया था। तथ्य यह है कि इससे गैर-कृषि उपयोग के लिए भूमि अर्जित करने की लागत महत्त्वपूर्ण रूप से बढ़ जाएगी। नए कानून से जुड़ी कीमत और प्रक्रियात्मक देरी दोनों परियोजना की अर्थव्यवस्था को उस हद तक परिवर्तित कर सकती है, जहाँ ढाँचा कार्य छोड़ा जा सकता है। नई सरकार को इस कानून का अवलोकन करने तथा यह संशोधन करने की आवश्यकता है, जिससे प्रक्रियात्मक देरी कम हो सके।

मैं जानबूझकर श्रम कानून जैसे औद्योगिक विवाद अधिनियम, 1947 की धारा 25(N) और 25(O) या ठेका श्रम (विनियमन एवं उत्सादन) अधिनियम, 1970 को खत्म करने के लिए नहीं कह रहा हूँ। इतिहास ने बार-बार दोहराया है कि निरस्त करना राजनीतिक रूप से असंभव है अत: कोई भी सरकार संसद् में इस प्रकार का मामला नहीं उठाएगी। किसी भी स्थिति में, जैसा पहले सुझाव दिया गया है, इसमें और कोई बात नहीं है। पहले, 90 प्रतिशत रोजगार अव्यवस्थित क्षेत्र में है, जो इस प्रकार के कानूनों की पहुँच से दूर है। दूसरे, श्रम को अपेक्षाकृत लचीला रखने की माँग करने के लिए व्यवस्थित विनिर्माण क्षेत्र में पर्याप्त संभावनाएँ हैं। अंतिम चीज यह है कि यदि कोई इस 'चुपके से सुधार' के युग में, जो सुधारों का आवर्ती विचार बन गया है, में कुछ करना चाहता है तो यह बेपरवाह तरीके से तबाही करना होगा।

इसके अतिरिक्त, श्रम बाजार सुधारों के लिए राजनीतिक और आर्थिक मामले को अतिरिक्त रोजगार उत्पन्न करने के संबंध में निर्मित करना है। वाक्पटुता यह कहती है कि ऐसा जनसांख्यिकीय लाभांश उत्पन्न करने के संबंध में, जो राष्ट्र की विशाल जनसंख्या के लिए उच्च प्रगति तथा ज्यादा खरीद शक्ति निर्धारित करता है, भारत को 2015 और 2020 के बीच 30 लाख और 44 लाख नागरिकों के बीच अतिरिक्त लाभप्रद रोजगार उत्पन्न करने की आवश्यकता है। अत: भारत को कानून, विनियमन और प्रक्रियाओं से सुसज्जित बेहतर निवेश माहौल उत्पन्न करने के लिए सबकुछ करने की आवश्यकता है, जिससे रोजगार उत्पन्न करने को मूल रूप से प्रोत्साहन मिल सके। यह घर्षणहीन निशानेबाजी नहीं है, बल्कि बाजार सुधारों का आधार है।

यदि भारत इस वाक्पटुता को विकसित कर लेता है और इसे राष्ट्र निर्माण के व्यापक निर्देश के तहत कार्य करने के लिए प्रेरित करता है, तो यह आशावाद हो सकता है कि ज्यादा समझदार और लचीले श्रम बाजार द्वारा संचालित अतिरिक्त रोजगार प्राप्त किया जा सकता है। आशापूर्वक सुधार की यह भाषा प्रयोग में लाई जाएगी, जिसे अतीत में शायद ही अपनाया गया है और यह ज्यादा रोजगार का सृजन करेगी।

टिप्पणी

1. एम.जी. अरुन, 'विल यू बी फायर्ड नेक्स्ट' इंडिया टुडे, 9 सितंबर, 2013, http://indiatoday.intoday.in/story/job-crunch-hits-indian-markets-will-you-be-fired-next/1/304612.html.
2. विवेक देवराय, 'The 47 Million Urban Story' इकोनॉमिक टाइम्स, 8 सितंबर, 2013, 20
3. भारत सरकार, योजना आयोग, 'एंप्लॉयमेंट एक्रास वेरियस सेक्टर्स (इन मिलियंस), एंप्लॉयमेंट एलास्टिसिटी, सीएजीआर ऐंड शेयर ऑफ एंप्लॉयमेंट ऐंड जी.वी.ए. : 1999-2000, 2004-2005, 2009-2010' अप्रैल 22, 2013, www.planningcommission.nic.in/data/datatable/2504/databook_84.pdf. ये आँकड़े सांख्यिकी एवं कार्यक्रम कार्यान्वयन मंत्रालय के तहत राष्ट्रीय नमूना सर्वेक्षण संस्थान (NSSO) के 61वें दौर (2004-2005) और 66वें दौर (2009-2010) पर आधारित हैं।
4. पूर्वोक्त
5. सांख्यिकी एवं कार्यक्रम कार्यान्वयन मंत्रालय, भारत सरकार, एनुअल सर्वे ऑफ इंडस्ट्रीज, 2010-

11, टेबल-1 : एनुअल सिरीज फॉर प्रिंसिपल कैरेक्टरिस्टिक्स, 31 दिसंबर, 2012, http://mospi.nic.in/Mospi_New/upload/asi/ asi_rsult_ 2010_11_tab1_ 31dec12-pdf

6. संयुक्त राष्ट्र आर्थिक एवं सामाजिक विभाग, जनसंख्या विभाग, 'वर्ल्ड पॉपुलेशन प्रास्पेक्ट्स : द 2012 रिवीजन' डेटाबेस, http://esa.un.org/unpd/wpp/unpp/ panel_population.htm
7. सांख्यिकी एवं कार्यक्रम कार्यान्वयन मंत्रालय, भारत सरकार, 'की इंडीकेटर्स ऑफ एंप्लॉयमेंट ऐंड अनएंप्लॉयमेंट इन इंडिया, 2011-12', जून 2012
8. यह जानना जरूरी है कि WPR का इस्तेमाल करते हुए इस विश्लेषण में सचेतन रूप से समस्या को समझा जा रहा है। इसमें श्रम शक्ति भागीदारी अनुपात अर्थात् श्रम शक्ति का आबादी से अनुपात का प्रयोग किया जाता है, नौकरी बाजार में लोगों की संख्या अतिरिक्त 2.5 प्रतिशत तक ज्यादा रही है।
9. वी.आर.एस. कावलागी, 'द नेशनल रिनीवल फंड : प्रामिस, परफारमेंस ऐंड प्रास्पेक्ट्स,' विकल्प 19, नं. 4, 7
10. पूर्वोक्त, 9-10
11. योजना आयोग, भारत सरकार, नौवीं पंचवर्षीय योजना, अंक-2, अध्याय-5, पैराग्राफ 5.8
12. 'एन.एच.डी.पी. ऐंड अदर एन.एच.ए.आई. प्रोजेक्ट्स,' भारतीय राष्ट्रीय राजमार्ग प्राधिकरण, 30 सितंबर, 2013, www.nhai.org/WHATITIS.asp
13. '2,00,000 आयरन माइनर्स जॉबलेस ऐज कर्ब्स बाइट,' हिंदुस्तान टाइम्स, 4 अगस्त, 2013, www.hindustantimes.com/StoryPage/Print/1103281.aspx

□

अध्याय-6

शिक्षा एवं कौशल का विस्तार

—लवीश भंडारी*

परिचय

यह सुविख्यात है कि भारत के लिए हर तरफ प्रगति हासिल करने के लिए औपचारिक शिक्षा और कौशल आधारित प्रशिक्षण पूरी जनता को सुलभ कराना जरूरी है। वर्तमान में उन तक इन चीजों की पहुँच नहीं है। भारतीय राज्य इन सेवाओं को प्रदान करने या ऐसा माहौल उत्पन्न करने में असमर्थ रहे हैं, जहाँ निजी क्षेत्र शामिल हो सकें। इस असफलता के पीछे कई कारण हैं।

बच्चों के विकास के लिए अच्छे शिक्षण माहौल में बदलाव की जरूरत है। शुरू के वर्षों में मुख्य योग्य शक्तियों को मजबूत करने के लिए ज्यादा कार्य करना होता है। बाद की कक्षाओं में मिलान कार्य ज्यादा महत्त्वपूर्ण हो जाता है, ताकि किशोर ज्ञान और कौशल का अनुकरण कर सकते हैं, जो उनकी प्रतिभाओं और रुचि के अनुसार हैं। उच्च स्तर पर विशेषज्ञता ज्यादा महत्त्वपूर्ण हो जाती है; छात्रों को उनकी रुचि के क्षेत्रों में महत्ता के विषयों में महारत हासिल करनी होती है और इन प्रत्येक चरणों में गुणवत्ता महत्त्वपूर्ण है।

ऐसा नहीं है कि भारत में शिक्षा को कभी भी महत्त्व नहीं दिया गया। संस्थापकों के लेख, जिसमें महात्मा गांधी, रवींद्रनाथ टैगोर, मौलाना आजाद, अंबेडकर और यहाँ तक कि आधुनिक भारत के आध्यात्मिक पथ-प्रदर्शक जैसे विवेकानंद और श्री अरबिंदो शामिल हैं, में यह व्यक्त किया गया कि शिक्षा भारत के 'नियति के साथ साक्षात्कार' को उत्पन्न करेगी जैसा जवाहरलाल नेहरू ने कहा है। लगभग सभी लोगों ने उपाय सुझाए, जिसके द्वारा भारतीयों की नई पीढ़ी को उदार और वैज्ञानिक माहौल में शिक्षित किया जा सके। आधुनिक समाज पारंपरिक दृढता पर निर्मित था, वे एक-दूसरे के सहयोगी थे, दूसरे के स्थानापन्न नहीं थे और शिक्षा लोगों की आवश्यकताओं से गहराईपूर्वक जुड़ी थी, लेकिन किसी भी ढंग से स्वतंत्र भारत इस दार्शनिक परंपरा या शिक्षा के प्रति अपने सामान्य लोगों के सम्मान की गइराई पर इसे निर्मित नहीं कर सका। यह इतिहास वर्तमान बहस में खो गया प्रतीत होता है।

जबकि स्वतंत्र भारत में प्राथमिक, माध्यमिक और तृतीयक शिक्षा का वृहद् औपनिवेशिक

* मैं सूर्यकांत ठाकुर और सुमिता काले का आँकड़ों की मदद करके और अपनी टिप्पणी देकर इस अध्याय का प्रारूप तैयार करने में मदद करने के लिए कृतज्ञ हूँ। मैं इस अंक के संपादक विवेक देवराय, ऐशले जे. टेलिस और रीस ट्रीवर को धन्यवाद देना चाहूँगा। इसमें निहित सभी त्रुटियाँ मेरी हैं। laveesh@indicus.net पर संपर्क करें।

आधारतंत्र खड़ा किया गया है, लेकिन गुणवत्ता को सुधारते हुए सुलभता में सुधार करने पर जोर नहीं दिया जा रहा है। इसके परिणामस्वरूप सुलभता, गुणवत्ता और परिणाम वांछनीय की अपेक्षा बहुत कम हैं।[1] भारत सरकार को अपनी शिक्षा नीति को गुणवत्ता की सुलभता, ढाँचे से सेवाओं तक और खुश और ज्यादा उत्पादक कार्यबल के संबंध में निवेश से नतीजा तक परिवर्तित करने की जरूरत है।

परिवर्तन की दिशा और विधि को बेहतर ढंग से समझने के लिए हम मुख्य विषयों को बहिर्वेशन करने में मदद के लिए पहले शिक्षा की वर्तमान स्थिति की जाँच करते हैं, जिसमें भारत को भविष्य में फोकस करने की आवश्यकता है। कई अन्य देशों के विपरीत भारत में अधिकांश पढ़ाई और तृतीयक शिक्षा निजी संस्थाओं में होती है; इसकी अगले भाग में संक्षेप में चर्चा की गई है। अगला भाग संस्थागत ढाँचे को स्थापित करता है, जो भारत में शिक्षा प्रदान करता है। स्थिति, भूमिकाओं और संस्थानों की यह समझ परिवर्तन के विशेष साधनों के व्युत्पन्न को योग्य बनाती है, जो केंद्र सरकार के स्तर पर संभव है जिसकी अगले भाग में चर्चा की गई है और परिणाम भी दिए गए हैं।

वर्तमान स्थिति

प्रत्येक दशक में भारत में पाँचवीं श्रेणी तक प्राथमिक विद्यालयों में 20-25 लाख बच्चे प्रवेश लेते हैं; उच्च प्राथमिक (कक्षा 6 से 8 तक) इसका रिकॉर्ड अच्छा नहीं है। किशोरावस्था (विशेष रूप से उच्च प्राथमिक स्तर पर) के दौरान बहुत बड़ी संख्या में छात्र विद्यालय छोड़ देते हैं और इस अवस्था में लिंग अंतर भी नाटकीय ढंग से बढ़ता है। ऐसे अधिकांश छात्र, जो इस बाधा को पार करने में समर्थ हैं, माध्यमिक विद्यालय में जाते हैं, यहाँ तक कि जो माध्यमिक विद्यालय में पहुँचते हैं, उनमें से अधिकांश छोड़ देते हैं। अतः उन्मूलन की प्रक्रिया द्वारा उच्च शिक्षा कुछ ही छात्रों को सुलभ थी (1991-2001 के दशक में लगभग तिहाई)। यद्यपि यह पैटर्न तृतीयक स्तर पर छात्रों की संख्या में तिगुनी वृद्धि के साथ बाद के दशक (2001-2011) में परिवर्तित हुआ। (तालिका-1)

तालिका-1 : शिक्षा स्तरों पर नामांकन (लाख)

	1951	1961	1971	1981	1991	2001	2011
प्राथमिक (कक्षा 1-5)	19.2	35.0	57.0	73.8	97.4	113.8	135.3
उच्च प्राथमिक (कक्षा 6-8)	3.1	6.7	13.3	20.7	35.6	42.8	62.0
उच्च एवं उच्च माध्यमिक (कक्षा 9-12)	1.5	3.4	7.6	11.0	20.4	27.6	51.2
विश्वविद्यालय और उससे आगे	0.4	0.9	3.3	4.8	4.9	8.6	26.7

नोट : 2011 की संख्याएँ अनंतिम हैं।

***स्रोत** : भारत सरकार, मानव संसाधन विकास मंत्रालय, 'एजूकेशनल स्टैटिक्स—एट ए ग्लांस,' 2012, http://mhrd.gov.in/sites/upload_files/EAG_2012.pdf.*

विद्यालय छोड़ना खराब गुणवत्ता का केवल एक उदाहरण है। खराब अध्ययन परिणाम, स्नातकों को कम रोजगार मिलना, कम उत्पादकता और अनुवर्ती कम वेतन दूसरे परिणाम में शामिल है। केवल गुणवत्ता ही समस्या नहीं है और इन सभी नकारात्मक परिणामों को भारतीय शिक्षा की खराब गुणवत्ता में निहित दोष को सीधे पहचाना जा सकता है।

भारत में शिक्षा के लिए गहरी दृष्टि शिक्षा के गुणात्मक पहलू को बताने और प्राथमिकीकृत करने, सभी तीनों स्तरों—प्राथमिक, माध्यमिक और तृतीयक में अपने आधार पर अंतर्वस्तु और शिक्षण शास्त्र को रखने की आवश्यकता होगी।

पहले प्राथमिक स्तर (श्रेणी 1 से 8) पर विचार करें। गुणात्मक पहलुओं तथा आनंददायक अध्ययन पर फोकस करने में ढाँचा और नासमझ सुलभता उत्पन्न करने की अपेक्षा पढ़ाई को लाभदायक और आनंददायक बनाना शामिल होगा। इस स्तर पर अध्ययन परिणामों को सुधारने के लिए प्राथमिक स्तर पर बच्चों की आवश्यकताओं के साथ बेहतर अंतर्वस्तु और वचनबद्ध अध्यापन का प्रावधान करना जरूरी है।

द्वितीयक शिक्षा (श्रेणी 9 से 12) में विद्यालय, पाठ्यक्रम आर अंतर्वस्तु के संबंध में पर्याप्त विकल्प की कमी है, जिसके कारण विद्यालय छोड़ने के ज्यादा मामले होते हैं, लेकिन निवेश (आय के संबंध में) पर कम रोजगार क्षमता और कम रिटर्न से यह पता चलता है कि यहाँ भी गंभीर गुणवत्ता मामला मौजूद है। निजी शिक्षा, जो पहले से ही भारत में बहुत ज्यादा माध्यमिक शिक्षा के लिए उत्तरदायी है, इसी दोष से ग्रसित है। जल्द ही निजी विद्यालय के छात्र कक्षा 10 और कक्षा 12 में या तो बोर्ड की देख-रेख में परीक्षा के रूप में सरकार द्वारा अधिदेशित पाठ्यक्रम के समान होंगे या सरकार द्वारा संचालित तृतीयक और पेशेवर शिक्षा के ढाँचों को अपनाएँगे।

तृतीयक स्तर पर औपचारिक व्यावसायिक प्रशिक्षण आकार और कार्यक्षेत्र में सीमित हो गया है, लेकिन पिछले दशक में विशेष रूप से निजी क्षेत्र में महत्त्वपूर्ण गतिविधि हुई है। अभी भी वितरण, निगरानी और राष्ट्रीय रूप से अधिदेशित मानकों की गुणवत्ता को सुधारने की आवश्यकता है। विश्वविद्यालय की शिक्षा के केस में यह समस्या इतनी ज्यादा नहीं है, लेकिन शैक्षिक सेवाओं की गुणवत्ता का वितरण किया जा रहा है।

इस बात पर ध्यान देना चाहिए कि शैक्षिक क्षेत्र विशेष रूप से तृतीयक स्तर पर अंतर्वस्तु को याद करना मानक बन गया है। छात्रों का एकमात्र उद्देश्य राज्य अधिदेशित परीक्षाओं या राज्य द्वारा संचालित पेशेवर संस्थानों की प्रवेश परीक्षाओं में ज्यादा अंक प्राप्त करने तक सीमित हो गया है। इस प्रकार का अध्ययन उच्च शैक्षिक संस्थानों में प्रवेश प्राप्त करने में मदद करता है, लेकिन यह रोजगार नहीं दिला सकता है। यह करने की आवश्यकता है कि रटने को प्रोत्साहित करने की बजाय अपने दिमाग और कौशल का ज्यादा प्रयोग किया जाए। अत: संस्थाओं को छात्रों को ज्यादा नियोज्यता, उत्पादकता और आय के लिए बेहतर ढंग से तैयार करने के लिए बाजार की दशाओं, आंतरिक लचीलेपन और प्रतियोगिता द्वारा प्रतिक्रिया करने के लिए प्रोत्साहित किया जाना चाहिए।

ऐसी व्यवस्था की कमी, जहाँ शैक्षिक सेवाओं की गुणवत्ता को सभी स्तरों पर सुधारा जा सकता है। बड़े बजटीय प्रावधान शैक्षिक परिणामों के संबंध में निरर्थक हैं। ऐसी ही एक व्यवस्था

की गई है, जिसमें गुणवत्ता महत्त्वपूर्ण है और शिक्षा का परिणाम ज्यादा है, लोकतांत्रिक सरकार के लिए बड़े आवंटन करना आसान होगा तथा इन आवंटनों का अर्थपूर्ण असर पड़ेगा।

निजी और सार्वजनिक

विभिन्न अध्ययनों से पता चलता है कि निजी विद्यालयों में बच्चों का प्रदर्शन सार्वजनिक विद्यालयों की अपेक्षा बेहतर रहता है।[1] कुल मिलाकर कुछ शिक्षा वाउचर द्वारा विद्यालय विकल्प को सक्षम बनाने के लिए तर्क बढ़ रहे हैं कि अभिभावक या तो सार्वजनिक या निजी विद्यालयों में जा सकते हैं।

लेकिन यह मामला निजी बनाम सार्वजनिक का नहीं है। पहला, तथ्य यह है कि बेहतर शैक्षिक परिणाम प्रदान करनेवाले निजी विद्यालयों का यह अर्थ नहीं है कि सार्वजनिक शिक्षा व्यवस्था को सुधारने के लिए नीतिगत पहल नहीं की जानी चाहिए। वास्तव में सार्वजनिक संस्थानों में बेहतर गुणवत्ता प्रदान करने से निजी संस्थाओं को आगे सुधारने के लिए दबाव पड़ेगा। दूसरे, यद्यपि शिक्षण परिणाम निजी विद्यालयों में बेहतर हो सकते हैं, लेकिन वे उतने बेहतर नहीं हैं या सार्वजनिक विद्यालयों से निजी विद्यालयों में रिसाव तेजी से हो रहा है। तीसरे, निजी क्षेत्र उच्च स्तर पर ज्यादा महत्त्वपूर्ण हो गए हैं, लेकिन उन स्तरों पर विद्यालय छोड़ने की दर अभी भी उतनी ही है।

तालिका-2 : भारत में निजी और सार्वजनिक विद्यालयों का प्रतिशत वितरण

	सरकारी		निजी		
	राज्य/ केंद्रीय	स्थानीय	सरकार द्वारा अनुदान प्राप्त	असहायता प्राप्त	योग
इंटरमीडिएट/ उच्च माध्यमिक विद्यालय	34.0	0.9	27.4	37.7	70,770
उच्च/ माध्यमिक विद्यालय	31.3	8.5	24.0	36.2	1,28,370
उच्च प्राथमिक विद्यालय	60.8	16.5	9.9	12.7	4,32,737
प्राथमिक विद्यालय	54.8	29.0	8.9	7.3	721,816
पूर्व प्राथमिक	47.9	26.0	3.9	22.3	68,413
सभी विद्यालय	53.2	21.8	11.2	13.8	1,422,106

स्रोत : *भारत सरकार, मानव संसाधन विकास मंत्रालय, योजना, निगरानी एवं सांख्यिकी ब्यूरो, 'विद्यालय शिक्षा सांख्यिकी, 2011-12,' 2012, http:mhrd.gov.in/sites/upload_files/mhrd/files/SES-School_201011_0.pdf*

जैसा तालिका-2 से स्पष्ट है, भारत में वर्तमान में माध्यमिक शिक्षा मुख्य रूप से निजी विद्यालयों द्वारा प्रदान की जाती है। इनमें से कुछ सरकार द्वारा अनुदानप्राप्त हैं, लेकिन अधिकांश गैर-अनुदानप्राप्त हैं। ये सभी विद्यालय गैर-लाभकारी संस्थाएँ होते हैं और अधिकांश विद्यालय निजी धर्मार्थ संस्थाओं द्वारा संचालित होते हैं। यद्यपि माध्यमिक शिक्षा (और स्पष्ट रूप से भारत में कोई भी शिक्षा) की समस्या सार्वजनिक वितरण की नहीं है, बल्कि खराब डिजाइन की है।

यह खराब डिजाइन सभी प्रकार की संस्थाओं में फैली है, जिसमें भारत में शिक्षा वितरण को देख-रेख करनेवाली विनियामक व्यवस्था शामिल है। माध्यमिक शिक्षा के केस में विकल्प प्रदान करने के लिए लागत प्रभावी ढंग से बड़े विद्यालयों की जरूरत होती है और इसके लिए छात्रों की बहुत बड़ी संख्या की जरूरत पड़ती है। यह बात नहीं है कि यह निजी क्षेत्र या सार्वजनिक क्षेत्र में किया जा रहा है, महत्त्वपूर्ण यह है कि अध्यापन और व्यावसायिक कौशल प्रशिक्षण के वितरण की उचित ढंग से देख-रेख की जाए। अत: मामला अधिकांशतया विकल्प के बारे में है—सही हितधारकों द्वारा पर्यवेक्षण, जिसके पास अध्यापकों को हटाने का अधिकार हो, पाठ्यक्रम अंतर्वस्तु को निर्धारित करने का अधिकार हो, गुणवत्ता की निगरानी और प्रवर्तन का अधिकार हो और विद्यालयों के विनिमयन का अधिकार हो, यह सार्वजनिक बनाम निजी न हो। सबसे ज्यादा महत्त्वपूर्ण यह है कि यह विकल्प शिक्षा-विद्यालयों, अध्यापकों और पाठ्यक्रम के सभी क्षेत्रों में छात्रों और समुदाय (और नौकरशाहों को नहीं) को प्रदान किया जाए।

स्पष्ट रूप से प्रत्येक शैक्षिक अनुक्रम श्रेणी में विशिष्ट मामलों को संबोधित करते हुए सुधारों की आवश्यकता है। यह कैसे किया जा सकता है, सरकार के किस भाग को यह करना चाहिए, इसमें किस साधन का प्रयोग किया जा सकता है? इस प्रकार के प्रश्नों का उत्तर देने का प्रयास करने से पहले हमें संस्थागत ढाँचे का संक्षिप्त वर्णन करने की जरूरत है।

संस्थागत तंत्र

भारतीय संविधान के अनुसार शैक्षिक सेवाओं के लिए कानून बनाने, विनियमित करने और प्रभावित करने के अधिकार को केंद्र और राज्य सरकारों (क्रमशः संघीय और राज्य सूची) के बीच विभाजित किया गया है। कुछ क्षेत्रों को दोनों द्वारा साझा किया जाता है (समवर्ती सूची); विवाद की स्थिति में केंद्र सरकार के पास अधिभावी अधिकार है। शिक्षा, जिसमें व्यावसायिक शिक्षा शामिल है, समवर्ती सूची में है और परिणामस्वरूप केंद्र सरकार और राज्य सरकार दोनों शैक्षिक सेवाओं को वित्तपोषित, विनियमित और वितरित करती हैं और संघीय सूची उच्च शिक्षण संस्थान अनन्य रूप से केंद्र सरकार के लिए अवधारण मानक निर्धारित करती है (यद्यपि राज्य विश्वविद्यालयों को निगमित और विनियमित भी कर सकता है)।

व्यवहार में केंद्र सरकार को भारत में संस्थाओं द्वारा संचालित शिक्षा को बदलने का अधिकार है, लेकिन वितरण के बहुत बड़े हिस्से का अधिकार राज्य सरकार के पास है। केंद्र सरकार द्वारा स्थापित कई विनियामक संस्थाएँ मानकों को अधिदेशित और निगरानी करती हैं। उदाहरण के तौर पर, अखिल भारतीय प्राविधिक शिक्षा परिषद् और विश्वविद्यालय अनुदान आयोग केंद्रीय विश्वविद्यालयों को विनियामक पर्यवेक्षण और वित्त पोषण प्रदान करते हैं। केंद्र सरकार द्वारा स्थापित

स्वायत्त संस्था राष्ट्रीय मूल्यांकन प्रत्यायन परिषद् विश्वविद्यालयों की निगरानी करती है और मान्यता प्रदान करती है। आम तौर पर शिक्षा राज्य और स्थानीय सरकारों तथा निजी संस्थाओं द्वारा प्रदान की जाती है, यद्यपि केंद्र सरकार कुछ विद्यालयों का संचालन करती है। विद्यालयों में शैक्षिक सेवाओं की गुणवत्ता को राष्ट्रीय या राज्य शिक्षा बोर्डों द्वारा अधिदेशित और पर्यवेक्षित किया जाता है। यद्यपि अपनी सर्व शिक्षा अभियान सार्वत्रिक शिक्षा योजना द्वारा केंद्र सरकार ने राज्य सरकार से कक्षा-5 तक की प्राथमिक शिक्षा के लिए वित्त के 50 प्रतिशत का योगदान देने के लिए कहा है, शेष 50 प्रतिशत केंद्र सरकार द्वारा कवर किया जाता है। केंद्र सरकार सीधे शैक्षिक नीतियों को प्रभावित कर सकती है, जिसे राज्य सरकारों को अनुसरण करना होता है। ऐसा इसलिए है, क्योंकि केंद्र सरकार का वित्तपोषण कुछ शर्तों को पूरा करने के लिए राज्य सरकारों के अधीन है, जिसमें ढाँचा और अध्यापक की गुणवत्ता शामिल है।

सभी चीजों पर विचार करते हुए केंद्र सरकार शैक्षिक पारिस्थितिकी में परिवर्तन लागू करने के लिए वचनबद्ध है। इसे कानून में परिवर्तन (समवर्ती सूची), वित्तपोषण (केंद्रीकृत योजनाओं द्वारा), नियमों का अधिदेशन (सशर्त हस्तांतरण द्वारा) और निगरानी तथा विनियमन (संघीय सूची में तत्त्वों द्वारा) किया जा सकता है। अगले भाग में प्रत्येक चरण पर विशेष समस्या और केंद्र सरकार क्या कर सकती है, पर चर्चा की जाएगी।

खराब शैक्षिक नतीजों को संबोधित करना

विशेषज्ञों और नीति निर्माताओं ने भारत के शिक्षा क्षेत्र को सुधारने के लिए कई बदलावों का सुझाव दिया है; हमारा फोकस उन चीजों पर होगा, जो गुणवत्ता से संबंधित हैं, विशेष रूप से वे कार्य, जिन्हें जल्दी किया जा सके तथा उनका दीर्घकालीन और गहरा प्रभाव पड़े।

प्राथमिक (कक्षा 1 से 5 तक) और उच्च प्राथमिक (कक्षा 6 से 8 तक) शिक्षा प्राथमिक समस्या

भारत में प्राथमिक विद्यालयों में नामांकन दर 95 प्रतिशत के आसपास है। मोटे तौर पर यह सफलता सर्व शिक्षा अभियान के कारण है, जो लगभग प्रत्येक गाँव में प्राथमिक विद्यालय का ढाँचा स्थापित कर रहा है तथा मध्याह्न भोजन की योजना चलाई है, जिससे उन सभी बच्चों को खाना खिलाया जाता है, जो प्राथमिक विद्यालय में पढ़ने आते हैं। जैसे ही दरजा बढ़ता है, विद्यालय छोड़नेवालों की संख्या में वृद्धि होने लगती है और लिंग असमानता में भी वृद्धि होती है। खराब शिक्षा, खराब अध्यापन विधियाँ, छात्राओं के लिए यौवन और सुरक्षा कारण और बच्चों के घरों और उच्च प्राथमिक विद्यालयों के बीच की दूरी मुख्य रूप से इसके कारण हैं। यह आश्चर्य की बात नहीं है कि माध्यमिक विद्यालय और उससे ऊपर के विद्यालयों में छात्रों का अनुपात बहुत ही कम होता है।

बच्चे को विद्यालय में तभी डाला जाता है, जब विद्यालय जाने-आने में कम खर्च बैठता है। इसे घर के नजदीक विद्यालय प्रदान करके तथा विद्यालय में मुफ्त भोजन की व्यवस्था करके प्राप्त किया जा सकता है, लेकिन इसका ज्यादा प्रभाव तभी पड़ सकता है, जब इसके फायदे को

संबोधित किया जाए। विशिष्ट रूप से, प्राथमिक शिक्षा–नियोज्यता और उत्पादकता के परिणाम भारत में बहुत कम रहे हैं और उस व्यक्ति की अपेक्षा ज्यादा कम हैं, जो उच्च शिक्षा को प्राप्त करता है।[3] और इसके प्रतिलाभ भी बिल्कुल अनिश्चित हैं और दूरस्थ भविष्य में बच्चे को विद्यालय न भेजने का आर्थिक बोध है (तालिका–3)

भारत में प्राथमिक शिक्षा का प्रतिलाभ इतना कम क्यों है? कई लोगों का विश्वास है कि यह अध्यापन की खराब गुणवत्ता के कारण है, लेकिन यह केवल एक समस्या है। पाठ्यक्रम की अंतर्वस्तु भी इसमें महत्त्वपूर्ण भूमिका निभाती है। प्राथमिक स्तर पर बच्चों के बड़े समूह को गणित पढ़ाना, पठन और लेखन ही उद्देश्य है और इस सीमित उद्देश्य में भी मामूली उपलब्धि हासिल हुई है, जैसा शिक्षा की वार्षिक स्थिति रिपोर्ट में केंद्र द्वारा किए गए व्यापक सर्वेक्षण के आँकड़ों में बार–बार दरशाया जाता रहा है।[4] 2010 से लागू शिक्षा का अधिकार के कार्यान्वयन के वर्तमान आँकड़े यह दरशाते हैं कि शिक्षा परिणामों में गिरावट आई है, क्योंकि अब अच्छी गुणवत्तायुक्त शिक्षा प्रदान करने की बजाय बच्चों के विद्यालय में टिकने पर ज्यादा जोर दिया जाता है। शुद्ध परिणाम यह है कि छात्रों का उच्च स्तर पर शिक्षा जारी रखना मुश्किल होगा और यदि वे विद्यालय नहीं छोड़ते हैं तो उनकी रोजगार क्षमता, उत्पादकता और आय में कोई भी फायदा नहीं होगा।

तालिका–3 : जो लोग निरक्षर हैं, उनसे आय में प्रतिशत अंतर

(उन सभी कारकों, जो आय को प्रभावित करते हैं, उन्हें सही करने के बाद)

शिक्षा पूर्ण स्तर	निरक्षर की तुलना में आय पर प्रभाव	निरक्षर से रोजगार की संभावना में प्रतिशत अंतर
प्राथमिक विद्यालय (1–5)	31.0	1.5
माध्यमिक विद्यालय (6–8)	45.5	2.5
उच्च विद्यालय (9–10)	71.1	3.4
उच्च माध्यमिक विद्यालय (11–12)	89.8	3.3
तकनीकी शिक्षा/ डिप्लोमा	137.0	3.8
स्नातक	136.3	4.2
पेशेवर डिग्री	171.8	5.1
परास्नातक एवं उससे ऊपर	190.0	5.1

स्रोत : *लवीश भंडारी और मृदुस्मिता बार्डोलोई, 'इनकम डिफरेंशियल्स ऐंड रिटर्स टू एजूकेशन,' इकोनॉमिक ऐंड पॉलिटिकल वीकली 41, नं. 36, 9 सितंबर, 2006*

एक दूसरा भी तत्त्व है, जिसका वर्णन करना आवश्यक है, भारत में आय प्राप्त करने के

अधिकांश अवसर स्व-रोजगार, दिहाड़ी रोजगार और अव्यवस्थित क्षेत्रों में हैं। इन अवसरों को प्राप्त करने के लिए पूर्व शर्त के रूप में किसी भी औपचारिक शिक्षा की आवश्यकता नहीं होती है। उन श्रमिकों की उत्पादकता तथा मजदूरी ज्यादा हो सकती है, जिनको बेहतर समझ और साधनों के प्रयोग का अच्छा तजुर्बा होता है। इस प्रकार की योग्यताओं के बिना केवल विद्यालय का प्रमाण-पत्र रखने से बहुत कम प्रभाव पड़ता है। भारत को प्राथमिक शिक्षा में आनंददायक शिक्षण विधियों जैसे हस्तशिल्प, चित्रकला और संगीत के आवश्यक उद्देश्य और साधन को प्रस्तुत करने की आवश्यकता है। ये अतिरिक्त पाठ्यक्रम गतिविधियाँ नहीं होनी चाहिए, बल्कि पाठ्यक्रम का मुख्य हिस्सा होनी चाहिए। यह उस दृष्टिकोण से अलग नहीं है, जिसे भारत के लिए स्वतंत्रता आंदोलन चलानेवाले नेताओं ने धारण किया था।

दूसरा ज्यादा विचार-विमर्श करनेवाला हिस्सा खराब वितरण का मामला है। यह अच्छी तरह से मालूम है कि बहुत बड़ी संख्या में प्राथमिक विद्यालय के अध्यापक अनुपस्थित रहते हैं, अध्यापन विधियाँ खराब हैं, सामग्री गायब है, कक्षा का ढाँचा खराब है और छात्र जहाँ रहते हैं, वहाँ से विद्यालय बहुत दूर हैं। ये सभी कारक बच्चों के लिए शिक्षा को मुश्किल और खर्चीली बना देते हैं और इसके परिणामस्वरूप शिक्षा के परिणाम कम हैं।

ये मामले स्वयं ही गहरे अंतर्निहित दोष; गुणवत्तायुक्त शिक्षा की योजना बनाने, निगरानी करने और उन्हें लागू करने में राज्य, अभिभावक और समुदाय के बीच साझेदारी की अनुपस्थिति के परिणाम हैं। भारत के राज्यों में उचित सेवा वितरण माहौल की कमी को देखते हुए, यह सुनिश्चित करना जरूरी होगा कि वे व्यक्ति, जो उचित ढंग से प्रोत्साहित हैं, वे ऐसे कार्य कर सकते हैं, जिन्हें नौकरशाह नहीं कर सकते हैं और स्थानीय समुदाय और अभिभावक इस कार्य को करने के लिए उचित साधन हैं। समुदाय द्वारा पर्यवेक्षण ज्यादा मुश्किल नहीं होना चाहिए, यह वास्तव में कई देशों में होता है और इसे भारतीय संविधान में 73वें और 74वें संशोधनों द्वारा प्रतिष्ठापित भी किया गया है। जैसा बार-बार कहा जाता रहा है, केवल 'समुदाय सहभागिता' शब्द का प्रयोग करने से कुछ नहीं होगा। अध्यापक और अंतर्वस्तु पर समुदाय और अभिभावक के नियंत्रण की क्रियाप्रणाली को विकसित करने की जरूरत है; यह ऐसा तथ्य है, जिसे शिक्षा के अधिकार अधिनियम में शामिल नहीं किया गया है और यही इस कानून की विफलता का कारण है।

समाधान

केंद्र सरकार किसी भी कानूनी या संवैधानिक सुधार किए बिना समुदाय और अभिभावक का नियंत्रण हासिल कर सकती है। सर्व शिक्षा अभियान में निर्दिष्ट मानकों को कुछ बदलाव करते हुए वृहद् सामुदायिक नियंत्रण सुनिश्चित करने के लिए परिवर्तित किया जा सकता है। प्राथमिक विद्यालय में अध्यापक की निरंतरता को वार्षिक आधार पर अभिभावक-अध्यापक संघ (पी.टी.ए.) और ग्राम पंचायत (ग्राम स्तरीय शासी निकाय) द्वारा निर्धारित किया जाता है। आवश्यकता पड़ने पर पी.टी.ए. और ग्राम पंचायत अपने खर्चे पर नए अध्यापक की नियुक्ति कर सकते हैं और पी.टी.ए. एवं ग्राम पंचायत के पास प्रत्येक दिन 40 मिनट की अध्ययन अवधि के कम-से-कम एक पीरियड के लिए पाठ्यक्रम डिजाइन करने का अधिकार है।

माध्यमिक (कक्षा 9-10) और उच्च माध्यमिक (कक्षा 11-12) शिक्षा समस्या

यद्यपि प्राथमिक शिक्षा में मूलभूत अंतर्वस्तु को बच्चों के लिए सुलभ, आनंददायक और लाभकारी बनाया जाता है, ऊँची कक्षाओं में उन विषयों और क्षेत्रों को चुनने के लिए छात्रों को अधिक-से-अधिक अवसर प्रदान करते हुए उस नींव पर इमारत खड़ी करनी होती है, जिसमें उनकी रुचि होती है, लेकिन यह विकल्प भारत में सीमित है। कुल मिलाकर यदि छात्र उच्च कक्षाओं में पढ़ाई करने के लिए उत्सुक और समर्थ हैं तो वे उन्हीं चीजों का अध्ययन कर सकते हैं, जो उपलब्ध हैं, उन चीजों का नहीं, जो उन्हें पसंद हैं या जो उन्हें अच्छा बना सकती हैं।

सर्व शिक्षा अभियान के तहत ग्रामीण क्षेत्रों में हर गाँव में प्रत्येक एक किलोमीटर की दूरी पर प्राथमिक विद्यालय का होना जरूरी है और शिक्षा के अधिकार में इस आवश्यकता को बढ़ाकर उच्च प्राथमिक विद्यालयों के लिए भी लागू कर दिया गया है। इससे बच्चों का विद्यालय जाना आसान हो जाता है। इसके अतिरिक्त सरकार द्वारा संचालित सभी प्राथमिक विद्यालयों में इस स्तर के सभी छात्रों को मध्याह्न भोजन प्रदान किया जाता है और हाल ही में इस योजना को सभी उच्च प्राथमिक विद्यालयों में भी लागू किया गया है, लेकिन इनमें से कोई भी मानक माध्यमिक विद्यालयों पर लागू नहीं होते हैं। इसके परिणामस्वरूप, उच्च कक्षाओं में मुफ्त भोजन के प्रोत्साहन और घर के नजदीक विद्यालय होने की सुविधा की कमी है। इसके अलावा खराब अध्यापन गुणवत्ता, खराब ढाँचा और विकल्प की कमी उन्हें ज्यादा हतोत्साहित करती है। इसके अतिरिक्त सामान्यतया व्यावसायिक प्रशिक्षण विकल्प सीमित हैं और माध्यमिक विद्यालयों में ये शायद ही उपलब्ध हैं।

इस प्रकार की व्यवस्था में ये समस्याएँ स्वाभाविक हैं, जिसमें केंद्रीकृत निगरानी और गुणवत्ता प्रवर्तन मुश्किल है, इसमें ज्यादा फंड देकर इसे हासिल करने का प्रयास किया जाता है। इस प्रकार के पाठ्यक्रम और अंतर्वस्तु विकल्प को प्राप्त करना खर्चीला है और निगरानी तथा प्रवर्तन समस्या भी गंभीर है। वर्तमान व्यवस्था वितरण की गुणवत्ता से समझौता किए बिना नहीं टिक पाएगी। अत: भारत को ऐसे समाधान की जरूरत है, जो ज्यादा सक्रिय ढंग से इन मामलों को संबोधित कर सके।

समाधान

एक समाधान है, जो सभी मामलों को संबोधित कर सकता है। बड़े माध्यमिक विद्यालयों को केंद्रीकृत स्थानों पर खोले जाने की आवश्यकता है, जिनमें बच्चों को सुबह गाँव या उनके आवास से ले आने तथा दोपहर को उन्हें वापस घरों में छोड़ने के लिए बसों की सुविधा हो। चूँकि डिजाइन से छात्र निकाय बड़ा होगा, अत: पाठ्यक्रमों और व्यावसायिक प्रशिक्षण के संबंध में पर्याप्त विकल्प प्रदान करना संभव होगा। इसके अतिरिक्त बस की सुविधा प्रदान करने से सुरक्षा संबंधी मामले खत्म हो जाएँगे, जिनका किशोरियाँ विद्यालय आने में वर्तमान में सामना कर रही हैं। बड़े विद्यालयों में अध्यापन और अध्यापकों की निगरानी करना भी आसान होगा, क्योंकि इन्हें साथियों द्वारा आंशिक रूप से किया जा सकता है। यकीनन सह शैक्षिक माहौल से शुरुआती उम्र से ही लिंगभेद कम करने में मदद मिलती है और इसका अतिरिक्त सकारात्मक प्रभाव पड़ सकता है।

माध्यमिक विद्यालय या तो सार्वजनिक, निजी या सरकारी सहायता प्राप्त क्षेत्र हो सकते हैं। महत्त्वपूर्ण रूप से अभिभावकों और समुदायों को आसपास में विभिन्न विद्यालयों को चुनने में समर्थ होना चाहिए। विकल्प प्रस्तुत करते हुए राज्य आवश्यक रूप से शिक्षा की गुणवत्ता पर नए फोकस का सहयोग करेंगे और ढाँचा तथा सामीप्य के पुराने मूल्यों को सहयोग नहीं करेंगे।

इसके लिए बहुआयामी कार्यक्रम की आवश्यकता होगी, जिसमें बड़े माध्यमिक विद्यालयों के रूप में ढाँचा निर्माण, विस्तार और सेवा (शिक्षा) वितरण की गुणवत्ता में सुधार और सार्वत्रिक परिवहन क्रियाविधि शामिल होगी। इस योजना के लिए खर्च को प्राथमिक रूप से केंद्र सरकार द्वारा वहन करने की आवश्यकता होगी (जैसा सर्व शिक्षा अभियान के केस में है)। प्रत्येक राज्य को कुछ कार्यान्वयन मानकों को पूरा करना जरूरी होगा तथा निधियों के कुछ हिस्से को सह-आवंटित करना होगा, लेकिन कार्यान्वयन खुद राज्य सरकार द्वारा किया जाएगा जैसा प्राथमिक शिक्षा के मानक में है।

व्यावसायिक एवं तृतीयक शिक्षा में नामांकन पिछले कुछ सालों से तेजी से बढ़ा है, जैसा तालिका-4 में दरशाया गया है। भारत में आज तृतीयक शिक्षा में छात्रों की दूसरी सबसे ज्यादा संख्या है। तृतीयक शिक्षा में नामांकन वर्ष 2011-12 में 26.6 लाख था, जो सन् 2005 से लगभग 14.5 प्रतिशत वार्षिक की दर से बढ़ रहा था, जबकि चीन में यह 7.2 प्रतिशत की दर से बढ़ते हुए 31.3 लाख था और अमेरिका में 3.3 प्रतिशत की वृद्धि दर से 21 लाख था। यह बढ़ोतरी वास्तविक रूप से डिग्री और पेशेवर पाठ्यक्रमों तथा स्कूल के बाद के डिप्लोमा कार्यक्रमों में वृद्धि के फलस्वरूप थी, जिनमें से कई व्यावसायिक थे। भारत में विश्वविद्यालय और कई पेशेवर प्रशिक्षण संस्थानों ने भी हाल के समय में अपनी क्षमता को बढ़ाया है। यह आंशिक रूप से सुविधावंचित समूहों[5] के लिए बढ़े हुए आरक्षण की माँग और आंशिक रूप से तेजी से बढ़ती हुई माँग के लिए आपूर्ति प्रतिक्रया का परिणाम है। जैसा पहले उल्लेख किया गया है, केंद्र और राज्य सरकारें दोनों सार्वजनिक या निजी क्षेत्र में विश्वविद्यालय स्थापित करने की अनुमति दे सकती हैं। इनमें से कुछ राज्य सरकारें बहुत ज्यादा सक्रिय रही हैं, लेकिन केंद्र सरकार ने भी नए संस्थानों को स्थापित करने को बढ़ावा दिया है तथा मौजूदा संस्थानों में सीटों की संख्या में बढ़ोतरी की है।

तालिका 4. उच्च शिक्षा में नामांकन

	पूर्वस्नातक नामांकन	परास्नातक नामांकन	डॉक्टरेट की डिग्री	पराविद्यालय डिप्लोमा	परास्नातक डिप्लोमा	योग
2007-08	1,10,63,827	15,14,115	76,227	8,49,689	87,953	1,35,91,811
2008-09	1,18,14,457	15,77,162	78,388	10,99,127	1,07,020	1,46,76,154
2009-10	1,38,72,870	18,33,507	92,211	14,07,406	89,092	1,72,95,086
2011-12	1,98,37,580	27,04,412	90,658	36,94,002	1,20,864	2,64,47,516

प्रतिशत						
2007–08	81	11	1	6	1	100
2008–09	81	11	1	7	1	100
2009–10	80	11	1	8	1	100
2011–12	75	10	0	14	1	100

नोट : 2011–2012 की संख्याएँ अस्थायी हैं।

स्रोत : *भारत सरकार, मानव संसाधन विकास मंत्रालय, 'उच्च एवं तकनीकी शिक्षा सांख्यिकी,' 2012, http://mhrd.gov.in/AISHE2011-12.pdf*

व्यावसायिक और तृतीयक शिक्षा दोनों में तीन मुख्य तत्त्व कार्य करते हैं—

- निजी संस्थाओं द्वारा प्रवेश की अनुमति है, यद्यपि लाभ के लिए निजी उद्यम व्यावसायिक श्रेणी तक सीमित हैं। यह समस्या नहीं है; यद्यपि मानक संचालित प्रवेश खराब तरीके से निर्दिष्ट हैं और उनकी पर्याप्त ढंग से निगरानी नहीं की जाती है। इसके परिणामस्वरूप कई नई संस्थाएँ प्रवेश पाने में सफल हो गई हैं, हालाँकि वे गुणवत्तायुक्त सेवाएँ प्रदान करने में अक्षम हैं। यद्यपि यह कहा जा सकता है कि यही केस पुरानी संस्थाओं के साथ भी है, जिनमें वे भी संस्थाएँ शामिल हैं, जो सार्वजनिक क्षेत्र की हैं।
- निगरानी और विनियमन की गुणवत्ता बहुत ही खराब है। इसके परिणामस्वरूप, निजी और सार्वजनिक दोनों क्षेत्र तृतीयक शिक्षा और व्यावसायिक प्रशिक्षण के प्रावधान में अपर्याप्त हैं, यहाँ तक कि जहाँ न्यूनतम मानक निर्धारित हैं, उनकी निगरानी नहीं की जाती है, अत: वितरण की गुणवत्ता को लागू नहीं किया जाता है।[6]
- कुछ ही संस्थान बेहतर सेवाएँ प्रदान करते हैं; इन संस्थानों में प्रवेश लेना मुश्किल होता है और इसके लिए या तो उच्च श्रेणी के साथ प्रवेश परीक्षा पास करना जरूरी होता है या कक्षा 12 की बोर्ड परीक्षा में बहुत ज्यादा अंक हासिल करना होता है। इसके परिणामस्वरूप किशोरों और युवाओं को अतिरिक्त अंक हासिल करने के लिए बहुत ज्यादा समय खर्च करना पड़ता है, जिससे दूसरी गतिविधियों पर असर पड़ता है। कुल मिलाकर शिक्षा की गुणवत्ता पर असर पड़ता है, क्योंकि ज्यादा अंक हासिल करने की महत्ता अन्य सभी चीजों पर भारी पड़ती है। विरोधाभासी तरीके से यह रोजगार के लिए अयोग्यता समस्या को बढ़ा देती है।

उपरोक्त सभी का परिणाम यह है कि केवल वितरण ही खराब नहीं है, बल्कि स्नातकों की रोजगार क्षमता के साथ भी समझौता किया जाता है। केवल शिक्षा की आपूर्ति को बढ़ाना ही पर्याप्त नहीं है। नीति निर्माताओं को या तो विनियमन या बाजार द्वारा ऐसी स्थितियाँ उत्पन्न करनी चाहिए, जिसमें शिक्षा सेवा की गुणवत्ता उच्च शिक्षा एजेंडे में उसी तरह से महत्त्वपूर्ण हो जैसी इसे प्राथमिक और माध्यमिक स्तर पर किए जाने की आवश्यकता है।

तृतीयक शिक्षा में समाधान

राष्ट्रीय ज्ञान आयोग ने विस्तार से तृतीयक शिक्षा की समस्या का अध्ययन किया है और इसमें सुधार किए जाने का सुझाव दिया है, जिसे केंद्र सरकार कर सकती है। अन्य अध्ययनों में भी कई महत्त्वपूर्ण बदलाव किए जाने के सुझाव दिए गए हैं।[7]

केंद्र सरकार विनियमन और प्रतिस्पर्धा को सुधारते हुए ज्यादा हासिल कर सकती है—

- पहला, उच्च शिक्षा के लिए एक स्वतंत्र नियामक प्राधिकरण स्थापित किया जाना चाहिए, जो सरकार की निगरानी में कार्य करे तथा हितधारकों द्वारा संचालित हो।
- दूसरा, प्रतिस्पर्धा के साथ मुख्य समस्या छात्रों की पाठ्यक्रमों और कॉलेजों तक पहुँच में असमर्थ होने की है और विश्वसनीय जानकारी की यह कमी छात्रों को शैक्षिक संस्थानों की तुलना करने से रोकती है। सभी तृतीयक शिक्षा के लिए एक सार्वत्रिक राष्ट्रीय श्रेणीकरण क्रियाविधि छात्रों द्वारा सूचित विकल्प का महत्त्वपूर्ण संबल हो सकती है और यह स्वस्थ प्रतिस्पर्धा को पेश कर सकती है। इस प्रकार की श्रेणीकरण प्रणाली में विश्वविद्यालयों और कॉलेजों, व्यावसायिक प्रशिक्षण संस्थानों और डिप्लोमा तथा सर्टिफिकेट प्रदान करनेवाले संस्थानों को शामिल करने की भी आवश्यकता होगी; पाठ्यक्रमों और उन्हें पेश करनेवाले संस्थानों का श्रेणीकरण करने की आवश्यकता होगी।[8]

कई अवलोकनकर्ताओं ने एक व्यापक शिक्षा नियामक की माँग की है, लेकिन राष्ट्रीय स्तर पर मान्यताप्राप्त सार्वत्रिक शैक्षिक श्रेणीकरण प्रणाली का त्वरित और यकीनन अत्यधिक लाभ है। पहला, श्रेणीकरण आधिकारिक मान्यता देने का पहला कदम है और इससे नियामक निरीक्षण का फायदा होता है। दूसरा, यह सभी बुरी तरह से सूचित छात्रों (उनमें से अधिकांश पहली पीढ़ी के स्नातक हैं) द्वारा विकल्प को सुधारता है। तीसरा, सार्वत्रिक स्तर पर लागू मान्यता प्रणाली और नियामक क्रियाविधि की अपेक्षा एक सार्वत्रिक श्रेणीकरण क्रियाविधि को ज्यादा जल्दी स्थापित किया जा सकता है। चौथा, बाजार के दबाव स्वतः ही उन्नत गुणवत्ता के लिए स्थिति उत्पन्न करेंगे, जो अर्थव्यवस्था की जरूरतों के अनुसार है।

समापन नोट : भारत के शिक्षा क्षेत्र में सुधार

संपूर्ण दृष्टिकोण की कमी आज भारत में शिक्षा क्षेत्र का प्राथमिक दोष है। इससे शिक्षा की गुणवत्ता की घटिया सराहना हो रही है। संसाधनों, डिजाइन और कार्यान्वयन के आवंटन से संबंधित कमजोरियाँ इसका खराब दृष्टिकोण हैं और खराब शिक्षा परिणाम, अनुपस्थित अध्यापक, शिक्षित बेरोजगारों की बड़ी संख्या और कम रोजगार क्षमता, युवाओं में आत्महत्या की उच्च दर, ये सभी इस निहित दोष के परिणाम हैं।

भारत को अपने बच्चों तथा युवाओं के लिए दृष्टिकोण रखने की जरूरत है और इस दृष्टिकोण को या तो समुदाय द्वारा विकल्प और बाजार द्वारा या विशिष्ट नियामक संस्थानों द्वारा निरीक्षण क्रियाविधि के समकालिक डिजाइन में उचित ढंग से स्थापित किए जाने की आवश्यकता है। गुणवत्ता पर फोकस वांछित बदलावों का केंद्रबिंदु है और आवश्यक बदलावों का प्रकार शिक्षा के विभिन्न स्तरों पर भिन्न है।

प्राथमिक और उच्च प्राथमिक स्तर पर उन्नत गुणवत्ता को वितरण और अंतर्वस्तु का निरीक्षण करने में बड़े समुदाय और अभिभावक की संलग्नता द्वारा सर्वश्रेष्ठ तरीके से प्राप्त किया जा सकता है। द्वितीयक स्तर पर विद्यालय के आकार को बढ़ाकर और बसों की व्यवस्था करके गुणवत्ता और विकल्प को सर्वश्रेष्ठ तरीके से प्राप्त किया जा सकता है। तृतीयक स्तर पर सफलता का सर्वश्रेष्ठ अवसर उन्नत श्रेणीकरण और प्रमाणन और इसकी पूरे देश में मान्यता और कॉलेज की शिक्षा के उन्नत विनियमन से प्राप्त किया जा सकता है। सभी तीनों स्तरों पर ये सभी चीजें केंद्र सरकार द्वारा काररवाई के माध्यम से ही संभव हैं और कानून में कोई भी बदलाव करने की जरूरत नहीं है।

निस्संदेह रूप से बड़े बजटीय आवंटन की आवश्यकता होगी, लेकिन यह सामान्य शिक्षा तरक्की कार्यक्रम का प्राथमिक माध्यम नहीं है, बल्कि बड़ा सार्वजनिक व्यय सुविधाजनक काररवाई होगी, लेकिन भारत के शिक्षा क्षेत्र में सुधार द्वारा सहगामी होना आवश्यक है।

टिप्पणी

1. हाल ही में लागू किया गया शिक्षा का अधिकार इस तरह से भिन्न नहीं है कि यह बहुत ही विशिष्ट ढाँचा मानदंडों के साथ विद्यालयों में 'अनिवार्य शिक्षा के अधिकार' को अधिदेशित करता है। उसी समय इसमें समुदाय की सहभागिता का उल्लेख है, लेकिन इसका अधिदेश नहीं दिया गया है। स्थानीय रूप से निर्वाचित निकायों जैसे पंचायत का अभी भी अध्यापकों, अध्यापन या अंतर्वस्तु पर कोई भी महत्त्वपूर्ण नियंत्रण नहीं है। प्रभावी ढंग से राज्य सरकारों के ब्लॉक और जिला स्तरीय अधिकारियों ने इस प्रकार के नियंत्रण को जारी रखा है।
2. सोनाल्डे देसाई एवं अन्य, 'प्राइवेट स्कूलिंग इन इंडिया : अ न्यू एजुकेशनल लैंडस्केप,' भारतीय मान विकास सर्वेक्षण, आधार पत्र सं. 11, राष्ट्रीय अनुप्रयुक्त आर्थिक अनुसंधान परिषद् एवं मैरीलैंड विश्वविद्यालय, 2008
3. लवीश भंडारी एवं मृदुस्मिता बॉर्दोलोई, 'इनकम डिफरेंशियल ऐंड रिटंर्स टू एजूकेशन,' इकोनॉमिक ऐंड पालिटिकल वीकली 41, नं. 36, 9 सितंबर, 2006
4. देखें ASER सेंटर, ऐनुअल रिपोर्ट ऑफ एजूकेशन रिपोर्ट (रूरल) 2012 (नई दिल्ली: ASER सेंटर, 2013), www.pratham.org/fileASER-2012report.pdf
5. सन् 2008 से भारत में उच्च शिक्षा में सभी राज्यों का लगभग 27 प्रतिशत 'अन्य पिछड़ा वर्ग' के रूप में समूहों के लिए अलग किया गया है। यह संविधान द्वारा अधिदेशित 'अनुसूचित जाति' के लिए 15 प्रतिशत तथा 'अनुसूचित जनजाति' के लिए 7.5 प्रतिशत के अतिरिक्त है।
6. पवन अग्रवाल, 'हायर एजूकेशन इन इंडिया : द नीड फॉर चेंज,' आधार पत्र सं. 180, भारतीय अंतरराष्ट्रीय आर्थिक संबंध शोध परिषद्, जून 2006, WWW.ICRIER.ORG/PUBLICATION/WORKING_PAPERS_ 180.HTML
7. पूर्वोक्त
8. सभी संस्थानों को मानक तरीके (कैर्नेगी वर्गीकरण के समान, लेकिन विशेष रूप से भारतीय संस्थानों के लिए विकसित) और अपने संबंधित वर्गों में वार्षिक आधार पर कई आयामों में श्रेणीकृत किया गया है।

□

अध्याय-7

स्वास्थ्य चुनौतियों का सामना करना

—ए.के. शिव कुमार

परिचय

भारत ने 1947 में स्वतंत्रता मिलने के बाद से स्वास्थ्य में कई उपलब्धियाँ हासिल की हैं। आज जन्म के समय आयु संभाविता सन् 1950 में बत्तीस साल से बढ़कर पैंसठ वर्ष हो गई है। शिशु मृत्यु दर सन् 1971 में 129 मृत्यु प्रति 1,000 जीवित जन्म से घटकर सन् 2012 में 42 रह गई है।[1] चेचक और चिकनगुनिया को पूरी तरह से समाप्त किया जा चुका है, एच.आई.वी./ एड्स के प्रसार को नियंत्रित किया गया है और विश्व स्वास्थ्य संगठन इस साल भारत को पोलियो से मुक्त घोषित करनेवाला है। फिर भी स्वास्थ्य में भारत की उपलब्धियाँ उतनी असरदायक नहीं हैं। संक्रामक रोगों, प्रजनन एवं बाल स्वास्थ्य संबंधी समस्याओं की उच्च दरें तथा पुरानी बीमारियों के बड़े बोझ के साथ पोषक तत्त्वों की कमी मौजूद है। शिशु मृत्यु दर और मातृ मृत्यु दर दोनों ज्यादा हैं।[2] पाँच साल से कम उम्र के लगभग आधे बच्चे कमजोर हैं, 43 प्रतिशत बच्चे कम वजन के हैं और 20 प्रतिशत बच्चे अपक्षय से पीड़ित हैं। 6-59 महीने की उम्र के लगभग 70 प्रतिशत बच्चे एनीमिया से पीड़ित हैं।[3] विशेष रूप से महिलाओं के स्वास्थ्य की उपेक्षा चिंताजनक है। आधी से ज्यादा (55 प्रतिशत) भारतीय महिलाएँ एनीमिया की शिकार हैं। भारत में 15-49 आयुवर्ग की एक तिहाई से ज्यादा (36 प्रतिशत) महिलाओं का बॉडी मास इंडेक्स 18.5 से कम है, जो पोषक तत्त्वों की गंभीर कमी की तरफ इशारा करता है।[4] उसी समय हृदय रोग वयस्कों के बीच रुग्णता और मृत्यु दर का मुख्य कारण हो गया है। तंबाकू के ज्यादा सेवन से हृदय रोग, कैंसर और ट्यूबरकुलोसिस होती है, जिससे मृत्यु दर में वृद्धि हुई है। वर्ष में एक लाख से ज्यादा मृत्यु केवल धूम्रपान से ही होती है। लगभग 65 लाख भारतीयों को डायबिटीज की समस्या है।[5] इसके अतिरिक्त, विकलांगता, मानसिक बीमारी और पेशेवर स्वास्थ्य और सुरक्षा के कई पहलुओं की सरकार और समाज दोनों द्वारा उपेक्षा की जा रही है।

इन चुनौतियों तथा नीचे विस्तार से दी गई कई अन्य चुनौतियों का सामना करने के लिए यह आवश्यक है कि भारत की अगली केंद्र सरकार सार्वत्रिक स्वास्थ्य कवरेज को सुनिश्चित करने के लिए अर्थपूर्ण कदम उठाए। इस लक्ष्य को प्राप्त करने के लिए चार मुख्य काररवाई चरण जरूरी हैं। पहला, सरकार को अंशदायी या सब्सिडीयुक्त निजी बीमा योजनाओं के विपरीत टैक्स से वित्त

पोषित सार्वभौमिक कवरेज को शामिल करना जरूरी है। दूसरा, इसे विशेषकर अनुपयुक्त ग्रामीण क्षेत्रों में ज्यादा सुदृढ प्राथमिक स्वास्थ्य केंद्र की स्थापना करके निवारक देखभाल को प्रोत्साहित करना जरूरी है। तीसरा, भरोसेमंद निजी कार्यकर्ताओं से अर्थपूर्ण सार्वजनिक-निजी साझेदारी का अनुसरण करना जरूरी है; इस कदम को केंद्र सरकार द्वारा स्थापित बेहतर राष्ट्रीय नियामक ढाँचे द्वारा नियंत्रित करना जरूरी है। चौथा, केंद्र सरकार को राज्य सरकारों के साथ कार्य करना चाहिए, जो प्रयोगशालाओं की तरह कार्य कर सकें, जो विभिन्न प्रकार की स्वास्थ्य कवरेज योजनाओं के साथ प्रयोग करती हैं, जिन्हें राष्ट्रीय स्तर पर कार्य करने के लिए अपनाया जा सके। इनमें से कुछ या सभी चरणों को समर्थ बनाने के लिए भारत को सार्वजनिक स्वास्थ्य कार्यक्रमों के लिए अपने वित्त पोषण के हिस्से को दुगुना करना चाहिए, जो जी.डी.पी. का कम-से-कम 2.5 प्रतिशत होना जरूरी है। सामान्य कर निर्धारण द्वारा वित्तपोषित अतिरिक्त संसाधनों का प्रयोग प्राथमिक स्वास्थ्य केंद्र के वितरण को मजबूत करने, सेवाओं की गुणवत्ता को सुधारने और ज्यादा निष्पक्ष पहुँच की विशेष रूप से गरीब और सुविधावंचित समुदायों के लिए की जानी चाहिए।

समस्या की हद

हमने पाया कि भारत में परिणाम निष्पक्षता से बहुत दूर हैं। रुग्णता, मृत्यु दर और पोषण स्थिति में अंतर, मौजूद सामाजिक-आर्थिक स्थिति, जाति, वर्ग, लिंग और भूगोल से जुड़ा है। अल्पपोषण और बाल मृत्यु दर शहरी क्षेत्रों की अपेक्षा ग्रामीण क्षेत्रों में तथा सामाजिक रूप से सुविधावंचित समुदायों में आम तौर पर ज्यादा है। शिशु मृत्यु दर ग्रामीण भारत में 46 मृत्यु प्रति 1000 जीवित जन्म की तुलना में शहरी भारत के लिए 28 मृत्यु प्रति 1000 जीवित जन्म है।[6] अनुसूचित जनजाति समुदाय में जनमे पाँच वर्ष से कम आयु के बच्चों के बीच मृत्यु दर राष्ट्रीय औसत से 15 प्रतिशत ज्यादा है।[7] इसी प्रकार धनी माता-पिता के घर में जनमे 5 प्रतिशत कुपोषित बच्चों की तुलना में गरीबी में जीवनयापन करनेवाले माता-पिता के घर में जनमे लगभग 25 प्रतिशत बच्चे गंभीर रूप से कुपोषण के शिकार हैं।[8] लड़कियाँ विशेष रूप से तीव्र अस्तित्व नुकसान का सामना करती हैं। उदाहरण के तौर पर वर्ष 2000 में 1 से 5 साल आयु वर्ग के मरनेवाले बच्चों में लड़कों की तुलना में लड़कियों का 75 प्रतिशत ज्यादा था।[9]

यह कम ज्ञात और दुःखद तथ्य है कि भारत में स्वास्थ्य दशाएँ कुछ पहलुओं में समान हैं और अन्य में उप-सहारा अफ्रीका में प्रचलित की अपेक्षा खराब भी हैं। जैसा अनुमान है, भारत उप-सहारा अफ्रीका की अपेक्षा मृत्यु सूचकांकों पर अच्छा कर सकता है (जिसे एच.आई.वी./एड्स संक्रमण का ज्यादा बोझ सहना है)। यद्यपि प्राथमिक स्वास्थ्य केंद्र की पहुँच में कई समानताएँ हैं। उदाहरण के तौर पर डिफ्थीरिया, काली खाँसी और टिटेनस से प्रतिरक्षित बच्चों का अनुपात उप-सहारा अफ्रीका में 71 प्रतिशत और भारत में 72 प्रतिशत है। इसी प्रकार, संस्थागत प्रसव का अनुपात एक समान है अर्थात् भारत और उप-सहारा अफ्रीका दोनों के लिए 47 प्रतिशत है। अन्य चीजों में भारत की बाल अल्पपोषण की स्थिति उप-सहारा अफ्रीका की अपेक्षा बहुत खराब है। भारत में पाँच वर्ष से कम उम्र के लगभग 43 प्रतिशत बच्चे औसत दरजे से या गंभीर रूप से कम वजन के हैं; उप-सहारा अफ्रीका में अनुपात 21 प्रतिशत है। इसी प्रकार, उप-सहारा अफ्रीका

में जन्म के समय कम वजनवाले 12 प्रतिशत बच्चों की तुलना में भारत में यह 28 प्रतिशत है।[10]

भारत का स्वास्थ्य प्रदर्शन विशेष रूप से चिंतित करनेवाला है, क्योंकि आज यह उच्च प्रति व्यक्ति आय और दो दशकों की तीव्र आर्थिक वृद्धि के बावजूद कई स्वास्थ्य सूचकों में बँगलादेश और नेपाल से पीछे है (देखें तालिका-1)।

तालिका-1 : चुनिंदा स्वास्थ्य सूचक, भारत और अन्य दक्षिण एशियाई देश

	भारत	बँगलादेश	भूटान	मालदीव	नेपाल	पाकिस्तान	श्रीलंका
प्रति व्यक्ति सकल राष्ट्रीय आय (शक्ति समता अंतरराष्ट्रीय डॉलर की खरीद) 2012	3,910	2,030	6,200	7,560	1,470	2,880	6,030
जन्म के समय जीवन की उम्मीद (वर्ष) 2011	65	69	67	77	69	65	75
शिशु मृत्यु दर (प्रति 1000 जीवित जन्म) 2011	47	37	42	9	39	59	11
पाँच साल से कम उम्र के बच्चों की मृत्यु दर (प्रति 1000 जीवित जन्म) 2011	61	46	54	11	48	72	12
कम वजन के बच्चों का अनुपात (कम और ज्यादा गंभीर) 2007-2011	43	36	13	13	29	32	21
उन्नत स्वच्छता सुविधाओं का प्रयोग (प्रतिशत) 2010	34	56	44	97	31	48	92
टीकाकरण कवरेज (प्रतिशत) : डी.पी.टी.3 2011	72	96	95	96	92	80	99

***स्रोत** : संयुक्त राष्ट्र बाल निधि, द स्टेट ऑफ द वर्ल्ड्‌र्स चिल्ड्रेन 2013 : चिल्ड्रेन विद डिसएबिलिटीज (न्यूयॉर्क : यूनीसेफ, 2013), www.unicef.org/sowc2013/statistics.html*

भारतीयों की स्वास्थ्य स्थिति बहुत खराब है, जबकि उनके लिए कई प्रकार की एलोपैथिक और कई गैर-एलोपैथिक दवाओं, जिसमें आयुर्वेद, योग, यूनानी, सिद्ध और होमियोपैथी शामिल हैं, सार्वजनिक और निजी क्षेत्रों से सुलभ हैं। सरकार की स्वास्थ्य सेवा की नींव त्रिस्तरीय ढाँचे में निहित है। गाँवों में स्वास्थ्य उपकेंद्र संपर्क के पहले बिंदु के रूप में कार्य करते हैं तथा आवश्यक

स्वास्थ्य आवश्यकताओं को पूरा करते हैं, जिसमें छोटी बीमारियों का उपचार, परिवार नियोजन, पोषण, टीकाकरण और डायरिया का नियंत्रण शामिल हैं। दूसरे स्तर में प्राथमिक स्वास्थ्य केंद्र आते हैं, जो उपकेंद्रों के लिए रेफरल इकाई के रूप में कार्य करते हैं और एकीकृत प्रोत्साहात्मक, निवारक और उपचारात्मक स्वास्थ्य सेवा प्रदान करते हैं। तीसरे स्तर पर सामुदायिक स्वास्थ्य केंद्र आते हैं, जो 30 शैयायुक्त होते हैं और प्राथमिक स्वास्थ्य केंद्र के लिए रेफरल इकाई के रूप में कार्य करते हैं। इसके अतिरिक्त लगभग 8000 अस्पताल ग्रामीण आबादी के लिए द्वितीय स्तर तथा शहरी आबादी के लिए प्राथमिक स्तर के रूप में कार्य करते हैं। इनमें से कुछ अत्यधिक सस्ती कीमत पर विश्वस्तरीय एलोपैथिक सेवा प्रदान करते हैं। स्वास्थ्य में निजी क्षेत्र सबसे ज्यादा बिखरा हुआ है। एक तरफ नीम-हकीम हैं, जिनको दवाओं का बहुत थोड़ा ज्ञान होता है या औपचारिक प्रशिक्षण से रहित हैं। दूसरी तरफ उच्च दरजाप्राप्त निजी अस्पताल हैं, जो भारतीयों और विदेशियों दोनों को सेवाएँ प्रदान करते हैं, जो उनकी महँगी सेवाओं का भुगतान कर सकते हैं। इन दोनों क्षेत्रों के बीच कुछ लाभकारी संस्थाएँ और कुछ गैर-लाभकारी संस्थाएँ-छोटे निजी क्लीनिक से लेकर अस्पताल तक मौजूद हैं।

यद्यपि स्वास्थ्य पर जनता के व्यय को केंद्र (केंद्र का 36 प्रतिशत योगदान) और राज्य सरकार दोनों द्वारा साझा किया जाता है, संविधान के तहत स्वास्थ्य राज्य के अधीन है। इससे राज्य सरकारें स्वास्थ्य सेवाओं के प्रावधानीकरण और वितरण के लिए जिम्मेदार बन जाती हैं।

राज्यों का प्रदर्शन मिश्रित रहा है। केरल और तमिलनाडु का प्रदर्शन अच्छा है, जबकि मध्य प्रदेश और उत्तर प्रदेश खराब प्रदर्शनकर्ता की श्रेणी में आते हैं। उदाहरण के तौर पर, वर्ष 2012 में शिशु मृत्यु दर तमिलनाडु में 21 और केरल में 12 की अपेक्षा उत्तर प्रदेश में 56 और मध्य प्रदेश में 58 प्रति 1000 जीवित जन्म है।[11] इसी प्रकार, केरल और उत्तर प्रदेश एवं मध्य प्रदेश में रहनेवाली औरतों के बीच तेरह वर्ष जीवन प्रत्याशा अंतर है।[12]

सामान्यतया बेहतर स्वास्थ्य परिणामोंवाले राज्यों में उच्च स्तर का मानव विकास हुआ है, जिसमें ज्यादा प्रति व्यक्ति आय, शिक्षा प्राप्ति का उच्च स्तर और बेहतर शारीरिक एवं सामाजिक ढाँचा शामिल है। उदाहरण के तौर पर, 2007-2008 में तमिलनाडु में 87 प्रतिशत प्राथमिक स्वास्थ्य केंद्र और केरल में 97 प्रतिशत प्राथमिक स्वास्थ्य केंद्रों में नियमित बिजली आपूर्ति की गई, जो उत्तर प्रदेश के 12 प्रतिशत तथा मध्य प्रदेश के 20 प्रतिशत से बहुत ज्यादा थी।[13] इसके अतिरिक्त, केरल और तमिलनाडु जैसे राज्यों के राजनीतिक नेतृत्व ने स्वास्थ्य एवं शिक्षा में स्थिर निवेश को सुनिश्चित किया, लोक सेवाओं के प्रावधान को प्राथमिकीकृत किया और गहरी जड़ें जमा चुके जाति और सामाजिक पुरोहिताधिपत्य को खत्म करने के लिए नीतियाँ बनाईं। केरल और तमिलनाडु में (मध्य प्रदेश और उत्तर प्रदेश के विपरीत) केवल शिक्षा प्राप्ति में ही नहीं, बल्कि अधिक-से-अधिक सार्वजनिक दृश्यता और समाज में भागीदारी में भी अपेक्षाकृत महिलाओं की बेहतर स्थिति परिलक्षित होती है। केरल और तमिलनाडु में एक दक्ष प्राथमिक स्वास्थ्य केंद्र प्रणाली स्थापित की गई है, जो उत्तर प्रदेश और मध्य प्रदेश की अपेक्षा ज्यादा दक्ष है। उदाहरण के तौर पर, 2007-2008 में केरल में 97 प्रतिशत तथा तमिलनाडु में 95 प्रतिशत प्राथमिक स्वास्थ्य केंद्रों में कोल्ड चेन उपकरण थे, जो मध्य प्रदेश में केवल 49 प्रतिशत

तथा उत्तर प्रदेश में 21 प्रतिशत थे। केरल और तमिलनाडु में 1,200–1,400 की आबादी के लिए मोटे तौर पर एक सार्वजनिक अस्पताल शैया है, जबकि मध्य प्रदेश और उत्तर प्रदेश में 3,400–5,700 की आबादी के लिए एक सार्वजनिक अस्पताल शैया है।[14] पूरी तरह से टीकाकृत 12–23 महीने की उम्र के बच्चों का अनुपात केरल में 2009 में 82 प्रतिशत तथा तमिलनाडु में 77 प्रतिशत था, जो उत्तर प्रदेश में 41 प्रतिशत तथा मध्य प्रदेश में 43 प्रतिशत से बहुत ज्यादा था।[15] स्वास्थ्य में मिश्रित नतीजों के हिस्से को व्यापक भिन्नताओं से स्पष्ट किया जा सकता है, जो स्वास्थ्य पर प्रति व्यक्ति सार्वजनिक खर्च के स्तर में मौजूद है। वर्ष 2009–2010 में उदाहरण के तौर पर तमिलनाडु और केरल में स्वास्थ्य पर वार्षिक प्रति व्यक्ति सार्वजनिक खर्च लगभग रु. 580 था, जो मध्य प्रदेश में रु. 312 और उत्तर प्रदेश में रु. 372 की तुलना में ज्यादा था।[16] इसके अतिरिक्त संपूर्ण शासन और स्वास्थ्य प्रशासन प्रणाली मध्य प्रदेश और उत्तर प्रदेश की अपेक्षा तमिलनाडु एवं केरल में बहुत ज्यादा दक्ष हैं।

समस्या की जड़ें

कई कारक भारत के खराब स्वास्थ्य परिणामों के लिए जिम्मेदार हैं। कुछ अपवादों को छोड़कर, न तो केंद्र न ही राज्य सरकारें स्वास्थ्य को उच्च प्राथमिकता देती हैं। स्वास्थ्य पर वास्तविक वार्षिक प्रति व्यक्ति सार्वजनिक व्यय को वर्ष 2004–2005 में रु. 256 से बढ़ाकर वर्ष 2011–2012 में रु. 484 करने के बावजूद भारत का सार्वजनिक स्वास्थ्य व्यय अन्य देशों की अपेक्षा कम है। प्रति व्यक्ति को खरीद शक्ति से समंजित करने में स्वास्थ्य पर भारतीय सार्वजनिक व्यय $43 है, जबकि यह श्रीलंका में $85, चीन में $240 और थाईलैंड में $265 है।[17] इसके अतिरिक्त स्वास्थ्य पर सार्वजनिक व्यय सकल घरेलू उत्पाद का लगभग 1.2 प्रतिशत ही है, जो विश्व में सबसे कम है और यह इस स्तर पर एक दशक से बना हुआ है। इसके विपरीत, श्रीलंका में स्वास्थ्य पर सार्वजनिक व्यय लगभग 1.5 प्रतिशत, चीन में 2.7 प्रतिशत तथा थाईलैंड में 3 प्रतिशत है। भारत के कम सार्वजनिक स्वास्थ्य व्यय के कई परिणाम भुगतने पड़ते हैं। पहला और सबसे महत्त्वपूर्ण स्वास्थ्य पर सामर्थ्य से बाहर निजी खर्च का वित्तीय बोझ कुल स्वास्थ्य व्यय का 69 प्रतिशत होता है, जो विश्व में सबसे ज्यादा है और थाईलैंड (25 प्रतिशत), चीन (44 प्रतिशत) और श्रीलंका (55 प्रतिशत) से बहुत ज्यादा है।[18] लाखों लोग सीमित निजी आय के बावजूद इस प्रकार के बड़े मेडिकल व्ययों को पूरा करने के परिणामस्वरूप हर साल गरीब होते जा रहे हैं। 40 प्रतिशत से ज्यादा भारतीय, जो अस्पताल में भरती होते हैं, उन्हें चिकित्सकीय खर्चे को पूरा करने के लिए या तो उधार लेना पड़ता है या अपनी संपत्ति बेचनी पड़ती है और इन भरती लोगों में से करीब 25 प्रतिशत लोग गरीब हो जाते हैं।[19]

विश्व में लगभग प्रत्येक देश ने सार्वत्रिक स्वास्थ्य कवरेज को हासिल किया है या वे सभी के लिए व्यापक गुणवत्तापूर्ण प्राथमिक स्वास्थ्य देखभाल के सार्वजनिक आश्वासन द्वारा कार्य कर रहे हैं। यद्यपि भारत में इलाज (थोड़े से उपयोगकर्ता शुल्क के अलावा) लगभग मुफ्त है, ग्रामीण क्षेत्रों में केवल 22 प्रतिशत आबादी और शहरी क्षेत्रों में 19 प्रतिशत आबादी ही बाह्य रोगी देख-रेख के लिए सरकारी स्वास्थ्य केंद्रों का लाभ लेती है। यहाँ तक कि अंतर्रोगी देख-रेख के

लिए ग्रामीण क्षेत्रों में केवल लगभग 42 प्रतिशत भारतीय तथा शहरी क्षेत्रों में 38 प्रतिशत लोग ही सरकारी स्वास्थ्य केंद्रों का लाभ उठाते हैं।[20] यद्यपि कई ग्रामीण क्षेत्रों में और कई शहरी क्षेत्रों में भी सार्वजनिक क्षेत्र प्रायः किसी भी विश्वसनीय चिकित्सा देखभाल का एकमात्र स्रोत होता है, वित्त की कमी से अपर्याप्त पहुँच और सार्वजनिक प्रावधान की खराब गुणवत्ता को उत्पन्न किया है। कई सरकारी स्वास्थ्य केंद्रों में कर्मचारियों की कमी होती है, संसाधनों की कमी है और खराब तरीके से व्यवस्थित हैं। जिनमें बेहतर सुविधा होती है, वहाँ पर बहुत ज्यादा भीड़ लग जाती है। बारहवीं पंचवर्षीय योजना (2012–2017) में चिकित्सकों, नर्सों और सहायक नर्स मिडवाइफ की बहुत ज्यादा कमी की तरफ इशारा किया गया है। उदाहरण के तौर पर, वर्ष 2007 में हर 1,00,000 आबादी पर केवल 45 चिकित्सक थे, जबकि लक्ष्य 85 प्रति 1,00,000 था। इसी प्रकार, हर 1,00,000 आबादी पर केवल 75 नर्सें और सहायक नर्स-मिडवाइफ थीं; जबकि वांछनीय संख्या 255 थी।[21] यह कमी पूरे देश में उपलब्धता में व्यापक भौगोलिक भिन्नता द्वारा और भी बढ़ जाती है। ग्रामीण क्षेत्रों में विशेष रूप से सेवा की स्थिति बहुत ही खराब है। भारतीय सरकारी स्वास्थ्य केंद्रों के कम इस्तेमाल के अन्य कारण बताते हैं, जिसमें ज्यादा दूरी, असुविधाजनक समयावधि, कर्मचारियों की ज्यादा अनुपस्थिति और कई स्वास्थ्य कार्यकर्ताओं का गलत रवैया शामिल है।

सरकार के अपने विश्लेषण में बार-बार, विशेष रूप से प्राथमिक स्वास्थ्य देख-रेख स्तर पर कर्मचारियों तथा ढाँचे में अंतर, शहर-आधारित चिकित्सालयों द्वारा उपचारात्मक एवं नैदानिक सेवाओं के प्रचार के साथ व्यस्तता, ग्रामीण क्षेत्रों में सेवा के लिए चिकित्सकों और पैरामेडिकल कर्मचारियों की अनिच्छा और खराब रेफरल सेवाओं की तरफ संकेत किया गया है। पारदर्शी और प्रभावी मानव संसाधन नीतियों की कमी के परिणामस्वरूप उच्च घिसावट और अपर्याप्त स्थानांतरण ने खराब गुणवत्ता और खराब प्रदर्शन को बढ़ा दिया है। कुछ अपवादों के साथ अधिकांश राज्य सरकारों ने लोक स्वास्थ्य विशेषज्ञों के पेशेवर संवर्ग का निर्माण नहीं किया है। उपलब्ध संसाधनों का इष्टतम से कम प्रयोग किया जाता है और कर्मचारियों एवं ढाँचे के बीच असमानता है। उपअनुकूलित अंतर्क्षेत्रीय समन्वयन है; कर्मचारियों की शिक्षा के जारी रखने तथा कौशल को अपग्रेड करने की कमी है; तकनीक-केंद्रित रोग-विशिष्ट हस्तक्षेप की प्रधानता की कमी है और निगरानी, मूल्यांकन तथा फीडबैक की प्रभावी प्रक्रियाओं की कमी है। स्वास्थ्य आवश्यकताओं पर विशेष जानकारी तथा ज्ञान की कमी समुदाय-विशिष्ट या डिजाइन क्षेत्र-विशिष्ट योजनाओं और रणनीतियों के संचालन को असंभव बनाती है।[22]

अच्छी गुणवत्तायुक्त स्वास्थ्य देख-रेख सेवाओं को प्रदान करने में सरकार की असफलता ने निजी क्षेत्र के तेजी से विस्तार को बढ़ावा दिया है। सन् 1947 में 8 प्रतिशत से बढ़कर आज 93 प्रतिशत चिकित्सालय, 64 प्रतिशत शैया और 80–85 प्रतिशत चिकित्सक निजी क्षेत्र के हैं। इस अनियंत्रित निजी क्षेत्र पर इतना ज्यादा भरोसे के परिणाम अच्छी तरह से मालूम हैं। बड़ी सूचना विषमता (जहाँ लाभ कमानेवाले चिकित्सक अवांछित दवाएँ लिखकर या अवांछित इलाज करके रोगी के साथ धोखा करते हैं) निजी बाजारों को स्वास्थ्य क्षेत्र में मोटे तौर पर अक्षम बनाती है। इसके अतिरिक्त शामिल अन्योन्याश्रय से स्वास्थ्य क्षेत्र की 'सार्वजनिक वस्तु' प्रकृति द्वारा अक्षमताएँ उत्पन्न होती हैं। स्वास्थ्य क्षेत्र में निजी क्षेत्र असमान तरीके से वितरित, अत्यधिक खंडित और अनियंत्रित

है, जबकि कुछ योग्य निजी प्रदाता वहन करने योग्य कीमत में अच्छी गुणवत्तायुक्त सेवाएँ प्रदान करते हैं, सामान्यतया लागत अपेक्षाकृत ज्यादा होती है। अधिकांश भारतीय विशेष रूप से ग्रामीण क्षेत्रों में रहनेवाले लोग नीम-हकीमों की कृपा पर जिंदा रहते हैं। खबरों के अनुसार, कई स्वघोषित डॉक्टरों ने अपनी पढ़ाई भी पूरी नहीं की होती है और फार्मासिस्ट या चिकित्सकों के सहायक के रूप में कार्य करते हुए अपने कौशल को बढ़ाया होता है, यहाँ तक कि औपचारिक निजी क्षेत्र में भी नियंत्रण की कमी के कारण अति निदान और अति उपचार आम बात है, कई निजी चिकित्सक अवमानक तथा नकली दवाएँ बेचकर, अवांछित दवाओं और परीक्षणों को लिखकर, रेफरल के लिए कमीशन प्राप्त करते हुए, अनावश्यक रूप से अस्पताल में भरती कराकर और अस्पताल में ठहराव की अवधि को बढ़ाकर भ्रष्टाचार में लिप्त होते हैं।

भारत सरकार ने स्वास्थ्य सेवाओं के प्रावधानों को सुधारने के लिए पिछले नौ सालों में कई कदम उठाए हैं। इनमें उल्लेखनीय रूप से 2005 में राष्ट्रीय ग्रामीण स्वास्थ्य मिशन की शुरुआत और 2013 में राष्ट्रीय शहरी स्वास्थ्य मिशन की घोषणा शामिल है। विशेष रूप से केंद्र सरकार ने जननी सुरक्षा योजना शुरू की है, जिसमें उन महिलाओं को प्रोत्साहन राशि दी जाती है, जिनका प्रसव स्वास्थ्य केंद्रों पर होता है; जननी शिशु सुरक्षा कार्यक्रम, जिसमें सार्वजनिक स्वास्थ्य केंद्रों में शिशुओं के लिए मुफ्त जन्म पूर्व और जन्म के पश्चात् उपचार प्रदान किया जाता है और राष्ट्रीय बाल सुरक्षा कार्यक्रम, जिसमें बाल स्वास्थ्य स्क्रीनिंग और पूर्व हस्तक्षेप सेवाएँ तथा मुफ्त रोगी परिवहन प्रदान किया जाता है। केंद्र सरकार से वित्तपोषण से मानव संसाधनों को बढ़ाने में मदद मिली है, जिसमें विशेष रूप से गाँवों में लगभग 8,00,000 आशाओं की भरती, 2005 से 2013 के बीच लगभग 1,60,000 स्वास्थ्य कार्यकर्ताओं की भरती और 2009 से 2013 के बीच 54 प्रतिशत मेडिकल कॉलेज और 74 प्रतिशत पोस्टग्रेजुएट मेडिकल कॉलेज की शुरुआत की गई।[23] कुछ राज्य सरकारों ने सार्वजनिक स्वास्थ्य पेशेवरों के एक संवर्ग को पेश किया है, दवाओं की खरीद को व्यवस्थित किया है और सार्वजनिक स्वास्थ्य केंद्रों में मुफ्त निदान और दवाएँ देनी शुरू की हैं।

सार्वत्रिक कवरेज की तरफ

आनेवाले पाँच से दस सालों को देखते हुए स्वास्थ्य में अतिआवश्यक प्रगति को बढ़ाने के लिए कई विशेष कार्यों की जरूरत है।

पहले भारतीय समाज, जिसमें केंद्र और राज्य सरकारें तथा प्रभावशाली मध्यम वर्ग शामिल हैं, को ज्यादा दृढतापूर्वक सार्वत्रिक स्वास्थ्य कवरेज की धारणा को समाविष्ट करना चाहिए। अभी तक सरकार का मुख्य दृष्टिकोण जहाँ तक संभव हो, यद्यपि यह सीमित हो सकता है, मुफ्त प्राथमिक स्वास्थ्य केंद्र की सुलभता; गरीब को नकदीरहित द्वितीयक और तृतीयक देख-रेख प्रदान करने की बीमा कार्यप्रणाली पर भरोसा और विशेषाधिकृत सरकारी कर्मचारियों के एक छोटे समूह और बाकी आबादी को निजी बाजार में स्वास्थ्य देख-रेख खरीदने के लिए छोड़ देने के अलावा कुछ नहीं है। इससे विखंडित, अदक्ष, अन्यायपूर्ण तथा खर्चीली स्वास्थ्य देख-रेख जारी है। केवल हाल ही में केंद्र सरकार ने स्वास्थ्य देख-रेख में खर्च करना तथा देश में सार्वत्रिक स्वास्थ्य कवरेज की प्रणाली को स्थापित करने के दीर्घकालीन उद्देश्य के प्रति कार्य

करना शुरू किया है। योजना आयोग द्वारा स्थापित सार्वत्रिक स्वास्थ्य कवरेज पर उच्च स्तरीय विशेषज्ञ समूह की रिपोर्ट में सार्वत्रिक स्वास्थ्य कवरेज को सरकार के गारंटी देनेवाला और संबल देनेवाला होते हुए व्यक्तियों और आबादी के लिए वहनीय, जवाबदेह, आश्वस्त गुणवत्तायुक्त उचित स्वास्थ्य सेवाओं (प्रोत्साहनदाता, रोगनिवारक और पुनर्वास) को देश के किसी भी हिस्से में रहनेवाले सभी भारतीय नागरिकों को आय स्तर, सामाजिक स्थिति, लिंग, जाति या धर्म पर ध्यान दिए बिना समान सुलभता सुनिश्चित करना है।[24]

सार्वत्रिक स्वास्थ्य कवरेज प्राथमिक रूप से कर वित्तपोषित होना चाहिए। अंशदायी विकल्प से ठोस प्रतिलाभ उत्पन्न करना असंभव है, क्योंकि लगभग 93 प्रतिशत भारतीय श्रमिक अनौपचारिक क्षेत्र में लगे हुए हैं। यद्यपि उपयोगकर्ता शुल्क कम होता है, पूरे विश्व से बढ़ते हुए साक्ष्य के अनुरूप सेवा प्रावधान पर किया जाना चाहिए कि इस प्रकार का शुल्क, कुल मिलाकर, अदक्ष, अपर्याप्त और अन्यायपूर्ण होगा। इन बारीकियों पर और ज्यादा सार्वजनिक विचार-विमर्श करना राष्ट्रीय सर्वसम्मति बनाने तथा सार्वत्रिक कवरेज के विचार के लिए सहयोग के मेल के लिए जरूरी है।

नीति निर्माताओं को यह महसूस करना चाहिए कि न तो निजी स्वास्थ्य देख-रेख, यद्यपि वह उचित ढंग से सब्सिडीकृत है, न ही राज्य द्वारा सब्सिडीकृत वाणिज्यिक स्वास्थ्य बीमा सार्वत्रिक स्वास्थ्य कवरेज की चुनौती को पूरा कर सकते हैं। प्रदाताओं, ग्राहकों और बीमा कंपनियों की रुचियाँ ग्राहकों के प्रतिलाभ को बढ़ाने के लिए संगत नहीं हैं। गंभीर प्रोत्साहन राशि-असामंजस्य समस्याएँ उत्पन्न होती हैं, जब बीमा कंपनियाँ इस्तेमाल करने से मना कर देती हैं, चिकित्सक माँग करते हैं या अतिउपयोग को प्रोत्साहित करते हैं और रोगी खुद स्वास्थ्य सेवा केंद्र का दुरुपयोग (सामान्य रूप से 'व्यावहारिक जोखिम' समस्या के रूप में संदर्भित) करते हैं।

पूरे विश्व से उपलब्ध साक्ष्य इशारा करते हैं कि बीमा योजनाएँ तृतीयक देख-रेख को प्रोत्साहित करती हैं और प्राथमिक एवं निवारक देख-रेख की उपेक्षा करती हैं, विशेष रूप से जब वे केवल अस्पताल में भरती होने की लागत को कवर करती हैं। परिणामस्वरूप यह भी स्पष्ट नहीं है कि उन्नत स्वास्थ्य को वाणिज्यिक स्वास्थ्य बीमा योजनाओं के वास्तविक लाभ के रूप में माना जाना चाहिए या नहीं। उच्च प्रशासनिक लागत उस धनराशि को पर्याप्त रूप में कम कर देती है, जो वास्तव में प्रदत्त प्रीमियम में से स्वास्थ्य देख-रेख के लिए लगाई जा सकती है। वाणिज्यिक स्वास्थ्य बीमा योजनाएँ वित्तीय रूप से स्थिर भी नहीं पाई गई हैं। लागत में वृद्धि सामान्य रूप से रिपोर्ट की जाती है और कुछ उदाहरणों में, क्षमता से ज्यादा भुगतानों में उलटी वृद्धि हुई है। अंततः यह सुझाव देने के अपरिहार्य साक्ष्य हैं कि वाणिज्यिक बीमा योजनाएँ चिकित्सकीय दुरुपयोग को रोकने के लिए पर्यवेक्षण की कमी को झेल रही हैं।

दूसरे, केंद्र और राज्य सरकारों, दोनों को राज्य द्वारा प्रदत्त प्राथमिक स्वास्थ्य देख-रेख संबंधी बुनियादी सेवाओं को सुनिश्चित करने को उच्च प्राथमिकता देनी चाहिए, जिसमें स्वास्थ्य समस्याओं का पूर्व प्रबंधन और देख-रेख की बेहतर गुणवत्ता शामिल है। बुनियादी सेवाओं जैसे सार्वत्रिक टीकाकरण को सुनिश्चित करते हुए प्राथमिक स्वास्थ्य देख-रेख को मजबूत करने से रोगियों की संख्या में कमी, उपचारात्मक देख-रेख की लागत में कमी और तृतीयक देख-रेख

(प्राय: खर्चीली) में कमी की जा सकती है। प्राथमिक स्वास्थ्य देख-रेख में निवेश करने से गरीब और सुविधावंचित समूहों को पर्याप्त लाभ प्रदान करते हुए ज्यादा निष्पक्ष परिणाम उत्पन्न करना संभव हो सकता है।

तीसरे, अवसर मौजूद हैं और सार्वजनिक स्वास्थ्य शिक्षा और प्रशिक्षण, तकनीकी अनुप्रयोग, सूचना प्रक्रिया, प्रबंधन और उपचारात्मक देख-रेख के प्रावधान जैसे क्षेत्रों में स्वास्थ्य को प्रोत्साहित करने में निजी क्षेत्र के ज्यादा ठोस भाग से साझेदारी के लिए नए अवसर भी उत्पन्न किए जा रहे हैं। स्वास्थ्य देख-रेख सेवाओं की पहुँच को बढ़ाने की अति आवश्यकता और सरकारों द्वारा सामना की जा रही वित्तीय बाधाओं को देखते हुए केंद्र और राज्य सरकारों को विशेष रूप से तृतीयक देख-रेख में निजी क्षेत्रों को शामिल करने के नए और नवीनीकृत उपायों को विकसित करने की आवश्यकता है। उसी समय सरकार को पूरे देश में गुणवत्ता (उदाहरण के तौर पर सभी स्वास्थ्य चिकित्सकों के पंजीकरण द्वारा), प्रदर्शन, निष्पक्षता, दक्षता और स्वास्थ्य देख-रेख की जवाबदेही को सुधारने के लिए राष्ट्रीय स्वास्थ्य नियामक और विकास ढाँचा स्थापित करने की आवश्यकता है। इन कार्यों से न्यस्त नियामक प्राधिकरण को स्वास्थ्य सेवा केंद्रों, कर्मचारियों, सेवाओं की गुणवत्ता एवं उपयुक्तता तथा लागत के लिए कानूनी और नियामक मानकों को निर्धारित करना चाहिए। इसे सार्वजनिक और निजी प्रदाताओं के लिए मानक उपचार दिशानिर्देश स्थापित करना चाहिए, रोगियों का अधिकार चार्टर बनाना चाहिए, पेशेवर संघों तथा सिविल सोसाइटी को शामिल करना चाहिए तथा नियमित ऑडिट प्रणाली स्थापित करनी चाहिए।

चौथे, भारत में सामना की जा रही मूलभूत आवश्यकता एवं चुनौती केंद्र और राज्य सरकार को स्वास्थ्य पर सार्वजनिक व्यय की व्यवस्था करनी है। काफी हद तक स्वास्थ्य वित्तपोषण में कमियाँ स्वास्थ्य असमता, अपर्याप्त उपलब्धता, असमान पहुँच, खराब गुणवत्ता और महँगी सेवाओं का मुख्य कारक हैं। भारत में स्वास्थ्य पर सार्वजनिक व्यय लगभग एक दशक से जी.डी.पी. का लगभग 1.2 प्रतिशत ही रहा है। इसे भारत के प्रधानमंत्री और राष्ट्रपति द्वारा की गई वचनबद्धताओं को ध्यान में रखते हुए अगले पाँच वर्षों में जी.डी.पी. का 2.5 से 3 प्रतिशत तक करने की आवश्यकता है। इस प्रकार की आवश्यकता को ध्यान में रखते हुए प्राथमिक स्वास्थ्य देख-रेख के प्रावधान को शामिल करने के लिए सार्वजनिक व्यय के महत्त्वपूर्ण अनुपात को चिह्नित करना जरूरी है।

राज्य सरकारों की स्वास्थ्य देख-रेख की प्राथमिक जिम्मेदारी है और आज स्वास्थ्य पर कुल सार्वजनिक व्यय का लगभग दो-तिहाई हिस्सा राज्य सरकारों द्वारा वहन किया जाता है। यद्यपि इनका वित्तीय योगदान अपेक्षाकृत कम है, केंद्र सरकार के पास स्वास्थ्य के लिए अपने संसाधनों का प्रभावी ढंग से फायदा उठाने के लिए पर्याप्त अवसर होता है। राज्य सरकारों को वित्तीय संसाधनों को स्थानांतरित करने की नई और लचीली क्रियाविधियों को उन्नत स्वास्थ्य परिणामों के लिए पेश किया जाना जरूरी है। पूरे भारतीय राज्यों में सार्वजनिक व्यय के स्तरों में बड़े अंतर को एक समान करने के लिए स्वास्थ्य के लिए संसाधनों को लामबंद करने हेतु कई राज्यों की सामान्य अयोग्यता को दूर करने के तरीके के रूप में केंद्र-राज्य वित्तीय व्यवस्थाओं का पुन: निरीक्षण करना जरूरी है। ज्यादा लचीलेपन के लिए केंद्र सरकार को रोग नियंत्रण और अन्य कार्यक्रमों के बेहतर समन्वयन को सुनिश्चित करना चाहिए; आवश्यक आवश्यकताओं का निरीक्षण करना चाहिए और मुख्य कार्यक्रम

और परिणाम शर्तों द्वारा राज्य सरकारों को प्रोत्साहित करना चाहिए।

राज्य सरकारों को विभिन्न समूहों तथा समुदायों की स्वास्थ्य आवश्यकताओं को पूरा करने के लिए रणनीतियों को अनुकूलित करने की आवश्यकता होगी। एकरूप नीति को अपनाने से निहायत ही भिन्न संदर्भों और स्वास्थ्य दशाओंवाले देश में वांछित परिणाम उत्पन्न करना संभव नहीं है। शहरी गरीबों, जनजातीय समुदायों और उत्तर-पूर्व के पर्वतीय क्षेत्रों में रहनेवाले लोगों की स्वास्थ्य आवश्यकताओं को संबोधित करने के लिए अलग-अलग रणनीतियाँ बनाने की जरूरत है। इसी प्रकार उन स्वास्थ्य संबंधी मामलों को संबोधित करने के लिए समन्वित रणनीतियाँ विकसित करने की आवश्यकता है, जिन्हें अभी तक पूर्ण रूप से संबोधित नहीं किया गया है। राज्य सरकारों को सार्वत्रिक स्वास्थ्य कवरेज के लिए ब्लूप्रिंट तैयार करना चाहिए तथा पायलट कार्यक्रमों के जरिए इनका प्रयोग और नवीकरण शुरू करना चाहिए। स्वस्थ भारत के लिए रास्ता तैयार करके सीखना ही एकमात्र विकल्प है। अंतिम विश्लेषण में मजबूत राजनीतिक वचनबद्धता और प्रभावी प्रबंधन की अत्यंत आवश्यकता है, यदि भारत अपने नागरिकों के स्वास्थ्य को सुधारने के बारे में गंभीर है।

अनुशंसित पाठ

के. श्रीनाथ रेड्डी एवं अन्य, 'टूवाड्‌र्स अचिवमेंट ऑफ यूनिवर्सल हैल्थ केयर इन इंडिया बाई 2020 : अ कॉल टू एक्शन,' लंसेट 377 (26 फरवरी, 2011) : 760-68।

ए.के. शिव कुमार एवं अन्य, 'फाइनेंसिंग हैल्थ केयर फॉर ऑल : चैलेंजेज ऐंड अपार्चुनिटिज,' लंसेट 377 (19 फरवरी, 2011) : 668-79।

टिप्पणी

1. महत्त्वपूर्ण सांख्यिकी विभाग, महापंजीयक एवं जनगणना आयुक्त कार्यालय, गृह मंत्रालय, भारत सरकार, एस.आर.एस. बुलेटिन 48 (2) (सितंबर 2013), www.censusindia.gov.in/vital_statistics/SRS_Bulletins/SRS_Bulletin-September_2013.pdf.
2. महापंजीयक एवं जनगणना आयुक्त कार्यालय, गृह मंत्रालय, भारत सरकार, 'अ प्रजेंटेशन ऑन मैटरनल मार्टेलिटी लेवल्स (2010 12),' 7 जुलाई, 2011, www.censusindia.gov.in/vital_statistics/SRS_Bulletins/MMR_release_070711.pdf.
3. जनसंख्या विज्ञान संस्थान एवं मैक्रो इंटरनेशनल, नेशनल फेमिली हैल्थ सर्वे (एन.एफ.एच.एस.-3), 2005-06; भारत, अंक 1 (2007), www.measuredhs.com/pubs/pdf/FRIND3/00FrontMatter00.pdf.
4. पूर्वोक्त।
5. इंटरनेशनल डायबिटीज फेडरेशन, आई.डी.एफ. डायबिटीज एटलस, छठवाँ संस्करण (2013), 118, www.idf.org/sites/default/files/EN_6E_Atlas_Full_ 0.pdf.
6. महत्त्वपूर्ण सांख्यिकी विभाग, महापंजीयक एवं जनगणना आयुक्त कार्यालय, एस.आर.एस. बुलेटिन।
7. जनसंख्या विज्ञान संस्थान एवं मैक्रो इंटरनेशनल, नेशनल फेमिली हैल्थ सर्वे (एन.एफ.एच.एस.-3)
8. पूर्वोक्त।

9. जनसंख्या विभाग, संयुक्त राष्ट्र आर्थिक एवं सामाजिक मामला विभाग, सेक्स डिफरेंशियल्स इन चाइल्डहुड मार्टेलिटी, यूनाइटेड नेशंस पब्लिकेशन एस.टी./ ई.एस.ए./ एस.ई.आर.ए./ 314 (2011), www.idf.org/sites/default/files/EN_6E_Atlas_Full_0.pdf.

10. यूनाइटेड नेशंस चिल्ड्रेन फंड, द स्टेट ऑफ द वर्ल्ड्स चिल्ड्रेन 2013 : चिल्ड्रेन विद डिसएबिलिटीज (न्यूयॉर्क : यूनीसेफ, 2013), www.unicef.org/sowc2013/statistics.html.

11. महत्त्वपूर्ण सांख्यिकी विभाग, एस.आर.एस. बुलेटिन।

12. महापंजीयक एवं जनगणना आयुक्त कार्यालय, भारत सरकार, 'एस.आर.एस. बेस्ड अब्रिज्ड लाइफ टेबल्स 2003-07 टू 2006-10,' 2012, www.censusindia.gov.in/vital_statistics/SRS_Based/Cover_Page.pdf.

13. इंटरनेशनल इंस्टीट्यूट ऑफ पापुलेशन साइसेंज, डिस्ट्रिक्ट लेवल हाउसहोल्ड ऐंड फैसिलिटी सर्वे (डी.एल.एच.एस. 3)।

14. पूर्वोक्त।

15. परिवार एवं कल्याण मंत्रालय, भारत सरकार, 'कवरेज इवेलुएशन सर्वे 2009,' 2010, https://nrhm-mis.nic.in/frm_ces2009.aspx.

16. मीता चौधरी एवं एच.के. अमर नाथ, 'एन एस्टीमेट ऑफ पब्लिक एक्सपेंडिचर ऑन हैल्थ इन इंडिया,' राष्ट्रीय लोक वित्त एवं नीति संस्थान, मई 2012, www.nipfp.org.in/media/medialibrary/2013/08/health_estimates_report.pdf.

17. विश्व स्वास्थ्य संगठन, 'ग्लोबल हैल्थ एक्सपेंडिचर डेटाबेस,' http://apps.who.int/nha/database/StandardREport.aspx/ID=REP_WEB_MINI_ TEMPLATE_WEB_VERSION.

18. विश्व बैंक, वर्ल्ड डेटाबैंक, 'हैल्थ एक्सपेंडिचर, पब्लिक (प्रतिशत ऑफ टोटल हैल्थ एक्सपेंडिचर),' http://data.worldbank.org/indicator/SH.XPD.PUBL.

19. डेविड एच. पीटर्स, आब्दो एस. याजबैक, रश्मि आर. शर्मा, जी.एन.वी. रमन, लैंट एच. प्रिचेट, ऐंड एडम वैग्सटाफ, बेटर हैल्थ सिस्टम फार इंडियाज पुअर : फाइंडिंग्स. एनेलिसिस ऐंड ओपिनियंस, हैल्थ, न्यूट्रिशन ऐंड पापुलेशन सीरिज (वाशिंगटन डी.सी. : वर्ल्ड बैंक, 2002)।

20. पूर्वोक्त।

21. योजना आयोग, भारत सरकार, बारहवीं पंचवर्षीय योजना, अंक 3: सामाजिक क्षेत्र (2012), 1-46, http://plannincommission.gov.in/plans/planrel/ 12thplan/pdf/12fyp_vol3.pdf.

22. इन अंतरों पर विचार-विमर्श योजना आयोग द्वारा तैयार किए गए उत्तरवर्ती पंचवर्षीय योजना दस्तावेजों में प्राप्त किया जा सकता है।

23. सचिव (स्वास्थ्य) भारत सरकार, 'सार्वत्रिक कवरेज (यू.एच.सी.) पर एन.ए.सी. संस्तुतियाँ—उस तिथि तक प्रगति' राष्ट्रीय सलाहकार परिषद् को प्रस्तुतीकरण, नई दिल्ली, 29 नवंबर, 2013।

24. योजना आयोग, 'भारत के लिए सार्वत्रिक स्वास्थ्य कवरेज पर उच्च स्तरीय विशेषज्ञ रिपोर्ट।'

□

अध्याय-8

परिवहन के बुनियादी ढाँचे का आधुनिकीकरण

—राजीव लाल एवं ऋतु आनंद

बुनियादी सेवाएँ—बिजली, दूरसंचार, सड़कें, रेल, बंदरगाह तथा हवाई अड्डे—मजबूत, आधुनिक और दक्ष अर्थव्यवस्था के विकास के लिए महत्त्वपूर्ण होते हैं। परिवहन सेवाएँ उत्पादकता तथा प्रतिस्पर्धा के लिए महत्त्वपूर्ण हैं। नए क्षेत्रों में परिवहन के बुनियादी ढाँचा स्थापित करने से नौकरी उत्पन्न होती है तथा प्रगति होती है। उद्योग, व्यापार तथा पर्यटन के अवसर उत्पन्न होते हैं। परिवहन गरीबी को दूर करने में महत्त्वपूर्ण निर्धारक भी है। परिवहन की लागत को कम करते हुए तथा बाजार तक पहुँच आसान बनाते हुए सड़कों से किसानों को बेहतर कीमत तथा ऋण की उन्नत सुलभता मिल सकती है, जिससे ग्रामीण आबादी द्वारा ज्यादा उत्पादनकारी निवेश करना आसान होता है। वे नौकरी, शिक्षा और स्वास्थ्य केंद्रों तक बेहतर पहुँच भी प्रदान करते हैं।

भारत में सन् 1990 से परिवहन के बुनियादी ढाँचे के विकास की प्रगति में उल्लेखनीय तेजी दिखाई दी। मंद वृद्धि के चार दशकों के बाद राष्ट्रीय राजमार्ग को नाटकीय ढंग से विस्तृत किया गया। सन् 1991 में 34,000 किलोमीटर सड़कों से बढ़कर सन् 2011 में 71,000 किलोमीटर सड़कें हो गईं। इस अवधि में माल ढुलाई में वृद्धिशील प्रगति हुई।[1] लेकिन ग्रामीण भारत की सड़कों के बुनियादी ढाँचे में सुधार विशेष रूप से ध्यान देने योग्य हैं। सन् 2001 से लगभग 4,00,000 किलोमीटर सड़कों का पूरे भारत में 85,000 से ज्यादा छोटे ग्रामीण गाँवों या बस्तियों तक हर मौसम में पहुँच प्रदान करने के लिए निर्माण किया गया है। इनमें से बहुत ज्यादा विस्तार उल्लेखनीय रूप से सफल प्रधानमंत्री ग्राम सड़क योजना (PMGSY) कार्यक्रम के तत्त्वधान में किया गया, जो शेष 57 प्रतिशत असंबद्ध पात्र बस्तियों को जोड़ने के लिए सन् 2000 में शुरू की गई केंद्र सरकार द्वारा प्रायोजित एक योजना थी। इसके अतिरिक्त, देश के बंदरगाह और हवाई अड्डों के बुनियादी ढाँचों में भी तेजी से प्रगति हुई है। पिछले दशक में भारत की समुद्री माल ढुलाई क्षमता 2.5 गुना से ज्यादा बढ़ गई है। इसी अवधि में इसका हवाई माल ढुलाई यातायात प्रतिवर्ष 8 प्रतिशत की दर से बढ़ा है और घरेलू हवाई यात्री यातायात 14 प्रतिशत प्रतिवर्ष की दर से बढ़ा है। रेल के बुनियादी ढाँचे का विस्तार धीमा रहा है, जबकि

रेलवेज द्वारा ढोए जानेवाले यातायात में महत्त्वपूर्ण ढंग से वृद्धि हुई है। रेल यात्री और माल यातायात वर्ष 2001 से लगभग 8 प्रतिशत की वार्षिक दर से बढ़ा है, जिससे वर्ष 2011 में भारतीय रेलवे 979 अरब यात्री किलोमीटर के साथ विश्व का सबसे बड़ा रेल यात्री वाहक बन गया तथा 626 अरब कुल टन किलोमीटर के साथ चौथा सबसे बड़ा रेल माल वाहक बन गया।[2]

भारत के परिवहन के बुनियादी ढाँचे का सामना किए जानेवाले बुनियादी मामले

दो सबसे ज्यादा प्रभावित मामले, जिन्हें संबोधित करना आवश्यक है, वे परिवहन मॉडल मिश्रण का गंभीर रूप से अदक्ष तथा एकतरफा ढाँचा और तीव्र समग्र परिवहन क्षमता बाध्यताएँ और प्रभावी इंटरमॉडल और मल्टीमॉडल परिवहन कनेक्टिविटी की अनुपस्थिति है।

परिवहन मॉडल मिश्रण में असंतुलन

कई सालों से भारत का परिवहन मॉडल मिश्रण प्रगतिशील ढंग से सड़क यातायात के पक्ष में झुका है। माल परिवहन में रेलवेज का हिस्सा सन् 1951 में 89 प्रतिशत से तेजी से गिरकर सन् 2000–2008 में 36 प्रतिशत रह गया; उसी समय सड़क पर माल यातायात का हिस्सा 50 प्रतिशत से ज्यादा बढ़ गया।[3] यात्री परिवहन की भी इसी तरह वृद्धि हुई है। सेवा की खराब गुणवत्ता अत्यंत क्षमतावाली भीड़-भाड़ और बहुत ज्यादा रेल माल शुल्क से अत्यंत खराब हो गई, जिससे यातायात रेलवेज से दूर हो गया। भारत का रेल माल शुल्क विश्व का सबसे ज्यादा शुल्क है! यह इसलिए है, क्योंकि माल राजस्व का इस्तेमाल बहुत ज्यादा छूट प्राप्त प्रति-सब्सिडीयुक्त और राजनीतिक रूप से संचालित यात्री रेल शुल्कों में किया जाता है। भारत में यात्री शुल्क चीन की अपेक्षा एक-चौथाई, रूस की अपेक्षा एक-नौंवा और जापान की अपेक्षा लगभग एक-बीसवाँ हिस्सा है। क्रय शक्ति क्षमता में वह चीन से केवल 37 प्रतिशत शुल्क, रूस से 15 प्रतिशत और जापान से 11 प्रतिशत कम है।[4] इस बीच माल शुल्क भारत में सबसे ज्यादा है। उदाहरण के तौर पर, चीन में शुल्क भारत का 72 प्रतिशत है तथा क्रय शक्ति क्षमता से समंजित करने पर 58 प्रतिशत है।[5]

भारत के माल यातायात का एक बहुत बड़ा हिस्सा लंबी दूरी तक परिवहन किया जाता है और इसमें थोक सामग्री शामिल होती है। इसे सड़क से परिवहन करने की अपेक्षा रेल से परिवहन करना ज्यादा सस्ता तथा पर्यावरण के अनुकूल होगा। दुर्घटना लागत को मिलाकर रेल परिवहन की इकाई लागत भी कम है। यह अनुमान लगाया जाता है कि भारत की परिवहन ढाँचा लागत का झुका हुआ इंटरमॉडल मिश्रण से देश को सकल घरेलू उत्पाद के 4.5 प्रतिशत के बराबर है।[6] माल परिहवन में रेल की हिस्सेदारी को कम-से-कम 50 प्रतिशत तक बढ़ाना जैसा चीन और अमेरिका के केस में है, नई सरकार की रणनीतिक प्राथमिकता होनी चाहिए और रेलवे की क्षमता में एक बड़ा विस्तार होगा।

बोझ क्षमता और कम क्षमता

यह बड़े पैमान पर आम सहमति बनी है कि अपर्याप्त बुनियादी ढाँचा अर्थव्यवस्था पर भारी है। यह आकलन है कि भारत की सकल घरेलू उत्पाद वृद्धि दर दो प्रतिशत ज्यादा हो सकती है,

यदि बुनियादी ढाँचे की बाधाएँ दूर कर दी जाएँ। कुल मिलाकर परिवहन बुनियादी ढाँचे का सुधार और विस्तार बढ़ती हुई माँग के अनुसार नहीं हुआ है। बुनियादी ढाँचे के शीर्ष पर रेल, सड़कों, बंदरगाहों और हवाई अड्डों में अपर्याप्त सरकारी निवेश रहा है, जो प्रत्येक चरण में बड़े पैमाने पर देरी से त्रस्त है। मार्च 2013 को केंद्र सरकार की सभी बड़ी बुनियादी ढाँचा परियोजनाओं (अर्थात् रु. 150 करोड़ से ज्यादा लागतवाली) में से लगभग आधी परियोजनाएँ अपनी निर्धारित अवधि से पीछे चल रही थीं। इनमें से कई परियोजनाएँ परिवहन क्षेत्र की थीं, विशेष रूप से 60 प्रतिशत सड़क परिवहन और राजमार्ग परियोजनाएँ देरी से चल रही थीं और 30 प्रतिशत रेल परियोजनाओं में देर हो रही थी, लेकिन सभी रेल परियोजनाओं की अवधि तथा लागत दोनों सड़क परियोजनाओं के केस की अपेक्षा बहुत ज्यादा थी।[7] देरी होने के कई कारण हैं, जिनमें भूमि अधिग्रहण, पुनर्वास और इस परियोजना से प्रभावित लोगों के पुनर्वास, उपयोगिताओं के स्थानांतरण और मंजूरी प्राप्त करने, विशेषकर पर्यावरण मंजूरी प्राप्त करने में मुश्किलें शामिल हैं। इनके अतिरिक्त कई रेल परियोजनाओं को बिना पर्याप्त फंड की व्यवस्था के शुरू कर दिया गया है। इस प्रकार की व्यापक निर्माण देरी से केवल परियोजना के पूरा होने की लागत ही नहीं बढ़ जाती है, बल्कि अधिक बोझ-वाली क्षमता की बिगड़ती हुई हालत और ज्यादा बिगड़ जाती है तथा इससे जुड़ी अतिरिक्त लागत से अर्थव्यवस्था की प्रतिस्पर्धा पर गंभीर निहितार्थ शामिल है।

भारत के पास प्रभावपूर्ण ढंग से सड़कों का विशाल नेटवर्क है, जिसमें राष्ट्रीय और राज्य राजमार्ग, जिला और ग्रामीण सड़कें शामिल हैं; लेकिन इनकी गुणवत्ता और रख-रखाव भिन्न-भिन्न हैं। सड़कें निहायत असुरक्षित हैं तथा उनकी क्षमता कम है। सालों से मुख्य लक्ष्य कनेक्टिविटी को बढ़ाना तथा नई सड़कों को बनाने का रहा है और हाल ही में राष्ट्रीय राजमार्ग विकास कार्यक्रम से तेज गतिवाली चौड़ी सड़कों के लिए ट्रंक मार्गों पर क्षमता बढ़ाने का ठोस प्रयास किया जा रहा है।

राष्ट्रीय राजमार्ग, जिनपर कुल सड़क यातायात का लगभग 40 प्रतिशत यातायात दौड़ता है, सड़क नेटवर्क का सिर्फ 2 प्रतिशत ही है।[8] अभी भी देश के 25 प्रतिशत राष्ट्रीय राजमार्ग ही चार लेन या उससे ज्यादा लेन के हैं और आवश्यक गुणवत्ता मानकों को पूरा करते हैं।[9] अपर्याप्त राजमार्गों तथा सुलभ-नियंत्रित एक्सप्रेस-वे के परिणामस्वरूप भारतीय सड़कों पर चलनेवाले ट्रकों की औसत गति बहुत ही खराब लगभग 20 किलोमीटर प्रति घंटा आकलित है।[10] अंतरराज्यीय तथा राज्य से बाहर के चेकिंग स्थलों और टोल बूथों पर देरी होने से कुल यात्रा समय में 25 प्रतिशत की वृद्धि हो जाती है। इन सभी कारकों के कारण विकसित देशों में 700-800 किलोमीटर प्रतिदिन की अपेक्षा भारत में ट्रक प्रतिदिन अधिकतम 250-400 किलोमीटर की दूरी तय करते हैं।[11] राष्ट्रीय राजमार्गों पर भीड़ का भी सड़क सुरक्षा में तेजी से कमी के प्रति योगदान है। भारत में सड़क दुर्घटनाएँ पूरे विश्व के आँकड़ों का 10 प्रतिशत हैं, यद्यपि भारत का पूरे विश्व के सड़क बेड़े का केवल 1 प्रतिशत हिस्सा है।

इसी प्रकार, पूरे देश में चारों मुख्य महानगरीय क्षेत्रों एवं पूर्व-पश्चिम कोणों को को जोड़नेवाले रेलवेज के ट्रंक मार्ग पूरी तरह से भरे हुए हैं। ये मार्ग भारतीय रेलवे के ट्रैक नेटवर्क का 60 प्रतिशत हिस्सा कवर करते हैं, लेकिन 50 से 60 प्रतिशत रेल यात्री और माल यातायात ढोते हैं। स्थिति बहुत ही खराब है, क्योंकि भारतीय रेल प्रणाली का मिश्रित प्रयोग होता है, साझा नेटवर्क पर यात्री ट्रेनों

की अपेक्षा मालवाहक ट्रेनों के संचालन को कम प्राथमिकता दी जाती है।[12] इसके परिणामस्वरूप भारत में मालवाहक ट्रेन की औसत गति 25 किलोमीटर प्रति घंटा है, जो अमेरिका की मालवाहक ट्रेनों की गति की लगभग आधी है।[13]

जबकि भारत में बंदरगाह की क्षमता 1.25 अरब टन तक हो गई है, केंद्र सरकार के अधीन 12 मुख्य बंदरगाहों में से अधिकांश भीड़भाड़वाले हैं, जिनकी 70 प्रतिशत अंतरराष्ट्रीय औसत की तुलना में लगभग 90 प्रतिशत औसत बर्थ उपयोग दर है और सिंगापुर में एक दिन की अपेक्षा इसका औसत प्रतिवर्तन काल 4.4 दिन है।[14] राज्य सरकारों के अधिकार क्षेत्र में निजी स्वामित्ववाले 'गैर-मुख्य या छोटे बंदरगाहों' की स्थिति बहुत ज्यादा खराब है।

हवाई मालवाहक परिवहन भी इसी प्रकार की बाध्यताओं से पीड़ित है। अधिकांश हवाई अड्डे केंद्र सरकार के नियंत्रण में होते हैं, जिनमें मालवाहक यातायात के संचालन की योजना नहीं है। इसके परिणामस्वरूप भारतीय हवाई अड्डों की क्षमता कम है, जहाँ अग्रणी वैश्विक हवाई अड्डों में चार से बारह घंटे के समय की तुलना में तीन से पाँच दिन का समय लगता है। इसका अधिकांश समय सीमा शुल्क निकासी में चला जाता है।

मुख्य बात यह है कि बुनियादी ढाँचों की माँग और आपूर्ति में भारी अंतर के कारण भारतीय अर्थव्यवस्था पर नकारात्मक प्रभाव पड़ रहा है। आगे योजना आयोग के अनुसार प्रत्येक दशक में भारत के बुनियादी ढाँचे की क्षमता आवश्यकता दुगुनी होने का अनुमान है। बारहवीं पंचवर्षीय योजना में सन् 2012 से सन् 2017 के बीच बुनियादी ढाँचे में कुल निवेश रु. 50 लाख करोड़ की माँग की गई, जिसमें से लगभग 40 प्रतिशत परिवहन क्षेत्र के लिए निर्धारित किया गया। थोक वस्तुओं के परिवहन की परिवहन प्रणाली में भारी माँग होने का अनुमान है, जिसके लिए रेल और अन्य साधनों में बहुत ज्यादा क्षमता बढ़ाने की आवश्यकता है, विशेष रूप से कोयले को खानों से बंदरगाहों तक तथा बिजली उत्पन्न करनेवाले प्लांटों तक परिवहन करने के लिए पर्याप्त निवेश की जरूरत होगी। इस प्रकार के निवेश के बिना देश की ऊर्जा सुरक्षा को सुनिश्चित नहीं किया जा सकता है।

निजी भागीदारी : क्षमता विस्तार के लिए जरूरी

कुछ उल्लेखनीय अपवादों जैसे ग्रामीण सड़कों के केस में प्रधानमंत्री ग्राम सड़क योजना, को छोड़कर बुनियादी ढाँचे के निर्माता और संचालक के रूप में सरकार का संपूर्ण प्रदर्शन निराश करनेवाला रहा है। गंभीर राजकोषीय बाध्यताओं के कारण सरकार ने बुनियादी ढाँचे में कम निवेश किया है। और इसकी घटती हुई प्रबंधकीय क्षमता ने स्वतंत्रता के समय से पंचवर्षीय योजना में स्थातिप लक्ष्यों को पूरा करने में व्यवस्थित रूप से असफलता को बढ़ावा दिया है। आंशिक रूप से त्रुटि और आंशिक रूप से सचेतन नीति के रूप में निजी क्षेत्र पिछले पंद्रह सालों में देश के बुनियादी ढाँचे के विकास में महत्त्वपूर्ण खिलाड़ी के रूप में उभरा है। ग्यारहवीं पंचवर्षीय योजना (2007-2012) की अवधि में भारत ने बुनियादी ढाँचे में लगभग रु. 20 लाख करोड़ का निवेश किया है, जिसमें से 35 प्रतिशत से ज्यादा निवेश निजी रूप से विकसित परियोजनाओं में किया गया है। वास्तव में यदि बुनियादी ढाँचे के विकास में निजी सहभागिता न होती तो ग्यारहवीं

योजना काफी हद तक अपनी क्षमता सृजन लक्ष्यों में असफल हो गई होती।

जबकि यह अच्छी तरह से ज्ञात है कि भारत में मोबाइल दूरसंचार, जो निजी क्षेत्र द्वारा संचालित है, बहुत ज्यादा सफल और व्यापक रहा है। अत: अन्य बुनियादी ढाँचा क्षेत्रों में निजी क्षेत्र के पदार्पण की तीव्रता भी महत्त्वपूर्ण है। परिवहन क्षेत्र, रेलवे को छोड़कर, में मुख्य रूप से निर्माण-संचालन-स्थानांतरण रियायतों के माध्यम से निजी क्षेत्र की बहुत ज्यादा भागीदारी है। इन योजनाओं के तहत रियायत पालेवाला बुनियादी ढाँचे को विकसित होने के लिए डिजाइन, निर्माण, संचालन और वित्तपोषण करने के लिए जिम्मेदार होता है, यद्यपि सरकार व्यावहारिकता अंतर वित्तपोषण के रूप में परियोजना की कुल लागत का 40 प्रतिशत प्रदान कर सकती है। हालाँकि रियायत पानेवाला व्यक्ति सम्मत उपयोगिता शुल्कों को एकत्र और प्रतिधारित करता है, अत: वह सभी जोखिमों को भी सहता है, जिसमें निर्माणात्मक, संचालनात्मक और वाणिज्यिक जोखिम शामिल हैं। राज्य सरकारों के अधिकार क्षेत्रवाले छोटे बंदरगाहों ने वर्ष 2002 में भारत के 26 प्रतिशत समुद्री थोक माल और 25 प्रतिशत कंटेनर कार्गो यातायात का संचालन किया। आज वे बंदरगाह, जिनकी राज्य सरकारों के साथ दीर्घकालीन रियायत अनुबंधों द्वारा आवश्यक रूप से निजी तरीके से व्यवस्था की जाती है, वे 42 प्रतिशत थोक कार्गो तथा 85 प्रतिशत कंटेनर यातायात का संचालन करते हैं और वे इतने दक्ष हैं, जितने सिंगापुर और एंटवर्प के बंदरगाह हैं। भारत के 60 प्रतिशत यात्री हवाई यातायात और 70 प्रतिशत कार्गो हवाई यातायात अब निजी क्षेत्र द्वारा ही संचालित होते हैं, क्योंकि छह बड़े हवाई अड्डे, जिसमें चार मुख्य महानगरीय क्षेत्रों को कवर करनेवाले हवाई अड्डे भी शामिल हैं, पिछले दशक से निजी रियायत के तहत संचालित होना शुरू हो गए हैं। भारतीय सड़क क्षेत्र यकीनन विश्व के सबसे बड़े जारी सार्वजनिक-निजी भागीदारी (PPP) कार्यक्रम में शामिल है। केंद्र सरकार के नेतृत्ववाले राष्ट्रीय राजमार्ग विकास कार्यक्रम के तहत पिछले दशक में पूरी की गई 17,500 किलोमीटर की लगभग 40 प्रतिशत नई सड़कें तथा लेन निर्माण-संचालन-स्थानांतरण रियायतों के रूप में संचालित हैं। सन् 2005 से राजमार्ग कार्यक्रम के तहत सड़कों के चौड़ीकरण के लिए आश्चर्यजनक 83 प्रतिशत ठेके पी.पी.पी. के रूप में दिए गए हैं।

भारत के बुनियादी ढाँचे में निजी भागीदारी केवल कम समय में ही किए गए योगदान तथा परिसंपत्ति सृजन के लिए ही उल्लेखनीय नहीं है, बल्कि इसने गुणवत्ता और सेवा वितरण में सुधार भी किया है।

यद्यपि यह कार्य देर से शुरू किया गया है। अब भारत निजी भागीदारी के विरुद्ध प्रतिक्रिया से जूझ रहा है, जिसे बरदाश्त करना दूभर हो सकता है। बुनियादी ढाँचे में निवेश जबरदस्त तरीके से कम हो गया है। अन्य चीजों के अलावा इस कमी का कारण जटिल भूमि अधिग्रहण और पर्यावरण मंजूरी प्रक्रियाएँ हो सकती हैं। इन प्रक्रियाओं के कारण निर्माण में देरी और इसके परिणामस्वरूप लागत में बढ़ोतरी, विनियामक अनिश्चितताएँ, ज्यादा वित्तपोषण लागत और आक्रामक निविदा और ऋण संचय है, जिसने ठेकेदार के वित्तीय स्वास्थ्य को कमजोर बना दिया है। बहुत ज्यादा संख्या में अनुबंधात्मक विवाद भी निजी डेवलपरों और कई सरकारी एजेंसियों के बीच लंबित हैं। डेवलपर नई परियोजनाओं में निविदा नहीं डालना चाहते हैं, क्योंकि उनकी बहुत ज्यादा पूँजी

फँसी हुई है। ऋणदाता ऐसी परियोजनाओं के लिए फंड देने में अत्यंत सतर्क हो गए हैं, जिनको अभी मंजूरी मिलना बाकी है तथा उनकी अग्रिम इक्विटी आवश्यकताएँ बढ़ी हुई हैं। इन सभी कारणों से बुनियादी ढाँचा क्षेत्र में प्रगति नहीं हो पा रही है। यदि बुनियादी ढाँचे के विकास में निजी खिलाड़ियों की भूमिका को स्थायी रूप से रास्ते पर लाना है तो पिछले दशक से ली गई महत्त्वपूर्ण सीखों को अमल में लाने की जरूरत है।

सार्वजनिक-निजी भागीदारी : बहुत ज्यादा, बहुत जल्दी?

राष्ट्रीय राजमार्ग, केंद्र और राज्य सरकारों के बंदरगाहों और हवाई अड्डों में क्षमता विस्तार के आधार सार्वजनिक–निजी भागीदारी में परोक्ष रूप से ठहराव आ गया है। क्यों? संक्षेप में सरकार की संस्थागत, प्रशासनिक और विनियामक क्षमता निजी क्षेत्र के बुनियादी ढाँचे के क्षेत्र में विपुल और प्राय: अति महत्त्वाकांक्षी लक्ष्य के साथ तालमेल नहीं बिठा पा रही है। पी.पी.पी. द्वारा बुनियादी ढाँचे के विकास में परियोजनाओं के सरकारी कार्यान्वयन की अपेक्षा सरकार द्वारा ज्यादा परिष्कृत प्रबंधन और निगरानी की जरूरत होती है। इसके लिए सरकारी एजेंसियों में जटिल अनुबंधों को ढाँचा प्रदान करने तथा पारदर्शी निविदा प्रक्रियाओं की व्यवस्था करने की जरूरत होती है, जो निजी भागीदारों के लिए एक स्तर सुनिश्चित करते हैं। इसमें प्रदर्शन की निगरानी करने तथा निजी संचालकों द्वारा किसी भी तरह के दुरुपयोग को रोकने के लिए एक मजबूत विनियामक पर्यवेक्षण की भी जरूरत होती है। सरकारी निर्णय की पारदर्शिता, विनियामक ढाँचा की अनुमानता तथा स्थिरता और स्वीकृतियों और विवाद के समाधान की गति और निष्पक्षता बहुत ही महत्त्वपूर्ण है। इन सभी क्षेत्रों में अनिश्चितता से कई वर्तमान समस्याएँ और चुनौतियाँ उत्पन्न हुई हैं।

सरकारी तैयारी की कमी : परियोजनाओं को शुरू करने की जल्दबाजी में सरकार योग्यता मानकों के साथ समझौता करती है तथा प्राय: उन परियोजनाओं की बोली लगती है, जो पूरी तरह से तैयार ही नहीं हुई हैं। उदाहरण के तौर पर, भारतीय राष्ट्रीय राजमार्ग प्राधिकरण ने आवश्यक भूमि के कुछ हिस्से के उपलब्ध होने और अभारित की दशा में ही परियोजनाओं की निविदा जारी कर दी। बाद में भूमि अधिग्रहण की समस्याओं से बहुत ज्यादा संख्या में सड़क परियोजनाओं की आरंभ तिथि में देर हो गई तथा प्रतिकूलत: उनकी व्यवहार्यता प्रभावित हुई। वास्तव में भूमि अधिग्रहण प्रगतिशील रूप से कठिन हो गया है और राजमार्ग प्राधिकरणों एवं सड़क रियायतप्राप्त व्यक्तियों के बीच विवादों का मुख्य कारण बन गया है।

कष्टदायक बहु एजेंसी मंजूरी प्रक्रिया : भारत में बुनियादी ढाँचों के लिए असंख्य परमिट में से पर्यावरण मंजूरी सड़क एवं बंदरगाह परियोजनाओं के लिए सबसे ज्यादा बोझिल है। इन मंजूरियों को प्राप्त करने में बहुत ज्यादा समय नष्ट होता है, क्योंकि इनमें सरकार के विभिन्न स्तरों पर पूरा करना होता है। हितधारक की संलग्नता और समुदाय की भागीदारी आवश्यकताओं के कारण इनका निर्गमन भी अनिश्चित होता है, जो ऐसी प्रक्रिया है कि जिसे स्थानीय राजनीतिक हितों द्वारा प्रताड़ित किया जा सकता है, यहाँ तक कि सामान्य मामले जैसे सामानों को स्थानांतरित करने के लिए स्थानीय मंजूरी भी स्थानीय नौकरशाही के दलदल में फँस जाती है।

समन्वयन असफलता : सरकारी एजेंसियों में एकीकृत योजना तथा समन्वित कार्यान्वयन

की कमी का कई निजी क्षेत्र की परिवहन परियोजनाओं विशेष रूप से बंदरगाह क्षेत्र परियोजनाओं की वाणिज्यिक व्यावहारिकता पर प्रभाव पड़ता है। कई निजी बंदरगाहों की दक्षता बड़ी सड़क या रेल परिवहन मुख्य मार्गों से खराब संपर्क के कारण कम हो गई है। संपर्क मार्गों की सामान्य ढंग से योजना नहीं बनाई गई। इसी प्रकार, सीमा-शुल्क प्रशासन के प्रति अपर्याप्त ध्यानाकर्षण से बंदरगाहों पर भीड़ बनी रहती है, क्योंकि अतिरिक्त क्षमता की जरूरत पड़ती है। विखंडन और अतिव्यापी जिम्मेदारियों के कारण जवाबदेही धूमिल हो गई है और कतारबद्ध स्वीकृतियों में बहुत ज्यादा देर होती है।

विखंडित विनियमन : परिवहन में विनियामक पर्यवेक्षण असमान है। कभी-कभी यह अतिव्यापन अधिकारक्षेत्र के साथ कई एजेंसियों में फैला होता है और कभी-कभी यह कुछ संस्थाओं में ही लागू होता है। उदाहरण के तौर पर, बड़े बंदरगाहों के लिए शुल्क प्राधिकरण द्वारा शुल्क विनियमन केवल बड़े बंदरगाहों के लिए ही लागू होता है, अत: बड़े बंदरगाहों में संचालन करनेवाले निजी रियायतग्राही प्रतिस्पर्धात्मक असुविधा एवं छोटे बंदरगाहों के संचालकों के कारण समाप्त हो रहे हैं, क्योंकि वे शुल्क लगाने के लिए स्वतंत्र हैं। इस असमान व्यवस्था के कारण कई बड़े बंदरगाहों की बाजार की साझेदारी छोटे बंदरगाहों की अपेक्षा तेजी से घट रही है।

विनियामक अनिश्चितता : नीति और विनियामक आधारतंत्र में पूर्वव्यापी और पूर्वप्रभावी बदलावों ने निजी निवेशकर्ताओं को भ्रमित सिग्नल भेजे हैं। उदाहरण के तौर पर, हवाई अड्डा क्षेत्र में सन् 2009 में सभी चार बड़े हवाई अड्डे रियायतग्राहियों को ठेका देने के बाद एयरपोर्ट इकोनॉमिक रेग्युलेटरी अॅथारिटी नामक विनियामक इकाई की स्थापना की गई। यह एजेंसी अब इन हवाई अड्डों के लिए शुल्क आधार का संशोधन कर रही है, जो स्पष्ट रूप से उनके वित्तीय प्रदर्शन को प्रभावित करती है।

हित का संघर्ष : सार्वजनिक और निजी क्षेत्र के बीच इंटरफेस से एक जटिल स्थिति उत्पन्न हो गई है, विशेष रूप से उस जगह पर, जहाँ सार्वजनिक क्षेत्र निकाय कार्यान्वयन एजेंसी है। उदाहरण के तौर पर, राजमार्ग विकास के केस में, सड़क परिवहन मंत्रालय और नीति निर्माण के लिए जिम्मेदार राजमार्गों तथा भारतीय राष्ट्रीय राजमार्ग प्राधिकरण के बीच पर्याप्त दूरी नहीं है, जिसकी वजह से भारतीय राष्ट्रीय राजमार्ग प्राधिकरण राजनीतिक दबाव में रहता है। इसके अतिरिक्त भारतीय राष्ट्रीय राजमार्ग प्राधिकरण हस्ताक्षरकर्ता तथा पी.पी.पी. समझौतों के पर्यवेक्षण के लिए जिम्मेदार है, क्योंकि राजमार्ग प्राधिकरण एक हितबद्ध पक्ष है, जो अपने संविदात्मक दायित्वों को पूरा नहीं कर सकता है जैसे यह सुनिश्चित होते हुए कि सीधा रास्ता बाधाओं से मुक्त है, वह अपने पर्यवेक्षण कर्तव्यों को निष्पक्ष तरीके से संपादित नहीं कर सकता है। इस परिदृश्य में व्यथित निजी संचालक के पास फास्ट ट्रैक विवाद समाधान का रास्ता नहीं होता है। यह लंबित विवादों की विशाल संख्या में परिलक्षित होता है।

निविदा में जोड़-तोड़ और अन्य दुरुपयोग : निजी क्षेत्र निर्दोष नहीं रहा है। सड़क क्षेत्र में निजी रियायतग्राही की अपनी निर्माण कंपनियों के साथ परियोजना लागतों को बढ़ा-चढ़ाकर बताने की प्रवृत्ति होती है और उसके बाद वे अपने वास्तविक इक्विटी योगदान के अग्रिम की आपूर्ति करने के लिए ऋण वित्त प्रबंध का प्रयोग करते हैं। हवाई अड्डे तथा मेट्रो परियोजनाओं

के केस में प्रयोग की गई दूसरी तकनीक रियायत प्राप्त करने के लिए आक्रामक तरीके से निविदा करना है, उसके बाद रियायत देनेवाले प्राधिकारी पर मूल समझौते के कुछ पहलुओं पर फिर से बातचीत करने या फिर से व्याख्या करने के लिए दबाव डाला जाता है।

अनुबंध डिजाइन में अशक्तता : कई केसों में अनुबंध शिथिल तरीके से डिजाइन किए गए हैं, जो रियायत देनेवाले प्राधिकारी और रियायतग्राही की तरफ से पुन: व्याख्या पर विवेकाधिकार के लिए अवसर प्रदान करते हैं। सड़कों के केस में सरकार का दृष्टिकोण निर्विवाद मॉडल अनुबंधात्मक समझौतों पर भरोसा करने का रहा है, जिसमें फार्मूलाबद्ध शुल्क स्थापन क्रियाविधि शामिल है, जबकि इन समझौतों से दुरुपयोग उत्पन्न होता है, जो विस्तृत रूप से लिखे गए अनुबंधों से उत्पन्न हो सकता है, वे सही मायने में अनपेक्षित परिस्थितियों के सामने शायद बहुत कठोर साबित होते हैं।

ये सभी मामले महत्त्वपूर्ण रूप से ग्रीनफील्ड बुनियादी ढाँचा परियोजनाओं के कार्यान्वयन जोखिम में शामिल हो गए हैं। इनके कारण बहुत ही कीमती देरी हो रही है, जिससे निजी निवेशकों का प्रतिलाभ घट रहा है और ऋण फाइनेंसरों की परिसंपत्ति गुणवत्ता भी घट रही है। सबसे ज्यादा महत्त्वपूर्ण यह है कि सरकार और निजी पक्षों के बीच विश्वास में कमी आ रही है। जब तक इस स्थिति को संबोधित करने के लिए तुरंत और व्यावहारिक उपाय नहीं किए जाते हैं, तब तक यह सुनिश्चित करने के लिए आवश्यक पैमाने पर भाग लेने के लिए निजी क्षेत्र को प्रेरित करना कठिन होगा कि भारत परिवहन बुनियादी ढाँचे की क्षमता के विस्तार के लिए अपने लक्ष्य को पूरा करता है।

भारतीय रेलवे का सुधार : एक सामरिक जरूरत

देश के इंटरमॉडल परिवहन मिश्रण में गंभीर असंतुलन को संबोधित करने के लिए भारतीय रेलवे में नए प्राण डालना बहुत जरूरी है। अन्य परिवहन क्षेत्रों में गतिविधि की उग्र गति के विपरीत रेलवे क्षेत्र में शायद ही सुधार शुरू हुआ हो। भारतीय रेलवे तीन मूलभूत चुनौतियों का सामना कर रहा है—गंभीर क्षमता और संसाधन की कमी, सामाजिक एवं वाणिज्यिक उद्देश्यों के बीच भ्रम और संगठनात्मक शिथिलता।

क्षमता और संसाधन की कमी

भारतीय रेलवे की क्षमता और संसाधनों की कमी का मुख्य कारण इसकी सेवाओं की कीमत निर्धारण का तरीका है। यात्री ट्रेन नेटवर्क क्षमता का लगभग 65 प्रतिशत इस्तेमाल करती है, लेकिन राजस्व में 30 प्रतिशत से भी कम योगदान करती है।[15] बहुत ज्यादा रियायती यात्री रेल किराया, सन् 2002 से सन् 2012 तक अपरिवर्तित रहा है और इसके परिणामस्वरूप राजस्व के नुकसान से भारतीय रेलवे गंभीर रूप से संसाधनहीन है। भारतीय रेलवे की बचत करने में अयोग्यता तथा सरकार की संपूर्ण वित्तीय बाधाओं के परिणामस्वरूप रेल में व्यवस्थित निवेश की कमी है। परिवहन व्यय के हिस्से के रूप में रेलवे पर व्यय सातवीं योजना (1985-1990) में 56 प्रतिशत से धीरे-धीरे गिरकर ग्यारहवीं योजना (2007-2012) में 30 प्रतिशत रह गया।[16]

सामाजिक एवं वाणिज्यिक उद्देश्यों के बीच भ्रम

जबकि सरकार भारतीय रेलवे का वाणिज्यिक तथा वित्तीय रूप से एक आत्मनिर्भर संस्था के रूप में संचालन करने की अपेक्षा करती है, नई दिल्ली इसका महत्त्वपूर्ण सार्वजनिक वस्तु जैसे दूरदराज के अलाभकारी स्थानों से कनेक्टिविटी, सब्सिडीयुक्त यात्री सेवाएँ और आवश्यक वस्तुओं का कम कीमत पर परिवहन के साधन के रूप में इस्तेमाल करने का विरोध नहीं कर सकती है। इन गतिविधियों से गंभीर समस्याएँ उत्पन्न होती हैं। इसने केंद्र या राज्य सरकार के बजट से बिना क्षतिपूर्ति के अलाभकर क्षमता विस्तार (अलाभकारी लाइनों का निर्माण), (क्षमता की कमियों को दूर करने या संचालनों को सुधारने की बजाय कई असमान परियोजनाओं के रूप में) परियोजना कार्यान्वयन में फोकस की कमी और खराब लागत प्रबंधन (संसाधनों को बहुत ज्यादा परियोजनाओं में फैला दिया गया है, जिससे समय और लागत बहुत ज्यादा खर्च होती है) को बढ़ावा मिला है।

संगठनात्मक शिथिलता

भारतीय रेलवे 1.3 लाख से भी ज्यादा कर्मचारियों के साथ अखंड विभागीय रूप से व्यवस्थित विशाल संस्था है, जिसका उत्पादकता स्तर सुधरने के बावजूद अभी भी अंतरराष्ट्रीय मानकों से बहुत नीचे है। प्रत्येक विभाग में अलग संवर्ग हैं। इससे सामरिक सामंजस्य कम है और संसाधनों के लिए आपसी संघर्ष को बढ़ावा मिलता है। कई विशेषज्ञ समितियों ने संचालनों से नीति को अलग करके, विभागों को लाभ एवं लागत केंद्रों से व्यवसाय लाइनों में पुनर्व्यवस्थित करके तथा मुख्य व्यवसाय क्षेत्रों पर फोकस करके रेलवे बोर्ड और क्षेत्रीय रेलवे को पुनर्गठित करने की माँग की है।

यद्यपि भारतीय रेलवे पूरी तरह से कॉरपोरेटरीकृत नहीं है, इसने चुनिंदा सेवाएँ प्रदान करने तथा ज्यादा पारदर्शी वाणिज्यिक आधार पर विशेष परियोजनाओं को विकसित करने के लिए कुछ कॉरपोरेशनों की स्थापना करके प्रयोग किया है। इनमें से एक कार्गो कंटेनर कंपनी कानकोर की स्थापना लगभग पचीस वर्ष पहले लॉजिस्टिक सेवाएँ प्रदान करने के लिए की गई थी। भारतीय रेलवे के अधीन अलग कॉरपोरेशनों द्वारा कुछ नई रेलवे लाइनें भी बनाई गई हैं तथा उनका संचालन किया जा रहा है। अभी हाल ही में भारतीय रेलवे द्वारा ट्रंक मार्गों पर नेटवर्क क्षमता को बढ़ाने और कम इकाई लागत से संचालन के लिए भारी, लंबी और तेज मालगाड़ियों द्वारा उत्पादकता बढ़ाने के लिए एक महत्त्वाकांक्षी परियोजना, समर्पित फ्रेट कॉरिडोर के कार्यान्वयन के लिए एक कॉरपोरेट संस्था स्थापित की गई। इस कॉरपोरेशन ने सफलतापूर्वक अधिकांश आवश्यक भूमि अर्जित कर ली है तथा पूर्वी और पश्चिमी कॉरिडोर पर दो समर्पित फ्रेट कॉरिडोरों पर कार्य शुरू कर दिया है। चार और कॉरिडोर के लिए अध्ययन जारी है।

परिसंपत्तियों और संचालनों का विशाल बहुमत भारतीय रेलवे के साथ है और परियोजना कार्यान्वयन और अनुरक्षण, प्राथमिकताओं के प्रसार और बिना पारदर्शी सब्सिडी क्षतिपूर्ति के अनार्थिक परियोजनाओं को आगे बढ़ाने की अनिवार्यता से अपने खराब ट्रैक रिकॉर्ड से पीड़ित है।

भावी सोच

भारतीय रेलवे को रीबूट करना

भारतीय रेलवे का निरीक्षण और रेलवे में निवेश बढ़ाने के महत्त्व पर ज्यादा जोर नहीं डाला जा सकता है। संचालनों से नीति को अलग करने की दिशा में पहला कदम रेल टैरिफ नियामक प्राधिकरण की स्थापना करने के वर्तमान कैबिनेट के निर्णय का अनुसरण करना होगा, जिससे टैरिफ सेटिंग के राजनीतिकरण को रोकने में मदद मिलेगी। नियामक प्राधिकरण को सेवा मानकों के स्थापन को शामिल करने के लिए टैरिफ सेटिंग के अलावा भी कार्य करना चाहिए।

भारतीय रेलवे को बेहतर व्यावसायिक निर्णयों को करन में सक्षम होने तथा वित्तीय अनुशासन को सुधारने के लिए अपनी लेखांकन प्रणाली में सुधार करना जरूरी है। पारदर्शी लेखांकन के जरिए लाभ केंद्रों की पहचान करने से भी वित्तीयन के अतिरिक्त स्रोतों की सुलभता बढ़ेगी तथा निजी क्षेत्र से ऋण उत्पन्न करने में समर्थ होंगे। इसके समानांतर, भारतीय रेलवे द्वारा अपने भूमि बैंक को मुद्रीकृत (कम-से-कम आंशिक रूप से) करने के लिए पी.पी.पी. और साझेदारी द्वारा निजी क्षेत्र से संसाधन जुटाने के अवसरों का सक्रिय ढंग से पीछा करना जरूरी है। इसे इसकी गैर-मुख्य गतिविधियों जैसे इसका रेल के डिब्बे और इंजन निर्माण संचालनों को आसरा प्रदान करते हुए संसाधनों को मुक्त करने का अवसर भी ढूँढ़ना चाहिए।

समर्पित फ्रेट कॉरिडोर के निर्माण के अनुभव से सीख लेते हुए भारतीय रेलवे को निवेश योजना के लिए परियोजना-विशिष्ट दृष्टिकोण की बजाय कार्यक्रम संबंधी दृष्टिकोण अपनाना चाहिए। इसके कई लाभ होंगे। यह रणनीतिक कार्यक्रम के रूप में एकीकृत तरीके से योजना को समर्थ करेगा और इसका असतत असंबंधित परियोजनाओं की अपेक्षा बड़ा असर पड़ेगा। कार्यक्रम की घोषणा से कई सहायक उद्योग आकर्षित होंगे और सबसे महत्त्वपूर्ण बात यह है कि इससे राजनीतिक रूप से प्रेरित परियोजनाओं की कमी होने में मदद मिलेगी।

निजी प्रतिभागिता को पुनर्जीवित करना

बढ़ते हुए विवादों, जिनमें सरकारी एजेंसियाँ तथा निजी विकासकर्ता भी शामिल हैं, का त्वरित समाधान दो पक्षों के बीच विश्वास जमाने के लिए जरूरी है। इस संबंध में सार्वजनिक-निजी अनुबंधों से संबंधित विवादों का निपटारा करने तथा इन मामलों को सुलझाने में लगनेवाले समय को कम करने के लिए विशेषज्ञ अदालतों की स्थापना करने के लिए प्रारूप विधान पहले से ही मौजूद हैं। इन अदालतों में जजों को सार्वजनिक नीति, कानून, व्यवसाय और वित्त में गहरी क्षेत्रीय विशेषता हासिल करना जरूरी होगा।

आगे बढ़ते हुए सरकार को यह सुनिश्चित करना जरूरी है कि परियोजनाओं को निजी विकासकर्ताओं को देने से पहले सभी प्रारंभिक गतिविधियाँ पूरी हैं। विशेष रूप से सरकार को भूमि अधिग्रहण कार्य तथा रियायत के लिए मंजूरी प्रदान करने में समर्थ होना जरूरी है। सरकारी विभागों तथा पी.पी.पी. इकाइयों को यह सुनिश्चित करने के लिए सुदृढ करना चाहिए कि वे अपनी भूमिकाओं को अच्छी तरह से निष्पादित करने में सक्षम हैं। इसका एक विकल्प केंद्र सरकार के अंतर्गत एक उच्च-स्तरीय पी.पी.पी. इकाई की स्थापना करना है, जिसमें

योग्य पेशेवर शामिल हों, जिनके पास व्यापक अनुभव हो, चुनौतियों का ज्ञान हो तथा पिछली परियोजनाओं से सीखे गए सबक मालूम हों। इस प्रकार की एजेंसी पी.पी.पी. के विकास की निगरानी और प्रबंधन कर सकेगी, उच्च गुणवत्तायुक्त पी.पी.पी. का ढाँचा खड़ा करने में मदद करेगी तथा अवास्तविक निविदाओं या मिलीभगत की घटनाओं की पहचान करने तथा उन्हें छाँटने में मदद करेगी।

निजी क्षेत्र को भी ज्यादा जिम्मेदार तरीके से व्यवहार करने के लिए प्रेरित होना चाहिए। हालाँकि उनके व्यवहार को बदलने के लिए प्रोत्साहन डिजाइन करना इतना आसान नहीं है, लेकिन कोषाध्यक्ष को अनुशासन में रखने तथा वास्तविक प्रमोटरों की समझ रखने में महत्त्वपूर्ण भूमिका निभानी है। भारतीय रिजर्व बैंक कड़ाई कर रहा है तथा पिछले चक्रों की अपेक्षा बैंकों द्वारा वसूली ज्यादा हो रही है, जिससे प्रमोटरों तथा इक्विटी-धारकों को गंभीर चिंता हो गई है। सख्त प्रावधानीकरण मानक और खराब परिसंपत्तियों को ज्यादा प्रभावी बनाने के समाधान के लिए समय से सहयोग प्रदान करना, दो ऐसे उपाय हैं, जो कोषाध्यक्षों तथा उनके ग्राहकों को मजबूत संकेत देंगे।

विनियामक निरीक्षण को युक्ति-युक्त बनाना तथा स्वतंत्रता सुनिश्चित करना

अलग-अलग दृष्टिकोण का एक विकल्प, जो विनियामक निकायों तथा अधिकरण के प्रसार को बढ़ावा देता है, वह सभी परिवहन क्षेत्रों में एकल विनियामक का होना है, जबकि एकल विनियामक को अपनाने के दमदार कारण हैं, इसकी निहित रुचियों में होने की संभावना नहीं है। अभी भी विनियमन को सरल एवं कारगर बनाने और मजबूत करने के लिए कई अन्य चीजें की जा सकती हैं। सबसे ज्यादा महत्त्वपूर्ण विनियामक एजेंसी को कार्यात्मक स्वतंत्रता प्रदान करना है। सड़क परिवहन में एन.एच.ए.आई. और निजी रियायतग्राहियों के बीच पी.पी.पी. समझौते के अनुपालन की निगरानी करने, रियायत प्रदान करने के बाद उत्पन्न विवादों को सुलझाने तथा सेवा की गुणवत्ता को सुधारने के लिए विशिष्ट विनियमन जरूरी है। बंदरगाहों के लिए प्राथमिकता राष्ट्रीय एवं राज्य विनियामक निरीक्षणों को एकसमान करना तथा बंदरगाह एवं जहाजरानी मंत्रालय से उनको दूर कराना है।

सरकार द्वारा निर्मित बुनियादी ढाँचे की सफलता की कहानी को दुहराना

निजी क्षेत्र बुनियादी ढाँचे के विकास में सरकार के लिए कभी भी विकल्प नहीं हो सकता है। यह महत्त्वपूर्ण है कि सरकार परिवहन बुनियादी ढाँचे की डिलीवरी को सुधारने के लिए अपने सफलताओं से सीख ले। इस संबंध में केंद्र सरकार को विशिष्ट रूप से ग्रामीण सड़कों के लिए प्रधानमंत्री ग्राम सड़क योजना के फुटप्रिंट का विस्तार करना चाहिए तथा राज्य सरकारों के साथ सड़क विकास के लिए सहयोगात्मक मॉडलों को मजबूत करना चाहिए।

संस्थागत सुधार और क्षमता निर्माण को आगे बढ़ाना

पहला सिद्धांत यह है कि प्रदाता के हितों के साथ सार्वजनिक हितों के संघर्ष से बचने के लिए संस्थानों के बीच उनसे पृथक्करण होना चाहिए, जो सेवा प्रदान करते हैं। भारतीय राष्ट्रीय

राजमार्ग प्राधिकरण और बंदरगाह प्राधिकरण के केस में नीति निर्माण को इन एजेंसियों और संबंधित मंत्रालयों के बीच ज्यादा दूरी बनाते हुए स्पष्ट रूप से अलग करना चाहिए।

संबंधित सरकारी एजेंसियों में कौशल के सामान्य स्तर को अपग्रेड करने की जरूरत है। उदाहरण के तौर पर, सड़क क्षेत्र में प्रबल मानसिकता सड़क इंजीनियरों की है, जो अनुबंध की शर्तों, समझौतों और अनुबंध प्रबंधन को सँभालने के लिए विशेष रूप से लैस नहीं हैं। सड़क इंजीनियरों के बीच क्षमता निर्माण की प्राथमिकता होनी जरूरी है।

समन्वयन विफलता को संबोधित करना

इंटरमॉडल असंतुलन और संपर्क के मामलों पर फोकस करने के लिए कई मंत्रालयों के बीच मजबूत सहयोग का मजबूत केस है। ऑस्ट्रेलिया, ब्राजील, कनाडा, जर्मनी, जापान, रूस और अमेरिका, जो सामूहिक रूप से भारत के बाहर विश्व के 90 प्रतिशत रेल माल भाड़े को वहन करते हैं, इन सभी में अब एकात्मक परिवहन मंत्रालय हैं, यहाँ तक कि चीन ने हाल ही में रेलवे के अलावा अन्य सभी परिवहन की जिम्मेदारियों को एक साथ लाते हुए अपने परिवहन मंत्रालय की सीमा का विस्तार किया है। भारत को भी केंद्र सरकार के स्तर पर पृथक परिवहन क्षेत्र मंत्रालयों (सड़क, बंदरगाह और जहाजरानी, रेलवे, नागर विमानन) को एकल परिवहन मंत्रालय में समेकित करने के बारे में गंभीरतापूर्वक विचार करना चाहिए, ताकि एकीकृत राष्ट्रीय परिवहन नीतियाँ स्थापित की जा सकें, जो व्यक्तिगत मॉडल हितों को श्रेष्ठ या बढ़ा सकें।

यहाँ प्रस्तुत सुधार का एजेंडा बहुत ही महत्त्वाकांक्षी है, लेकिन उसके बाद अपने परिवहन बुनियादी ढाँचे के आधुनिकीकरण के लिए देश का लक्ष्य है। यदि भारत को तीव्र क्षमता की कमी और बुनियादी ढाँचे के असंतुलन को दूर करना है, जो इसकी वृद्धि संभावना को हानि पहुँचाता है, तो सख्ती से और अविलंब कार्य करना जरूरी है।

टिप्पणी

1. भारत सरकार, योजना आयोग, बारहवीं पंचवर्षीय योजना 2012–2017, अंक 2, संलग्नक 15.2, 254।
2. भारत सरकार, रिपोर्ट ऑफ द नेशनल ट्रांसपोर्ट डेवलपमेंट पॉलिसी कमेटी, राकेश मोहन की अध्यक्षता में, आगामी।
3. पूर्वोक्त
4. योजना आयोग, बारहवीं पंचवर्षीय योजना 2012–2017, अंक 2, 213।
5. पूर्वोक्त
6. भारत सरकार, रिपोर्ट ऑफ द नेशनल ट्रांसपोर्ट डेवलपमेंट पॉलिसी कमेटी।
7. भारत सरकार, सांख्यिकी एवं कार्यक्रम कार्यान्वयन मंत्रालय, 'मॉनिटरिंग ऑफ इन्फ्रास्ट्रक्चर प्रोजेक्ट्स,' पी.आई.बी. रिलीज, 6 अगस्त, 2013, http://pib.nic.in/newsite/erelease.aspx?relid=91305।
8. योजना आयोग, बारहवीं पंचवर्षीय योजना 2012–2017, अंक 2, 214–15।

9. पूर्वोक्त, 215।
10. टी.सी.आई. एवं आई.आई.एम.—कलकत्ता, रिपोर्ट ऑन ऑपरेशनल एफिसिएंसी ऑफ फ्रेट ट्रांसपोर्ट बाई रोड इन इंडिया 2011-12 (कलकत्ता : ट्रांसपोर्ट कॉरपोरेशन ऑफ इंडिया ऐंड इंडियन इंस्टीट्यूट ऑफ मैनेजमेंट, 2012), 12।
11. पूर्वोक्त।
12. भारत सरकार, रिपोर्ट ऑफ द नेशनल ट्रांसपोर्ट डेवलपमेंट पॉलिसी कमेटी।
13. योजना आयोग, बारहवीं पंचवर्षीय योजना 2012-2017, अंक 2, 194।
14. पूर्वोक्त, 238।
15. भारत सरकार, रिपोर्ट ऑफ द नेशनल ट्रांसपोर्ट डेवलपमेंट पॉलिसी कमेटी।
16. पूर्वोक्त

□

अध्याय-9

शहरीकरण का प्रबंधन*

—सौमिक लाल एवं तारा विश्वनाथ

नीतियों की प्राथमिकताएँ

भारत की नई सरकार को प्राथमिकता के 3 क्षेत्रों की ओर तुरंत ध्यान देना चाहिए, क्योंकि ये आर्थिक विकास को उपयोग में लाने और शहरीकरण से संबद्ध सामाजिक समावेशन के प्रबंधन का प्रयास करते हैं।

पहला, उत्पादकता बढ़ाने के लिए नीति निर्माताओं को संस्थागत एवं सूचनात्मक आधारों में निवेश करना चाहिए, ताकि भूमि और आवास बाजार प्रभावशाली तरीके से काम कर सके, जबकि शहरी क्षेत्रों में भूमि उपयोग की तीव्रता को नियंत्रण मुक्त करना चाहिए। इस उपाय के लिए भूमि उपयोग की योजना तथा अधोसंरचना की योजना के बीच बेहतर समन्वय की जरूरत होगी, ताकि अधोसंरचना सुधारों के साथ-साथ घनीकरण जारी रह सके। सर्वत्र अधोसंरचना कॉरिडोरों और पड़ोस जैसे कुछ क्षेत्रों पर केंद्रित प्रयोग का वृद्धि संबंधी मॉडल और तब सामुदायिक स्तर सहमति पर आधारित बढ़ाने से घनीकरण के सुधारों के क्रियान्वयन में सहायता मिल सकती है।

दूसरा, रहनशीलता और सामाजिक समावेशन में सुधार करके, नीति निर्माताओं को अधोसंरचना सेवाओं के वितरण और विस्तार के नियम-कायदों को तार्किक बनाना चाहिए, ताकि सेवा प्रदाता निर्धन आस-पड़ोस और बाहरी इलाकों में विस्तार करते समय भी लागत निकाल सकें।

तीसरा, वृद्धि और समावेशन के लिए, महानगरों के भीतरी हिस्सों और उनके बाहरी इलाकों के बीच संपर्क सुधारने के लिए निवेश की जरूरत है, क्योंकि यही वे क्षेत्र हैं, जो मध्यावधि में भारी मात्रा में आबादी और व्यवसायों को आकर्षित करेंगे। संपर्क सुधारों में नेटवर्क अधोसंरचना और संचालन में निवेश शामिल है, ताकि वस्तुओं को लाने-ले जाने में सुविधा हो और लोगों को भी आने-जाने में आसानी हो।

** इस अध्याय की सामग्री दोनों लेखकों के नेतृत्व में भारतीय शहरीकरण पर विश्व बैंक रिपोर्ट पर आधारित है। देखिए, तारा विश्वनाथ, सौमिक लाल एवं अन्य, अरबनाइजेशन बियॉन्ड म्यूनिसिपल बाउंड्रीज : नर्चरिंग मेट्रोपॉलिटन इकोनॉमीज ऐंड कनेक्टिंग पेरी-अरबन एरियाज इन इंडिया (वॉशिंगटन डीसी : विश्व बैंक, 2009), http://openknowledge. worldbank.org/bitstream/handle/10986/13105/757340PUBI0001300 pubdate02021013.pdf?sequence=1*

भूमि नीति, अधोसंरचना सेवाएँ और संपर्क की तिकड़ी में समन्वित निवेश के जरिए, भारत को सुप्रबंधित शहरीकरण से होनेवाली उन्नत आर्थिक वृद्धि और सामाजिक समावेशन से लाभ लेने में मदद मिल सकती है।

भारत का शहरीकरण : सिंहावलोकन

शहरीकरण आमतौर पर राष्ट्रों में संरचनात्मक रूपांतरणों के साथ-साथ चलता है।[1] कहाँ रहना है, इस बारे में लोगों के निर्णय, कहाँ उत्पादन करना है, इस बारे में कंपनियों के निर्णय और स्थानों की आर्थिक बनावट, साथ में उनका त्रिविमीय विस्तार—ये सब शहरीकरण की प्रक्रिया के अंग हैं।

आज भारत में ये परिवर्तन तेजी से हो रहे हैं। 2011 की जनगणना के अनुसार, विगत 10 वर्ष की अवधि में शहरी इलाकों में 9 करोड़ लोग शामिल हुए। औद्योगिक रोजगार महानगरों के नगर परिसरों में बढ़ रहे हैं, जबकि सबसे बड़े महानगरीय इलाकों के बाह्य इलाकों में उच्च प्रौद्योगिकी तथा निर्यातोन्मुखी निर्माण के रोजगार तेजी से बढ़ रहे हैं। ये नगर परिसर संकुलन और विशेषज्ञता की अर्थव्यवस्थाओं का वितरण करते हैं, जिससे वस्तुओं और सेवाओं का उत्पादन होता है, जिसका भारत वैश्विक अर्थव्यवस्था में कारोबार करता है। हालाँकि शहरों के बाहरी इलाकों को महानगरीय इलाकों के साथ एकीकृत करने की क्षेत्रीय नियोजन ढाँचे के बिना भारत को अपने तेजी से फैल रहे शहरी इलाकों के प्रबंधन में चुनौतियों का सामना करना पड़ता है।

शहरीकरण ने पिछले बीस वर्षों में भारत की आर्थिक वृद्धि को काफी बढ़ाया है। इस शताब्दी के पहले दशक में सकल घरेलू उत्पाद में वृद्धि 7.2 प्रतिशत रही, जिससे भारत के शहरी इलाकों में आर्थिक माँग में वृद्धि तेजी से शहरीकृत और औद्योगिकीकृत होनेवाली गतिशील उदीयमान अर्थव्यवस्थाओं में देखी गई। उदाहरण के लिए, भारत के पास वाहनों, दवाओं, औद्योगिक उपकरणों तथा विद्युत् एवं इलेक्ट्रॉनिक उपकरणों जैसे उत्पादों में अब महत्त्वपूर्ण वैश्विक बाजार है, जो अकसर संकुलन अर्थव्यवस्थाओं को लाभ पहुँचाता है और जिसकी वैश्विक माँग हर साल 5-15 प्रतिशत की दर से बढ़ रही है। वास्तव में, भारत सूचना और संचार प्रौद्योगिकी (आई.सी.टी.) सेवा निर्यात के लिए तो मशहूर है, लेकिन निर्मित वस्तुओं के निर्यात के लिए कम जाना जाता है, जबकि यह निर्यात 2008 में 159 अरब डॉलर यानी आई.सी.टी. सेवा निर्यात की तुलना में तिगुना था। भारत की अधिकतर आर्थिक वृद्धि कठोर नियम-कानूनोंवाले लाइसेंस राज को भंग करने के कारण हुई है। लाइसेंस की जरूरत को निरस्त करने, सार्वजनिक उपक्रमों में आमूलचूल सुधार करने, आयात पर मात्रात्मक प्रतिबंध हटाने, व्यापार शुल्क घटाने और प्रत्यक्ष विदेशी निवेश के नियमों को उदार करने जैसे परिवर्तन उदारीकरण के लिए किए गए।

हालाँकि शहरीकरण के तरीके का प्रभाव आर्थिक दक्षता और साम्य, दोनों पर पड़ता है। आर्थिक दक्षता के लिए महत्त्वपूर्ण प्रश्न इसकी पहचान करना है कि संकुलन अर्थव्यवस्थाओं के जरिए हासिल उत्पादकता का इस्तेमाल पर्याप्त रूप से हो रहा है या नहीं। भिन्न तरह से देखें तो,

क्या संकुलन लाभों में नीतियों के बदलाव से बाधाएँ आती हैं और क्या इन असफलताओं को विशेष सुधारों से कम किया जा सकता है, साम्य के लिए क्या इन रूपांतरणों के लाभ भौगोलिक रूप से फैल रहे हैं और क्या नीतियाँ आर्थिक गतिविधि के विस्तार में सहयोग करती हैं ?

भारत के शहरीकरण के तीन उल्लेखनीय शैलीगत तथ्य सार्वजनिक नीति पर प्रभावी होते हैं—

- आर्थिक गतिविधि में महानगरीय वर्चस्व
- महानगरीय स्थिरता
- महानगरीय उपनगरीकरण।

भारत का शहरीकरण 1990 के दशक के आरंभ में उदारीकरण के साथ शुरू हुआ, लेकिन नीति परिवर्तन और अधोसंरचना संबंधी कमियाँ प्रदर्शन को कमजोर करती हैं। घरेलू और अंतरराष्ट्रीय बाजारों तक अपनी अच्छी पहुँच के कारण अब भी भारत के विशालतम महानगरीय इलाके उन उद्यमियों की पसंद बने हुए हैं, जो सर्वाधिक संभावनाओंवाले लाभप्रद स्थानों की तलाश में रहते हैं। हालाँकि अत्यधिक नियमों में बँधे भूमि बाजार शहरी घनत्वों को सीमित कर रहे हैं और भूमि तथा संपत्ति की कीमतें बढ़ा रहे हैं। जब लोग और रोजगार उपनगरों की ओर बढ़ते हैं, तो मूल महानगर से संपर्क बनाए रखने में उनकी परिवहन लागत तेजी से बढ़ती है। छोटी दूरी का भाड़ा करीब 5 रुपए टन किलोमीटर पड़ता है, जो कि 2010 के औसत भाड़े से दुगुना और 2002 के चीन के औसत का भी दुगुना होता है।[2] उपनगरीकरण शहरों में आवाजाही में भी परेशानी पैदा करता है, जो कि सार्वजनिक परिवहन साधनों की सीमित भूमिका के कारण लगातार मुश्किल होती जा रही है। महानगरीय बाहरी इलाकों में बुनियादी सेवाएँ कमजोर हैं और सेवाओं तक पहुँच तथा सेवाओं की गुणवत्ता दोनों अपेक्षित स्तर से नीचे हैं।

महानगरीय वर्चस्व

2005 की आर्थिक जनगणना के आँकड़ों के विश्लेषण से जाहिर होता है कि भारत की आबादी और आर्थिक गतिविधि सात सबसे बड़े महानगरीय इलाकों के आसपास ही बहुत ज्यादा केंद्रित है। महानगरीय इलाके शहर के केंद्र से पचास किलोमीटर के दायरे में आनेवाले इलाके को कहा जाता है। यह वही दूरी है, जिसे अनुमानतः दो या दो से कम घंटे में तय किया जा सकता है और किसी शहरी इलाके में आर्थिक लेन-देन का अनुमानित विस्तार यही है।

इन सात सबसे बड़े महानगरीय इलाकों में भारत की केवल 1.1 प्रतिशत भूमि आती है, लेकिन 2001 में इनकी आबादी 9 करोड़ 20 लाख, यानी देश की कुल आबादी का 9 प्रतिशत और शहरी आबादी का एक तिहाई थी। उनका जनसंख्या घनत्व 2,451 व्यक्ति प्रति वर्ग किलोमीटर है, जो कि राष्ट्रीय औसत से आठ गुना अधिक है। जैसा कि तालिका 1 में बताया गया है, इस भूमि क्षेत्र में शहरी आबादी का हिस्सा 78 प्रतिशत है, जो कि राष्ट्रीय औसत 28 प्रतिशत से काफी ऊँचा है।

तालिका-1 : सात सबसे बड़े महानगर इलाकों में क्षेत्र के अनुसार आबादी, 2005

जहाँ अलग से बताया न गया हो, वे सारे आँकड़े प्रतिशत में हैं।

केंद्र से किलोमीटर दूरी का क्षेत्र

	50 से कम	50–100	100–200	200–300	300–450	450 से अधिक	कुल
भूमि क्षेत्र	1.1	3.3	11.9	16.7	24.7	42.2	100.0
कुल आबादी	8.9	4.5	13.7	16.3	20.6	36.0	100.0
शहरी आबादी	24.9	3.6	12.9	17.2	19.2	22.1	100.0
ग्रामीण आबादी	2.8	4.9	14.0	15.9	21.1	41.3	100.0
जनसंख्या घनत्व (प्रति वर्ग किलोमीटर)	2,451	427	364	306	262	269	315
शहरीकरण की दर[a]	77.7	22.4	26.2	29.4	25.4	17.1	27.8

a. शहरी आबादी से कुल आबादी का अनुपात

***स्रोत :** भारत सरकार, सांख्यिकीय और कार्यक्रम क्रियान्वयन मंत्रालय, 'पाँचवीं आर्थिक जनगणना 2005 के अस्थायी परिणाम : अखिल भारतीय रिपोर्ट, 2006,' http://mospi.nic.in/mospi_new/upload/economic_census_prov_results_2005.pdf; भारत सरकार, गृह मंत्रालय, महापंजीयक और जनगणना आयुक्त कार्यालय, 'भारत की जनगणना: जनगणना आँकड़े 2001,' 2001.*

राष्ट्रीय रोजगारों का करीब 18 प्रतिशत इन्हीं सातों महानगरीय इलाको में हैं। व्यापारिक सेवाओं में राष्ट्रीय रोजगारों का कुल 29 प्रतिशत भी इन्हीं इलाकों में है। इन्हीं सात इलाकों में आई.सी.टी. सेवाओं के रोजगारों का 64 प्रतिशत मौजूद है।

महानगरीय स्थिरता

जहाँ भारत के महानगरीय इलाके आर्थिक परिदृश्य पर हावी हैं, वहीं अन्य देशों के अनुभव उद्योगों और शहरों के बीच और अंदर स्थानों में निरंतर घूमने की सलाह देते हैं—कुछ जगह कंपनियों के समूह और कुछ जगह बिखरे हुए। जो उद्योग अभी शुरू ही हुए हैं या जिन्होंने हाल ही में बड़ी प्रौद्योगिकीय उन्नति की है, वे बड़े शहरों की ओर स्थापित होना चाहते हैं, ताकि वे अन्य क्षेत्रों में विस्तार करना अधिक-से-अधिक सीख सकें। समय के साथ-साथ जब उनका विकास हो जाता है और सस्ते श्रमिक या भूमि जैसे कारक भूमिका निभाने लगते हैं, तो वे इधर-उधर बिखरने लगते हैं। इस बिखराव को भरोसेमंद परिवहन ढाँचे से मदद मिलती है, जो संपर्क और बाजार तक पहुँच को सुनिश्चित करते हैं। हालाँकि भारत में परिवहन ढाँचा अपर्याप्त होने के कारण बड़े शहरों में संकुलन अर्थव्यवस्थाओंवाले उद्योग अकसर आसपास ही टिके दिखते हैं।

भारत के अनुभव भौगोलिक विशेषताओं के हिसाब से अंतरराष्ट्रीय अनुभवों के अनुरूप हैं, लेकिन यहाँ परिवर्तन की धीमी गति आश्चर्यजनक है। सघनता के अग्रणी इलाके एक निश्चित आकार और घनत्व से आगे हैं, इसलिए बढ़ते किराए और वेतन के हिसाब से संकुलित अर्थव्यवस्थाओं में व्यय कम होता है। मंदी और उससे जुड़ी आंशिक त्रिविमीय सघनता आमतौर पर विकास के चरण में होती हैं। यह नया मोड़ फ्रांस में प्रति व्यक्ति जी.डी.पी. 7000 डॉलर और कनाडा तथा नीदरलैंड में 10000 डॉलर था।

1500 डॉलर प्रति व्यक्ति आय के स्तरों से तुलना करने पर भारत को आनेवाले वर्षों में आर्थिक संकेंद्रण की अपेक्षा करनी चाहिए। यहीं भारत की परेशानी सामने आती है। उक्त सूची में मैंने दरशाया है कि अपेक्षानुरूप, 10 लाख लोगों से ज्यादा के सभी शहरों के जिलों में कुल औपचारिक निर्माण रोजगारों का हिस्सा काफी ज्यादा है। हालाँकि समस्या यह है कि इन दोनों वर्गों में संकेंद्रण स्थिर है, यहाँ तक कि सातों बड़े महानगरीय इलाकों के मध्य में और उनके उपनगरीय जिलों में भी ऐसा है, जो कि 10 लाख से 40 लाख की आबादीवाले शहरों में जिलों के बराबर हैं।[3]

चित्र-1 : कुल औपचारिक निर्माण एवं सेवा रोजगार के त्रिविमीय रुझान

निर्माण रोजगार में जिलों की भागीदारी

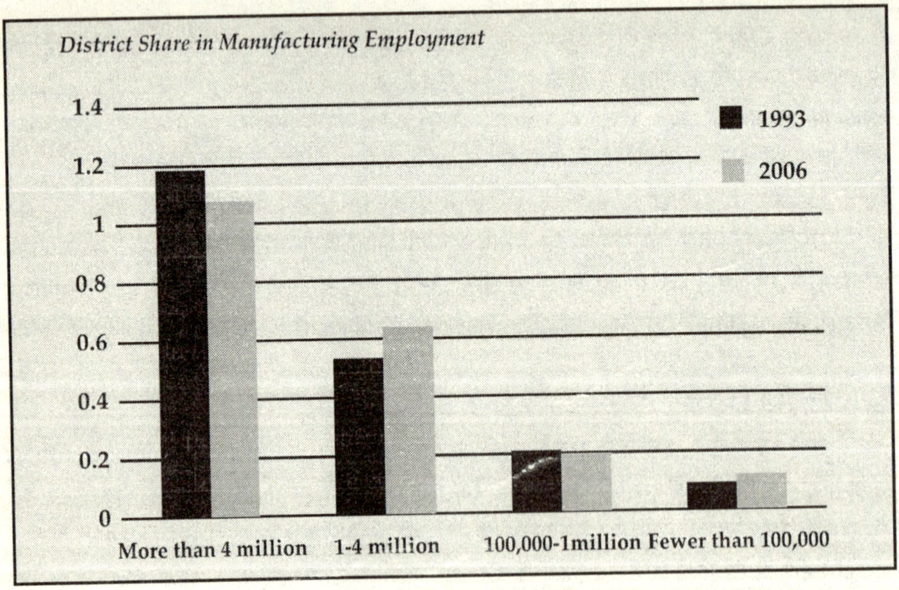

सेवा रोजगार में जिलों की भागीदारी

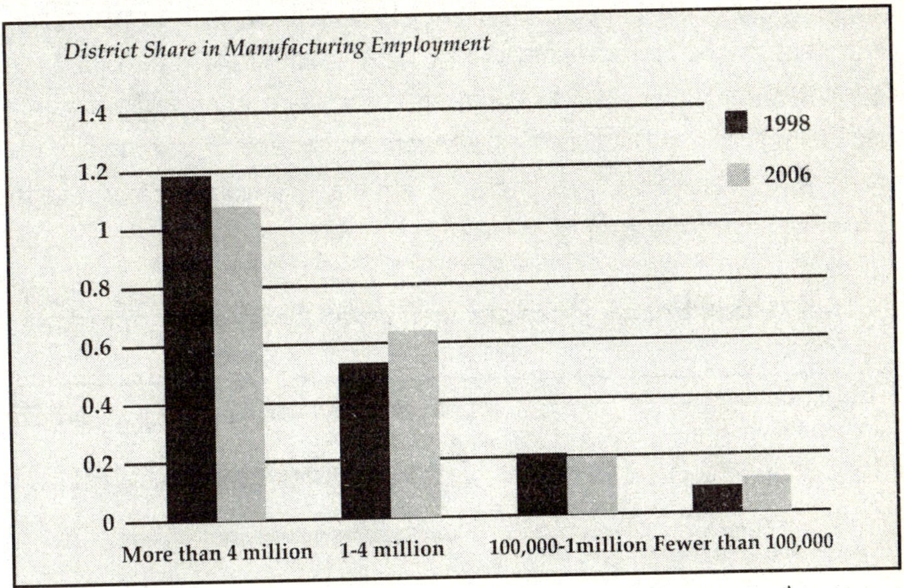

स्रोत : *निर्माण के रुझान सांख्यिकीय एवं कार्यक्रम क्रियान्वयन मंत्रालय (1993 और 2006) पर आधारित हैं। सेवाओं के रुझान सांख्यिकीय एवं कार्यक्रम क्रियान्वयन मंत्रालय (1998 और 2005) पर आधारित हैं।*

इसी तरह, नीचे का पैनल सेवाओं में दो सबसे बड़े वर्गों में संयुक्त रूप से बढ़ते संकेंद्रण के संकेत दरशाता है।

रोजगार के इन त्रिविमीय स्वरूपों में समग्र स्थायित्व की व्याख्या किस प्रकार की जा सकती है, यह जटिल प्रश्न है, क्योंकि विकास के पथ हर देश में अलग-अलग होते हैं तथापि अंतरराष्ट्रीय जानकारी के हिसाब से, भारत के अग्रणी महानगरीय और उपनगरीय इलाकों में निर्माण संकेंद्रण थोड़ी भी देर के लिए समान होना शुरू नहीं होना चाहिए। त्रिविमीय संकेंद्रण में कुल स्थिरता संकेत करती है कि भीड़-भाड़ जैसी संकेंद्रण के विरोध में काम करने की शक्तियाँ भारत के सबसे बड़े महानगरीय इलाकों में खतरनाक तरीके से मजबूत हैं।

महानगरीय उपनगरीकरण

भारत के सबसे बड़े महानगरीय इलाकों में स्थायी दिखनेवाले आर्थिक संकेंद्रण के पीछे एक तीव्र त्रिविमीय पुनर्संरचना है। 1998 और 2005 तक की आर्थिक जनगणना के त्रिविमीय विस्तृत आँकड़ों के अनुसार, उद्योग-धंधे मूल महानगरों से उपनगरों और बाहरी किनारों की ओर विस्थापित हो रहे हैं।[4]

1998 से 2005 के बीच, भारत के सात सबसे बड़े मूल महानगरों (शहर के केंद्र से

10 किलोमीटर के दायरे के रूप में परिभाषित) में निर्माण रोजगारों में 16 प्रतिशत की कमी आई है (चित्र-2)। इसके बावजूद, उपनगरों और निकट परिधि के क्षेत्रों में (मूल महानगर के 50 किलोमीटर के दायरे को छोड़कर) इनमें करीब 12 प्रतिशत की बढ़ोतरी हुई है, जो कि राष्ट्रीय औसत से दुगुना है। मूल महानगरों और उपनगरों के बीच पुनर्व्यवस्थापन सबसे ज्यादा दिखता है, हाईटेक और तेजी से बढ़ रहे निर्यात निर्माण उद्योगों में, उस अवधि में जब मूल शहरों में हाईटेक उद्योगों में 60 प्रतिशत की कमी आई थी। उदाहरण के लिए, उपनगरों में उस क्षेत्र में बढ़ोतरी भी उतनी ही थी।[5]

चित्र-2. महानगरीय मूल इलाकों और बाहरी इलाकों में सेक्टरवार रोजगार बढ़ोतरी, 1998-2005

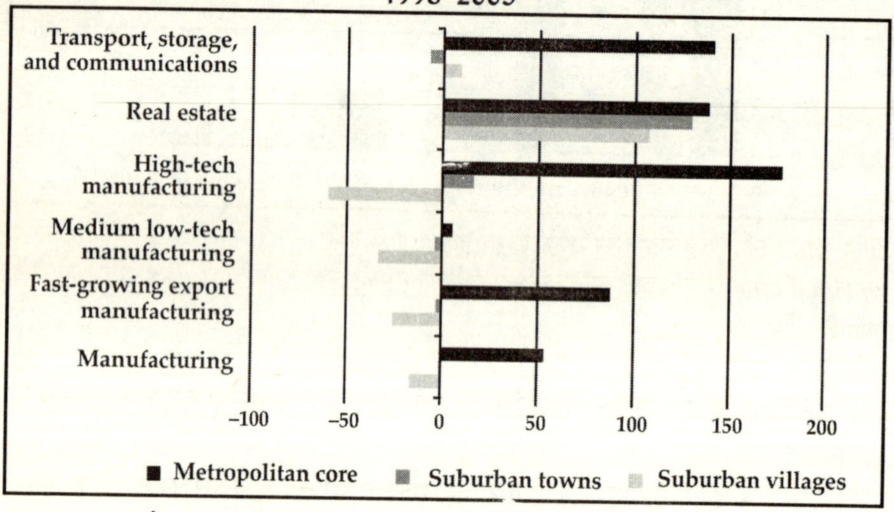

स्रोत : सांख्यिकीय एवं कार्यक्रम क्रियान्वयन मंत्रालय, 1998 और 2005

भारत में सभी उपनगरीय इलाके (मूल शहरी क्षेत्र से 10 से 50 किलोमीटर के बीच) यही निर्माण बूम का अनुभव कर रहे हैं। इस बात से कोई फर्क नहीं पड़ता है कि ये उपनगरीय इलाके औपचारिक रूप से ग्रामीण या शहरी इलाकों के रूप में वर्गीकृत किए गए हैं या नहीं। वास्तव में 1998 से 2005 के बीच निर्माण रोजगार में वृद्धि की गति सबसे बड़े महानगरीय इलाकों से सटे ग्रामीण इलाकों में सबसे तेज (41 प्रतिशत) रही, जहाँ सात सबसे बड़े महानगरीय इलाकों में कुल मिलाकर स्थिरता दिख रही है, वहीं इस बात के भी स्पष्ट सबूत हैं कि हाइटेक और अन्य उभरते हुए निर्माण उद्योग निकट के उपनगरों और बाहरी इलाकों में शिफ्ट हो रहे हैं। हालाँकि महानगरीय उपनगरीकरण एक विश्वव्यापी क्रिया है, लेकिन यह आमतौर पर विकास के मध्य से उन्नत चरणों के बीच होती है।[6] इस प्रकार, भारत का शुरुआती उपनगरीकरण दरशाता है कि महानगरीय इलाकों में कुल स्थिरता कंपनियों के मूल शहरी इलाकों से बाहर धकेले जाने के भी कारण है। अगले खंड में इन चुनौतियों के कारणों और मुख्य बातों की विस्तार से चर्चा की गई है।

आर्थिक एवं त्रिविमीय रूपांतरण में बाधक नीति विरूपण

उपरोक्त विश्लेषण से लोगों और रोजगारों के त्रिविमीय वितरण में महत्त्वपूर्ण स्थिरता सामने आती है। भारत के आर्थिक उदारीकरण के बाद बड़े महानगरीय इलाकों में अच्छी बाजार पहुँच के साथ तेज आर्थिक संकेंद्रण की अपेक्षा की जा रही थी। 1980 के दशक में चीन के आर्थिक उदारीकरण तथा अन्य गतिशील उभरती अर्थव्यवस्थाओं में यही हुआ, जिनमें तेजी से शहरीकरण और औद्योगिकीकरण हुआ। यह स्थिरता दो परस्पर अतिव्यापी परिदृश्यों की ओर इशारा करती है। पहला, भारतीय शहरों में नए शहरी इलाकों के लिए भूमि परिवर्तन तथा उद्योगों, वाणिज्य और आवास के लिए भूमि उपयोग की तीव्रता के नियम प्रतिबंधात्मक हैं। उदाहरण के लिए, महानगरों में सीमित भूमि में (मसलन सिंगापुर और हांगकांग में) विकास को समायोजित करने के सबसे अच्छे तौर-तरीके स्वीकृत फ्लोर स्पेस सूचकांक (एफ.एस.आई.)—किसी इमारत के कुल फ्लोर एरिया का उसके कुल एरिया से विभाजन—को बढ़ाना है। वृहन्मुंबई नगर निगम ने इसका उलटा किया और 1991 में अनुमत एफ.एस.आई. को घटाकर 1.33 कर दिया।[7] वास्तव में 1964 में शहर के प्रमुख व्यापारिक जिले नरीमन पॉइंट में एफ.एस.आई. 4.5 नियत किया गया था। भारत में भिन्न उदारीकृत नीति परिवेश में विकास घनत्वों पर लागू कड़े नियम उद्योगों और लोगों को मूल शहरों से बाहर की ओर धकेल रहे हैं। भूमि उपयोग पर अत्यधिक कड़े नियंत्रण से मकानों की कीमतें इतनी ज्यादा बढ़ रही हैं कि गरीब और मध्यवर्गीय परिवार बहुत कठिनाई से उन्हें वहन कर पा रहे हैं।

दूसरा, महानगरीय उपनगरों का विकास कड़े भूमि नियमों की प्रतिक्रिया हो सकता है। मूल महानगरों और उनके बाहरी इलाकों के बीच माल ढुलाई का भाड़ा देश भर में सबसे ज्यादा है तथा अधोसंरचना की स्थिति और पानी, बिजली, शौचालय जैसी सेवाओं की गुणवत्ता मूल शहरों की तुलना में उनके बाहरी इलाकों में ज्यादा खराब है। इन चुनौतियों का उत्पादकता, आवाजाही और रहनशीलता पर नकारात्मक असर पड़ता है।

भूमि नीतियों की केंद्रीयता

अधिकतर मामलों में, शहरी विस्तार को समायोजित करने का आशय भूमि अधिग्रहण की जरूरत से होता है, जिसकी अपनी कई चुनौतियाँ होती हैं। भारतीय नीति निर्माताओं ने इस स्थिति को समझा है और भूमि अधिग्रहण नीतियाँ नीतिगत चर्चा के केंद्र में रही हैं। आज भारत के पास भूमि बाजार के कामकाज को आसान बनानेवाली ऐसी संस्थाओं की कमी है जैसे भूमि परिवर्तन का पारदर्शी सिस्टम, संपत्ति स्वामित्व की स्पष्ट परिभाषा, भूमि और संपत्ति मूल्यांकन का मजबूत सिस्टम तथा जन समस्याएँ निपटाने के लिए मजबूत न्यायिक सिस्टम।

हाल के भूमि अधिग्रहण एवं पुनर्वास और पुनर्व्यवस्थापन बिल ने विस्थापितों के कल्याण के हिसाब से शहरीकरण और अधोसंरचना विकास में संतुलन बनाने का सम्मिलित प्रयास किया था। 1894 के भूमि अधिग्रहण बिल में संशोधन का यह तकरीबन एक सौ दस सालों में अपनी तरह का पहला प्रयास था और निर्धनता तथा सामाजिक प्रभाव के विश्लेषण के लिए सराहनीय प्रयास था, जिसमें मूल्यांकन के लिए तुलनात्मक रवैया अपनाने की जरूरत की ओर इशारा किया गया था।

जहाँ भूमि अधिग्रहण एवं पुनर्वास और पुनर्व्यवस्थापन बिल में ग्रामीण-शहरी भूमि उपयोग परिवर्तन के मुख्य मुद्दे का समाधान नहीं किया गया है (कर भी नहीं सकता है) और अस्पष्ट संपत्ति स्वामित्व अधिकारों के जटिल मुद्दे को भी यह हल नहीं कर सकता है, वहीं भूमि मूल्यांकन के सवाल का भी इसमें जवाब नहीं है।

हालाँकि इस बिल में दो मुद्दों के हल की गुंजाइश छोड़ी गई है। पहली, भारत में ऐसे तंत्र की कमी है, जो स्वतंत्र रूप से भूमि का मूल्यांकन कर सके और सार्वजनिक पहुँच में हो; यह बिल सेल्स डीड या इसी तरह के भूमि समझौतों के ही भरोसे है। हालाँकि महँगे स्टांप शुल्क, जिनका जिक्र बिल में किया गया है, के कारण असूचित भूमि और संपत्ति के मूल्यों को ऐतिहासिक रूप से लाभप्रद हो गया, जिसे कि सर्वेक्षणों के जरिए बार-बार अपडेट नहीं किया जाता है। समय के साथ-साथ ऐसी संस्थाएँ बनाई जानी चाहिए, जो संपत्ति मूल्यांकन करनेवालों को प्रशिक्षण देने समेत मूल्यांकन प्रक्रिया के सूचना आधार में सुधार करें, गणना प्रक्रिया में पारदर्शिता सुनिश्चित करें और भूमि मूल्यों की सूचना को व्यापक रूप से पहुँच-योग्य बनाएँ। अगर भूमि मूल्य का पता लगाने और प्रचारित करने में मददगार संस्थागत क्षमता अस्तित्व में नहीं रहेगी, तो अधिग्रहण के दौरान भूमि का मूल्यांकन कम करने की व्यापक गुंजाइश रहेगी। हालाँकि यह तब तक नहीं हो सकता, जब तक कि स्टैंप शुल्क की मौजूदा अत्यधिक ऊँची दरें घटाई नहीं जातीं।

दूसरा, इस कमी को पूरा करने के लिए बिल में स्वेच्छाचारी ढंग से मूल्य बढ़ाने के प्रावधान हैं। संपत्ति की वास्तविक कीमत के आधार पर यह कम निवेश या सामुदायिक प्रतिरोध का रास्ता खोलता है, ताकि भूमि पुनर्विकास हो सके। इस क्षतिपूर्ति के असर का आकलन और अगर जरूरी हो तो समायोजन बहुत महत्त्वपूर्ण है।

चूँकि भूमि उपयोग परिवर्तन, संपत्ति स्वामित्व की परिभाषा और अधिनिर्णय तथा भूमि मूल्यांकन लागू करनेवाली मजबूत संस्थाएँ अभी उभर ही रही हैं और भूमि बाजार को परिपक्व होने में अभी समय लगेगा, इसलिए भारत को अल्पकाल और मध्यकाल के लिए वैकल्पिक उपाय की जरूरत हो सकती है। ऐसा ही एक विकल्प है, जिसे स्वीकार्यता भी मिल रही है, वह भूमि पुनर्समायोजन का है; क्योंकि भूमि एकीकरण के लिए इसमें कई फायदे हैं। भूमि पुनर्समायोजन के आधार भू-स्वामियों और नगरपालिका को भागीदारी की लागत पर सार्वजनिक अधोसंरचना उपलब्ध कराना है। इसमें पुनर्समायोजन क्षेत्र का एकीकरण किया जाता है, अधोसंरचना और बुनियादी सेवाएँ मुहैया कराई जाती हैं और फिर प्रतिभागी निजी भू-स्वामियों को फिर से जमीन आवंटित की जाती है। पुनर्आवंटन या तो पुनर्समायोजन भूमि कब्जे पर या भूमि-मूल्य पर आधारित होता है, लेकिन अगर अतिरिक्त अधोसंरचना के कारण भूमि की कीमत बढ़ जाए तो भूमि राशि कम हो जाती है। भूमि पुनर्समायोजन की प्रक्रिया से तात्कालिक स्वामित्व के जटिल लेन-देन के गुणों से गुजरे बिना, भूमि का विकास होता है। सभी मौजूदा संपत्तियों की व्यावसायिक खरीद या तात्कालिक कब्जे के इस्तेमाल की बजाय सरकारी एजेंसी भू-स्वामियों को पूँजी निवेश के रूप में परियोजना में भागीदारी के लिए आमंत्रित कर सकती है। बदले में क्षेत्र के विकास के बाद मालिकों

को कम-से-कम समान मूल्य की संपत्ति, अपनी मूल संपत्ति के पास मिलने का आश्वासन मिलता है। पुनर्समायोजन प्रक्रिया भू-स्वामियों को आकर्षित करती है, क्योंकि इससे वे अपनी जगह पर ही रह सकते हैं और महत्त्वपूर्ण सामाजिक और भावनात्मक अलगाव से बच सकते हैं, जिसका कि सामना पुनर्स्थापन में अकसर करना पड़ जाता है।

प्रतिभागिता के साधन का मुख्य अंग होने के कारण भूमि पुनर्समायोजन बहुत हद तक जन-असंतोष और विरोध से बचने का तरीका है, जो कि भूमि अधिग्रहण के समय अकसर सामने आते ही हैं। भूमि पुनर्समायोजन, भूमि अधिग्रहण की तुलना में अधिक व्यावहारिक उपाय है, जो कि समान परिस्थितियों में तात्कालिक स्वामित्व का उपयोग तब करता है, जब संबंधित पक्षों में अविश्वास हो। धीरे-धीरे, आवश्यक आधारभूत तरीके के तौर पर यह प्रक्रिया को स्वयं ही समझने का समय देता है। हालाँकि भूमि पुनर्समायोजन के लिए सरकारी अधिकारियों को पुनर्सीमांकन करने और संपत्ति अधिकारों के संबंधित समायोजन जैसे प्रयास करने की जरूरत पड़ती है। कुछ मामलों में (मसलन जापान में), स्थानीय अधिकारियों को भी परियोजना शुरू करने की जरूरत पड़ती है और अपनाए जानेवाले सामान्य समझौतों के लिए प्रभावित भू-स्वामियों से बात करनी पड़ती है। आज अंतरराष्ट्रीय चलन तात्कालिक कब्जे के इस्तेमाल का है, जिसके दो कारण हैं—यह प्रतिभागिता की प्रकृति का है और इसमें एक साथ किसी बड़ी भारी पूँजी की जरूरत नहीं पड़ती।

भूमि पुनर्समायोजन का इस्तेमाल शहरों के सीमा विस्तार में सबसे ज्यादा आम है, हालाँकि शहरी इलाकों के पुनर्विकास में भी यह इस्तेमाल हो सकता है। अनेक देशों में भूमि पुनर्समायोजन का चलन है, लेकिन इसका अनुप्रयोग संदर्भ केंद्रित है। इस तरह के तरीके के इस्तेमाल से पहले, राष्ट्रों को यह आकलन करना होता है कि भूमि पुनर्समायोजन के चयनित विचारों को अपनाने की सुविधाओं के लिए सक्षम संस्थाएँ मौजूद हों। अगर नहीं हैं, तो यह तरीका अपनाने से पहले ऐसी संस्थाओं की रचना का विस्तृत प्लान जरूरी है। दूसरी बात, देशों को यह सुनिश्चित करना होता है कि संबंधित देश के विशेष संदर्भ के अनुकूल परिष्कृत भूमि पुनर्समायोजन प्रणाली के लिए कौन सी अन्य संस्थाएँ जरूरी हैं। सबसे रोचक अंतरराष्ट्रीय उदाहरण जर्मनी का है। जर्मनी का भूमि पुनर्समायोजन का मॉडल शायद सबसे प्राचीन है और इसे कई देशों में अपनाया गया है। इसकी सफलता और स्वीकार्यता तीन मुख्य मुद्दों पर आधारित है: सुपरिभाषित संपत्ति अधिकार; सुव्यवस्थित, स्वतंत्र और पारदर्शी मूल्यांकन प्रक्रिया और एक मजबूत न्यायिक तंत्र, जो जन शिकायतों का निपटारा कर सके।

अगर भारत के नीति निर्माता भूमि के एकीकरण के लिए और अधोसंरचना की लागत वहन करने के लिए आरंभिक औजार के रूप में भूमि पुनर्समायोजन पर विचार करते हैं, तो सबसे पहले उन्हें इस बात का आकलन करना चाहिए कि क्या संस्थाएँ इस प्रक्रिया को शुरू करने के लिए तैयार हैं और तब स्थानीय संदर्भ की विशेषताओं की पहचान करनी होगी, जिनके लिए भूमि पुनर्समायोजन के अंतरराष्ट्रीय मॉडल में परिवर्तन करने की जरूरत होगी।

उर्ध्व विस्तार के लिए शहरी घनत्व प्रबंधन

शहरी विस्तार को समायोजित करने के लिहाज से भूमि एकत्रीकरण और भूमि मूल्यांकन जिस तरह से चुनौतियाँ हैं, उसी तरह से शहरों के अंदर घनत्व प्रबंधन के लिए और शहरी विस्तार तथा शहरी नवीनीकरण के लिए धन जुटाने के तरीके खोजना भी चुनौतियाँ हैं। घनत्व नियमन और फ्लोर स्पेस सूचकांक (एफ.एस.आई.) पर जारी बहस को वृहद् शहरीकरण नियोजन ढाँचे में करना चाहिए। इस ढाँचे में एफ.एस.आई., क्षेत्र, नियंत्रकों का इस्तेमाल, ऊँचाई और स्थूल नियंत्रक और सार्वजनिक स्थान की जरूरतें तथा अधिकृत रास्ते शामिल हैं। अंतरराष्ट्रीय अनुभव उस महत्त्वपूर्ण अंतर्दृष्टि पर प्रकाश डाल सकते हैं, जिसके नियोजन के तरीके टिकाऊ आर्थिक विकास को बढ़ावा दे सकते हैं।

एफ.एस.आई. ऐसे तंत्र रचना के जरिए घनत्व प्रबंधन का आधार देते हैं, जिसमें आरंभिक घनत्व नियमित होता है, लेकिन डेवलपर अतिरिक्त घनत्वों के लिए शुल्क चुकाकर सीमा से अधिक विस्तार करने की अनुमति पा सकते हैं। कवरेज क्षेत्र के नियम और एफ.एस.आई. को भिन्न घनत्व संरचना के सृजन के लिए मिलाया भी जा सकता है। इस संदर्भ में इस बात पर जोर देना महत्त्वपूर्ण है कि कोई अधिकतम एफ.एस.आई. नहीं है। एफ.एस.आई. का स्तर कई बातों पर निर्भर करता है, जिनमें मौजूदा त्रिविमीय संरचना, सड़कों के स्वरूप, अधोसंरचना की क्षमता, सामाजिक और सांस्कृतिक कारक शामिल हैं। हालाँकि मुख्य सबक यह है कि एफ.एस.आई. और ये कारक, सक्षमतः और अपेक्षित त्रिविमीय संरचनाओं को सूत्रबद्ध करने के लिए जोड़ा जाना चाहिए। विशाल महानगरीय क्षेत्रों में इसका आमतौर पर अर्थ एकल केंद्रीय व्यावसायिक इलाके की परंपरागत एककेंद्रीय त्रिविमीय संरचना से विविध, सुसंबद्ध, गतिविधि केंद्र समेत बहुकेंद्रीय संरचनाओं की ओर जाना है।

हालाँकि सीमित घनत्वीकरण जैसे शहरी नियम-कायदों के कारण भारतीय शहरों में एफ.एस.आई. अंतरराष्ट्रीय चलन से काफी नीचे रखा गया है। भारत के शहरी नियोजक निम्न शहरी घनत्व को सही ठहराते हुए कहते हैं कि अगर शहरों का घनत्व बढ़ा तो इनकी मौजूदा अधोसंरचना प्रणाली चरमरा जाएगी। उनका तर्क होता है कि विकास नए शहरों और उपनगरीय औद्योगिक क्षेत्रों की ओर ले जाया जाना चाहिए और मौजूदा शहरी इलाकों के मौजूदा आकार को ही कायम रखा जाना चाहिए। मान लिया कि भारतीय शहरों में अधोसंरचना की सीमाएँ कठिन हो सकती हैं। हालाँकि ये तर्क उच्चतर क्षमता और उच्चतर गुणवत्ता के अधोसंरचना नेटवर्क के लिए धन जुटाने में तथा ऑफिस स्पेस के साथ निम्न और मध्य आयवर्ग के लिए सस्ते मकानों की आपूर्ति बढ़ाने में भूमि मूल्यों में मुद्रीकरण के अवसरों की अनदेखी करते हैं।

मुंबई के एफ.एस.आई. अनुपात लगभग 1.0-1.5 हैं और अंतरराष्ट्रीय मानकों की तुलना में कम हैं। इसके महत्त्वपूर्ण परिणाम हुए हैं। चूँकि निम्न एफ.एस.आई. के कारण विकास शहरी इलाकों से बाहरी इलाकों की ओर धकेल दिया जाता है, जिससे शहर बेढंगे रूप से फैल जाते हैं। बेढंगा विस्तार इलाकों में विकास की सीमाओं के कारण होता है अन्यथा बाजार भूमि के ऊँचे दामों की क्षतिपूर्ति के लिए उच्चतर घनत्व की अनुमति देते हैं, जो कि उच्च पहुँच के कारण होता है और एफ.एस.आई. प्रेरित बेढंगा विस्तार आने-जाने में लगनेवाले समय और खर्च जैसी दैनिक लागतों के जरिए परिवारों पर असर डालता है।

इसके अतिरिक्त भारतीय शहरों में निर्बंध एफ.एस.आई. होता है, जिनके दायरे में बड़े इलाके

आते हैं। इस प्रकार अधोसंरचना ढाँचे के आसपास रणनीतिक रूप से घनत्व बढ़ाने के अवसर नहीं मिल पाते! वास्तव में एफ.एस.आई. डिजाइन में और भूमि उपयोग के समन्वय में खुरदरे और अत्यधिक स्थानीय उतार-चढ़ाव अधोसंरचना की स्थिति का लाभ उठाने के लिए ही अच्छे शहरी नियोजन के लिए मूल आधार हैं। न्यूयॉर्क, सिओल और सिंगापुर जैसे शहरों के सर्वश्रेष्ठ अंतरराष्ट्रीय प्रचलन से यह बात निकलकर सामने आती है कि नियोजकों को यह बात ध्यान में रखनी चाहिए कि घनत्व न तो इतना ज्यादा हो कि अधोसंरचना क्षमता पर ही भारी पड़ जाए और न ही इतना कम हो कि उस क्षमता का इस्तेमाल ही पूरा न कर पाए।

उदाहरण के लिए, न्यूयॉर्क में एफ.एस.आई. मिडटाउन और मैनहटन के व्यापारिक इलाकों में अपर ईस्ट और वेस्ट साइड्स के आवासीय क्षेत्रों की तुलना में अधिक घनत्ववाला होता है। इसके अतिरिक्त, एफ.एस.आई. समायोजन अधोसंरचना के निवेश के साथ-साथ होना चाहिए। इनके तालमेल का एक अच्छा उदाहरण सिंगापुर का है, जहाँ एफ.एस.आई. स्थान और उपयोग के प्रकार के साथ-साथ अधोसंरचना की उपलब्धता के आधार पर बदलता है। महानगरों के आसपास के इलाकों में एफ.एस.आई. आमतौर पर अधिक होता है, क्योंकि परिवहन प्रणाली बढ़े हुए घनत्व और गतिविधियों को समायोजित कर सकती है।

अंत में, इस बात पर जोर देना महत्त्वपूर्ण है कि एफ.एस.आई. समग्र नियोजन के अंग हैं और उन पर अलग से विचार नहीं किया जा सकता। एफ.एस.आई. और उच्चतर अधोसंरचना निवेश को आभासी चक्र के घटक के रूप में देखा जाना चाहिए। इसी तरह, अगर मजबूत अधोसंरचना है तो उच्च घनत्व की भी अनुमति दी जा सकती है और इस तरह उच्च एफ.एस.आई. लागू हो सकता है।

परिवहन और मालभाड़ों की चुनौतियाँ

भूमि की कमी और निर्माण के नियम-कानूनों के कारण आबादी और उद्योग-व्यापार महानगरों के बीच से निकलकर उपनगरों की ओर जा रहे हैं। होनेवाली दिक्कतें इस मसले को और जटिल बनाती हैं। एक अच्छी भरोसेमंद परिवहन प्रणाली होने से लोगों को अपने रहने और कार्यस्थल के बीच अच्छा चुनाव करने में मदद मिलती है। विकल्पतः कमजोर प्रणाली भूमि बाजार के कड़े नियमों से पैदा होनेवाली समस्याओं को और बढ़ा देती हैं। उदाहरण के लिए, अगर सस्ती दर पर मकान उपलब्ध नहीं हो या परिवहन प्रणाली गैर-भरोसेमंद या महँगा होने के कारण लोग उपनगरों में तुलनात्मक रूप से कम महँगे मकानों को नहीं ले पाते, तो लोग झुग्गी-झोंपड़ियों में रहने पर मजबूर होते हैं।

भारतीय शहरों में भीड़-भाड़ एक बड़ी चुनौती है। सँकरी सड़कें और निजी कारों की बढ़ती संख्या का मतलब है कि शहरों में साइकिल पर चलने की तुलना में मोटरवाहनों से आना-जाना तीव्र गति से होता है। शहरी सवारियों की बढ़ती संख्या के हिसाब से सार्वजनिक परिवहन प्रणाली पर्याप्त नहीं है। हालाँकि इस दिशा में विभिन्न योजनाएँ चलाई गई हैं, लेकिन परिवहन के अन्य साधनों से उनका सीमित एकीकरण और कठिन भूमि उपयोग नियोजन इस स्थिति को कठिन बनाए हुए हैं। सार्वजनिक परिवहन से यात्रा करनेवाले सबसे ज्यादा मुंबई में हैं, जो कि करीब 45 प्रतिशत हैं, नई दिल्ली में यह 20 प्रतिशत से कम है। इनकी तुलना में मॉस्को में यह संख्या 60 प्रतिशत

और सिंगापुर में 50 प्रतिशत है।[9] शहरी परिवहन विशेषज्ञों की राय है कि अंशत: भूमि उपयोग नियोजन के कारण, अन्य परिवहन साधनों से उनका सीमित एकीकरण भी सार्वजनिक परिवहन के इस्तेमाल को कम रखे हुए है। उदाहरण के लिए, नई दिल्ली मेट्रो निर्माण और संचालन गुणवत्ता में वैश्विक मॉडल भले ही हो, लेकिन यह भी स्तरीय फीडर सेवाओं से बहुत अच्छी तरह से जुड़ी हुई नहीं है। इसमें प्रति सिस्टम किलोमीटर केवल 6,520 यात्री सफर करते हैं, जो कि मैक्सिको सिटी के 19,200, मॉस्को के 21,400 या साओ पॉलो के 27,800 की तुलना में यह काफी कम है।

सार्वजनिक परिवहन के इस्तेमाल के कम होने का एक बड़ा कारण उनकी लागत भी है। भारतीय शहरों में सार्वजनिक परिवहन देशभर के सार्वजनिक परिवहन का वहनीयता सूचकांक सबसे कम वहनीय है, जो प्रति व्यक्ति आय के आधार पर तय किया जाता है। उदाहरण के लिए, मुंबई में यह सूचकांक लंदन की तुलना में दुगुना और न्यूयॉर्क की तुलना में पाँच गुना है, जहाँ वहनीयता सूचकांक मोटे तौर पर सार्वजनिक परिवहन भी कम आकर्षक होते जा रहे हैं और लोग पैदल चलना या साइकिल से चलना ज्यादा पसंद करते हैं। हालाँकि आमदनी में थोड़ी सी भी बढ़ोतरी होने पर लोग बस की बजाय बाइक से चलना पसंद करते हैं, क्योंकि मोटर साइकिल इस्तेमाल करने का सीमांत व्यय काफी कम होता है। नई दिल्ली में पेट्रोल की कीमत 50 रुपए प्रति लीटर है और औसत मोटरसाइकिल का माइलेज 80 किलोमीटर प्रति लीटर है। इस तरह सीमांत परिव्यय प्रति किलोमीटर 60 पैसे होता है, जबकि बस में किराया 1.50 रु. प्रति किलोमीटर और मेट्रो का किराया 1.80 रु. प्रति किलोमीटर होता है। इसके अतिरिक्त, मोटरसाइकिल इस्तेमाल में होनेवाली सुविधा और मिलनेवाली सामाजिक प्रतिष्ठा भी भीड़भाड़ और प्रदूषण के बोझ के बावजूद सार्वजनिक परिवहन के इस्तेमाल के फायदों के सामने अधिक है।

जिस तरह से शहरों में रोजगार के लिए आने जानेवाले लोगों के लिए शहरी परिवहन सेवाएँ बहुत महत्त्वपूर्ण हैं, उसी तरह से शहरी व्यवसाय के लिए पर्याप्त माल परिवहन प्रणाली और सड़क अधोसंरचना नेटवर्क जरूरी है, ताकि स्थानीय, आंचलिक और राष्ट्रीय बाजारों में पहुँचा जा सके। बाजार की पहुँच से कंपनियों को फायदा होता है और उन्हें उत्पादन और विशेषज्ञता बढ़ाने में मदद मिलती है।

उद्योग व्यवसाय बाजार संपर्क लागत बढ़ने के बावजूद उपनगरों की ओर बढ़ रहे हैं। मूल महानगरों और बाहरी इलाकों के बीच मालभाड़ा 5.2 रुपए प्रति टन किलोमीटर (0.12 डॉलर) जितना महँगा है, जो कि राष्ट्रीय औसत से दुगुना और अमेरिका की दरों की तुलना में पाँच गुना ज्यादा है। भारत में परिवहन की ऊँची लागत का एक कारण महानगरीय सड़कों पर छोटे और पुराने ट्रकों का चलना है। माल पहुँचाकर खाली लौटनेवाले ट्रकों का हिस्सा भी महानगरीय सड़कों पर काफी ज्यादा है और महानगरीय सड़कों पर ट्रक 25000 किलोमीटर की दूरी सालाना तय करते हैं, जो कि आर्थिक रूप से व्यवहार्य होने की सीमा से एक चौथाई है। महानगरीय माल ढुलाई भाड़े की लागत घटाने और समन्वय बढ़ाने के लिए ट्रकों की कंपनियाँ माल ढुलाई प्रबंधन प्रणालियाँ अपना सकती हैं या ट्रक एसोसिएशन बना सकती हैं।

भारत की माल ढुलाई प्रणाली कमजोर अधोसंरचना और उपकरण, माल लदाई-उतराई की ऊँची लागत, चोरी और नुकसान जैसे कारणों से पैदा अक्षमताओं की भी शिकार है। यह सब कारण मिलकर विकास की समान स्थिति में अन्य देशों की तुलना में यहाँ पर लागत को काफी ज्यादा कर देते हैं।

बुनियादी सेवाओं की पहुँच में त्रिविमीय विषमता

बुनियादी सेवाओं तक पहुँच और इन सेवाओं की गुणवत्ता परिवारों के जीवन स्तर और औद्योगिक कंपनियों के प्रदर्शन की बुनियाद होती है। हालाँकि भारत को अब भी इन सुविधाओं तक सबकी पहुँच बनाने के लिए बहुत लंबा सफर तय करना है। भारत के किसी भी बड़े शहर में उसकी आबादी के एक प्रतिशत जैसे छोटे हिस्से को भी निर्बाध पानी की आपूर्ति नहीं है, जबकि जकार्ता में 90 प्रतिशत और मनीला में 88 प्रतिशत लोगों को यह सुविधा उपलब्ध है। नई दिल्ली में 59 प्रतिशत औद्योगिक प्रतिष्ठानों को पानी पर्याप्त नहीं मिलता और सीवरेज तथा ड्रेनेज सिस्टम जैसी सेवाओं की उपलब्धता का देशव्यापी अंतर बहुत ज्यादा है। शहरों का आकार छोटा होने पर इनकी हालत और भी खराब हो जाती है। ग्रामीण इलाकों में सेवाओं तक पहुँच का स्तर सबसे कम है।

भारत के सात सबसे बड़े महानगरीय इलाकों के अंदर व्यापक त्रिविमीय अंतर है। इन इलाकों में कुल मिलाकर ग्रामीण इलाकों की तुलना में इन सेवाओं की स्थिति बेहतर है, लेकिन इन महानगरों में भी मूल महानगरों और उनके बाहरी इलाकों में इन सुविधाओं में भारी अंतर है। उदाहरण के लिए, मूल महानगरों में 93 प्रतिशत परिवारों को नालियों की सुविधा हासिल है, लेकिन मूल महानगरों से केवल 5 किलोमीटर की दूरी पर यह हिस्सा घटकर 70 प्रतिशत हो जाता है। बेंगलौर जैसे शहरों के सर्वेक्षण के आँकड़े भी इस बात की पुष्टि करते हैं कि पानी के कनेक्शन की सुविधा बाहरी इलाकों में मूल बस्तियों की तुलना में बहुत कम होती है।

वितरण में अक्षमताएँ और लागत शामिल न कर पानेवाले शुल्क टिकाऊपन को खतरे में डाल देते हैं और सेवाओं के विस्तार को अवरुद्ध कर देते हैं। सिद्धांत रूप में, उपभोक्ता शुल्कों से कम-से-कम इतना राजस्व मिलना चाहिए कि वे संचालन और अनुरक्षण की लागत और संपत्ति अवमूल्यन को शामिल कर सकें और संपत्तियों का पर्याप्त प्रतिफल दिला सकें। हालाँकि 20 भारतीय शहरों के छोटे से सैंपल के संचालन अनुपात (संचालन एवं अनुरक्षण / राजस्व) से पता चलता है कि जल सेवाओं का एक तिहाई ही संचालन और अनुरक्षण लागत निकालता है। भोपाल इंदौर, कोलकाता और मथुरा सबसे निचली कतार में हैं और उनके वित्तीय टिकाऊपन की स्थिति गंभीर चिंता की बात है। संस्थागत सुधारों से परे, जल सेवाओं को 100 प्रतिशत कनेक्शनों में मीटर लगवाने के लिए प्रयास करने चाहिए। इन 20 शहरों में से बंगलौर, कोयंबटूर, मुंबई और नासिक ही ऐसे मिले, जिनमें 70 प्रतिशत मीटर लगे हैं। नागपुर में 40 प्रतिशत मीटर और बाकी में 10 प्रतिशत भी नहीं थे।

शहरीकरण प्रबंधन के लिए समन्वित प्रयास की आवश्यकता

इस हिसाब से कार्य करते हुए नीति निर्माताओं को भारत के शहरीकरण से जुड़ी आर्थिक क्षमता और त्रिविमीय साम्य लेन-देन के प्रबंधन के तरीके बुद्धिमत्तापूर्वक बनाने चाहिए। संकुलन अर्थव्यवस्थाओं की सीमाओं के अनुसार, भूमि बाजार में अक्षमताएँ और भूमि उपयोग तथा अधोसंरचना सुधार में समन्वय की कमी मिलकर शहरी इलाकों की क्षमता को कमजोर करते हैं। मौजूदा शहरों के नवीनीकरण करने और नए शहर बनाने के कार्य मे नीति निर्माताओं को देश के शहरी नियोजन के लाइसेंस राज को खत्म करने की जरूरत है। आर्थिक समृद्धि उचित शहरी नियोजन पर निर्भर है और देश के नीति निर्माता चुनौतियों से जूझ रहे हैं। 2005 में सरकार का महत्त्वाकांक्षी कार्यक्रम जवाहरलाल नेहरू राष्ट्रीय शहरी विकास मिशन, (जे.एन.एन.यू.आर.एम.) शुरू किया गया था, जिसके तहत भारतीय शहरों का स्तर ऊँचा करने के लिए उनकी अधोसंरचना में 24 अरब डॉलर का निवेश हुआ है। शहरी विकास मंत्रालय के मार्च 2012 के आँकड़ों के अनुसार, इस मिशन ने सरकार द्वारा आवंटित संसाधनों से 11.2 अरब डॉलर की परियोजनाओं को मंजूरी दी है। मिशन के 67 शहरों में, 2012 तक स्टैंप शुल्क तार्किक बनाते हुए 5 प्रतिशत तक रखने (मकान मालिकों और किराएदारों के हितों में संतुलन बनाते हुए), किराया नियंत्रण कानूनों में सुधार, शहरी भूमि हदबंदी एवं नियमन अधिनियम का निरस्तीकरण और उपभोक्ता शुल्कों से संचालन एवं अनुरक्षण शुल्क वसूलने समेत, 23 सुधारों (11 अनिवार्य और 12 ऐच्छिक) की परिकल्पना जे.एन.एन.यू.आर.एम. ने की थी। (तालिका-2)

तालिका-2 : जवाहरलाल नेहरू राष्ट्रीय शहरी नवीनीकरण मिशन के तहत भूमि और संपत्ति सुधार

सुधार	(31 राज्यों में से) सुधारों को पारित करनेवाले राज्य	(67 शहरों में से) सुधारों को पारित करनेवाले शहर
स्टैंप शुल्क को तार्किक बनाना	23	लागू नहीं
किराया नियंत्रण में सुधार	15	लागू नहीं
शहरी भूमि हदबंदी एवं नियमन अधिनियम का निरस्तीकरण	30	लागू नहीं
इमारत उपनियमों का पुनरीक्षण	लागू नहीं	52
भूमि परिवर्तन कानूनों का सरलीकरण	लागू नहीं	52
संपत्ति नाम प्रमाणन प्रणाली	लागू नहीं	0
आर्थिक रूप से कमजोर और कम आय वर्ग के समूहों के लिए भूमि की पहचान	लागू नहीं	54
पंजीयन की कंप्यूटरीकृत प्रक्रिया	लागू नहीं	51

स्रोत : *जवाहरलाल नेहरू राष्ट्रीय शहरी नवीनीकरण मिशन. http://jnnurm.nic.in*

हालाँकि ये सारे सुधार सराहनीय और व्यापक हैं, लेकिन इनका क्रियान्वयन और प्रभाव अब तक स्पष्ट नहीं हैं। आकलन प्रारूप मोटे तौर पर स्व-सूचना पर आधारित है और इनपुट तथा प्रक्रियाओं का आकलन आउटकम और प्रभावों की तुलना में अधिक होता है। इसे समझने के लिए सार्वजनिक रूप से उपलब्ध तीन अध्ययनों पर नजर डालते हैं—

**ग्यारहवीं पंचवर्षीय योजना के मध्यावधि मूल्यांकन के तहत योजना आयोग का मार्च 2010 में मूल्यांकन]* योजना आयोग की एक विशेषज्ञ समिति की कार्यालयीन समीक्षा के निष्कर्ष के अनुसार, जे.एन.एन.यू.आर.एम. ने शहरी क्षेत्र में नवीनीकरण पर प्रभावी ढंग से फोकस किया और शहरी अधोसंरचना में भारी निवेश किया, लेकिन जवाबदेही और शहरी शासन में महत्त्वपूर्ण सुधार के मामले में इसका प्रदर्शन फीका रहा। इसने पाया कि अधोसंरचना परियोजनाओं और सुधार उपायों के प्रभावी क्रियान्वयन में क्षमता निर्माण अब भी प्रमुख अड़चन है और अधिकतर शहरों ने अपनी विकास योजनाएँ बनाते समय एकीकृत शहरी नियोजन के विचार को नहीं अपनाया है, जबकि जे.एन.एन.यू.आर.एम. के लिए यह जरूरी होता है।

** शहरी अधोसंरचना सेवाओं के लिए निवेश की आवश्यकताओं के अनुमान के लिए उच्च अधिकार प्राप्त विशेषज्ञ समिति का मूल्यांकन (मार्च 2011):* अपनी कार्यालयीन समीक्षा के बाद समिति ने योजना आयोग से मुलाकात की। उसने जे.एन.एन.यू.आर.एम. की शहरों को वित्तीय रूप से टिकाऊ बनाने में असफलता को भी उजागर किया और बताया कि म्यूनिसिपल बॉण्ड और पब्लिक-प्राइवेट भागीदारी व्यवस्थाओं में उन्नति सीमित हुई है।

** ग्रांट थॉर्नटन द्वारा स्वतंत्र मूल्यांकन (मई 2011)।* शहरी विकास मंत्रालय ने सलाहकार फर्म ग्रांट थॉर्नटन से एक स्वतंत्र मध्यावधि मूल्यांकन कराया, जिसके निष्कर्ष 2010-2011 के लिए जे.एन.एन.यू.आर.एम. पर मंत्रालय के वार्षिक अपडेट में शामिल किए गए। यह मूल्यांकन पिछले दो की तुलना में कहीं अधिक कठोर था, जिसमें शहर के विकास की योजनाओं को तैयार करने या विस्तृत परियोजना रिपोर्ट तैयार करने में स्थानीय निकायों की भूमिका न्यूनतम थी। इसके साथ ही मूल्यांकन ने पाया कि विस्तृत रिपोर्ट तैयार करते समय किसी भी प्रकार के पर्यावरण या सामाजिक प्रभाव का मूल्यांकन नहीं किया गया और हितधारकों से भी कोई चर्चा नहीं की गई थी।

बेशक जे.एन.एन.यू.आर.एम. ने नीति-निर्माताओं के बीच महत्त्व रखनेवाले शहरी मुद्दों के प्रोफाइल को बड़ा कर दिया। लेकिन अब तक जे.एन.एन.यू.आर.एम. का एक समग्र व्यापक प्रभाव मूल्यांकन अध्ययन नहीं किया गया है। अब तक के जितने भी आकलन हुए हैं, उनमें क्षमता निर्माण और परियोजना के चयन की चुनौतियों को प्रमुखता दी गई है। चूँकि बारहवीं पंचवर्षीय योजना जे.एन.एन.यू.आर.एम. के दूसरे चरण को आकार देने के विकल्पों की तलाश कर रही है, इस कारण अब तक हुई प्रगति और कार्यान्वयन में आनेवाली रुकावटों के आकलन को प्राथमिकता मिलनी चाहिए।

नीति-निर्माताओं को यह पता लगाने के लिए एक महत्त्वपूर्ण निर्णय लेना है कि किसी संघीय प्रणाली में केंद्र, राज्य और नगर निकाय के परस्पर मिलनेवाले अधिकार क्षेत्रों में लागू होनेवाले शहरी सुधारों के लिए जिम्मेदार कौन होगा। सघनीकरण और मूलभूत संरचना की योजना के कुछ नितांत स्थानीय या पड़ोस के मामले अकसर राज्य सरकार द्वारा तय किए जाते हैं, जबकि

भूमि मूल्यांकन पर दिशानिर्देश केंद्र और राज्य की देखरेख में बनते हैं, जिसमें कुछ बातें जिलों (आवश्यक नहीं कि नगरपालिका) भी शामिल की जाती हैं। इसी तरह पानी की आपूर्ति जैसी बुनियादी सेवाएँ राज्य सार्वजनिक स्वास्थ्य और इंजीनियरिंग विभाग की ओर से मुहैया कराई जाती हैं। ऐसे दृष्टिकोण विभिन्न घनत्ववाली बस्तियों में विभिन्न प्रकार की सेवा के विकल्पों के पैमाने और संभावित दायरे की संभावित अर्थव्यवस्थाओं को पार कर जाते हैं।

नीति-निर्माताओं को अधिकार क्षेत्रों और प्रशासनिक इकाइयों के बीच समन्वय के प्रोत्साहन की पहचान भी करनी चाहिए, जो सेवा प्रदाताओं को पैमाने की अर्थव्यवस्थाओं का फायदा उठाने का अवसर देंगे। दूसरे देशों के अनुभव महानगरीय प्रशासन संरचनाओं को तैयार करने के लिए कई मापदंड सुझाते हैं। उनमें से कुछ में पैमाने की अर्थव्यवस्थाओं का फायदा उठाने में कुशलता बढ़ाने तथा नगरपालिका की सीमाओं में नकारात्मक बरबादी को कम करने की क्षमता, मेट्रोपॉलिटन क्षेत्र में सेवाओं की लागतों और लाभों को साझा करने में इक्विटी, निर्णय लेने और स्थानीय प्रतिक्रिया की जवाबदेही शामिल हैं। भारत में महानगर भर में कार्यात्मक और निवेश संयोजन को बढ़ावा देने के लिए बेंगलुरु मेट्रोपॉलिटन क्षेत्र विकास प्राधिकरण और मुंबई महानगर क्षेत्रीय विकास प्राधिकरण जैसी एजेंसियों की स्थापना की गई है। हालाँकि यह देखना अभी बाकी है कि इस तरह के संस्थान अपनी अपेक्षित भूमिका निभाने तथा मेट्रोपॉलिटन क्षेत्र में कुशलता, समानता और जवाबदेही को बनाए रखने में कितने प्रभावी होते हैं।

□

अध्याय-10

भूमि प्रबंधन का नवीनीकरण

—बरुन एस. मित्रा और मधुमिता डी. मित्रा

भूमि की प्रमुखता

भारत की भूमि प्रबंधन व्यवस्था कई दशकों से घिसे-पिटे कानूनों और भटकी हुई नीतियों में उलझी है, जो बाजारों में विकृति पैदा करती है, भ्रष्टाचार को बढ़ावा देती है और संपत्ति के मौलिक अधिकार से दूर रखती है। वर्तमान भूमि संबंधी नीतियाँ पुरातन कानूनों और सोचने की उससे भी कहीं पुरानी पद्धति का एक घालमेल हैं। कई बातें औपनिवेशिक भारत की या पुराने हिंदू कानूनों के जमाने से चली आ रही हैं।

भूमि ही एकमात्र ऐसी संपत्ति है, जो अधिकांश भारतीय, यहाँ तक कि सबसे अधिक गरीब के पास भी कुछ हद तक है, लेकिन तकनीकी खामियों की वजह से वे उस पर अपने स्वामित्व का कानूनी दावा नहीं कर पाते। सशक्त संपत्ति के अधिकारों की बुनियाद पर खड़ा सक्रिय भूमि बाजार उन लोगों की आर्थिक तरक्की के अवसर बढ़ाएगा, जिनके पास जमीन है और लोकतांत्रिक भारत के नागरिकों के रूप में उनका सशक्तीकरण करेगा। इस प्रकार का बाजार उन लोगों को भी संपत्ति में निवेश और लेन-देन की सुविधा देगा, जिनके पास धन है और वे क्षीण पड़ते राजनीतिक प्रभाव का इस्तेमाल करने की बजाय भू-स्वामियों के साथ ऐसे लेन-देन में शामिल हो सकते हैं, जिसका फायदा दोनों को मिलेगा।

भारत में भूमि के प्रबंधन की मूलतः दो समस्याएँ हैं। पहली, भूमि बाजार छिन्न-भिन्न है, लेन-देन की भारी कीमत तथा करों और शुल्कों, व्यापक भ्रष्टाचार, कमजोर नियामकों और क्षेत्रीय समस्याओं के बोझ तले दबा है, जिसके कारण माँग और आपूर्ति के बीच अंतर बढ़ जाता है। इसका परिणाम अंततः बढ़ते भ्रष्टाचार के रूप में सामने आता है। दूसरी समस्या यह है कि भूमि के अधिग्रहण की प्रणाली में सुधार नहीं हुआ है, जिसने लाखों भारतीयों से उनकी संपत्ति उचित प्रक्रिया या जायज मुआवजे के बिना छीन ली है। भूमि अधिग्रहण में उचित मुआवजा और पारदर्शिता का अधिकार, पुनर्वास और पुनर्स्थापना अधिनियम जैसे अनेक कानूनों की मंशा सही है, किंतु उन्हें परखा नहीं गया है, जिसके चलते प्रापर्टी डेवलपर्स के बीच गंभीर चिंता पैदा हुई है और उन्हें लगता है कि उनसे विकास में बाधा आएगी, जमीन खरीदने की कीमत बढ़ेगी और

भू-संपत्तियों की पूँजी में परिणति की प्रक्रिया उलझाऊ हो जाएगी। इन दो मूल गड़बड़ियों को न तो बहुत जल्द दूर किया जा सकता है, न ही इसकी प्रक्रिया सरल होगी, लेकिन अगली सरकार को चाहिए कि वह अनेक प्राथमिकताएँ तय करे, जिनमें भूमि संबंधी करों और शुल्कों को कम करना, क्षेत्रीकरण के अधिकार स्थानीय निकायों को सौंपना तथा पाँच साल की अवधि में भूमि के दस्तावेजों में सृजनात्मक सुधार लाना शामिल हैं।

विकृत बाजार और नियामक के बोझ

लेन-देन का भारी खर्च

आज भारत में जमीन से जुड़ी सबसे मौलिक समस्या उसके लेन-देन पर आनेवाले भारी खर्च की है। इसने भूमि बाजार को पूरी तरह से विकृत कर दिया है। इस विकृति का प्रत्यक्ष प्रमाण राष्ट्रीय नमूना सर्वेक्षण संगठन (एन.एस.एस.ओ.) की ओर से 2003-04 में कराए गए सर्वे से मिलता है, जिसने पाया कि करीब 40 प्रतिशत किसान अपनी जमीन बेचकर खेतीबाड़ी से निकलना चाहते हैं। इसके साथ ही करीब 100 बिलियन डॉलर के घरेलू और विदेशी निवेश, जो प्रमुख रूप से बुनियादी और खनन परियोजनाओं से जुड़े हैं, वे भूमि संबंधी विवादों और पर्यावरण संबंधी नियमों के कारण अटके पड़े हैं।

इस प्रकार, भूमि के इस बाजार में माँग और आपूर्ति के बीच एक बहुत बड़ी खाई दिखाई देती है। विक्रेताओं को उचित कीमत देनेवाला खरीदार आसानी से नहीं मिलता, जबकि खरीदारों को ऐसे बेचनेवाले आसानी से नहीं मिलते, जो जमीन बेचने को तैयार हों। आपूर्ति और माँग की इस खाई ने बिचौलियों को जन्म दिया है, जो एक कीमत के बदले मध्यस्थता करते हैं, जिससे लेन-देन का खर्च और भी बढ़ जाता है।

यह बात सब जानते हैं कि भारत में कहीं भी शहरों में रीयल एस्टेट की कीमत का जिक्र चालीस-साठ, पचास-पचास, साठ-चालीस और इसी प्रकार के शब्दों में किया जाता है। इसका मतलब यह हुआ कि वास्तविक कीमत का 60, 50 या 40 प्रतिशत नकद में या किसी वस्तु के रूप में अदा किया जाएगा और उसे उस आधिकारिक कीमत में नहीं दरशाया जाएगा, जिस पर हस्तांतरण का पंजीकरण किया गया है। अकसर रीयल एस्टेट से जुड़े ब्रोकर उस सौदे को मंजूर नहीं करते, जिसमें उन्हें यह पता चल जाता है कि कोई व्यक्ति किसी संपत्ति को पूरे पैसे चुकाकर खरीदना या बेचना चाहता है और सारे शुल्क और टैक्स भी चुकाने के लिए राजी है।

ऐसे माहौल में, यह कोई आश्चर्य की बात नहीं कि रीयल एस्टेट कारोबार के इर्द-गिर्द भ्रष्टाचार का बोलबाला रहता है। इस प्रकार का भ्रष्टाचार सिस्टम में इस हद तक जड़ें जमा चुका है कि यदि कोई खरीदार या विक्रेता बिक्री की पूरी कीमत कानूनी तौर पर चुकाने के लिए राजी हो जाता है, तो भी उसे लेन-देन का मूल्य का 1 से 2 प्रतिशत तक रिश्वत के तौर पर उस सरकारी दफ्तर में देना पड़ता है, जहाँ लेन-देन सरकारी दस्तावेज में बदलता है। इस फटाफट कामवाले पैसे के बिना, सरकारी बाबू बिक्री पर अनगिनत सवाल उठा सकते हैं और लेन-देन में देरी कर सकते हैं और काफी नुकसान पहुँचा सकते हैं।

ऐसा माना जाता है कि भारत में बुनियादी ढाँचा और रीयल एस्टेट में सबसे ज्यादा भ्रष्टाचार

और धोखाधड़ी है, क्योंकि उन पर कुछ अधिक ही नियंत्रण है। भ्रष्टाचार पर किए गए अध्ययन बताते हैं कि आवश्यकता-आधारित सेवाओं जैसे जमीन के दस्तावेज और रजिस्ट्रेशन, हाउसिंग, जंगलों में जाने की अनुमति (जलाने की लकड़ी तथा अन्य उत्पादों के लिए), महात्मा गांधी राष्ट्रीय ग्रामीण रोजगार गारंटी अधिनियम तथा बैंकिंग और पुलिस में भ्रष्टाचार के सबसे अधिक अवसर हैं। राजनीतिज्ञों और नौकरशाहों का भूमि नियमन पर सीमा से कहीं अधिक वर्चस्व है। विभागीय अधिकारियों के साथ-साथ दस्तावेज लिखनेवाले और संपत्ति के एजेंटों को भी रिश्वत दी जाती है। वास्तव में, दस्तावेज लिखनेवाले और संपत्ति के एजेंट सरकारी नौकरों की शृंखला में एक ऐसे स्वाभाविक सहयोगी की भूमिका में रहते हैं कि वैधानिक शुल्क और लेन-देन के गैर-कानूनी खर्च में अंतर करना भी मुश्किल हो जाता है। ऐसा कहा भी जाता है और यह सब जानते भी हैं कि नेता और नौकरशाह अपनी काली कमाई रीयल एस्टेट सेक्टर में ही लगाते हैं।

2011 में लिखे गए एक लेख में नई दिल्ली लाइब्रेरी इंस्टीट्यूट के बरुन मित्रा और मोहित सत्यानंद की ओर से किए गए एक मोटे आकलन के अनुसार, रीयल एस्टेट और जमीन से जुड़े लेन-देन में इतना काला धन शामिल होता है, जो भारत की जी.डी.पी. के लगभग 1 से 2 प्रतिशत के बराबर है। खरीदार और विक्रेता टैक्स, शुल्क और ड्यूटी आदि को कम करने के लिए संपत्ति की कीमत कम बताते हैं। विरले ही कभी पूरी तरह से सफेद लेन-देन पाया जाता है, जब तक कि विक्रेता और खरीदार के सामने कर्ज अदा करने या अन्य कानूनी जानकारी के तहत लेन-देन का पूरा मूल्य बताने की विवशता न हो। कागजी काररवाई की बात करें, तो राजस्व की चोरी को रोकने के लिए किए गए प्रयास, जैसे बाजार की अनुमानित दर पर सर्किल रेट तय करना (सरकार जमीन की एक न्यूनतम कीमत तय करती है) अधिक कारगर नहीं रहे हैं, क्योंकि दर शायद ही कभी जमीनी हकीकत पर आधारित होती हैं।

रिश्वत के लेन-देन पर किए गए अधिक औपचारिक अध्ययन से भ्रष्टाचार में शामिल कुल राशि का सही अंदाजा लगता है। ट्रांसपैरेंसी इंटरनेशनल की ओर से 2005 में किए गए इंडिया करप्शन स्टडी का अनुमान था कि भूमि प्रशासन सेवा में प्रति वर्ष रुपए 31,260 मिलियन (625 मिलियन डॉलर) की रिश्वत दी जाती है। इनमें संपत्ति के रजिस्ट्रेशन, म्यूटेशन के साथ-साथ संपत्ति कर के बकाए का भुगतान जैसी सेवाएँ शामिल हैं। 2008 में इंडिया करप्शन स्टडी ने एक अध्ययन किया। उसका मुख्य क्षेत्र गरीबी रेखा से नीचे के घरों पर था, जो अधिकांशतया ग्रामीण क्षेत्रों में थे। उनमें से 23,000 घरों का सर्वे किया गया, जिन्होंने भूमि संबंधी दस्तावेज और रजिस्ट्रेशन की सेवा ली थी। अध्ययन ने पाया कि इन सेवाओं के बदले करीब 1234 मिलियन रुपए (24.7 मिलियन डॉलर) रिश्वत के तौर पर दिए गए। सिर्फ दो सेक्टरों, भूमि दस्तावेज/रजिस्ट्रेशन और हाउसिंग में कुल मिलाकर एक तिहाई रिश्वत दी गई। भ्रष्टाचार के स्तरों को समझने के लिए, इस अध्ययन ने पुलिस सेवाओं को भ्रष्टाचार में पहले स्थान पर रखा, जिनके बाद भूमि दस्तावेज/रजिस्ट्रेशन और हाउसिंग को रखा गया।[2]

अर्थशास्त्री बिबेक देबरॉय और लवीश भंडारी ने 2012 में लिखी अपनी किताब, 'करप्शन इन इंडिया' में विभिन्न क्षेत्रों में भ्रष्टाचार के स्तरों का आकलन करने का प्रयास किया। दोनों ही लेखकों का अनुमान था कि 2010-2011 में भारत की कुल जी.डी.पी. का 1.26 प्रतिशत सरकारी बाबुओं की निजी कमाई थी। कुल अदा की गई रिश्वत में से करीब 13.6 प्रतिशत रीयल एस्टेट,

घरों का स्वामित्व और कारोबारी सेवाओं से जुड़ी थी।[3]

अक्षमता और भ्रष्टाचार के इस चक्र को तोड़ने के लिए भारत की अगली सरकार को एक दक्ष भूमि बाजार उपलब्ध कराना चाहिए। इसके लिए वह लेन-देन के खर्च को काफी हद तक कम करे, नियामक बंधनों को कम करे और लेन-देन को जहाँ तक संभव हो, पारदर्शी बनाए।

इस दिशा में पहला कदम यह होगा कि नीति निर्माता भूमि के संबंध में गरीबी की अवधारणा को नए सिरे से समझें। परंपरागत रूप से गरीबी का अर्थ पूँजी की कमी से लगाया जाता रहा है। इस मामले में पूँजी का मतलब भूमि से है। इस परिभाषा को विस्तार देने का समय आ गया है। इसमें उन संपत्तियों का लाभ उठाने की अक्षमता को भी शामिल करना चाहिए, जो पहले से किसी के पास हैं। एक कार्यशील और कुशल भूमि बाजार एक प्रमुख संपत्ति के रूप में भूमि की क्षमता का लाभ पूँजी के रूप में उठाने के रास्ते खोल देगा। कई दशकों से, सरकारों ने भूमि और रीयल एस्टेट सेक्टर को आसानी से प्राप्त होनेवाले राजस्व के स्रोत के रूप में देखा है। वह भी इस भ्रम में कि इसका असर केवल अमीरों पर पड़ता है, जिनमें वैसे भी पैसे देने की क्षमता होती है। चूक इसी धारणा से जुड़ी है कि पूँजी के रूप में भूमि पर कर लगाना चाहिए, क्योंकि मालिकों का भले ही उसकी मूल्य वृद्धि में कोई योगदान न हो, लेकिन उनके लेन-देन की ऊँची कीमतों का प्रभाव सभी पर पड़ता है। यही नहीं, पूँजीगत संपत्तियों पर कर लगाने से संसाधनों के गलत आवंटन, कर चोरी और भ्रष्टाचार जैसी समस्याएँ पैदा होती हैं। पूँजी पर कर लगाने की बजाय, जरूरत इस बात की है कि पूँजीगत संपत्तियों का प्रयोग उसके लेन-देन का खर्च कमकर, जहाँ तक संभव हो, बढ़ाया जाए। कराधान का ध्यान लगाई गई पूँजी से होनेवाली आय पर या उच्च आय के आधार पर होनेवाली खपत पर होना चाहिए।

इसके लिए विभिन्न प्रकार के करों, शुल्कों और फीस को काफी हद तक कम करना होगा, जो भूमि और रीयल एस्टेट के लेन-देन पर लगाए जाते हैं। इनमें स्टैंप ड्यूटी, रजिस्ट्रेशन फीस, कैपिटल गेन टैक्स, ट्रांसफर और म्यूटेशन की कीमत भी शामिल है। ट्रांसफर और लेन-देन के रिकॉर्ड को सुचारु रखने के लिए एक न्यूनतम रजिस्ट्रेशन शुल्क पर्याप्त होना चाहिए।

जोनिंग और विनिमय

अपारदर्शी और कठोर जोनिंग तथा जमीन के उपयोग के नियम जमीनी स्तर पर तेजी से हुए बदलानों के साथ कदम-से-कदम मिलाकर चलने में विफल रहे हैं। इस कारण सरकार के भीतर और बिचौलियों के बीच व्यापक भ्रष्टाचार फैला है, जो कीमत मिले तो लैंड यूज को तुरत-फुरत बदलवाने में महारत रखते हैं।

जमीन की कीमत इस पर निर्भर करती है कि उसका प्रयोग कैसे होगा। खेती-वाली जमीन की कीमत सबसे कम होती है। जैसे-जैसे जमीन को रिहायश, औद्योगिक या वाणिज्यिक उपयोग में लाया जाता है, उसकी कीमत बढ़ती जाती है। जमीन को लेकर अधिकतर विवाद और विरोध उसके मुआवजे को लेकर होता है, जब यह शिकायत की जाती है कि जमीन की कीमत के मुताबिक मुआवजा नहीं दिया जा रहा है।

जमीन के बाजार में पारदर्शिता की राह का सबसे बड़ा रोड़ा जमीन के इस्तेमाल में बदलाव

है, विशेष रूप से खेती की जमीन का बदलाव जब गैर-कृषि कार्यों के लिए किया जाता है। औद्योगिक और बुनियादी ढाँचे के निर्माण के लिए जैसे-जैसे जमीन की माँग बढ़ रही है, वैसे-वैसे कुछ खास शक्तिशाली लोग सरकारी अफसरों के साथ मिलकर जमीन के इस्तेमाल में परिवर्तनवाले निरोधात्मक कानून को अपने हक में मोड़कर जनता को नुकसान पहुँचाते हैं। इसका परिणाम यह होता है कि सामान्य लोगों की जमीन छिन जाती है और उस पर इन हित साधनेवालों की परियोजनाएँ शुरू हो जाती हैं।

कृषि की जमीन को गैर-कृषि में बदलने से रोकने का उद्देश्य जहाँ प्रमुख रूप से भोजन की सुरक्षा को बढ़ावा देना था, वहीं आज यह चिंता का विषय नहीं रह गया है। यही नहीं, ब्रिटिश शासन के विपरीत, जब जमीन को कृषि के लिए रखने का उद्देश्य राजस्व की प्राप्ति था, वहीं आज यह सौदा फायदे का नहीं है; क्योंकि सरकार को भू-राजस्व से होनेवाली आमदनी नगण्य है। जमीन के इस्तेमाल को बदलने के लिए, विभिन्न सरकारी महकमों से, जिनमें राजस्व से आयकर विभाग तक शामिल हैं, स्वीकृति प्राप्त करने की पूरी प्रक्रिया न केवल भ्रष्टाचार को बढ़ावा देती है, बल्कि प्रगति के विरुद्ध और अनुत्पादक भी है।

इसके बावजूद राष्ट्रीय भूमि उपयोग नीति, 2013 पर चर्चा का सरकारी लेख आज भी भोजन की सुरक्षा की आवश्यकता और आजीविका को लेकर चिंता का राग अलाप रहा है। इन चिंताओं के कारण विशेष प्रकार की जमीनों जैसे प्राइम एग्रीकल्चरल लैंड, सिंचाई परियोजनाओं के कमांड क्षेत्रों, द्वि-फसली जमीन तथा ग्रामीण और जनजातीय आबादी की आजीविका के लिए अनिवार्य जमीन के रूप में बाँटकर उन पर पाबंदियाँ लगाई जाती हैं।

भूमि हदबंदी नीति के तौर पर सरकार की ओर से उल्ली दिशा में एक और कदम को जारी रखा जा रहा है, जिसकी शुरुआत आजादी के बाद की गई थी। यह व्यक्तियों, संस्थानों और निगमों की ओर से रखी जानेवाली जमीन पर एक सीमा को थोपता है। इसी प्रकार के शहरी कानून कुछ वर्षों पहले समाप्त कर दिए गए थे, जब सरकार को लगा कि उनके कारण जमीन की एक कृत्रिम कमी हो गई है और कीमतें भी बढ़ गई हैं। भूमि आवंटन की व्यर्थता को स्वीकार करने के बावजूद, राष्ट्रीय भूमि सुधार नीति, 2013 ने यह इच्छा जताई है कि राज्यों द्वारा कृषि भूमि की हदबंदी कमकर 5 एकड़ की जाए, सिंचित भूमि के मामले में 10 एकड़ और गैर-सिंचित भूमि के मामले में 15 एकड़ की जाए। यह बात राज्यों को पसंद नहीं आई है, क्योंकि उनका अनुभव यह है कि टुकड़ों में बँटी जमीन से न केवल स्थिर खेती में मदद मिलती है और न ही ग्रामीण परिवारों को पर्याप्त आजीविका का साधन मिल पाता है। आंध्र प्रदेश, पंजाब, राजस्थान, यहाँ तक कि लंबे समय तक कम्युनिस्ट शासन के अधीन रहनेवाले पश्चिम बंगाल ने भी 1950 के दशक में इस नीति के लागू किए जाने के बाद भूमि हदबंदी की सीमा को बढ़ा दिया है। भूमि हदबंदी जैसी विकास विरोधी सोच को बढ़ाने की बजाय केंद्र सरकार को बँटी हुई जमीनों को व्यवहार्य फार्म इकाइयों में बदलने की दिशा में सोचना चाहिए।

भारतीय संविधान में भूमि एक राज्य का विषय है, लेकिन यह उत्पादन का एकमात्र ऐसा साधन है, जो सदैव स्थानीय रहता है। उत्पादन के दो और साधन—श्रम और पूँजी, तेजी से चल होते जा रहे हैं। जमीन के दस्तावेजों की देख-रेख स्थानीय स्तर पर करने और स्थानीय समुदायों को अपने इस्तेमाल की जमीन पर खुद फैसला करने का अधिकार देकर उन्हें और स्थानीय सरकार

को अधिक सशक्त बनाया जा सकता है, जबकि भ्रष्ट और बोझ बन चुकी व्यवस्था से छुटकारा पाया जा सकता है। इससे अनेक स्थानीय निकायों को वित्तीय रूप से सक्षम, स्वायत्त और सरकार के ऊपरी स्तरों पर कम निर्भर बनाया जा सकता है।

इस कारण स्थानीय सरकारों के हाथ में जमीन संबंधी नियमों का अधिकार क्षेत्र सौंपना अधिक तार्किक होता है, फिर चाहे वे नगर परिषद् हों या ग्राम पंचायत, जिससे कि स्थानीय समुदाय उन नीतियों के लिए सीधे तौर पर अपने स्थानीय प्रतिनिधियों को जवाबदेह ठहरा सकते हैं, जिनसे उनकी जमीन-जायदाद का मूल्य बढ़े या कम हो। इस प्रकार के हस्तांतरण का सबसे बड़ा लाभ यह होगा कि स्थानीय सरकारी निकाय वित्तीय रूप से अधिक क्षमतावान बन जाएँगे और इस कारण ही उन्हें अपने समुदाय की ओर से अधिक जवाबदेह ठहराया जा सकेगा।

विशिष्ट अधिकार क्षेत्र और भूमि अधिग्रहण सुधार

कई दशकों तक संविधान के अनुच्छेद 19(1)(एफ) में वर्णित संपत्ति को अर्जित करने, रखने और बेचने के मौलिक अधिकार की कटाई-छँटाई करते-करते, 1978 में एक संशोधन के साथ ही इस अधिकार को समाप्त कर दिया गया। अब संपत्ति का अधिकार महज एक अधिकार रह गया है, अनुच्छेद 300-ए के अनुसार, ''कानून के आदेश के बिना किसी भी व्यक्ति को उसकी संपत्ति से बेदखल नहीं किया जाएगा।'' संपत्ति के अधिकार के किसी भी मामले को अब एक मौलिक अधिकार के हनन के रूप में चुनौती नहीं दी जा सकेगी।

दुनिया भर में विशिष्ट अधिकार क्षेत्र, सरकार की ओर से निजी जमीन को जब्त करना, भूमि शासन का एक प्रमुख पहलू रहा है। भारत में इसका घोर दुरुपयोग किया गया है और इसमें कहीं कोई शक नहीं कि ऐसा अकसर भूमि अधिग्रहण अधिनियम, 1894 के इमरजेंसी क्लॉज को लागू कर किया गया है। संविधान की विधिवत् प्रक्रिया के अभाव में अकसर भूमि अधिग्रहण पर्याप्त सार्वजनिक उद्देश्यों के तहत या उचित मुआवजा देकर किया जाता है। बीते पचास वर्षों में 40-60 मिलियन लोग सार्वजनिक और निजी अधिग्रहणों के कारण अपनी जमीन खो चुके हैं और इनमें अनेक लोग दशकों तक स्थायी पुनर्वास के बिना इधर-उधर भटकते रहते हैं। कुछ को तो एक से अधिक बार विस्थापित किया गया है।

संपत्ति के इसी प्रकार के साधन, जिन्हें तकनीकी रूप से हस्तांतरण कहा जाता है, वे औपनिवेशिक कानूनों के जरिए अस्तित्व में आए, जैसे 1927 का भारतीय वन कानून तथा अन्य कानून, जिनका उद्देश्य जंगलों और जंगली जीवों की सुरक्षा करना था, लेकिन उन्होंने लंबे समय से जंगलों में रहनेवाले समुदायों को उनके अधिकारों से वंचित कर रखा है।

संपत्ति के अधिकार के मौलिक अधिकार की समाप्ति के साथ ही 1894 का कानून निजी भू-स्वामियों से जमीनों की आनन-फानन में की जानेवाली जब्ती का आधार बन गया। अन्य औपनिवेशिक कानूनों और आजादी के बाद बने कानूनों ने रेलवे, बिजली, दूरसंचार, खनन और सामाजिक आर्थिक क्षेत्र की स्थापना के उद्देश्यों से निजी जमीनों के अधिग्रहण को बल दे दिया। यह भी दिलचस्प है कि विशिष्ट अधिकार क्षेत्र के अंतर्गत आनेवाले सार्वजनिक कार्य के क्लॉज का निजी हितों को लाभ पहुँचाने के लिए जमकर दुरुपयोग किया गया है। जिला अधिकारियों के पास

तात्कालिकता और मुआवजे की राशि तय करने की असीम विवेकाधीन शक्तियाँ हैं। मुआवजे के तौर-तरीकों का मनमाने तरीके से इस्तेमाल तथा पुनर्वास कार्यक्रमों के अभाव के कारण परियोजना क्षेत्र से बड़ी संख्या में लोगों को विस्थापित कर दिया गया तथा उनकी आजीविका के साधनों को भी छीन लिया गया। हाल ही में कानून बनाने के दो प्रयास किए गए हैं, जिनसे इस टूटी-फूटी और अलोकतांत्रिक व्यवस्था में सुधार किया जा सके।

पहली बार यह मानते हुए कि जमीन से जुड़े मुद्दे राजनीतिक एजेंडा में सबसे ऊपर हैं, भारतीय संसद् ने 2006 में अनुसूचित जनजाति तथा अन्य पारंपरिक वनवासी (वन अधिकारों को मान्यता) अधिनियम (एफ.आर.ए.) पास किया। इस कानून ने सदियों से वनवासियों के अलगाव की समस्या को समाप्त किया और उन्हें वन भूमि के स्वामित्व का व्यक्तिगत अधिकार दिया, जहाँ वे 13 दिसंबर, 2005 तक रह रहे थे या खेती कर रहे थे। इन समुदायों को वन के तमाम संसाधनों पर भी अधिकार मिले, जिनमें सभी गैर-लकड़ीवाले वन उत्पाद शामिल थे। उन्हें अपने गाँव के सामुदायिक वनों की सुरक्षा, संरक्षा और प्रबंधन का अधिकार भी मिला।

एफ.आर.ए. इस मायने में महत्त्वपूर्ण है, क्योंकि यह जमीन और संपत्ति को लेकर सोच में बदलाव का संकेत देता है। 1978 में भारतीय संविधान से संपत्ति के अधिकार को हटा दिए जाने के बाद यह पहला कानून है, जो भूमि के अधिकारों की पहचान और उनकी रक्षा करता है।

एक बार फिर 2013 में राजनीतिक सहमति का दुर्लभ मौका आया, जब संसद् ने जोर-जबरदस्ती से जमीन के अवैध कब्जे के खिलाफ उचित मुआवजा और भूमि अधिग्रहण, पुनर्वास, पुनर्स्थापना में पारदर्शिता अधिनियम (एल.ए.आर.आर.) पास किया। एल.ए.आर.आर. का उद्देश्य उन लोगों को उचित मुआवजा, पुनर्वास और पुर्स्थापना देना है, जिनकी जमीन ली गई है, साथ ही आदिवासियों के साथ ही सुविधाविहीन लोगों की भलाई के लिए सुरक्षा के उपाय करने के साथ ही भूमि अधिग्रहण की एक पारदर्शी प्रक्रिया को सुनिश्चित करना है। चूँकि यह सक्रिय करनेवाला कानून है, इस कारण यह राज्य सरकारों को यह इजाजत देता है कि वे इसे अपने कानूनों के साथ उपयोग में लाएँ, लेकिन इसके प्रावधानों में घालमेल न करें।

एल.ए.आर.आर. मुआवजे के निर्धारण की एक जटिल प्रक्रिया को अपनाता है, जिससे भूमि के बाजार में और भी विसंगतियाँ आ जाती हैं। इस कानून के मुताबिक ग्रामीण क्षेत्रों में मुआवजे का प्रावधान बाजार मूल्य का चार गुना होता है, जिसे दोगुना कर दिया जाता है। वास्तव में, यह कानून पूर्वव्यापी रूप से उन मामलों पर लागू होता है, जिनमें पाँच साल पहले अधिगृहीत की गई जमीनों पर कोई मुआवजा नहीं दिया गया है या अधिगृहीत करनेवाले ने जमीन पर कब्जा नहीं लिया है। जहाँ अधिगृहित जमीन किसी तीसरे पक्ष को अधिक कीमत पर बेच दी गई है, वहाँ जमीन के मूल्य में हुई बढ़ोतरी (या मुनाफा) का 40 प्रतिशत उसके मूल स्वामी (स्वामियों) के साथ साझा किया जाना चाहिए।

सबसे महत्त्वपूर्ण और विवादित विषय सहमति का है। जहाँ कहीं भी सार्वजनिक-निजी भागीदारी की परियोजनाएँ शामिल रहती हैं, वहाँ 2013 के कानून के मुताबिक कम-से-कम उन 70 प्रतिशत लोगों की सहमति आवश्यक है, जिनकी जमीन अधिगृहीत की जा रही है। निजी कंपनियों द्वारा अधिग्रहण के मामले में, समझौते को अंतिम रूप दिए जाने के लिए कम-से-कम 80 प्रतिशत

लोगों की सहमति आवश्यक है। टुकड़ों में बँटी जमीनों और जमीन पर अस्पष्ट स्वामित्व के कारण, निजी अधिग्रहणकर्ताओं में सहमति प्राप्त करने को लेकर असमंजस बना रहता है। पहले यह कार्य सरकार द्वारा किया जाता था। विवाद इस विषय को लेकर होता है कि कानूनी अधिकार किन्हें हासिल है और उनकी रजामंदी कैसे ली जाए। क्या हित धारकों के बीच एक जनमत संग्रह कराया जाए, या फिर परियोजना के प्रायोजकों को किसी समुदाय से सीधी बातचीत करने दी जाए या फिर ऐसे मामले में किसी समुदाय को किसी वृहत परियोजना पर निर्णय लेने दिया जाए, जब स्थानीय भूमि पर उसका वास्तविक स्वामित्व नहीं है और प्राकृतिक संसाधनों को लेकर समस्याओं का अंबार खड़ा हो जाता है और लोगों के भारी विरोध की आशंका रहती है। भोजन की सुरक्षा के लिए, यह कानून राज्यों को निर्देश देता है कि वे बहु-फसली तथा कृषि के अधीन जमीनों के अधिग्रहण को सीमित करें, जिससे कि किसानों की परिसंपत्तियों का अवपूँजीकरण हो और उनके निवेश करने की क्षमता बढ़े तथा उनकी कृषि उत्पादकता में भी बढ़ोतरी आए।

एक सकारात्मक पहलू के रूप में नए कानून के तहत होनेवाली अधिग्रहण की इस प्रक्रिया में अनेक प्रकार के नियंत्रण लागू किए गए हैं, जिनमें किसी भी अधिग्रहण की प्रक्रिया से पूर्व पंचायती राज संस्थानों की भागीदारी के प्रावधान हैं। प्रस्तावित परियोजनाओं की स्वतंत्र सामाजिक समीक्षा तथा राष्ट्रीय और राज्य स्तर पर निगरानी समितियों के गठन से यह अपेक्षा की गई है कि सरकार अपनी जिम्मेदारियाँ सही प्रकार से निभाए।

सरकार को अधिग्रहण और खरीद के बीच अंतर बताते हुए कष्ट होता है, जो कहती है कि एल.ए.आर.आर. केवल केंद्र और राज्य सरकारों की ओर से किसी सार्वजनिक उद्देश्य से किए जानेवाले अधिग्रहण पर लागू होता है, जबकि निजी पक्ष जमीन के स्वामियों से सीधे जमीन खरीदने के लिए स्वतंत्र हैं। इस नीति में भूमि अधिग्रहण से भूमि की खरीद की ओर प्रस्थान की अंतर्निहित मंशा प्रशंसनीय है, लेकिन यह वाणिज्यिक भूमि क्रेताओं की इस चिंता को दूर नहीं करती, जिन्हें लगता है कि नए कानून से परियोजनाएँ आर्थिक रूप से व्यवहार्य नहीं होंगी, भूमि के लेन-देन में अधिक कठिनाई आएगी और विवाद भी बढ़ जाएगा। संपत्ति के अधिकारों और जमीन के प्रभावी प्रयोग तथा विकास के बीच का यह काल्पनिक तनाव भूमि अधिग्रहण सुधारों की राह की सबसे बड़ी चुनौती है।

अधिकांश राज्यों में एफ.आर.ए. के कार्यान्वयन में गड़बड़ी से यह स्पष्ट होता है कि नौकरशाहों के मन में जड़ें जमा चुकी यथास्थिति बनाए रखने की सोच को बदलना इतना आसान नहीं होगा। भूमि पर अधिकार के समर्थन में पर्याप्त साक्ष्य देना और अधिकारियों के समक्ष अपने स्वामित्व को साबित करना अधिकांश गरीब और जंगलों में तथा उसके आसपास रहनेवाले समुदायों के लिए मुश्किल हो रहा है।

भूमि संबंधी दस्तावेजों में सुधार

भारत में जमीन के दस्तावेजों के खराब रख-रखाव से न केवल जमीन के बाजार के स्थायी विकास में, बल्कि भूमि अधिग्रहण से संबंधित सुधारों में भी अड़चन पैदा होती है। इस कारण अगली सरकार के लिए इन दस्तावेजों में सुधार सबसे पहली प्राथमिकता होनी चाहिए।

अंग्रेजों के भारत से जाने के बाद समग्र भूमि बंदोबस्त सर्वेक्षण नहीं कराया गया है। भूमि के दस्तावेज आसानी से उपलब्ध नहीं होते, न ही वे पारदर्शी हैं, जिसके कारण उनमें हेर-फेर और भ्रष्टाचार की आशंका बनी रहती है। इसके साथ ही उनके महत्त्व को बढ़ा-चढ़ाकर भी नहीं बताया जा सकता है, सटीक और उपलब्ध दस्तावेजों के बिना, भारत में भूमि प्रबंधन में सार्थक सुधार लगभग असंभव होगा।

1990 के दशक के अंत से ही विभिन्न सरकारों की ओर से भूमि के दस्तावेजों के डिजिटाइजेशन और आसानी से उनकी उपलब्धता के प्रयास किए जा रहे हैं। यह अनुमान लगाया गया है कि ऐसे लगभग 900 मिलियन भूखंड हैं, जिन्हें दर्ज और संशोधित किया जाना आवश्यक है किंतु मौजूदा दस्तावेजों के डिजिटाइजेशन से अभी की त्रुटियों के हस्तांतरित होने की आशंका है। इसके साथ ही जटिलता के और बढ़ जाने तथा विवाद और भ्रष्टाचार के भी आसार हैं।

2008 में शुरू किए गए, राष्ट्रीय भूमि दस्तावेज आधुनिकीकरण कार्यक्रम (एन.एल.आर.एम.पी.) से यह उम्मीद की गई है कि भू-स्वामियों को मौजूदा अनुमानित स्वामित्व के स्थान पर स्पष्ट स्वामित्व की गारंटी मिलेगी। यह कार्यक्रम सर्वेक्षण तथा बंदोबस्त के दस्तावेजों को अद्यतन करने, भूमि के दस्तावेजों और रजिस्ट्रेशन को कंप्यूटरीकृत करने तथा भूमि के दस्तावेजों के रख-रखाव में आधुनिक तरीकों के प्रयोग का समर्थन करता है। यदि इस प्रक्रिया को आदर्श रूप से लागू किया गया, तो ऑनलाइन रीयल टाइम भूमि दस्तावेजों की पारदर्शी व्यवस्था कायम होगी, जिससे ऑटोमैटिक म्यूटेशन और निर्णायक स्वामित्व की प्रणाली तैयार हो जाएगी।

किंतु अपने आदर्श लक्ष्यों के बावजूद, इस कार्यक्रम का अब तक का सफर आशा के अनुरूप नहीं रहा है। 35 राज्यों और केंद्र शासित प्रदेशों के 672 जिलों में से केवल 32 राज्य और केंद्र शासित प्रदेश फिलहाल इस कार्यक्रम के अंतर्गत हैं। इनमें से भी, केवल त्रिपुरा, गुजरात, हरियाणा और कर्नाटक ने ही रिकॉर्ड ऑफ राइट्स रजिस्टर में संपत्ति के हस्तांतरण को दर्ज कर कार्यक्रम के अंतिम चरण को पूरा किया है। अधिकांश राज्य केवल वर्तमान रजिस्टर को कंप्यूटरीकृत और उन्हें इंटरनेट पर डाल सके हैं, जो बहुत भरोसेमंद नहीं है, किंतु केवल सत्रह राज्यों और केंद्र शासित प्रदेशों ने ही वास्तव में मैनुअल रिकॉर्ड ऑफ राइट्स रजिस्टर जारी करना बंद किया है। जमीनी स्तर पर सत्यापित करने के कार्य को आधुनिक बनाने की दिशा में अभी बहुत कुछ करना बाकी है। जमीन के सर्वेक्षण में आज भी कड़ा परिश्रम करना पड़ता है, जहाँ नपाई के टेप का प्रयोग होता है तथा बेहद पुराने और पढ़े न जा सकनेवाले नक्शों के आधार पर जमीन की सीमा निर्धारित की जाती है। केवल सात राज्यों और केंद्र शासित राज्यों के पास अपनी सीमाओं के डिजिटल नक्शे हैं। केंद्र सरकार का वर्तमान लक्ष्य 2016 में एन.एल.आर.एम.पी. के विभिन्न चरणों को पूरा करना रहा है, लेकिन परियोजना की बेहद सुस्त रफ्तार से इस समय सीमा का पालन करना असंभव दिखता है।

एन.एल.आर.एम.पी. से प्राप्त अनुभव यह दरशाता है कि समस्या कितनी बड़ी है और इसकी जटिलता ऐसी है कि किसी भी केंद्रीय एजेंसी के लिए इतने बड़े अभियान को चलाना आसान नहीं है। इसकी बजाय एक विविध और बहुस्तरीय प्रणाली तैयार की जाए, जिसमें तमाम हितधारक हों, जैसे सर्वेक्षण करनेवाले, बीमा तथा वित्तीय कंपनियाँ और स्थानीय निकाय, जिन्हें जमीन के दस्तावेजों को अद्यतन करने और उनके रख-रखाव के लिए आमंत्रित किया जाए।

भौगोलिक सूचना प्रणाली (जी.आई.एस.) और उपग्रह के चित्रों के प्रयोग से, इस पूरी प्रक्रिया को विकेंद्रित करना संभव होगा, जबकि आवश्यकता के अनुसार इन सभी को एकीकृत भी किया जा सकेगा। इस प्रकार मध्यस्थ भी सामने आएँगे, जो इस दिशा में प्रयास करेंगे कि लेन-देन पूरा होने से पहले संबंधित दस्तावेज और जमीन की स्थिति सही हो। इस प्रक्रिया का दोहरा लाभ होगा, जिसमें जमीन के दस्तावेज राज्य के एक सिरे से दूसरे सिरे तक रेखीय तरीके से अद्यतन नहीं होंगे, बल्कि विभिन्न स्थानों की अलग-अलग आवश्यक्ताओं के अनुसार ऐसा किया जाएगा। एक जी.आई.एस. प्लेटफॉर्म की सहायता से विभिन्न स्थानों से मिली जानकारी को एकजुट किया जा सकेगा, जिससे अंततः एक समग्र भूमि दस्तावेज प्रणाली तैयार होगी।

एफ.आर.ए. के अंतर्गत स्वामित्व देने की निर्धारित प्रक्रिया ने पहले ही दिखा दिया है कि शुरुआत निचले स्तर से होती है, जहाँ समुदायों को अपने दस्तावेज तैयार करने और फिर उपयुक्त समितियों के समक्ष दावा करने का अवसर मिलता है, जिनकी स्थापना राज्य सरकार करती है।

यह आवश्यक नहीं कि एन.एल.आर.एम.पी. के पूर्ण कार्यान्वयन से जमीन के लेन-देन में पारदर्शिता आ जाएगी। बाजार की नवीनतम दरों के अनुसार जमीन का उचित मुआवजा तभी मिलता है, जब जमीन पर अधिकार को कानूनी मान्यता प्राप्त हो। इसके लिए भू-स्वामित्व विधेयक को जल्द-से-जल्द पारित कराना आवश्यक है, जिससे कि जमीन के स्वामियों को उसका अधिकार मिल सके। संपत्ति के हस्तांतरण के साथ-साथ केवल बैनामा पंजीकरण नहीं होना चाहिए, बल्कि स्वामित्व का हस्तांतरण भी होना चाहिए।

लोकतंत्र का सशक्तीकरण

पिछले कुछ दशकों में भारत में जमीन के हस्तांतरणों को लेकर देश भर में विरोध हुए हैं और उनकी संख्या लगातार बढ़ी है। तमाम राजनीतिक दलों के सदस्य यह महसूस करने लगे हैं कि विशिष्ट अधिकार क्षेत्र को लागूकर वे अपने संगी-साथियों को खुश करने के लिए निजी जमीन का अधिग्रहण सकते हैं, लेकिन इसकी राजनीतिक कीमत बहुत अधिक हो सकती है।

कानून बनाने का प्रभाव और मनमाने ढंग से जमीन के अधिग्रहण और विस्थापन के खिलाफ लोगों के गुस्से का असर दिखने लगा है। हितधारकों की ओर से की गई एक ऐतिहासिक सुनवाई में, बारह ग्राम सभाओं ने उड़ीसा के नियामगिरी में एक बहुराष्ट्रीय कंपनी की एल्यूमिना रिफाइनरी के लिए बॉक्साइट खनन को मंजूरी देने से इनकार कर दिया, जहाँ डोंगरिया कोंढ आदिवासियों का जीवन और पारंपरिक रहन-सहन प्रभावित हो सकता था। सुप्रीम कोर्ट ने वनाधिकार पहचान अधिनियम के अंतर्गत समुदायों के अधिकारों को ऐसे फैसले के लिए सही ठहराया और अब जंगलों में रहनेवाले समुदायों ने इस कानून के तहत अपने अधिकारों का दावा करना शुरू कर दिया है।

ये नए प्रयास महत्त्वपूर्ण हैं, क्योंकि ये भूमि के अधिकारों को मान्यता देते हैं, लेकिन जमीन को लेकर लोगों के अधिकारों पर राजनीति करने और लोगों में व्याप्त गुस्से को शांत करने से भी भूमि बाजार को नियमित करने के अहम मुद्दे का हल नहीं निकलता। स्वामित्व के अधिकारों के लिए इस प्रकार का बाजार आवश्यक है। संपत्ति के स्वामियों के पास ऐसे अधिकार अवश्य होने चाहिए, जिससे कि वे उन अधिकारों को पूरी तरह या हिस्से में हस्तांतरित कर सकें। गिरवी

रखना, किराए पर देना, लीज पर देना और बेचना ऐसे तमाम तरीके हैं, जो भू संपत्ति का इस्तेमाल बेहतर तरीके से कर उसकी पूँजीकरण की क्षमता को बढ़ाते हैं।

लोगों के एक वर्ग, विशेष रूप से छोटी जमीनों के मालिकों के बीच, इस बात को लेकर जागरूकता बढ़ रही है कि पूँजी जैसा बनाए जाने की स्वतंत्रता के बिना जमीन के अधिकार गरीबी की फाँस बन सकते हैं। भारत के उन ग्रामीण क्षेत्रों में, जहाँ 1960 और 1970 के दशक में भूमिहीनों के बीच जमीन का आवंटन किया गया था, उनमें से कुछ इस फाँस को लेकर मुखर हो रहे हैं। इन्हें इस शर्त पर स्वामित्व का अधिकार दिया गया था कि वे उसका हस्तांतरण नहीं करेंगे। आज उनमें से कई को लगता है कि वे न तो अपनी खेती का विस्तार कर सकते हैं और न ही उसे छोड़कर बाहर निकल सकते हैं। वे जमीन को पूँजी के तौर पर इस्तेमाल नहीं कर सकते, फिर भी उससे बँधे हुए हैं। इस कारण वे गरीबी के कुचक्र से निकल नहीं पाते।

जमीन पर अधिकार को मान्यता देने के बावजूद हस्तांतरण पर भारी नियंत्रण के कारण जिन जमीनों का वितरण सरकार ने किया और जो जमीन समुदायों के पास थी, उनका इस्तेमाल पूँजी के तौर पर करने की क्षमता बहुत कम हो गई। ऐसा मौजूदा नीतियों के कारण हुआ जैसा कि एफ.आर.ए. के मामले में हुआ। यदि यही परिस्थिति बनी रही, तो जमीन की आपूर्ति और माँग के बीच खाई बहुत बढ़ जाएगी, जिससे संसाधनों का गलत आवंटन होगा और आर्थिक अक्षमता और भ्रष्टाचार को भी काफी बढ़ावा मिलेगा।

स्पष्ट है कि भारत में भू नीति को लेकर स्थिति साफ नहीं है। पिछले पाँच दशकों में भूमि अधिग्रहण को लेकर जहाँ राजनीतिक नेतृत्व के प्रति लोगों में विश्वास कम हुआ है, क्योंकि उसने कुछ खास और शक्तिशाली लोगों को आम लोगों की कीमत पर भारी फायदा पहुँचाया है, वहीं जमीन की नई नीति उन लोगों को नुकसान पहुँचाएगी, जिनके पास जमीन है, साथ ही उन्हें भी, जो जमीन हासिल करना चाहते हैं। इन सारी बातों को ध्यान में रखते हुए, 2014 में देश की सत्ता में आई नई सरकार के सामने कुछ कठिन चुनौतियाँ हैं। भूमि प्रबंधन में सुधार आज भी एक बड़ी जिम्मेदारी है, लेकिन निम्नलिखित बातें प्राथमिकता के साथ होनी चाहिए—

- स्पष्ट रूप से बताइए कि व्यावहारिक भूमि बाजार की जरूरत है, जो विशिष्ट अधिकार क्षेत्र को लागू करने की आवश्यकता को काफी हद तक कम करेगा।
- निजी और सार्वजनिक क्षेत्रों के हितधारकों के साथ दस्तावेजों के रख-रखाव की एक आधुनिक व्यवस्था बनाने के लिए साझेदारी करें, जो भौगोलिक सूचना प्रणाली और अन्य इमेजिंग तकनीकों पर आधारित हो।
- भू हदबंदी के कानूनों को समाप्त करें, विशेष रूप से कृषि के क्षेत्र में, जिससे कि टुकड़ों में बँटी जमीन को व्यावहारिक फार्म की इकाइयों में बदला जा सके।
- कैपिटल गेन टैक्स को समाप्त करें। किसी भी गरीब देश में पूँजी पर कर लगाना पैर पर कुल्हाड़ी मारने जैसा होता है।
- ऐसी फीस और करों को पूरी तरह से कम करें या समाप्त करें, जो भूमि के लेन-देन में बाधा उत्पन्न करते हैं और भ्रष्टाचार की आशंका को बढ़ाते हैं। उनकी बजाय मामूली फीस ली जाए, जिससे केवल दस्तावेजों के रख-रखाव का प्रशासनिक खर्च निकल सके।

- जमीन संबंधी नियमों जैसे जोनिंग, जमीन के इस्तेमाल तथा पर्यावरण को लेकर चिंता स्थानीय सरकारों और परिषदों को हस्तांतरित की जाए।
- विशिष्ट क्षेत्राधिकार के दायरे को पूरी तरह से सार्वजनिक उद्देश्यों के लिए सीमित किया जाए, जिसमें उनकी सहमति हो, जो निजी निवेश और कारोबारी परियोजनाओं को संभव बना सकें।
- जंगलों और पर्यावरणीय संसाधनों के साथ-साथ खनिजों पर जमीनों के स्वामियों के अधिकारों को मान्यता दीजिए।
- एक खनन और खनिज कानून बनाइए, जो भू-स्वामियों और समुदायों के अधिकारों को मान्यता देता है तथा उन्हें निवेशकों के साथ अधिकारों और रॉयल्टी पर सीधे बातचीत करने दीजिए।
- जमीन पर स्वामित्व का एक कानून अपनाइए, जिससे भू-स्वामियों को स्पष्ट अधिकार मिले।
- संपत्ति के हस्तांतरण में महज सौदे का रजिस्ट्रेशन भर न हो, बल्कि स्वामित्व का हस्तांतरण भी हो।

नई सरकार समय को पीछे नहीं ले जा सकती है, न ही विशिष्ट अधिकार क्षेत्र को कुछ लोगों को फायदा पहुँचाने के लिए अनेक लोगों के साथ अन्याय कर सकती है। ऐतिहासिक तौर पर, समाज के तमाम वर्गों के बीच संपत्ति के स्वामित्व को लेकर जवाबदेही और राजनीतिक सहभागिता का विस्तार हुआ है और लोकतंत्र भी मजबूत हुआ है। आज भारत में, गरीब और हाशिए पर खड़े लोग ही अपनी जमीन और संपत्ति के अधिकारों को मान्यता देने की माँग कर रहे हैं, यह दिखा रहे हैं कि पूरे देश में लोकतंत्र की जड़ें कितनी मजबूत हैं। राजनीतिक नेतृत्व लोगों की इस सोच को नजरअंदाज करता है तो खुद अपना ही नुकसान करेगा। नई सरकार के सामने दो ही रास्ते हैं, या तो यह संपत्ति के स्वामित्व पर लोगों के बीच तीव्र होती इच्छा को कम करने का प्रयास करे या इस मौके का लाभ उठाए और जनमानस के समर्थन से जमीन से जुड़े कानूनों में तथा संबंधित प्राकृतिक संसाधनों से आवश्यक बदलाव करे। ऐसा कर वह इतिहास में अपना एक मकाम हासिल कर सकती है।

नोट्स

1. बरुन मित्रा और मोहित सत्यानंद, 'चेजिंग ब्लैक मनी : इन सर्च ऑफ रेड हेरिंग्स,' डिस्कशन पेपर, लिबर्टी इंस्टीट्यूट, 16 अगस्त, 2011, http://indefenceofliberty. org/story/4190/4288/ Chasing-Black-Money-In-search- of-red-herrings.
2. ट्रांसपैरेंसी इंटरनेशनल इंडिया, इंडिया करप्शन स्टडी 2005 (नई दिल्ली : ट्रांसपैरेंसी इंटरनेशनल इंडिया, 2005)। यह भी देखें, ट्रांसपैरेंसी इंटरनेशनल इंडिया, इंडिया करप्शन स्टडी 2008 (नई दिल्ली : ट्रांसपैरेंसी इंटरनेशनल इंडिया, 2008)
3. विवेक देवराय और लवीश भंडारी, करप्शन इन इंडिया : द DNA ऐंड द RNA (नई दिल्ली : कोणार्क पब्लिशर्स, 2012)।

□

अध्याय-11
जल प्रबंधन की व्याख्या

—तुषार शाह और शिल्प वर्मा

भारत की जल चुनौती

भारत की जल अर्थव्यवस्था में स्वतंत्रता के बाद एक व्यापक परिवर्तन आया है। 1950 के करीब, भारत के पास जल के पर्याप्त संसाधन थे। प्रति व्यक्ति पानी की उपलब्धता 5,000 क्यूबिक मीटर प्रतिवर्ष से भी अधिक थी। सरकार की नीति प्रमुख रूप से यह थी कि जल संसाधनों को इस प्रकार विकसित किया जाए कि राष्ट्रीय और घरेलू भोजन सुरक्षा को नहरों की सिंचाई परियोजनाओं में भारी निवेश से सुनिश्चित किया जा सके। उस समय से ही इस चुनौती ने एक विकृत स्वरूप ले लिया। आज भारत में अन्न सुरक्षा है, लेकिन जल सुरक्षा नहीं है। 1950 के बाद से आबादी में 3.5 गुना बढ़ोतरी ने भारत को विश्व के कुछ सबसे गहरे जल-संकटवाले देशों में से एक बना दिया है। प्रति व्यक्ति जल की उपलब्धता घटकर 1,200 क्यूबिक मीटर प्रति वर्ष रह गई है, जो आर्थिक विकास और लोगों को स्वस्थ रखने के लिए बमुश्किल ही पर्याप्त है।[1] पंजाब से लेकर तमिलनाडु तक का संपूर्ण पश्चिम भारतीय गलियारा भयंकर भू-जल क्षरण और जल गुणवत्ता में गिरावट के संकट से जूझ रहा है।

2013 में, विश्व जल संसाधन संस्थान ने भारत को दुनिया के 50 सबसे अधिक जल-तनाववाले देशों (आधारभूत पानी का तनाव क्रमांक 41 था) में से एक घोषित किया था।[2] इस अध्ययन ने ऑस्ट्रेलिया (45वाँ स्थान) को भी शामिल किया। हालाँकि जल को लेकर जितना संकट ऑस्ट्रेलिया के सामने है, उसका उसकी अर्थव्यवस्था और नागरिकों के जीवन की गुणवत्ता और आजीविका पर उतना असर नहीं पड़ता है। अंतर यह है कि जहाँ भारत अपनी जल अर्थव्यवस्था का 'प्रशासन' करता है, वहीं ऑस्ट्रेलिया 'प्रबंधन' करता है। भारत ने बुनियादी ढाँचे पर निवेश को लेकर जोर दिया है, जबकि ऑस्ट्रेलिया ने ढाँचे के प्रबंधन पर ध्यान केंद्रित किया है। भारत ने बुनियादी ढाँचे और सेवाओं में सरकारी क्षेत्र की हिस्सेदारी को कम किया है तथा बुलंदी पर पहुँचे निजी क्षेत्र को जल अर्थव्यवस्था पर अपने ही साधनों से नियंत्रण करने के लिए छोड़ दिया है। ऑस्ट्रेलिया ने इस विशाल क्षेत्र को एक कर दिया है और निजी क्षेत्रों के जल सेवा प्रावधानों पर हावी होने को लेकर नियंत्रण रखा है। भारत ने सबसे विकृत किस्म की सब्सिडी को छोड़कर,

शायद ही कभी माँग के प्रबंधन के लिए मूल्य निर्धारण और आर्थिक उपकरणों का प्रयोग किया है। ऑस्ट्रेलिया ने जल माँग प्रबंधन के लिए शक्तिशाली उपकरणों को स्थापित किया है। भारत ने जल कानून बनाए हैं, जिन्हें अब तक लागू नहीं किया गया है और जल नीतियाँ भी कागजों तक सिमटी हैं। ऑस्ट्रेलिया ने लाइसेंस, परमिट तथा जल अधिकारों की ऐसी जटिल प्रणाली तैयार की है, जो जल का प्रयोग करनेवालों के व्यवहार को स्वरूप देती है। ऑस्ट्रेलिया ने एक विशाल, संगठित, तकनीकी रूप से दक्ष जल उद्योग का निर्माण किया है, जबकि भारत में एक विशाल, असंगठित, अराजक, अनौपचारिक जल अर्थव्यवस्था है, जो तकनीकी रूप से आदिम है और सार्थक नियमन से कोसों दूर है। यह सच है कि ऑस्ट्रेलिया पानी की किल्लत झेलने के बाद संपन्न हो गया, जबकि भारत बहुत पहले संपन्न हो चुका था और फिर पानी की किल्लत झेलने लगा। ऐसे में भारत को ऑस्ट्रेलिया जैसे देशों के अनुभव से काफी कुछ सीखना चाहिए।

बड़ी चुनौती-1 : प्रबंधन की कमी समाप्त करें

भारत अपनी जल अर्थव्यवस्था का प्रशासन एक संसाधन विकास की शैली में चलाता है। इसके सामने अब सबसे बड़ी चुनौती इसे प्रबंधन की शैली में बदलने की है। इसके लिए जल अर्थव्यवस्था के तीन पहलुओं के प्रबंधन पर ध्यान देना होगा—जल संसाधन, जल संरचना तथा जल सेवा। खराब प्रबंधन के कारण, कठिनाई यह है कि सार्वजनिक प्रणालियों की भागीदारी इन सभी तीन क्षेत्रों में कम होती जा रही है। ऊँचे पदों पर बैठे अधिकारी बड़ी चालाकी से कहते हैं कि जल चुनौती संसाधन में कमी की चुनौती नहीं है, बल्कि संसाधन के शासन और प्रबंधन में कमी की चुनौती है। इसके बावजूद अपने सामने खड़ी बहुत बड़ी चुनौतियों के बाद भी भारत ने जल प्रबंधन की क्षमताओं और प्रणालियों में मामूली निवेश किया है।

बात जब जल संरचना की आती है, तो भारत एक घोर 'बनाओ-उपेक्षा करो-फिर से बनाओ' के चक्र में फँसा दिखता है। यह खराब प्रबंधन का निश्चित सूचक है। आनेवाले दशकों में जब भारत कमरतोड़ रफ्तार से शहरीकृत होता जा रहा है, इसे शहरी तथा गैर-कृषि क्षेत्र में जल संरचना पर भारी निवेश करना होगा। हालाँकि प्रबंधन क्षमता के बिना, इन निवेशों का निजी या फिर सामाजिक परिणाम खराब ही निकलेगा। यह मान लेना एक बड़ी भूल है कि किसी संरचना के निर्माण के लिए उसी कौशल की आवश्यकता होती है, जिस कौशल से इसका प्रबंधन किया जाता है। भारत ने अपने इंजीनियरों को सफल जल प्रबंधन के लिए फिर से कुशल बनाने के लिए कुछ नहीं किया है। राज्य-स्तर के लगभग एक दर्जन से अधिक जल और भूमि प्रबंधन संस्थान हैं। जल आपूर्ति और स्वच्छता की ट्रेनिंग के लिए भी इस प्रकार के संस्थान हैं। पुणे स्थित राष्ट्रीय जल अकादमी उच्च स्तर के कौशल की शिक्षा देती है। अनेक भारतीय प्रौद्योगिकी संस्थानों (आई.आई.टी.) में जोरदार जल विज्ञान विभाग हैं। हालाँकि किसी में भी जल संसाधनों, ढाँचे तथा सेवाओं पर प्रशिक्षण और शिक्षा नहीं दी जाती है। भारत की अर्थव्यवस्था और उसके सामने पानी की बढ़ती चुनौतियों को देखते हुए उसे शोध, प्रशिक्षण और शिक्षा के मौजूदा ढाँचे की तुलना में एक विशाल और बेहतर ज्ञान की संरचना की आवश्यकता है। इस दिशा में पहला कदम होगा, एक विश्व स्तर के जल विश्वविद्यालय की स्थापना, जिसका जोर सिंचाई, शहरी तथा ग्रामीण जलापूर्ति और स्वच्छता के

साथ ही हाइड्रो-पॉवर के प्रबंधन पर हो। इसी प्रकार भारत को प्रदर्शन की निगरानी और सिंचाई, जलापूर्ति तथा स्वच्छता का पैमाना तय करने पर भी निवेश करना चाहिए।

बड़ी चुनौती-2 : सार्वजनिक सिंचाई प्रणालियों के प्रदर्शन में सुधार

स्वतंत्रता के बाद के दशकों में भारत की जल अर्थव्यवस्था और उससे जुड़े संगठनों की संरचना में भारी बदलाव दिखा है। केंद्र और राज्य सरकारों तथा बहुआयामी धन उपलब्ध करानेवाली एजेंसियाँ, जहाँ विशालकाय सिंचाई परियोजनाओं में निवेश करती रहीं, वहीं सार्वजनिक सिंचाई प्रणाली के सकल प्रबंधन और प्रदर्शन में तेजी से गिरावट दर्ज की गई। अंग्रेजी राज में सरकार सिंचाई प्रणालियों को व्यावसायिक उद्यम के तौर पर चलाती थी। 1945 तक औपनिवेशिक भारत में सिंचाई विभाग सिंचाई पर पूँजी निवेश के बदले 12 प्रतिशत आय अर्जित कर रहा था। सिंचाई के प्रबंधक पूरी कठोरता के साथ सिंचाई शुल्क लगाने और वसूलने का काम करते थे, जिसकी दर ऊँची रहती थी, जो पैदावार के 25 से 40 प्रतिशत तक होती थी। किसान सिंचाई सेवा शुल्क (आई.एस.एफ.) की फिरौती जैसी रकम की शिकायत करते थे, लेकिन उन्हें सिंचाई सेवा के एक निश्चित स्तर का भरोसा दिया जाता था, क्योंकि प्रबंधन करनेवाले नियमित रूप से उस प्रणाली की मरम्मत और देख-रेख पर निवेश किया करते थे।

स्वतंत्रता के तुरंत बाद, यह स्थिति बदलने लगी। नई कल्याणकारी सरकार ने वसूली की शर्तों को ढीला कर दिया। कुछ राज्यों को लगा कि वसूली करने पर भारी खर्च आता है और उन्होंने सिंचाई सेवा शुल्क को ही समाप्त कर दिया। अन्य कई दशकों तक शुल्क में संशोधन और उसे युक्तिसंगत बनाने के लिए ही तैयार नहीं थे। धीर-धीरे वसूली का अनुशासन भी बिगड़ता गया, जिसमें अधिकांश राज्य महज 10 से 15 प्रतिशत तक सिंचाई सेवा शुल्क वसूल पाते थे, क्योंकि उनकी माँग पर ही भारी सब्सिडी दी गई थी। सिंचाई विभागों को दिया जानेवाला बजट बमुश्किल इतना होता था कि वेतन दिया जा सके, जबकि परिचालन और देख-रेख के लिए कोई पैसा नहीं मिलता था। 1980 के दशक के अंत तक, अनेक राज्य सरकारों ने अपने-अपने सिंचाई विभागों में नई भरती पर पाबंदी लगा दी। अनेक राज्यों के पास लाखों हेक्टेयर क्षेत्र अधिकार के अंतर्गत थे; लेकिन उन्हें ऐसे सिंचाई विभागों के भरोसे छोड़ दिया गया, जो पुराने पड़ते जा रहे थे और जिनकी क्षमता समाप्त होती जा रही थी। धीरे-धीरे जब देख-रेख को टाला जाने लगा, तब सिंचाई अधिकार क्षेत्र भी सिकुड़ने लगा।

1990 के बाद भारत के सामने यह दु:खद स्थिति उत्पन्न हुई कि नई परियोजनाओं और पुरानी परियोजनाओं के पुनर्वारा में निवेश होता रहा, लेकिन सरकारी नहरों से जिन इलाकों तक पानी पहुँचता था, उनकी दशा बिगड़ गई। जब सिंचाई सेवा शुल्क सघनता से वसूला जाने लगा, तब दस्तावेजों के सिलसिले ने एक शानदार प्रबंधन सूचना प्रणाली का निर्माण किया। चूँकि शुल्क की वसूली अब तक नहीं की गई थी, इस कारण कोई विश्वस्त जानकारी भी नहीं थी कि एक प्रणाली कितने इलाके की सिंचाई करती है और उसकी सेवा की गुणवत्ता कैसी है। हाल ही में महाराष्ट्र में हुआ सिंचाई घोटाला और दिवंगत वाई.एस. राजशेखर रेड्डी का 'जल यज्ञम्' (जिसे तंज करने के लिए 'धन यज्ञम्' कहा गया)[3] यह बताता है कि विशाल सिंचाई परियोजनाओं को

किराया वसूलनेवाले राजनेता चला रहे हैं। उनका ध्यान इस बात पर रहता है कि ऐसी सिंचाई प्रणालियाँ बनाई जाएँ, जिनमें आकर्षक ठेके दिए जाएँ, न कि उनके प्रबंधन की चिंता होती है। इस परिस्थिति में सरकारी सिंचाई क्षेत्र को पुर्जीवित करने के लिए एक बड़े प्रयास की आवश्यकता है। भारत के पास सरकारी सिंचाई प्रणालियों की सहायता से पहले ही करीब 40 मिलियन हेक्टेयर (एम.एच.ए.) की सिंचाई क्षमता है। इसका महज 12 से 15 एम.एच.ए. ही वास्तव में इस्तेमाल होता है। पहले से ही निर्मित बुनियादी ढाँचे की सहायत से मौजूदा क्षेत्र के 2.5 गुणा क्षेत्र की सिंचाई की जा सकती है, बशर्ते टाले गए देख-रेख के काम को निपटाया जाए, सिंचाई प्रणालियों के प्रबंधन को चुस्त किया जाए, किसानों और सिंचाई कर्मचारियों के बीच जवाबदेही भरे संबंध को फिर से स्थापित किया जाए और सिंचाई सेवा शुल्क को युक्तिसंगत बनाने के साथ ही सख्ती से वसूला जाए तथा सिंचाई विभागों में प्रबंधन की संपूर्ण क्षमता को बढ़ा दिया जाए।

बड़ी चुनौती-3 : जलभृत भंडारण का लगातार प्रबंधन

सरकारी सिंचाई में जहाँ पिछले पाँच दशकों में कमी आई है, वहीं निजी सिंचाई में एक जबरदस्त उछाल आया है, जिसका आधार भूमिगत कुएँ और ट्यूब वेल्स हैं। 1960 में महज 2,50,000 की तुलना में सिंचाई के कुओं की संख्या देश में बढ़कर 20 मिलियन हो गई है। आज 65 एम.एच.ए. पर भू-जल से सिंचाई हो रही है, जिसमें आए उछाल के पीछे वित्त पोषित पूँजी है। पचास साल में इसने तीन गुणा भूमि पर सिंचाई की है, जिसे सरकारी सिंचाई को करने में दो सौ वर्ष लग गए थे। भू-जल लोकतांत्रिक संसाधन साबित हुआ, जिसकी सहायता से सिंचाई देश के कोने-कोने तक पहुँची, जहाँ तक सरकारी सिंचाई की भी पहुँच नहीं थी। भू-जल कुएँ छोटे और सीमांत किसानों के लिए एक बड़ा सहारा बन गए, जिनकी सहायता से वे कम होती जमीनों पर गहन खेती कर सकते थे। किसान नहरों की सिंचाई को प्राथमिकता देते थे, क्योंकि वह विश्वसनीय, माँगने पर उपलब्ध और पानी के अधिक नियंत्रण की सुविधा देती है, जिससे वे उच्च-मूल्यवाली खेती की प्रणाली को अपना सकते थे। कुल मिलाकर, बीते साठ वर्षों से भी अधिक समय में भारतीय कृषि का भरोसा सिंचाई के मामले में बड़े बाँधों, छोटे तालाबों, खेत में बने तालाबों और नहरों जैसे सतह भंडारण से जलभृत भंडारण पर हो गया है। इस देश में लगभग 215 बिलियन क्यूबिक मीटर सतह भंडारण है, जिसका प्रबंधन सरकार करती है और जिससे 12-15 एम.एच.ए. इलाके की जरूरतें पूरी की जाती हैं। इसके विपरीत यह 230 बिलियन क्यूबिक मीटर भू-जल का प्रयोग करता है, जिससे 65 एम.एच.ए. पर सिंचाई होती है। ट्यूबवेल अर्थव्यवस्था में आए उछाल ने जहाँ खेती की प्रणालियों को गहन और विविध बनाया है, वहीं भू-जल जलवाही स्तर के अस्तित्व पर एक बड़ा प्रश्नचिह्न लग गया है। पश्चिमी और दक्षिणी भारत के अर्ध शुष्क जलवायु में जहाँ जलोढ़ और कठोर चट्टानवाले जलवाह स्तर से लगातार पंपों के प्रयोग से पानी निकाला जा रहा है, वहीं उनमें से कई अब समाप्ति के कगार पर हैं। 2006 में सुप्रीम कोर्ट ने भू-जल जलवाह स्तर के गहराते संकट का स्वत: संज्ञान लेते हुए भू-जल के अति-दोहन पर नियंत्रण की जिम्मेदारी केंद्रीय भू-जल प्राधिकरण को सौंप दी। जैसी उम्मीद थी, उसके अनुसार इसका नतीजा नहीं निकला और देश ने कभी स्थायी जलभृत चुनौती को गंभीरता से नहीं लिया।

भारतीय कृषि के भविष्य के लिए आज भू-जल जलवाही स्तर के प्रबंधन की समस्या पहले की अपेक्षा कहीं अधिक गंभीर हो गई है। सतह पर भंडारण का प्रबंधन जहाँ सिंचाई विभाग और समुदायों की ओर से किया जा रहा है, वहीं जलभृत भंडारण काफी हद तक माँग के साथ-साथ आपूर्ति के कुप्रबंधन के भरोसे है। स्पष्ट रूप से जलभृत भंडारण को लेकर शुरू से ही एक पक्षपातपूर्ण रवैया रहा है, क्योंकि केंद्रीय जल आयोग, राष्ट्रीय जल विकास प्राधिकरण तथा राज्य और केंद्र स्तर पर सिंचाई विभागों में ऐसे सिविल इंजीनियरिंगवाली सोच हावी रही है, जिन्हें सतह पर उपलब्ध जल संसाधनों पर ध्यान देने का प्रशिक्षण दिया गया है। देश के जलभृतों की रखवाली के लिए जिम्मेदार, केंद्रीय भू-जल बोर्ड अपनी निगरानी और शोध की भूमिका से परे जाकर एक वृहत संसाधन प्रबंधन की भूमिका को अपनाने में लाचार नजर आया है।

जलभृत प्रबंधन में जहाँ तक आपूर्ति की बात है, तो दो उपायों को तत्काल अपनाए जाने की आवश्यकता है—सतह और भू-जल का संयोजक प्रबंधन तथा कारगर जलभृत पुनर्भरण। इन दोनों को ही कुछ हद तक अपनाया जा रहा है, लेकिन यह बिना सोचे-समझे ही किया जा रहा है। यदि इसे रणनीति के तहत, पूरी योजना के साथ किया जाए, तो भारत के जलभृतों के प्रबंधन में एक दूरगामी सफलता हासिल होगी। सिंचाई के साधन के रूप में, नहर की प्रणालियाँ, जहाँ तेजी से हाशिए पर जा रही हैं, वहीं उनका प्रमुख उद्देश्य अब जलभृतों के पुनर्भरण का बनता जा रहा है। यदि किसी नहर के द्वारा सिंचित इलाके को सघन अभियान के तहत बढ़ाया और नियमित रूप से सिंचाई के अंतर्गत रखा जाता है, तो अभी के मुकाबले एक बड़े इलाके का पुनर्भरण किया जा सकेगा। नहर कमानों के बाहर कठोर-पत्थरवाले जलभृत क्षेत्रों में, यदि कई वर्षों तक जलभृत पुनर्भरण के एक गहन कार्यक्रम को विकेंद्रित रूप से लागू किया जाए, तो जलभृतों को विकास से पहले के स्तर पर ले जाने में सहायता मिलेगी। यह गुजरात के सौराष्ट्र में देखा भी गया है। जलाशयों से नियमित रूप से गाद निकालने की प्रक्रिया भी प्रबंधित जलभृत पुनर्भरण में लाभकारी सिद्ध होती है। जैसा कि गुजरात में किया जा रहा है, सूखा और महात्मा गांधी राष्ट्रीय ग्रामीण रोजगार गारंटी ऐक्ट के अंतर्गत इसे बड़े पैमाने पर लागू करने से जलभृत भंडारण को बढ़ाने में बड़ी कामयाबी मिल सकती है।

जलभृत प्रबंधन इस कारण भी महत्त्वपूर्ण हो जाता है, क्योंकि सतह भंडारण से शहरी और औद्योगिक आवश्यकता की पूर्ति भी करनी पड़ती है। आर्थिक विकास के मामले में भारत से तीन वर्ष आगे निकल चुके चीन में यह देखा गया है कि जैसे-जैसे शहरों और उद्योगों की संख्या बढ़ती है, वैसे-वैसे से मूल रूप से सिंचाई के लिए बनाए गए सतह के भंडारण की प्राथमिकता शहरी और औद्योगिक जरूरतों को पूरा करने की हो जाती है, जबकि कृषि को भू-जल सिंचाई के भरोसे छोड़ दिया जाता है। यही बात अब भारत में हो रही है। दोनों ही देशों में, यह अनायास और चुपके से ही हो गया, जिसके पीछे कोई योजना नहीं थी, लेकिन भारत के सामने यह एक समस्या के रूप में खड़ी हो रही है और उसे योजना के साथ इस परिवर्तन को बुद्धिमानी के साथ लागू करना चाहिए। जलापूर्ति के लिए भू-जल की तुलना में सतह पर भंडारण को लेकर तरजीह देने के तर्क दिए जा रहे हैं, क्योंकि यह फ्लोराइड, नाइट्रेट, आर्सेनिक और कैडमियम जैसी भूगर्भीय मिलावटों से मुक्त होता है, जो भारत के विभिन्न हिस्सों के भू-जल में भारी मात्रा में पाए जाते हैं।

भारत में पानी की घरेलू और औद्योगिक माँग प्रति वर्ष 75 बिलियन क्यूबिक मीटर है, जो 215 बिलियन क्यूबिक मीटर के सार्वजनिक जलाशय भंडारण का एक-तिहाई है। अधिकांश भारतीय शहरों में काफी दूर स्थित जलाशयों से पानी की बढ़ती माँग को पूरा किया जा रहा है। सूखे के दौरान, आम तौर पर जिला कलेक्टर सिंचाई पर रोक लगा देते हैं और जलाशय में म्यूनिसिपल सप्लाई के लिए पानी को सुरक्षित रखते हैं। यह अनियोजित, अनौपचारिक परिवर्तन अनुपयोगी, बेअसर और बरबादी से भरा होता है। रास्ते में पानी की बरबादी 70 प्रतिशत या उससे भी अधिक होती है। जमा किया गया पानी सूखे के दौरान अकसर पेयजल की आवश्यकता को पूरा करने में अपर्याप्त होता है। उदाहरण के लिए, जयपु¨ की आवश्यकता को पूरा करनेवाले प्रमुख बाँध में पानी की आवक बढ़ाने के लिए, राजस्थान सरकार ने जलग्रहण क्षेत्र में 30,000 छोटे बाँधों को तोड़ दिया है। यह कहा जा सकता है कि ऐसे बाँधों से नहर सिंचाई में कमी लाकर शहरों और उद्योगों के पानी की जरूरत को पूरा करना प्राथमिकता है, लेकिन जलग्रहण क्षेत्र में जलभृत पुनर्भरण को भी बढ़ावा देना आवश्यक है, जिससे कि भू-जल सिंचित कृषि को जारी रख सके।

बड़ी चुनौती-4 : जलापूर्ति और स्वच्छता में अपने-अपने इंतजामों, अनौपचारिक अर्थव्यवस्था और सरकारी इंतजामों को एकीकृत किया जाए

लगभग एक-तिहाई ग्रामीण भारतीय अपने पानी की आपूर्ति अपने इंतजामों से, सीधे प्रकृति से, न्यूनतम साफ-सफाई से पूरा करते हैं। शहरी भारत में यह संख्या कम है और कम होती जा रही है, लेकिन शहरी भारत में आज भी बड़ी संख्या में लोग सरकारी आपूर्ति की कमी को पूरा करने के लिए अपनी आपूर्ति के इंतजामों को अपना रहे हैं।[5] अपने स्तर पर इंतजाम का कारण सरकारी प्रणाली में माँग को पूरा न कर पाने की विफलता है। इस कारण ही बढ़ती माँग के चलते अनौपचारिक अर्थव्यवस्था पनपी है। शहरी भारत में टैंकरवाले पानी का बाजार बड़े पैमाने पर फैल चुका है और भारी मुनाफा देनेवाला है। हालाँकि निजी सेवा मुहैया करानेवाले स्वच्छता में भी सक्रिय भूमिका निभा रहे हैं। उदाहरण के लिए हाल के वर्षों में, सैकड़ों विशेष टैंकरों को, जिन्हें 'हनी सकर' नाम दिया गया और जो सीवर साफ करनेवाले ट्रक होते हैं, कर्नाटक और तमिलनाडु में लगाया गया। वे अपार्टमेंट से कचरा साफ कर खेतों में खाद के रूप में इस्तेमाल के लिए उपलब्ध कराते हैं।

भारत जबरदस्त शहरीकरण के कगार पर खड़ा है। हालाँकि इसके नगर निगमों के पास बढ़ती आबादी की जरूरतों को पूरा करने के लायक बुनियादी ढाँचा नहीं है। जैसे-जैसे नगरों का विकास महानगरों में होता जा रहा है, उन्हें आपूर्ति में सुधार और सीवर नेटवर्क के विस्तार के लिए भारी निवेश की आवश्यकता है। हालँकि इससे भी गंभीर संकट राजस्व और व्यापार के मॉडल को लेकर है। भारत एक बड़ी गलती अमीर, औद्योगिक देशों में सेवा के स्तर की नकल करने को लेकर कर सकता है। इससे बेकार में अच्छे पैसे को बहा दिया जाएगा। कोपनहेगन, ग्लासगो और एसेन में दुनिया की सबसे बेहतरीन जलापूर्ति और स्वच्छता प्रणाली है, लेकिन वे इसके बदले प्रति क्यूबिक मीटर 6.30 डॉलर से 7.60 डॉलर तक का शुल्क वसूल करते हैं। दूसरी तरफ अशगबत, दमिश्क, खुलना और चंडीगढ़ हैं, जहाँ विश्व स्तर के लिहाज से जलापूर्ति और स्वच्छता बेहद खराब है।

इसके अनेक कारण हो सकते हैं, लेकिन महत्त्वपूर्ण यह है कि पानी का शुल्क प्रति क्यूबिक मीटर 0.05 डॉलर से भी कम है। दुनिया के सबसे महँगे इलाकों में से एक मध्य मुंबई में, सरकारी पानी से स्वीमिंग पूल को भरने का खर्च प्रति क्यूबिक मीटर 7 रुपए आता है, जबकि स्लम में रहनेवालों को टैंकर से मिलनेवाले पेयजल के लिए प्रति क्यूबिक मीटर 80 रुपए चुकाने पड़ते हैं। यूरोप के स्तर पर शुल्क इकट्ठा करने और खरीदने की क्षमता के आधार पर समता स्थापित करने में भारतीय जलापूर्ति और स्वच्छता सुविधाओं को दशकों लग जाएँगे। भारत को उन रास्तों की तलाश करनी होगी, जिनसे जलापूर्ति तथा स्वच्छता में सुधार हो और शुल्क की दरें भी औसतन वहन करने योग्य हों।

केंद्रीय प्रदूषण नियंत्रण बोर्ड के अनुसार, 2011-2012 में शहरी भारत में प्रतिदिन 42 बिलियन लीटर अनुपयोगी जल पैदा किया गया। सीवेज के ट्रीटमेंट की वर्तमान क्षमता इसकी एक-तिहाई है। यही नहीं, हालात और भी बदतर हैं; क्योंकि खराब रख-रखाव के कारण इस क्षमता का सिर्फ 55 प्रतिशत प्रयोग में है। भारत के अधिकांश शहरों में ट्रीटमेंट प्लांट महज संचयक हैं और भारी मात्रा में बिना ट्रीट किया गया गंदा पानी बहा दिया जाता है। आश्चर्य नहीं कि गंगा, यमुना और अधिकांश भारतीय नदियाँ शहरों से गुजरने के दौरान किसी गंदे नाले के समान दिखती और बदबू करती हैं।

अनेक नगर निगमों ने गंदे पानी को साफकर फिर से उपयोग के लायक बनाने के लिए प्राथमिक, माध्यमिक, यहाँ तक कि तृतीय श्रेणी के ट्रीटमेंट प्लांट्स में निवेश की योजना बनाई है। हालाँकि तृतीय श्रेणी के उपचारित जल का खर्च अधिक होता है और केवल उद्योग ही इस खर्च को उठा सकते हैं। अकसर उस अर्धशहरी किसान को नजरअंदाज कर दिया जाता है, जो गंदे पानी का अच्छा ग्राहक साबित हो सकता है। प्रत्येक शहर की एक नए सिरे से कल्पना की जा सकती है, जहाँ उच्च कोटि की सिंचाई प्रणाली हो, जो साल भर रोजाना लगभग समान मात्रा में पानी छोड़ सके। गंदे पानी की काफी गंदगी वह मूल्यवान पोषक तत्त्व होता है, जिसे खरीदने के लिए किसान बाजार में काफी पैसा खर्च करता है। भारत के शहर सालाना जो 15 बिलियन क्यूबिक गंदा पानी छोड़ते हैं, उससे लगभग 3 एम.एच.ए. खेतों की सिंचाई हो सकती है, जो सरदार सरोवर परियोजना के कमांड क्षेत्र का लगभग दोगुना है।[8]

अर्धशहरी इलाकों में हजारों किसान पहले ही नगर निगम के गंदे पानी का उपयोग फसलों की सिंचाई के लिए कर रहे हैं। 2012 में कराए गए एक अध्ययन का आकलन है कि गुजरात के सात शहरों और उनके आसपास लगभग 18,000 हेक्टेयर जमीन पर गंदे पानी से सिंचाई की जा रही थी। ताजा पानी की सीमित उपलब्धता, शहरीकरण की तेज रफ्तार और पोषक तत्त्वों से भरपूर पानी को लेकर किसानों की प्राथमिकता ऐसी मुख्य बातें हैं, जिनके कारण गंदे पानी से सिंचाई में जबरदस्त विस्तार हो रहा है। अर्धशहरी किसानों के साथ अनेक नगर निगमों ने औपचारिक या अनौपचारिक समझौता कर लिया है। उदाहरण के लिए, राजकोट नगर निगम 1962 से ही दो पंजीबद्ध सहकारी समितियों को गंदे पानी की आपूर्ति कर रहा है।

पानी की सप्लाई और स्वच्छता पर भारत में अब बहस इस बात को लेकर है कि कैसे वर्तमान में सीमित आपूर्ति की स्थिति से शहरों में 24×7 पानी की सप्लाई की जाए, लगभग नि:शुल्क पानी से पूरी तरह से मीटर के आधार पर आपूर्ति हो और कैसे गंदे पानी का न के बराबर ट्रीटमेंट किए जाने से 100 प्रतिशत तक ट्रीटकर नदियों में छोड़ा जाए। एक और वास्तविक परिदृश्य यह है कि

भारत इस आदर्श स्थिति तक पहुँचने से पहले एक लंबे मध्यवर्ती चरण से गुजरेगा। काफी हद तक ऐसा लगता है कि इस चरण में अपने बलबूते इंतजाम, अनौपचारिक बाजार और गंदे पानी से सिंचाई में तरक्की होगी। यहाँ चुनौती इस बात की है कि कैसे पानी की सप्लाई और स्वच्छता के शासन की स्थापना की जाए, जो अपने बूते किए जानेवाले इंतजाम, अनौपचारिक अर्थव्यवस्था और सरकारी इंतजाम को एक व्यवहार्य और टिकाऊ प्रणाली में एकजुट कर सके।

आज गंदे पानी से अधिकांश सिंचाई बिना किसी योजना के हो रही है, क्योंकि गंदे पानी को संसाधन की बजाय एक समस्या के रूप में देखा जा रहा है। निकट भविष्य में, भारत के ताजा पानी के संसाधनों के एक बड़े हिस्से को म्यूनिसिपल और औद्योगिक प्रयोग के लिए देना होगा। शहरी और अर्धशहरी योजना में गंदे पानी की रीसाइक्लिंग और सिंचाई एक अवसर प्रदान कर रही है। इसका प्रबंधन ठीक से किया जाए, तो नगर निगम और औद्योगिक गंदे जल की प्रणाली कृषि योग्य लाखों हेक्टेयर जमीन के लिए एक भरोसेमंद और कुशल सिंचाई प्रणाली का काम कर सकती है।

बड़ी चुनौती-5 : भू-जल सिंचाई के ऊर्जा फुटप्रिंट को कम करें

भारत में भू-जल में उछाल की एक परस्पर भारी कीमत चुकानी पड़ी है, बिजली वितरण करनेवाली कंपनियाँ लगभग दिवालिया हो गईं। ग्रामीण इलाकों में विद्युतीकरण जब जोर-शोर से चल रहा था, तब सरकारों ने सिंचाई के कुओं को बिजली से चलाने के लिए सभी प्रकार की सब्सिडी और प्रोत्साहन राशि दी। मीटर लगाने और खपत संबंधी बिल पर होनेवाले खर्च की बचत के लिए, कुछ राज्य विद्युत् बोर्ड ने मीटरों को हटा दिया और एक समान बिजली की दर तय कर दी। इससे भू-जल सिंचाई को जबरदस्त प्रोत्साहन मिला, लेकिन किसानों को दी जानेवाली बिजली की सब्सिडी वोट बैंक राजनीति का एक हथियार बन गई। तमिलनाडु, पंजाब और कर्नाटक ने मुफ्त बिजली की घोषणा कर दी। एक कदम और आगे बढ़ते हुए आंध्र प्रदेश के दिवंगत मुख्यमंत्री वाई.एस.आर. रेड्डी ने चुनाव से पहले किए वादे में 2017 तक मुफ्त बिजली देने का ऐलान किया। ऐसा समझा जाता है कि सरकारें इस सब्सिडी का पुनर्भुगतान बिजली वितरण कंपनियों को कर देंगी, लेकिन अधिकांश सरकारें एक हिस्सा ही देती हैं। वितरण कंपनियाँ बाकी की भरपाई अनिवार्य निवेश को टालकर, व्यावसायिक कर्ज लेकर और गैर-कृषि उपभोक्ताओं के लिए शुल्क को बढ़ाकर करती हैं। कई वितरण कंपनियों पर कर्ज इतना बढ़ गया है कि कोई भी बैंक उन्हें अब कर्ज देने को तैयार नहीं है। मुफ्त बिजली के कारण फीडर के स्तर पर भी अराजकता और बिजली आपूर्ति के मामले में गिरावट आई है, जिससे ग्रामीण इलाकों में जीवन और आर्थिक गतिविधियों पर बुरा प्रभाव पड़ा है। राजनेता इस पतन को रोकने और उसकी दिशा बदलने के खिलाफ हैं, क्योंकि उन्हें चुनावों में झटके का डर है। हालाँकि तमिलनाडु, आंध्र प्रदेश और कर्नाटक की ग्रामीण समितियों में खेती के लिए दी जानेवाली मुफ्त बिजली की कीमत इतनी अधिक है कि इस सब्सिडी में कटौतीकर वोट बैंक बनाने और ग्रामीण बिजली सप्लाई में सुधार की गुंजाइश है।

तत्कालीन मुख्यमंत्री नरेंद्र मोदी ने गुजरात में बिल्कुल ऐसा ही किया था। 2003-2006 के बीच, उन्होंने 'ज्योतिग्राम योजना' में रुपए 1,250 करोड़ का निवेशकर उन गाँवों में ट्यूबवैल को बिजली मुहैया करानेवाले फीडरों को अलग किया, कृषि फीडरों पर प्रतिदिन आठ घंटे

की बिजली आपूर्ति निश्चित कर दी, गाँवों के फीडरों को चौबीसों घंटे और सातों दिन बिजली सप्लाई सुनिश्चित कर दी, बिजली चोरी करनेवाले 1 लाख से भी अधिक लोगों के खिलाफ कानूनी काररवाई शुरू की, चोरी रोकने के लिए निगरानी को काफी हद तक बढ़ा दिया और नए फार्म कनेक्शन पर मीटरों को अनिवार्य कर दिया। इसका उलटा असर पड़ने की बजाय, 2007 के चुनावों में मोदी को स्पष्ट बहुमत मिला। गुजरात के बिजली के प्रतिष्ठानों को वर्ष 2000 तक घाटा हो रहा था, लेकिन अब वे मुनाफा कमाने लगे।[9] उन्होंने 450,000 नए मीटरवाले फार्म बिजली कनेक्शन जारी किए, जिनमें से अधिकांश हाशिए पर खड़े अनुसूचित जाति और जनजातीय किसान थे। सर्वेक्षण दिखाते हैं कि बिजली आपूर्ति के घंटे कम कर देने का लाभ अच्छी क्वालिटी, पूरे वोल्टेज, निर्बाध बिजली सप्लाई के रूप में मिला। फीडर पर अराजकता अब नियंत्रण में है। गुजरात एकमात्र ऐसा राज्य है, जहाँ सकल भू-जल की स्थिति में सुधार आ रहा है। यही नहीं, पिछले कुछ वर्षों में गुजरात में कृषि में अविश्वसनीय रूप से 9.6 प्रतिशत प्रतिवर्ष की रफ्तार से तरक्की हो रही है।[11]

भारत के खेतों में दी जानेवाली बिजली पर सब्सिडी प्रति वर्ष रु. 35,000 करोड़ को पार कर चुकी है। इसमें भारी गड़बड़ी है, जिससे बिजली और पानी की बरबादी होती है। बिजली सब्सिडी देने के और बेहतर तरीके भी हैं। गुजरात के बुद्धिमानी से समयबद्ध सप्लाई के मॉडल के साथ-साथ, पश्चिम बंगाल का भी मॉडल है, जहाँ सारे ट्यूबवैल पर मीटर लगे हैं। दूरदराज के इलाके में भी रीडिंग ली जाती है और उनकी दरें इस पर निर्भर करती हैं कि किस वक्त बिजली इस्तेमाल की गई है। रात के समय जब बिजली की खपत कम हो जाती है, तब किसानों को भारी सब्सिडीवाली दर पर बिजली सप्लाई की जाती है। इन दोनों ही तरीकों से भू-जल की बरबादी को और बिजली वितरण कंपनियों पर सब्सिडी के मार डालनेवाले बोझ को कम किया जा सकता है। यहाँ चुनौती लागू करने को लेकर है। कर्नाटक जैसे राज्यों में गुजरात की तरह ही फीडरों को अलग किया जा हा है, लेकिन वहाँ फीडरों में चोरी और अराजकता को नियंत्रित करने के लिए कुछ भी नहीं किया जा रहा है। ऐसे आधे-अधूरे सुधारों से हालात और बिगड़ रहे हैं। निगरानी के अभाव में कई किसान गाँव के फीडर से चोरी करते हैं और दिन-रात चोरी की बिजली का इस्तेमाल करते हैं।

बड़ी चुनौती-6 : भारत की भू-जल अर्थव्यवस्था को सौर ऊर्जा से चलाएँ

भारत के विकृत भू-जल-बिजली गठजोड़ को खत्म करने का एक बड़ा अवसर हाल के वर्षों में सौर फोटोवोल्टिक सेलों की कीमतों में दुनिया भर में जारी गिरावट से मिला है। किसी समय सिंचाई के पंप चलाने के लिए जिस सौर ऊर्जा को बेहिसाब महँगा समझा जाता था, वही अब आनेवाले वर्षों में भारत में पंपों से की जानेवाली सिंचाई की अर्थव्यवस्था में अपनी मौजूदगी को बढ़ानेवाली है। पूँजी की कीमतें अब भी अधिकांश किसानों की पहुँच से बाहर हैं। यही कारण है कि राज्य सरकारें पूँजी की लागत पर 70-90 प्रतिशत की सब्सिडी के साथ सोलर पंपों को जबरदस्त बढ़ावा दे रही हैं। हालाँकि सोलर पंपों की वर्तमान योजना को लेकर इस प्रकार की सोच आधी-अधूरी है। सोलर पंपों को ऊर्जा-पानी-स्थिरता-कृषि समाधान के

एकीकृत रूप में बढ़ावा दिए जाने की आवश्यकता है। बिजली-भू-जल गठजोड़ से पूर्वी भारत अछूता है, जहाँ न तो इतनी बिजली है कि किसानों को दी जा सके, न ही प्रसार और वितरण का व्यवस्थित ढाँचा है। पूर्वी भारत के पास विश्व की सबसे बेहतरीन जलभृत प्रणालियाँ हैं, लेकिन ऊर्जा की किल्लत के कारण गहन भू-जल के प्रयोग से खेती में लाभ नहीं मिल पाता है। पूर्वी भारत के छोटे किसान, जो हमेशा से ही महँगे डीजल से पंपों को चलाते आ रहे हैं, उन्हें पर्याप्त भू-जल होने के बाद भी सिंचाई का लाभ नहीं मिल पाता। सोलर पंपों में ऐसी क्षमता है, जिससे पूर्वी भारत की भू-जल अर्थव्यवस्था को तुरंत ऊर्जावान बनाया जा सकता है। सोलर पंपों को लगाने पर एक निश्चित और बड़ा खर्च बैठता है; लेकिन उसे चलाने पर लगभग कोई खर्च नहीं आता। इस प्रकार, सोलर पंप के मालिक के लिए सिंचाई की सुविधा एक कीमत के बदले पड़ोसी किसान को उपलब्ध कराने का प्रोत्साहन होता है। यही कारण है कि पूर्वी भारत में सोलर पंप प्रोत्साहन रणनीति को यह लक्ष्य रखना चाहिए कि गाँव के स्तर पर एक जीवंत, गहन और व्यापक सिंचाई सुविधा बाजार को बढ़ावा दिया जाए। ऐसा करने के लिए, एक ऐसे कार्यक्रम की आवश्यकता है, जो—

1. यथानुपात सब्सिडी दे (न कि पूँजी की लागत का एक निश्चित प्रतिशत, जिससे भ्रष्टाचार फैलता है), जैसे रुपए 50,000 प्रति किलोवाट,
2. भारी-भरकम फंड मुहैया कराए (लगभग रु 50,000 करोड़ का, जिसे पाँच साल की अवधि में बिहार, उड़ीसा, असम, पश्चिम बंगाल, पूर्वी उत्तर प्रदेश, छत्तीसगढ़ और झारखंड को दिया जा सके), जिससे कि बड़ी संख्या में आपूर्तिकर्ता आएँ और बाजार में हिस्सेदारी के लिए प्रतिस्पर्धा करें,
3. जमीन के नीचे पाइपों के जाल की स्थापना में सहयोग करे, जिससे पड़ोसी किसान पानी बेचने के लिए प्रोत्साहित हों,
4. किसानों की ओर से हासिल किए जानेवाले पंप और फोटोवोल्टिक शृंखला के आकार पर बेवजह पाबंदियाँ न लगाए,
5. आपूर्तिकर्ता को पाँच साल तक देख-रेख की सुविधा की गारंटी देकर उपकृत करे और
6. तीसरे पक्ष की ओर से सघन निगरानी की व्यवस्था करे, जिससे कि आपूर्तिकर्ता अपने वादों को पूरी तरह निभाए। इस प्रकार के कार्यक्रम से पूर्वी भारत में 10,000 मेगावाट भू-जल पंपिंग क्षमता की स्थापना की जा सकती है, जो 2, 7 मिलियन पाँच-हॉर्सपावर इलेक्ट्रिक पंपों के बराबर होगी और 18-20 एम.एच.ए. की कुल सिंचाई क्षमता का निर्माण कर सकती है।

भारत के पश्चिमी गलियारे में, सोलर पंप को बढ़ावा देने की रणनीति एकदम अलग होनी चाहिए। वहाँ सोलर पंपों को इस लिहाज से बढ़ावा दिया जाना चाहिए, जिससे विद्युत् वितरण कंपनियों पर सब्सिडी का दम निकालनेवाला बोझ कम किया जा सके, भू-जल अर्थव्यवस्था के विशाल कार्बन पदचिह्न को घटाया जा सके और मौजूदा बिजली-भू-जल गठजोड़ के तहत धड़ल्ले से भू-जल के अति-दोहन की विकृत इच्छा का इलाज भी किया जा सके। वर्तमान

की सोलर पंप सब्सिडी की व्यवस्था इनमें से किसी भी उद्देश्य को पूरा करने में विफल है। उदाहरण के लिए, राजस्थान की योजना को ही लीजिए, 2 किलोवाट या उससे कम के पंपों तक पर सब्सिडी बिजली के पंपों को हटाने की बजाय उनके होते हुए भी दी गई है। फंड के वार्षिक आवंटन पर एक सकल सीमा लागू करने का परिणाम उच्च मुनाफा और फोटोवोल्टिक सामानों के छोटे बाजार के तौर पर सामने आया तथा इकाई की कीमत के अनुपात में दी जानेवाली सब्सिडी ने कीमतों को बढ़ा-चढ़ाकर बताने तथा उत्पाद को लेकर भ्रष्टाचार का बड़ा लालच पैदा कर दिया है। तालिका-1 मौजूदा योजनाओं के बदले चार विकल्पों को सुझाती है, जिनमें चार उद्देश्यों और प्रभावों को भी साथ-साथ दिखाया गया है।[12]

तालिका-1 पंप सिंचाई को सौर ऊर्जा से चलाने की वैकल्पिक नीति
मौजूदा स्थिति की तुलना में संभावित प्रभाव

	उद्देश्य		सोलर पंप मार्केट का आकार	बिजली वितरण कंपनियों के वित्त पर फायदेमंद प्रभाव	भू-जल ओवरड्राफ्ट	भू-जल सिंचाई के कार्बन फुटप्रिंट
I	किलोवोल्ट तथा माइक्रोइरिगेशन और फॉर्म तालाब पर सौर सब्सिडी से जुड़ी सीमाओं को समाप्त करना	सोलर पंप बेचनेवाली कंपनियों के लिए कम मार्जिन और अधिक मात्रा में बिक्री का मॉडल तैयार करना	नगण्य सकारात्मक		नगण्य सकारात्मक	
II	सिंचाई के कुओं के लिए केवल नए आवेदकों को ग्रिड पावर कनेक्शन के लिए सब्सिडी वाला सोलर कनेक्शन देना	ग्रिड पावर कनेक्शन को सिंचाई के कुओं तक सीमित रखना ताकि सब्सिडी कम हो और फाइबर ग्लास वाले प्लांट बनें।	निम्न सकारात्मक	नगण्य सकारात्मक	नगण्य सकारात्मक	नगण्य सकारात्मक

III	ग्रिड कनेक्शन के मौजूदा धारकों को समान वोल्ट-वाले सोलर पंप के बदले सरेंडर करने का विकल्प देना	राजस्थान में पंप सिंचाई का सौर्यीकरण करना	मध्यम सकारात्मक	निम्न सकारात्मक	अत्यधिक सकारात्मक	निम्न नकारात्मक
IV	गाँवों को यह विकल्प देना कि वे सोलर पंपों को चुनें और अपने पंपों को ग्रिड से हटा दें। किसानों को अतिरिक्त ऊर्जा को खरीदने का विकल्प दें जिसे वे मेगावट स्केल सोलर जेनरेटरों को ग्रिड की कीमत पर बेच सकें (जैसा जर्मनी में किया जाता है)	सिंचाई करनेवालों को ग्रिड पावर के शुद्ध क्रेता से सोलर पावर को ग्रिड में बेचने-वाला बनाना	अत्यधिक उच्च सकारात्मक	मध्यम सकारात्मक	निम्न सकारात्मक	अत्यधिक उच्च नकारात्मक

विकल्प IV कुल मिलाकर सबसे साहसिक विकल्प है। यह सौर ऊर्जा को किसी भी अन्य फसल के समान मानता है, जिसके लिए कोई किसान अपनी जमीन और सूरज की रोशनी का इस्तेमाल करता है और उसे अपने उपयोग के अलावा बाजार में बेचता है। एक 20 किलोवाट के शिखर सौर पंप को लगाने के लिए 0.03 हेक्टेयर (300 वर्ग मीटर) जमीन की आवश्यकता होती है। 20 प्रतिशत की कुशलता और गहन प्रबंधन के साथ इस फोटोवोल्टिक प्लांट से प्रति वर्ष 34,560 किलोवाट घंटे (के.ड्ब्ल्यू.एच.) तक का उत्पादन हो सकता है। ग्रिड विद्युत् की मौजूदा कीमत के अनुसार, पश्चिमी भारत के किसान औसतन प्रति कनेक्शन प्रति वर्ष 11,500 के.ड्ब्ल्यू.एच. बिजली का इस्तेमाल करते हैं। यदि बिजली की इस मात्रा को आधार मान लें, तो किसी भी सौर किसान के पास प्रति वर्ष 23,000 के.ड्ब्ल्यू.एच. अतिरिक्त बिजली होगी, जिसे वह ग्रिड को बेच सकता है। फीड की रुपए 8 प्रति के.ड्ब्ल्यू.एच. के शुल्क के अनुसार उसकी प्रतिवर्ष आय एक 300 वर्गमीटर के प्लॉट से रु 1,84,000 होगी। सौर ऊर्जा किसी भी किसान के द्वारा उपजाई जानेवाली सबसे मुनाफेवाली फसल हो सकती है।

विकल्प IV को लागू करना भी कठिन है, लेकिन यह पंजाब से लेकर तमिलनाडु तक के भारत के पश्चिमी गलियारे में विकृत बिजली-भू-जल गठजोड़ में बदलाव ला सकता है—सबसे पहले, उपयुक्त आकार का एक सोलर पंप सिंचाई के लिए किसान को दिन में छह से आठ घंटे तक की निर्बाध बिजली मुहैया कराएगा। दूसरा, किसान के पास पंप चलाने के बाद बची बिजली को ग्रिड में बेचने का प्रोत्साहन रहेगा, क्योंकि उसके बदले उसे पैसे मिलेंगे। तीसरा, बिजली की बचत के लिए किसानों में ड्रिप खेती, घास-पतवार से ढकने और ग्रीनहाउस के प्रति आकर्षण बढ़ेगा। चौथा, सोलर फोटोवोल्टिक आपूर्तिकर्ताओं को बिक्री अधिकतम करने, फोटोवोल्टिक पंपों के बड़े और बढ़ते बाजार में आकर्षक कीमत का ऑफर देने का प्रोत्साहन मिलेगा। पाँचवाँ, सरकारों को ग्रीनफील्ड मेगावाट-पैमाने के सौर संयंत्रों के लिए लंबी-चौड़ी जमीन तलाशने की आवश्यकता नहीं पड़ेगी और छठा, प्रत्येक सोलर पंप जिस बिजली के पंप को समाप्त करेगा, उससे खेती के लिए दी जानेवाली बिजली पर बिजली प्रतिष्ठान को प्रतिवर्ष लगभग रुपए 50,000 की सब्सिडी की बचत करेगा। इन सबके साथ-साथ ग्रामीण ग्रिड से ट्यूबवेल को अलग कर देने से बिजली वितरण कंपनियों का काम ग्रामीण इलाकों में काफी सरल और वित्तीय रूप से व्यावहारिक हो जाएगा।

बड़ी चुनौती-7 : भारत के चावल/गेहूँ प्रणाली को पूर्वी दिशा में ले जाएँ

भारत की ओर से सिंचाई और उर्वरकों, बिजली आपूर्ति तथा भोजन की खरीद पर दी जानेवाली अधिकांश सब्सिडी को राष्ट्रीय भोजन सुरक्षा के नाम पर सही ठहराया जाता है। पचास साल पहले, जब भारत को मजबूरन भोजन के लिए विदेश में हाथ फैलाना पड़ा था और हरित क्रांति होने ही वाली थी, तब उसने पंजाब और हरियाणा जैसे राज्यों में भारी निवेश की योजना बनाई, क्योंकि दोनों ही राज्य अनाज उत्पादन को रफ्तार देने के लिए सबसे उपयुक्त थे। आज, राजनीतिक रूप से संवेदनशील न्यूनतम समर्थन मूल्य सरकार के गले की हड्डी बन गया है। नया राष्ट्रीय भोजन सुरक्षा अधिनियम इसे और भी मुश्किल बना देगा। अन्य राज्यों के साथ-साथ, जहाँ पंजाब, हरियाणा और आंध्र प्रदेश अपने रसातल में जाते भू-जल को समाप्त करते जा रहे हैं, वहीं गोदामों में सड़ते अनाज पर सरकारी खजाना लुटाया जा रहा है।

पूर्वी तथा अधिकांश जनजातीय मध्य भारत में भू-जल अपेक्षाकृत पर्याप्त मात्रा में है, लेकिन गाँवों से बिजली अकसर गायब रहती है। वहाँ के किसानों को डीजल पर निर्भर रहना पड़ता है और यह एक आर्थिक विरोधाभास है। भू-जल का संकट झेल रहे राज्यों में किसानों को आर्थिक जल संकट का सामना नहीं करना पड़ा और वे इस प्रकार पंप का प्रयोग करते हैं जैसे कल की कोई चिंता ही नहीं और इसका कारण मुफ्त या लगभग मुफ्त में होनेवाली बिजली आपूर्ति है। उन राज्यों में, जहाँ भू-जल पर्याप्त मात्रा में है, किसानों को सिंचाई पर कम खर्च के लिए मजबूर किया जाता है, जिससे उत्पादन कम हो जाता है। उनकी समस्याओं को बढ़ाने के लिए, अतिरिक्त भू-जलवाले पूर्वी राज्यों के किसान अकसर सीमित खरीदारी और भंडारण के कारण सरकार को न्यूनतम समर्थन मूल्य पर अपने उत्पाद नहीं बेच पाते। नतीजा यह होता है कि जल संकटवाला पश्चिमोत्तर और प्रायद्वीपीय भारत पर्याप्त जलवाले पूर्वी और जनजातीय भारत को 'आभासी पानी',

अनाजों में रचे-बसे पानी का निर्यात करता है। एक अनुमान के अनुसार पंजाब, हरियाणा और आंध्र प्रदेश प्रति वर्ष लगभग 56 क्यूबिक मीटर आभासी पानी का निर्यात कृषि उत्पादों के रूप में करते हैं। इसके साथ ही बिहार, झारखंड और ओडिसा अपने भोजन की आवश्यकता को पूरा करने के लिए 28 बिलियन क्यूबिक मीटर आभासी पानी प्रति वर्ष आयात करते हैं।[13]

इससे पहले कि भारत नदियों को जोड़ने की महत्त्वाकांक्षी परियोजना के अंतर्गत भौतिक रूप से जल-संकटवाले क्षेत्रों तक भौतिक रूप से पानी पहुँचाने पर $120 बिलियन खर्च करेगा, भारत की भोजन नीतियों को पानी (और जमीन) की संपदा के अनुरूप होना चाहिए, जिससे कि घरेलू आभासी पानी के व्यापार की विकृति को दूर किया जा सके। ऐसा करने के लिए पूर्वी भारत के किसानों को अपने खेतों में पैदावार बढ़ाने के लिए पर्याप्त भू-जल संसाधनों के प्रयोग के लिए उत्साहित करना होगा। इस दिशा में पहला कदम खाद्यान्न खरीद तंत्र का त्वरित विस्तार होगा। दूसरा पूर्वी भारत की भू-जल अर्थव्यवस्था को सौर ऊर्जा संपन्न बनाना होगा। इसके लिए उर्वरकों, बीजों तथा अन्य संसाधनों की उपलब्धता आवश्यक होगी। पश्चिमी राज्यों को उच्च मूल्य, पानी की बचत करनेवाली फसलों की खेती की दिशा में बढ़ना होगा, जहाँ घरेलू और निर्यात का बाजार तेजी से बढ़ रहा है।

बड़ी चुनौती-8 : सीमा-पार जल बँटवारे का हल

दक्षिण एशिया में पानी को लेकर जितना तनाव है, उतना शायद ही विश्व के किसी दूसरे कोने में है—भारत-पाकिस्तान के बीच जल विवाद उतना ही पुराना है, जितने पुराने ये दोनों देश हैं। 1960 में हुई ऐतिहासिक सिंधु जल संधि के अंतर्गत तत्कालीन प्रधानमंत्री जवाहरलाल नेहरू ने सिंधु नदी का 80 प्रतिशत पानी पाकिस्तान को (लगभग 220 क्यूबिक मीटर) देने का वादा किया था, जबकि केवल 20 प्रतिशत भारत के खेतों के लिए रखा था। यह संधि तीन युद्धों के बाद भी बरकरार है, लेकिन भारत और बँगलादेश के बीच गंगा, तीस्ता और अन्य नदियों के पानी के बँटवारे को लेकर तनाव अब भी बना हुआ है। क्षेत्रीय महाशक्ति के रूप में देखे जाने के कारण भारत के कदमों को उसके पड़ोसी संदेह की नजर से देखते हैं। भारत और नेपाल के बीच जल संसाधनों को साझा रूप से विकसितकर जबरदस्त लाभ उठाया जा सकता है, लेकिन नेपाल की ओर से संप्रभुता को लेकर अड़ जाने और भारत की ओर से बातचीत को सकारात्मक बनाने की विफलता से ऐसा नहीं हो पाया है। इन तनावों के बावजूद पानी के कारण दक्षिण एशियाई देश बातचीत की टेबल पर आते हैं। पाकिस्तान, नेपाल, बँगलादेश और भूटान में कम-से-कम एक नदी का पानी ऐसा है, जिसे किसी अन्य दक्षिण एशियाई देश से साझा किया जाता है।

हालाँकि सबसे बड़ी समस्या चीन को लेकर है, जिसका वर्चस्व विश्व के ताजा जल स्रोत के सबसे बड़े क्षेत्र तिब्बती पठार पर है और जिसमें विशालकाय जल परियोजनाओं के निर्माण की क्षमता है; क्योंकि उसके सामने सघन आबादी की बाधा नहीं है, जो उसकी सीमा में किसी और क्षेत्र में बसी है। इस पठार क्षेत्र में चीन की ओर से बाँधों के अंधाधुंध निर्माण से नदी के निचले क्षेत्रों के दक्षिण एशियाई देशों में चिंता है। इन देशों में वियतनाम, लाओस, थाईलैंड और कंबोडिया शामिल हैं। एक तरफ वह लगातार मेकोंग और सालाविन नदियों के ऊपरी हिस्से में ज्यादा-से-ज्यादा बाँध बना रहा

है, वहीं दूसरी तरफ चीन उस यारलुंग सांगपो नदी पर बहुत बड़ी पनबिजली परियोजना और नदियों के रुख बदलने की योजना बना रहा है, जो भारत में ब्रह्मपुत्र के नाम से प्रवेश करती है।

चीन अपने बाँधों और भविष्य की योजनाओं को लेकर ज्यादा कुछ नहीं बताता है। हालाँकि पर्यवेक्षकों के अनुसार चीन पहले ही ऊपरी ब्रह्मपुत्र की सहायक नदियों पर दस बाँध बना चुका है, जबकि तीन और बन रहे हैं। कुल मिलाकर वह 28 बाँध बनानेवाला है। इनमें से भारत के लिए सबसे बड़ी चिंता का कारण 38 गीगावाट क्षमतावाली दैत्याकार पनबिजली परियोजना है, जिसके निर्माण की योजना चीन उस स्थापना पर बना रहा है, जहाँ ब्रह्मपुत्र भारत में प्रवेश करती है।[14] नदियों को साझा करनेवाले अन्य सभी दक्षिण एशियाई देश, जहाँ पानी के मुद्दे को लेकर आपस में बातचीत करते हैं, वहीं चीन कभी इस मुददे पर चर्चा करने के लिए राजी नहीं होता है। भारत की ओर से लगातार की गई अपील के बावजूद चीन ने दोनों देशों के बीच बातचीत की शुरुआत करने या साझा जल आयोग के गठन से इनकार कर दिया है, जिससे कि दोनों देशों के बीच पानी के मुद्दे पर किसी संधि की बात की जा सके। नदी का ऊपरी हिस्सा चीन के ही पास है, इसके बावजूद आज तक उसने न तो कभी बाढ़ को लेकर चेतावनी जारी की है, न ही भारत को बाँधों से पानी छोड़ने से पहले सचेत करता है। वर्ष 2000 के मध्य में तिब्बत में नदी के ऊपरी हिस्से में बने एक बाँध के टूटने से अरुणाचल में ब्रह्मपुत्र का जलस्तर अचानक 30 मीटर तक बढ़ गया, जिसके कारण 26 लोगों की मौत हो गई और 35,000 लोग बेघर हो गए। यदि चीन ने भारत को सचेत कर दिया होता तो इस तबाही के असर को कम किया जा सकता था। इसकी बजाय, चीन बाँध टूटने की घटना से महीनों बाद तक इनकार करता रहा। इसी प्रकार बिना चेतावनी चीन की ओर से अतिरिक्त पानी छोड़े जाने के कारण हिमाचल प्रदेश में वर्ष 2000, 2001 और 2005 में अचानक बाढ़ आ गई। अक्तूबर 2013 में भारतीय प्रधानमंत्री के बीजिंग दौरे पर, जल विज्ञान संबंधी जानकारी साझा करने के मसौदे पर हस्ताक्षर किए गए थे, हालाँकि वह जब अंतिम रूप में सामने आया, तब चीन केवल उस महीने के पंद्रह दिन बाद तक की जानकारी देने पर ही सहमत हुआ। ब्रह्मपुत्र के सबसे निचले हिस्से में बसा है बँगलादेश, जिसे चीन की ओर से तिब्बत में बन रहे बाँध का सबसे बड़ा नुकसान उठाना होगा (जिस प्रकार भारत के अरुणाचल प्रदेश को), उसकी तो ब्रह्मपुत्र पर कब्जा जमाने और उसकी विशाल संभावनाओं के विकास की बातों में एक नहीं चलती। भारतीय नेतृत्व के सामने सबसे बड़ी चुनौती चीन को बातचीत की टेबल तक लाने के लिए तैयार करने की है। अब तक, भारतीय जल कूटनीति के सामने दो सबसे बड़ी बाधाएँ सामने आई हैं—नई दिल्ली को उसके छोटे पड़ोसी अड़ियल और जिद्दी मानते हैं, जबकि चीन भारतीय हितों की अनदेखीकर आसानी से बच निकलता है। दोनों ही मामलों में, भारत अपने पानी के भविष्य को दाँव पर लगा रहा है। नेपाल के साथ भारत को वैसा ही लाभकारी संबंध बनाना है, जैसा कि भूटान के साथ है। चीन के साथ, भारत को बढ़ते द्वि-पक्षीय व्यापार का इस्तेमाल जल कूटनीति के हथियार के रूप में करना चाहिए। चीन के साथ पहले ही भारत की सबसे बड़ी व्यापारिक साझीदारी है और चीन के लिए भी भारत एक बड़ा व्यापारिक साझीदार है। इस कारण ही प्रधानमंत्री ली केकियांग ने अपने पहले विदेश दौरे के लिए भारत को चुना, जिसका मकसद आपसी विश्वास और सहयोग को बढ़ाना था। भारत को इस अवसर का लाभ उठाना चाहिए। बढ़ता व्यापार और आपसी आर्थिक निर्भरता क्षेत्रीय स्तर पर पानी के मुद्दे को सुलझाने के प्रमुख साधन बन सकते हैं।

निष्कर्ष

नई दिल्ली में एक दृढसंकल्प सरकार अनेक छोटे-छोटे कदमों को उठाकर तेजी से सुधार ला सकती है। सार्वजनिक सिंचाई क्षेत्र में, त्वरित सिंचाई लाभ कार्यक्रम को इस प्रकार फिर से बनाना चाहिए, जिससे कि आगे होनेवाली देख-रेख के लिए निवेश को प्राथमिकता दी जाए तथा कोने-कोने तक पहुँचनेवाली सिंचाई परियोजनाओं को मूल योजना के अनुसार पूरा किया जा सके। नई सरकार को केंद्रीय जल आयोग का पुनर्गठन इस प्रकार करना चाहिए, जिससे कि 100 विशाल सार्वजनिक सिंचाई प्रणालियों के प्रबंधकीय प्रदर्शन की बेंचमार्किंग नियमित रूप से पारदर्शी तरीके से की जाए। बारहवीं पंचवर्षीय योजना में जिस राष्ट्रीय सिंचाई प्रबंधन कोष का प्रस्ताव है, जिससे कि राज्य सरकारों को किसानों से सिंचाई सेवा शुल्क जुटाने के लिए प्रोत्साहित किया गया है, उसे पूरी क्षमता के साथ लागू किया जाना चाहिए। केंद्र की ओर से सिंचाई संबंधी सभी प्रकार के सहयोग के लिए सिंचाई प्रणालियों के नियमित रूप से ऑडिट की शर्त होनी चाहिए। एक नया केंद्रीय जल विश्वविद्यालय स्थापित होना चाहिए, जिसे केंद्र और राज्य स्तरों पर सिंचाई और जलापूर्ति नौकरशाही के बीच प्रबंधन की क्षमता के निर्माण की जिम्मेदारी सौंपी जाए।

एक राष्ट्रव्यापी स्तर पर प्रबंधनवाले जलभृत पुनर्भरण कार्यक्रम को विकेंद्रीकृत रूप में लागू किया जाना चाहिए, जिसमें विशेष जोर मध्य और प्रायद्वीपीय भारत के कठोर चट्टानोंवाले जलभृत क्षेत्रों पर दिया जाना चाहिए, जिनका हिस्सा भारतीय भू-भाग में 65 प्रतिशत है। बेसिनों में, जहाँ भू-जल का स्तर भयंकर रूप से गिरा है, वहाँ प्रबंधित जलभृत पुनर्भरण में उपलब्ध अतिरिक्त जल का एक हिस्सा संचित भू-जल घाटे को पूरा करने के लिए निर्धारित कर देना चाहिए। सतह और भू-जल के मिले-जुले क्षेत्र का सर्वाधिक लाभ उठाने के लिए, नहर प्रणाली के प्रबंधकों को अधिक-से-अधिक क्षेत्र तक सतह के जल का विस्तार करने के लिए पुरस्कृत किया जाना चाहिए। इसके साथ ही विद्युत् वितरण कंपनियों को या मीटर के अनुसार खर्च की गई बिजली पर कृषि विद्युत् शुल्क वसूलने में सहायता दी जानी चाहिए जैसा कि पश्चिम बंगाल में होता है या खेतों में बिजली की आपूर्ति को नियंत्रित करना चाहिए जैसा कि गुजरात की ज्योतिग्राम योजना में किया जाता है। पश्चिमी और प्रायद्वीपीय भारत में, नई सरकार को किसानों का उत्साहवर्धन अतिरिक्त सौर ऊर्जा को खरीदने की गारंटी के आकर्षक प्रस्ताव के साथ करना चाहिए, जिससे कि वे ट्यूबवैल के बिजली कनेक्शन को छोड़ सौर ऊर्जा की खेती आकर्षक 'फसल' के रूप में करें। इन सारे उपायों की सहायता से बिजली वितरण कंपनियों की वित्तीय परेशानियाँ दूर हो सकती हैं और पाँच से सात वर्षों के भीतर भू-जल की कमी की समस्या भी दूर हो सकती है।

नई सरकार को एक मार्गदर्शक के समान पचास शहरों को अर्ध-शहरी सिंचाई प्रणाली के रूप में पेश करना चाहिए, जहाँ ट्रीट किए गंदे पानी का प्रयोग किया जाता है। इसे नगर निगम प्राधिकरणों या निजी संयंत्रों या दोनों में ही निवेश करना चाहिए, जिससे कि अर्ध-शहरी किसानों को घरेलू या औद्योगिक गंदा पानी ट्रीटकर व्यवस्थित रूप से दिया जाए, जिसके बदले पूरी या कुछ कीमत वसूली जाए। जहाँ तक घरों में पानी की आपूर्ति में सुधार की बात है तो शहरी तथा ग्रामीण भारत को एक बड़ी छलाँग लगाते हुए 24×7 पानी सप्लाई की सुविधा पर विचार करना

चाहिए, जो स्थानीय सरकारी निकायों की प्रबंधन क्षमता से बाहर की बात है। स्थानीय निकायों की मौजूदा संरचना पर एक नई योजना के साथ जवाहरलाल नेहरू राष्ट्रीय शहरी नवीकरण मिशन को खड़ा करना चाहिए। 2011 की एक अर्नेस्ट ऐंड यंग की रिपोर्ट ने अनुमान लगाया है कि 2030 तक भारत के जल क्षेत्र में 130 बिलियन डॉलर के निवेश की आवश्यकता पड़ेगी। हालाँकि यह तभी संभव होगा, जब सरकारी और निजी पानी मुहैया करानेवाली संस्थाएँ मूल्य निर्धारण और सभी स्तरों पर उसकी वसूली को व्यावहारिक बनाएँ, जिससे कि निवेश का लाभ मिल सके।[15]

पूर्वी भारत में विलंबित हरित क्रांति की शुरुआत करने के लिए, नई सरकार को पूर्वी क्षेत्र में खाद्यान्न खरीद तंत्र का तुरंत विस्तार करना चाहिए, आवश्यक संसाधनों को खेत तक पहुँचाने और कर्ज की सुविधा कारगर तरीके से मुहैया करानी चाहिए, पूर्वी भारत के मुख्यमंत्रियों को यह अधिकार दिया जाना चाहिए, जिससे कि वे अनाजों पर सरकार की ओर से घोषित समर्थन मूल्यों पर बोनस की घोषणा कर सकें तथा रुपए 50,000 करोड़ के कोष की स्थापना करे, जिससे कि पूर्वी तथा उत्तर-पूर्वी भारत में जीवंत, गहन और व्यापक सौर ऊर्जा से चलनेवाले पंपों के जरिए होनेवाली सिंचाई पर आधारित बाजार को बढ़ावा मिले।

अकसर भारत में पानी के संकट के लिए संसाधन की कमी या पानी के बुनियादी ढाँचे और सेवाओं में निवेश की कमी को जिम्मेदार ठहराया जाता है। वास्तव में, इस संकट की जिम्मेदारी प्रबंधन में गंभीर कमी पर बनती है, जिसमें संसाधन का प्रबंधन, बुनियादी ढाँचे के साथ ही सेवाओं का प्रबंधन भी जिम्मेदार है। सामान्य मामले में, प्रबंधन में सुधार होता है; लेकिन उसी हद तक, जहाँ तक कि पानी एक आर्थिक वस्तु बन जाता है और जब अच्छी गुणवत्तावाली जलापूर्ति का खर्च ग्राहकों पर डाल दिया जाता है। इसमें भी आश्चर्य नहीं कि विश्व के सबसे ज्यादा पानी की किल्लतवाले स्थानों में से एक सिंगापुर, अपने नागरिकों को सबसे बेहतरीन पानी की सेवा मुहैया कराता है, जो प्रति क्यूबिक पानी के लिए 10-12 डॉलर तक अदा करने की क्षमता रखते हैं। भारत के सामने बेहतर सुविधा को चुकाई जा सकनेवाली कीमत पर मुहैया कराने की चुनौती है। यह कठिन अवश्य है, लेकिन असंभव नहीं है।

अब तक भारत ने केवल एक विकल्प पर जोर दिया है—बुनियादी ढाँचे में सार्वजनिक निवेश पर। इसने प्रबंधन में सुधारों, शासन में सुधारों और संस्थागत स्तर पर नई पहल को लेकर ज्यादा जोर नहीं दिया है। यही कारण है कि भारत में पानी के ढाँचे पर सार्वजनिक निवेश बहुत कम है और पानी की परियोजनाएँ बनाओ 'अनदेखी करो' फिर बनाओ के सिंड्रोम से ग्रस्त रही हैं। हमारा देश पानी की किल्लत को दूर करने के लिए प्रबंधन में सुधार तथा संस्थागत सुधारों के साथ एक बड़ी छलाँग लगा सकता है। सिर्फ पानी के ढाँचे में सरकारी निवेश से बात नहीं बनेगी। नई सरकार के सामने पानी को लेकर सबसे बड़ी चुनौती यह है कि उसे कहाँ जोर देना है, इसमें बदलाव बेहद अहम है।

नोट्स

1. फाल्केनमार्क जल संकटसूचक किसी क्षेत्र या देश में प्रति व्यक्ति प्रति वर्ष ताजा पानी के नवीनीकरण के लिहाज से बताता है। यदि यह उपलब्ध मात्रा 1,700 क्यूबिक मीटर से कम

है तो उस क्षेत्र को जल तनाववाला कहा जाएगा। यदि यह 500 से 1,000 क्यूबिक मीटर प्रति व्यक्ति प्रति वर्ष के बीच है, तो पानी को आर्थिक विकास और मानव कल्याण के लिए कम माना जाता है, क्योंकि प्रति व्यक्ति प्रति वर्ष 500 क्यूबिक मीटर से कम ताजा पानी को स्थायी मानव जीवन के लिए बड़ी बाधा माना जाता है।

2. एफ गैसर्ट और अन्य, 'एक्वाडक्ट कंट्री ऐंड रिवर बेसिन रैंकिंग्स : ए वेटेड एग्रेशन ऑफ स्पेशियली डिसटिंक्ट हाइड्रोलॉजिकल इंडिकेटर्स,' वर्किंग पेपर, वाटर रिसोर्स इंस्टीट्यूट, नवंबर 2013, http://wri.org/publication/aqueduct-country-river-basin-rankings.
3. जल यज्ञम् (जल पूजा) एक जल प्रबंधन कार्यक्रम है, जिसे आंध्र प्रदेश में 3.3 मिलियन हेक्टेयर क्षेत्र में सिंचाई के उद्देश्य से लागू किया गया है। इस कार्यक्रम पर भारी भ्रष्टाचार और घटिया निर्माण की गुणवत्ता के आरोप लगे। इस कारण तंज करनेवाला धन यज्ञम् (धन पूजा) नाम दिया गया।
4. अर्नेस्ट ऐंड यंग 'वाटर सेक्टर इन इंडिया : इमरजिंग इनवेस्टमेंट ऑपर्चूनिटीज,' सितंबर 2011, www.ey.com.
5. तुषार शाह और बारबरा वान कोप्पेन, 'इज इंडिया राइप फॉर इंटेग्रेटेड वाटर रिसोर्स मैनेजमेंट? फिटिंग वाटर पॉलिसी टू नेशनल डेवलपमेंट कंटेक्सट,' इकोनॉमिक ऐंड पॉलिटिकल वीकली 41, नं. 31 (2006) : 3413–21।
6. भारत सरकार, योजना आयोग, 'रिपोर्ट फॉर द वर्किंग ग्रुप ऑन अरबन ऐंड इंडस्ट्रियल वाटर सप्लाई ऐंड सैनिटेशन फॉर द ट्वेल्फ्थ फाइव इयर प्लान (2012–2017),' स्टीयरिंग ग्रुप ऑन वाटर सेक्टर, नवंबर 2011।
7. भारत सरकार, केंद्रीय प्रदूषण नियंत्रण बोर्ड, 'इवैलुएशन ऑफ ऑपरेशंस ऐंड मेनटेनेंस ऑफ सीवेज ट्रीटमेंट प्लांट्स इन इंडिया–2007,' 1 जनवरी, 2008, www.cpcb.nic/upload/NewItems/NewItem_99_NewItem_99_5.pdf.
8. 42,000 मिलियन लीटर/दिन 0.042 बिलियन क्यूबिक मीटर*365 दिन = 15.33 बिलियन क्यूबिक मीटर/वर्ष।
9. अलका पलरेचा, धीरज कपूर और तेजा मल्लाडी, 'वेस्टवाटर इरिगेशन इन गुजरात:एन एक्सप्लोरेटरी स्टडी,' IWMI–टाटा वाटर पॉलिसी प्रोग्राम हाइलाइट्स नं. 30,2012, www.iwmi.egiar.org/iwmi-tata/PDI...s/2012_Highlight-30.pdf.
10. देखें तुषार शाह और शिल्प वर्मा, 'को–मैनेजमेंट ऑफ इलेक्ट्रिसिटी ऐंड ग्राउंडवाटर : एन एसेसमेंट ऑफ गुजरात ज्योतिग्राम स्कीम,' इकोनॉमिक ऐंड पॉलिटिकल वीकरी 43 नं. 7 (2008) : 59–66।
11. अशोक गुलानी, तुषार शाह और गीता श्रीधर, 'एग्रीकल्चर परफॉरमेंट इन गुजरात सिंस 2000 : कैन गुजरात बी ए दिवादांडी (लाइटहाउस) फॉर अदर स्टेट्स?' इंटरनेशनल वाटर मैनेजमेंट इंस्टीट्यूट ऐंड इंटरनेशनल फूड पॉलिसी रिसर्स इंस्टीट्यूट, मई 2009, www.gujaratcmfellowship.org/document/Agriculture/AgriculturePercent20PerformancePercent20inPercent20Gujarat Percent20sincePercent 202000_IWMI%20&%20IFPRI%20Report_May%202009.pdf.
12. अवसरों और खतरों पर विस्तृत चर्चा के लिए देखें तुषार शाह और अविनाश किशोर, 'सोलर

पावर्ड पंप इरिगेशन ऐंड इंडियाज ग्राउंडवाटर इकोनॉमी : ए प्रिलिमिनरी डिस्कशन ऑफ अपॉर्चुनिटीज ऐंड थ्रेट्स,' IWMI-Tata Water Policy Program Highlights no. 26, 2012, www.iwmi.cgiar.org/iwmi-tata/PDFs/2012_Highlight-26.pdf.

13. शिल्प वर्मा और अन्य, 'गोइंग अगेंस्ट द फ्लो : ए क्रिटिकल एनालिसिस ऑफ इंटर स्टेट वर्चुअल वाटर ट्रेड इन द कंटेक्स्ट ऑफ इंडियाज नेशनल रिवर लिंकिंग प्रोग्राम्स,' फिजिक्स ऐंड केमिस्ट्री ऑफ द अर्थ 34, नं. 4-5 (2009) : 261-69.

14. देखें डी जयराम, 'चाइनाज डैम्स : ए सिक्यूरिटी चैलैंज फॉर साउथ एशिया,' इंटरनेशनल पॉलिसी डाइजेस्ट, 1 अक्तूबर, 2013, www.internationalpolicy digest.org/2013/10/01/chinas-dams-security-challenge-south-asia और केनेथ पोमेरांज, 'एशियाज अनस्टेबल वाटर टावर : द पॉलिटिक्स, इकोनॉमिक्स, ऐंड इकोलॉजी ऑफ हिमालयन वाटर प्रोजेक्ट्स,' एशिया पॉलिसी 16 (जुलाई 2013)

http://mercury.ethz.ch/serviceengine/Files/ISN/167852/ ipublicationdocument_singledocument/ea67be3b-0eac-4629-a89f-758417fb515/en/Asia_Policy_16_WaterRoundtable_july2013.pdf.

15. अर्नेस्ट ऐंड यंग, 'वाटर सेक्टर इन इंडिया : इमरजिंग इनवेस्टमेंट ऑपरचुनिटीजी,' 3।

□

अध्याय-12

ऊर्जा नीति और मूल्य निर्धारण में सुधार

—सुंजॉय जोशी

परिचय

वैश्विक अर्थव्यवस्था के साथ 1991 के बाद अपने एकीकरण के पश्चात् दो दशकों से भी अधिक समय तक निरंतर विकास के बावजूद (भारत काफी हद तक गरीब बना हुआ है। भारत सरकार के नेशनल सैंपल सर्वे (एन.एस.एस.) के अनुसार, वित्त वर्ष 2011-2012 के सांकेतिक अर्थों में औसत अखिल भारतीय प्रति व्यक्ति मासिक खर्च 27 डॉलर से भी कम था। इस कारण भारत की ऊर्जा चुनौती को विकास और प्रगति की आवश्यकताओं के दृष्टिकोण से देखा जाना चाहिए, जिसका संबंध घरों में आधुनिक ऊर्जा के प्रावधानों से हो। एन.एस.एस. के अनुसार, 2011-2012 में करीब 20 प्रतिशत घरों में आवश्यक प्राथमिक ऊर्जा का स्रोत मिट्टी का तेल था और लगभग 51 प्रतिशत घर खाना पकाने के लिए लकड़ी पर निर्भर थे।

एकीकृत ऊर्जा नीति : एक्सपर्ट कमेटी की रिपोर्ट का अनुमान है कि 2031 तक 8 प्रतिशत की स्थिर प्रगति दर को बनाए रखने के लिए, जो पिछले दशक में विकास की औसत दर के समान है, देश की प्राथमिक ऊर्जा आपूर्ति में 3 से 4 गुणा तक बढ़ोतरी आवश्यक होगी।[2] कुल मिलाकर ऊर्जा की माँग में वार्षिक विकास की औसत दर में बढ़ोतरी का अनुमान है, जो 11वीं पंचवर्षीय योजना में 5.1 प्रतिशत से बढ़कर 12वीं और 13वीं योजना में 5.4 और 5.7 प्रतिशत के बीच रह सकती है। 12वीं योजना (2011-2017) के अंत तक देश को अपनी जरूरत के अनुसार लगभग 25-30 प्रतिशत तक प्राकृतिक गैस, 75 प्रतिशत तक तेल और 23 प्रतिशत तक कोयला आयात करना पड़ेगा।

भारतीय नीति निर्माताओं को देश की ऊर्जा सुरक्षा की व्याख्या उपलब्धता, पहुँच तथा सामर्थ्य की सहायता से करने का शौक है। हालाँकि इन तीनों पर चार भयंकर अवरोधों का खतरा मँडरा रहा है। इनकी चर्चा बाद में विस्तार से करेंगे—बढ़ते घाटे के कारण राजकोष में फेरबदल की सीमित संभावना, क्योंकि संसाधनों के आयात पर भारी भरकम खर्च आता है। संसाधनों के प्रबंधन में संस्थाओं की कुशलता में कमी। सीमा पार से ऊर्जा के लिए संबंध स्थापित करने में चीन से मिलनेवाली कड़ी चुनौती तथा जलवायु परिवर्तन के कारण वैश्विक ऊर्जा परिदृश्य में तेजी से आनेवाले परिवर्तन।

इन अवरोधों को दूर करने में कठिनाई इस कारण भी बढ़ गई है, क्योंकि प्राकृतिक संसाधनों के 'स्वामित्व' को लेकर सार्वजनिक चर्चा पर कुछ ज्यादा ही जोर दिया जाता है, जिससे स्पष्ट स्थिति की बजाय ऐसी उलझन पैदा हो जाती है जो देश को ऐसी दूरगामी नीतियों को तैयार करने से रोकती है, जो उसकी क्षमता का पूरा लाभ दिला सकती है। फलस्वरूप जटिल और अकसर विकृत कानूनों और नियमों का जाल बाजार की शक्तियों को विपरीत दिशा में ले जाता है तथा निवेशकों को भी दूर करता है। यह सब सरकार में संसाधनों के प्रबंधन की अयोग्यता के लक्षण हैं। व्यवस्था की इन बाधाओं को पारकर ऊर्जा की आपूर्ति को सुनिश्चित करना सबसे पहली चुनौती है।

भारत का राजकोषीय बोझ : ऊर्जा आयात और सब्सिडी

वर्तमान में भारत अपने तेल की कुल आवश्यकता का 76 प्रतिशत, गैस का 26 प्रतिशत तथा कोयले का 20 प्रतिशत आयात करता है।[3] भारत सरकार के अनुसार, भारत का तेल आयात बिल 2009–2010 में 81.8 बिलियन डॉलर था, जो 2011–2012 में बढ़कर 145 बिलियन डॉलर (सभी आँकड़े मौजूदा कीमत के अनुसार) जा पहुँचा।[4] इसके साथ ही, भारत का चालू खाता घाटा, जिसमें ऊर्जा आयातों का हिस्सा लगभग $^1/4$ है, 21 मार्च, 2013 के वित्त वर्ष में सकल घरेलू उत्पाद (जी.डी.पी.) का 4.8 प्रतिशत या 88 बिलियन डॉलर के रिकॉर्ड उच्च स्तर पर पहुँच गया।[5]

चालू खाता घाटा में बढ़ोतरी भारतीय अर्थव्यवस्था की प्रणालीगत कमजोरी को दरशाती है। आर्थिक विकास डगमगाया और 5 प्रतिशत के नीचे जा पहुँचा। निवेश कम हुए और कम होती आपूर्ति के साथ ही व्यापार का भरोसा भी कम हुआ। चालू खाता घाटा की समस्या पर अमेरिकी फेडरल रिजर्व की ओर से मात्रात्मक सहजता की वापसी की आशंका मँडरा रही है, जिससे कि एशियाई मुद्रा पर दबाव बढ़ा है, जबकि अमेरिकी डॉलर लगातार ऊपर चढ़ रहा है। कमजोर बुनियाद के कारण सबसे ज्यादा मार भारतीय रुपए पर पड़ी है, जिससे निवेश में बढ़ोतरी रुक गई है और रुपया मार्च 2013 के बाद से 12 प्रतिशत तक नीचे गिरा है।

इसके बावजूद, लगातार घोटालों से घिरी हुई यू.पी.ए. सरकार ने राष्ट्रीय योजना सुरक्षा अधिनियम से लैस होकर 2014 के चुनावों में उतरने का फैसला किया। कल्याणकारी कदमों के लिहाज से यह कदम सराहनीय हो सकता है, लेकिन इसकी एक बड़ी समस्या यह है कि संसाधनों को जुटाने में सरकार अपने खर्चों में कटौती नहीं कर सकती है। देश पहले से ही लगभग 18 बिलियन डॉलर भोजन की सब्सिडी पर खर्च करता है, उसे इस कानून के बाद 4 बिलियन डॉलर और खर्च करना होगा। इसके अलावा 25 बिलियन डॉलर की सब्सिडी पहले से ही है,[6] बिजली पर 7 बिलियन डॉलर और उर्वरकों पर 10 बिलियन डॉलर के बाद राजकोष में कहीं कोई गुंजाइश नहीं बचती।

ऊर्जा की कीमतें कम रखने के पीछे पहुँच और कीमत अदा करने की क्षमता के तर्क दिए जाते हैं, जबकि सरकार जितनी सब्सिडी देती है, उसका खर्च उठाने के लिए ही उसके पास पर्याप्त संसाधन नहीं हैं। इस कारण, कीमत के नियंत्रण से उनके प्रशासन का लोभ वह छोड़ नहीं पाती, चाहे वह प्राथमिक ईंधनों पर हो, बिजली या फिर उर्वरकों पर। हालाँकि कीमतों पर नियंत्रण केवल

नकद की किल्लत झेल रही सरकार की मुश्किलें और बढ़ाने का काम करता है, जो अपने सब्सिडी बिल को देश के खाते से सरकार के स्वामित्ववाली कंपनियों के खाते में डालने की कलाबाजी दिखाती है। यह बाजार में एक ऐसा दखल होता है, जो उत्पादन और आपूर्ति दोनों को ठप करने की गारंटी दे देता है। देश के लिए न केवल प्राथमिक ईंधन के उत्पादन को बढ़ाना मुश्किल हो जाता है, बल्कि इतनी आर्थिक क्षमता भी नहीं रह जाती कि उनके आयात के लिए पैसा जुटा सके।

भारत में केरोसिन, डीजल और घरों में इस्तेमाल की जानेवाली एल.पी.जी., जैसे सारे पेट्रोलियम उत्पाद अंतरराष्ट्रीय बाजार में अपनी कीमत से कम दाम पर बेचे जाते हैं। तेल कंपनियों पर अंडर रिकवरी का बोझ कुछ हद तक सरकार की ओर से चालू वित्त वर्ष में दी जानेवाली सब्सिडी से और कुछ हद तक अपस्ट्रीम राष्ट्रीय तेल कंपनियों की सहायता से बढ़ जाता है। इसके बावजूद अंडर रिकवरी का पूरा मूल्य असमायोजित रह जाता है, जो 2010-2011 में 18 बिलियन डॉलर तक पहुँच गया।[7] इन अंडर रिकवरियों से औद्योगिक प्रतिस्पर्धा की क्षमता कम होती है, जिससे सब्सिडीवाली व्यवस्था की ढाँचागत अक्षमता और बढ़ जाती है।

सशक्त लोगों को सबसे कम मिल पाता है, आधुनिक ईंधन भारत में कुछ लोगों का विशेषाधिकार बना हुआ है। 2011-2012 का एन.एस.एस. आँकड़ा दरशाता है कि एल.पी.जी. जैसे खाना पकाने के आधुनिक ईंधन के घर-घर पहुँचने के दावे के बावजूद गाँवों में 70 प्रतिशत घरों में आज भी जैव ईंधन का ही प्रयोग होता है। एलपीजी भले ही आसानी से एक स्थान से दूसरे स्थान पर ले जाया जानेवाला ईंधन है, फिर भी इसके इस्तेमाल को लेकर मिलनेवाले फायदे काफी हद तक शहरी घरों के ही हक में हैं। देश की आबादी के, जो सबसे निचले पायदान पर मौजूद गाँवों में बसे गरीब लोग हैं, उनमें से 3 प्रतिशत से भी कम के पास यह सुविधा है, जिससे कि यह असमानता लगातार बनी हुई है। इससे भी महत्त्वपूर्ण यह है कि सामाजिक रूप से वंचित उन वर्गों के बीच, जहाँ अधिकांश घरों में जैव ईंधन का इस्तेमाल होता है, वहाँ जैव ईंधन का प्रयोग स्थिर रहने या कम होने की बजाय बढ़ने की ही आशंका है।[8]

यही नहीं, कीमतों पर नियंत्रण के लिए दी जानेवाली सब्सिडी ईंधन के विकल्प पर भी प्रतिकूल प्रभाव डालती हैं। रईसों के पास मौजूद डीजल से चलनेवाली स्पोर्ट-यूटिलिटी गाड़ियाँ शहर की सड़कों पर फर्राटा भरती हैं, जबकि किसानों के लिए अपने पंप सेट चलाना भी मुहाल है। आपूर्ति और सेवाओं में विस्तार नहीं हो रहा, जिससे उपलब्धता और कीमत अदा करने की क्षमता दोनों ही कम हुई हैं और कमजोर तबके के लोगों पर समय और धन का बोझ बढ़ जाता है।

बिजली क्षेत्र में भी ऐसा ही प्रभाव देखने को मिलता है। कृषि के शुल्क पर क्रॉस सब्सिडी की भरपाई असमान ऊँचे औद्योगिक शुल्क से की जाती है। गरीब किसानों को मुफ्त बिजली के वादे के बावजूद बिजली की सुविधा प्रति व्यक्ति खर्च करने की क्षमता से सीधे तौर पर जुड़ी है। इससे भी बुरी स्थिति ग्रामीण इलाकों में है, जहाँ आय पर उपलब्धता की निर्भरता और भी विचित्र है, जहाँ 27 प्रतिशत घर रोशनी के लिए मिट्टी के तेल का इस्तेमाल करते हैं और प्रति लुमेन एक बड़ी कीमत चुकाते हैं। सबसे गरीब दसवें हिस्से में यह आँकड़ा 40 प्रतिशत हो जाता है।[9]

बिजली के संचार और वितरण में 30 प्रतिशत तक की बरबादी की जिम्मेदारी बिजली चोरी और अक्षमता पर बनती है। तंगी झेल रही राज्य की बिजली कंपनियाँ, जिन्हें प्रति यूनिट बिजली

पर घाटा होता है, वे घाटे को कम करने के लिए बिजली कटौती का सहारा लेती हैं। 31 मार्च, 2011 में 38 बिलियन डॉलर के संचित घाटे के बाद राज्य के स्वामित्ववाली बिजली कंपनियों से शायद ही यह उम्मीद की जा सकती है कि वे और भी उपभोक्ताओं को सुविधा मुहैया कराने को लेकर उत्साहित होंगी।

2013 में बिजली वितरण में सुधार के प्रयासों के फलस्वरूप राज्य के उन प्रतिष्ठानों को ऋण पुनर्गठन पैकेज दिए गए, जिन पर सब्सिडी और वितरण के घाटों का बोझ था। नए पैकेज में ऋणों के पुनर्गठन के प्रावधान हैं और ये राज्य सरकारों को वितरण में होनेवाले घाटे को कम करने के लिए प्रेरित करते हैं। एक आदर्श राज्य बिजली वितरण दायित्व अधिनियम, 2013 के माध्यम से कानून के रास्ते घाटे को कम करने का प्रयास किया जा रहा है, जो एक स्वस्थ, सुनियंत्रित बाजार के जरिए प्रभावी ढंग से हो सकता है। सरकार इस बात को पूरी तरह मान चुकी है कि वितरण के घाटे को नियंत्रित करनेवाले अधिक उपायों और निगरानी करनेवाली समितियों से कम किया जा सकेगा। इन परिस्थितियों में, ऋण पुनर्गठन से केवल अस्थायी राहत मिल सकती है और जब तक नेता मुफ्त बिजली देते रहेंगे, तब तक घाटे बैलेंस शीट में उथल-पुथल मचाते रहेंगे।

आर्थिक स्थिति पर गौर करते हुए सरकार ने 2013 में सब्सिडी में कटौती करने का फैसला किया। इसने धीरे-धीरे डीजल के दाम बढ़ाना शुरू किया, पेट्रोल पर नियंत्रण कम किया और रसोई गैस पर सब्सिडी को कम करना शुरू कर दिया। हालाँकि जिन सुधारों की बात 1999 में की गई थी और 2002 में अधिसूचित किया गया था तथा 2004 में वापस ले लिया गया और फिर 2013 में अनमने ढंग से लाया गया है, उनसे निवेशकों में विश्वास पैदा होगा, इसमें संदेह है।

नियोजित अर्थव्यवस्था का अधूरा विखंडन

स्वतंत्रता के बाद अपनाए गए सुनियोजित अर्थव्यवस्थावाले मॉडल के अंतर्गत, भारतीय राज्य ने धीर-धीरे ईंधन के प्राकृतिक संसाधनों पर स्वामित्व, उन्हें निकालने और ऊर्जा के उपयोगी रूपों में बदलने की जिम्मेदारी को अपना लिया। इस प्रकार ऊर्जा के क्षेत्र में विशालकाय ऊर्जा कंपनियों जैसे कोल इंडिया लिमिटेड, ऑयल ऐंड नेचुरल गैस कॉरपोरेशन, एन.टी.पी.सी. लिमिटेड (पूर्व में नेशनल थर्मल पावर कॉरपोरेशन) तथा अनेक छोटे सार्वजनिक उपक्रमों का दबदबा कायम हो गया। फलस्वरूप, नीति, कानून और नियम, विशेष रूप से सरकार की ओर से की जानेवाली काररवाई के अनुसार बनाए जाने लगे, जिससे नियंत्रक मंत्रालयों या सरकारी विभागों के साथ उनके करीबी संबंध बन गए। आज भी, सरकारी अधिकारी नियमित रूप से इन उपक्रमों के बोर्ड में बैठते हैं और इन उपक्रमों में कार्यकारी पद अकसर अधिकारियों के हाथों में चले जाते हैं। राज्य की यह व्यापक भूमिका उस विधि और न्याय प्रणाली की स्वाभाविक परिणति है, जो यह मानती है कि सारे प्राकृतिक खनिज संसाधनों पर व्यक्तिगत भू-स्वामी का नहीं, बल्कि राज्य का स्वामित्व होता है।

1990 में कर्ज देनेवाले वित्तीय संस्थानों ने बुनियादी सुधारों पर जिस प्रकार विवश किया, उससे इसके व्यापक ढाँचे के कुछ हिस्सों में छिट-पुट सुधारों की प्रक्रिया शुरू हुई। इस प्रकार बिजली संबंधी सुधार इस उम्मीद में किए गए कि निजी भागीदारी से बिजली उत्पादन बढ़ेगा और किल्लत कम होगी। मूल्य शृंखला का खुदरा क्षेत्र पाला-पोसा जाता रहा, जबकि वितरण और

विपणन के सुधार पीछे छूट गए। इसी प्रकार तेल और गैस के उत्पादन को बढ़ाने के साथ-साथ रिफाइनिंग में प्राइवेट सेक्टर की भागीदारी को लेकर जहाँ नीतियाँ तेजी से बनीं, वहीं जब बात विपणन और वितरण को सार्वजनिक क्षेत्र के जरिए किए जाने की आई, तो सरकार का जोश ठंडा पड़ गया।

कोल की आपूर्ति में कमी को पूरा करने के लिए आधे-अधूरे मन से किए गए सुधारों के कारण मनमरजी से कोल खंडों के आवंटन कर दिए गए। विडंबनात्मक रूप से इन्हें 'कैप्टिव ब्लॉक' कहा गया, जिन्हें उन चुनिंदा उद्योगों को सौंप दिया गया, जिन्हें खनन का कोई अनुभव नहीं था। स्पष्ट और पारदर्शी आवंटन मापदंड के कारण महानियंत्रक और लेखाकार ने प्रतिकूल टिप्पणी की, जिससे सुप्रीम कोर्ट ने 2011 में लाइसेंसों को रद्द कर दिया।

इस प्रकार के आवंटनों की बाढ़ (जिनमें टेलीकॉम स्पेक्ट्रम शामिल था) ने कुछ हद तक खीज चुके सुप्रीम कोर्ट को मजबूर किया और उसने प्राकृतिक संसाधनों के स्वामित्व पर 'जनता के विश्वास के सिद्धांत' के पालन का निर्देश दिया। संक्षेप में कहें तो इस सिद्धांत के अनुसार प्राकृतिक संसाधन राष्ट्र की संपत्ति हैं, जिनकी देख-रेख का जिम्मा सरकार के पास एक वैश्वासिक क्षमता में जन कल्याण के लिए है। जनता के विश्वास के सिद्धांत का प्रयोग अब लगातार कार्यपालिका के ऊपर प्राकृतिक संसाधनों के दोहन और उपयोग के संबंध में उसकी शक्तियों और फैसलों को सवाल उठाने को लेकर किया जा रहा है।

हालाँकि इस सिद्धांत ने तथाकथिक सुधारों को जबरदस्त झटका दिया है। कुछ निजी पक्षों को भारी नुकसान उठाना पड़ा, जो इन क्षेत्रों में लाभ के मोह में खिंचे चले आए थे।

जनता के विश्वास का सिद्धांत जहाँ अपनी ओर की जानेवाली बातों को लेकर सही लगता है, वहीं समस्या इस सिद्धांत से कहीं ज्यादा इसके द्वारा स्वामित्व के पहलू को सबसे अधिक महत्त्व दिए जाने से है। यदि सरकार प्राकृतिक संसाधनों की देख-रेख विश्वासी के रूप में करती है, तो यह भी तार्किक है कि प्राकृतिक संसाधनों के दोहन और प्रयोग की जिम्मेदारी लालची निजी कंपनियों[11] को दिए जाने की बजाय उसके ही एजेंटों (यानी सार्वजनिक क्षेत्र के उपक्रमों) को दी जाए। इसका परिणाम यह हुआ है कि जिस सरकारी तंत्र की सरपरस्ती का जाल पैर पसारते निजीकरण के कारण सिकुड़ रहा था, उसने अब इस सिद्धांत के इस्तेमाल से सुधार की प्रक्रिया को ही रोकना शुरू कर दिया, यहाँ तक कि जहाँ निजी कंपनियों को दिए गए लाइसेंस को रद्द करने से कठोर कदम नहीं उठाए गए, वहाँ भी जनता के विश्वास के सिद्धांत के कारण सरकारी बाबुओं ने मौजूदा करारों और लाइसेंस की शर्तों को लेकर बेहद कठोर और प्रतिकूल व्याख्या शुरू कर दी है। प्रक्रिया के आगे परिणाम का महत्त्व समाप्त हो गया।

इस सोच के साथ समस्या यह है कि प्राकृतिक संसाधन अपने आप में मूल्यहीन हो गए। जीवाश्म ईंधन के भंडार, जो जमीन के अंदर कई किलोमीटर नीचे या तो खोजे नहीं गए हैं या खोज लिये गए हैं तो निकाले नहीं जा सके हैं, जिससे उनका मूल्य शून्य है। स्वामित्व का लाभ स्वामी को तब तक नहीं मिलता, जब तक कि संसाधन खोजे, स्थापित और कुशलता से निकाले न जाएँ, जिससे कि उनके प्रयोग से अधिकतम मूल्य प्राप्त हो। निवेश, तकनीक और मानवीय श्रम के बिना कुछ भी नहीं हो सकता है। केवल वही उद्यम, जिसके पास ये तीनों आवश्यक चीजें मौजूद

हैं, वही इन संसाधनों से अधिकतम मूल्य निकाल सकता है, जो अन्यथा बिना मूल्य के होते हैं। सुधार तभी वांछित होते हैं, जब उनकी सफलता से सभी प्रकार के पक्षों (सार्वजनिक या निजी) के बीच प्रतिस्पर्धा को बढ़ावा मिलता है, जिससे कि संसाधन को निकालने, आवंटन और उपयोग की मूल्य शृंखला में सर्वोत्तम प्रक्रिया, तकनीक और कुशलता आए।

कैप्टिव कोल खंडों के जरिए निजीकरण के आधे-अधूरे प्रयास विफल हो गए, जिससे आपूर्ति कम हो गई। 2012 में संशोधित खनन और खनिज (नियंत्रण और विकास अधिनियम) को अधिसूचित किया गया, जिसने कोल खंडों की प्रतिस्पर्धात्मक नीलामी का रास्ता साफ किया, लेकिन अब भी खनन से जुड़े पक्ष इसमें नहीं आ रहे हैं। अब भी नीलामियाँ अंतिम उपयोगकर्ता जैसे आयरन ऐंड स्टील कंपनियों, बिजली उत्पादकों आदि तक ही सीमित हैं। व्यावसायिक कोयला खनन की गतिविधियाँ अब भी एक सुनहरा सपना हैं।

प्राकृतिक गैस जैसे विकल्प भी बेहतर नहीं हैं। सदी के आरंभ में तेल और गैस के क्षेत्र में मूल्य निर्धारण में सुधार और विपणन में आजादी की शुरुआत बड़े जोर-शोर से की गई थी। हालाँकि बिजली और उर्वरक के क्षेत्रों में वैसे ही सुधारों के अभाव के कारण बाजार के मूल्य निर्धारण की बजाय नियंत्रित मूल्य निर्धारण और कोटा को अपनाना पड़ा है। अनेक नए विकास के काम अनुमति न मिलने से रुके पड़े हैं। दस वर्षों से भी अधिक समय निकल गया और इस दौरान न्यू एक्सप्लोरेशन लाइसेंसिंग पॉलिसी के अंतर्गत नौ दौर की नीलामी के बावजूद 254 में से केवल 110 कोल खंड निजी क्षेत्र के हाथों में जा सके, उनमें भी कुछ एक ही विदेशी कंपनियाँ थीं।[13] 120 नई खोज की घोषणा के बाद भी, 2012 तक महज छह को विकसित किया जा सका।[14] आज खोज के अंतर्गत केवल 178 ब्लॉक हैं, जिनमें से 74 सरकारी उपक्रमों के पास हैं।[15]

एक ऐसे देश में, जिसे घरेलू ऊर्जा के उत्पादन में निवेश के लिए हाथ-पैर मारना चाहिए था, वहाँ से एक अनुमान के मुताबिक भारत में अर्जित $53 बिलियन पूँजी पिछले एक दशक में तेल, गैस और कोयला के सौदों की तलाश में बाहर जा चुकी है। यही नहीं, केवल निजी क्षेत्र की ही बात नहीं है, सरकार के स्वामित्ववाले उपक्रम भी बाहर सुरक्षित निवेश की तलाश में हैं। इस कारण कोयला क्षेत्र में बाहर किया जानेवाला निवेश कुल $16 बिलियन तक पहुँच गया। तेल और गैस में यह लगभग $37 बिलियन है।[17] भले ही भारत की ऊर्जा सुरक्षा के लिए बाहर निवेश को अनिवार्य बताया जा रहा हो, लेकिन भारतीय कंपनियों की ओर से बाहर किया जानेवाला उत्पादन भी सर्वोत्म उपलब्ध बाजार तक पहुँच जाता है और निश्चित रूप से वह हमारे देश में नहीं आता।

ऊर्जा स्रोतों का प्रबंधन : कोयला, गैस और परमाणु

भारत को पारंपरिक रूप से संसाधनों के लिहाज से गरीब माना जाता है, जबकि ऐसा नहीं है। यहाँ संसाधनों की कोई कमी नहीं है। भारत के पास विश्व का चौथा सबसे बड़ा कोयले का भंडार है। अब तक इसके कोयला संसाधनों का अंदाजा नहीं लगाया गया है। इसके पास थोरियम की आपूर्ति लगभग अंतहीन है। सौर ऊर्जा प्रचुर मात्रा में है, विशेष रूप से राजस्थान के निर्जन

रेगिस्तानों में। तेल और गैस के स्थिर या गिरावट दर्ज करते उत्पादन के बीच, भारत के 3.14 मिलियन वर्ग किलोमीटर की महज 22 प्रतिशत तलछट घाटियों में ठीक से खोज की गई है।[18] हालाँकि इनमें से अधिकांश गहरे समुद्र में हैं। आई.एच.एस. सेरा के अंतरराष्ट्रीय विशेषज्ञों ने हाल ही में अपने नतीजे पेश किए, जिनके मुताबिक इनमें 91 टी.सी.एफ. गैस हैं, जो 2035 के लिए अंतरराष्ट्रीय ऊर्जा एजेंसी की ओर से वार्षिक माँग की भविष्यवाणी का 14 गुना हैं।[19] हाइड्रोकार्बन निदेशालय की ओर से लगाए गए और भी उम्मीद भरे आकलन के अनुसार 20 बिलियन मीट्रिक टन अप्रयुक्त हाइड्रोकार्बन संसाधन हैं, जो 2035 की माँग की भविष्यवाणी का 39 गुना हैं। इस कारण, यदि भारत अब तक इतना बड़ा आयातक है तो समस्या प्रबंधन और नियंत्रण की है, न कि किल्लत की।

प्रबंधन की चुनौतियों को कोयला क्षेत्र में कमी के लिहाज से सबसे अच्छी तरह समझा जा सकता है। भारत में ईंधन का सबसे बड़ा स्रोत कोयला है, जो देश की कुल ऊर्जा के उपयोग के आधे और बिजली पैदा करने में दो-तिहाई हिस्से की पूर्ति करता है।[20] भारत को अपने विशाल कोयला भंडारों पर गर्व है और अंदाजा है कि इसके पास इतना कोयला है कि वह अगले सौ वर्षों तक चलेगा। हालाँकि पर्यावरण की मंजूरी, जमीन की उपलब्धता और निकाले जाने से जुड़ी मुश्किलों के कारण व्यापक कोयला क्षेत्रों से आधा कोयला भी नहीं निकलता।

यह मान लें कि भारत प्रति वर्ष कोयले से 10 गीगावाट बिजली पैदा कर ले, तो 2030 तक घरेलू कोयले की मदद से 300 गीगावाट की क्षमता प्राप्त कर लेगा।[21] यदि रूपांतरण की क्षमता को अधिकतम मान लें तो इसका अर्थ होगा, प्रति वर्ष 1.5 मिलियन टन कोयले की माँग मौजूदा स्तर का तीन गुना ज्यादा। हालाँकि उत्पादन के इन स्तरों को प्राप्त कर लिया गया, तो कोयला भंडार और उत्पादन का अनुपात 40 वर्षों से भी नीचे चला जाता।[22] इसके कारण क्षमता संवर्धन में बढ़ोतरी सीमित हो जाती है, तब तक जब तक कि बेहतर खनन के साथ ही वैकल्पिक तकनीकों जैसे यथास्थान गैसीकरण का सफलतापूर्वक वाणिज्यीकरण नहीं हो जाता है।[23]

सरकार के स्वामित्ववाला कोल इंडिया लिमिटेड विश्व का सबसे बड़ा कोयला उत्पादक है, जो भारत में कोयला की कुल आवश्यकता[24] का 80 प्रतिशत पूरा करता है। यह खुले खदानों से निम्न स्तर का कोयला निकालता है, जिनमें 45 प्रतिशत तक राख होती है।[25] उत्पादन बढ़ाने और आपूर्ति की प्रतिबद्धता को पूरा करने में इसे खासी दिक्कतों का सामना करना पड़ा है। 2012-2013 में 165 मिलियन टन कोयले की कमी के कारण बिजली की उपलब्धता बुरी तरह प्रभावित हुई, जिसका प्रभाव देश के आर्थिक विकास पर भी पड़ा।

इस बीच आयातित कोयले पर निर्भर बिजली संयंत्रों को अंतरराष्ट्रीय बाजार में कोयले की कीमत बढ़ने के कारण नुकसान हुआ। विभिन्न कोयला सूचकांकों में लगभग 15 प्रतिशत तक मानक विचलन ने तेल से भी अधिक उतार-चढ़ाव को दिखाया। आयात के सबसे बड़े स्रोत—इंडोनेशिया, दक्षिण अफ्रीका, ऑस्ट्रेलिया और अमेरिका को तो आज बढ़ी हुई घरेलू माँग का या मँडराते कार्बन प्रतिबंध का सामना करना पड़ रहा है, जिससे निकाले गए कोयले की आपूर्ति प्रभावित हो रही है। चीन और भारत की वैश्विक व्यापार में एक-चौथाई हिस्सेदारी है, लेकिन भारत के विशालकाय पड़ोसी की माँग में उतार-चढ़ाव के कारण कोयले की कीमतों पर भी असर पड़ रहा है। इसलिए

भारत की बारहवीं पंचवर्षीय योजना उन विभिन्न साधनों पर ध्यान केंद्रित कर रही है, जिनसे कोयले पर देश की निर्भरता को कम किया जाए। मौजूदा योजना के कम-से-कम आधे लक्ष्यों को और अगली योजना के संपूर्ण लक्ष्य को केवल अत्यधिक महत्त्वपूर्ण इकाइयों से पूरा करने का लक्ष्य है, ताकि उत्सर्जन को 15 प्रतिशत तक कम किया जा सके। स्वच्छ विकल्पों का अर्थ होगा गैस, नवीकरणीय ऊर्जा और अंततः परमाणु ऊर्जा के प्रयोग को अपनाना।

फिर भी, गैस का उत्पादन जहाँ नियामक संकट का शिकार हो रहा है, वहीं गैस से चलनेवाली 15 गीगावाट क्षमता प्रभावित है, क्योंकि घरेलू आपूर्ति को उर्वरक के उत्पादन की ओर मोड़ दिया गया है। 2002 में लागू कीमतों को समाप्त कर दिया गया था, लेकिन उसे न केवल फिर से लाया गया है, बल्कि 2007 में विस्तारकर निजी उत्पादकों को भी उसके दायरे में लाया गया है। कोटा और आवंटन की एक जटिल प्रणाली इस क्षेत्र में लौट आई है, जिससे उत्पादकों की गैस बेचने की आजादी समाप्त हो गई है। इस नियामक व्यवस्था से निवेशक भी अत्यंत सावधान हो गए हैं।

इसके साथ ही, बुनियादी ढाँचे के कारण गैस का आयात सीमित है। मूल्य निर्धारण नीति पर निर्भर रहने के कारण ग्राहक बढ़ सकते हैं या समाप्त हो सकते हैं, जिससे माँग का अंदाजा लगाना और लंबी अवधि के ग्राहकों से करार असंभव हो जाता है। समझा जा सकता है कि इस प्रकार के छिन्न-भिन्न बाजारों में निवेशक पाइप लाइन या तरलीकृत प्राकृतिक गैस ढाँचे में प्रतिबद्धता से कैसे पीछे हट जाते हैं। गैस के प्रचुर भंडारवाले देशों से घिरे रहने के बावजूद भारत अब तक अपनी पहली अंतरराष्ट्रीय गैस पाइप लाइन नहीं बना सका है। 2012 में ऊर्जा उत्पादन में गैस का हिस्सा महज 9 प्रतिशत था, जिससे भारत ही एकमात्र ऐसा देश है, जिसकी हिस्सेदारी ईंधन की टोकरी में बीते वर्षों में कम हुई है।

225 गीगावाट की वर्तमान स्थापित बिजली उत्पादन क्षमता का एक-तिहाई परमाणु, हाइड्रो और नवीकरणीय ऊर्जा पर निर्भर है। अमेरिका-भारत के बीच नागरिक परमाणु समझौते के बाद ईंधन की उपलब्धता बढ़ी है, जिससे परमाणु संयंत्रों में अधिकतम क्षमता प्राप्त करना संभव हुआ है। हालाँकि हाइड्रो और नवीकरणीय ऊर्जा में संयंत्र के कम भार जैसे कारकों के कारण ग्रिड में भेजी जानेवाली ऊर्जा में गैर-जीवाश्म ईंधनों की हिस्सेदारी कम होकर महज पाँचवें हिस्से तक रह जाती है।

गुप्ता और अन्य का अंदाजा है कि भारत ने 2032 तक 63 गीगावाट परमाणु ऊर्जा की क्षमता का महत्त्वाकांक्षी लक्ष्य रखा है, उसे हासिल करना संभव नहीं है। यहाँ तक कि उस समय तक यदि 40 गीगावाट भी स्थापित हो जाए तो वह 22 वर्षों में 6 गुना बढ़ोतरी होगी, साथ ही ब्रीडर रिएक्टर प्रौद्योगिकी के विकास और उसकी बदहाली को दूर करने की दिशा में भी एक महत्त्वपूर्ण उपलब्धि हासिल की जा सकेगी। इस प्रकार 2032 के बाद भारत कार्बन-तटस्थ व्यवस्था की ओर परिवर्तन की एक शानदार स्थिति में आ जाएगा।

हालाँकि इस मामूली वृद्धि को भी उस परमाणु क्षति के लिए नागरिक दायित्व अधिनियम, 2010 ने बंधक बना रखा है, जिसे आम तौर पर परमाणु दायित्व अधिनियम कहा जाता है और जो आपूर्ति करनेवालों को लगातार हताश कर रहा है। विदेशी आपूर्तिकर्ता इस बात को लेकर परेशान हैं कि यह दायित्व अधिनियम, जो अंतरराष्ट्रीय व्यवस्था से अलग है, उन पर एक बेतुका बोझ

डालता है; क्योंकि किसी हादसे की स्थिति में उपकरण आपूर्ति करनेवाले से बलपूर्वक मुआवजा वसूलने का प्रावधान है। इस बीच 2011 में फुकुशिमा डाइची की तबाही के बाद, परमाणु संयंत्रों के खिलाफ सीधी नागरिक काररवाई और भी उग्र हो गई है।

भारत की पवन ऊर्जा की क्षमता 80 मीटर की ऊँचाईवाले हब के लिए 103 गीगावाट है। इसे पूरी तरह विकसितकर आधुनिक स्मार्ट ग्रिड के साथ एकीकृत कर दिया जाए, तो यह कोयले से पैदा की जानेवाली करीब 30 गीगावाट बिजली की जगह ले सकता है। इसी प्रकार, राष्ट्रीय सौर मिशन ने 2020 तक 20 गीगावाट की क्षमता की स्थापना करने का लक्ष्य रखा है, जिससे 5 गीगावाट कोयले की ऊर्जा की अदला-बदली होगी, हालाँकि पवन और सौर ऊर्जा का उत्पादन सरकारी सब्सिडी पर निर्भर है। पवन ऊर्जा के विस्तार में त्वरित मूल्य ह्रास स्पष्ट रूप से दिखता है। 2012-2013 में, जब सरकार ने त्वरित मूल्य ह्रास और उत्पादन-आधारित प्रोत्साहन को समाप्त कर दिया, तब 31 अक्तूबर, 2012 तक इस क्षेत्र में लक्षित से केवल आधी क्षमता हासिल की जा सकी थी, जिसके कारण 2013 के केंद्रीय बजट में इसे फिर से लागू किया गया। खराब और पुराने आधारभूत ढाँचे के कारण जितनी ऊर्जा पैदा होती है, उसे निकालने और कुशलता से उपयोग में बड़ी बाधा खड़ी हो जाती है। इस प्रकार, वैकल्पिक ऊर्जा के स्रोतों से जीवाश्म ईंधनों पर निर्भरता कुछ हद तक कम हो सकती है, वहीं 2030 तक ऊर्जा की बढ़ती माँग के कारण जीवाश्म आधारित बिजली उत्पादन के पारंपरिक तरीके में अधिकतम क्षमता को जोड़ा जाना आवश्यक है।

भू-राजनीति और चीन की बड़ी दीवार

पिछली सदी के मध्य के करीब, भारत और चीन अपने अलग-अलग विकास और जनसांख्यिकीय प्रक्षेप पथ के साथ ही लगभग एक जैसे मोड़ पर थे। 1965 में चीन की प्राथमिक ऊर्जा खपत भारत की लगभग दोगुना थी। 1992 के रियो सम्मेलन के समय, चीन तेल के मामले में आत्मनिर्भर था और एक प्रभावी निर्यातक था। अगले वर्ष वह एक आयातक बन गया और 2002 तक जापान को पीछे छोड़ते हुए यह दुनिया का दूसरा सबसे बड़ा तेल का ग्राहक बन गया। दुनिया चीन में हुए चमत्कार से हैरान रह गई।

2003 तक स्टील के आयातक चीन ने, 2006 तक अपने आप को दुनिया का सबसे बड़ा स्टील निर्यातक बना दिया। चूँकि कोयले की खपत 2002 से 2008 के बीच दोगुनी हो गई, चीन विश्व का सबसे बड़ा कार्बन डाइऑक्साइड उत्सर्जक बन गया, जबकि तीन वर्ष बाद इसने ऊर्जा की सबसे ज्यादा खपत के मामले में अमेरिका को भी पछाड़ दिया। चीन में ऊर्जा की इस माँग में आए उछाल के पीछे निर्माण में आया विस्फोट था, जिसने उसके निर्यात-आधारित विकास को नई गति दी।

तुलनात्मक रूप से, भारत का विकास जहाँ सेवाओं की ओर हुआ, वहीं समान अवधि के दौरान उसके ऊर्जा की माँग में मामूली बढ़ोतरी हुई। हालाँकि दोनों देशों ने जहाँ संसाधनों के लिए दुनिया की खाक छानी, वहीं दोनों के बीच तुलना और प्रतिस्पर्धा भी अकसर होती है।

भारत की सरकारी कंपनियों द्वारा दूसरे देशों में तेल के क्षेत्र में इक्विटी हासिल करने के प्रयासों के बीच चीन अकसर आ जाता है। कुछ ज्यादा ही आक्रामक रुख अपनानेवाले चीनियों

ने अंगोला और कजाकिस्तान जैसे एकदम अलग देशों में भारतीयों की नाक के नीचे से सौदे उड़ा लिये हैं। संसाधनों की बढ़ती भूख के साथ चीन अत्यधिक सक्रिय हो गया है। ऐसा न केवल विदेश में तेल और गैस की परिसंपत्ति हासिल करने के मामले में है, बल्कि अपनी सप्लाई में विविधता लाने और उन्हें मध्य एशिया, रूस, लैटिन अमेरिका तथा भारत के पड़ोसियों तक पहुँचाने में भी है।

सँकरे मलक्का जलडमरूमध्य से सप्लाई ले जाने के खतरे को देखते हुए चीन ने संभावित वैकल्पिक बिंदु के तौर पर पाकिस्तान के ग्वादर बंदरगाह को विकसित करना शुरू कर दिया है। हाल ही में, उसने म्यांमार में एक गैस पाइप लाइन का परिचालन शुरू कर दिया है, जिसके जरिए समुद्र तक पहुँचने के बंद रास्ते को रणनीतिक तौर पर खोल दिया है। इसने ईरान के चाबहार बंदरगाह को विकसित करने का एक बहुत बड़ा ऑफर रखा है, जिसके लिए भारत ने $100 मिलियन की प्रतिबद्धता जताई है। चीन के द्वारा ईरान को $100 मिलियन कर्ज के तौर पर देने की भी पेशकश है, जिसके बाद ईरानी इस सोच में पड़ गए हैं कि उन्हें किस ऑफर को चुनना चाहिए।

तुलनात्मक रूप से देखें तो बीस वर्षों के प्रयासों के बावजूद मध्य एशिया, ईरान, बँगलादेश या म्यांमार जैसे देशों से अंतरराष्ट्रीय गैस सप्लाई एक सपना ही बनी हुई है। इसके बावजूद कि दोनों देश एक ही समय पर गैस के अंतरराष्ट्रीय बाजार में कूदे थे, 2012 में भारत ने 14 बिलियन क्यूबिक मीटर (बी.सी.एम.) गैस का आयात किया, जिसमें पूरी तरलीकृत प्राकृतिक गैस थी और चीन ने 40 बी.सी.एम. आयात किया, जिसमें तरलीकृत प्राकृतिक गैस और उतनी ही मात्रा में पाइप से आई गैस भी शामिल थी। चीन बस बेहतर सौदे का ऑफर देता है और आवश्यक ढाँचे को कुशलता से खड़ा करने की क्षमता रखता है।

नतीजा यह है कि कभी-कभी भारतीय सरकारी कंपनियों को यह हताशा होती है कि चाहे वे पड़ोस के म्यांमार में या दूरदराज के सखालिन में सौदा करने में कामयाब हो भी जाती हैं, तो भी वह महज संसाधनों के उत्पादन में निवेश का होता है, जबकि वहाँ से निकला उत्पाद उसी बाजार की जरूरत पैदा करने के लिए चला जाता है, जिसे चीन कहते हैं। स्पष्ट है कि भारत की ऊर्जा जरूरत का 4.5 गुना खपत करनेवाले चीन ने ऊर्जा के वैश्विक बाजार में अपने पैर ज्यादा कामयाबी से जमा लिये हैं, जबकि भारत को दुनिया के अनेक देशों से उलटे पैर लौटना पड़ा है। डगमगाता भारत जहाँ नीतियों में उतार-चढ़ाव से जूझ रहा है, वहीं नवंबर 2013 में चीन की 18वीं कम्युनिस्ट पार्टी की केंद्रीय कमेटी ने तीसरे पूर्ण सत्र में यह तय किया कि देश में बाजार संबंधी सुधारों के लिए एक विशेष संचालन समूह का गठन किया जाएगा, विशेष रूप से ''एक विज्ञप्ति में, जिसने 'बाजार' शब्द की चर्चा 22 बार की। चीन के नेताओं ने संसाधनों के आवंटन में बाजारवादी अर्थव्यवस्था की निर्णायक भूमिका का वर्णन किया।''[29]

जलवायु परिवर्तन : सिर पर खड़ा संकट

2009 में, 2006 से पीछे के 10 वर्षों की समीक्षा करते हुए कोजीमा और बेकन ने दिखाया कि भारत उन बीस देशों में से एक था, जिनमें उत्सर्जन की गति (जी.डी.पी. की प्रति इकाई कार्बन डाइऑक्साइड के उत्सर्जन) में इस अवधि के पहले हिस्से और दूसरे हिस्से में कमी आई है।[30] इसलिए जब चीन ने कोपनहेगन में यह ऐलान किया कि वह उत्सर्जन की गति को 2020

तक 40 प्रतिशत तक कम करेगा, तो भारत को 20 से 25 प्रतिशत तक कटौती की घोषणा करने में ज्यादा दिक्कत नहीं हुई।

क्या यह हासिल किया जा सकेगा?

अमेरिकी ऊर्जा सूचना प्रशासन के अनुसार, 1995 में भारत का उत्सर्जन जी.डी.पी. के प्रति $1,000 (क्रय शक्ति की समानता के आधार पर) 0.64 टन था।[31] वर्ष 2000 तक उत्सर्जन का स्तर 0.55 टन और 2005 तक 0.48 टन तक कम हो गया था, जो चीन और भारत के लिए कोपनहेगन घोषणाओं का बेंचमार्क वर्ष था। यह अमेरिका (0.47 टन) से थोड़ा सा ही ज्यादा था।[32] स्वाभाविक रूप से, भारत में तरक्की के बावजूद आई इस गिरावट का कारण निर्माण की बजाय सेवाओं पर आधारित विकास था।

क्या इस पैटर्न को बनाए रखा जा सकता है ? बिजनेस प्रोसेस आउटसोर्सिंग उद्योग को अकसर भला-बुरा कहा जाता है। यह भारत के विकास की कहानी का हीरो है, जिस पर आर्थिक सहयोग और विकास के संगठन के देशों से नौकरियाँ चुराने का आरोप लगता है। यह उस देश में महज 2 मिलियन नौकरियाँ देता है, जहाँ हर साल 12-15 मिलियन लोग काम की तलाश करनेवालों में शामिल हो जाते हैं। अगले कुछ वर्षों में लाखों बेरोजगार युवाओं को सड़कों पर विरोध में उतरने से रोकने का एक ही उपाय है कि श्रम और ऊर्जा-गहन निर्माण क्षेत्र में अधिक-से-अधिक नौकरियों का सृजन किया जाए।[33] यदि इस लक्ष्य को प्राप्त करने में सफलता मिलती है, तो भारत के लिए कम करना तो दूर, उत्सर्जन की तेजी को यथावत बनाए रखने में भी कठिनाई होगी।

निर्माण और बुनियादी ढाँचे के विस्तार के साथ ही शहरीकरण का भी विस्तार होगा, जिससे वाणिज्यिक ईंधन की माँग बढ़ जाएगी। 2005 के बाद से ही उत्सर्जन में कमी की दर धीमी पड़ने लगी है, जो इस बात का संकेत है कि गिरावटवाला ट्रेंड समाप्त हो रहा है।

इस बीच चीन ने रियो के बाद बहुपक्षीय स्तर पर उत्सर्जनों को लेकर आम सहमति न बन पाने का फायदा उठाते हुए अपने विकास की रफ्तार को बढ़ाने में कार्बन की सीमा का खयाल नहीं रखा है। यह लगातार विशाल, लेकिन अक्षम और कार्बन गहन निर्माण और उत्पादन क्षमता को बढ़ाता चला गया। भारत में उत्सर्जन की गति में, जहाँ 2000 से 2005 के बीच गिरावट आई है, वहीं चीन में जहाँ 1995 में 1.27 से 2000 में गिरावट के बाद 0.83 का स्तर था, वही 2005 में 1.02 पर पहुँच गया।[34] बुनियादी ढाँचे और भारी निर्माण में बड़े निवेश के साथ ही चीन ने कटौती की जो घोषणा की है, उसे हासिल कर सकता है; क्योंकि राज्य परिषद् ने नए कोयलाचालित बिजली संयंत्रों पर बैन लगा दिया है, ताकि महानगरों में वायु प्रदूषण को कम किया जा सके। नवीकरणीय ऊर्जा समेत नई तकनीक में भी वह पीछे नहीं है। चीन के पास आज दुनिया के 50 प्रतिशत से भी अधिक सोलर सेल निर्माण की क्षमता है, साथ ही वैश्विक पवन टरबाइन निर्माण की 30 प्रतिशत क्षमता भी है।

इसलिए भारत के लिए जलवायु के समझौतों पर चीन की पूँछ पकड़कर चलते रहने का कोई फायदा नहीं है। न ही किसी को यह भूलना चाहिए कि अमेरिका में शेल गैस में आए उछाल से पूरे अटलांटिक क्षेत्र में जलवायु पर काररवाई के लिए आक्रामक पैरोकार तैयार हो गए हैं।

कार्बन के बढ़ते खर्च और जलवायु पर कारवाई के बढ़ते आवाहन कोयले पर निर्भरता के लिए बुरी खबर हैं। भारत जहाँ विकास के लिए संघर्ष कर रहा है, वहीं इस पर जलवायु के मोरचे पर अलग-थलग पड़ने का खतरा भी बढ़ता जा रहा है।

आगे बढ़ने का रास्ता

अगले बीस वर्षों तक, कोयले पर निर्भरता बनी रहेगी, इसलिए इस क्षेत्र में उत्पादन की क्षमताओं के विस्तार के लिए निजी भागीदारी के साथ-साथ पूँजी और तकनीक में तेजी से सुधार की आवश्यकता है। सही प्रोत्साहनों के साथ-साथ, बाजार की शक्तियों को ईंधन निकालने, कार्बन पृथक्करण और गैसीकरण में नई तकनीक के प्रयोग करने के लिए उत्साहित किया जाना चाहिए। इस समय ऊर्जा के बाजारों में इनके विकल्पों को वाणिज्यिक रूप से व्यावहारिक बनाने पर जोर दिया जा रहा है।

प्राकृतिक गैस व्यापार में शामिल है और तेल की तुलना में अच्छी छूट पर लगातार उपलब्ध रहने की संभावना है। फलतः, नीति पर पहला जोर इस बात पर होना चाहिए कि तेल के बदले गैस का प्रयोग बाजार के मुताबिक हो, न कि उर्वरकों के लिए गैस को अक्षम रूप से मोड़ दिया जाए या बिजली संयंत्रों में ही इस्तेमाल किया जाए। हालाँकि 300 गीगावाट की क्षमता के बाद भारत को कार्बन की सीमाओं को लेकर योजना बनानी चाहिए। साफ और उपलब्ध ईंधनों के प्रयोग से कार्बन कुशल ईंधन पर जोर देना चाहिए। नवीकरणीय ऊर्जा और परमाणु ऊर्जा को भविष्य के ईंधन तक ले जाने में प्राकृतिक गैस की भूमिका एक सेतु के रूप में है।

जहाँ तक नवीकरणीय ऊर्जा की बात है, तो निम्न प्लांट लोड जैसे कारकों को देखते हुए नीतिगत जोर क्षमता बढ़ाने की बजाय उत्पादन बढ़ाने पर दिया जाना चाहिए। त्वरित मूल्यह्रास, वायबिलिटी फंडिंग गैप समेत अन्य प्रोत्साहनों की जगह उत्पादन-आधारित प्रोत्साहन और ब्याज पर सब्सिडी दी जानी चाहिए।

कुल मिलाकर, बढ़ी हुई भूमिका निभाने के दौरान, नवीकरणीय ऊर्जा की उपयोगिता बेस-लोड उत्पादन में सीमित है और इस कारण भारत परमाणु के विकल्प को अनदेखा नहीं कर सकता है। परमाणु दायित्व अधिनियम में उपकरण आपूर्तिकर्ता दायित्व जैसी उलझनें पैदा हो गई हैं, उन्हें हर हाल में निपटा लिया जाना चाहिए। परमाणु आपूर्तिकर्ता चिंतित हैं कि इस कानून के परिणाम और इसकी व्याख्या आपूर्तिकर्ता दायित्व के दरवाजे खोल देंगे और दुनिया में भी ऐसे ही कानून बन जाएँगे।[35] भारतीय अटॉर्नी जनरल की नई राय के मुताबिक किसी परमाणु हादसे की स्थिति में भारतीय परमाणु ऊर्जा निगम लिमिटेड को चुनिंदा मामलों में इसे लागू करने का अधिकार होगा। इसके बावजूद, अमेरिकी सप्लायर वेस्टिंगहाउस की आशंका दूर नहीं हुई है। कार्यपालिका जहाँ इस कानून पर सफाई देने के लिए सरल दिशा-निर्देश जारी कर सकती है, वहीं उसे इस कानून में संशोधन के लिए भारतीय संसद् में जाना पड़ेगा, जो कानून में संशोधन का अधिकार रखनेवाली संवैधानिक संस्था है।

ऑपरेटरों और उपकरण आपूर्तिकर्ताओं के बीच ऐसे अनेक करार संबंधी सुरक्षा उपाय हैं, जिन्हें आपूर्तिकर्ताओं पर वैधानिक देनदारी थोपकर बदला नहीं जा सकता है। परमाणु बिजली

संयंत्रों को चलानेवालों को अपनी आपूर्ति पर बातचीत और उसका इंतजाम करने की स्वतंत्रता होनी चाहिए। इसकी बजाय उन्हें आपूर्तिकर्ता दायित्व अधिनियम की आड़ नहीं लेनी चाहिए। इस कारण भारत के लिए आवश्यक है कि वह इस क्षेत्र को और ऑपरेटरों के लिए खोले, जिससे कि समय के साथ इस प्रकार की क्षमता का विकास हो सके। कुल मिलाकर भारत का ऊर्जा परिदृश्य जहाँ सशक्त सरकारी ऊर्जा कंपनियों के प्रभुत्ववाला बना रह सकता है, वहीं एक कुशल और तकनीकी रूप से मजबूत सार्वजनिक क्षेत्र का निर्माण सशक्त निजी क्षेत्र के साथ स्पर्धा से ही हो सकता है। यह तभी होगा, जब सरकार दखल न दे और दोनों को समान अवसर दे। यदि एक को प्रोत्साहन दे और दूसरे को अस्पष्ट नियामक के नियंत्रण में बाँधने या आपूर्तिकर्ताओं को चुनिंदा व्याख्या के दायरे में लाने का काम किया, जैसा कि परमाणु दायित्व अधिनियम के संबंध में है, तो यह संभव नहीं होगा।

निजी कंपनियों के साथ स्पर्धा से उन सरकारी उपक्रमों की दक्षता बढ़ाने में मदद मिलेगी, जिन्हें लाड़-प्यार की आवश्यकता नहीं है। नीति और विनियमन, चाहे सब वैधानिक मंजूरी के लिए हो, भूमि अधिग्रहण या ठेके और नियमों को लागू करने की बात हो, उन्हें निष्पक्ष रूप से लागू किया जाना चाहिए। ऊर्जा के संसाधनों का महत्त्व उनकी खोज और उत्पादन से ही बढ़ता है। खोज, उत्पादन और विपणन के अधिकार पारदर्शी और साफ-सुथरे ढंग से दिए जाने चाहिए।

एक तरफ, सरकार निवेश करने योग्य सारे अधिशेष ईंधन पर खर्च कर देती है, जिससे सरकारी उपक्रमों के पास तकनीक बेहतर करने के लिए पैसा नहीं बचता और उन्हें अपनी आपूर्ति के 80 प्रतिशत के लिए राजनीतिक रूप से संवेदनशील मध्य पूर्व पर निर्भर रहना पड़ता है, साथ-ही-साथ, दूसरी तरफ कच्चा तेल खरीदने के तमाम स्रोतोंवाली अधिक जटिल निजी पेट्रोलियम रिफाइनरियों को पक्षपातपूर्ण विपणन नीतियों के कारण घरेलू बाजार से दूर रखा जाता है। निजी कंपनयों द्वारा प्रति वर्ष 80 मिलियन मीट्रिक रिफाइनिंग के जरिए सर्वोत्तम रिफाइंड उत्पाद तैयार होते हैं, जिनका मूल्य वर्धित निर्यात होता है। इसने पेट्रोलियम उत्पादों को भारत की सबसे अधिक निर्यात की जानेवाली वस्तु बना दिया है।

एक सार्वजनिक क्षेत्र, जो सरकार की पुनर्वितरण उदारता के सहारे हो, वह कभी प्रतिस्पर्धात्मक नहीं हो सकता या उसके पास तकनीक, कौशल वृद्धि और भारत के सामने मौजूद चुनौतियों को हल करने के लिए शोध तथा विकास में निवेश करने के लिए पैसा नहीं हो सकता है। सरकार के स्वामित्ववाली कंपनियों को संरक्षण विस्तार नेटवर्क के रूप में देखना बंद करना चाहिए, क्योंकि इससे सुधार ठप पड़ जाते हैं। इस कारण, विनिवेश के जरिए और अधिक पेशेवर तौर-तरीकों को लाना आवश्यक है। विश्व के ऊर्जा बाजारों में अब तक का सबसे व्यापक विस्तार हो रहा है, जिसका असर हमारे देश पर भी पड़ेगा, इस कारण भारत को तकनीकों में नए प्रयोगों जैसे स्वच्छ कोयला, भूमिगत गैसीकरण, गैस हाइड्रेट, कार्बन डाइऑक्साइड पृथक्करण, गैर-परंपरागत निस्सारण और नवीकरणीय ऊर्जा का केंद्र बनना चाहिए। यह महज दूसरों के लिए बाजार बना नहीं रह सकता है।

नीति निर्माताओं ने ईंधन के आवंटनों पर जो समय बरबाद किया है, जिसके कारण आपूर्ति कम पड़ गई है, उस गलती को सुधारने के लिए सब्सिडी को उचित रूप में देने का रास्ता बचा है, जिससे कि बाजार में दखल न हो और ईंधन को लेकर लोग अपनी इच्छा से चुनाव कर सकें। बाजार

में दखल देने की बजाय, सरकार को अपना सहयोग अंतिम उपयोगकर्ता तक पहुँचाना चाहिए। इसका जवाब तकनीक के पास है और सरकार सीधे ट्रांसफर की योजना को लेकर प्रयोग कर रही है, हालाँकि इस रफ्तार को बढ़ाने और प्रक्रिया को अधिक कुशल बनाने की आवश्यकता है।

भारत की ओर से आधे-अधूरे सुधार की प्रक्रिया की प्रमुख विफलता सशक्त और स्वतंत्र नियामक संस्थानों का अभाव रही है, जो राजनीतिक अर्थव्यवस्था को स्पष्ट और पारदर्शी तरीके से बदलने में मदद कर सकती थी। पेट्रोलियम और प्राकृतिक गैस नियामक बोर्ड, केंद्रीय बिजली प्राधिकरण तथा टैरिफ कमीशन जैसे संगठन अपने-अपने मंत्रालयों से अपने आप को स्वतंत्र नहीं कर सके हैं। यदि सुधारों को सफल होना है, तो नियामक प्राधिकरणों को स्वायत्तता देनी होगी, जिससे कि वे राजनीतिक और नौकरशाही के नियंत्रण से मुक्त हो सकें।

ऊपर हमने चर्चा की है और देखा है कि कैसे भारत की ऊर्जा सुरक्षा की व्याख्या जिन तीन A यानी एवेलेबिलिटी (उपलब्धता), एक्सेस (पहुँच) और अफॉर्डेबिलिटी (सामर्थ्य) के सामने चार बड़े अवरोध हैं। इन बाधाओं में से एक की पहचान भारत के पास सीमित वित्तीय संसाधन के रूप में की गई है, जिसके कारण वह असीमित अवधि तक ऊर्जा का आयात नहीं कर सकता है। दूसरा, व्यवस्था की खामियाँ हैं, जिन्होंने घरेलू संसाधनों के प्रबंधन को जकड़ रखा है। तीसरा, संसाधन के भूखे चीन से प्रतिस्पर्धा और चौथा, जलवायु परिवर्तन का भारत की परंपरागत ऊर्जा अर्थव्यवस्था पर मँडराता खतरा।

इन संकटों को और भी असाध्य उस बढ़ा-चढ़ाकर की जा रही सार्वजनिक चर्चा ने बना दिया है, जो प्राकृतिक संसाधनों के 'स्वामित्व' को लेकर हो रही है। तमाम घोटालों और भ्रष्टाचार तथा किराया वसूलने के बीच जारी इस बहस ने एक बड़े बुलबुले का रूप ले लिया है, जो देश को अपने अंदर की क्षमता के उपयोग से रोक रहा है। फिर भी अधपके, छिटपुट सुधारों से यदि कोई सबक सीखना है, जो सुप्रीम कोर्ट की ओर से जनता के विश्वास के सिद्धांत को लागू करने के आदेश के रूप में सामने आया है, तो वह यह है कि साधनों के वितरण में सरकार की भूमिका स्वाभाविक रूप से खराब और अक्षम होती है। संसाधनों का सबसे अच्छा वितरण बाजारों द्वारा किया जा सकता है, न कि नीति-निर्देशकों के द्वारा उनकी सौगात देकर, जिसमें आधा दर्जन मंत्रालय और एक योजना आयोग शामिल रहता है। सरकारी प्रयास औसत दरजे के ही हो सकते हैं, क्योंकि विभिन्न मंत्रालयों के समूह मूल्य निर्धारण और ईंधन पहुँचाने की कड़ियों को लेकर आपस में ही लड़ते रहते हैं।

नोट्स

1. विकास, प्रगति और आधुनिक ऊर्जा तक पहुँच पर पर्याप्त दस्तावेज हैं। अधिक जानकारी के लिए देखें, संयुक्त राष्ट्र विकास कार्यक्रम, मानव विकास रिपोर्ट 2007/2008 : फाइटिंग क्लाइमेट चेंज : ह्यूमन सॉलिडैरिटी इन ए डिवाइडेड वर्ल्ड (न्यूयॉर्क : संयुक्त राष्ट्र विकास कार्यक्रम, 2007)।
2. किरीट एस. पारिख व अन्य, इंटेग्रेटेड एनर्जी पॉलिसी : रिपोर्ट ऑफ द एक्सपर्ट कमेटी (नई दिल्ली : गवमेंट ऑफ इंडिया, 2006), http://planningcommission. gov.in/ reports/ genrep/rep intengy.pdf.

3. 'LNG इन इंडिया : कॉन्ट्रैक्ट्स, इंपोर्ट्स, डिमांड-सप्लाई ऐंड इंफ्रास्ट्रक्चर,' 'Indianpetro.com, 28 मई, 2013, www.indianpetro.com/articleView.do?articleID=114829&pgNo=O; रक्तीम कटाके 'इंडिया टू एक्सीड चाइन एज वर्ल्ड्स कोल पावर, बॉयिंग बी.एच.पी.,' ब्लूमबर्ग, 28 जून, 2013, www.bloomberg. com/news/2013-06-27/india-to-ec1ipse-china-as-world-s-coal-power-buoøng-bhp.html.
4. भारत का तेल आयात बिल 2009-2010 में रु. 4,09,077 करोड़ से बढ़कर 2011-2012 में रु. 7,26,386 करोड़ हो गया। देखें तेल और प्राकृतिक गैस मंत्रालय, 'इंडियाज इंपोर्ट बिल एट रु. 7,26,386 करोड़ इन 2011-12,' प्रेस रिलीज, 23 अगस्त, 2013,http://pib.nic.in/newsite/erelease.aspx?relid=86628.
5. असित रंजन मिश्रा, 'चिदंबरम लोअर्स करेंट अकाउंट डेफिसिट टारगेट टू $60 बिलियन,' मिंट, नवंबर 1, 2013,www.livemint.com/Politics/lTxeUOk4 Mwmk Ds2hVkfufP/Chidambaram-sees-current-account-deficit-at-60-bn-or-less.htmI.
6. 2013-2014 में पेट्रोलियम मंत्रालय के योजना और विश्लेषण सेल के मुताबिक सरकारी तेल मार्केटिंग कंपनियों की अंडर रिकवरी (कीमतों के नियंत्रण के कारण) रु 1,25,594 मिलियन से जबरदस्त उछाल के साथ बढ़ते हुए रु. 1,61,000 मिलियन के रिकॉर्ड स्तर पर जा पहुँची। रुपए में जारी अवमूल्यन के कारण यह माना जा रहा है कि मौजूदा वर्ष में यह और भी नए रिकॉर्ड कायम करेगी।
7. 'ए सिटिजंस गाइड टू एनर्जी सब्सिडीज इन इंडिया,' एनर्जी ऐंड रिसोर्स इंस्टीट्यूट ऐंड इंटरनेशनल इंस्टीट्यूट फॉर सस्टेनेबल डेवलपमेंट, 2012, www.teriin.org/ events/1NDIA CITIZEN GUIDE.pdf.
8. 'आइडेंटिटी ऐंड एनर्जी एक्सेस इन इंडिया : सेटिंग कनटेक्स्ट्स फॉर रियो+20,' एनर्जी सिक्यूरिटी इनसाइट्स 7, सं. 1 (जनवरी-मार्च 2012).
9. उपरोक्त
10. 'गवर्नमेंट फाइनलाइजेज नॉर्म्स फॉर डिस्ट्रीब्यूशन कंपनीज डेट रिकास्ट,' प्रेस ट्रस्ट ऑफ इंडिया, 5 अप्रैल, 2013, http://profit.ndtv.corn/news/corporates/ article-government-finalises-norms-for-distribution-companies-debt-recast-320539.
11. उदाहरण के लिए देखें, 'इज देअर ए केस टू कीप शेल गैस ऑउट ऑफ रीज ऑफ प्राइवेट प्लेयर्स?' बिजनेस स्टैंडर्ड, 18 सितंबर, 2013, शेल गैस उत्पादन से निजी क्षेत्र को बाहर करने के कदम का स्वागत करते हुए।
12. राज्यसभा, '30 अप्रैल, 2013 को राज्यसभा की बैठक में पूछे जानेवाले प्रश्नों के मौखिक उत्तर की सूची/वैशाख 10, 1935,' 30 अप्रैल, 2013, 147, http://164.100.47.5/EDAILYQUESTIONS/sessionno/228/301RS.pdf.
13. तेल और प्राकृतिक गैस मंत्रालय, भारत सरकार, 'कमेंट्स इनवाइटेड ऑन यूनिफॉर्म लाइसेंसिंग पॉलिसी फॉर अवार्ड ऑफ हाईड्रोकार्बन एकरेजेस विद न्यू कॉन्ट्रैक्चुअल ऐंड फिस्कल मॉडल,' मेमोरेंडम 0-19018/25/2013-ONG-1, September 20, 2013, http://petroleum.nic.in/comments.pdf.
14. '108 हाइड्रोकार्बन डिस्कवरीज मेड इन 36 एनईएलपी ब्लॉक्स,' हिंदू बिजनेस लाइन, 22 मई,

2012, www.thehindubusinessline.com/industry-and-conomy/ article3446566. ece.

15. तेल और प्राकृतिक गैस मंत्रालय, भारत सरकार, 'कमेंट्स इनवाइटेड ऑन यूनिफॉर्म लाइसेंसिंग पॉलिसी फॉर अवार्ड ऑफ हाईड्रोकार्बन एकरेजेस विद न्यू कॉनट्रैक्चुअल ऐंड फिस्कल मॉडल'।
16. अंतरराष्ट्रीय ऊर्जा एजेंसी, मध्यावधि कोयला मार्केट रिपोर्ट 2012 (पेरिस : ओईसीडी पब्लिकेशंस, 2012)।
17. 'गैस प्राइस एट अबाउट $8, चिदंबरम हिंट्स लोअरिंग प्राइस फॉर फर्टिलाइजर सेक्टर्स,' फाइनेंशियल एक्सप्रेस, 28 जून, 2013, http://archive. indianexpress. com/news/ gas-price-at-abouts-8-chidambaram-hints-lowering-price-for-fertilizer-power-sectors/ 1135087.
18. पेट्रोलियम और प्राकृतिक गैस मंत्रालय के अधीन हाइड्रोकार्बन का निदेशालय, हाइड्रोकार्बन खोज और उत्पादन की गतिविधियाँ, 2011-12 (नई दिल्ली : भारत सरकार, 2012), www. dghindia.org/pdf/1DGHV020AnnualPer cent20 ReportPer cent202011-12.pdf.
19. 'रिसोर्स एसेसमेंट : कनवेंशनल ऐंड अनकनवेंशनल गैस,' इंडियनपेट्रो.कॉम, अप्रैल www. indianpetro.com/articleView.do?articIeID=113307&pgNo=O.
20. भारत सरकार, ऊर्जा मंत्रालय, केंद्रीय विद्युत् प्राधिकरण, 'ऑल इंडिया इलेक्ट्रिसिटी स्टैटिस्टिक्स, जेनरल रिव्यू : 2012,' 2012.
21. राजन गुप्ता, हरिहर शंकर, ऐंड सुंजॉय जोशी, 'डेवलपमेंट, एनर्जी, सिक्युरिटी ऐंड क्लाइमेट सिक्युरिटी : इंडियाज कनवर्जिंग गोल्स,' लॉस अलामोस नेशनल लेबोरेट्री, http://cnls.lanl. gov/-rajan/Gupta_orf writeup_v9.pdf.
22. किसी क्षेत्र में उपलब्ध संसाधन की मात्रा और किफायत से निकाले जानेवाले तत्त्व (पुख्ता भंडार) के रिजर्व हिस्से (अंश) का अनुपात होता है। उस अनुपात के उत्पादन का हिस्सा (भाजक) संसाधन की वह मात्रा होती है, जिसे मौजूदा दर पर एक वर्ष में इस्तेमाल किया जा सकता है।
23. गुप्ता और अन्य, 'डेवलपमेंट, एनर्जी सिक्युरिटी, ऐंड क्लाइमेट सिक्युरिटी'
24. 'अबाउट अस,' कोल इंडिया लिमिटेड, एक्सेस्ड 5 दिसंबर, 2013, www.coalindia. in/ Company.aspx?tab=0
25. पुखराज सेठिया व अन्य, 'द इंडियन कोल सेक्टर, चैलेंजेस ऐंड फ्यूचर आउटलुक,' प्राइसवाटरहाउस कूपर्स, 2012, www.pwc.in/assets/pdfs/industries/powerPer centE2Per cent80 Per cent93 mining /iccPer centE2Per cent80Per cent93 coalPer centE2Per cent80Per cent93Per centreport.pdf.
26. सौरभ चतुर्वेदी, 'कोल इंडिया शेयर फेसेस हर्डल्स,'वाल स्ट्रीट जर्नल, 20 मई, 2013,http://online.wsj.com/news/articles/SB1000142412788732 4787004578494783635334730.
27. अत्यंत महत्त्वपूर्ण बिजली संयंत्र ऐसे तापमान पर चलते हैं, जिससे क्षमता 46 प्रतिशत तक बढ़ जाती है। परंपरागत रूप से कोयले से चलनेवाले संयंत्र से उत्सर्जन भी कम होता है। कोयले से चलनेवाले बिजली संयंत्रों की थर्मोडायनमिक 'दक्षता' बताती है कि चक्र में जितनी ऊर्जा दी जाती है, उसे विद्युत् ऊर्जा में बदला जाता है। निवेश की जानेवाली ऊर्जा से जितनी ज्यादा

विद्युत् ऊर्जा का उत्पादन होता है, उतनी ही अधिक उसकी कुशलता होती है।

28. राजन गुप्ता और अन्य, 'डेवलपमेंट, एनर्जी सिक्युरिटी ऐंड क्लाइमेट सिक्युरिटी : इंडियाज कनवर्जिंग गोल्स।'
29. झाओ यीनांग ऐंड फू यिंग, 'लीडरशिप चार्ट्स पाथ,' चाइना डेली, 13 नवंबर, 2013, www.chinadaily.com.cn/china/2()13cpctps/2()130/oE2Per cent80Per cent9311/13/Content _17100151.html.
30. मसामी कोजीमा ऐंड रॉबर्ट बेकन, 'चेंजेज इन C02 एमिशन फ्रॉम एनर्जी यूज,' वर्किंग पेपर, वर्ल्ड बैंक, अक्तूबर 2009, http://siteresources.worldbank.org/ EXTOGMC/Resources/c02 emissionsl .pdf.
31. अमेरिकी ऊर्जा सूचना प्रशासन, 'कार्बन इनटेंसिटी,' एक्सेस्ड 5 दिसंबर, 2013, www.eia.gov/cfapps/ipdbproject/IEDIndex3.cfm?tid=91&pid= 46&aid=31.
32. कोजीमा ऐंड बेकन, 'चेंजेज इन C02 एमिशंस फ्रॉम एनर्जी यूज।'
33. भारतीय अर्थव्यवस्था में निर्माण का हिस्सा 16 प्रतिशत है।
34. अमेरिकी ऊर्जा सूचना प्रशासन, 'कार्बन इनटेंसिटी,' www.eia.gov/cfapps/ ipdbproject/IEDIndex3.cfm?tid=91&pid=46&aid=31
35. उदाहरण के लिए देखें, एमवी रमना और सुव्रत राजू, 'द इमपास ओवर लायबिलिटी क्लॉज इन इंडो-यूएस न्यूक्लियर डील' न्यूयॉर्क टाइम्स, 10 अक्तूबर, 2013, , http://india.blogs.nytimes.com/2013/10/15/the-impasse-over-liability-clause-in-indo-u-s-nuclear-deal.

□

अध्याय-13

पर्यावरण का प्रबंधन

—लिगिया नोरोन्हा

चुनौतियाँ

भारत को तरक्की के रास्ते पर वापस लाने का महत्त्व पर्यावरण के क्षेत्र में और भी बढ़ जाता है, यहाँ तक कि भारत के पर्यावरण संबंधी रिकॉर्ड पर सबसे संक्षिप्त दृष्टि डालना भी वर्णानात्मक और आँखें खोल देनेवाला होता है। विश्व स्वास्थ्य संगठन ने बताया है कि जी 20 के तेरह सबसे प्रदूषित शहर में से अधिकांश भारत में हैं।[1] विश्व पर बीमारियों के बढ़ते बोझ पर हाल के एक अध्ययन ने अंदाजा लगाया है कि भारत में प्रति वर्ष समय से पहले 6,20,000 मौतों का कारण बाहरी वायु प्रदूषण है।[2] ऊर्जा और संसाधन संस्थान (टेरी) का 2010 का एक अध्ययन बताता है कि 2007 में पर्यावरण में आई गिरावट से देश की जी.डी.पी. का लगभग 4 प्रतिशत नुकसान हुआ। हाल ही में वर्ल्ड बैंक ने बताया कि यह आँकड़ा और ज्यादा हो गया है, जो अर्थव्यवस्था की दृष्टि से भारत की 2009 की जी.डी.पी. का 5.7 प्रतिशत हो गया है।[3]

पर्यावरण पर प्रभावों की चिंता किए बिना आर्थिक विकास का समर्थन करनेवाले लोगों को अकसर दो तर्क देते सुना जाता है कि पर्यावरण संबंधी चिंता विकास के रास्ते की एक बाधा है और यह भी कि विकसित देशों के उदाहरण पर चलते हुए, भारत को पहले विकसित होने की चिंता करनी चाहिए और फिर पर्यावरण की। हालाँकि यह एक संकीर्ण सोच है, क्योंकि विकसित देशों में भारत जैसी घनी आबादी नहीं है, न ही वे उस समय विकसित हो रहे थे, जब स्थानीय और धरती की सीमाओं पर पहले ही बहुत दबाव था। यह गलतफहमी कि पर्यावरण विकास की बाधा इस कारण होती है, क्योंकि पर्यावरण संबंधी इजाजत की प्रक्रिया बहुत धीमी है, जिससे परियोजनाओं में देरी होती है, साथ ही यह भी नहीं समझते कि परितंत्र के साथ जो सेवाएँ आती हैं, उन्हें आर्थिक गतिविधि से कोई अलग नहीं कर सकता और इस प्रकार अर्थव्यवस्था और परितंत्र के बीच एक प्रभावी आत्मनिर्भरता होती है। पर्यावरण मायने रखता है, क्योंकि पर्यावरण में गिरावट और प्रदूषण, भले ही मानवीय गतिविधियों के सहायक उत्पाद हैं, पर उनका बुरा प्रभाव जितना स्वास्थ्य और जीवन की गुणवत्ता पर पड़ता है, उतना ही आजीविका के साधनों और आर्थिक गतिविधियों पर भी होता है, लेकिन इस संबंध को अच्छी तरह समझा नहीं जाता है।

'पर्यावरण का प्रबंधन' से मतलब वास्तव में पर्यावरण का प्रबंधन करने से नहीं है, जो संभव नहीं, बल्कि पर्यावरण के साथ मनुष्यों के संबंधों और उनकी गतिविधियों को प्रभावित और स्वरूप देने से है। नीतिगत विषय के रूप में, इसमें अस्थायी और स्थान विशेष पर विभिन्न प्रकार के आयामों से जुड़ना शामिल रहता है, जिसमें यह देखा जाता है कि मानवीय गतिविधियों से परितंत्र और उसके फलस्वरूप मनुष्य का जीवन कितना प्रभावित होता है। किसी स्थानिक स्तर पर, इस प्रकार की गिरावट के परिणाम दायरे और पैमाने के लिहाज से, स्थानीय से लेकर वैश्विक स्तर पर भिन्न-भिन्न हो सकते हैं। जहाँ तक एजेंसी की बात है, तो विकास के कारण विभिन्न प्रकार के सक्रिय पक्ष और कारवाई बाहरी रूप से शामिल रहते हैं, जिसके कारण प्रदूषण के विस्तार और संसाधनों तक पहुँच को लेकर अंतर और परा-पीढ़ीगत असमानताएँ उत्पन्न हो जाती हैं।

लेकिन राजनेताओं के पास समय का दायरा छोटा होता है, जिसमें पर्यावरण में गिरावट को चिंता के विषय के रूप में शायद देखा या महसूस नहीं किया जा सकता है। यह बात हर जगह सच साबित होती है और भारत के राजनेता कोई अपवाद नहीं हैं। वे उन परियोजनाओं और फैसलों पर जोर देते हैं, जिनके लाभार्थी स्पष्ट होते हैं और उन्हें उन योजनाओं के पर्यावरण पर प्रभाव की चिंता नहीं होती; क्योंकि जो प्रभावित होते हैं, वे अदृश्य या मौन या भविष्य में कहीं होते हैं। राजनेताओं की दिलचस्पी और कम हो जाती है, यदि कारवाई की कीमत या फायदे निकट भविष्य में नहीं हैं और अनिश्चित हैं, जैसा कि जलवायु परिवर्तन के मामले में होता है। हालाँकि सर्वे दिखाते हैं कि जलवायु परिवर्तन को लेकर भारतीयों में चिंता बढ़ रही है और भारतीय शहरों में पर्यावरण की स्थिति ऐसी हो गई है कि नेताओं को कार्य करने का प्रोत्साहन मिल रहा है।[4] चुनावी एजेंडा में भ्रष्टाचार के बाद पर्यावरण की गुणवत्ता, जलवायु परिवर्तन पर कारवाई तथा पर्यावरणीय न्याय का विषय होगा। इन मुद्दों को लेकर लोग सड़कों पर उतरने ही वाले हैं। भ्रष्टाचार के मुद्दे के कारण राजनेताओं को पर्यावरण के विषय को टालने का थोड़ा वक्त मिल गया है।

विभिन्न विषयों को लेकर भारत के संविधान ने केंद्र और राज्य, दोनों ही सरकारों को काम के साथ-साथ विधिक क्षमता और वित्तीय शक्तियाँ सौंपी हैं। टिकाऊ विकास के लिए प्रासंगित विषयों के वितरण को तालिका-1 में दरशाया गया है। अनुच्छेद 246 के साथ, संविधान की सातवीं अनुसूची को पढ़ें, तो उसकी तीन सूचियों केंद्रीय (केंद्र सरकार), राज्य और समवर्ती में विभिन्न स्तरों की सरकारों के बीच विषयों का बँटवारा किया गया।

तालिका-1. टिकाऊ विकास के लिए प्रासंगिक विषयों का बँटवारा

शासकीय इकाई	विषय	अनुसूची
केंद्र	• परमाणु ऊर्जा, इसके उत्पादन के लिए आवश्यक खनिज संसाधन • तेल के क्षेत्रों, खनिज तेल के संसाधनों, पेट्रोलियम, पेट्रोलियम उत्पाद, अन्य ज्वलनशील तरल पदार्थ • खदानों और खनन विकास के विनियमन	VII

राज्य	• स्थानीय सरकारी इकाइयों का गठन और उनकी शक्तियाँ • सार्वजनिक स्वास्थ्य और स्वच्छता, अस्पताल डिस्पेंसरी संपर्क (सड़क, पुल इत्यादि, अंतर्देशीय जलमार्ग भी शामिल) • जमीन • पानी • बिजली की बिक्री और खपत पर टैक्स	VII
समवर्ती	• खाना-बदोशी, आदिम और घुमक्कड़ जनजातियाँ • पशुओं पर अत्याचार की रोकथाम • जंगल • बिजली	VII
स्थानीय	• शहरी योजना, नगर योजना समेत • भूमि के इस्तेमाल, भवन निर्माण पर नियम • आर्थिक और सामाजिक विकास की योजना	XII
ग्रामीण	• कृषि और कृषि संबंधी विस्तार • भूमि में सुधार, भूमि सुधार को लागू करना, भूमि की चकबंदी, मिट्टी का संरक्षण • लघु सिंचाई, जल प्रबंधन, जलविभाजन का विकास	XI

स्रोत : *टेरी, इंटेग्रेटिंग एनवारयनमेंट, इकोलॉजी ऐंड क्लाइमेट चेंज कंसर्न्स इन द इंडियन फिस्कल फेडरलिज्म फ्रेमवर्क (नई दिल्ली : ऊर्जा और संसाधन संस्थान, 2009). 73*

नोट : *सातवीं अनुसूची संविधान से मान्यताप्राप्त विधायी शक्तियों को दरशाता है। ग्यारहवीं और बारहवीं अनुसूची राज्यों को नगरपालिकाओं और पंचायतों को शक्तियाँ सौंपने का अधिकार देती है।*

एक बचे हुए विषय के रूप में, संविधान पर्यावरण को केंद्र सरकार के सुपुर्द करता है। संविधान में जहाँ विकेंद्रीकरण का प्रावधान है, वहाँ भी संबंधित संस्थागत और वित्तीय समर्थन पर्याप्त नहीं है। राज्य स्वयं भी पर्यावरण और प्राकृतिक संसाधन के प्रबंधन से जुड़े कार्यों को निचले स्तर पर सौंपने के लिए बाध्य नहीं हैं और धन मुहैया कराने का तरीका ऊपर से नीचे की ओर ही है। केंद्र और राज्य सरकार के अधिकारियों के बीच कार्य स्तर पर बातचीत सीमित है तथा ग्राम सभाओं और पंचायती राज संस्थाओं जैसे स्थानीय निकायों की भूमिका या तो सीमित है या गौण है, कार्यान्वयन की बजाय निर्णय लेने में और भी ज्यादा सीमित है।

असंतोषजनक तरीके और प्रवृत्ति

पर्यावरण शासन में केंद्रीयता

ऐसे समय में जब भारत के संघीय राज्य और राजनीति उन राष्ट्रीय मामलों में अधिक दखल की माँग कर रहे हैं, जो उन्हें प्रभावित करते हैं और विकास की परियोजना में अधिक राजनीतिक भागीदारी चाहते हैं, तब हम देखते हैं कि पर्यावरण शासन में केंद्रीयता बढ़ गई है, जिसमें संघीय

राज्यों की संवैधानिक भूमिका कम हो रही है, जबकि स्थानीय सरकार की भूमिका न के बराबर है। हमारे लेख से यह पता चलता है कि केंद्र प्रायोजित योजनाएँ अंतर सरकारी वित्त हस्तांतरण के लिए अधिक महत्त्वपूर्ण स्रोत बन गई हैं और चूँकि इनका संबंध अकसर स्थानीय महत्त्व के मामलों से होता है, इस कारण वे स्थानीय हितों और निर्णयों का स्थान ले रही हैं। टेरी की ओर से जून 2012 में अंतरराज्यीय परिषद्, वन एवं पर्यावरण मंत्रालय तथा महासंघों के फोरम के साथ मिलकर आयोजित ग्रीन फेडरलिज्म कॉन्फ्रेंस में यह देखा गया कि अनेक केंद्रीय संस्थानों की स्थापना के कारण राज्य सरकारों को अनदेखा किया गया और संघीय राज्य भी पर्यावरण के प्रबंधन को लेकर उदासीन रहे, जिसके कारण न्यापालिका को दखल देना पड़ा।[6]

इस बात के प्रमाण हैं कि मौजूदा पर्यावरण संबंधी नियमों और नीतियों को, जो शासन और नियंत्रण से जुड़े हैं, पर्याप्त विस्तृत होने पर भी या तो लागू नहीं किया गया या जैसे-तैसे लागू किया गया है। निरीक्षण करनेवाले संस्थान कमजोर हैं, चाहे क्षमता और संसाधनों की कमी के कारण या फिर उन लोगों के अंदर दिलचस्पी न होने के कारण जिन पर निरीक्षण की जिम्मेदारी है। संस्थागत समन्वय एक बड़ी चुनौती है, चाहे वह समानांतर हो या क्षैतिज। उदाहरण के लिए, जलापूर्ति और स्वच्छता के प्रावधान कम-से-कम उन मंत्रालयों या विभागों की जिम्मेदारी हैं, जो जल, ग्रामीण विकास, शहरी विकास, स्थानीय सरकार, स्वास्थ्य और कृषि के मामलों से जुड़े हैं। इन विषयों को लेकर उनके बीच बहुत कम बातचीत या संपर्क होता है। कीमतों पर गलत संकेतों के कारण अत्यधिक और अकुशल खपत होती है, खास तौर पर जब बात विभिन्न क्षेत्रों में जलापूर्ति, ऊर्जा और उर्वरक को लेकर होती है। मूल्य निर्धारण में पर्यावरण के बाहरी कारकों को नहीं दरशाया जाता है। उदाहरण के लिए, कोयला खनन के अनेक पर्यावरण संबंधी और सामाजिक बाहरी कारक हैं, जिनमें बढ़े हुए पी.एम. (10 माइक्रो मीटर तक के धूल कण) के कारण हवा के स्तर में गिरावट तथा हवा में सल्फर ऑक्साइड की मात्रा से लेकर पानी के स्तर पर प्रभाव, जंगलों की कटाई और कोयले के जलने से कार्बन उत्सर्जन जैसे कारक शामिल रहते हैं। अपशिष्ट जल और खदान के अपशिष्ट पर प्रभार न होने से अयोग्य तौर-तरीकों को अपनाया जाता है, जिससे वर्तमान नियमों के साथ बाजार-आधारित नियामक नीतियों को अपनाने की माँग जोर-शोर से की जा रही है।

सिर्फ कमान और नियंत्रण के तरीके से काम नहीं चलेगा। चाहे भारत हो या कहीं और, अनेक कारणों से पर्यावरण संबंधी जोखिम संचयी होते हैं और प्रदूषण के अनेक माध्यम होते हैं तथा वे अकसर मल्टीमीडिया, अनेक एजेंसियों और आपस में संबद्ध होते हैं। भारत में पर्यावरण संबंधी शासन पर नई पीढ़ी के तरीके बाजार-आधारित साधनों या समुदाय-आधारित पहल तथा ज्ञान और संस्थानों पर ध्यान केंद्रित करते हैं। लेकिन ये भी मौजूदा समस्या का हल निकालने के लिए पर्याप्त नहीं हैं।

असंतोषजनक पारिस्थितिकी तंत्र प्रबंधन

नीचे तीन पारिस्थितिकी तंत्रों की चर्चा की जा रही है—नदियाँ, जंगल और तट। इनको लेकर विशेष चिंता है, क्योंकि वे भारत के सबसे महत्त्वपूर्ण पारिस्थितिकी तंत्र हैं, जिन पर सबसे अधिक मानवीय दबाव है।

नदियाँ

भारत की नदियाँ निम्न स्तर की हो गई हैं और देश के कई हिस्सों में अकसर उन्हें कचरा फेंकने और नालों को गिराने का स्थान समझा जाता है। उदाहरण के लिए, गंगा के अनेक हिस्से भारी प्रदूषण का शिकार हैं और जल सुरक्षा के मुद्दे को देखते हुए, यह न केवल पानी की उपलब्धता, बल्कि पानी की गुणवत्ता को लेकर भी गंभीर चिंता का विषय है। 2013 में केंद्रीय प्रदूषण नियंत्रण बोर्ड ने दूषित नदियों के 150 हिस्सों का पता लगाया था, जिनमें सबसे अधिक हिस्से महाराष्ट्र, उत्तर प्रदेश और गुजरात[8] में हैं। पर्यावरण की दृष्टि से नदियों को जीवित रखने के लिए आवश्यक प्रवाह का खयाल किए बिना ही भारत में नदियों पर बाँध बनाए जा रहे हैं। यह बात विशेष रूप से न केवल पश्चिमी घाट में, बल्कि गंगा-ब्रह्मपुत्र नदी प्रणालियों में भी देखने को मिलती है।[9]

जैसा कि जल संसाधन विभाग के पूर्व सचिव, रामास्वामी आर. अय्यर का कहना है, एक नदी केवल जल वहन का साधन नहीं होती, बल्कि ''जीवन के इतिहास, राजनीति, समाज, धर्म और लोगों की संस्कृति का अभिन्न हिस्सा होती है।''[10] नदियों और बेसिन की बात करें, तो मनुष्य की खुशहाली में उनकी भूमिका को पूरी तरह समझने में विफलता के कारण उन्हें 'छिन्न-भिन्न' कर दिया जाता है, यानी पारिस्थितिकी तंत्र के रूप में नहीं देखा जाता, बल्कि पानी के बँटवारे के लिए टुकड़ों में बाँट दिया जाता है।[11] यह उन मूल्यों को प्रभावित करता है, जो मनुष्य की भलाई को दिखाते हैं, साथ ही उनकी ओर से किए गए कार्यों पर भी प्रभाव डालता है। यही नहीं, पारिस्थितिकी तंत्र से जुड़ी सेवाओं जैसे पानी की उपलब्धता, नौवहन, मछलियों के निवास, नदी आजीविका और सांस्कृतिक व्यवहार तथा सदाबहार पारिस्थितिक तंत्र, भू-जल / सतह के पानी अंतरफलक और ज्वारनदमुख के सहयोग से आई बाढ़ का लाभ मिलता है। पानी के बहाव की दिशा और गति तथा समय और स्थान के अनुसार उनका वितरण यह तय करने में सहायक होता है कि किस हद तक नदी प्रणाली पारिस्थितिकी के महत्त्वपूर्ण क्रियाकलापों को सहारा दे सकती है। बाँधों और डाइवर्जनों के चलते लोगों के विस्थापन से नुकसान होता है। वे ऋतु की लय तथा लवणता पैटर्न को भी प्रभावित करते हैं, बहाव के तंत्र में बदलाव लाते हैं और उस ज्वारनदमुख को अधिक सजातीय बनाते हैं, जिसमें नदी प्रणालियाँ कई बरसों में खुल जाती हैं। जैसा कि अन्य पारिस्थितिकी तंत्रों में होता है, हम देखते हैं कि वर्तमान प्रबंधन के तरीके ने पारिस्थितिकी प्रबंधन का लुघ रूप ले लिया है। ''नदियों के प्रति अनजाने में ही लिये गए समग्र दृष्टिकोण ने दो सरल व्याख्याओं को जन्म दिया है—सरल इंजीनियरिंग व्याख्या और एक सरल आर्थिक व्याख्या।''[12]

जंगल

मौजूदा नीति वन संरक्षण और विकास के संतुलन को बनाए रखने के लिए वन संबंधी मंजूरियों का इस्तेमाल करती है। साथ ही प्रतिपूरक वनीकरण के तंत्र का प्रयोग भी करती है, जिसके अंतर्गत वनों को हुए नुकसान की भरपाई विभिन्न पक्षों को वन के डायवर्जन से करनी होती है तथा अलग-अलग प्रकार के जंगलों की पारिस्थितिकी को हुए नुकसान के बदले शुद्ध वर्तमान मूल्य (NPV) का भुगतान करना पड़ता है। एन.पी.वी. का भुगतान प्रति हेक्टेयर रु. 5.80 लाख से रु. 9.20 लाख के बीच करना पड़ता है, जो वन की सघनता और स्तर पर निर्भर करता है। नीतिगत तंत्र के रूप

में, प्रतिपूरक वनीकरण के पीछे वनों को फिर से हरा-भरा करने का उद्देश्य है। एन.पी.वी. के तहत किए जानेवाले भुगतान पर्यावरण संरक्षण के लिए किए जाते हैं, न कि मालिकाना अधिकार के रूप में। इस प्रकार इकट्ठा किए गए भुगतान प्रतिपूरक वनीकरण कोष प्रबंधन एवं योजना प्राधिकरण (कैंपा)को जाते हैं। हालाँकि कैंपा पर सी.ए.जी. की 2013 की रिपोर्ट ने बताया था कि रु. 23,000 करोड़ इस कोष में पड़े हैं, जिनका इस्तेमाल नहीं हुआ है, क्योंकि वनीकरण के लिए पर्याप्त जमीन नहीं है और स्थानीय स्तर पर योजनाएँ बनाने में भी देरी हो रही है।

प्रतिपूरक वनीकरण न्यायिक दखल का परिणाम था, जिसे अकसर संघीय ढाँचे के खिलाफ बताया जाता है; क्योंकि इसके कारण केंद्र सरकार जंगलों को लेकर राज्य के मामलों में कुछ ज्यादा ही दखल देने लग जाती है। कैंपा के माध्यम से, केंद्र सरकार वनों के मामले में मंजूरी देने के अलावा वनों का सूक्ष्म प्रबंधन भी करती है, जिसकी अपेक्षा मौजूदा नियामक ढाँचे के अंतर्गत की जाती है। यही नहीं, इस्तेमाल के लिए ली गई वन की जमीन के स्थान पर प्रतिपूरक वनीकरण की जमीन प्राप्त करने के तरीके से दो प्रकार के लोगों का विस्थापन होता है। इन लोगों को उनकी साझा जमीन से बिना बातचीत, मुआवजा या विकल्पों के प्रावधान से ही विस्थापित कर दिया जाता है। कैंपा कोष से किए जानेवाले आवंटनों का प्रयोग करने के अतिरिक्त प्रशासनिक और संघीय विषयों की जहाँ तक बात है, तो यह नीति संबंधी दस्तावेज निवास के बँटवारे की समस्या तथा लैंडस्केप की बहाली की समस्या का हल नहीं करता, जो पारिस्थितिकी और जैवविविधता की सुरक्षा के लिए महत्त्वपूर्ण हैं।[13] हालाँकि इस कोष में जहाँ 2013 तक रु. 30,000 जमा हैं, उससे कम-से-कम इस धन का प्रयोग बदहाल वनों, लैंडस्केप की बहाली तथा आवासों को सुदृढ करने में किया जा सकता था।[14]

तट

पर्यावरण के प्रशासन की दृष्टि से तटीय पारिस्थितिकी एक विशेष चुनौती पेश करती है, न केवल इस कारण, क्योंकि ऐतिहासिक रूप से विकास को लेकर उनके प्रति गहरा आकर्षण है और बेहतर बुनियादी ढाँचे के साथ ही अन्य सुविधाएँ वहाँ मौजूद रहती हैं, बल्कि इस कारण भी; क्योंकि तट भूमि-समुद्र का फलक होते हैं, जिसके चलते ये क्षेत्र अत्यधिक अनिश्चित, जटिल और प्राकृतिक तथा मानव प्रक्रियाओं के लिए संवेदनशील होते हैं। पर्यावरण और आर्थिक मूल्यों के साथ ही व्यक्तिगत तथा सामुदायिक हित इन उपप्रणालियों से जुड़े होते हैं, जिसमें इसके संरक्षण या विकास के विकल्प नतीजों को तय करते हैं। उदाहरण के लिए, अनेक प्रयोग करनेवालों, आधुनिक और पारंपरिक मछुआरों, छोटी झोपड़ियों के मालिक तथा बड़े होटलवाले, बिजली संयंत्रों और पर्यटकों तथा निवासियों के लिए भूमि के इस्तेमाल से तटीय क्षेत्र प्राप्त करने की स्पर्धा होती है और संसाधनों को लेकर टकराव होते हैं।[15] इस स्थिति में स्वयं निर्वाचित राजनीतिक हस्तियों का भी उदय होता है, जो इस टकराव से लाभ उठाने के अवसर की ताक में रहते हैं। इसी परिप्रेक्ष्य में तटीय नियमन क्षेत्र (सी.आर.जेड.) अधिनियम को 1991 में पास किया गया तथा 2011 में तट की सुरक्षा और स्थान के प्रयोग के नियमन के लिए संशोधन किया गया। तट की सुरक्षा करने और उस पर निर्भर पर्यावरण और पारंपरिक आजीविका की सुरक्षा करने की सीआरजेड की प्रतिज्ञा पूरी नहीं हुई है, साथ ही यह भी स्पष्ट नहीं है कि कैसे इसे हासिल किया जाएगा।[16]

अगले पाँच वर्षों का एजेंडा

भारत में पर्यावरण संबंधी शासन में एक नई सोच की आवश्यकता है। यह महज ऊपर से नीचे की ओर केंद्र सरकार का एक उपक्रम भर नहीं हो सकता है। सोच को नियम और कानून बनाने से आगे ले जाना होगा और वैज्ञानिकों, नीति निर्माताओं, जानकारों और आम लोगों के साथ ही सरकारों तथा कारोबारों के बीच आपसी समझ और सामान्य उद्देश्यों से प्राप्त परिणामों तथा उपलब्धियों पर ध्यान देना होगा। भारत ने जो शासन और नियंत्रण का तरीका अपनाया है, वह वर्तमान पर्यावरण और प्राकृतिक संसाधनों से जुड़ी समस्याओं को हल नहीं कर सकता है, जो घटते उत्सर्जन और अस्पष्ट स्रोत से प्रदूषण से परिभाषित होते हैं, न ही इस प्रकार के तौर-तरीके स्थान और संसाधनों के कुशल और समान उपयोग को ही नियंत्रित कर सकते हैं, जिन पर अनेक समूहों और विभिन्न पक्षों द्वारा दावे किए जाते हैं। पर्यावरण संबंधी शासन के लिए एक नए ढाँचे की आवश्यकता है, जो बहुस्तरीय, बहु-पक्षीय, पारिस्थितिकी और परिणामों पर आधारित हो, न कि महज अनुपालना करता हो। यह ढाँचा ऐसा होना चाहिए, जो भोजन, ऊर्जा और जल के बीच परस्पर संबंध की समझ को दरशाए तथा पारिस्थितिकी और मानवीय खुशहाली को भी दिखाए। अगली सरकार के लिए एजेंडा के पाँच विषय प्रस्तावित हैं। वे ढाँचागत मुद्दों तथा पर्यावरण प्रदूषण के प्रबंधन पर तथा वनों, नदियों और तटों के पारिस्थितिकी आधारित प्रबंधन पर जोर देते हैं।

एजेंडा का मुद्दा-1 : पर्यावरण के प्रबंधन में अतिरिक्तता देने के सिद्धांत को अपनाएँ

केंद्र सरकार को भारत में पर्यावरण प्रबंधन में कम महत्त्व देने के सिद्धांत को लागू करना चाहिए, जिससे कि विभिन्न स्तर पर सरकार पर्यावरण की गुणवत्ता के उन पहलुओं की जिम्मेदारी ले, जो उसके अधिकार क्षेत्र में हों और जिनसे हर तरफ पर्यावरण प्रबंधन को बेहतर बनाया जा सके। इसके लिए लोगों की भलाई और सेवाओं के उस दायरे को समझना जरूरी है, जिसे उपलब्ध कराया जाना है। चूँकि पर्यावरण संबंधी अनेक विषय स्थानीय और क्षेत्रीय प्रकृति के होते हैं, इस कारण उन्हें हल करने के लिए क्षेत्रीय अधिकारियों और स्थानीय लोगों की भागादीरी सुनिश्चित की जानी चाहिए। इससे कार्यक्रम तैयार करने में लोगों के विचार शामिल किए जाएँगे, प्रतिक्रिया मिलेगी जिससे नीतियों में सुधार संभव होगा और नौकरशाही के स्तरों को कम करने में मदद मिलेगी, जिससे अंततः कार्यान्वयन और सेवा को लेकर अधिकार क्षेत्र संबंधी जिम्मेदारी स्पष्ट हो सकेगी।

तालिका-2 : किसे क्या करना है

पर्यावरण प्रबंधन नीति के परिणाम	लाभ की आवृत्ति की स्थानिक सीमा	जिम्मेदार सरकारी स्तर
पर्यावरण के विषयों पर शोध और ज्ञान का सृजन	वैश्विक और राष्ट्रीय	केंद्र, राज्य, स्थानीय
स्थिर उपभोग तथा उत्पादन प्रणालियों पर शोध	वैश्विक और राष्ट्रीय	केंद्र

ज्ञान साझा करना प्रतिक्रिया तथा नीति में नई पहल के प्रयोग	वैश्विक और राष्ट्रीय राज्य और स्थानीय	केंद्र, राज्य, स्थानीय राज्य, स्थानीय
उत्सर्जन स्तरों का निर्धारण, जैसे वाहनों तथा ईंधन की कार्यकुशलता के लिए	राष्ट्रीय	केंद्र
अंतर-अधिकारक्षेत्र संबंधी बाह्य समस्याओं का निपटारा	क्षेत्रीय (बाहर)	उच्च स्तरीय सरकारों/क्षेत्रीय निकायों
पर्यावरण संबंधी कानून लागू करनेवालों और लाइन एजेंसियों की क्षमता का निर्माण	राष्ट्रीय, राज्य और स्थानीय	केंद्र, राज्य, जिसमें एन.जी.ओ. का समर्थन हो
सामाजिक रूप से महत्त्वपूर्ण निजी प्रयासों को प्रोत्साहन	राष्ट्रीय, राज्य और स्थानीय	केंद्र
वन संरक्षण के लिए प्रोत्साहन	वैश्विक, राष्ट्रीय, राज्य और स्थानीय	राज्य, स्थानीय
भू-जल की सफाई	राज्य, स्थानीय	राज्य, स्थानीय

हालाँकि इस बात की आवश्यकता है कि अंतर-सरकारी वित्त और ज्ञान का हस्तांतरण हो, जो तब आवश्यक होते हैं, जब प्रदूषण और पर्यावरण संबंधी नुकसान अधिकार क्षेत्रों को लाँघ जाता है। सकारात्मक प्रोत्साहन और कानून लागू करने तथा अच्छे शासन के लिए पुरस्कार जवाबदेही को बढ़ाने और स्पर्धात्मक सेवा उपलब्ध कराने के लिए आवश्यक हैं। शहरी स्थानीय निकायों में सुधार की आवश्यकता है, जिससे कि संस्थागत और तकनीकी स्तर पर कचरा प्रबंधन बेहतर बने। चूँकि प्रबंध में उस आर्थिक गतिविधि को नियंत्रित किया जाना शामिल है, जो स्थिति बिगाड़ता है या प्रदूषण फैलाता है, साथ ही संघीय, राज्य और समवर्ती सूची में जब विषयों का बँटवारा किया जा चुका है, तो अतिरिक्तता को अपनाया जाना महज स्पष्ट नीति जारी करने और बेहतर परिणाम हासिल करने के लिए वित्त तथा क्षमता संबंधी सहयोग देने पर निर्भर है, जो संभवत: 14वें वित्त आयोग द्वारा अंतर सरकारी हस्तांतरणों से किया जाएगा।

अंतरराज्यीय परिषद् के सशक्तीकरण से इस एजेंडा को आगे बढ़ाने में मदद मिलेगी। वर्तमान में गृह मत्रालय के अंतर्गत एक संवैधानिक निकाय है, जिसे राज्यों के बीच विवाद के विषयों की जाँच और उन्हें हल करने की जिम्मेदारी दी गई है। इसका दायरा केंद्र-राज्य के विवादों को सुलझाने के लिए भी बढ़ाया जा सकता है, जिनकी संख्या अच्छी-खासी है। अंतरराज्यीय परिषद् को सक्रिय तथा सशक्त करने के साथ ही इसे केंद्र के नियंत्रणवाले गृह मंत्रालय से मुक्त कराना भी एक मंच तैयार करने का सबसे अच्छा तरीका है, जिस मंच पर पर्यावरण और संसाधनों के प्रबंधन के मुद्दे पर राष्ट्रीय आम राय बनाई जा सकेगी। ये मुद्दे राज्यों की ओर से उठ रहे हैं और लोग अधिक संघीय ढाँचे की दुहाई दे रहे हैं।

एजेंडा का मुद्दा-2 : वायु और जल प्रदूषण के शमन को प्राथमिकता दें

भारत में वायु और जल प्रदूषण का प्रबंधन स्थानीय सरकार के एजेंडा में सबसे ऊपर होना चाहिए, जिन्हें राज्य प्रदूषण नियंत्रण बोर्ड के साथ मिलकर काम करने की आवश्यकता है। भारत के शहरों में हवा का स्तर बेहद खराब है और वही हाल जल का भी है। वायु और जल को लेकर जहाँ एक विकसित नियामक तंत्र मौजद है, वहीं निगरानी और नियमों को लागू करने की स्थिति अच्छ नहीं है। राज्यों को प्रदूषण नियंत्रण बोर्ड को सशक्त करना चाहिए, जिससे कि वे उल्लंघन पर काररवाई कर सकें और जुर्माना तथा शुल्क लगा सकें। राज्यों को इन निकालों के संसाधनों और क्षमता में निवेश भी करना चाहिए। राज्यों को सहभागी निगरानी (जैसा की पश्चिमी घाट विशेषज्ञ परितंत्र पैनल की रिपोर्ट में है) तथा बेहतर परिणामों के लिए तीसरे पक्ष के लेखा परीक्षकों को बढ़ावा देना चाहिए।[17] राज्यों और केंद्र सरकार द्वारा उन इलाकों, क्षेत्रों तथा नदियों के हिस्सों की सफाई की कार्य योजना तुरंत लागू करनी चाहिए, जिन्हें केंद्रीय प्रदूषण नियंत्रण बोर्ड ने खतरनाक रूप से प्रदूषित बता दिया है और वहाँ विकास की किसी भी नई परियोजना को तब तक अनुमति नहीं दी जानी चाहिए, जब तक कि प्रदूषण काफी हद तक कम न हो जाए।

परिवहन के क्षेत्र में केंद्र सरकार को चाहिए कि वह वित्तीय नीति के जरिए बेड़ों के आधुनिकीकरण के लिए धन मुहैया कराए तथा बेहतर गुणवत्तावाले ईंधन और वाहन तकनीक के लिए रोड मैप तैयार करे। यह लोगों के स्वास्थ्य से जुड़ा है, जो उत्सर्जनों से प्रभावित होता है। राज्य स्तर पर सार्वजनिक निवेश से बसों, मेट्रो तथा अनौपचारिक सार्वजनिक परिवहन जैसे इलेक्ट्रिक ऑटो रिक्शा को बढ़ावा दिया जाना चाहिए, क्योंकि निजी वाहनों को चलने से रोकने का कोई भी कदम तभी सफल होगा, जब विकल्प उपलब्ध होंगे। राज्यों को छात्रों और वरिष्ठ नागरिकों को छूट देकर तथा अंतिम मील तक संपर्क उपलब्ध कराकर सार्वजनिक परिवहन को बढ़ावा देना चाहिए। शहरों में सुरक्षा का माहौल जब तक बेहतर नहीं होगा, तब तक महिलाएँ सार्वजनिक परिवहन के इस्तेमाल को लेकर उतना उत्साह नहीं दिखाएँगी। शहरों और महानगरों के संपन्न इलाकों में, कंजेशन टैक्स या वाहन कोटा लागू किया जा सकता है। ये दोनों ही कार पूलिंग को बढ़ावा देते हैं। सिंगापुर में यह लागू किया गया, जहाँ निजी वाहनों के अधिक इस्तेमाल पर जुर्माना लगाया जाता है। केंद्र सरकार को कम उत्सर्जनवाले इको कार के लिए सब्सिडी और टैक्स में छूट देनी चाहिए।

कचरा और गंदे पानी के प्रबंधन के लिए केंद्र सरकार को शीघ्र सुधारों की शुरुआत करनी चाहिए। यह तीन स्तरों पर हो—स्रोत पर, कचरा और गंदे पानी में कमी। यथास्थान ट्रीटमेंट, जहाँ संभव हो और गंदे पानी की रिसाइक्लिंग, जिसका प्रयोग पीने के लिए न हो, जिसमें से निकले कचरे को विकेंद्रित वितरण की ऊर्जा में परिवर्तित किया जाए। इन सुधारों को हासिल करने के लिए, एक त्रि-आयामी रणनीति लागू की जानी चाहिए—राज्य और स्थानीय निकायों का प्रशिक्षण और क्षमता निर्माण, निवासी कल्याण संघ तथा स्थानीय बाजार संघों की राष्ट्रीय शोध तथा प्रशिक्षण संस्थानों के साथ साझेदारी। कचरे को सीमित करने और रिसाइकिल करने के लिए केंद्र सरकार द्वारा स्पष्ट दिशा निर्देश जारी करना तथा सार्वजनिक-निजी भागीदारी के तरीके से कचरे के डंप और लैंड फिल का पुनर्वास।

एजेंडा का मुद्दा-3 : 2015 तक राष्ट्रीय और राज्य आय लेखा में हरित लेखांकन को अपनाएँ

केंद्र की ओर से अर्थव्यवस्था को हरित बनाने के लिए पारिस्थितिकी तंत्र की सेवाओं और विकास की गतिविधियों में निश्चित मात्रा में उपलब्ध प्राकृतिक संसाधनों के प्रयोग को जिस प्रकार महत्त्व दिया जा रहा है, उसे अकसर हरित लेखांकन या संसाधन लेखांकन नाम दिया जाता है। यह इस प्रतिज्ञा पर आधारित है कि जब पारिस्थितिकी से प्राप्त होनेवाली सेवाओं के लाभ को सामाजिक और आर्थिक स्तर पर नहीं समझा जाता, तब उन्हें नष्ट करने में भी देर नहीं लगती। हरित आय लेखांकन आय के खाते में पर्यावरण तथा प्राकृतिक संसाधनों के प्रयोग या विघटन को शामिल करने का प्रयास करता है। यह समायोजन राष्ट्रीय अथवा वृहत आर्थिक स्तर पर पारंपरिक आय खातों में किया जा सकता है, जिससे कि गतिविधि या परियोजना पर खर्च और लाभ का आकलन किया जा सके। इस प्रकार के लेखांकन का प्रमुख उद्देश्य आर्थिक उत्पादन पर पर्यावरण संबंधी संसाधनों के प्रयोग को दिखाना है। अब तक, उनका उपयोग अनदेखा था। इन पर्यावरण संबंधी संसाधनों को पारंपरिक तौर पर मुफ्त माना जाता था, इस कारण उनका अत्यधिक उपयोग और दोहन किया गया। इनके उपयोगी बने रहने के लिए, इनके मूल्यांकन में उपयुक्त हितधारकों, विशेषतया स्थानीय समुदायों का शामिल होना आवश्यक है तथा इस विषय में भी स्पष्टता होनी चाहिए कि ऐसे प्रयासों में किस प्रकार के पैमाने शामिल किए जाएँगे। परियोजना को लेकर निर्णय में, यह मान लें कि पहले से ही सहमति है, तो उन निर्णयों पर पहुँचा जाएगा, जो नैतिक, कार्यकुशल और स्वीकार्य होंगे।

अगली सरकार को पर्यावरण संबंधी प्रभाव के समायोजन के लिए राष्ट्रीय और राज्य आय खाते बनाने को प्राथमिकता देनी चाहिए। यह राष्ट्रीय तथा राज्य स्तर पर गुणवत्ता के साथ विकास का एक महत्त्वपूर्ण सूचक होगा। उदाहरण के तौर पर, ऊर्जा और संसाधन संस्थान ने गोवा में खनिज क्षेत्र का हरित लेखांकन किया। हमारे अध्ययन ने 520 वर्ग किमी. में खनन के चार क्षेत्रों को लिया। यह क्षेत्र खनन के काल के लिहाज से अलग-अलग थे और खनन के सामाजिक और पर्यावरणीय प्रभाव पर 1997 के एक अध्ययन पर आधारित थे। खनन के कुछ प्रभावों का मूल्यांकन किया गया और उस सूचना का प्रयोग राज्य के आय खाते में खनिज क्षेत्र से होनेवाली आय में समायोजित किया गया। चूँकि हमारा लेखांकन दायरे और तरीके के मुताबिक सीमित था, फिर भी उसने दिखाया कि 1996-97 में गोवा के घरेलू उत्पाद में खनन का योगदान 15 प्रतिशत था, जिसे राज्य ने गोवा की जी.डी.पी. में खनिजों का 15 प्रतिशत बताया था। खनन क्षेत्र से मूल्य को लेकर प्राप्त इस प्रकार के आँकड़े के समायोजन से लोगों और निर्णय करनेवालों को यह एहसास होता है कि खनिज विकास के बढ़ा-चढ़ाकर बताए योगदान में भूमि, जल तथा वनों के संयुक्त उपयोग को तथा अन्य उपयोग करनेवालों पर प्रभावों को भी अनदेखा किया जाता है। हरित लेखांकन में कुछ बातों को अनदेखा किए जाने के बावजूद प्रभावों का मूल्यांकन राज्य की आय में विकास संबंधी गतिविधियों पर अधिक यथार्थवादी और सच्ची तसवीर पेश करता है, जो मूल्यांकन न होने के मुकाबले कहीं बेहतर स्थिति है। राष्ट्रीय स्तर पर, हरित लेखांकन को लागू किए जाने के प्रयास जारी हैं, जिससे कि केंद्रीय सांख्यिकी संगठन के आकलनों में राज्य के शुद्ध

घरेलू उत्पाद को शामिल किया जा सके।[18] अप्रैल 2013 में प्रधानमंत्री ने यह उम्मीद जताई कि सांख्यिकी और कार्यक्रम कार्यान्यवम मंत्रालय, योजना आयोग तथा अन्य संबंधित मंत्रालयों के साथ मिलकर, पार्थ दासगुप्ता तथा अन्य के द्वारा पेश किए गए ढाँचे को लागू करेगा। केंद्र सरकार द्वारा एक एकीकृत पर्यावरण तथा लेखांकन ढाँचे को लागू किए जाने की नितांत आवश्यकता है। इस एकीकरण के साथ ही अनेक तरीकों और प्रयोगों पर पंद्रह वर्षों से भी अधिक समय से चर्चा चल रही है। मूल्यांकन के तरीके और ढाँचे मौजूद हैं और ज्ञात भी हैं, लेकिन 2015 के हरित लेखांकन को लागू करना है तो सभी राज्य सरकारों के योजना विभागों को प्रशिक्षित करना होगा।

एजेंडा का मुद्दा-4 : खनिज संसाधन विकास और संसाधन कुशलता के लिए अधिक प्रगतिशील ढाँचे को अपनाएँ

इससे इनकार नहीं किया जा सकता कि उसे अपनी आबादी के विकास से जुड़ी जरूरतों को पूरा करने के लिए बहुत भारी मात्रा में भौतिक संसाधनों की आवश्यकता पड़ेगी। अन्य देशों की तुलना में फिलहाल भारत में प्रति व्यक्ति भौतिक उपभोग कम है। हाल ही के एक अध्ययन के अनुमान बताते हैं कि साधनों की आवश्यकता 2008 से 2030 तक 2.5 गुना हो जाएगी और 2050 तक पाँच गुना, जिसमें 2030 तक 8 प्रतिशत की दर से और उसके बाद 6 प्रतिशत की दर से विकास का अनुमान है।[19] इस माँग का सामाजिक और पर्यावरण के स्तर पर एक बड़ा प्रभाव पड़ेगा। भारत खनिज के मामले में समृद्ध है, लेकिन उनमें से अनेक इलाके पारिस्थितिकी के लिहाज से संवेदनशील हैं और वहाँ जनजातीय आबादी रहती है। खनिज निकालने के लिए सामाजिक लाइसेंस पहले ही समाप्त हो रहा है। वैसे भी संसाधन और पर्यावरण संबंधी प्रशासन के उपाय समृद्ध खनिज संपदावाले इलाकों में सरकार, कंपनियों और स्थानीय के बीच विश्वास की कमी को दूर नहीं कर सके हैं, न ही सरकार ने उचित मुआवजा, सहमति और लाभ के बँटवारे के ढाँचे को लागू किया। हालाँकि यह स्पष्ट है कि हमें अपने विकास, आवास, भोजन और ऊर्जा की आवश्यकता के लिए खनिजों की आवश्यकता पड़ेगी। भारत का खनन क्षेत्र ऐसा है, जहाँ पूरी दुनिया में खोज पर सबसे कम पैसा खर्च किया जाता है और बीते साल, कानूनी तथा शासन के मुद्दों को लेकर लौह अयस्क के लिए भारत में खनन रुक गया है। ऊर्जा की बढ़ती जरूरतों के मुकाबले कोयले का कम उत्पादन चिंता का विषय बना हुआ है। इसके बावजूद खनन और खनिज (विकास और नियमन) विधेयक को पास करने और ऐसे ढाँचे की आवश्यकता है, जो पर्यावरण तथा सामाजिक चिंताओं पर गौर करने को लेकर अधिक आधुनिक हों जिससे यह सुनिश्चित हो कि खनन पूरी तरह से नियंत्रित रूप में हो, ताकि स्थानीय आबादी को अधिक लाभ मिल सके। इस मोरचे पर कारवाई न होने से पहले से चली आ रही समस्या आयात की बढ़ती कीमतों के कारण और जटिल हो जाती है। विश्व पर इस प्रकार की निर्भरता और बढ़ेगी, जिससे ऊर्जा तथा खनिज संसाधन की सुरक्षा के लिए नई चुनौतियाँ पैदा होंगी। इस परिप्रेक्ष्य में, भारत को सही ढाँचे को स्थापित करने तथा कम लागत से अधिक उत्पादन के लिए संसाधन के कुशल प्रयोग को अपनाना होगा। यह स्पष्ट है कि लंबे दौर में केवल तकनीक से ही भारत की भौतिक आवश्यकताओं की पूर्ति नहीं होगी और विशेष रूप से कहें तो केंद्र सरकार

को निम्नलिखित बातों को प्राथमिकता देनी चाहिए—

1. उम्मीद के मुताबिक टैक्स और आवंटन नीति शासन की स्थापना, जिससे लंबे समय के लिए निवेश आकर्षित हो। सरकार को ऐसे कारोबारी मॉडल (तथा वित्त व्यवस्था) को अपनाना चाहिए, जो खनिज-विशिष्ट हैं और जो विभिन्न खनिज समूहों के संबंध में नीति के उद्देश्यों पर निर्भर करते हैं, जैसे, जहाँ खनिजीकरण ज्ञात है और भंडार पर्याप्त हैं। रणनीतिक, लेकिन प्रचुर खनिज, लेकिन भंडार पर अनिश्चितता है और खनिज, जो भारतीय अर्थव्यवस्था के लिए महत्त्वपूर्ण हैं, लेकिन उनकी सूचना और प्रौद्योगिकी संबंधी जरूरतें अलग-अलग हैं।
2. संसाधन की कुशलता को लंबे समय तक आपूर्ति की सुरक्षा, समानता और स्थिरता के लिए अर्थव्यवस्था तथा क्षेत्र का एक संगठनात्मक सिद्धांत बना लें। सरकार को 4 आर रिड्यूस, रियूज, रिसाइकिल और रिकवर को लेकर आक्रामक सूचना, शिक्षा तथा संचार की मुहिम चलानी चाहिए, जिससे यह भारतीय अर्थव्यवस्था में संसाधन की कुशलता सुनिश्चित हो। यही नहीं, सरकार को कुशल खाद्य उत्पादन, जल तथा ऊर्जा कुशल तकनीक, निर्माण सामग्री विज्ञान तथा उत्पाद के जीवन चक्र को बढ़ावा देने के साथ ही उचित नीति संबंधी साधन पर भी जोर देना चाहिए।
3. उन क्षेत्रों को लेकर स्पष्ट फैसले करें, जो विज्ञान तथा सामाजिक सहमति के कारण प्रतिबंधित हैं और उन्हें स्थानिक रूप से मैप करें जैसा कि नीचे बताया गया है। एक बार ये क्षेत्र स्पष्ट रूप से स्थापित हो जाते हैं, तो अन्य क्षेत्रों में भी नियम संबंधी मंजूरी समयबद्ध और तेजी से मिलनी चाहिए।
4. पर्यावरण संबंधी और सामाजिक प्रभाव के आकलन जिम्मेदारी से करें। ऐसा नही किया तो दाँव उलटा पड़ जाएगा। घटिया पर्यावरणीय प्रभाव आकलन पर्यावरणीय मंजूरी प्रक्रिया में भी बाधक होता है। परस्पर निर्भरता और पर्यावरणीय प्रभाव आकलन निरंतरता की ईमानदारी स्थापित तथा मान्य होनी ही चाहिए।
5. जनजातीय क्षेत्रों में साझेदारी को चुनें, जो अपना विशेष स्वीकार करती हैं। कंपनियाँ मॉडल विकासात्मक समझौतों के प्रयोग पर विचार कर सकती हैं, जब ग्राम सभा से खनन के लिए पहले ही सहमति ले ली गई है।[20]
6. शिकायतों को दूर करने, विवादों को निपटाने तथा हितधारकों के बीच बातचीत और विमर्श के अवसर प्रदान करने के लिए तंत्र या मंच स्थापित करें। उत्तरदायित्व तंत्र की स्थापना करें, क्योंकि यह महत्त्वपूर्ण है कि निर्णय लेनेवाले हितधारकों तथा विशेष रूप से नागरिकों के प्रति जवाबदेह हों, जो खनिज संपदा के असली मालिक होते हैं। निर्णय लेनेवाली पूरी श्रृंखला को सूचना उपलब्ध करानी चाहिए।
7. खनन कंपनियों में खनिज परियोजनाओं के टिकाऊ होने का पता लगाने के लिए प्रबंधन सूचना प्रणाली और वेब-आधारित उपकरण की स्थापना आवश्यक बनाना। इससे आम जनता को यह पता लग जाएगा कि कैसे खनन उद्योग लोगों की बेहतरी में योगदान दे रहा है तथा पर्यावरणीय और सामाजिक प्रभावों का भी पता चल जाएगा।

एजेंडा का मुद्दा-5 : मूल्यवान पारिस्थितिकी और विकास के संतुलन के लिए तार्किक तरीके को अपनाना

मूल्यवान पारिस्थितिकी और विकास के बीच संतुलन स्थापित करने के लिए विज्ञान तथा सहभागी निर्णय प्रक्रिया को साथ लाना आवश्यक है। इसे प्राप्त करने के लिए, अगली सरकार को एक भौगोलिक सूचना प्रणाली के आधार पर देश भर में पारिस्थितिकी के विभिन्न पैमानों का प्रयोगकर पारिस्थितिकी के लिहाज से संवेदनशील इलाकों को नक्शे पर चिह्नित कर लेना चाहिए, जैसा कि पश्चिमी घाट एक्सपर्ट इकोलॉजी पैनल द्वारा किया गया था। इस प्रकार की मैपिंग फिर राज्यों द्वारा ग्राम सभाओं तथा अन्य लोकप्रिय संस्थानों के साथ मिलकर की जानी चाहिए, जिससे सहभागी तरीके से यह तय किया जा सके कि किन गतिविधियों पर पाबंदी लगानी है, किन्हें अनुमति देनी है और किन्हें नियंत्रित तथा किन्हें बढ़ावा दिया जाना है। पश्चिमी घाट के पैनल द्वारा अपनाए गए इस तरीके में पारिस्थितिकी के लिहाज से संवेदनशील क्षेत्रीकरण को एक उपकरण के तौर पर इस्तेमाल करने का सुझाव दिया गया, जिससे कि पश्चिमी घाट में पर्यावरण और विकास को संतुलित किया जा सके।[21] पारिस्थितिकी को लेकर संवेदनशील क्षेत्रों का निर्धारण वैज्ञानिक आँकड़ों के आधार पर होना चाहिए, जिससे यह पता चल सके कि यदि लोग विकास की गतिविधियों के कारण बिगड़ती स्थिति में रहते हैं तो पारिस्थितिकी और भंगुरता का कितना बड़ा खतरा उन पर लंबे समय में पड़ सकता है। इन सारे क्षेत्रों में मानवीय गतिविधियाँ चलें, लेकिन विवेकपूर्ण नियंत्रण के साथ। इन क्षेत्रों में विकास को रोका नहीं जाना चाहिए, क्योंकि उससे लोगों को नुकसान होगा; लेकिन विकास ऐसा हो, जो जिम्मेदार, पर्यावरण के अनुकूल और लोकोन्मुख हो।

नदियों और नदियों की घाटियों के मामले में, अधिकारसंपन्न अंतरराज्य परिषद् को जटिल तथा पानी की बहुआयामी प्रकृति के अनुसार राष्ट्रीय आम राय बनाने की दिशा में काम करना चाहिए। बेहतर तटीय प्रबंधन के लिए, तटीय क्षेत्र प्रबंधन प्राधिकरण को चाहिए कि वह ऐसे तरीकों का पता लगाए, जिसमें तटीय क्षेत्र प्रबंधन अधिनियम के काम करने के तरीके में विविध आयामों को जोड़ा जा सके और उन स्तरों पर सूचना का आदान-प्रदान सबसे आसान हो, जो सहायकता के सिद्धांत के ढाँचे में काम करता हो। ग्राम सभा को तटीय विनियमन क्षेत्र में वैसा ही स्थान दिया जाना चाहिए जैसा कि अनुसूचित क्षेत्रों में दिया जाता है और ग्राम सभा प्रस्ताव को सी.आर.जेड. की मंजूरियों में शामिल किया जाना चाहिए।[22]

निष्कर्ष के तौर पर कह सकते हैं कि आनेवाली सरकारों को विकास से जुड़ी निर्णय प्रक्रिया में पर्यावरणीय चिंताओं को मुख्यधारा में लाना चाहिए। चूँकि पर्यावरण में गिरावट से देश के नागारिकों का स्वास्थ्य और जीवन स्तर तथा भारत का आर्थिक उत्पादन प्रभावित हो रहा है, इस कारण यह अत्यावश्यक विषय है। पहले इस पर ध्यान नहीं दिया गया, जिसके चलते भारत के विकास के साथ-साथ परिस्थिति और बिगड़ेगी। केंद्र सरकार को भारतीयों के जीवन स्तर के साथ-साथ देश की पर्यावरणीय और संसाधन सुरक्षा में सुधार पर ध्यान देना होगा। एजेंडा के पाँच मुद्दों की पहचान सहायकता, हरित लेखांकन, वायु और जल प्रदूषण का प्रबंधन, प्रगतिशील संसाधन विकास और कुशल ढाँचे तथा विकास और पारिस्थितिकी के लिए मूल्यवान पर्यावरण प्रणालियों के बीच तर्कसम्मत संतुलन के आधार पर की गई है। विकास पर निर्णय की प्रक्रिया को पहले से

जाँची-परखी गई सूचना के आधार पर बढ़ाया जाना चाहिए और नीति के साधन के तौर पर फिर से गौर करने या उसे और बेहतर बनाया जाना चाहिए।

विकास और पर्यावरण के बीच संतुलन का लक्ष्य रखा जाना चाहिए, जिसे विकास की बाहरी बातों की पहचान और मूल्य निर्धारण से, तकनीकी प्रयोगों से जहाँ तक संभव हो उसे घटाकर, पारिस्थितिकी के अनुसार मूल्यवान इलाकों में जहाँ औद्योगिक गतिविधियों की अनुमति नहीं दी जानी चाहिए, उन्हें सोच-विचार के बाद विकल्प के रूप में चुनकर तथा स्वास्थ्य पर पर्यावरण के बेहतर प्रभाव पर ज्यादा ध्यान देकर सुनिश्चित किया जाना चाहिए। यदि विकास टिकाऊ नहीं है तो वह भविष्य में आर्थिक विकास के आधार को ही नष्ट कर देता है। यही नहीं, जलवायु को भी अस्थिर करता है। यदि प्राकृतिक प्रणालियों के अपरिवर्तनीय बदलावों को निर्णय प्रणाली में शामिल नहीं किया गया तो पारिस्थितिकी पर बढ़ते बोझ के लक्षणों का मनुष्य के स्वास्थ्य और आर्थिक गतिविधियों पर बहुत बुरा प्रभाव पड़ेगा। अगली सरकार को इस परस्पर निर्भरता को अपने नीति निर्माण का हिस्सा बना लेना चाहिए, साथ ही भारत के विकास की गुणवत्ता को बढ़ाने के लिए पर्यावरण प्रबंधन को प्राथमिकता देनी चाहिए। इसके लिए अधिक सहयोगी आर्थिक मॉडलों की आवश्यकता पड़ेगी, जिनमें समानता, सहभागिता और बहुस्तरीय शासन परिलक्षित हो।

नोट्स

1. मुथुकुमार मणि, ग्रीटिंग इंडियाज ग्रोथ : कॉस्ट्स, वैलुएशन ऐंड ट्रेड ऑफ्स (न्यू यॉर्क : रूटलेज, 2014)
2. सेंटर फॉर साइंड ऐंड इनवायरनमेंट, 'बर्डेन ऑफ डिजीज : आउटडोर एयर पॉल्यूशन अमंग टॉप किलर्स,' 13 फरवरी, 2013, http://cseindia.org/userfiles/briefiznote-
3. दिव्या दत्त और शिल्पा निश्चल, लुकिंग बैक टू चेंज ट्रैक (नई दिल्ली : टेरी प्रेस, 2010)
4. सेंटर फॉर साइंस ऐंड एनवायरनमेंट, 'बर्डेन ऑफ डिजीज : आउटडोर एयर पॉल्यूशन अमंड टॉग किलर्स,' एनर्जी ऐंड रिसर्च इंस्टीट्यूट, टेरी 2013 (नई दिल्ली : एनर्जी ऐंड रिसोर्स इंस्टीट्यूट, 2013), www.teriin.org/pdf/ Environmental-Survey.pdf.
5. लिगिया नोरोन्हा, अमृति गुलदार व अन्य, इंटेग्रेटिंग एनवायरनमेंट, इकोलॉजी ऐंड क्लाइमेट चेंज कंसर्न्स इन द इंडियन फिस्कल फेडरलिज्म फ्रेमवर्क (नई दिल्ली : द एनर्जी ऐंड रिसोर्सेज इंस्टीट्यूट, 2009).
6. एनर्जी ऐंड रिसोर्स इंस्टीट्यूज, 'ग्रीनिंग इंडियन फेडरल सिस्टम : व्यूज फ्रॉम द सेंटर ऐंड द स्टेट्स,' सम्मेलन की काररवाइयों सारांश, 6 जुलाई, 2012, www. teriin.org/events/ greening-gfi_summary.pdf.
7. देखें भारत सरकार के वन एवं पर्यावरण मंत्रालय, राष्ट्रीय नदी संरक्षण निदेशालय, 'स्टेटस पेपर ऑन रिवर गंगा : स्टेट ऑफ एनवायरनमेंट ऐंड वाटर क्वालिटी,' अगस्त 2009, http://moef. nic.in/downloads/public-information/ StatusPer cent20PaperPer cent20-Ganga. pdf.
8. भारत सरकार, वन एवं पर्यावरण मंत्रालय, केंद्रीय प्रदूषण नियंत्रण बोर्ड, 'पॉल्यूटेड रिवर स्ट्रेचेज इन इंडिया : क्राइटेरिया ऐंड स्टेटस,' नवंबर 2013, www.cpcb.nic.in/upload/Latest/

Latest_66 FinalPolIutedStretches.pdf.

9. लथा अनंथा और परिणीता दांडेकर, 'टुवाड्र्स रेस्टोरिंग फ्लोज इनटू द अर्थ्स आर्टरीज : ए प्राइमर ऑन एनवायरनमेंटल फ्लोज,' इंटरनेशनल रिवर्स, मई 2009, www. internationalrivers. org/files/attached-files/eflows_primer 062012.pdf, and Parineeta Dandekar, 'Damning' the Western Ghats.' presentation at Save the Western Ghats Conclave, Mahabaleshwar, India, December 2009, http://sandrp.in/rivers/ Damming_the Western _ Ghats Presentation SWGM December2012.pdf.
10. रामेश्वरम आर अय्यर, 'चॉपिंग अप रिवर्स : फ्रॉम सेगमेंटेशन टू होलिज्म ऐंड हारमनी,' नई दिल्ली, 29 अक्तूबर, 2012 में आयोजित स्ट्रेंगदनिंग ग्रीन फेडरलिज्म : शेयरिंग इंटरनेशनल प्रैक्टिसेस कॉन्फ्रेंस में प्रस्तुत पेपर।
11. उपरोक्त, 6.
12. उपरोक्त
13. प्रवीण भार्गव, 'ग्रीनिंग इंडियद्म बट लूजिंग फॉरेस्ट्स,' द हिंदू, 2 नवंबर, 2007
14. एनर्जी ऐंड रिसोर्सेज इंस्टीट्यूट, टेरी एनवायरनमेंटल सर्वे 2013.
15. लिगिया नोरोन्हा व अन्य, कोस्टल टूरिज्म, एनवायरनमेंट ऐंड सस्टेनेबल लोकल डेवलपमेंट, अध्याय 1 (नई दिल्ली : एनर्जी ऐंड रिसोर्सेज इंस्टीट्यूट, 2002), www.teriin.org/ teri-wr/ coastin/coastaltourism.pdf.
16. के.ए.एस. इंडिया ऐंड एनवायरनमेंट रिसोर्स इंस्टीट्यूट, 'एनवायरनमेंटल गवर्नेंस इन द कॉनटेक्स्ट ऑफ सस्टेनेबल डेवलपमेंट इन इंडिया : द केस ऑफ कोस्टल ऐंड मरीन इकोसिस्टम्स,' पॉलिसी पेपर, अप्रैल 2013, www.teriin.org/pdf/policy-paper_3rd-TERI- KAS.pdf, 6.
17. एस्थर डुफ्लो व अन्य, 'ट्रुथ टेलिंग बाइ थर्ड पार्टी ऑडिटर्स ऐंड द रेस्पोंस ऑफ पॉलुटिंग फर्म्स : एक्सपेरिमेंटल एविडेंस फ्रॉम इंडिया,' क्वार्टरली जर्नल ऑफ इकोनॉमिक्स (2013), http:// qje.oxfordiournals.org/content/128/4/1499.fuIl.pdf.
18. देखें, भारत सरकार, सांख्यिकी एवं कार्यक्रम कार्यान्वयन मंत्रालय, राष्ट्री सांख्यिकी संगठन, ग्रीन नेशनल अकाउंटेस इन इंडिया : ए फ्रेमवर्क, एक्सपर्ट ग्रुप रिपोर्ट, मार्च 2013, http://mospi. nic.in/mospi_new/uploadßreen_ National_Accouts in India_1may13.pdf.
19. भारतीय-जर्मन एनवायरनमेंटल पार्टनरशिप, 'इंडियाज फ्यूचर नीड फॉर रिसोर्स : डायमेंशन, चैलेंजस ऐंड पॉसिबल सॉल्यूशंस,' नवंबर 2013, www.ifeu.de/ abfallwirtscha
20. एनर्जी ऐंड रिसोर्स इंस्टीट्यूट, 'गवर्नेंस ऑफ माइनिंग इन इंडिया : रेसपॉन्डिंग टू पॉलिसी डेफिसिट,' टेरी पॉलिसी ब्रीफ, जुलाई 2013, w.vw.teriin.org/policybrief/docs/ TERI
21. देखें भारत सरकार, वन एवं पर्यावरण मंत्रालय, पश्चिमी घाट परितंत्र एक्सपर्ट पैनल की रिपोर्ट, अगस्त 31, 2011 http://moef.nic.in/downloads/public- information/wg-23()52()12.pdf.
22. भारत-जर्मन पर्यावरणीय साझेदारी, 'इंडियाज फ्यूचर नीड फॉर रिसोर्सेज : डायमेंशंस, चैलेंजेस ऐंड पॉसिबल सॉल्यूशंस।'

□

अध्याय-14

कानून के शासन का सशक्तीकरण

—देवेश कपूर और मिलन वैष्णव

परिचय

किसी भी लोकतंत्र में कानून के शासन की गारंटी देना संभवत: सबसे चुनौतीपूर्ण जिम्मेदारी है। समझौतों और मौलिक कानून-व्यवस्था को बढ़ाने के लिए जहाँ कानून के शासन के महत्त्व पर अकसर जोर दिया जाता है, वहीं एक न्यायपूर्ण समाज के लिए उचित कानूनों का निर्माण और उन्हें लागू करना और भी मौलिक आधार होता है, जो कमजोरों को ताकतवरों से बचाने का एकमात्र रोक और संतुलन का साधन होता है।

कागजों पर भारत में कानून का शासन बनाए रखने की एक लंबी परंपरा है, जो उसे उसके अनेक निरंकुश समकालीनों और पड़ोसियों से अलग करती है। यही परंपरा भारत के संविधान और आगे बने कानूनों में बसी है, जिसकी सुरक्षा अदालतों द्वारा कठोरता से की जाती है और जिसे लोकतंत्र तथा निष्पक्ष चुनावों से बनाए रखा जाता है। 2012 के वर्ल्ड जस्टिस डाटा के अनुसार, भारत सरकार के खुलेपन और लोकतांत्रिक नियंत्रणों के स्तर पर अच्छी स्थिति में है। सीमित सरकारी शक्तियों के वर्ग में, जो सरकार पर नियंत्रणों का मूल्यांकन करती हैं, भारत विश्व में 97 में से 37वें नंबर पर क्षेत्र में 5 में से पहले नंबर पर और निम्न मध्य आयवाले 23 देशों में दूसरे नंबर पर है।[1]

फिर भी कानून का जो नियम कागज पर है, वह सदैव व्यवहार में नहीं आता। उन्हीं आँकड़ों के मुताबिक, जब प्रक्रिया संबंधी प्रभाव की बात आती है, तब भारत का प्रदर्शन खराब हो जाता है। 'भ्रष्टाचार का अभाव' तथा 'व्यवस्था और सुरक्षा' के वर्गों में भारत क्रमश: 96 और 83 नंबर

लेखक माधव खोसला और अनंथ पद्मनाभम का भारतीय कानून प्रणाली पर उपयोगी जानकारी के लिए, डेनियल स्मोगार्ड का बेहतरीन शोध सहयोग के लिए और गोविंद मोहन तथा टी.वी. सोमनाथन का उपयोगी बातचीत का शुक्रिया अदा करते हैं। हम विवेक देवराय, एशली जे. टेलिस और रीस ट्रेवर का उनकी तीखी टिप्पणियों के लिए आभार व्यक्त करते हैं। हालाँकि केवल लेखक ही यहाँ दिए गए कथनों (और किसी त्रुटि) के लिए जिम्मेदार हैं। यह लेख 7 जनवरी, 2013 के आउटलुक इंडिया में प्रकाशित देवेश कपूर के 'द लॉ लेड डाउन' पर आधारित है। http://bit.ly/16eOmCa. पर उपलब्ध है।

है।[2] कुल नतीजा यह है कि भारत में कानून हैं, लेकिन इस विषय में भी काफी अनिश्चितता है कि कैसे उन नियमों को वास्तव में लागू किया जाता है।

कानून के शासन पर लेख औपचारिक और मूल धारणाओं के बीच अंतर करता है। इस अध्याय के अधिकांश हिस्से में हम कानून के शासन शब्द का प्रयोग इस प्रकार करते हैं, जिसमें वह विचार सामने आता है, जो कानूनों और संस्थाओं की प्रक्रिया संबंधी वैधता पर जोर देता है, जो यह अपेक्षा रखता है कि कानून संभावित, स्पष्ट रूप से तैयार, विधिवत् रूप से लागू हों, जिनकी निष्पक्ष रूप से समीक्षा की जाए और कानून बनाने तथा लागू करने में राज्य की क्षमता को महत्त्व दे। इस तरीके से, कानून का शासन एकाकी नहीं है, बल्कि गतिविधियों की रंगावली है। इस शृंखला के सबसे ऊपर कानूनों और नियमों का वह ढाँचा है, जो किसी भी समाज, यहाँ तक कि कानून बनानेवालों को भी नियंत्रित करता है। इसके बाद राज्य की जाँच एजेंसियाँ आती हैं, जिनके बाद अभियोजक एजेंसियाँ आती हैं। न्यायपालिका और पैनल की प्रणाली निचले पायदान पर आती हैं। इस शृंखला का प्रत्येक तत्त्व पिछले चरण (चरणों) को सशक्त और बेहतर बनाता है। कानून के शासन के मूल पहलुओं की बात करें, जिसमें कानूनों के वास्तविक तत्त्व का मूल्यांकन किया जाता है, तो हम कुछ कानूनों की समानता और न्याय की पर्याप्त सुरक्षा करने की क्षमता की भी समीक्षा करेंगे।

भारत में कानून की सप्लाई चेन, जो कभी सशक्त नहीं थी, वह अब बुरी तरह बेकार हो गई है। भारत का कानून अंदर से बुरी तरह पुराना पड़ गया है और पुराने कानून को दुरुस्त करने या समाप्त करने की बजाय नए कानून बनाने की प्रवृत्ति ने बेड़ा गर्क कर दिया है। कमजोर कानून, जो उससे भी कमजोर लागू करनेवाले तंत्र से जुड़े रहेंगे तो ताकतवर लोग बड़ी आसानी से उसे तोड़ देंगे। यही नहीं, कानून बनानेवाले ही शायद कभी कानून के अच्छे पालनकर्ता रहे हैं। अपने चुनाव के समय राज्य और देश के लगभग एक तिहाई विधायकों-सांसदों के खिलाफ आपराधिक मामले लंबित थे। इस परेशान करनेवाले तथ्य का कानून बनने से लेकर लागू करने तक की पूरी कानून सप्लाई चेन की विश्वसनीयता पर नकारात्मक प्रभाव पड़ता है।

इस शृंखला में और नीचे जाएँ, तो पुलिस और अभियोजकों में भारी बदलाव आवश्यक है। भारत की जाँच एजेंसियों का राजनीतिकरण हो गया है और उनके सामने संसाधन, ढाँचे और नेतृत्व का अभाव है। भारत में न्यायपालिका में अनेक उज्ज्वल पक्ष हैं—उदाहरण के लिए सुप्रीम कोर्ट को देश का सबसे सम्मानित संस्थान माना जाता है। फिर भी अदालतों में खाली पदों से लंबित मामलों और आत्म-नियंत्रण की कमजोर आंतरिक प्रणाली जैसी समस्याएँ हैं।

यह सब लिखे जाते समय, भारत की अर्थव्यवस्था, जो कभी मजबूत थी, वह डगमगा गई है। मौजूदा आर्थिक मंदी में, जहाँ बाहरी कारकों की एक भूमिका रही है, वहीं देश भ्रष्टाचार, कमजोर संस्थाओं और कानून तथा नियंत्रण की अनिश्चितता का भी शिकार हुआ है। इसकी आबादी का एक बड़ा हिस्सा भौतिक असुरक्षा को लेकर डरा हुआ है तथा एक के बाद एक हुए घोटालों से लोगों का विश्वास हिल गया है।

कानून

समस्याएँ

इस सप्लाई चेन में पहला तत्त्व है भारत के पुराने कानून, जिनमें से कई उस औपनिवेशिक युग के हैं, जिनके हालात मौजूदा भारत के हालात से एकदम अलग थे। दुर्भाग्य से, भारत में कुछ कानून निश्चित समय के बाद भी समाप्त नहीं होते। केंद्रीय स्तर पर खराब ढंग से तैयार किए जाने, अस्पष्टता, संशोधनों, स्पष्टीकरणों और छूट की अधिसूचनाओं (या उन्हें वापस लेने) के कारण विभिन्न उच्च न्यायालयों द्वारा उलटी व्याख्या (और फैसले) तथा मुकदमेबाजी होती है। काफी हद तक यह केंद्र तथा राज्य स्तरों पर कानून मंत्रालय की कमजोर क्षमता को दरशाता है।

यही नहीं, भारत में नए कानून बनाने और विरले ही मौजूदा कानूनों को हटाना या उनमें संशोधन करने की अजीब सी आदत है। 1998 में प्रशासनिक सुधार और लोक शिकायत विभाग की ओर से गठित, जैन आयोग ने वर्तमान प्रशासनिक कानून की समीक्षा की और संशोधित या समाप्त किए जानेवाले कानूनों की पहचान की। आयोग ने 2500 कानूनों की समीक्षा की और अपनी रिपोर्ट में 1300 से अधिक केंद्रीय कानूनों को समाप्त करने की सिफारिश की।[5] विधि आयोग ने भी समय-समय पर कानूनों की समीक्षा की सिफारिश की है। फिर भी 2002 में एक बार 315 संसोधन अधिनियमों को भंग करने के अलावा, प्रगति काफी सुस्त रही है। बात जब इसी प्रकार के राज्य के कानूनों की आती है, जिनकी संख्या कई हजार तक है और जो रोजाना के कामकाज को प्रभावित करते हैं, तो भारत के पास एक विश्वसनीय सूची का अभाव दिखता है। कानूनों की बहुलता और जटिलता अनुपालन, निरोध और प्रभावी अमल को मुश्किल, जबकि कुछ मामलों में असंभव बना देते हैं। नतीजा यह कि कारोबार उन्हें अनदेखा करते हैं, जबकि राज्य के अधिकारी उन्हें परेशान कर शुल्क वसूली करते हैं।

संभावित समाधान

अन्य मंत्रालयों में जहाँ पुराने पड़ चुके कानूनों में सुधार की कोई दिलचस्पी नहीं, वहीं केंद्रीय और राज्य कानून मंत्रालयों में ऐसा करने की क्षमता का अभाव है। पुराने कानूनों में संशोधन, उन्हें समाप्त करने और पुराने कानूनों को अपडेट करने की नितांत आवश्यक्ता है तथा विधि आयोग को इस जिम्मेदारी को निभाने के लिए अतिरिक्त संसाधन उपलब्ध कराए जाने चाहिए। ऊपरी स्तर पर अतिरिक्त मानव संसाधनों को उपलब्ध कराने के साथ ही कानून तैयार करने में अधिक सूक्ष्मता रही तो भविष्य में मुकदमेबाजी भी कम होगी।

कानून को मजबूत और सरल बनाने का एक उदाहरण वित्तीय क्षेत्र विधायी सुधार आयोग (एफ.एस.एल.आर.सी.)[6] द्वारा स्थापित मॉडल है। सरकार की अनेक गतिविधियों के समान, वित्तीय क्षेत्र के कानूनी ढाँचे में ऐसे नियम हैं, जो दशकों पुराने हैं, जब वित्तीय प्रणाली के उद्देश्य और आवश्यकताएँ एकदम अलग थीं। एफ.एस.एल.आर.सी. को वित्तीय क्षेत्र के नियामक ढाँचे की समीक्षा और आधुनिकीकरण के लिए दो वर्ष का समय दिया गया था। उस पर किसी भी ओवरलैप और विसंगति का पता लगाने और एक स्थायी एकीकृत वित्तीय कोड बनाने की जिम्मेदारी थी।

एफ.एस.एल.आर.टी. टीम को बहुविषयी कार्य समूह में बाँटा गया, जिसमें वित्त और शिक्षा

जगत् के विशेषज्ञों के साथ नियामक थे, जो व्यापक मूल्यांकन कर सकते थे। प्रत्येक विषय पर, इस आयोग ने बाजार के उस क्षेत्र के लिए उद्देश्य तय किए, बाजार के विफल होने के स्रोतों का पता लगाया और कानून को फिर से बनाने के खर्च और फायदों का मूल्यांकन किया। पुराने कानूनों के समाप्त करने के लिए अन्य क्षेत्र इस मॉडल को अपना सकते थे।

कानून निर्माता

समस्याएँ

कानून आखिरकार कानून निर्माता ही बनाते हैं। यह सच है कि भारत के अनेक जाने-माने कानून निर्माता कानून तोड़ने में भी अव्वल हैं, जिसका भारत में कानून के शासन की विश्वसनीयता पर एक सूक्ष्म, लेकिन व्यापक असर पड़ता है। लोकतांत्रिक सुधार संघ की ओर से जुटाए गए आँकड़ों के मुताबिक, सितंबर 2013 तक भारत के लगभग एक तिहाई कानून निर्माता चुने जाने के समय राज्य (31 प्रतिशत) और केंद्र (30 प्रतिशत) स्तर पर आपराधिक मामलों में फँसे थे। इनमें से आधे मामले गंभीर प्रकृति के थे, जिनमें हत्या, हत्या का प्रयास, अपहरण और महिलाओं के खिलाफ अपराध शामिल थे।[7]

चुनाव के मैदान में आने से 'दागी' उम्मीदवारों को रोकने के लिए हाल ही में सुप्रीम कोर्ट ने दो ऐतिहासिक फैसले दिए हैं। पहले के अनुसार विधानसभा या संसद् का कोई भी सदस्य अदालत द्वारा दोषी ठहराया जाता है, तो उसे दोषी ठहराए जाने की तारीख से ही अयोग्य घोषित कर दिया जाएगा। पिछले नियम के अनुसार, दोषी सांसद-विधायक तब तक अपनी सीट पर बने रह सकते थे, जब तक कि किसी अदालत ने उनकी सजा पर रोक लगा रखी थी और अदालतों में उनकी अपील लंबित थी। सरकार की ओर से कोर्ट के फैसले का तोड़ निकालने के लिए संसद् में लाए गए विधेयक का कड़ा विरोध हुआ। जब संसद् ने एतराज जताया, तब सरकार ने एक अध्यादेश लाने का प्रयास किया, लेकिन समझदारी दिखाते हुए उसे वापस ले लिया।[8]

दूसरे फैसले के अनुसार यदि कोई व्यक्ति जेल में या पुलिस हिरासत में है तो उसे किसी पद की उम्मीदवारी की इजाजत नहीं मिलेगी, चाहे उस व्यक्ति पर औपचारिक रूप से अभियोग न भी लगाए गए हों? कोर्ट ने अपने फैसले में तर्क दिया, "यदि जेल में बंद व्यक्ति वोट नहीं दे सकता, तो जेल में बंद व्यक्ति चुनाव भी नहीं लड़ सकता है।"[9] संसद् ने तुरंत एक विधेयक पेश किया और उसे पास भी कर दिया, जिस पर बाद में राष्ट्रपति के दस्तखत भी हो गए। कोर्ट का आदेश समस्या खड़ा करनेवाला था, क्योंकि राजनेता विरोधियों को सजा देने के लिए अकसर पुलिस का दुरुपयोग करते हैं।

संभावित समाधान

दोषी राजनेता या जो जेल में हैं, उनके अलावा भी एक बड़ा मुद्दा सामने है—यह कि न्याय प्रणाली की कमियों के चलते कानून निर्माता शायद ही कभी दोषी ठहराए जाते हैं। इसके बावजूद कि नेताओं के खिलाफ मुकदमों की महामारी सी फैली है, लोकतांत्रिक सुधार संघ के अनुसार,

2008 के बाद से केवल 0.5 प्रतिशत सांसदों और विधायकों को किसी अदालत ने दोषी ठहराया है।

यह लेख लिखे जाने के समय, कानून मंत्री ने एक विधेयक पर विधि आयोग की राय माँगी थी, जिसमें उन व्यक्तियों को चुनाव लड़ने से रोकने का प्रावधान था, जिनके खिलाफ जघन्य अपराधों (जैसे रेप, मर्डर और किडनैपिंग, जिसमें कम-से-कम सात साल की सजा का प्रावधान है) का आरोप है। आपराधिक न्यायशास्त्र में जहाँ दोषी ठहराए जाने तक निर्दोष माने जाने का सिद्धांत है, क्योंकि वहाँ जीवन और स्वतंत्रता दाँव पर लगी होती है, वहीं सार्वजनिक कानून में, आम जनता के हित में लैटिन सिद्धांत को लागू करना आवश्यक होगा, जिसके मुताबिक खुद को निर्दोष साबित करने का भार आरोपी पर होता है।[12]

जघन्य अपराधों पर इस दंड को लागू करने से नेताओं के संभावित जवाब से बचा जा सकता है, जो कहते हैं कि वे राजनीतिक मंशा से दायर मुकदमों के शिकार हैं। सरकार चुनावी अधिकरण स्थापित करने पर विचार कर सकती है, जिसे राजनीतिक उम्मीदवारों के खिलाफ दायर मामलों की सुनवाई का अधिकार हो। यह फास्ट्र ट्रैक जैसा ही होगा, जिसे अंतिम विकल्प के रूप में चुना जाता है, हालाँकि कानून बनानेवालों को तुरंत न्याय दिलाने की मिसाल कम ही मिलती है।

'धन' और 'बाहुबल' के चिरपरिचित प्रयोग के चलते, भारत के चुनाव आयोग ने अतिरिक्त सुधार सुझाए हैं, जिन्हें अगली सरकार को इस प्रयास के साथ बढ़ाना चाहिए कि चुनावी खर्चे में सुधार पर सभी दलों की सहमति जुटाई जाए।[13] उदाहरण के लिए, चुनाव आयोग को राजनीतिक दलों की कार्यप्रणाली और रजिस्ट्रेशन समाप्त करने के अतिरिक्त अधिकार दिए जाने चाहिए। इसके अतिरिक्त, कमीशन के पास यह अधिकार होना चाहिए कि वह सारे दलों के खातों की स्वतंत्र रूप से सालाना लेखा जाँच करा सके और उसके निष्कर्ष सार्वजनिक कर सके।

इसके साथ ही चुनाव आयोग के लिए ऐसे स्पष्ट दिशा-निर्देश नहीं हैं कि वह झूठा हलफनामा दायर करनेवाले किसी उम्मीदवार के खिलाफ कारवाई कर सके।[14] अगली सरकार को हर हाल में यह सुनिश्चित करना चाहिए कि उम्मीदवार अपने और अपने चुनाव प्रचार के बारे में सही सूचना दें तथा उचित सूचना न देनेवालों के खिलाफ चुनाव आयोग कड़ी कारवाई कर सके।

पुलिस और अभियोजक

समस्याएँ

न्याय प्रणाली के साथ किसी नागरिक का पहला सामना पुलिस के साथ होता है, जो सरकार का एक हतोत्साहित अंग है और जिसे अब तक 1861 के पुलिस अधिनियम से संचालित किया जाता है, जो औपनिवेशिक कानून है। पुलिस का पहला दायित्व आज भी अपराध रोकना नहीं, बल्कि कानून-व्यवस्था का पालन कराना है। इसका कारण आजादी से पहले पुलिस के काम करने का तरीका है, जब पुलिस कानून-व्यवस्था लागू करने के लिए ही कारवाई करती थी। इस प्रकार की कारवाई आधुनिक युग से एकदम अलग है, जब पुलिस फोर्स से लोगों की भलाई और अपराध रोकने के साथ ही पीड़ितों की सुरक्षा की उम्मीद की जाती है। पुराने औपनिवेशिक कानूनों, भारतीय पुलिस सेवा और निचले स्तर के अधिकारियों के बीच खींचतान, पुलिस का राजनीतिकरण और

अत्यधिक केंद्रीकृत पुलिस व्यवस्था ने पुलिस पर बोझ कई गुना बढ़ा दिया है।[15]

पिछले कुछ वर्षों में भारत की पुलिस में सुधार के कई प्रयास किए गए हैं। फिर भी ऐसे अनेक कारण हैं, जिनके चलते अनेक पुलिस आयोगों की सिफारिशें और रिपोर्ट धूल खा रहे हैं। भारत के नेताओं को एक सिद्धांत एकजुट बनाए रखता है और वह यह है कि एक सक्षम, स्वायत्त पुलिस फोर्स उनके लिए खतरा है। समाज की तरफ से भी पुलिस में सुधार का दबाव सीमित है। मध्यम वर्ग और अमीर लोग एक विस्तृत दायरे से बाहर जा चुके हैं, जिनमें पुलिस पर भरोसा करना (जैसा कि निजी सुरक्षा सेवाओं में आए जबरदस्त उछाल से स्पष्ट है) भी शामिल है और भारत के राजनीतिक और सामाजिक आंदोलनों के लिए पहचान के महत्त्व से भी समाज की दिलचस्पी पुलिस में कम हुई है, जिससे उसका असर उतना नहीं रह गया है।

इसका परिणाम है कि भारत में पुलिस कुछ हद तक बदहाली झेल रही है, जो हतोत्साहित होने और लोगों का समर्थन न होने के साथ ही निरंतर जारी राजनीतिकरण और संसाधनों की किल्लत के कुचक्र में फँसी है। ग्रुप के देशों में भारत में प्रति व्यक्ति पुलिस अफसरों की संख्या सबसे कम है—122.5 अफसर प्रति 1,00,000 लोग। यही नहीं, पूरे भारत में पुलिस में 25 प्रतिशत पद खाली हैं।[16] कम स्टाफ और कम प्रशिक्षणवाली पुलिस के पास अच्छी जाँच के लिए तकनीकी सुविधाओं का भी अभाव है। बदले में, इन सारे कारकों का असर सजा दिलाने में कमी पर पड़ता है, जिससे पुलिस और अदालत, दोनों की बदनामी होती है। यह दिखाता है कि आपराधिक न्याय प्रणाली के हर विभाग में कितनी असाध्य कठिनाइयाँ हैं।[17]

बेशक, आप कितना ही ऊपर क्यों न चले जाएँ, पुलिस की समस्याएँ कम होती नहीं दिखती हैं। उदाहरण के लिए, केंद्रीय अन्वेषण ब्यूरो (सी.बी.आई.) को ही ले लीजिए, जो भारत की शीर्ष जाँच पुलिस एजेंसी है। सी.बी.आई. उन बड़े मामलों की जाँच करती है, जिनमें केंद्र सरकार एक प्रमुख भूमिका में होती है या मामला अंतरराज्यीय विवाद का होता है। दुर्भाग्यवश, आज सी.बी.आई. को एक मनमरजी चलानेवाली कार्यपालिका का पक्षपातपूर्ण अंग माना जाता है, जिसका इस्तेमाल राजनीतिक आधार पर व्यक्तियों को लाभ पहुँचाने या दंड देने के लिए किया जाता है।[18] उदाहरण के लिए, अनेक प्रमुख नेताओं के खिलाफ भ्रष्टाचार के मामले की जाँच सत्ता में बैठी सरकार और इन अधिकारियों के राजनीतिक संबंधों के अनुसार चलती है या बंद हो जाती है।[19]

सी.बी.आई. की स्वतंत्रता में कमी का संबंध उसके निदेशक के चुनाव के तरीके से है, साथ ही उसके अधिकार क्षेत्र की सीमा भी जिम्मेदार है।[20] उदाहरण के लिए, सी.बी.आई. राज्य स्तर पर जाँच की शुरुआत तभी कर सकती है, जब वह राज्य सरकार इसकी इजाजत दे। सुप्रीम कोर्ट ने एक विवाद के बाद टिप्पणी की थी कि सी.बी.आई. अपने मालिक की बोली बोलनेवाले पिंजड़े में बंद तोते से ज्यादा कुछ नहीं है।[21] यही समस्या केंद्रीय निगरानी आयोग के साथ भी है, जिसके पास स्वतंत्र जाँच के अधिकार नहीं हैं और भ्रष्टाचार के मामलों की जाँच के लिए उसे सरकारी एजेंसियों पर निर्भर रहना पड़ता है।[22]

भारत के अभियोजकों में भी अनेक कमियाँ हैं। ऐसे लगभग सभी मामलों में, जिनमें आरोपी के पास पैसा होता है, वहाँ वकीलों के बीच भारी अंतर होता है। सरकारी वकीलों को सही जानकारी नहीं मिलती, जबकि कॉरपोरेट और राजनीतिक आरोपियों के पास ज्यादा पैसे लेनेवाले

वकीलों का समूह होता है, जिनके पास सरकारी वकील के तर्क की काट के लिए काफी समय और अकसर बेहतर क्षमता भी होती है।[23]

संभावित समाधान

एक के बाद एक आनेवाली सरकारों ने पुलिस सुधार आयोग बनाए, जिसने ऐसे उपाय सुझाए, जिन्हें केंद्र और राज्य की सरकारें उठा सकती हैं। भविष्य में किसी भी सुधार को पाँच सिद्धांतों से निर्देशित होना चाहिए—

- **अधीनस्थता :** राज्य स्तर पर पुलिस काफी केंद्रीकृत है, लेकिन उसे और अधिक केंद्रीकरण (संघीय एजेंसियों को आतंकवाद जैसे मुद्दे पर अधिकार संपन्न बनाने के लिए) के साथ ही विकेंद्रीकरण (स्थानीय सरकार के स्तर पर जैसे ट्रैफिक पुलिस) की आवश्यकता है।
- **स्वायत्तता :** पुलिस को घातक राजनीतिक नियंत्रण से अधिक स्वायत्तता की आवश्यकता है। अधिक स्वायत्तता को जवाबदेही जैसे स्वतंत्र निगरानी निगमों की स्थापना से सशक्त किया जा सकता है।
- **कर्मचारी :** एक छोटे और चुनिंदा भारतीय पुलिस सेवा तथा खराब ट्रेनिंगवाले जवानों से भारत के गहरे सामाजिक स्तरीकरण का पता चलता है। इसके लिए संगठन के स्तर पर तथा तरक्की के रास्तों और निचले स्तर के जवानों की ट्रेनिंग पर ज्यादा जोर दिए जाने की आवश्यकता है।
- **संसाधन :** अंतत:, संसाधनों को बढ़ाए बिना पुलिस में बदलाव लाना, विशेषकर पुलिस स्टेशनों या थाने के स्तर पर बदलाव संभव नहीं है।

इन मामलों को सुलझाने के लिए छोटे कदमों का भी पुलिस की कार्य प्रणाली पर सकारात्मक प्रभाव पड़ेगा। राजस्थान राज्य पुलिस ने हाल ही में एक अध्ययन किया है, जिसने पाया कि पुलिस अधिकारियों के तबादलों पर रोक और अफसरों को दिए गए पेशेवर कौशल की ट्रेनिंग का न केवल लोगों पर, बल्कि पुलिस फोर्स के काम करने तरीके पर भी अच्छा प्रभाव पड़ा।[24] इस प्रकार के कम खर्च और प्रशासनिक सुधारों में दूरगामी परिवर्तन की क्षमता है।[25]

2011 में अन्ना हजारे के नेतृत्व में चले भ्रष्टाचार विरोधी आंदोलन के बाद, लोकपाल को लेकर कानून बनाने पर ध्यान केंद्रित था। इसका मकसद निर्वाचित सदस्यों और वरिष्ठ अधिकारियों की जवाबदेही बढ़ाना था। लोकसभा ने दिसंबर 2011 में लोकपाल और लोकायुक्त बिल को पास किया और काफी टालमटोल के बाद राज्यसभा ने भी दो साल बाद बिल को पास कर दिया और राष्ट्रपति के हस्ताक्षर के बाद यह कानून बन गया।

यह कहना जहाँ जल्दबाजी होगी कि लोकपाल भ्रष्टाचार के खिलाफ एक असरदार एजेंसी साबित होगा या नहीं, उसके गठन से ही यह साफ हो गया है कि सरकार के तमाम स्तरों पर भ्रष्टाचार से तंग आ चुकी जनता ने राजनेताओं को अपनी बात मनवाने पर मजबूर कर दिया। लोकपाल कानून में ऐसे कम ही प्रावधान हैं, जिन पर किसी की नजर जाएगी। शुरुआती जानकारी हासिल करनेवालों के लिए बता दें कि लोकपाल कानून कहता है कि राज्यों को राज्य और स्थानीय स्तर के अधिकारियों के

खिलाफ भ्रष्टाचार के आरोप की जाँच के लिए एक वर्ष के भीतर लोकायुक्त का गठन करना चाहिए, लेकिन इसके बाद वह कोई निर्देश नहीं देता। कम-से-कम अठारह राज्यों ने पहले ही लोकायुक्तों का गठन कर लिया है, लेकिन उनके अधिकारों को लेकर उनमें अंतर है। विकेंद्रीकृत शासन के संबंध में 73वें और 74वें संसोधन के पास हो जाने से, राज्यों के बाद इन संस्थानों को बेअसर करने की गुंजाइश है। यही नहीं, लोकपाल के कार्य की जहाँ तक बात है, तो इस एजेंसी को उन केंद्रीय अधिकारियों की जाँच के लिए राज्य के अधिकारियों की अनुमति लेनी होगी, जिन्हें केंद्र ने राज्य में भेजा है। इससे एक एकीकृत संस्था के गठन का उद्देश्य ही विफल हो जाता है। दूसरा, लोकपाल के नौ सदस्यों के चुनाव के लिए मुक्त चयन प्रक्रिया की बजाय, यह विधेयक एक चयन समिति के साथ ही सलाहकार सर्च समिति का भी गठन करता है। अनेक प्रकार की समितियों के गठन से पारदर्शिता कम हो जाएगी, जबकि इस एजेंसी का गठन ही सरकार में पारदर्शिता और जवाबदेही तय करने के लिए किया गया था। अंत में, यह भी साफ नहीं कि लोकपाल उन लोगों से शिकायत कैसे प्राप्त करेगा, जो भ्रष्टाचार की काररवाई से पीड़ित हैं या उसके गवाह हैं। यह विधेयक इस बारे में कोई भरोसा नहीं देता कि स्थानीय अधिकारी साक्ष्य जुटाने में मदद करेंगे या फिर एक बार स्थानीय अधिकारियों के पास शिकायत दर्ज करा दी गई, तो वे तुरंत केस को लोकपाल के पास भेज देंगे और प्राथमिक जाँच शुरू हो जाएगी।

अदालतें

समस्याएँ

भारत की न्याय प्रणाली न्यायपालिका पर टिकी है, वहीं भारत में अदालतों के सामने एक स्पष्ट विडंबना है। एक तरफ, कमजोर कार्यपालिका और झगड़ों में फँसी विधायिका है, वहाँ अदालतों ने शासन और नीति बनाने की कमी को पूरा करने (विशेष कर सुप्रीम कोर्ट) की कोशिश की है। वहीं दूसरी तरफ, न्यायपालिका स्वयं भी समय के साथ कमजोर हो रही है।[26]

भारतीय न्याय प्रणाली की एक सबसे बड़ी समस्या इसकी केंचुए के जैसी धीमी चाल है। हर वर्ष, कोर्ट जितने मामले निपटा नहीं पाते, उससे ज्यादा मामले ले लेते हैं। जून 2012 तक, भारतीय न्यायपालिका में लगभग 3 करोड़ 20 लाख केस लंबित थे। 2011 तक लगभग 24 प्रतिशत कोर्ट केस पाँच साल से, जबकि 9 प्रतिशत दस वर्षों से अधिक से चले आ रहे थे।[27]

लेकिन न्यायिक क्षमता का भी मुद्दा है, जो संख्या के साथ-साथ गुणवत्ता पर भी प्रश्न खड़ा करता है। जून 2012 तक, सुप्रीम कोर्ट में 13 प्रतिशत खाली पद थे। यह दर हाईकोर्ट और जिला कोर्ट की तुलना में अपेक्षाकृत कम है, जहाँ 29 और 21 प्रतिशत रिक्तियाँ हैं। लोगों की कितनी कमी है, इसका अंदाजा लगाने के लिए बता दें कि अमेरिका में प्रति दस लाख नागरिक 108 जज हैं, जबकि भारत में उतने ही लोगों के लिए केवल बारह जज हैं। इन कमजोरियों के पीछे पैसों की कमी है। योजना आयोग ने आठवीं योजना (2007 से 2012) के तहत कोर्ट की प्रणाली के आधुनिकीकरण के लिए रु. 1,470 करोड़ आवंटित किए थे, जिनमें राज्य स्तर पर किया जानेवाला खर्च शामिल नहीं है।[28] यह आवंटन कुल योजना खर्च का केवल 0.07 प्रतिशत है, जबकि नौवीं

(1997 से 2002) और दसवीं (2002 से 2007) योजनाओं में भी मामूली आवंटन किया गया था।[29]

उच्च स्तर की न्यायपालिका के लिए न्यायिक नियुक्तियाँ एक कॉलेजियम द्वारा की जाती हैं, जिसमें भारत के मुख्य न्यायाधीश और सुप्रीम कोर्ट के चार सबसे वरिष्ठ जज होते हैं। कॉलेजियम का विकास जहाँ राजनीतिक दखल के विरुद्ध हुआ, वहीं इसमें पारदर्शिता का अभाव है, जो निश्चित पैमाने को नहीं अपनाती और धाँधली के खिलाफ अपील की गुंजाइश भी नहीं है।[30]

अनेक प्रकार से न्यायिक प्रक्रिया ही अपने आप में सजा बन गई है। अदालतें जिस असाधारण तत्परता से स्थगन आदेश जारी करती हैं, उससे निश्चित हो जाता है कि शक्तिशाली लोग हमेशा कमजोर को परास्त कर देंगे, जिससे न्याय मजाक बनकर रह जाता है। न्यायपालिका जितने आराम से कार्यपालिका के दायरे में दखल देती है, उतने जोश से वह अदालतों की व्यवस्था को चुस्त-दुरुस्त बनाने का काम नहीं करती है। अदालतों के प्रशासनिक संगठन में किए गए थोड़े-बहुत प्रयास बढ़े मामलों के बोझ के आगे ऊँट के मुँह में जीरा साबित हुए हैं।

लंबित मामलों के भारी बोझ की समस्या पर अगस्त 2011 में सरकार ने पाँच वर्षों के लिए न्याय प्रदान करने और कानूनी सुधारों के लिए एक राष्ट्रीय मिशन की स्थापना की। इसके साथ ही राज्य सरकारों को न्याय सुचारु बनाने के लिए रु. 5000 करोड़ भी दिए गए, जिसमें कोर्ट के काम के घंटे बढ़ाने के साथ ही हर न्यायिक जिले में कोर्ट मैनेजरों को नियुक्त करने के सुझाव दिए, ताकि प्रशासनिक कार्य में सुधार हो सके।

न्यायपालिका के बोझ को कम करने के अतिरिक्त उपाय के तहत, आनेवाली सरकारों ने अर्ध-न्यायिक अधिकरणों तथा विवाद निपटारे के वैकल्पिक तंत्र (मध्यस्थता, सुलह और लोक अदालत) विकसित करने की दिशा में कदम उठाया है। अफसोस है कि अब तक अधिकरणों का कुल रिकॉर्ड विचित्र ही रहा है। अधिकरण त्वरित न्याय का तंत्र उपलब्ध कराते हैं, लेकिन वे उस मूल संस्थागत समस्या को नहीं निपटाते, जिसके कारण उनका गठन करना पड़ा।[32] दूसरा, अधिकरण उन क्षेत्रों में गठित किए गए हैं, जिनमें विशिष्ट जानकारों की आवश्यकता है, फिर भी उनमें काफी हद तक सेवानिवृत्त जजों और नौकरशाहों को भर दिया गया है, जो सामान्य ज्ञान रखते हैं।[33] तीसरा, उनके पास बुनियादी चीजों जैसे ऑफिस के लिए जगह और उपकरण, कर्मचारी तथा पर्याप्त प्रशासनिक तंत्र की भी कमी है।

संभावित समाधान

अगली सरकार को न्यायिक प्रक्रिया को चुस्त-दुरुस्त बनाने के कदम अवश्य उठाने चाहिए। अगली सरकार को मामलों के प्रबंधन को सरल बनाना चाहिए। देरी के अधिकांश मामले वास्तव में पहली सुनवाई के दौरान प्रक्रिया संबंधी निष्पक्षता पर अत्यधिक जोर दिए जाने के कारण ही सामने आते हैं। इस चरण के सारे काम निजी केस प्रबंधकों को आउटसोर्स कर दिए जाने चाहिए, जिस प्रकार आज अनेक सरकारी कार्य कराए जाते हैं।

जब सुनवाई का चरण शुरू होता है, तो अदालतों को सख्ती से समय सीमा को लागू करने के साथ ही न्यायिक अधिकारियों द्वारा उसकी निगरानी करनी चाहिए। शुल्क लागू करना चाहिए, ताकि कठोरता से पालन हो और अभियोग दाखिल करने जैसी बातों का अंदाजा पहले ही लगा

लिया जाना चाहिए।[34] केस दायर करने के साथ अकसर बाहरी नकारात्मकता जुड़ी रहती है, लेकिन जिस क्षण इन बाहरी बातों को वादी और गुमराह करनेवाले वकीलों पर लाद दिया जाता है, वैसे ही फिजूल के दायर किए गए मामलों की संख्या कम हो जाती है। एक तरीका खर्च वसूलने का है, जब दीवानी मामलों में काररवाई का खुलासा नहीं होता या उन्हें सीमित कानूनी सीमा के चलते रोका जाता है।[35]

मई 2012 में सुप्रीम कोर्ट ने केस के प्रबंधन, कोर्ट प्रबंधन और अदालतों के प्रदर्शन के पैमाने तय करने के लिए राष्ट्रीय कोर्ट प्रबंधन प्रणाली की स्थापना की। कोर्ट प्रबंधन प्रणाली के अंतर्गत, कोर्ट की उत्कृष्टता का राष्ट्रीय ढाँचा तैयार किया जा रहा है, जो अदालतों के प्रदर्शन के मापे जाने योग्य पैमाने तय करेगा, जिससे गुणवत्ता, प्रतिक्रियात्मकता और समयबद्धता सुनिश्चित होगी। ये सकारात्मक कदम हैं तथा अगली सरकार को उनका पर्याप्त मानवीय और वित्तीय पूँजी के साथ समर्थन करना चाहिए। सुगठित केस प्रबंधन प्रणाली को एक प्रमुख समस्या से निजात दिलाकर न्याय देने की प्रक्रिया बेहतर बनाई जा सकती है, यह समस्या है स्थगनों की। केस प्रबंधन की समय सीमा का सख्ती से पालनकर वादियों को स्थगनों के मामले में गंभीर बनाया जा सकता है। विडंबना यह है कि सुप्रीम कोर्ट और कार्यपालिका, दोनों ही इसमें दिलचस्पी दिखाते हैं, जबकि कोर्ट भी स्थगन बड़े आराम से देते हैं, जिससे काररवाई लंबी खिंचती रहती है।

भारतीय अदालतों में ठसाठस भरे मुकदमों और फाइलों के अंबार को कम करने के लिए कई वैकल्पिक प्रणालियों को प्रयोग में लाया गया है। उदाहरण के लिए, 2008 का ग्राम न्यायालय अधिनियम ग्रामीण भारत में कम खर्च और तेजी से न्याय दिलाने को सुनिश्चित करता है। यह योजना भौतिक और मानवीय ढाँचे की कमी से जूझ रही है, लेकिन सबसे बड़ी समस्या संभवत: ऐसे जजों की संख्या में कमी है, जो सक्षम और ईमानदार हों। भारत के विधि आयोग ने एक सुझाव दिया है, जिसे कई सलाहकार निगमों ने सही ठहराया है और वह है अखिल भारतीय न्यायिक सेवा का गठन। इसके स्पष्ट फायदे हैं, जैसे कोर्ट के काम करने का मानकीकरण, निचली अदालतों के जजों की निश्चित शक्तियाँ और उनके काम करने की स्थितियाँ। इनसे राष्ट्रीय स्तर पर न्यायिक सुधार लाना आसान हो जाता है तथा इसमें एक राज्य की बजाय पूरे देश से आवेदक शामिल होते हैं।

अखिल भारतीय न्यायिक सेवा से कुछ दिनों पहले पारित न्यायिक नियुक्ति आयोग विधेयक, 2013 को भी मजबूती मिलेगी, जो अपारदर्शी कॉलेजियम को हटाकर एक न्यायिक नियुक्ति आयोग के गठन की सिफारिश करता है। न्यायिक नियुक्ति आयोग विधेयक पर एक अन्य विधेयक, न्यायिक मानदंड और जवाबदेही विधेयक के साथ-साथ विचार करना चाहिए, जो न्यायपालिका में सुधार लाने का प्रयास कर रहा है।[36] यह विधेयक अनेक अच्छे कदमों की सिफारिश करता है, जिनसे न्यायपालिका की गुणवत्ता और निष्ठा में सुधार होगा, जैसे जज अपनी संपत्ति की घोषणा करें, न्यायिक आचार संहिता की स्थापना और आचार संहिता का उल्लंघन करनेवाले जजों को हटाने की एक औपचारिक प्रक्रिया की स्थापना।[37]

अंत में, विभिन्न सरकारों ने औपचारिक न्याय प्रणाली से बचने के लिए अधिकरणों की स्थापना की है। अगली सरकार को विवाद निपटारे के वैकल्पिक तंत्र पर फिर से विचार करना चाहिए और उसे तार्किक बनाना चाहिए। चूँकि अब तक सरकार ने 62 अधिकरण बना दिए हैं,

इसलिए संसद् के लिए एक स्थायी तंत्र की स्थापना करना और भी आवश्यक हो जाता है, जहाँ पर्याप्त कर्मचारी हों और जिसे सरकार के भीतर के विवादों को निपटाने की जिम्मेदारी सौंपी जाए।

निष्कर्ष

भारत जहाँ व्यापक आर्थिक और राजनीतिक बदलाव से गुजर रहा है, वहीं इसका समाज भी हैसियत से अनुबंध समाज की ओर बढ़ रहा है। यदि इस बदलाव को जारी रखना है, तो नई सरकार को हैसियत के आधार पर ऊँच-नीच को और कम करने, भारत में कानूनी संस्थानों में सुधार तथा अनुबंधों को लागू करने को सबसे पहली प्राथमिकता देनी होगी।

लंबे समय से, भारत के प्रशासनिक और विधि संस्थानों में सुधार को दूसरे स्तर का विषय समझा जा रहा था, जिसे महत्त्वपूर्ण आर्थिक सुधारों के बाद निपटाया जा सकता था। किसी नीति निर्माता के दृष्टिकोण से जहाँ इस क्रम को समझा जा सकता है, वहीं यह इस लिहाज से अदूरदर्शी था; क्योंकि कानून का शासन न केवल बाजार की अर्थव्यवस्था में आर्थिक गतिविधि को बनाए रखने के लिए अनिवार्य शर्त है, बल्कि लोकतंत्र को बनाए रखने के लिए भी आवश्यक है, विशेषकर उनके लिए, जो कमजोर और हाशिए पर हैं। मामूली बदलावों का भी व्यापक प्रभाव हो सकता है।

यहाँ सुझाए गए कई सुधार ऐसे हैं, जिनके लिए भारी-भरकम बजट की आवश्यकता नहीं है। इससे इनकार नहीं किया जा सकता कि भारत में कानून का शासन संसाधनों की भारी किल्लत झेल रहा है, लेकिन बजट संबंधी दबाव के बावजूद, ऊँची कोर्ट फीस, विशेषकर सरकार की ओर से या निगमों की ओर दायर केस में ली जानेवाली ऊँची कोर्ट फीस से संसाधन की कमी को दूर किया जा सकता है। फिर भी, इस बात को अनदेखा नहीं किया जा सकता कि मामूली कानूनी या प्रशासनिक बदलाव भारत में कानून का शासन देनेवाले संस्थानों पर गहरा प्रभाव डाल सकते हैं।

नोट्स

1. वर्ल्ड जस्टिस प्रोजेक्ट, 'रूल ऑफ लॉ इंडेक्स : इंडिया प्रोफाइल,' 2012, http://worldiusticeproiect.org/country/india.
2. इन्हीं वर्गों में भारत क्षेत्र में तीसरे और चौथे नंबर पर है तथा निम्न मध्यम आय वर्ग में 14वें और 22वें नंबर पर।
3. पॉल क्रेग, 'फॉर्मल सब्सटेंशिव कनसेप्शंस ऑफ द रूल ऑफ लॉ : एन एनालिटिकल फ्रेमवर्क,' पब्लिक लॉ 467 (1997).
4. विवेक देवराय, 'रिफॉर्मिंग लीगल सिस्टम,' एकेडमिक फाउंडेशन 88, (2005) : 45.
5. पीसी जैन व अन्य, 'रिपोर्ट ऑफ द कमीशन ऑन रिव्यू ऑफ एडमिनिस्ट्रेटिव लॉ' प्रशासनिक सुधार और लोक शिकायत विभाग, भारत सरकार, 1998, 16, http://darpg.gov.in/darpgwebsitecms/Document/file/Review_ Administrative_ laws Vol_l.pdf.
6. इला पटनायक और अजय शाह, 'रिफॉर्मिंग इंडियाज फाइनेंशियल सिस्टम,' कारनेगी पेपर, कारनेगी एनडोमेंट फॉर इंटरनेशनल पीस, 2014.
7. लोकतांत्रिक सुधार संघ, 'राजनीति का अपराधीकरण : लगभग एक तिहाई लोकसभा सांसदों के खिलाफ आपराधिक मामले हैं,' 29 सितंबर, 2013, http://adrindia.org/media/adr-in-

news/criminalisation-politics-almost-one- third-lok-sabha-mps-have-criminal-cases-agains.

8. राहुल गांधी हैज 'द फाइनल वर्ड, कैबिनेट विड्राज नॉनसेंस ऑर्डिनेंस' इंडियन एक्सप्रेस, 3 अक्तूबर, 2013।
9. हालाँकि कोर्ट ने आदेश दिया कि हिरासत में लिये गए व्यक्ति पर अयोग्यता का सिद्धांत लागू नहीं होगा।
10. संसद् ने कोर्ट के फैसले को नकारने के लिए एक विधेयक पारित कर दिया, फिर भी उसने कोर्ट से अपने फैसले की समीक्षा करने को कहा। कोर्ट इसके लिए तैयार हो गया है। इस विधेयक पर और जानकारी के लिए देखें PRS लेजिसलेटिव रिसर्च, 'बिल समरी : द रिप्रेजेंटेशन ऑफ पीपुल (अमेंडमेंट ऐंड वैलिडेशन) बिल, 2013,' 26 अगस्त, 2013, www.prsindia.org/uploads/media/Representation/BiIIPer cent20SummaryPer cent20
11. सरकार जहाँ जेल में बैठे लोगों को चुनाव लड़ने से रोक सकती है, इन पाबंदियों को कम किया जाना चाहिए, उदाहरण के लिए, इसे उन लोगों तक सीमित करें, जिन्हें चुनाव से छह महीने पहले जेल में डाला गया, जिससे कि राजनेताओं को अस्थायी लाभ के लिए लोगों को महज राजनीतिक फायदे के लिए जेल में डालने का बढ़ावा मिले।
12. भारत के चुनाव आयोग ने ऐसा ही एक प्रस्ताव बनाया है—इसका सुझाव है कि यदि किसी कोर्ट ने ऐसे मामले में आरोप तय कर दिए हैं, जिसमें पाँच साल या उससे अधिक की कैद हो सकती है और ये आरोप यदि चुनाव से छह महीने पहले तय किए गए हैं तो उन उम्मीदवारों को अयोग्य घोषित कर देना चाहिए।
13. मिलन वैष्णव, 'द डिमांड फॉर क्रिमिनल पॉलिटीशियंस,' ऑक्सफोर्ड इंडिया पॉलिसी सीरीज, 1 मई, 2013, http://policyblog.oxfordindiasociety.org.uk/2013/05/01/the-demand-for-criminal-politicians.
14. उदाहरण के लिए, भारत का चुनाव आयोग महाराष्ट्र के पूर्व मुख्यमंत्री, अशोक चव्हाण के खिलाफ मामले पर नजर रख रहा है, जिसमें 2009 में चुनाव के दौरान उन पर पत्रकारों को पैसे देने का आरोप है। सरकार ने आयोग को इस बारे में खुली चुनौती दी है कि वह चुनाव में खर्च का गलत ब्योरा देनेवाले उम्मीदवार को अयोग्य ठहरा सकता है।
15. अरविंद वर्मा, 'द पुलिस इन इंडिया : डिजाइन, परफॉरमेंस, ऐंड एडाप्टिबिलिटी,' इन पब्लिक इंस्टीट्यूशंस इन इंडिया : परफॉरमेंस ऐंड डिजाइन, सं. देवेश कपूर ऐंड प्रताप भानु मेहता (न्यूयॉर्क : ऑक्सफोर्ड यूनिवर्सिटी प्रेस, 2005), 194251.
16. नेशनल क्राइम रिकॉर्ड्स ब्यूरो, 'प्रिजन स्टैटिसटिक्स इंडिया 2012,' 2013, http:/jncrb. gov.in/PSI-2012/Full/PSI-2012.pdf. भारत की सुधार प्रणाली भी मानव संसाधन की कमी से जूझ रही है। 2012 जेल सांख्यिकी भारत रिपोर्ट के मुताबिक, लगभग एक तिहाई स्वीकृत पद खाली हैं। फिर भी जेल क्षमता से ऊपर काम कर रहे हैं। भारत के लिए उपस्थिति की दर 112 प्रतिशत है। बेशक दोनों ही सूरतों में, राज्यों में काफी अंतर है।
17. भारत का विधि आयोग, 'एक्सपीडीशस इनवेस्टिगेशन ऐंड ट्रायल ऑफ क्रिमिनल केसेज अंगेस्ट इनफ्लूएंशियल पब्लिक पर्सनैलिटीज,' 2012, http://lawcommissionofindia.nic.in/ reports/report239.pdf.

18. एस.के. दास, 'इंस्टीट्यूशंस ऑफ इंटरनल अकाउंटेबिलिटी,' कपूर ऐंड मेहता. सं., पब्लिक इंस्टीट्यूशंस इंड इंडिया, 149.
19. इस प्रकार के रवैए का सबसे ताजा उदाहरण उत्तर प्रदेश के पूर्व मुख्यमंत्रियों मायावती और मुलायम सिंह यादव के खिलाफ भ्रष्टाचार के मामलों को रफा-दफा करने का है, जिनकी किस्मत सत्ताधारी दलों का समर्थन देने के बाद से बेहतर हुई है। देखें मिहिर श्रीवास्तव, 'द कांग्रेस ब्यूरो ऑफ इनवेस्टिगेशन,' ओपन मैगजीन, 6 अप्रैल, 2013, www.openthemagazine.com/article/nation/ the-congress-bureau-of-investigation.
20. श्रीवास्तव, 'द कांग्रेस ब्यूरो ऑफ इनवेस्टिगेशन,' 15253।
21. डी.एन.ए. इंडिया, 'कोलगेट प्रोब: SC कॉल्स CBI 'ए केज्ड पैरट.' स्लैम्स पी.एम. ऐंड कोल मिनिस्ट्री,' 8 मई, 2013, http://bit.ly/15yBpTE.
22. वर्मा, 'द पुलिस इन इंडिया'
23. बिश्वजीत भट्टाचार्या, माइ एक्सपीरियंस विद द ऑफिस ऑफ एडिशनल सॉलिसिटर जनरल ऑफ इंडिया (नई दिल्ली : यूनिवर्सल लॉ पब्लिशर्स, 2012).
24. अभिजीत बनर्जी व अन्य, ''कैन इंस्टीट्यूशंस बी रिफॉर्म्ड फ्रॉम विदिन? एविडेंस फ्रॉम ए रैंडमाइज्ड एक्सपेरिमेंट विद द राजस्थान पुलिस,'' नेशनल ब्यूरो ऑफ इकोनॉमिक रिसर्च पेपर 17912, मार्च 2012. 25
25. लेखकों ने भारतीय पुलिस सेवा के एक वरिष्ठ अधिकारी का इंटरव्यू किया, पुलिस बजट का केवल 12 प्रतिशत मानव संसाधन विकास की गतिविधियों, सामुदायिक पुलिसिंग और अपराधों की रोकथाम के कार्यक्रमों पर खर्च किया जाता है। रिसर्च और ट्रेनिंग पर तो और भी कम खर्च होता है (लगभग 0.8 प्रतिशत)।
26. प्रताप भानू मेहता, 'इंडियन जूडिशियरी : द प्रॉमिस ऑफ अनसर्टेनटी,' कपूर ऐंड मेहता, सं., पब्लिक इंस्टीट्यूशंस इन इंडिया, 15960।
27. ए.आई.एस. चीमा और बिभूति भूषण बोस, 'कोर्ट न्यूज,' 2012, 48, http://supremecourtofindia.nic.in/courtnews/2012 issue 2.pdf. साल 2000 और 2010 के बीच, सुप्रीम कोर्ट में स्वीकार किए गए मामले दोगुना हो गए (24,747 से 48,677) और 2004 में, 7 प्रतिशत मामलों की नियमित सुनवाई पाँच साल से पेंडिंग थीं, जबकि 2011 में 17 प्रतिशत हैं।
28. न्याय विभाग, विधि और कानून मंत्रालय, भारत सरकार, 'रिपोर्ट ऑफ द वर्किंग ग्रुप फॉर द ट्वेल्फ्थ फाइव इयर प्लान (20122017),' सितंबर (2011), http://planningcommission.gov.in/aboutus/comrnittee/wrkgrp12/wUaw.pdf.
29. भारत सरकार, 'रिपोर्ट ऑफ द टास्क फोर्स ऑन जूडिशियल इमपैक्ट एसेसमेंट,' 15 जून, 2008, http://lawmin.nic.in/doj/justice/judicialimpact assessmentreportvoll.pdf.
30. देवेश कपूर, द लॉ लेड डाउन, आउटलुक इंडिया, 7 जनवरी, 2013.
31. सेंटर ऑन पब्लिक लॉ ऐंड जूरिसप्रूडेंस, जस्टिस विदाउट डिले : रेकमेंडेशंस फॉर लीगल ऐंड इंस्टीट्यूशनल रिफॉर्म, जिंदल ग्लोबल यूनिवर्सिटी, 2011।
32. जैसा कि खोसला का तर्क है, ''अधिकरणों के जैसे-तैसे विकास ने हाई कोर्ट में किसी भी गंभीर सुधार से ध्यान भटकाया है।'' माधव खोसला, 'द प्रॉब्लम,' इंडिया सेमिनार 642 (2013), www.india-seminar.com/2013/642/642 the_ problem.htm.

33. दुर्भाग्य से न्यायिक अधिकरण जो, स्तर उपलब्ध करा सके हैं, वह काफी अलग-अलग रहा है, कुछ हद तक इस कारण, क्योंकि उन्हें उन लोगों के लिए 'रिटायरमेंट के बाद उत्कृष्ट अवसरों' के तौर पर देखा जाता है, जिन्हें सरकारी नौकरी से रिटायर होना है। अरविंद पी. दातार, 'ट्रिब्यूनल्स : ए ट्रैजिक ऑबसेशन,' 'इंडिया सेमिनार 642 (2013), www.india-seminar.com/2013/642/642

34. हम इस विचार को सामने लाने के लिए अनंथ पद्मनाभन का धन्यवाद देते हैं।

35. सिविल प्रक्रिया संहिता प्रतिवादी को सिविल काररवाई में ऐसे मामलों में शिकायतों को खारिज करने की अपील के लिए अरजी देने की इजाजत देती है। जहाँ भी इस प्रकार की अरजियों की अनुमति दी जाती है और शिकायत का शुरुआती हमलों के सामने टिक पाना बहुत कम होता है, एक उचित कीमत रोक लगाने का काम कर सकती है, जिससे वादी कानूनी लड़ाई की शुरुआत में ही इस खर्च का हिसाब लगा सकता है, यानी वह तय कर सकता है कि केस दायर करे या समझौता कर ले।

36. अनिरुद्ध बर्मन और विवेक प्रसाद, 'लेजिसलेटिव ब्रीफ : द जुडिशियल स्टैंडर्ड्स ऐंड अकाउंटेबिलिटी बिल, 2010,' पीआरएस लेजिस्लेटिव रिसर्च, 18 मार्च, 2011, www.prsindia. org/uploads/media/JudicialPer cent20Standard/FinalPer cent20BriefPer cent20forPer cent20printingPer cent20- Per cent20judicialPer cent20Standard%20and%20accountability%20 Bill%202010.pdf.

37. जजों की गुणवत्ता और संख्या दोनों को बढ़ाने के साथ ही कोर्ट के कार्य करने के समय को भी बढ़ाने पर विचार करना चाहिए। औसतन किसी भारतीय कोर्ट में 5 से 5.5 घंटे काम होता है, जबकि अन्य देशों में 6.5 या 7 घंटे। काम के दिनों के लिहाज से भी सुप्रीम कोर्ट साल में 180 दिन चलता है, जबकि हाईकोर्ट और जिला कोर्ट साल में 200210 और 240270 दिनों तक चलते हैं। कुछ अनुमानों का दावा है कि जजों की छुट्टियों में कटौती करने का मतलब वास्तविक संख्या को 25 प्रतिशत तक बढ़ाने जैसा है। देबरॉय, 'रिफॉर्मिंग द लीगल सिस्टम,' 2829।

□

अध्याय-15

प्रशासनिक घाटे में सुधार

—विवेक देवराय

परिचय

भारतीय अर्थव्यवस्था खस्ताहाल है। 2012-2013 में वास्तविक जी.डी.पी. विकास 5 प्रतिशत था, यदि सरकार पर भरोसा करें तो 2013-2014 में यह 5 प्रतिशत से जरा सा ज्यादा होगा और दूसरों की मानें तो 5 प्रतिशत से कम होगा। यह 2005-2006 तथा 2010-2011 के बीच 9 प्रतिशत के स्तरों के मुकाबले दु:खद स्थिति है। ऊँचे विकास के उन वर्षों से तुलना करें, तो जी.डी.पी. में बचत और निवेश, दोनों की हिस्सेदारी में गिरावट आई है। रोजगार में विकास स्थिर हो गया है। थोक महँगाई दर 6 प्रतिशत के करीब है और खुदरा महँगाई (उपभोक्ता मूल्य सूचकांक से मापे जाने पर) 9.5 प्रतिशत के आसपास है। जी.डी.पी. के अनुपात में चालू खाता घाटा अधिक है और विनिमय दर न केवल परिवर्तनशील है, बल्कि रुपया भी अमेरिकी डॉलर की तुलना में तेजी से गिरा है। इस रुग्णता के और लक्षणों को गिनाना जरूरी नहीं है।

ऐसा क्यों हुआ ? बाहरी दुनिया उतनी दयालु नहीं, जितना कि 2003-2004 और 2007-2008 के बीच थी और वैश्विक सुधार की संभावनाएँ अनिश्चित हैं। फिर भी, बीमारी केवल बाहरी नहीं है। उदाहरण के लिए, अपेक्षाकृत अधिक घातक बाहरी माहौल के बावजूद दूसरी अर्थव्यवस्थाओं ने ऊँची विकास दर दर्ज की है। 2003-2004 और 2007-2008 के बीच, भारत विश्व की सबसे तेजी से विकसित होनेवाली अर्थव्यवस्थाओं में से एक था, लेकिन उसके बाद विकास लड़खड़ा गया। 2012 तक, लगभग 60 देशों में 5 प्रतिशत से अधिक दर से विकास हुआ। भारत तथा अन्य विकासशील अर्थव्यवस्थाओं के बीच विकास की दरों में अंतर बढ़ गया है। इस कारण, बाहरी कारक जहाँ महत्त्वपूर्ण हैं, वही वे पूरी कहानी बयाँ नहीं करते हैं। देश के अंदर, वैध कारणों से यह बताया गया है कि भारी राजकोषीय घाटा (सटीक शब्दों में कहें तो राजस्व घाटे की समस्या) और सार्वजनिक खर्च का अव्यय चिह्नित किया गया है, जिसके कारण ब्याज की दरें ऊँची थीं और निजी निवेश और निजी खपत पर खर्च भी कम हो गया। गठबंधन की राजनीति तथा विधायी गतिरोध को भी कारणों के तौर पर बताया गया है, जिसे भूमि अधिग्रहण, खनन तथा जंगलों को लेकर कानून बनने में अनिश्चितता ने और गंभीर बना दिया और फिर न्यायपालिका का दखल भी

बढ़ गया। इसके साथ ही सरकार का हद से ज्यादा दखल और नियंत्रण लगभग सभी क्षेत्रों में था।

यह सारे तर्क वैध हैं और उनकी पड़ताल इस खंड के दूसरे अध्यायों में की गई है। यहाँ हमारा ध्यान उस पर है, जिसे हम प्रशासनिक कमी कह रहे हैं और जो राजकोषीय घाटे, चालू खाता घाटा या शासन के घाटे से उलट है। 'शासन का घाटा' गलत शब्द है। प्रशासनिक घाटे से हमारा मतलब कार्यपालिका की विफलता है, जिसे कभी-कभी हम कार्यान्वयन घाटा कहते हैं। इसी भावना के तहत लैंट प्रिटचेट ने भारत को एक घिसटता राज्य कहा है, जो कानून बनाने और नीति पर नहीं, बल्कि उनके कार्यान्वयन पर ध्यान दे रहा है।[1] हालाँकि यहाँ राज्य सरकारों द्वारा उपलब्ध कराई जानेवाली सेवाओं की नहीं, बल्कि नई दिल्ली में बैठी केंद्र सरकार के प्रशासनिक घाटे की समीक्षा की जाएगी। इस पूरी बहस का मूल यह है कि प्रशासनिक घाटा यू.पी.ए.-1 की तुलना में यू.पी.ए.-2 में कहीं बुरी स्थिति में पहुँच गया।

किसी को भी यह समझ लेना चाहिए कि कार्यपालिका और प्रशासन से क्या समझा जाता है, भले ही यह समझ लिया गया माना जाता है। भारतीय संविधान में राज्य के तीन अंग हैं—कार्यपालिका, विधायिका और न्यायपालिका। हमारी चिंता विधायिका और न्यायपालिका से जुड़ी समस्याओं को लेकर नहीं है। संविधान जहाँ कार्यपालिका को पूरी तरह परिभाषित नहीं करता, वहीं अनुच्छेद 78 के जरिए अनुच्छेद 73 प्रधानमंत्री, कैबिनेट और नई दिल्ली में सिविल सेवा की पहचान उस कार्यपालिका के रूप में करता है, जो निर्णय लेनेवाला तंत्र है। इस प्रकार की व्याख्या से हम यह कह सकते हैं कि नौकरशाही और मंत्रियों के स्तर पर निर्णय करने की व्यवस्था चरमरा गई है और यह समस्या यू.पी.ए.-2 में बदतर हो गई है। इसलिए नई सरकार के लिए सबसे महत्त्वपूर्ण मुद्दों में से एक दोनों को फिर से स्थापित करना है। हम कहते हैं कि नौकरशाह फैसले नहीं लेते और सातवें केंद्रीय वेतन आयोग के ट्रिगर का इस्तेमाल सिविल सेवा सुधारों में तेजी लाने के लिए किया जा सकता है। हम कहते हैं कि बिना वजह ही निर्णय लेने की प्रक्रिया को दिल्ली के हाथों में रखा गया है और इसका विकेंद्रीकरण होना चाहिए। अंत में हम कहते हैं कि कैबिनेट के माध्यम से मंत्री परिषद् की व्यवस्था को भी ऊर्जावान बनाना चाहिए।

जोखिम से बचनेवाले नौकरशाह

भारत का भ्रष्टाचार विरोधी प्रयास, चाहे कितना ही आवश्यक और कितनी ही अच्छी मंशा से क्यों न किया गया हो, उसका लोक प्रशासन पर उलटा प्रभाव पड़ा है। इनमें से सबसे प्रमुख है भ्रष्टाचार निरोधक अधिनियम, जिसे 1988 में कानूनी रूप दिया गया था और जो सरकारी सेवकों पर लागू होता है। यह सरकारी सेवक द्वारा आपराधिक दुर्व्यवहार को परिभाषित करता है तथा इसके अंतर्गत व्यक्तिगत लाभ, धोखाधड़ी की नीयत से हेरा-फेरी और सरकारी सेवक के रूप में आर्थिक लाभ पाने के लिए पद का दुरुपयोग शामिल है। इसके अतिरिक्त, धारा 13(1)(d)(iii) निम्नलिखित को आपराधिक दुर्व्यवहार मानती है, ''सरकारी सेवक के रूप में पद पर रहते हुए, किसी भी व्यक्ति के लिए किसी मूल्यवान चीज या आर्थिक लाभ को बिना किसी सार्वजनिक हित के प्राप्त करता है।''

इस प्रकार की परिभाषाएँ समस्या खड़ी करती हैं। नौकरशाह सरकारी सेवक होते हैं। किसी भी नौकरशाह के द्वारा लिया गया कोई भी फैसला, किसी तीसरे पक्ष को लाभ पहुँचाता है और पहले ही यह अनुमान लगा लेना असंभव होता है कि किसी फैसले का परिणाम क्या होगा। 'सार्वजनिक हित' एक अस्पष्ट शब्द है, जिसे बता पाना कठिन है, इसलिए धारा 13 का वह उपखंड किसी भी सरकारी सेवक को जोखिम से बचने पर मजबूर कर सकता है। भ्रष्टाचार निरोधक अधिनियम के अंतर्गत की जानेवाली छानबीन के लिए केंद्रीय निगरानी आयोग प्रमुख माध्यम होता है, कम-से-कम जहाँ तक केंद्र सरकार की बात है। इसकी स्थापना 1964 में की गई थी और 2003 में कानूनी दरजा दे दिया गया था। तालिका-1 यह दिखाती है आयोग के पास कितने शिकायतें आई थीं।[2] ये बस शिकायतें हैं और कुछ भी नहीं। यह तालिका यह नहीं दिखाती कि शिकायतों का निपटारा हो गया था। कुछ वर्षों में शिकायतों की संख्या का बढ़ना भ्रष्टाचार के खिलाफ प्रतिकारी दबाव को दरशाता है। इसे गड़बड़ियों को उजागर किए जाने की घटनाओं से बल मिला है, भले ही व्हिसल ब्लोइंग पर अब तक कानून नहीं बना है। पहले इसे पब्लिक इंटरेस्ट डिसक्लोजर ऐंड प्रोटेक्शन ऑन व्हिसल ब्लोइंग नाम दिया गया था, जिसे परसंस मेकिंग द डिस्क्लोजर बिल कर दिया गया। 2010 में कैबिनेट ने इसे मंजूरी दी और लोकसभा ने 2011 में पास कर दिया, हालाँकि यह अब तक राज्यसभा में लंबित है। विधेयक की कुछ धाराओं की आलोचना की गई है, लेकिन इस समय उनकी चर्चा आवश्यक नहीं है।

तालिका-1. केंद्रीय निगरानी आयोग द्वारा प्राप्त शिकायतें

2008	10,142
2009	14,206
2010	16,260
2011	16,929
2012	37,039

स्रोत : *केंद्रीय निगरानी आयोग, वार्षिक रिपोर्ट (विविध वर्ष)*

भ्रष्टाचार निरोध दो तरह की स्थिति सामने लाता है—भ्रष्ट सिविल सेवकों को दोषी करार देता है और ईमानदारों की रक्षा करता है। दोनों ही चुनौतियों को 1964 से देखा जा रहा है, जब भ्रष्टाचार निरोधक समिति बनी थी, जिसे उसके अध्यक्ष के नाम से 'संथानम आयोग' के नाम से जाना जाता था। एक नागरिक चार्टर और शिकायत निवारण विधेयक, जिसे वस्तुओं और सेवाओं के समयबद्ध डिलिवरी और शिकायत निवारण विधेयक के नाम से जाना जाता है, वह लोकसभा में 2011 से ही लंबित है।

एक-दूसरे से अलग कर दिया जाए तो व्हिसल ब्लोअर कानून और वस्तुओं और सेवाओं की डिलिवरी का कानून निरर्थक हैं। उदाहरण के लिए, भारत में दो आचार के नियम, केंद्रीय सिविल

सेवा (आचार) नियम 1964 तथा अखिल भारतीय सेवा (आचार) नियम 1968 का परिवर्तनों से कोई तालमेल नहीं है। एक उदाहरण लें तो क्या सेवारत नौकरशाहों को सार्वजनिक क्षेत्र के उपक्रमों के बोर्ड में नामित किया जाना चाहिए? इससे भी कहीं महत्त्वपूर्ण है, इससे पहले कि कोई अदालत भ्रष्टाचार निरोधक अधिनियम के अंतर्गत किसी अपराध का संज्ञान लेती है, धारा 19 के अनुसार सक्षम अधिकारी से पहले स्वीकृति लेना आवश्यक है। फिर स्वीकृति देने में देरी होती है। स्वीकृति देने संबंधी तकनीकी समस्या को बरी करने का आधार बनाया जाता है। भारतीय संविधान के अनुच्छेद 311 के कारण किसी सिविल सेवक पर काररवाई करना कठिन हो जाता है। दोषी ठहराए जाने की दर कम है। संभवत: इस तरह की बातों की जाँच दूसरे प्रशासनिक सुधार आयोग की चौथी रिपोर्ट में की गई थी, जिसने विशेष सुझाव दिए।[3] यह रहा उसका उदाहरण—

> दिल्ली स्पेशल पुलिस एस्टैबलिशमेंट ऐसे किसी भी अपराध में किसी भी प्रकार की जाँच या अन्वेषण नहीं करेगी, जो भ्रष्टाचार निरोधक अधिनियम, 1988 के अंतर्गत किया गया हो, सिवाय उस मामले में, जिसमें केंद्र सरकार से पहले अनुमति ली गई हो, जहाँ इस प्रकार के आरोप का संबंध केंद्र सरकार के कर्मचारियों से हो, जो संयुक्त सचिव और उससे ऊपर हों···आयोग का संतुलित विचार यह है कि ईमानदार सिविल सेवकों को अनावश्यक परेशान किए जाने से बचाया जाए, जबकि उसके साथ ही यह सुनिश्चित करते हुए कि इस सुरक्षा का उपयोग किसी भ्रष्ट को बचाने के लिए न हो, यह उचित होगा कि केंद्रीय निगरानी आयुक्त द्वारा इसकी अनुमति संबंधित सरकार के सचिव से ली जाए और यदि सचिव संलिप्त है तो एक समिति से, जिसमें केंद्रीय निगरानी आयुक्त तथा कैबिनेट सचिव हों, जो अनुमति देने पर विचार कर सकते हैं। यदि मामले में कैबिनेट सचिव शामिल हों तो अनुमति प्रधानमंत्री द्वारा दी जा सकती है।

फिर ईमानदार सिविल सेवकों को सुरक्षा देने का भी प्रश्न है। इस बात पर गौर करें कि भ्रष्टाचार निरोधक अधिनियम की कुछ धाराएँ सबूत उपलब्ध कराने का दायित्व आरोपी पर डालती हैं। यह भी गौर करें कि भ्रष्टाचार के अनेक आयाम होते हैं। भ्रष्टाचार के अपेक्षाकृत छोटे मामलों में, एकाधिकार और स्व-निर्णय को समाप्तकर तथा पारदर्शिता और जवाबदेही को बढ़ाकर इनसे निपटा जा सकता है। हालाँकि स्व-निर्णय को केंद्र सरकार के उच्च स्तरों पर (संयुक्त सचिव और ऊपर) समाप्त नहीं किया जा सकता है। इसे पहले बताए गए प्रतिकारी दबाव तथा केंद्र सरकार के सूचना के अधिकार अधिनियम, 2005 की पृष्ठभूमि में देखा जाना चाहिए। जो सिविल सेवक पहले ही रिटायर हो चुके हैं, उन्हें सुरक्षा देने को लेकर भी स्पष्टता नहीं है। आदर्श रूप से, आवश्यक सुधारों को कार्यपालिका द्वारा लागू किया जाना चाहिए था, जैसा कि दूसरे प्रशासनिक सुधार आयोग की एकाधिक रिपोर्ट के दस्तावेज कहते हैं। चूँकि ऐसा नहीं किया गया, इस कारण सुप्रीम कोर्ट में एक याचिका दायर की गई, जिस पर कोर्ट ने 31 अक्तूबर, 2013 को फैसला सुनाया।[4] कोर्ट ने उन्हीं हिस्सों पर जोर दिया, जो केंद्र सरकार से संबंधित थे। इस फैसले ने सरकार को केंद्रीय सिविल सेवा प्राधिकार के गठन, सिविल सेवा अधिनियम पास करने और न्यूनतम कार्यकाल निश्चित करने के निर्देश दिए। इसके साथ ही, इस फैसले के अनुसार सिविल सेवकों के लिए आवश्यक है कि

वे मौखिक निर्देशों और आदेशों पर कार्य न करें। अब इस पर भी विचार कीजिए—

> किसी भी अधिकारी को ऐसे किसी भी व्यक्ति के साथ लेन-देन नहीं करना चाहिए, जो किसी व्यापार या उद्योग घराने या किसी व्यक्ति की ओर से कार्य करने का दावा करता है, जब तक कि संबंधित विभाग आदि द्वारा उसे स्वीकृति न मिली हो और उसे कानून के मुताबिक मान्यता न मिल गई हो। मान्यता प्राप्त प्रतिनिधियों के साथ हुई मुलाकातों का रिकॉर्ड रखने की कोई व्यवस्था जरूर होनी चाहिए। यह भी अपेक्षित है कि निर्धारित वर्ग के अधिकारी, जिन्हें इन प्रतिनिधियों से बातचीत करनी पड़ती है, वे उन पंजीकृत प्रतिनिधियों के साथ हुई सारी मुलाकातों और बातचीत की एक नियमित डायरी रखें, चाहे मुलाकात घर पर हुई हो या दफ्तर में।[5]
>
> न्यायिक दखल की शिकायत करना संभव है और यह भी कि इनमें से कुछ सिफारिशों को लागू करना संभव नहीं, क्योंकि वे कुशल निर्णय लेने में बाधक हैं। हालाँकि यह समस्या यू.पी.ए.-2 के अंतर्गत हुई, क्योंकि दूसरे प्रशासनिक सुधार आयोग तथा उससे पहले के अन्य आयोगों के सुझावों को लागू नहीं किया गया था। उनमें से कुछ सुझाव, जहाँ राज्यों से संबंधित थे, वहीं अन्य केंद्र सरकार द्वारा लागू किए जा सकते थे, बशर्ते वह ऐसा करना चाहते हों। उन्हें लागू करने की विफलता के कारण नौकरशाही जोखिम उठाने से बचने लगी। भ्रष्टाचार निरोधक अधिनियम में एक संशोधन अगस्त 2013 में राज्यसभा में लाया गया था और उसे संसदीय समिति में भेज दिया गया है, जिसकी रिपोर्ट लिखे जाने के समय तक आनेवाली थी। हमने जिन समस्याओं को बताया है, यह उनमें से कुछ को दूर कर सकती है। हालाँकि 2013 तक इस बिल को संसद् में पेश किए जाने की आवश्यकता नहीं थी। सुप्रीम कोर्ट के फैसले का इस्तेमाल करते हुए, नई सरकार के सामने एजेंडा स्पष्ट है—केंद्रीय सिविल प्राधिकार का गठन करना, एक नया सिविल सेवा अधिनियम पास करना, भ्रष्टाचार पर कानून में बदलाव और आचार नियमों में परिवर्तन करना। नई सरकार को चाहिए कि भ्रष्टाचार निरोधक अधिनियम में संशोधन को पास करे, जो कुछ समस्याओं को दूर सकता है।

‘सशक्त नौकरशाह’

सिविल सेवा का स्तर और प्रदर्शन बढ़ानेवाले सुधार भी उतने ही आवश्क हैं। ऐसे संभव सुधारों के लिए वेतन आयोग एक प्रमुख साधन बन सकता है, लेकिन इसकी काररवाई अकसर सरकारी वेतन बढ़ाने भर का ही काम करती है। सितंबर 2013 में, यू.पी.ए.-2 ने सातवें केंद्रीय वेतन आयोग के गठन की घोषणा की। केंद्रीय वेतन आयोग के विषय में सुनकर लगता है कि यह केंद्र सरकार के कर्मचारियों के लिए है, लेकिन इसके प्रभाव को राज्य सरकारों और अर्ध-सरकारी कर्मचारियों (जैसे शिक्षकों) पर पड़ने से रोकना असंभव होता है। 1990 के दशक के अंत में आए पाँचवें केंद्रीय वेतन आयोग ने राज्य सरकारों की माली हालत बिगाड़ दी और छठे केंद्रीय वेतन

आयोग ने भी 2000 के दशक के अंत में ऐसा ही किया। अनुमान है कि केंद्र सरकार के स्तर पर सातवाँ केंद्रीय वेतन आयोग पचास लाख कर्मचारियों पर लागू होगा, जिनमें रक्षा और रेलवे के कर्मचारी तथा 30 लाख पेंशनभोगी भी शामिल रहेंगे। श्रम और रोजगार मंत्रालय ने 2012 में 31 लाख की कम संख्या बताई थी, क्योंकि उसने सार्वजनिक उपक्रमों को शामिल नहीं किया था।[6] केंद्र सरकार के इन कर्मचारियों के वितरण को लेकर एक बात अकसर भुला दी जाती है—3 प्रतिशत टॉप ग्रुप A (राजपत्रित अधिकारी कहे जाते हैं) में आते हैं, 8 प्रतिशत ग्रुप B, 63 प्रतिशत ग्रुप C और 26 प्रतिशत ग्रुप D में आते हैं। तालिका-2 सार्वजनिक उपक्रम के कर्मचारियों के लिए है, लेकिन यह सरकारी कर्मचारियों को लेकर भी सामान्य संकेत देता है।[7]

तालिका-2 : सरकारी वेतन में बढ़ोतरी (1971-1972 आधार पर प्रतिशत)

	पी.एस.यू. कर्मचारियों का प्रति व्यक्ति वेतन-भत्ता	औसत भारतीय उपभोक्ता मूल्य सूचकांक
1980-1981	140.52	108.85
1990-1991	730.73	395.31
2000-2001	3,610.67	1,440.62
2005-2006	4,698.26	1,292.71
2011-2012	12,264.78	2,216.15

स्रोत : *भारत सरकार, वित्त मंत्रालय, विभिन्न वर्षों के आर्थिक सर्वे।*

इस कारण, सरकारी क्षेत्र में वास्तविक वेतन में भारी बढ़ोतरी हुई है। तार्किक रूप से यह तब होना चाहिए था, जब उसी अनुपात में प्रदर्शन भी बढ़ता। कभी-कभी सरकार में कम वेतन और उन्हें बढ़ाकर योग्य लोगों को बनाए रखने की दलील दी जाती है, लेकिन नौकरी की सुरक्षा के लिए कोई भत्तों का हिसाब लगाए तो यह दलील गले नहीं उतरती है। इसके साथ ही वह दलील ग्रुप A के पदों के अपेक्षाकृत कम वेतन को लेकर दी जाती है, जो कुल कर्मचारियों का एक छोटा प्रतिशत है। विशेष कर ग्रुप C और ग्रुप D में मिलनेवाला वेतन उसी प्रकार की सरकार के बाहर मिलनेवाली नौकरियों की तुलना में अधिक है। सातवें वेतन आयोग का कितना प्रभाव पड़ेगा, यह कहना जल्दबाजी होगी, लेकिन पाँचवें और छठे वेतन आयोगों को संकेत माना जाए और एक बार इसका प्रभाव राज्य सरकारों तक चला जाता है, तो एक नए वेतन आयोग की सिफारिशों को लागू करने का खर्च जी.डी.पी. के 1 से 1.5 प्रतिशत के बीच होगा। प्रदर्शन न बढ़ पाने की स्थिति में, जिसे सरकार में मापना कठिन है, तो यह समाज के गरीब वर्गों से जुटाए गए संशाधन को उस वर्ग को देने जैसा है, जिसे बेहतर सुरक्षा प्राप्त है।

यदि कोई हाल के वर्षों पर नजर डाले, तो सिविल सेवा में सुधार के विषय पर किए गए

अध्ययनों की एक लंबी सूची मिलती है। उनमें से एक, दूसरा प्रशासनिक सुधार आयोग सुझाव देता है, ''मौलिक बदलाव से जुड़े अनेक सुझावों को लागू नहीं किया गया है और इस कारण 19वीं सदी के मध्य के व्हाइटहॉल मॉडल पर आधारित ढाँचा, प्रणाली और सिविल सेवा की कार्यशैली में काफी हद तक कोई बदलाव नहीं आया है।''[8] सिविल सेवा में सुधार जहाँ एक व्यापक विषय है, वहीं इस अध्याय के संदर्भ को देखते हुए हमारा ध्यान ऊपर बढ़ने, प्रवेश पाने, अनुबंध पर नियुक्तियों और नौकरी समाप्त होने से पहले प्रदर्शन की समीक्षा पर है सारे, विषय परिणामों से जुड़े हैं। पाँचवें केंद्रीय वेतन आयोग के विपरीत छठा केंद्रीय वेतन आयोग (2006), इन मुद्दों पर एकदम खामोश था। सातवें केंद्रीय वेतन आयोग का लाभ उठाते हुए, जिसकी शर्तें अभी घोषित नहीं की गई हैं, सुधार के इन उपायों को एजेंडा में शामिलकर लागू किया जाना चाहिए।

विकेंद्रीकरण और संघीय संस्था

भारत एक संघीय देश है और निकट भविष्य में नई दिल्ली में कोई भी सरकार एक गठबंधन सरकार होगी, जो कथित क्षेत्रीय दलों के समर्थन से चलेगी। इस कारण, सरकार को इस पर विचार करना होगा कि नीति निर्माण में राज्यों की भूमिका क्या होगी। इस प्रकार की स्पष्टता प्राप्त करने में विफलता से प्रशासनिक घाटा बढ़ा है। केंद्र और राज्य सरकारों के अधिकारक्षेत्र और प्राथमिकताओं को लेकर भी भ्रम रहा है।

यह बात अकसर कही गई है कि भारत अत्यधिक केंद्रित है, विशेषकर चीन की तुलना में। कुछ हद तक, इसका कारण ऐतिहासिक और औपनिवेशिक था तथा स्वतंत्रता के बाद की घटनाओं से इसे बल मिला। मार्च 2010 में केंद्र-राज्य संबंधों के आयोग ने अपनी रिपोर्ट में कहा, कि पीछे मुड़कर देखें और जैसा कि सब जानते हैं, स्वतंत्रता के बाद पहले तीन दशकों में सत्ता का केंद्रीकरण विभिन्न कारणों से, जैसे केंद्र के साथ-साथ राज्यों में एक ही राजनीतिक दल का प्रभुत्व, राष्ट्रीय विकास की रणनीति के रूप में योजना को अपनाना, जिसमें निवेश के फैसले संघ (केंद्र सरकार) द्वारा लिये जाते हैं, भले ही एक बातचीत की प्रक्रिया होती है, आम तौर पर राज्य के बजटों की प्राथमिकता तय की जाती है, औद्योगिक लाइसेंस और नियंत्रण की व्यवस्था तथा प्रमुख बैंकों के राष्ट्रीयकरण के कारण बढ़ी है। न्यायिक आदेशों का चलन भी इस दौरान इसी भावना पर आधारित था।[9] यह विभिन्न देशों में विकेंद्रीकरण के फायदों के विपरीत था। हालाँकि विकेंद्रीकरण शब्द का प्रयोग किसी को भी सावधानी से करना चाहिए। विकेंद्रित शासन व्यवस्था में राजनीतिक विकेंद्रीकरण, प्रशासनिक विकेंद्रीकरण, वित्तीय विकेंद्रीकरण और आर्थिक विकेंद्रीकरण जैसे पहलू आते हैं। विकेंद्रीकरण के पक्ष में दिए जानेवाले कुछ तर्क सार्वजनिक वस्तुओं और सेवाओं की कुशल व्यवस्था तथा शासन के उत्तम स्तरों से संबंधित हैं, जिन्हें अर्थव्यवस्था और उसके बिना भी इन वस्तुओं और सेवाओं को उपलब्ध कराने के संदर्भ में देखा जाना चाहिए। अन्य का संबंध निर्णय प्रक्रिया को सहभागी बनाने से जुड़ा है। विकेंद्रीकरण का अर्थ जहाँ राज्यों में सत्ता के बँटवारे और तीसरे, स्थानीय स्तर पर शासन को सशक्त करने से है, वहीं हम केंद्र-राज्य संबंधों पर गौर करें।

नई सरकार के लिए केंद्र-राज्य संबंधों का प्रबंधन एजेंडे के सबसे प्रमुख विषयों में से एक

है, चाहे फैसले आतंक विरोधी केंद्र, वस्तु और सेवा कर, या बँगलादेश के साथ समझौते पर लिये गए हों, उन्हें रोककर रखा गया; क्योंकि केंद्र सरकार राज्य सरकारों से बातचीत नहीं कर सकी। सातवीं अनुसूची की फिर से पूरी तरह समीक्षा की जानी चाहिए। संविधान का यह खंड विभिन्न विषयों को लेकर राज्यों (राज्य सूची), केंद्र सरकार (संघीय सूची) या दोनों (समवर्ती सूची) के बीच सरकारी अधिकारक्षेत्र का बँटवारा करता है। ऐसे किसी भी सुधार पर चार प्रमुख बातों का ध्यान रखना चाहिए। पहला, अकसर देखा गया है कि मामला जब सातवीं अनुसूची की समवर्ती सूची का होता है, तब केंद्र सरकार प्रमुख मौकों पर राज्य सरकारों से बात नहीं करती है, जैसे, पहला, संविधान में कानून लाने से पहले, दूसरा, अंतरराज्यीय परिषद् सही ढंग से कार्य नहीं कर सका, तीसरा, केंद्रीय सूची में गैर-कर संबंधी अन्य शक्तियों को समवर्ती सूची में डालने का एक बड़ा कारण है। चौथा, अंतरराज्यीय परिषद्, राष्ट्रीय एकता परिषद्, राष्ट्रीय विकास परिषद्, योजना आयोग और वित्त आयोग केंद्र सरकार के सहयोगियों के रूप में काम करते हैं तथा उनमें राज्यों का प्रतिनिधित्व नहीं होता है। आदर्श रूप से कोई समवर्ती सूची नहीं होनी चाहिए। चूँकि अधिकांश सरकारी दखल और सरकारी खर्च सामजिक क्षेत्रों में होते हैं, जो राज्य सरकारों और स्थानीय निकायों की जिम्मेदारी है। इसलिए, राज्य सूची को विस्तृत करने के साथ ही, स्थानीय निकाय की सूची को जोड़ा जाना चाहिए।

हालाँकि इन परिवर्तनों को संभव बनानेवाले संवैधानिक परिवर्तनों को पारित करना दूरगामी लक्ष्य है, जो अगली सरकार के दायरे से बाहर की बात है। अगले पाँच वर्षों में केंद्र-राज्य संबंधों में सुधार के एक साधन के रूप में वित्तीय हस्तांतरणों पर ध्यान देना उचित होगा। कर राजस्व का हस्तांतरण केंद्र सरकार से राज्यों को संविधान के अनुसार वित्त आयोग के माध्यम से किया जाता है। अनुच्छेद 280 करों से प्राप्त राजस्व का वितरण राज्यों को करने के लिए किसी भी अन्य माध्यम का प्रावधान नहीं करता है, न ही संविधान में योजना हस्तांतरणों का कोई प्रावधान है, जिन्हें योजना आयोग द्वारा अमल में लाया जाता है, जिसकी नींव पंचवर्षीय योजना और स्व-निर्णय के हस्तांतरणों में है। हालाँकि इनके व्यापक होने और योजना आयोग का महत्त्व बढ़ने से, वित्त आयोग के हस्तांतरण, करों के बँटवारे और अनुदानों तक सीमित हैं, जो गैर-योजना चालू खर्च को पूरा करते हैं, जिसमें राहत अनुदान की चर्चा संविधान के अनुच्छेद 275 में है। किसी भी स्थिति में योजना बनाम गैर-योजना के बीच फर्क करना बनावटी है और एकीकृत दृष्टिकोण में बाधक है, चाहे बात राज्यों को सीमित उद्देश्य के लिए हस्तांतरणों की ही क्यों न हो। (उस लिहाज से 1991 के बाद से योजना की भूमिका ही सवालों के घेरे में है।)

जहाँ तक पंचवर्षीय योजना के खर्च और पूँजी खर्च के अनुदान की बात है तो 1960 के दशक के मध्य में चौथे वित्त आयोग से लेकर 1980 के दशक के अंत में नौवें वित्त आयोग तक इन विषयों को वित्त आयोग के दायरे से बाहर रखा गया है तथा इसकी शर्तों को भी लगातार कम किया गया है।[10]

इस कारण, योजना बनाम गैर-योजना के अंतर को मिटाने, योजन आयोग के माध्यम से हस्तांतरण को तेजी से कम करने तथा वित्त आयोग की संवैधानिक शक्ति को बहाल करने की

आवश्यकता है। वित्त आयोग के लिए फॉर्मूला और राहत अनुदान पर आधारित हस्तांतरणों के बीच अवधारणात्मक उलझन है, जो विशेष वर्ग के राज्यों की परिभाषा से भी जुड़ी है, जिन्हें विशेष सुविधा दी जाती है। चौदहवें वित्त आयोग के गठन से इन विषयों को हल करने का एक अवसर मिला है।

योजना आयोग के माध्यम से किए जानेवाले हस्तांतरण में स्वनिर्णय और गैर-निर्णयात्मक तत्त्व भी रहते हैं। गैर-निर्णयात्मक हस्तांतरणों के मामले में योजना आयोग गाडगिल फॉर्मूला अपनाता है, जिसका पहला प्रयोग 1969 में किया गया और 1991 के बाद से, इसे बदले हुए रूप में गाडगिल-मुखर्जी फॉर्मूला के नाम से जाना जाता है। हमने कहा है कि योजना बनाम गैर-योजना के अंतर को समाप्त कर देना चाहिए तथा स्वत: होनेवाले सभी हस्तांतरणों को वित्त आयोग के माध्यम से किया जाना चाहिए। यहाँ योजना आयोग द्वारा केंद्रीय योजनाओं और केंद्र-प्रायोजित योजनाओं (सी.एस.एस.) के जरिए हस्तांतरणों का विषय आ जाता है। केंद्रीय योजनाएँ कम हैं। अधिकांश हस्तांतरण केंद्र प्रायोजित योजनाओं के जरिए किए जाते हैं। ऐसी योजनाओं को अधिकांशतया केंद्र सरकार धन मुहैया कराती है, जबकि राज्य सरकारें उन्हें लागू करती हैं और गैर-विशेष वर्ग के राज्यों को बराबर धन देना पड़ता है। सी.एस.एस. को लेकर कम-से-कम दसवीं पंचवर्षीय योजना के क्रम में योजना आयोग का विचार इस प्रकार था—

> कुछ चीजों को अच्छी तरह करना सही है, न कि ज्यादा गतिविधियों में सबकुछ चौपट कर देना...(भारत सरकार) की बड़ी-बड़ी इच्छाओं और लागू करने की औसत क्षमताओं के बीच की खाई को कम करने का एक तरीका केंद्र-प्रायोजित योजनाओं की पूरी अवधारणा की समीक्षा करना है तथा उनकी संख्या काफी कम करने और उसका लचीलापन बढ़ाने से जुड़ा है। 1980 के दशक की शुरुआत में केंद्रीय मंत्रालयों के योजना बजट में सी.एस.एस. का हिस्सा 30 प्रतिशत था, जो बढ़कर अब 70 प्रतिशत हो गया है। इस भारी बढ़ोतरी के साथ-साथ बेहतर निगरानी तथा योजना के धन को वेतन और अन्य गैर-योजना में खर्च किए जाने से रोकने पर प्रभावी नियंत्रण नहीं किया जा सका है। इस कारण, आज जो संख्या 200 है, उसे तेजी से घटाकर 20 से 40 तक करने की आवश्यकता है, ताकि उनकी निगरानी की व्यवस्था बन सके। किसी भी मंत्रालय को 3 या 4 से अधिक सी.एस.एस. नहीं चलाने दिया जाना चाहिए तथा हर योजना के लिए प्रति वर्ष 100 करोड़ से कम का बजट नहीं होना चाहिए। वर्तमान में 20 प्रतिशत से भी कम सी.एस.एस. का बजट 100 करोड़ प्रतिवर्ष से अधिक है। इस प्रकार छोटी योजनाओं को समाप्त करने से, सी.एस.एस. की कुल संख्या 210 से घटकर 40 के करीब आ जाएगी।[11]

केंद्र-राज्य संबंधों के आयोग ने भी सुझाया है, केंद्र प्रायोजित योजनाओं की संख्या कम-से-कम होनी चाहिए...एक बार कार्यक्रम ने पायलट स्टेज पार कर ली और उसे बड़े पैमाने पर लागू करने के लिए स्वीकार कर लिया गया है तो उसे राज्य योजना का हिस्सा बना देना चाहिए। सी.एस.एस. में केंद्र की सहायता राज्य योजनाओं में केंद्रीय सहायता के संबंध में कम-से-कम होनी चाहिए।[12] ऐसी कोई भी काट-छाँट नहीं की गई और अन्य औपचारिक रिपोर्ट बताती हैं कि

सी.एस.एस. की संख्या 225 से मामूली रूप से घटकर केवल 195 तक आई है, जबकि 2011 की योजना आयोग की रिपोर्ट में सी.एस.एस. को कम करने के लिए कहा गया था।[13]

दक्षता, डिलिवरी और ध्यान केंद्रित करने के अलावा भी सी.एस.एस. की अनेक समस्याएँ हैं। वे राज्य सूची के विषयों में दखल देती हैं। 1996 में मुख्यमंत्रियों के एक सम्मेलन में यह सहमति बनी थी कि राज्य सूची में दखल देनेवाले सारे सी.एस.एस. राज्यों को हस्तांतरित कर दिए जाएँगे, लेकिन वह फैसला लागू नहीं किया गया है। समान धन उपलब्ध कराने के चलते राज्यों पर वित्तीय बोझ बढ़ जाता है। राज्यों पर अकसर ऐसी शर्तें लाद दी जाती हैं, जो राज्यों की ओर से कानून बनाने के दायरे में आती हैं। सी.एस.एस. के हस्तांतरण अकसर राज्यों को अनदेखाकर स्वायत्त निकायों को किए जाते हैं। कुछ सी.एस.एस. में डिलिवरी के लिए एक नई नौकरशाही की आवश्यकता पड़ती है। किसी भी सूरत में, सी.एस.एस. केंद्र सरकार द्वारा संसाधनों के एकतरफा फैसले के आधार पर मोड़ने जैसा है, जो अन्यथा राज्यों को मिल जाता। इस कारण सी.एस.एस. में कटौतीकर राज्यों को बिना शर्त अधिक धन उपलब्ध कराना चाहिए। यह धन पूरी तरह बिना शर्त भी नहीं होना चाहिए और एक दिशा निर्देश तथा कुछ संकेत के साथ होने चाहिए कि धन किस क्षेत्र में इस्तेमाल किया जा सकता है। इस लिहाज से, राज्यों को और लचीलापन अपनाना होगा। यदि शिशु मृत्यु दर कम करने का लक्ष्य है तो उसे प्राप्त करने का तरीका जैसा झारखंड में है, वैसा केरल में नहीं हो सकता।

केवल उन्हीं सी.एस.एस. को बनाए रखना उचित दिखता है, जिन्हें लेकर एक माँग बनी रहती है। इसके उदाहरण हैं—स्वजलधारा (पेयजल के लिए), महात्मा गांधी राष्ट्रीय ग्रामीण रोजगार गारंटी अधिनियम, पूर्ण स्वच्छता अभियान, राष्ट्रीय बागबानी अभियान, राष्ट्रीय ग्रामीण स्वास्थ्य अभियान, राष्ट्रीय शहरी स्वास्थ्य अभियान, संपूर्ण ग्रामीण स्वरोजगार योजना (स्वरोजगार के लिए), एकीकृत बाल विकास सेवा, सर्वशिक्षा अभियान (प्राथमिक शिक्षा के लिए), प्रधानमंत्री ग्रामीण सड़क योजना (ग्रामीण सड़कों के लिए), राजीव गांधी ग्रामीण विद्युतीकरण योजना (बिजली के लिए), शहरी क्षेत्रों में EWS/LIG आवास, इंदिरा आवास योजना (ग्रामीण आवास के लिए), मध्याह्न भोजन योजना तथा राष्ट्रीय कृषि विकास योजना (कृषि विकास के लिए), लेकिन इन मामलों में भी केंद्र के दखल को कम करना चाहिए, जिससे राज्यों को ज्यादा अधिकार मिलें।

शासन करनेवाले मंत्री

प्रशासनिक घाटे का कारण कुछ हद तक इतने सारे मंत्रालयों का होना तथा मंत्रियों का बेहिसाब प्रभाव है। 2003 का संविधान संशोधन अधिनियम यह स्पष्ट करता है कि केंद्रीय परिषद् में मंत्रियों की संख्या लोकसभा के कुल सदस्यों की संख्या के 15 प्रतिशत से अधिक नहीं होनी चाहिए। यू.पी.ए.-2 में 51 मंत्रालय और 79 मंत्री रहे हैं, दूसरे शब्दों में कानून के द्वारा स्वीकृत अधिकतम संख्या। किसी मंत्री और मंत्री के सपोर्ट स्टाफ पर एक साल में आनेवाले खर्च का हिसाब लगाना मुश्किल है, लेकिन यह अच्छा-खासा होता है। 15 प्रतिशत न्यूनतम नहीं, अधिकतम सीमा है। विकेंद्रीकरण का प्रयोग करते हुए, जिसकी चर्चा ऊपर की गई है, केंद्र में इतने मंत्रालयों और

मंत्रियों के होने की फिर से समीक्षा करनी चाहिए। उदाहरण के लिए, राज्यों को लेकर विकेंद्रीकरण किया जाता है, तो सामाजिक क्षेत्रों के लिए एक ही मंत्रालय काफी है। न ही भारत को ऊर्जा या परिवहन के लिए इतने मंत्रालयों की आवश्यकता है।

मंत्रालय आपस में ही लड़ते रहते हैं। वन और पर्यावरण मंत्रालय बनाम अन्य इसका उदाहरण है। संविधान के अनुसार, इन मुद्दों को कैबिनेट के साझा निर्णय से निपटा लिया जाना चाहिए। हालाँकि यू.पी.ए. के तहत और उसमें भी यू.पी.ए.-2 में, विशाल मंत्री समूहों और मंत्रालयों के अधिकारसंपन्न समूहों के कारण यह व्यवस्था और भी घातक हो गई है। अब तक भरोसेमंद आँकड़े नहीं हैं कि ऐसे कितने समूह आज भी मौजूद हैं, लेकिन पत्रकारों की रिपोर्ट के अनुसार, 2004 से अब तक ऐसे 183 समूह बनाए जा चुके हैं। कांग्रेस पार्टी में दो-दो सत्ता के केंद्रों के होने से भी कैबिनेट की भूमिका में कटौती कर दी गई थी, जिसे राष्ट्रीय सलाहकार परिषद् ने और विकट बना दिया था। यह शासन का नहीं, स्पष्ट रूप से कुशासन का मॉडल है। इस कारण, कैबिनेट के साथ ही प्रधानमंत्री कार्यालय की संवैधानिक शुचिता और सामूहिक जिम्मेदारी को फिर से स्थापित करने की जरूरत है।

और भी विशेष रूप से देखें, तो भूमि, वन, पर्यावरण और तकनीकी मंजूरियों से संबंधित मुद्दों में कुछ सिद्धांतों को लागू किया जाना चाहिए। पहला, एक बार मंजूरी मिल गई है, तो उसे फिर से विचार के लिए नहीं रखा जाना चाहिए। दूसरा, मंजूरियों के लिए स्पष्ट व्यवस्था होनी चाहिए। यदि निश्चित दिनों के भीतर मंजूरी नहीं दी जाती है, तो उसे मिला हुआ समझ लेना चाहिए। तीसरा, इस प्रकार की मंजूरी समानांतर हो सकती है, उसे एक के बाद एक जैसा नहीं होना चाहिए। चौथा, विकेंद्रीकरण के एजेंडा का पालन करते हुए, यदि किसी राज्य ने या स्थानीय निकाय ने मंजूरी दे दी है, तो उस पर फिर से नई दिल्ली में विचार की क्या आवश्यकता है? ये कुछ कारण हैं, जिनके चलते निवेश पर बनी कैबिनेट कमेटी, जिसे पहले बुनियादी ढाँचे की कैबिनेट समिति कहा गया था, उसने वह प्रभाव नहीं डाला, जो डालना चाहिए था। एक अंदाजे के अनुसार, एक सामान्य बुनियादी ढाँचे की परियोजना को 56 स्वीकृतियाँ और 19 मंत्रालयों से मंजूरियाँ लेनी पड़ती हैं।

निष्कर्ष यह है कि प्रशासनिक घाटे पर वित्तीय या अन्य घाटे जितनी चर्चा भले ही न होती हो, लेकिन इसमें सुधार किए बिना, विकास और निवेश को बढ़ावा नहीं मिल सकता है। क्या करना है, इसके लिए हमें नए आयोगों या समितियों की आवश्यकता नहीं है। यह बात महत्त्व की है, क्योंकि कोई भी पहले नीति पर ध्यान देता है, लेकिन कोई भी नीति तब तक अच्छी नहीं हो सकती, जब तक कि उसे लागू करनेवाले साधन अच्छे नहीं हैं। तत्कालीन ब्रिटिश प्रधानमंत्री डेविड लॉयड जॉर्जन ने एक बार भारत में औपनिवेशिक सिविल सेवा को पूरे ढाँचे का स्टील फ्रेम कहा था और यह बात सामान्य रूप से प्रशासन पर लागू होती है। हम इस ढाँचे पर जहाँ विधिवत् रूप से चर्चा और वाद-विवाद कर सकते हैं, वहीं पहले यह सुनिश्चित करना होगा कि इस स्टील में जंग न लगे।

नोट्स

1. लैंड प्रिचेट, इज इंडिया ए फ्लेलिंग स्टेट? डिटूर ऑन द फोर लेन हाइवे टू मॉडर्नाइजेशन, वर्किंग पेपर सीरीज RWP09-013, जॉन एफ केनेडी स्कूल ऑफ गवर्नमेंट, हार्वर्ड यूनिवर्सिटी, 13 मई, 2009, 2009, http://dash.harvard.edu/bitstream/ handle/ 1/4449106/
2. भारत सरकार, केंद्रीय निगरानी आयोग, 'वार्षिक रिपोर्ट 2012,' जून 2013, 2013, http://cvc.nic.in/ar2012.pdf.
3. भारत सरकार, दूसरा प्रशासनिक सुधार आयोग, '14 जनवरी, 2007, http://arc.gov.in/4threport.pdf. Report: Ethics in Governance,'
4. टी.एस.आर. सुब्रह्मण्यम बनाम भारत सरकार और अन्य (भारत का सुप्रीम कोर्ट, 2011),http://judis.nic.in/supremecourt/imgs1.aspx?filename=40943.
5. उपरोक्त
6. भारत सरकार, श्रम और रोजगार मंत्रालय, रोजगार और प्रशिक्षण का महानिदेशालय, 'सेंसस ऑफ सेंट्रल गवर्नमेंट इंप्लाइज,' मई 2012, http://dget.gov.in/publications/ccge/ccge-2009.pdf. ये आँकड़े 2009 के हैं।
7. भारत सरकार, केंद्रीय बजट और आर्थिक सर्वे 2012-13, परिशिष्ट टेबल 3.2, http://indiabudget.nic.in/es2012-13/estatI.pdf.
8. भारत सरकार, दूसरा प्रशासनिक सुधार आयोग, 'टेंथ रिपोर्ट : रिफरबिशिंग ऑफ पर्सनल एडमिनिस्ट्रेशन स्केलिंग न्यू हाइट्स,' नवंबर 2008, http://darpg.gov.in/darpgwebsite_cms/document/file/personnel_administration I O.pdf.
9. पूरी रिपोर्ट के लिए देखें, भारत सरकार, केंद्र-राज्य आयोग के आयोग, केंद्र-राज्य संबंधों पर आयोग, मार्च 2010, http:// interstatecouncil.nic.in/ccsr_report 2010.htm.
10. तीसरे वित्त आयोग के सुझावों को नकार दिए जाने को लेकर जो कुछ बताया गया, उससे साफ था कि इस कमी के लिए योजना आयोग का दबाव जिम्मेदार था। देखें अशोक चंद, फेडरलिज्म इन इंडिया (न्यूयॉर्क : हिलेरी हाउस, 1965).
11. भारत सरकार, योजना आयोग, 'पॉवर्टी एलिविएशन ड्यूरिंग 10th प्लान पॉलिसी इशू,' http://planningcommission.nic.in/reports/articles/ncsxna/ ncsax 2a.htm. इससे भी कहीं सटीक रूप से यह विचार एन.सी. सक्सेना ने सामने रखा था, लेकिन यह एक सामान्य दृष्टिकोण भी था।
12. केंद्र-राज्य संबंधों पर आयोग, केंद्र-राज्य संबंधों पर आयोग की रिपोर्ट।
13. भारत सरकार, योजना आयोग, सामाजिक क्षेत्र की योजनाओं की पुनर्संरचना, 'रिपोर्ट ऑफ द कमेटी ऑन रिस्ट्रक्चरिंग सोशल सेक्टर स्कीम्स,' सितंबर 2011, http://planningcommission.nic.in/reports/genrep/css/ rep_css1710.pdf.

□

अध्याय-16

उन्नत रक्षा प्रौद्योगिकी क्षमता का निर्माण

—रविंद्र पाल सिंह

पृष्ठभूमि

तकनीकी प्रगति की तेज रफ्तार के कारण, नई पीढ़ी की हथियार प्रणाली विकसित किए जाने के बाद जिस दर से बाजार में प्रवेश करती है, उतनी ही तेजी से उसकी सर्विस की अवधि भी समाप्त हो जाती है। इस कारण हथियारों के पुराने पड़ने की दर बढ़ गई है, जिससे मजबूर होकर सैन्य संगठन हथियारों की बदली उनके जीवन चक्र में किए गए पूरे निवेश के उपयोग से पहले ही करने की माँग करते हैं। फलस्वरूप, सैन्य प्रतिस्पर्धा में शामिल रहने के लिए देश की ओर से हथियार जुटाने की प्रक्रिया में बेहतर क्षमता होनी चाहिए, जिसमें तकनीकी दक्षता और वित्तीय समीक्षा की अहम भूमिका हो।

पिछले पाँच दशकों से भारत में हथियारों की खरीद पर गौर करें तो पता चलता है कि नीति निर्माता हथियार बनाने की देसी क्षमता विकसित करना चाहते हैं, इसके बावजूद अंत में, अपनी पहली कतार की हथियार प्रणाली बाहर से ही खरीदते हैं, जिसमें थोड़ा-बहुत देसी उत्पादन शामिल रहता है। इसका प्रमुख कारण यह है कि स्वदेशी प्रणाली तकनीकी रूप से स्पर्धात्मक नहीं है और उपयोग का समय आने तक पुरानी पड़ जाती है। अपने विशाल आकार के बावजूद भारतीय प्रतिरक्षा उद्योग उन्नत तकनीक और स्पर्धात्मकता के निर्माण में सफल नहीं हो सका है। कोई भी यह प्रश्न पूछ सकता है कि क्यों भारत अपनी प्रतिरक्षा उद्योग क्षमता का आधार एक लाइसेंसी हथियार उत्पादक से अधिक नहीं बढ़ा सका और क्यों यह हथियार के डिजाइन या मिलकर विकसित करने की क्षमता पैदा नहीं कर सका है। चूँकि नई हथियार प्रणाली के आयात की कीमत क्षमता से बाहर जा रही है, इसलिए भारत के रक्षा मंत्रालय के पास दो विकल्प हैं—या तो वह अपने बजट को बढ़ाते रहने की माँग करे, जिससे सरकार को सामाजिक क्षेत्र में खर्च में कटौती करनी पड़ेगी, या फिर वह अपने ही देश में उन्नत तकनीक की क्षमता विकसित करे, जो विश्व स्तर की हो। भले ही रक्षा मंत्रालय पिछले दस वर्षों से भी अधिक समय से हथियारों की खरीदारी की प्रक्रिया में सुधार का प्रयास कर रहा है, फिर भी हथियारों के आयात का भारी-भरकम खर्च बता रहा है कि इसकी नीतियाँ सफल नहीं हुई हैं। स्पष्ट रूप से, हथियारों की खरीदारी में सुधार का प्रयास

कर रहे भारतीय नीति निर्माताओं ने अब तक इस प्रश्न पर विचार नहीं किया है कि जिस देश का अनुसंधान और विकास (R&D) क्षेत्र अन्य देशों के मुकाबले उन्नत तकनीक के विकास में पिछड़ा है, उस देश का रक्षा क्षेत्र कैसे आत्मनिर्भर बन सकता है।

प्रमुख चुनौतियाँ और संभावित अवसर

किसी भी देश की तकनीकी सफलता के लिए कुछ परिस्थितियाँ सहायक होती हैं, जिनमें शामिल हैं—उन्नत तकनीकी क्षेत्रों में प्रतिभावान शोध करनेवालों की उपलब्धता, अंतरराष्ट्रीय स्तर पर औद्योगिक निर्यात की क्षमता रखनेवाले उत्पादों को विकसित करनेवाले और डिजाइन तैयार करने के लिए जरूरी अत्याधुनिक तकनीकी ढाँचा तथा उपक्रमों के लिए धन की उपलब्धता, दूसरी तरफ तकनीक में नए प्रयोगों को विफल बनानेवाली परिस्थितियों में शामिल हैं—सरकार नियंत्रित R&D वाली पेशेवर व्यवस्था में प्रोत्साहन में कमी, R&D विकल्पों की कमी, जिससे प्रतिस्पर्धात्मकता कम होती है, राज्य नियंत्रित बजट बाजार के अवसरों के अनुसार प्रतिक्रिया नहीं करते तथा कार्यपालिका में दूरदृष्टि का अभाव, जिससे कि वे जटिल तकनीकी परियोजनाओं को तैयार नहीं कर पाते। भारतीय प्रतिरक्षा औद्योगिक आधार, काफी हद तक उपरोक्त सहायक परिस्थितियों की कमी और अवरोध उत्पन्न करनेवाली परिस्थितियों को दरशाता है।

आखिर किया क्या जा सकता है ? इसका समाधान द्विपक्षीय राजनीतिक इच्छाशक्ति में छिपा है, जिसके मुताबिक उन नीतिगत प्रयासों को लागू किया जाए, जो चुनिंदा उन्नत तकनीकों में वैश्विक प्रतिस्पर्धा को बढ़ावा देते हैं, जो औद्योगिक और सैन्य प्रयोगों पर लागू होते हैं। भारत का उद्देश्य यह होना चाहिए कि वह केवल महत्त्वपूर्ण प्रणालियाँ विकसित करे, जिनमें अंतरराष्ट्रीय स्तर पर होड़ है, न कि अपने बीते दिनों की हर एक हथियार को देश में बनाने की जिद को पकड़े रहना चाहिए। देश को उन्नत तकनीक के ढाँचे की स्थापना में निवेश करना होगा, प्रमुख उन्नत तकनीकों में शोध के लिए मानव संसाधनों को विश्व स्तर का प्रशिक्षण देना होगा और चुनिंदा तकनीकों में निर्यात करने की अपनी विश्वसनीयता विकसित करने पर ध्यान देना होगा। कोई भी नई R&D प्रणाली उद्यमशील होनी चाहिए, राज्य-स्वामित्ववाले R&D क्षेत्र को प्रतिस्पर्धात्मक विकल्प मुहैया कराए, उन्नत तकनीकी निर्यातों को प्रोत्साहित करे और सैन्य R&D में नए तत्त्वों को निजी क्षेत्र में बढ़ावा देने का काम करे। यदि उद्योगोमुखी R&D प्रणाली किफायती है, तो यह औद्योगिक और सैन्य बाजारों की जरूरतों को देश के अंदर और बाहर एकीकृतकर जोखिम को कम करेगी। इस प्रकार की नई प्रणाली से भारत के प्रतिरक्षा औद्योगिक आधार के उदारीकरण को प्रेरणा मिलनी चाहिए तथा उन्नत तकनीक बाजार क्षेत्र में भी विश्व स्तर पर स्पर्धा करनी चाहिए।

कमी क्या है और किन प्राथमिक कदमों को उठाया जाना चाहिए?

रक्षा मंत्रालय का ध्यान हथियारों के भंडार में कमियों को दूर करने पर रहा है। भारत की सामान्य जानकारी रखनेवाली सिविल सेवा को देश की व्यापक प्राथमिकताओं से मूल बातों का ज्ञान हो जाता है, लेकिन काम बदलते रहने से किसी भी सिविल सेवक में बहुआयामी, तकनीक संबंधी निर्णयों को लेने की पर्याप्त दक्षता होना मुश्किल है। उन्नत तकनीक के विकल्प और

जटिलताएँ जैसे-जैसे बढ़ती हैं, वैसे-वैसे तकनीकी रूप से अपरिचित प्रश्नों को लेकर सिविल सेवकों और सैन्य नेतृत्व करनेवाले बहुत सजग हो जाते हैं, जिससे निर्णय लेने में देरी होती है और कीमत बढ़ने के साथ ही समय भी निकलता जाता है। गोपनीयता और कम जवाबदेही का एक नकारात्मक घुमाव-फिराव जारी रहती है, जिससे बरबादी की संभावना बढ़ जाती है और फर्जीवाड़ा करनेवालों को हथियारों की खरीद प्रणाली में घुसने का मौका मिल जाता है। फलस्वरूप, इन बातों पर नियंत्रण रखने के लिए, रक्षा मंत्रालय ने लगातार एकाधिकार बनाए रखा है, जो गैर-प्रतिस्पर्धी रक्षा अनुसंधान और विकास संगठन (डी.आर.डी.ओ.) के रूप में है, जो भारत में सारे सैन्य संबंधी कार्य R&D करता है। अकसर इसके औसत उत्पादों को अत्याधुनिक बताकर भारतीय सैन्य बलों के मत्थे मढ़ दिया जाता है।

डी.आर.डी.ओ. के सीमित होने का बड़ा कारण तीन स्तरोंवाला R&D मॉडल है, जहाँ एक ही व्यक्ति तकनीक विकसित करने, वैज्ञानिक सलाहकार और कार्यकारी प्रबंधक की भूमिका निभाता है। यह पद्धति नियंत्रण और संतुलन, जानकारी की जाँच, बताए गए तकनीकी लक्ष्य की जाँच तथा प्रदर्शन के मानकों को बनाए रखने में बाधक है। रक्षा मंत्रालय और तीनों सशस्त्र सेनाओं ने अब तक तकनीकी विकास पैमानों की जाँच की क्षमता विकसित नहीं की है, न ही वे डी.आर.डी.ओ. के प्रोजेक्ट में सक्रिय रूप से हिस्सा लेते हैं। रक्षा उत्पादन संस्थानों के रूप में, अनुसंधान और विकास संगठन तथा तीनों सशस्त्र बल पूर्व निर्धारित माध्यमों के भीतर चलते हैं, जिससे नए प्रयोग और विचारों के आदान-प्रदान में बाधा पड़ती है, जिसके कारण सैन्य और औद्योगिक उपकरणों में दक्ष संसाधनों की उपलब्धता नहीं हो पाती है।

इस कारण ही भारतीय रक्षा औद्योगिक आधार अंतरराष्ट्रीय स्तर की तकनीक नहीं दे सका है। हालाँकि हमारे देश को इन सीमाओं से हताश होने की जरूरत नहीं है। भारत का रक्षा उद्योग तीन आयामोंवाली रणनीति से अपनी कमियों को दूर कर सकता है—(1) प्रमुख उन्नत तकनीकों के निरंतर विकास के लिए क्षमता निर्माण, (2) उन्नत तकनीक परिसंपत्तियों के मेल को बढ़ावा देना तथा किफायती व्यवस्था का निर्माण तथा (3) इस प्रकार के रूपांतरणों को बढ़ावा देना, जो R&D में नयापन लाते हैं, उद्यमिता के लिए वित्त निर्माण और बाजार के अवसरों को व्यापक बनाते हैं।

नीति निर्माताओं और विश्लेषकों को बकमिंसटर फुलर की बात को ध्यान में रखना चाहिए, ''मौजूदा सच्चाई से लड़कर आप कभी चीजों को नहीं बदल सके। कुछ बदलने के लिए एक नया मॉडल बनाइए, जो मौजूदा मॉडल को पुराना बना दे।''

क्षमता निर्माण के प्रयास

हथियारों की खरीद के निर्णय की प्रक्रिया महज पुराने हथियारों को नए से बदलने तक की नहीं होती है। इसके लिए ऐसे संस्थान चाहिए, जो उभरती तकनीकों पर गहरे ज्ञान का प्रयोग कर सकें, जिससे कि नए हथियारों को स्पर्धात्मक रूप से विकसित किया जा सके। इस संबंध में भारत को न केवल ठोस बुनियादी सुविधाएँ, जैसे डिजाइन, एकीकरण और उन्नत उत्पादों की जाँच के लिए आधुनिक R&D लैब की स्थापना करनी पड़ेगी, बल्कि हलके ढाँचे जैसे इन प्रयोगशालाओं में शोध के लिए कुशल संसाधन भी चाहिए।

भारत को उन्नत तकनीक के लिए लोकप्रिय बाजारों में अवसरों को टटोलना चाहिए, विशेष रूप से उन राज्यों में, जो वासेनर निर्यात नियंत्रण में एक पक्ष हैं, जिन्हें स्पर्धात्मक तकनीकी उत्पाद निर्यात किए जा सकते हैं। इसे ऐसे सुधारों पर भी जोर देना चाहिए, जो अंतरराष्ट्रीय नियामक और पेटेंट अधिकारों की व्यवस्था का पालन करें, जो उद्यम और आविष्कार का संरक्षण करते हैं।

भारत को एक रक्षा ऑफसेट नीति को नए सिरे से तैयार और लागू करने की भी आवश्यकता है, जिससे देश में उन्नत तकनीकी क्षमताओं और तकनीकी निर्यातों में निवेश को बढ़ावा दें। भारत की रक्षा ऑफसेट नीति में कमी मूल उपकरण निर्माताओं द्वारा तकनीकी निवेश के अभाव से साफ हो जाती है।

संस्थागत क्षमताएँ

भारत को तकनीक करार प्रबंधन में अपनी कार्यकारी शाखा में क्षमता को अवश्य बढ़ाना चाहिए, विशेष रूप से जटिल हथियार अधिग्रहण परियोजनाओं के संबंध में। इसके लिए आवश्यक है कि काम करनेवाले स्टाफ को विभिन्न विषयों, जैसे परिचालन संबंधी शोध, निर्णय विज्ञान, प्रणाली विश्लेषण, प्रणाली इंजीनियरिंग, करार प्रबंधन, अंतरराष्ट्रीय कारोबार कानून, वित्तीय जोखिम प्रबंधन और एप्लाइड वित्तीय मूल्यांकन में प्रशिक्षित किया जाना चाहिए। इसके बाद निर्णय इन मौलिक कौशलों को R&D जोखिम आकलन, तकनीक पूर्वानुमान, तुलनात्मक रक्षा औद्योगिक और R&D प्रबंधन, वित्तीय संभावना और उपाय जैसे क्षेत्रों में शोध के जरिए बढ़ाने की आवश्यकता पड़ेगी, साथ ही हथियारों के चुनाव के लिए जीवन चक्र कीमत विश्लेषण, तकनीक निर्यात नियंत्रणों तथा मिश्रित अनुकूलन का ज्ञान भी होना चाहिए।

कार्यकारी निरीक्षण क्षमताओं में पेशेवर रवैए में सुधार के लिए, तीन प्रकार के राष्ट्रीय स्तर के संस्थान आवश्यक हैं। पहला, भारत को एक ऐसी उन्नत तकनीक प्रबंधन एजेंसी और सेवा की जरूरत है, जो मंत्रालयों में तकनीक प्रबंधन विशेषज्ञ उपलब्ध कराए, जो गहन तकनीकी निर्णय ले सके। दूसरा, इस क्षमता को उन्नत तकनीक प्रबंधन संस्थान तथा शोध सेवा की खरीदारी, उत्पादन, वित्त उपलब्ध कराने और जटिल तकनीकी परियोजनाओं को सफल बनाने में सहयोग मिले। इस शोध सेवा को लगातार अपने विषय की जानकारी को गहरा और विस्तृत बनाना होगा, घरेलू और अंतरराष्ट्रीय तकनीक वेंडर क्षमताओं का मूल्यांकन करना होगा तथा रक्षा परियोजनाओं को किफायती बनाए रखने की जाँच करनी होगी।

तीसरा, सरकार को एक प्रौद्योगिकी कुशल सांविधिक लेखा परीक्षा अधिकार मिले, जो तकनीक के डिजाइनों, समयचक्र तथा प्रमुख उपलब्धियों तथा उत्पादन और पैमाने को तय करे। लेखा परीक्षक में उत्पादन से पहले और बाद के पैमानों की ऑनलाइन ऑडिट की क्षमता होनी चाहिए। उसमें अंतरराष्ट्रीय तथा घरेलू दक्षता का लाभ उठाते हुए भारत की तुलनात्मक तकनीक की ताकतों और सीमाओं को तय करने की शक्ति होनी चाहिए।

सैन्य नेतृत्व को टेक्नोक्रैटिक बनाना

आधुनिक युद्धों में बढ़ते परिष्कार को आमतौर पर सैन्य मामलों में क्रांति कहा जाता है।

इसके लिए जरूरी है कि सैन्य अफसर रक्षा तकनीक को लेकर अपनी जानकारी को बेहतर बनाएँ और ऐसा ही भारत के रक्षा मंत्रालय में उनके सिविलियन समकक्षों को भी करना चाहिए। भारतीय अफसर की मौजूदा शिक्षा के स्तर को न्यूनतम इस्तेमालवाला माना जाता है। अगली सरकार को चाहिए कि वह इसे अधिकतम इस्तेमालवाली अवधारणा में बदले। यह नई प्रणालियों के युद्ध क्षेत्र में उपयोगिता को बढ़ाएगा। इससे भी अहम यह कि यह विकसित और उपयोग करनेवालों के बीच बेहतर समझ पैदाकर तकनीक में नए प्रयोगों के लिए भी वरदान साबित होगा।

वर्तमान न्यूनतम प्रयोग की अवधारणा में प्रवेश स्तर के अफसरों से अपेक्षा की जाती है कि उन्हें नक्शे पढ़ने, मौलिक वित्त खाते नियमित करने, और प्रशिक्षण मैनुअल कानूनों, प्रशासनिक नियमों को समझने जितना ज्ञान हो। यह अवधारणा भारत की स्वतंत्रता के समय स्वीकार की गई थी, जिसे आधी सदी से भी ज्यादा हो चुके हैं। तब से केवल नौसेना ने ही उस पुरानी अवधारणा में बदलाव किए हैं।

अनिवार्य अधिकतम उपयोग की अवधारणा में सैन्य नेतृत्व करनेवालों से अपेक्षा की जाती है कि वे तृतीयक स्तर के इंजीनियरिंग कौशल प्राप्त करें, जिससे कि तकनीकी खोज से परिचालन के फायदों को अधिकतम किया जा सके। इससे सैन्य नेतृत्व करनेवालों में लड़ाई के मैदान के अपने अनुभव और तकनीकी कौशलों का मिश्रणकर नए हथियारों को विकसित करने या इस क्षेत्र में हथियारों का तोड़ निकालने में मदद मिलेगी। महज हथियारों को तैनात करने की ट्रेनिंग की बजाय, सैन्य नेतृत्व करनेवालों को इस प्रकार की प्रणालियों को विकसित करनेवाले विज्ञान और इंजीनियरिंग को भी समझना होगा। भारत के आसपास फैले पड़ोस में जापान, सिंगापुर, दक्षिण कोरिया और ताइवान जैसी सैन्य ताकतों ने इस तरीके को सफलता के साथ अपनाया है।

इस परिप्रेक्ष्य में, विंस्टन चर्चिल की इस बात को याद करना सार्थक होगा, ''जब तक योद्धा और वैज्ञानिक या इंजीनियर के बीच की खाली जगह नहीं भरती और युद्ध लड़नेवाले को समझ नहीं लिया जाता है, तब तक उस आविष्कारक और उस सैनिक के बीच एक फासला रहता है, क्योंकि आविष्कारक यह नहीं समझ पाता कि उससे किस चीज की अपेक्षा है और सैनिक जो जानता है, वह तब उसे माँगता है, जब उसे पता होता कि विज्ञान उसके लिए क्या करता है।''[12]

अभिसरण रणनीति और उसका कार्यान्वयन

भारत को अपनी मौजूदा R&D प्रणाली से, जो धन और ठेकों के लिए रक्षा मंत्रालय पर निर्भर है, एक उद्यमिता मॉडल की ओर ले जाना होगा। नया R&D मॉडल रक्षा और उद्योग में अपनी तकनीक के एकीकरण की अभिसरण के नाम से जाना जाता है। इसे घरेलू और अंतरराष्ट्रीय बाजारों में तकनीकी विकास के अवसरों का पूर्वानुमान लगाना चाहिए तथा रक्षा क्षेत्र की जरूरतों का समन्वय अन्य तकनीकी रूप से गहन क्षेत्रों जैसे अंतरिक्ष, नागरिक उड्डयन, तेल और गैस, इलेक्ट्रॉनिक्स, दूरसंचार, परमाणु ऊर्जा तथा पोत निर्माण के साथ करना चाहिए। उदाहरण के लिए, यह अनुमान है कि 2020 तक, भारत दूरसंचार और इलेक्ट्रॉनिक के $300 बिलियन कीमत के उपकरण आयात करेगा, जो भारत के तेल आयात बिल से ज्यादा होगा। यह तरीका, जो R&D परियोजनाओं में व्यापक निवेश का प्रयास करता है, वह किफायती अर्थव्यवस्था बनाने के साथ

ही, R&D में वित्तीय जोखिम कम करेगा तथा सामान्य तौर पर निजी क्षेत्र की भागीदारी को उत्साहित करेगा।

तालिका-1 कुछ प्रमुख उन्नत तकनीकों की जानकारी देती है, जिनकी आवश्यकता सैन्य क्षेत्र को है, साथ ही इन तकनीकों के औद्योगिक प्रयोग के भी उदाहरण हैं।

इस अभिसरण की रणनीति को कार्यान्वित करने के लिए अनेक तरीकों की आवश्यकता है। पहला, भारत को इन सत्रह प्रमुख उन्नत तकनीकी क्षेत्रों के लिए, जिनका सैन्य और औद्योगिक प्रयोग है, निरंतर रूप से R&D के लिए कुशल शोधकर्ताओं को उपलब्ध कराने के लिए पर्याप्त क्षमता विकसित करनी होगी। इसे प्राप्त करने के लिए तकनीकी श्रेष्ठतावाले सत्रह समेकित अनुसंधान संस्थानों की स्थापना हर क्षेत्र के लिए एक के हिसाब से करनी होगी, जिससे इस क्षेत्र में विश्वविद्यालय और औद्योगिक R&D की क्षमता बढ़ेगी। इन शोध संस्थानों को संभवत: भारतीय प्रौद्योगिकी संस्थानों और अन्य प्रमुख इंजीनियरिंग शोध संस्थानों के करीब बनाया जाना चाहिए, ताकि वे मौलिक अनुसंधान के अनुभववाले प्रतिभाशाली शोधकर्ताओं को आकर्षित कर सकें। उन्हें उच्च सघनतावाले तकनीकी प्रयोगशालाओं के समूह में काम करना चाहिए, जहाँ तकनीक और व्यापारिक निवेशकों की पहुँच आसान हो तथा देश के अन्य नवीन तकनीकी उद्यमों के साथ उनका संपर्क हो।

तालिका-1 : प्रौद्योगिकी अभिसरण के प्राथमिक क्षेत्र

तकनीकी क्षेत्र	संभावित नागरिक उपयोग
एयर ब्रीदिंग प्रोपल्शन	एयरोस्पेस, शिप प्रोपल्शन और स्थायी ऊर्जा उत्पादन
सेमीकंडक्टर्स और माइक्रोइलेक्ट्रॉनिक सर्किट	ऑटोमोबाइल, दूरसंचार, कंप्यूटर उद्योग तथा औद्योगिक रोबोटिक्स
पैसिव सेंसर्स	अग्निशमन, स्वास्थ्य सेवा, प्रदूषण नियंत्रण, इंजन की जाँच, खनन, औद्योगिक और रासायनिक सुरक्षा निगरानी तथा सैटेलाइट आधारित इमेजिंग, दूरसंचार और मौसम पूर्वानुमान
कंपोजिट मटीरियल	एयरोस्पेस, पवन ऊर्जा तथा निर्माण
सिग्नल प्रोसेसिंग	न्यूट्रल नेटवर्क एपलिकेशंस, सिक्युरिटी सर्विलांस, मेडिकल जाँच तथा स्वचालित मशीनी उपकरण
सिमुलेशन ऐंड मॉडेलिंग	समुद्र के नीचे की भूभौतिकी तथा संभावनाएँ, पेट्रोलियम की खोज, आभासी प्रोटोटाइपिंग तथा एक साथ डिजाइन तैयार करना और निर्माण के चरण की इंजीनियरिंग
उन्नत सॉफ्टवेयर	एयर ट्रैफिक कंट्रोल, शिप डिजाइन तथा निर्माण, गहरे समुद्र में खनन, स्वास्थ्य सेवा, कंप्यूटर सुरक्षा और क्रिप्टोग्राफी, इलेक्ट्रिकल पावर जेनोशन तथा भूतल परिवहन

राडार	रोबोटिक्स, स्वचालित निर्माण, ट्रैफिक सुरक्षा और रासायनिक रिसाव की दूर से पड़ताल
समानांतर कंप्यूटर आर्किटेक्चर	कंप्यूटर-सहायक डिजाइन, इंजीनियरिंग सिमुलेशन, मौसम पूर्वानुमान, पेट्रोलियम तथा इलेक्ट्रॉनिक खोज
फोटोनिक्स	मेडिकल जाँच, तेज रफ्तार गणना, लेजर डिटेक्टर, स्थानीय क्षेत्र नेटवर्क और अंतरसागर केबलिंग
कंप्यूटेशनल फ्लूइड डायनामिक्स	एयरोस्पेस, वेल्डिंग और सोल्डरिंग तथा सिलिकॉन वैफर्स, सर्किट बोर्ड, मशीन टूल्स, तथा गैस टरबाइन पार्ट्स का उत्पादन
मशीन इंटेलिजेंस और रोबोटिक्स	औद्योगिक रोबोटिक्स, खतरनाक तत्त्वों की हैंडलिंग, स्वचालित निर्माण, गहरे समुद्र में खोज
डाटा फ्यूजन	शहरी योजना, प्रदूषण नियंत्रण की निगरानी, तथा जलवायु, फसल तथा भूगर्भीय विश्लेषण
वेपन सिस्टम एनवायरनमेंट	प्रदूषण नियंत्रण, मौसम पूर्वानुमान तथा समुद्र विज्ञान, अंतरिक्ष और भूगर्भीय अन्वेषण
पल्सड पावर	बिजली और उन्नत मेडिकल उपकरण उत्पादन
हाइपर वेलोसिटी प्रोजेक्टाइल	कमर्शियल स्पेस लॉन्च व्हीकल
सुपरकंडक्टिविटी	ऊर्जा वितरण, बिना चीर-फाड़ के जाँचवाली सर्जरी, मैगनेटिक रेजोनेंस इमेजिंग तथा उच्च प्रदर्शन की गणना

उद्यम के लिए वित्त की आवश्यकता की पूर्ति के लिए अनुसंधान संस्थानों को एक कॉरपोरेट सेंटर का सहयोग मिलना चाहिए, ताकि वे उत्पाद को विकसित करने और उसके परीक्षण का खर्च जुटा सकें। इस कॉरपोरेट सेंटर को विदेशी ओ.ई.एम. तथा अन्य भारतीय संगठनों के साथ संयुक्त उपक्रम स्थापित करने में भी मदद करनी चाहिए और पूरी सक्रियता के साथ उद्यम पूँजी जुटानी चाहिए। अनुसंधान संस्थानों में चलाए जानेवाली R&D योजनाएँ इतनी लचीली होनी चाहिए कि वे निजी या सरकारी क्षेत्र में उपयुक्त निर्माण सुविधाएँ चुन सकें।

दूसरा, वर्तमान में भारत का निजी क्षेत्र रक्षा R&D परियोजनाओं में निवेश से कतराता है, क्योंकि उसमें वित्तीय जोखिम और सरकार की निर्णय प्रक्रिया में देरी शामिल रहती है। निजी क्षेत्र की कंपनियाँ R&D क्षमताओं को बेहतर बना सकती हैं बशर्ते वे तकनीक डिजाइन घरानों, सरकारी क्षेत्र की प्रयोगशालाओं तथा मौलिक उपकरण निर्माताओं के संघ में शामिल हो जाएँ। अपने संयुक्त उपक्रम के साझीदारों का आकलन करते हुए, ओ.ई.एम. कारोबार की योजनाओं की वाणिज्यिक व्यावहारिकता, प्रौद्योगिकी मूल्य संवर्धन या नवीन क्षमताओं का पता लगाते हैं, जो उनके साझीदारों में हो सकती है। सरकार भारतीय उद्योग में विशेषज्ञता को विकसित करने के लिए

चार क्षेत्रों पर ध्यान केंद्रित करने पर विचार कर सकती है—उत्पाद का डिजाइन, R&D, परीक्षण और प्रोटोटाइप और विकास मॉडलों का मूल्यांकन, ओ.ई.एम. के वैश्विक सप्लाई चेन के हिस्से के रूप में असेंबलियों का निर्माण तथा विपणन और बिक्री के बाद सेवा।

तीसरा, चूँकि सैन्य प्रौद्योगिकी नवीनीकरण के लिए उन्नत ज्ञान को युद्ध के अनुभव के साथ मिला देना अहम होता है, इसलिए तीन सशस्त्र सेनाओं को इंजीनियरिंग लैब स्थापित करने चाहिए और इन्हें सैद्धांतिक अनुसंधान केंद्रों के पास स्थित करना चाहिए। सैन्य अनुसंधान तथा इंजीनियरिंग प्रयोगशालाओं में सशस्त्र सेनाओं के प्रौद्योगिकीविदों की तैनाती के कई फायदे मिलेंगे। इससे वैश्विक घटनाओं के बीच ताकत को कई गुणा बढ़ानेवालों की पहचान में मदद मिलेगी, साथ ही सफलता की तकनीकों का लाभ उठाया जा सकेगा, जो ऑपरेशन की अवधारणाओं को प्रभावित करती हैं। इससे सेना को तुलनात्मक तकनीकी स्तरों का सटीक आकलन करने में मदद मिलेगी, ताकि यह पता चल सके कि उसे किससे खतरा है और युद्ध के मैदान की जरूरतों को पूरा करने के लिए वह R&D की प्रक्रिया और निर्माताओं के उत्पादन की गुणवत्ता को परख सकेगी। अंत में, इस प्रकार के अभिसरण से उपकरणों की आवश्यकता को तकनीकी संभाव्यताओं के साथ परखा जा सकेगा तथा प्रोटोटाइप विकसित करने में यूजर एजेंसी की सक्रिय भागीदारी सुनिश्चित की जा सकेगी। अभिसरण की प्रक्रियाओं से तीनों सेनाओं को सामान्य इस्तेमालवाली आवश्यकताओं को एकीकृत करने, परिचालन प्रभाव का अध्ययन करने और अगली पीढ़ी की हथियार प्रणाली से मिलनेवाले अवसरों का अध्ययन करने तथा उनकी प्रणालियों के लिए ओ.ई.एम. आपूर्तिकर्ताओं द्वारा तकनीकी हद के दावे की पुष्टि करने में भी मदद मिलेगी।

प्रतिस्पर्धा के लिए परिवर्तन

सरकारी क्षेत्र में भारतीय रक्षा उद्योग काफी हद तक लालफीताशाही में फँसा है, जिसे अपने R&D क्षेत्र को उदार बनाना होगा, ताकि वह इतना प्रतिस्पर्धी बन सके कि उसे ओ.ई.एम. आपूर्तिकर्ता और निजी क्षेत्र अपने योग्य साझीदार के रूप में देखें। उनके R&D की विशेषज्ञता को बढ़ाने के लिए, शोध संस्थानों को अपने उन्नत तकनीकी उत्पादों को विकसित करने के ऐसे साझीदारों की तलाश करनी चाहिए। ऐसा ओ.ई.एम. के संघों, उद्यम पूँजी निवेशों तथा वैश्विक मार्केटिंग कंपनियों के माध्यम से वैश्विक और घरेलू–औद्योगिक तथा सैन्य बाजारों तक अपने उत्पादों को उन्नत बनाने के लिए पहुँच बनाकर किया जा सकता है। इन संघों को पुल सिद्धांत के प्रयोग से ऑफसेट अनुबंधों का भी प्रयास करना चाहिए, जिससे रक्षा और औद्योगिक क्षेत्र के उत्पादों की समान R&D आवश्यकताओं को पूरा किया जा सके।[6] इस प्रकार सेना के लिए R&D के विकल्प उपलब्ध हो जाएँगे, R&D के खर्च और जोखिम कम होंगे तथा इन प्रयोगशालाओं की प्रतिस्पर्धा में सुधार में मदद मिलेगी।

उत्पाद एकीकरण और विकास वास्तुविद्या का मॉडल

उन R&D परियोजनाओं को पूरा करने के लिए, जिनका वाणिज्यिक महत्त्व हो सकता है, भारत को एकीकरण वास्तुकला की एक मजबूत प्रणाली की आवश्यकता है, जिससे तकनीकी

उत्पाद के अनेक जटिल तत्त्व एक-दूसरे के साथ सही प्रकार से आदान-प्रदान कर सकें। किसी भी उत्पाद के विकास के प्रत्येक चरण में, उसकी अवधारणा के सुबूत से लेकर उसके इंजीनियरिंग मॉडल की पुष्टि और वाणिज्यिक उत्पादन तक, विशेष बहुविषय संबंधी टीमें इस लक्ष्य की प्राप्ति के लिए काम करेंगी।

प्रौद्योगिकी प्रणालियों को जोड़नेवाले

तकनीक विकसित करनेवाली इन विशेष टीमों की आवश्यकता पुर्जे बनाने और उप असेंबलियों की जाँच के लिए पड़ेगी, जिससे इंजीनियरिंग या प्रोटोटाइप मॉडल बनाए जा सकें, जो अपने प्रमुख तकनीकी क्षेत्र के मुताबिक हों। प्रणालियों को जोड़नेवाले ऐसे हों, जिन्हें किसी स्वायत्त वित्त आयोग से विकास के लिए धन मिले।

लीड सिस्टम इंटेग्रेटर

कुछ एक अनुसंधान संस्थानों को इस प्रकार बनाया जाना चाहिए कि उन्हें किसी विशेष उत्पाद के लिए आवश्यक तकनीक की जरूरत के आधार पर लीड सिस्टम इंटेग्रेटर कहा जाए। लीड यूनिट तकनीक विकास करनेवाली टीम या बाहर से मँगाए गए पुर्जों की मदद से उत्पाद के नूमने को तैयार करेगी। निर्माण करनेवाली संस्थाओं के साथ साझा उपक्रम बनाना चाहिए, ताकि उत्पादन से पूर्व एक मॉडल बनाया जा सके, जिसका मार्केटिंग के चरण में उपयोग हो सके। इस चरण के लिए धन वित्तीय संस्थानों से लिया जा सकता है। चूँकि R&D के इनक्यूबेशन चरणों में जोखिम खास तौर पर ज्यादा होता है, इसलिए लीड सिस्टम इंटेग्रेटर को आवश्यक उत्पाद के उत्पादन की क्षमता दिखानी होगी, जो कीमतों, प्रदर्शन और उत्पादन के समय के दायरे में हो।

कोर सिस्टम इंटेग्रेटर

कोर सिस्टम इंटेग्रेटर को प्रयोग करनेवाले, प्रयोगशाला और विशाल बाजार की खाई को पाट देना चाहिए। इसका एक पूरा संयोजक कार्य होना चाहिए, जिसके तहत रक्षा क्षेत्र के साथ ही देश के अन्य उपयोगकर्ताओं तथा अंतरराष्ट्रीय बाजारों की तकनीकी आवश्यकताओं को एकीकृत किया जा सके। इस इंटेग्रेटर को वैश्विक या भारतीय स्रोतों से तत्त्वों को शामिल करने, संयुक्त उपक्रमों को स्थापित करने तथा ऑफसेट प्रोग्रामों के जरिए नई तकनीकों को प्राप्त करने में सहायक होना चाहिए। यह तकनीकी एपलिकेशनों को कारोबार की योजना के साथ मिला देगी, जिससे कि अनुसंधान संस्थानों में स्टार्ट-अप को बढ़ावा मिले, जिनमें उच्च वाणिज्यिक क्षमता होती है।

प्रौद्योगिकी हस्तांतरण और नवीनीकरण सहायता एजेंसी

इस अंतिम तकनीक इंटेग्रेटर को उन्नत तकनीक के R&D, पैटेंटिंग, निर्यात लाइसेंस और वैश्विक बाजार के वाणिज्यीकरण में कोर सिस्टम इंटेग्रेटर की मदद करनी चाहिए। इस संबंध में, तकनीक निर्यातों को लेकर विदेश मंत्री को और सक्रिय होना चाहिए। तकनीक हस्तांतरण इंटेग्रेटर को अनुसंधान संस्थानों तथा यूनिवर्सिटी अनुसंधान प्रयोगशालाओं को वित्तीय समर्थको के साथ जोड़

देना चाहिए, जो दूत निवेशकों, उद्यम पूँजी निवेश, निवेश बैंकों तथा संयुक्त उपक्रम के साझीदारों के लिए वन स्टॉप शॉप का काम करते हैं। इसे स्टार्ट–अप तथा तकनीक बाजार में व्युत्पन्नों के प्रवेश में उनके बाजार तथा आई.पी. पोर्टफोलियो का प्रबंधन कर सहयोग देना चाहिए। अनुसंधान, लाइसेंस और मार्केटिंग के अनुबंधों पर बातचीत के क्रम में, इसके कर्मचारियों को वैज्ञानिक, औद्योगिक तथा कानून का ज्ञान होना चाहिए तथा अंतरराष्ट्रीय व्यापार और पेटेंट कानून, तकनीक निर्यात नियंत्रणों, वित्तीय जोखिम प्रबंधन, एपलाइड वित्तीय मूल्यांकन में विशेषज्ञता होनी चाहिए।

उद्यमी वित्त के लिए एक मॉडल

तकनीकी उत्कृष्टता के सत्रह अनुसंधान संस्थानों की स्थापना के लिए सरकार की ओर से धन मुहैया कराने की आवश्यकता पड़ेगी, जो कर्मचारियों का खर्च उठाए और अनुकूलित R&D के बुनियादी ढाँचे को लीज पर ले। R&D के कार्यों को धन मुहैया कराने के लिए सरकार को एक स्वायत्त वित्त आयोग का गठन करना चाहिए, जिसमें वित्त, मार्केटिंग और प्रमुख उन्नत तकनीकों के एक्सपर्ट हों। ये एक्सपर्ट बाजार के अवसरों का लाभ उठाने और विभिन्न तकनीकी क्षेत्रों से परियोजनाओं को धन मुहैया कराने का आकलन करने के साथ ही प्रयोगशालाओं में तकनीकी विकास की क्षमता की भी पुष्टि कर सकेंगे। वित्त आयोग को धन की आवश्यकता की पूर्ति प्रौद्योगिकी पर आधारित मंत्रालयों द्वारा की जानी चाहिए, जो उस परियोजना, वित्तीय संस्थानों और बाजार में दिलचस्पी रखती हैं।

प्रणालियों के एकीकरण के खर्च और पूँजी के जोखिम से निपटने के लिए, सरकार एक समर्पित उन्नत तकनीक विकास बैंक, जैसे भारतीय औद्योगिक विकास बैंक की स्थापना पर विचार कर सकती है। इसे दूत निवेश क्लबों, उद्यम पूँजी निवेशकों तथा बाकी निजी क्षेत्र को उत्साहित करना चाहिए कि वे निर्माण और तकनीक की मार्केटिंग का खर्च उठा सकें। लंबे दौर में, इन अनुसंधान संस्थानों से अनेक स्वतंत्र लाभकारी केंद्र निकलने चाहिए, जो अंतरराष्ट्रीय स्तर पर प्रतिस्पर्धी, वैश्विक रूप से उन्नत तकनीक के आपूर्तिकर्ता के रूप में जाने जाएँगे। उन्नत तकनीक बैंक को सत्रह कौशल केंद्रों की पहचानकर उन्हें नवीन तकनीक लाभ केंद्रों में बदलना चाहिए, वित्तीय साझेदारी की परिकल्पना और शुरुआती चरण में वित्तपोषण, जटिल प्रौद्योगिकी व्यापार मॉडलों की समीक्षा तथा एक स्थिर, किंतु जीवंत बाजार का माहौल बनाना चाहिए, जिससे कि देश के उन्नत विज्ञान और इंजीनियरिंग के विषयों की माँग पैदा हो।

उत्पाद विकास और उन्नत तकनीकों का वाणिज्यीकरण वित्तीय सहयोग पर निर्भर करता है, जिसे स्थायी तौर पर उपलब्ध होना चाहिए; क्योंकि बाजार से उच्च जोखिम और अधिक मूल्यवाले R&D के लिए धन जुटाना बहुत कठिन होता है, ऐसे में रणनीतिक प्रणालियों के लिए सरकार का समर्थन जारी रहना चाहिए, जिनके तत्त्वों का व्यावसायिक प्रयोग नहीं है। इसके अतिरिक्त, रक्षा R&D प्रयोगशालाओं में बाजार से वित्त आकर्षित करने के लिए व्यापार उपक्रम सुधारों की आवश्यकता होती है। हालाँकि व्यापक बाजारों के लिए समान सैन्य और औद्योगिक साधनों के विकास के लिए R&D को उद्यम पूँजी, दूत निवेशकों तथा अन्य उद्यमी स्रोतों से वित्त जुटा लेना चाहिए।

निष्कर्ष

1990 के दशक की शुरुआत में, भारत को उदारीकरण का लाभ मिला, इसके बावजूद रक्षा मंत्रालय में न तो उदारीकरण हुआ, न ही इसकी R&D प्रणाली और निर्माण क्षेत्रों में नौकरशाही कम हुई। इसका प्रमुख कारण यह है कि मंत्रालय स्वामित्व और नियंत्रण को ही सही मानता है।

भारतीय सेना को दो रणनीतिक तथ्यों का सामना करना है—चीनी सेना विशाल होती जाएगी और वित्तीय संसाधन भी अधिक होंगे। भारत तुलनात्मक अलाभकारी स्थितियों को उन्नत तकनीकी क्षमता विकसित किए बिना बदल नहीं सकता है। इस रणनीति के लिए एक विश्व स्तरीय तकनीकी बुनियादी ढाँचा और अहम उन्नत तकनीकों में देश के वैश्विक निर्यात में सुधार की आवश्यकता है। इन क्षमताओं को बढ़ाए बिना, भारत पूर्वी एशिया के हथियार और तकनीक आपूर्तिकर्ताओं के साथ प्रतिस्पर्धा नहीं कर सकता है।

तकनीक प्राप्त करने की क्षमता के लिए ऐसे लोगों में निवेश की आवश्यकता है, जो उभरती तकनीकों से नए सैन्य उत्पादों का आविष्कार, सृजन या नवीनीकरण कर सकें। भारत में निवेश करनेवाले ओ.ई.एम. बरसों से इन क्षमताओं को विकसित करने पर खर्च करते आ रहे हैं। इस लक्ष्य की प्राप्ति के लिए एक स्पष्ट उन्नत तकनीकी क्षमता निर्माण नीति की आवश्यकता है, जो सिविल और सैन्य नौकरशाही के चारों ओर तकनीकी कौशल को बेहतर बनाने पर केंद्रित हो, जिसे अनुसंधान संस्थानों और बुनियादी ढाँचे की मदद से देश के सत्रह प्रमुख तकनीकी क्षेत्रों में विकसित किया जा सके।

भारत सरकार को देश के नेतृत्ववाले एकाधिकार संपन्न R&D प्रणाली के विकल्पों को विकसित करने पर ध्यान देना चाहिए। बदलाव के लिए अनेक प्रकार की कारवाई अपेक्षित है, जैसे उन तरीकों का प्रयोग, जो विभिन्न देशों में जाँचे-परखे जा चुके हैं और जिनकी व्याख्या की गई है। सुझाई गई प्रक्रियाओं को उपयुक्त रूप से बदला गया है, जिससे कि संस्थानों के निर्माण में भारत की विशेष संगठनात्मक सीमाओं की समस्या को दूर किया जा सके और सिविल तथा सैन्य नौकरशाही में विरोध करनेवाली प्रवृत्ति को बदला जा सके।

राजनीतिक नेतृत्व की सीमाओं में उन तरीकों को लेकर ज्ञान की कमी शामिल है, जिनसे अनिश्चित परिणाम प्राप्त होते हैं। उच्च स्तरीय नौकरशाही को उन्नत तकनीक प्राप्त करने में अपनी विशिष्टता की तुलना में नीति निर्माण में अपनी भूमिका को बनाए रखने की ज्यादा चिंता है। रक्षा मंत्रालय को उन्नत तकनीक के समूहों के विकास में सहयोग देना होगा, जहाँ विशेष क्षेत्रों में काम करने की सर्वोत्तम परिस्थितियाँ हों और उन्हें आकर्षक कर ढाँचा, उदार श्रम कानून, उपक्रम संबंधी वित्त का निरंतर समर्थन तथा उच्च गुणवत्ता और विशेषज्ञतावाले कर्मचारी मुहैया कराए जाएँ।

उन्नत तकनीक जुटाने को लेकर चूँकि बेहतर वैश्विक व्यवहार के संबंध में पर्याप्त आँकड़े उपलब्ध हैं, इस कारण नई सरकार को अपने पहले वर्ष में एक उन्नत तकनीक प्राप्ति योजना को संसदीय स्वीकृति के लिए पेश करना चाहिए। इस कदम से अगले चार से पाँच वर्षों में सारे सुझावों को आंशिक रूप से लागू करने में काफी सफलता मिलेगी, हालाँकि इनसे मिलनेवाले लाभ को कार्यान्वयन के पाँच से पंद्रह वर्ष की अवधि से पहले नहीं देखा जा सकेगा। इन बदलावों से भारत की R&D प्रणाली और सेना की तकनीकी क्षमताओं में अनेक दूरगामी लाभ प्राप्त होंगे।

कार्यकारी प्रक्रियाओं की जहाँ तक बात है, तो बदलावों को पेशेवर कानून की दूरदृष्टि संबंधी प्रक्रियाओं से लाया जाना अधिक उपयुक्त होगा। भारत में संसदीय स्थायी समितियों को तकनीकी जाँच की क्षमताओं के लिए प्रक्रियाओं को संस्थागत बनाना होगा, स्वतंत्र जानकारों तक कार्यान्वयन की निगरानी के लिए पहुँच बनानी होगी तथा समय-समय पर तकनीकी विकास की योजनाओं की समीक्षा करनी होगी। अपनी बनावट को हर साल बदलने की बजाय, स्थायी समितियों को अपनी सदस्यता में निरंतरता रखनी चाहिए, जिससे कि क्षमता का निर्माण हो और राष्ट्रीय R&D प्रणाली की सुसंगत जाँच की जा सके।

यदि तकनीकी विशेषज्ञों की एक टास्क फोर्स का गठन किया गया, तो वह 2014 में नई सरकार के चुने जाने के पाँच वर्षों के भीतर इस पेपर के सुझावों को लागू करने में कामयाब होगी।

नोट्स

1. देखें रविंदर पाल सिंह, 'एन असेसमेंट इन इंडियन S&T ऐंड इंप्लीकेशंस फॉर मिलिटरी R&D,' इकोनॉमिक्स ऐंड पॉलिटिकल वीकली 35, सं. 31, 29 जुलाई, 2000.
2. विंस्टन चर्चिल, द ग्रेट वॉर, खंड. 4 (लंदन : होम लिबर्टी एडिशन), एपेंडिक्स 8, 'मैकेनिकल पावर इन द ऑफेंसिव' (1916).
3. ''भारत को इलेक्ट्रॉनिक्स, टेलीकम्यूनिकेशन विकसित करना चाहिए, मनमोहन सिंह ने कहा,'' टाइम्स ऑफ इंडिया, 5 दिसंबर, 2013, http://timesofindia.indiatimes.com/business/india- business "India -needs-to-develop-electronics-telecommunication-Manmohan-Singh- says/articleshow/26889646.cms.
4. इन तकनीकी क्षेत्रों और उनके उपयोग पर विस्तृत चर्चा के लिए, देखें 'प्रिपेयरिंग फॉर आवर फ्यूचर : डेवलपिंग अ कॉमन स्ट्रैटजी फॉर की इनेबलिंग टेक्नोलॉजी,' ईयू आयोग स्टाफ कार्य दस्तावेज धारा (2( )( )9) 1257, 30 सितंबर, 2009 और रविंद्र पाल सिंह, 'आइडेंटिफाइंग की टेक्नोलॉजी इन मेजर वेपन सिस्टम्स,' इन द ट्रांसफर ऑफ सेंसिटिव टेक्नोलॉजी ऐंड द फ्यूचर ऑफ कंट्रोल रिजीम्स, संपादक, पी. गसपरिनी एल्वस और कर्स्टिन हॉफमैन (न्यूयॉर्क ऐंड जिनेवा : यूनाइटेड इंस्टीट्यूट फॉर डिसआर्मामेंट रिसर्च, 1997).
5. युद्ध क्षेत्र के अनुभव और तकनीकी क्षमता के मेल से नई हथियार प्रणाली विकसित करने की पहल इजरायल में की गई है। मेरकावा टैंक, ऊजी सबमशीनगन, यू.ए.वी., मोबाइल टेलीफोनी स्विचिंग सिस्टम, नॉन-इनवेसिव सर्जरी तथा अन्य तकनीकों को विकसित करने में इजरायली सेना के अनेक अधिकारी शामिल थे। विभिन्न क्षेत्रों के परस्पर आदान-प्रदान से सैन्य R&D में नए प्रयोग और मूल्य संवर्धन को बल मिलता है, जिसमें विभिन्न तकनीकों और पृष्ठभूमियों के विशेषज्ञ अपने अनुभव साझा करते हैं। भारत में यह अवधारणा अब तक विकसित नहीं हुई है।
6. ओ.ई.एम. द्वारा उन्नत तकनीकी निवेश को प्रोत्साहन देने के लिए पुल सिद्धांत को लागू करने से पहले भारत में ऐसा माहौल तैयार करना होगा, जो स्वयं ओ.ई.एम. को व्यावसायिक रूप से फायदेमंद दिखे, जिससे कि वे R&D संसाधनों को निर्यात सुविधाओं की स्थापना कर सकें। रक्षा मंत्रालय के सिविल अधिकारियों की बजाय ओ.ई.एम. को उन उन्नत तकनीकों का चुनाव करना चाहिए और निर्णय लेना चाहिए, जिनका निर्यात भारत कर सकता है। ऑफसेट ओ.ई.एम.

में यह इच्छा पैदा करें, जिनसे वे भारत के और भारत में मौजूद व्यावसायिक तथा तकनीकी अवसरों का प्रयोग कर सकें।

7. भारत अपनी R&D प्रयोशालाओं में वित्त पोषण की अनुमति नहीं देता है, जबकि चीन अपने रक्षा क्षेत्र में अपने बजट का 22.5 प्रतिशत निजी इक्विटी जुटाता है। चूँकि रक्षा R&D की उष्मायन अवधि अधिक होती है और परिणाम अनिश्चित होते हैं, इस कारण इन दनों क्षेत्रों को एक कर देने से चीन को अपनी सेना के लिए उन्नत सिविल R&D क्षमताओं का लाभ मिल जाता है। चीन के नागरिक सैन्य एकीकरण रणनीति के लिए, देखें ताइ मिंग चुंग, 'द चाइनीज डिफेंस इकोनोमीज लॉन्ग मार्च फ्रॉम इमिटेशन टू इनोवेशन,' जर्नल ऑफ स्ट्रेटजिक स्टडीज 34, अंक 3, जून 2011; और सौमित्र दत्ता, सं., द ग्लोबल इनोवेशन इंडेक्स 2011, एक्सेलरेटिंग ग्रोथ ऐंड डेवलपमेंट (फोंटेनब्लू, फ्रांस : इनसीड, 2011), 85.

□

अध्याय-17

विदेश नीति का कायाकल्प

—सी. राजा मोहन

परिचय

2014 में जो नई सरकार सत्ता सँभालेगी, उसके सामने कई बड़ी और कठिन चुनौतियाँ होंगी। भारत की महत्त्वपूर्ण रणनीतिक साझेदारियों में हुए नुकसान की भरपाई करना तथा अपने कुछ पारंपरिक रूप से खराब संबंधों पर पकड़ को मजबूत करना नई सरकार के कूटनीतिक एजेंडा में सबसे ऊपर होगा। 1998 मई के परमाणु परीक्षणों के बाद भारत की बेहद आकर्षक विदेश नीति का दौर तत्कालीन प्रधानमंत्री मनमोहन सिंह के दूसरे कार्यकाल में दम तोड़ता नजर आया। परीक्षणों की अंतरराष्ट्रीय निंदा के कारण भारत ने सभी प्रमुख शक्तियों के साथ अपने संबंधों में सुधार की पहल की। अटल बिहारी वाजपेयी को धन्यवाद, जिनकी सोद्देश्य और कल्पनाशील कूटनीति के चलते भारत ने एशिया के साथ-साथ विश्व स्तर पर अंतरराष्ट्रीय संबंधों में अपनी छवि को बेहतर बनाया। मनमोहन सिंह को ऐसा भारत मिला, जो पूरी रफ्तार के साथ आगे की तरफ भागता चला जा रहा था, लेकिन जब उन्होंने भारत को छोड़ा तो वह हर मोरचे पर लड़खड़ाया हुआ था।

यूनाइटेड प्रोग्रेसिव अलायंस (यू.पी.ए.) के पहले टर्म में, सिंह पहले से चले आ रहे सुधारों के कारण आर्थिक विकास के ऐश्वर्य का सुख उठाने की स्थिति में थे। 2004-2009 के दौरान जहाँ वे दूसरी पीढ़ी के सुधारों को लागू करने से कतरा रहे थे, वहीं सिंह ने विदेश नीति के क्षेत्र में वाजपेयी के अनेक प्रयासों को आगे बढ़ाने को लेकर आत्मविश्वास दिखाया। इनमें अमेरिका, चीन और पाकिस्तान के साथ की गई पहल शामिल थी। हालाँकि सिंह का दूसरा कार्यकाल आर्थिक और कूटनीतिक, दोनों ही मोरचे पर निराशाजनक रहा। आर्थिक नीति को लेकर उनकी सरकार के गलत कदमों के साथ ही बेडौल कूटनीति और मनमरजी की रणनीतिक सोच ने हालात और गंभीर बना दिए। पिछले दशक में भारत कई हिचकोले खाकर आगे बढ़ा था, लेकिन इन दोनों ने इन सारी कोशिशों पर पानी फेर दिया। इस कारण अगली सरकार को हर हाल में मौलिक बातों पर लौटना होगा। यू.पी.ए. सरकार के उत्तराधिकारी को किसी भी स्थिति में सबसे पहले प्रधानमंत्री की ताकत और उस कैबिनेट प्रणाली पर उनके नेतृत्व को फिर से स्थापित करना होगा, जो किसी भी राष्ट्रीय नीति के लिए बेहद अहम होता है। विदेश नीति के मोरचे पर, इसे यू.पी.ए. सरकार की ओर से भारत के बाहरी लक्ष्यों में भरी गई

उलझन को समाप्त करना, प्रभावी रणनीति को लेकर घरेलू राजनीति में आम राय बनाना और अनेक प्रकार की ढाँचागत रुकावटों और संस्थागत कमजोरियों को दूर करना होगा, जिनके कारण भारत की प्रगति में बाधा पड़ी है। यह अध्याय तीन खंडों में विभाजित है। पहले में यू.पी. सरकार के नीति संबंधी रिकॉर्ड की समीक्षा की गई है। दूसरे खंड में कुछ दूरगामी ढाँचागत समस्याओं की समीक्षा की गई है, जिन्हें नई सरकार को दूर करना ही होगा और अंतिम खंड में नई सरकार द्वारा उठाए जानेवाले शुरुआती कदमों के सुझाव हैं।

राह से भटकना

एक दशक लंबे मनमोहन सिंह के कार्यकाल की शुरुआत वाजपेयी सरकार की ओर से लागू की गई नई मौलिक नीतियों को तेजी से आगे बढ़ाने के निडर संकल्प से हुई। कुल मिलाकर पाँच अलग-अलग क्षेत्रों में उठाए गए नए कदमों से भारत की भू-राजनीतिक स्थिति में बदलाव आने के साथ ही एशिया तथा विश्व में भारत के उदय को बल मिला। पहला प्रयास परमाणु कूटनीति के क्षेत्र में था। मई 1998 में वैश्विक विचार के विरुद्ध, पाँच परमाणु हथियारों का परीक्षणकर वाजपेयी सरकार ने भारत के लंबे समय से चले आ रही परमाणु अस्पष्टता तथा अनेक दूरगामी कीमतों को समाप्त कर दिया, जो उसके साथ हासिल हुई। 1974 से ही परमाणु अस्पष्टता के कारण वैश्विक अप्रसार की हिमायत करनेवालों के साथ भारत के संबंध सामान्य नहीं थे, इसे उच्च तकनीकी प्रतिबंधों का बड़ा निशाना बनाया गया, प्रमुख शक्तियों के साथ इसके संबंध पेचीदा बने रहे और क्षेत्रीय परमाणु माहौल के चलते खड़ी हुई चुनौतियों को दूर करना भी मुश्किल हो गया था। इसलिए पोखरण-II ने बरसों पुरानी गाँठ को खोल दिया, जिसके बाद अमेरिका के साथ परमाणु समझौते का रास्ता खुल गया। वैश्विक अप्रसारवाले देशों के साथ लंबे समय से चला आ रहा भारत का अलगाव समाप्त हो गया। दूसरी पहल पड़ोसी देशों के साथ संबंधों की नीति थी, जहाँ वाजपेयी ने पाकिस्तान और चीन के साथ भारत के विस्तृत विवाद को कम करने और अपने छोटे पड़ोसियों से सहयोगात्मक संबंध बनाने का प्रयास किया।

तीसरा, वाजपेयी ने भारत की विदेश नीति की दृष्टि को विस्तार दिया तथा भारत के हितों को अदन से मलक्का तक विस्तृत होने के रूप में परिभाषित किया। इस नई सोच ने भारत की लुक ईस्ट पॉलिसी को तेज करने का आधार तैयार किया और मध्य पूर्व के साथ भी बातचीत शुरू हुई। इस नीति की दिशा में पहला कदम, जहाँ वाजपेयी से पहले उनके पूर्ववर्ती, पी.वी. नरसिम्हा राव ने उठाया था, वहीं वाजपेयी ने लुक ईस्ट की नीति के दायरे को बढ़ाया तथा मध्य पूर्व के परंपरागत सहयोगियों से परे जाकर ईरान, सऊदी अरब और इजरायल तक देखने लगे। चौथी पहल सभी प्रमुख शक्तियों, विशेषकर अमेरिका से संबंधों में परिवर्तन लाने की दिशा में की गई। गुटनिरपेक्षता की पुरानी गठरी को पीछे छोड़ते हुए, वाजपेयी ने बेधड़क अमेरिका की तरफ हाथ बढ़ाया और शुरुआत में अविश्वास की भावना से देखनेवाले अमेरिकी लोगों और घबराए भारतीयों के सामने ऐलान किया कि नई दिल्ली और अमेरिका स्वाभाविक मित्र हैं। इस नई सोच ने भारतीय राजनीतिक वर्ग में दशकों पुरानी घृणा को समाप्त किया और अमेरिका के साथ संबंधों को सुधारने के लिए व्यापक फेरबदल की शर्तें तय कर दीं, जिनसे भारत को काफी लाभ मिलनेवाला था।

पाँचवीं और अंतिम पहल यह थी कि वाजपेयी बहुपक्षीय माहौल में वैचारिक बोझ को किनारे करते नजर आए। परमाणु क्षेत्र में उन्होंने लीक से हटकर काम किया, मिसाइल प्रतिरक्षा पर अमेरिका का समर्थन किया और संयुक्त राष्ट्र तथा अन्य बहुपक्षीय मंचों पर वैचारिक तेवर अपनाने की बजाय भारत के हितों को देखना शुरू कर दिया। इन पाँच नई कोशिशों से वह वैचारिक कट्टरवाद समाप्त हुआ, जिसने भारतीय विदेश नीति को जकड़ रखा था और भारतीय कूटनीति को तमाम तरीकों से एक ऐसी ऊर्जा दी, जो 1950 के दशक में जवाहरलाल नेहरू के समय के बाद से नहीं दिखी थी।

इस प्रकार 2004 में मनमोहन सिंह को विरासत में एक सशक्त विदेश नीति का एजेंडा मिला तथा बेहतर क्षेत्रीय और वैश्विक स्थिति मिली। कम्युनिस्ट दलों के साथ एक घुटनावाले गठबंधन और उनकी अपनी कांग्रेस पार्टी में किसी राजनीतिक जोखिम से बचने की सोच के बावजूद, सिंह उन विदेश नीति के नए प्रयासों को आगे बढ़ाने में उत्सुक थे, जिन्हें वाजपेयी ने शुरू किया था। उनकी सरकार के पहले दो वर्षों में, नई दिल्ली ने अमेरिका के साथ रक्षा और परमाणु करार करने में सफलता पाई, चीन के साथ सीमा विवाद पर समझौते की शर्तें तैयार कर लीं, जबकि पाकिस्तान के साथ कश्मीर विवाद पर बातचीत शुरू कर दी। यही नहीं, उपमहाद्वीप में क्षेत्रीय एकता की एक नई सोच को भी सामने रखा। एक दशक लंबे अपने बाकी के कार्यकाल में सिंह को इन शुरुआती प्रयासों को बनाए रखने के लिए संघर्ष करना पड़ा। आंतरिक राजनीति के हमले हुए और कांग्रेस पार्टी की ओर से भी समर्थन नहीं मिला।

जहाँ तक अमेरिका की बात है, तो परमाणु करार को लागू करने के मुद्दे पर, सिंह कभी न खत्म होनेवाली लड़ाई में फँस गए। जो बात नजर आती थी, उसके मुताबिक कम्युनिस्टों ने विचारधारा को लेकर विरोध किया, वहीं वाजपेयी के बाद भारतीय जनता पार्टी (बी.जे.पी.) के नेतृत्व ने राजनीतिक अवसरवादिता को अपनाते हुए परमाणु करार को खतरे में डाल दिया। इन दोनों दलों के रवैए ने जहाँ बहुत बड़ी समस्या खड़ी कर दी, वहीं इस समस्या की असली वजह सरकार के अंदर और कांग्रेस पार्टी में छिपी थी। सरकार में वैज्ञानिक दृष्टिवाले नौकरशाह, विदेश विभाग और सुरक्षा प्रतिष्ठान सिविल न्यूक्लियर प्रयासों के फायदे को समझने को तैयार नहीं थे और अमेरिका को लेकर मन में बैठे डर का हौवा खड़ा करते रहे। अमेरिका के साथ भारत के संबंधों के नए और अपरिचित दायरे में आकर कांग्रेस पार्टी भी असहज थी और उसे मुसलमानों की प्रतिक्रिया और वामपंथ आधार के खिसकने का डर सता रहा था। सिंह कांग्रेस पार्टी के नेतृत्व को परमाणु पहल के फायदे पर यकीन दिलाने में विफल रहे। अपनी कैबिनेट के सहयोगियों पर उनकी सत्ता और नौकरशाही को अनुशासित करने की उनकी अनिच्छा के कारण उस परमाणु करार पर देश भर में लंबी चर्चा चलती रही, जो पूरी तरह से भारत के पक्ष में था। परमाणु करार पर दस्तखत करने के तीन साल बाद जब उन्होंने इस्तीफे की धमकी दी, तब जाकर इसे बचाया जा सका।

सिंह को सिविल न्यूक्लियर समझौते को लागू करने में जितनी दिक्कतें आईं, वैसी दिक्कतें केवल अमेरिका के ही मामले तक सीमित नहीं थीं। सिंह ने जहाँ चीन और पाकिस्तान के साथ बातचीत में काफी प्रगति की, वहीं कांग्रेस पार्टी निर्भीकता से कदम उठाने या उन समझौतों को अंतिम रूप देने के लिए तैयार नहीं थी, जो पहुँच के भीतर थे। अप्रैल 2005 में पाकिस्तान के राष्ट्रपति परवेज मुशर्रफ के भारत दौरे के समय कश्मीर पर बातचीत की नई शर्तें तय हुईं और

सियाचिन तथा सर क्रीक विवादों पर समझौते का आधार तैयार हुआ, लेकिन कांग्रेस पार्टी के वरिष्ठ कैबिनेट सदस्य आगे बढ़ने को तैयार नहीं थे और प्रधानमंत्री के पाकिस्तान दौरे का समर्थक करने के लिए भी राजी नहीं थे। चीन के मोरचे पर भी, सीमा के सिद्धांतों पर 2005 में हुए समझौते से जगी उम्मीद को व्यावहारिक परिणामों में बदला नहीं जा सका। शुरुआती बातचीत में दिखाई गई दिलेरी की जगह सीमा समझौते के दूसरे चरण में आपसी रूप से स्वीकार्य क्षेत्रीय रियायतों पर सावधानी ने ले ली। भारत-अमेरिका के नए संबंधों को लेकर चिंतित चीन भी सीमा विवाद को सुलझाने के लिए आगे बढ़ने से हिचकने लगा। यदि अमेरिका, चीन और पाकिस्तान के साथ संबंधों ने भारत के लिए बहुत बड़े रणनीतिक अवसर पैदा किए, तो वहीं कांग्रेस पार्टी की उदासीनता और सिंह के अंदर अपनी ताकत दिखाने की झिझक ने यू.पी.ए. के कार्यकाल के अंत तक तीन प्रमुख विदेश नीति के मोरचे पर प्रगति का रास्ता रोक लिया।

2009 के चुनावों में कांग्रेस बढ़ी हुई सीटों के साथ फिर से चुनी गई। अब यह उम्मीद जगी कि यू.पी.ए.-2 आर्थिक और विदेश नीति के मोरचे पर और निर्भीक होगी, लेकिन दूसरे कार्यकाल में ऐसा लगा जैसे प्रधानमंत्री की स्वतंत्रता और कम हो गई और पिछले दौर के मुकाबले वे विदेश नीति को निर्भीकता से आगे नहीं बढ़ा सकते थे। इसका कारण यह था कि कांग्रेस पार्टी नेतृत्व ने सिंह पर और सख्ती से सीमाएँ लादनी शुरू कर दीं, जिससे उनकी राजनीतिक आजादी छिन गई। 2010 के दायित्व कानून को लेकर हुई लापरवाही ने उन सारे प्रयासों पर पानी फेर दिया, जिनके बाद भारत में लंबे समय तक परमाणु अलगाव समाप्त हुआ था। आपूर्ति करनेवालों पर हद से ज्यादा माँगों को थोपने से न केवल अमेरिका, बल्कि भारत के सभी प्रमुख साथियों को निराशा हुई, जिन्होंने भारत के लिए अंतरराष्ट्रीय वाणिज्य के दरवाजे खोले थे। दायित्व के बेतुके बोझ का शिकार घरेलू आपूर्तिकर्ता भी हुए, जो परमाणु ऊर्जा उद्योग को सप्लाई करते थे। इससे भारत में परमाणु ऊर्जा के उत्पादन में महत्त्वपूर्ण विस्तार को धक्का लगा। पाकिस्तान के साथ शांति प्रक्रिया को बहाल करने की सिंह की कोशिशों का कांग्रेस पार्टी में विरोध हुआ, लेकिन वह व्यापारिक संबंधों को सामान्य बनाने और वीजा की शर्तों को उदार बनाने का खाका बनाने को लेकर हुई बातचीत का खाका तैयार करने में सफल रहे। फिर भी प्रधानमंत्री पाकिस्तान का दौरा करने को लेकर हिचकिचाते रहे और 2013 के दौरान सीमा पर हिंसा की खबरों के बीच, सिंह अपना आपा भी खो बैठे। यू.पी.ए.-2 में भारत-चीन संबंधों में भी अनिश्चितता बन रही। इसके लिए सीमा पर पीएलए की आक्रामक पेट्रोलिंग और भारत की अंतरराष्ट्रीय आकांक्षाओं को समर्थन देने की बीजिंग की अनिच्छा भी जिम्मेदार है। अपने दूसरे दौर में सिंह ने बँगलादेश के साथ संबंध बेहतर बनाने के काफी प्रयास किए। नदी-जल के बँटवारे और सीमा पर जमीन के समझौते पर दस्तखत किए जाने थे, तब सिंह को पश्चिम बंगाल की मुख्यमंत्री ममता बनर्जी का विरोध झेलना पड़ा, साथ ही उनकी अपनी पार्टी ने भी उन्हें आगे बढ़ने में सहयोग नहीं दिया। बँगलादेश के मोरचे पर इस भारी विफलता ने सरकार की कमजोरी को उजागर कर दिया। यह साफ दिख गया कि सरकार प्रमुख रणनीतिक पहल को अमल में नहीं ला पाती और कांग्रेस पार्टी राष्ट्रीय सुरक्षा के महत्त्वपूर्ण मुद्दों पर देश में आम सहमति नहीं बना पाती है। इस प्रक्रिया में, नई दिल्ली ने बँगलादेश की

प्रधानमंत्री शेख हसीना को भी निराश किया, जो सीमापार से आतंकवाद पर भारत की समस्या को दूर करने में काफी हद तक आगे आ गई थीं। इस प्रकार सिंह ने अपने एक दशक लंबे कार्यकाल को सुबकनेवाली स्थिति पर समाप्त किया, जबकि शुरुआत में उन्होंने इस क्षेत्र और दुनिया भर में भारत को तेजी से तरक्की के रास्ते पर ले जाने की उम्मीद जगाई थी।

संरचनात्मक चुनौतियाँ

भारत की विदेश नीति को फिर से एक नई गति देने का प्रयास करनेवाली नई सरकार को छह प्रमुख संरचनात्मक चुनौतियों से निपटना होगा। पहली चुनौती विदेश नीति को पुरानी विचारधारावाले शैतानों से, विशेषकर गुटनिरपेक्षता की बात करनेवालों से सुरक्षित रखने की है, जो नई दिल्ली के सिर पर सवार हो गए हैं। दुर्भाग्य ये यू.पी.ए. सरकार ने शीत युद्ध के जमाने के कुछ बोझ को फिर से उठा लिया, जिन्हें प्रधानमंत्री राव और वाजपेयी ने उतार फेंका था। यू.पी.ए. के पहले कार्यकाल की वैचारिक उलझन का कारण जहाँ उसके गठबंधन के सहयोगी कम्युनिस्ट पार्टी ऑफ इंडिया का दबाव था, वहीं दूसरे कार्यकाल में भारत की अस्पष्टता खुद कांग्रेस पार्टी के भीतर से ही सामने आती दिखी।

पिछले दो दशकों में अंतरराष्ट्रीय प्रणाली में भारत के आर्थिक और राजनीतिक क्षेत्र में मिले फायदों और एक प्रमुख शक्ति के रूप में उसके उदय की संभावनाओं के लिए भारत की विदेश नीति के मार्गदर्शक सिद्धांतों को एकदम अलग तरीके से परिभाषित करना होगा। गुटनिरपेक्षता की जिस अवधारणा को स्वतंत्रता प्राप्त करने के बाद शुरुआती वर्षों में सामने रखा गया, उसका उद्देश्य एक कमजोर देश द्वारा निर्णय लेने और काररवाई करने की क्षमता को बनाए रखना था, जो दुनिया के मामलों में एक महत्त्वपूर्ण भूमिका निभाने की इच्छा रखता था। आज भारत एकदम अलग जीव के जैसा है। दुनिया की दसवीं सबसे बड़ी अर्थव्यवस्था (2013 के अंत में वास्तविक आधार पर) और रक्षा पर सबसे अधिक खर्च करनेवाले नौवें देश के रूप में भारत के अंदर एक प्रमुख शक्ति बनने के सारे गुण हैं। भारत का शीत युद्ध का सिद्धांत जहाँ रणनीतिक स्वायत्तता का था, जिसका उद्देश्य बाहरी शक्तियों को इसके विकल्प को सीमित करने से रोकना था, वहीं आज भारत का उद्देश्य क्षेत्रीय तथा अंतरराष्ट्रीय व्यवस्था में रणनीति बढ़ाने का होना चाहिए, जिससे कि वह अपने हितों को सुरक्षित कर सके। रणनीतिक प्रभाव इच्छा की बात नहीं है, बल्कि अपरिहार्य कदम है। चूँकि इसकी लगभग 50 प्रतिशत अर्थव्यवस्था आयात और निर्यात से बँधी है, वहीं भारत के पास अपने लोगों के लिए समृद्धि के लगातार बढ़ते स्तर को बनाए रखना क्षेत्रीय सुरक्षा के माहौल को स्वरूप देने, बड़ी शक्तियों के साथ स्थिर संबंध बनाए रखने में योगदान, एशिया में शक्ति को संतुलित बनाए रखने में एक अहम तत्त्व बने रहने तथा व्यापार, जलवायु परिवर्तन तथा अन्य ज्वलंत बहुपक्षीय मामलों में सकारात्मक अंतरराष्ट्रीय व्यवस्था बनाए रखने की क्षमता पर निर्भर है।

नई सरकार के सामने दूसरी चुनौती महाशक्तियों के साथ संबंधों में स्पष्टता और दक्षता लाने को लेकर होगी। शीत युद्ध की समाप्ति के बाद और भारत में आर्थिक सुधारों की शुरुआत के साथ भारत के संबंध सभी प्रमुख शक्तियों के साथ काफी हद तक बेहतर हुए हैं। काफी हद तक यह इस कारण संभव हुआ, क्योंकि पिछले पच्चीस वर्षों में महाशक्तियों के बीच टकराव नहीं हुआ।

वह शांति का समय अब समाप्त हो रहा है, क्योंकि दुनिया की तीन सबसे बड़ी अर्थव्यवस्थाओं अमेरिका, चीन और जापान के संबंधों में अनिश्चितता है और रूस अपनी ताकत दिखाने लगा है। भारत को न चाहते हुए भी अतीत की तरह एक दिशा में बढ़ने की आदत छोड़ बड़ी शक्तियों में से कुछ स्पष्ट चुनाव करने होंगे। इस बदलाव से न तो समान दूरी बचा सकती है, न ही समान रूप से करीबी; क्योंकि दुनिया के बड़े देशों की शक्तियों में अंतर आया है।

अमेरिका और चीन के साथ संबंधों को लेकर एक निश्चित सोच रखने की बजाय, नई दिल्ली को दोनों शक्तियों के साथ अलग-अलग तरीके से निपटना होगा। अब तक कई दशकों से और विशेष रूप से शीत युद्ध के अंत में, भारत एकध्रुवीय समय के दौरान अमेरिका की शक्ति को लेकर परेशान रहता था और उसने चीन समेत अन्य शक्तियों के साथ मिलकर बहुध्रुवीय विश्व के निर्माण का प्रयास किया। यह एक विडंबना ही है कि अमेरिका के साथ नए संबंध की वजह से ही भारत ने पाकिस्तान के साथ एक लचीलापन प्राप्त किया और वैश्विक परमाणु व्यवस्था में राजनीतिक प्रवेश मिला, जिससे वह कई दशकों तक दूर था। यही नहीं, चीन की शक्ति के बढ़ने से ही भारत के लिए इस उपमहाद्वीप और हिंद महासागर में कदम बढ़ाने में मुश्किलें आ रही हैं। भारत के पास अब अमेरिका की शक्ति में तेजी से आई गिरावट और एशियाई तथा वैश्विक मामलों में चीन के साथ वॉशिंगटन के समझौतावादी रुख को लेकर चिंता का एक कारण है। इसके साथ ही, चीन को रोकने के लिए अमेरिका के साथ एक गठबंधन में शामिल होकर भारत समय से पहले बीजिंग से आमना-सामना नहीं करना चाहेगा। जहाँ इस प्रकार के संभावित खतरे सामने हैं, वहीं नई दिल्ली एक महत्त्वपूर्ण सच्चाई से मुँह नहीं मोड़ सकता है, चीन के मुकाबले अमेरिका और पश्चिम के देशों के साथ साझेदारी से भारत अपनी राष्ट्रीय शक्ति को व्यापक विस्तार देने के मूल उद्देश्य को पूरा कर सकता है।

एक तीसरी चुनौती, जो भारत के क्षेत्रीय मामलों से निपटने की है, उसके दो विभिन आयाम हैं। भारत की भू-राजनैतिक स्थिति के लिए प्रमुख खतरा पाकिस्तान के साथ उसकी सदा से चली आ रही दुश्मनी है और इस कारण ही उपमहाद्वीप में यह अपना प्रभुत्व स्थापित नहीं कर पा रहा है। इस कारण पाकिस्तान के साथ संबंधों को सामान्य बनाने तथा उपमहाद्वीप में बँटवारे को समाप्त करना महत्त्वपूर्ण रणनीतिक उद्देश्यों में से एक है। भले ही तमाम भारतीय सरकारों ने पाकिस्तान के साथ संबंधों को सामान्य बनाने का प्रयास किया है, लेकिन सरहदपार से आतंकवाद की समस्या के बरकरार रहने से इसलामाबाद के साथ समझौते को लेकर घर में राजनीतिक दायरा बहुत संकुचित है। फिर भी पिछले दशक में जब कुछ अहम मोड़ आए, तब यू.पी.ए. सरकार ने धैर्य खो दिया और मौके को जाने दिया। उदाहरण के लिए, सियाचिन और सरक्रीक के विवादों का निपटारा और कश्मीर संबंधी विश्वास बढ़ाने के उपाय शामिल हैं, जिनसे पाकिस्तान के साथ संबंध बेहतर हो सकते थे। शीत युद्ध की समाप्ति के बाद से भारत छोटे पड़ोसियों से संबंध सुधारने में लगातार जुटा है, लेकिन नतीजे मिले-जुले ही रहे हैं। क्षेत्रीय सहयोग में जहाँ थोड़ी प्रगति हुई है, वहीं भारत ने अपनी बढ़ती आर्थिक ताकत का इस्तेमाल इस उपमहाद्वीप के बाजारों को फिर से एक करने के लिए नहीं किया है। पिछले दो दशकों में भारत ने पूर्वी एशिया, मध्य एशिया और अफ्रीका के साथ भी बातचीत बढ़ाई है। उसकी प्रगति जहाँ अच्छी है, वहीं ये प्रयास बहुत

फलदायक नहीं रहे हैं। उपमहाद्वीप और करीबी क्षेत्रों के साथ आर्थिक एकीकरण में तेजी लाने, संपर्क बढ़ाने, क्षेत्रीय स्थिरता में योगदान और रक्षा सहयोग को बढ़ाने के सारे कदम महत्त्वपूर्ण हैं, जिन्हें नई दिल्ली की सरकार को पूरी क्षमता से उठाना चाहिए।

चौथा, भारत का बाहरी देशों के साथ संपर्क जहाँ पैमाने और दायरे के स्तर पर अचानक कम हुआ है, वहीं कमजोर संस्थागत क्षमता ने नई दिल्ली को कुछ बाहरी अवसरों का लाभ उठाने से रोक दिया, जो हाथ में आए थे। इस बात पर जब चिंता जताई गई कि भारत के पास राजनयिक दूतों की संख्या (फिलहाल 600 अफसर) बहुत कम है, तो नई दिल्ली ने प्रवेश स्तर पर भरती को विस्तार दिया और अन्य सरकारी विभागों के कर्मचारियों की प्रतिनियुक्ति को बढ़ावा दिया। हालाँकि बड़े और नितांत आवश्यक राजनयिक दूतों की फौज खड़ी करने के लिहाज से विस्तार की गति बहुत धीमी है। कर्मचारियों की अपर्याप्त संख्या समस्या का केवल एक पहलू है। सरकारी कर्मचारियों के स्तर को बढ़ाना और सरकार के बाहर तथा अंदर मजबूत नीति और शोध संस्थानों के विकास में सहायता देने को लेकर भी समस्याएँ हैं। भारत को विदेश मंत्रालय तथा सरकार के अन्य विभागों के बीच सहयोग बढ़ाना चाहिए, जिनमें आर्थिक मंत्रालयों के साथ ही पर्यावरण, विज्ञान तथा प्रौद्योगिकी से जुड़ी एजेंसियाँ भी शामिल हैं। विदेश मंत्रालय को जहाँ पहले जैसा नेतृत्व फिर से मिलना मुश्किल है, वहीं नई दिल्ली को चाहिए कि वह सरकार की विभिन्न एजेंसियों के बीच समन्वय को बेहतर बनाए और अंतरराष्ट्रीय सहयोगियों के साथ किए गए समझौतों को अच्छी तरह लागू करे। भारत को कला, संस्कृति और मीडिया के रूप में जिस प्रकार के संसाधन मिले हैं, वैसी संपन्नता शायद ही किसी देश को नसीब है। फिर भी अपने बाहरी संबंधों में नई दिल्ली ने इनका प्रयोग पूरी तरह से नहीं किया है। उदाहरण के लिए इसकी सार्वजनिक प्रसारण व्यवस्था अब भी जकड़ी हुई है और भारतीय संस्कृति की विशेषताओं का विस्तार पूरी दुनिया में नहीं कर सकी है। इसके साथ ही नई दिल्ली की प्रतिबंधात्मक वीजा नीतियों ने भारत और विश्व के बीच अंतरराष्ट्रीय आदान-प्रदान को सीमित कर दिया है।

पाँचवाँ, प्रभावी समन्वय की चुनौती को प्रधानमंत्री का प्रभुत्व पूरी सरकारी संरचना पर स्थापित किए बिना पूरा नहीं किया जा सकता है। गठबंधन सरकार ऐसी होती है, जिसमें अनेक विषयों पर प्रधानमंत्री की ओर से कदम उठाने की स्वतंत्रता सीमित हो जाती है। राव और वाजपेयी जैसे ताकतवर नेताओं ने जहाँ इस समस्या से निपट लिया, वहीं मनमोहन सिंह के सामने इस बात की मुश्किल थी कि वे अपनी पार्टी के नेता नहीं थे। यू.पी.ए. सरकार के दस वर्ष लंबे कार्यकाल के दौरान, कांग्रेस पार्टी की नेता सोनिया गांधी और प्रधानमंत्री सिंह के बीच सत्ता के बँटवारे की अभूतपूर्व व्यवस्था के कारण, सिंह का प्रभाव इतना कम था कि नई दिल्ली की ओर से ठोस निर्णय नहीं लिये जाते थे। अपनी कैबिनेट पर प्रधानमंत्री के प्रभाव में कम के चलते कैबिनेट सचिव का ऑफिस कमजोर हुआ, जबकि वह सबसे वरिष्ठ सिविल सेवक होता है। इससे विदेश, वाणिज्य और रक्षा की नीतियों में महत्त्वपूर्ण कदम नहीं उठाए जा सके। अन्य देशों के साथ किए गए समझौते को लागू करने के लिए प्रधानमंत्री की सत्ता को फिर स्थापित करना तथा कैबिनेट सचिव की ताकत बढ़ाना बेहद महत्त्वपूर्ण है।

छठा, प्रधानमंत्री सिंह को महत्त्वपूर्ण पड़ोसियों के साथ बातचीत के दौरान राज्य सरकारों के

अप्रत्याशित विरोध का सामना करना पड़ा। बेशक, शुद्ध कानूनी दृष्टिकोण से भी देखें, तो विदेश नीति भारत की केंद्र सरकार के विशेषाधिकार के अंतर्गत आती है। फिर भी, राजनीतिक दृष्टिकोण से नई दिल्ली को हमेशा ही विदेश नीति बनाते समय राज्यों की संवेदनशीलता को ध्यान में रखना पड़ता था। उदाहरण के लिए, कोलंबो के साथ बातचीत के दौरान तमिलनाडु की संवेदनशीलता। यू.पी.ए.-2 के अंतर्गत, नई दिल्ली राज्यों के विरोध के सामने पंगु नजर आई। उदाहरण के लिए बँगलादेश के साथ एक महत्त्वपूर्ण विदेश नीति की पहल में पश्चिम बंगाल की मुख्यमंत्री बनर्जी ने टाँग अड़ा दी। बनर्जी का फसादीपन जहाँ हद से ज्यादा था, वहीं कोलकाता के साथ राजनीतिक गतिशीलता को काबू में रखने में नई दिल्ली की अक्षमता भी कम जिम्मेदार नहीं, जिसके कारण ढाका की ओर बढ़ाए गए एक बड़े कूटनीतिक कदम को झटका लगा। इसी प्रकार श्रीलंका के मामले में, यू.पी.ए.-2 श्रीलंका से जुड़ी चुनौतियों का हल निकालने में चेन्नई की तमिल राजनीति से निपटने में विफल रहा। चेन्नई के दबाव के आगे झुकते हुए प्रधानमंत्री ने 2013 के अंत में कोलंबो में हुए कॉमनवेल्थ सम्मेलन में न जाने का फैसला किया।

लेकिन सारे राज्य ऐसे नहीं, जिन्होंने भारत की क्षेत्रीय कूटनीति पर नकारात्मक प्रभाव डाला। उदाहरण के लिए, पंजाब, जहाँ सत्ताधारी अकाली दल ने पाकिस्तान के साथ संबंधों को सामान्य बनाने का समर्थन किया और अलग हुए राज्यों के बीच सीमा के आर-पार जाने को लेकर अधिक सहयोग की माँग की। नई दिल्ली ने इस अवसर का भी लाभ नहीं उठाया। किसी भी नई सरकार को राज्यों की उन चिंताओं से निपटते हुए जो अधिक जटिल होते हैं, विदेश नीति के मामले में पहल करने के अधिकार को फिर से हासिल करने पर ध्यान देना होगा। इसे यह संभावना भी तलाशनी होगी कि कैसे सीमावर्ती राज्यों को पड़ोसियों के साथ संबंध सुधारने की दिशा में साझीदार बनाया जाए।

प्राथमिक कदम

नई सरकार के लिए सबसे महत्त्वपूर्ण कदम बेशक भारत के आर्थिक विकास को नया जीवन देना है। नई सरकार द्वारा अर्थव्यवस्था में पहले की नीति पर जोर देने से विदेश नीति पर सकारात्मक प्रभाव पड़ेगा। इससे भारत के रणनीतिक साझीदारों के साथ सहयोग बढ़ाने के दरवाजे खुलेंगे, इसके दुश्मनों से विवाद को कम करने का एक आधार तैयार होगा और महाद्वीप तथा उसके बाहर भारत का प्रभाव बढ़ाने में भी मदद मिलेगी।

क्षेत्रीय और विश्व स्तर पर व्यापार के उदारीकरण के प्रति राजनीतिक प्रतिबद्धता को इस रणनीति के केंद्र में रखना होगा। भारतीय बाजारों की रक्षा करने की राजनीतिक माँग को समझा जा सकता है। इस प्रकार की माँग भारत में लेफ्ट तक सीमित नहीं बल्कि लंबे समय से कांग्रेस और बी.जे.पी. जैसे दो मध्यमार्गी दलों को भी मुखर बनाया है। नई सरकार को इस अस्पष्टता से निकलना होगा, विश्व बाजार में पहुँच बनाने के महत्त्व को खुलकर बताना होगा तथा आर्थिक क्षेत्रवाद और वैश्वीकरण के लिए एक नया घरेलू गठबंधन बनाना पड़ेगा। यदि नई दिल्ली ने तुरंत काररवाई नहीं की, तो जब एशिया-पैसिफिक और अटलांटिक में ट्रांस पैसिफिक पार्टनरशिप और ट्रांसाटलांटिक व्यापार और निवेश भागीदारी वार्त्ता के जरिए व्यापार

में उदारीकरण बढ़ रहा है, तब भारत अकेला पड़ जाएगा। यूरोप के साथ भारत के मुक्त व्यापार की बातचीत को पूरा करना, क्षेत्रीय व्यापक आर्थिक भागीदारी के जरिए एशियाई आर्थिक समुदाय के निर्माण में सक्रिय योगदान और अमेरिका के साथ मुक्त व्यापार की बातचीत शुरू करना भारत के विदेशी आर्थिक एजेंडे में सबसे ऊपर होना चाहिए। इस उपमहाद्वीप में अपना प्रभुत्व बनाए रखने का भारत का राजनीतिक उद्देश्य काफी हद तक क्षेत्रीय आर्थक एकीकरण को बढ़ावा देने पर निर्भर करता है। भले ही यू.पी.ए. सरकार ने इस उपमहाद्वीप और उससे परे भारत के भौतिक संपर्क की बात कही, जिससे कि उसके पड़ोसियों की पहुँच बाजार तक हो सके, लेकिन उसने अपनी कथनी को करनी में नहीं बदला है। एक जिम्मेदार ताकत के रूप में, जलवायु परिवर्तन और इंटरनेट शासन जैसे मुद्दों पर उभरती सरकारों को स्वरूप देनेवाले देश के रूप में, भारत की मजबूती के लिए वैश्विक और क्षेत्रीय स्तरों पर बहुसंस्कृतिवाद पर सकारात्मक दृष्टिकोण अपनाना होगा।

दूसरा, अमेरिका के साथ रणनीतिक साझेदारी को सशक्त बनाया जाना ही वह आधार होना चाहिए, जिस पर नई सरकार महाशक्तियों से अपने संबंधों को आगे बढ़ाए। पिछले कुछ वर्षों में नई दिल्ली और वॉशिंगटन के बीच अनेक मोरचों पर संबंधों में शिथिलता आ गई है। इनमें वे बाधाएँ हैं, जो भारत के परमाणु दायित्व कानून के कारण खड़ी हुई हैं, जिन्हें भारत के परमाणु कार्यक्रम में शामिल अमेरिकी कंपनियों पर लादा गया है। रक्षा में सहयोग को आगे बढ़ाने की अनिच्छा तथा भारतीय मार्केट तक पहुँच में कठिनाइयाँ, मध्य-पूर्व तथा दक्षिण-पश्चिम एशिया की घटनाएँ और अनेक बहुपक्षीय मुद्दों ने व्यापक मतभेदों को उजागर कर दिया है। भारत और अमेरिका जहाँ पारंपरिक अर्थों में दोस्त नहीं बन सकते और अनेक मुद्दों पर मतभेद बने रहेंगे, वहीं मध्य-पूर्व में उथल-पुथल से निपटने के लिए अमेरिका की ओर से और सैनिकों को निकाल लिये जाने के बाद अफगानिस्तान में अनिश्चितता तथा पूर्वी एशिया में अशांत चीन के उदय की परिस्थितियों में भारत को अमेरिका का राजनीतिक सहयोग चाहिए। अमेरिका के साथ एक मजबूत साझेदारी भारत को अन्य प्रमुख शक्तियों, जिनमें यूरोप, चीन, जापान और रूस शामिल हैं, के साथ आर्थिक और राजनीतिक संबंधों को बढ़ाने में मदद मिलेगी। किसी रणनीतिक मुद्दे को लेकर भारत अमेरिका के साथ इस मौलिक सामरिक उद्देश्य पर आँच आने नहीं दे सकता है।

तीसरी प्राथमिकता चीन की चुनौती से निपटने की है। पिछले कुछ वर्षों में यह देखा गया है कि अमेरिका से दूरी बना लेने से नई दिल्ली के लिए चीन के साथ बनी तमाम समस्याओं को सुलझाने में मदद नहीं मिलती है। वास्तव में अमेरिका के साथ एक सामरिक साझेदारी भारत के लिए चीन के साथ भौतिक क्षमताओं को लेकर बढ़ती खाई के मद्देनजर आर्थिक, राजनीतिक तथा सैन्य क्षेत्र में मुकाबला करने की दृष्टि से महत्त्वपूर्ण है। चीन की जी.डी.पी. और रक्षा पर खर्च अब भारत का चार गुना हो चुका है। अमेरिका के साथ साझेदारी के अलावा, भारत को चीन के मुकाबले अपने आंतरिक स्तर पर भी संतुलन बिठाने का काम करना होगा, जिसमें सीमा के बुनियादी ढाँचे को बेहतर करना, अपनी सेना को आधुनिक बनाना और अपनी राष्ट्रीय शक्ति को समग्र बनाना शामिल है। यह जब चीन के साथ संतुलन स्थापित करने की कोशिश कर रहा है, तब भारत को चीन के साथ हर हाल में आर्थिक सहयोग का विस्तार करना चाहिए और बीजिंग पर

भारतीय सामानों और सेवाओं के लिए अपना बाजार खोलने का दबाव बनाना चाहिए। भारत को अपनी उस झिझक को दूरकर चीन के साथ इस उपमहाद्वीप को एक एकीकृत बाजार में बदलने पर काम करना चाहिए। यदि चीन एक चुनौती के साथ ही अवसर भी है, तो नई दिल्ली को दो मुद्दों पर काम करना सीख लेना चाहिए—लाभकारी द्वि-पक्षीय सहयोग और प्रभावी स्पर्धा।

एशिया के भविष्य को स्वरूप देने की भारत की क्षमता को सुदृढ करना चौथा उद्देश्य है। पूर्वी एशिया में नई दिल्ली को व्यापक आर्थिक, सुरक्षा और सैन्य सहयोग की माँग पर प्रभावी ढंग से प्रतिक्रिया देनी चाहिए। पश्चिम में इसे हाल के वर्षों में मध्य पूर्व को अनदेखा करने का रवैया छोड़ देना चाहिए और इस क्षेत्र के सभी प्रमुख देशों के साथ मजबूत संबंध बनाने चाहिए। इनमें मिस्र, ईरान, इराक, इजरायल, सऊदी अरब तथा तुर्की शामिल हैं और उस महत्त्वपूर्ण भूमिका को फिर से अपनाना चाहिए, जिसे कभी भारत निभा रहा था। नई दिल्ली को विश्व के प्रमुख क्षेत्रों की उपेक्षा को भी समाप्त करना चाहिए। इनमें मध्य एशिया, पूर्वी यूरोप, लैटिन अमेरिका और ओशिनिया शामिल हैं, जिनका महत्त्व भारत के राष्ट्रीय हितों के लिए बढ़ रहा है।

पाँचवाँ, भारत को दुनिया के अनेक हिस्सों, विशेषकर भारत-प्रशांत तट पर रक्षा सहयोग की बढ़ी माँग के प्रति तुरंत प्रतिक्रिया करनी होगी। निश्चित रूप से भारत ने हाल के वर्षों में रक्षा कूटनीति में अपना विस्तार किया है, विशेष रूप से आदान-प्रदान, साझा युद्धाभ्यास और सैन्य प्रशिक्षण को लेकर। विदेश विभाग और सैन्य बलों के सामने जहाँ रक्षा कूटनीति के लिहाज से व्यापक संभावनाएँ हैं, वहीं रक्षा मंत्रालय अब तक राजनीतिक बाधाओं और संस्थागत रूप से तैयार न होने के कारण भारत के दरवाजे पर दस्तक देते अवसरों का लाभ नहीं उठा सका है। नई सरकार को चाहिए कि वह रक्षा कूटनीति को ऊँची प्राथमिकता दे और प्रमुख शक्तियों के साथ-साथ क्षेत्रीय साझीदारों के साथ भी सैन्य सहयोग का एक खाका तैयार करे। इसी प्रकार ऐसी नीतियों से मजबूत देसी औद्योगिक रक्षा आधार तैयार करना भी उतना ही महत्त्वपूर्ण है, जो देश में हथियारों के उत्पादन को बढ़ावा देता है और रक्षा उपकरणों तथा सेवाओं के निर्यात में सहूलियत देता है।

छठा, भारत को इस उप महाद्वीप में शांति, समृद्धि तथा स्थिरता को बढ़ावा देने का नेतृत्व करना चाहिए। आर्थिक मोरचे पर भारत को अपने बाजार छोटे पड़ोसियों के लिए खोलने चाहिए, सीमा के आर-पार संपर्क को बढ़ावा देना चाहिए और व्यापार को बढ़ाने के लिए ढाँचे को आधुनिक बनाना चाहिए। मनमोहन सिंह जहाँ विरले ही पड़ोसी देशों की राजधानी का दौरा करते थे, वहीं अगले प्रधानमंत्री को नियमित रूप से इन देशों की यात्रा करनी चाहिए और पड़ोसियों के साथ उच्च-स्तर पर राजनीतिक संपर्क बढ़ाना चाहिए। नई दिल्ली को प्रयास करना चाहिए कि वह छोटे पड़ोसियों के लिए सबसे महत्त्वपूर्ण व्यापारिक साझीदार, बाहरी निवेशक और सहयोग देनेवाला बने, भले ही भारत ने अपने अनेक पड़ोसियों के साथ आर्थिक सहयोग को बढ़ाया है फिर भी उसके सामने इस क्षेत्र में सामरिक-आर्थिक योजनाओं को आगे बढ़ाने में बड़ी समस्याओं का सामना करना पड़ा है। पड़ोसी देशों में निर्यात को बढ़ावा देने के प्रभावी बुनियादी ढाँचे का विकास करना नई सरकार के लिए एक महत्त्वपूर्ण प्राथमिकता है।

सातवाँ, भारत को आतंकवाद और उग्रवाद से सख्ती से निपटना चाहिए, जो न केवल भारत

को अस्थिर करना चाहते हैं, बल्कि अफगानिस्तान, पाकिस्तान और बँगलादेश के अस्तित्व को भी खतरे में डालने का इरादा रखते हैं। अफगानिस्तान से अमेरिकी फौज के निकल जाने के बाद तथा मध्य-पूर्व में हाल के वर्षों में तेज हुई सांप्रदायिकता की प्रतिद्वंद्विता से इस प्रकार की चुनौतियाँ और बढ़ जाएँगी तथा इस उपमहाद्वीप पर इनका गहरा प्रभाव पड़ेगा। पाकिस्तान के साथ निपटना एक चुनौती रहा है, फिर भी पिछली सरकार की तरह ही नई सरकार को पाकिस्तान के साथ बातचीत जारी रखनी चाहिए और जहाँ तक संभव हो, सुधार का प्रयास करना चाहिए, साथ ही एक दूरगामी उद्देश्य दिमाग में रखना चाहिए—पाकिस्तान में इस प्रकार के आंतरिक परिवर्तन को बढ़ावा देना, जो भारत के साथ संबंधों को सामान्य बनाना चाहते हैं। पाकिस्तान के साथ संबंधों को नियंत्रण में रखने की विफलता से भारत को इस क्षेत्र और उसके बाहर अपने वृहत् लक्ष्यों को पूरा करना भारी मुश्किल हो जाएगा।

अंत में भारत कला, संस्कृति जैसे क्षेत्र में अपनी प्राकृतिक क्षमता को और बरबाद नहीं क़र सकता है। चाहे पर्यटन को बढ़ावा देने की बात हो या सांस्कृतिक कूटनीति, भारतीय मीडिया के विश्व स्तर पर विस्तार या दुनिया भर में राजनीतिक क्षेत्र विकसित करने की बात हो, नई दिल्ली का प्रदर्शन अपनी क्षमता से कहीं कम रहा है। भारतीय इलेक्ट्रॉनिक और प्रिंट मीडिया जहाँ देश में शक्तिशाली हुए हैं, वहीं विदेश में उनकी मौजूदगी न के बराबर है। इस स्थिति को सार्वजनिक-निजी भागीदारी को एक सजग नीति के साथ बढ़ावा देकर बदला जा सकता है, जिसमें भारत की समृद्ध संस्कृति और इसके राजनीतिक दृष्टिकोण का दुनिया भर में प्रचार किया जाए। नई दिल्ली को अपनी अनोखी धार्मिक विरासत को भी सुदृढ करना चाहिए। पारसी, हिंदू, बौद्ध, इसलाम, सिख, जैन, ईसाई धर्मों को बढ़ावा देकर दुनिया के साथ संबंध और प्रगाढ़ बनाया जा सकता है, साथ ही विभिन्न धर्मों के बीच एक स्थायी बातचीत की शुरुआत की जा सकती है।

अध्ययन के सुझाव

सेंटर फॉर पॉलिसी रिसर्च, गुटनिरपेक्षता 2.0 : अ फॉरेन ऐंड स्ट्रैटेजिक पॉलिसी फॉर इंडिया इन ट्वेंटी फर्स्ट सेंचुरी (नई दिल्ली, 2012)। आलोचना के लिए देखें, एशली जे. टेलिस, नॉन अलाइनमेंट रिडू : द पेरिल्स ऑफ ओल्ड वाइन इन न्यू स्किंस (वॉशिंगटन, डीसी : कारनेगी एनडॉमेंट फॉर इंटरनेशनल पीस, 2012).

सतीश कुमार और अन्य इंडियाज स्ट्रैटेजिक पार्टनर्स : अ कमपैरेटिव एसेसमेंट (नई दिल्ली : फाउंडेशन फॉर नेशलन सिक्युरिटी रिसर्च, 2011).

किशन एस राणा और बिपुल चटर्जी, इकोनॉमिक डिप्लोमेसी : इंडियाज एक्सपीरियंस (नई दिल्ली : CUTS इंटरनेशनल, 2011).

□

कंट्रीब्यूटर्स

रितु आनंद एक अर्थशास्त्री हैं, जिन्हें मैक्रोइकोनॉमिक्स और सार्वजनिक नीति में विशेषज्ञता प्राप्त है। उन्हें अर्थशास्त्र और नीति के क्षेत्रों में वित्तीय संस्थानों, मल्टीलैटेरल्स, सरकार और नियामकों के साथ काम करने का काफी अनुभव है। 2013 के अंत में वे इंफ्रास्ट्रक्चर डेवलपमेंट फाइनंस कंपनी (आई.डी.एफ.सी.) से ग्रुप हेड और चीफ इकोनॉमिस्ट के तौर पर रिटायर हुईं। ज्वॉइन करने से पहले वे स्टेट बैंक ऑफ इंडिया की प्रमुख सलाहकार तथा उप-प्रबंध निदेशक थीं। वर्ल्ड बैंक में प्रमुख अर्थशास्त्री, रिजर्व बैंक में सलाहकार तथा वित्त आयोग, योजना आयोग, औद्योगिक लागत एवं मूल्य ब्यूरो, भारत सरकार तथा टाटा कंसल्टेंसी सर्विस में भी कार्यरत थीं। आनंद ने लंदन स्कूल ऑफ इकोनॉमिक्स से अर्थशास्त्र में एम.एस-सी की है और वेलेस्ली कॉलेज के साथ ही सेंट जेवियर कॉलेज मुंबई से बी.ए. किया है।

सुरजीत एस. भल्ला ऑक्सर इनवेस्टमेंट्स के चेयरमैन हैं, जो नई दिल्ली स्थित अर्थव्यस्था संबंधी शोध, परिसंपत्ति प्रबंधन तथा ऊभरते बाजार की सलाहकार फर्म है। उन्होंने दिल्ली स्कूल ऑफ इकोनॉमिक्स में पढ़ाया है तथा रैंड कॉरपोरेशन, द ब्रकिंग्स में महत्त्वपूर्ण पद सँभाला और विश्व बैंक के शोध और ट्रेजरी विभागों में रह चुके हैं। उन्होंने गोल्डमैन सच (1992-1994), ड्यूश बैंक (1994-1996) में भी काम किया है। वे डिवैल्यूइंग टू प्रॉस्पैरिटी : मिसअलाइंड करेंसी ऐंड देयर ग्रोथ कनसिक्वेंसेज (2012) तथा इमैजिन देअर इज नो कंट्री : पॉवर्टी, इनइक्वलिटी तथा ग्रोथ इन द एरा ऑफ ग्लोबलाइजेशन (2002) के लेखक हैं।

फिलहाल वे मध्यम वर्ग, मेल प्रेफरेंस और विषम लिंग अनुपात तथा आर्थिक प्रदर्शन का चुनावों पर प्रभाव विषयों पर शोध कर रहे हैं। वे अनेक सरकारी समितियों के सदस्य रहे हैं, एकदम हाल में वे पूँजी खाता परिवर्तनीयता समिति के सदस्य थे। वे एप्लाइड इकोनॉमिक रिसर्च की राष्ट्रीय परिषद् के बोर्ड में थे, जो भारत का सबसे बड़ा थिंक टैंक है और वे राष्ट्रीय सांख्यिकी आयोग के एक नियुक्त सदस्य भी थे। वे अर्थशास्त्र, राजनीति और क्रिकेट पर अखबारों और पत्रिकाओं में नियमित रूप से लिखते रहते हैं।

लवीश भंडारी इंडिकस एनालिटिक्स चलाते हैं, जो भारत की प्रमुख आर्थिक शोध फर्म है। वे सामाजिक-आर्थिक अभाव, शिक्षा और स्वास्थ्य की उपलब्धता, बाजारों का प्रदर्शन जैसे विषयों की माप और विश्लेषण पर काम करते हैं। वे राज्यों, जिलों और भारत के शहरों में असमानता तथा सामाजिक-आर्थिक प्रदर्शन पर काफी काम कर चुके हैं। बोस्टन यूनिवर्सिटी

से पी-एच.डी. हासिल करने के बाद, उन्होंने नई दिल्ली में एप्लाइड इकोनॉमिक रिसर्च की राष्ट्रीय परिषद् में काम किया और फिर इंडिकस एनालिटिक्स की स्थापना की। उन्होंने भारतीय प्रौद्योगिकी संस्थान दिल्ली में भी पढ़ाया है तथा जर्नल ऑफ इमरजिंग मार्केट फाइनांस के मैनेजिंग एडिटर भी रहे हैं।

विवेक देवराय सेंटर फॉर पॉलिसी रिसर्च, नई दिल्ली में एक प्रोफेसर हैं। उन्होंने शिक्षा, इंडस्ट्री चैंबर्स तथा सरकार के लिए काम किया है, जिनमें नेतृत्व करनेवाले पद भी सँभाले हैं, जब इकोनॉमी प्रोजेक्ट के वैश्वीकरण के लिए कानूनी समायोजन और सुधार तथा गरीबों के कानूनी सशक्तीकरण के विधि आयोग में काम किया। देबरॉय अनेक किताबों, पेपर, लेखों के लेखक हैं। उन्होंने प्रेसिडेंसी कॉलेज कोलकाता, दिल्ली स्कूल ऑफ इकोनॉमिक्स तथा ट्रिनिटी कॉलेज, कैंब्रिज से डिग्री हासिल की है।

ओंकार गोस्वामी, जो एक अर्थशास्त्री हैं, वे सी.ई.आर.जी. एडवाइजरी के चेयरमैन हैं, जिन्हें आर्थिक शोध और कॉरपोरेट कंसल्टिंग में विशेषज्ञता प्राप्त है। उन्होंने 1982 में ऑक्सफोर्ड यूनिवर्सिटी से डी.फिल प्राप्त किया और भारत तथा विदेश की अनेक प्रमुख यूनिवर्सिटी में 1982 से 1996 के बीच पढ़ाया। वे बिजनेस इंडिया के एडिटर रह चुके हैं, जो एक जानी-मानी पाक्षिक पत्रिका है, साथ ही वे 1998 से 2004 के बीच भारती उद्योग परिसंघ के प्रमुख अर्थशास्त्री थे और फिर सी.आई.आर.जी. की स्थापना की। वे भारत की कुछ बेहतरीन कंपनियों के बोर्ड में स्वतंत्र निदेशक भी हैं।

गुलाटी मार्च 2014 से ही अंतरराष्ट्रीय आर्थिक संबंधों पर शोध की भारतीय परिषद् में कृषि के लिए चेयर प्रोफेसर के पद पर हैं। 2011 से फरवरी 2014 तक वे कृषि लागत एवं मूल्य (सी.ए.सी.आई.) के अध्यक्ष थे, जो भारत सरकार को 23 महत्त्वपूर्ण कृषि उत्पादों के न्यूनतम समर्थ मूल्य (एम.एस.पी.) की सिफारिश करनेवाली संस्था है। इससे पहले, गुलाटी दस वर्षों से भी अधिक समय तक अंतरराष्ट्रीय खाद्य नीति अनुसंधान संस्थान (IFPRI) के अध्यक्ष थे। IFPRI ज्वॉइन करने से पहले वे आर्थिक विकास संस्थान में नाबार्ड के चेयर प्रोफेसर थे तथा एप्लाइड इकोनॉमिक रिसर्च की राष्ट्रीय परिषद् में चीफ इकोनॉमिस्ट थे। दिल्ली स्कूल ऑफ इकोनॉमिक्स से उन्होंने एमए और फिर पी-एच.डी. की। गुलाटी प्रधानमंत्री की आर्थिक सलाहकार समिति, राज्य योजना निगम कर्नाटक तथा आंध्र प्रदेश के मुख्यमंत्री की आर्थिक सलाहकार समिति के सदस्य रह चुके हैं। उन्होंने भारत को केंद्र में रखते हुए एशिया में खेती से संबंधित विषयों पर दस से अधिक किताबें लिखी हैं, साथ ही प्रमुख अंतरराष्ट्रीय और भारतीय पत्रिकाओं में अनेक शोध लेख लिखे हैं।

सुंजॉय जोशी नई दिल्ली में ऑब्जर्वर रिसर्च फाउंडेशन के निदेशक हैं। इससे पहले वे भारतीय प्रशासनिक सेवा में पच्चीस वर्षों से भी अधिक समय तक सेवा दे चुके हैं, जिसके बाद उन्होंने 2009 में अपनी दिलचस्पी के अनुसार ऊर्जा और पर्यावरण में अध्ययन के लिए समय से पहले रिटायरमेंट ले ली। वे भारत की ऊर्जा की जरूरतों पर लिखते और व्याख्यान देते रहे हैं कि तथा यह भी बताया है कि कैसे ये विकास और जलवायु परिवर्तन पर वैश्विक

व्याख्या को लेकर प्रतिक्रिया कर सकते हैं और उसे प्रभावित कर सकते हैं।

देवेश कपूर को 2006 में यूनिवर्सिटी ऑफ पेंसिलवेनिया में सेंटर फॉर एडवांस स्टडी ऑफ इंडिया का निदेशक नियुक्त किया गया था और वे समकालीन भारत पर अध्ययन के लिए मदन लाल सोबती सहायक प्रोफेसर हैं। कपूर पहले ऑस्टिल स्थित यूनिवर्सिटी ऑफ टेक्सस में सरकार के सहायक प्रोफेसर थे और उससे पहले हारवर्ड में सरकार के फ्रेडरिक डैनजिगर सहायक प्रोफेसर थे। उनके शोध का विषय रहा है—मानव पूँजी, राष्ट्रीय और अंतरराष्ट्रीय सार्वजनिक संस्थान तथा ऐसे तरीके हैं, जो स्थानीय-वैश्विक संपर्क, विशेष रूप से अंतरराष्ट्रीय पलायन और अंतरराष्ट्रीय संस्थान विकासशील देशों, विशेष रूप से भारत में राजनीतिक और आर्थिक परिवर्तन को प्रभावित करते हैं। उनकी हालिया किताब, डायास्पोरा, डेमोक्रेसी ऐंड डेवलपमेंट : द इमपैक्ट ऑफ इंटरनेशनल माइग्रेशन फ्रॉम इंडिया ऑन इंडिया का प्रकाशन अगस्त 2010 में प्रिंस्टन यूनिवर्सिटी प्रेस द्वारा किया गया था और उन्हें इसके लिए एनमिसा (अंतरराष्ट्रीय अध्ययन संघ के धर्म, राष्ट्रवाद और पलायन वर्ग) विशिष्ट बुक अवॉर्ड मिला। कपूर के पास प्रौद्योगिकी संस्थान, बनारस हिंदू यूनिवर्सिटी से बीटेक की, यूनिवर्सिटी ऑफ मिनेसोटा से केमिकल इंजीनियरिंग में एम.एस. तथा प्रिंस्टन के वुडरो विल्सन स्कूल से पी-एच.डी. की डिग्री है।

जाने-माने अर्थशास्त्री राजीव कुमार भारतीय अर्थव्यवस्था और भारत की राष्ट्रीय सुरक्षा विषयों पर अनेक किताबों के लेखक तथा देश के प्रमुख स्तंभकार हैं। वर्तमान में वे सेंटर फॉर पॉलिसी रिसर्च, नई दिल्ली में एक सीनियर फैलो हैं तथा वाधवानी फाउंडेशन, नई दिल्ली में भी सीनियर फेलो हैं। वे भारतीय चैंबर्स ऑफ कॉमर्स ऐंड इंडस्ट्री के महासचिव (2010-2012) रह चुके हैं, साथ ही अंतरराष्ट्रीय आर्थिक संबंधों पर भारतीय परिषद् (आई.सी.आई.ई.आर., 2006-2010) के निदेशक और चीफ एग्जीक्यूटिव, भारतीय उद्योग परिसंघ (2004-2006) के प्रमुख अर्थशास्त्री रह चुके हैं। उन्होंने मनीला में एशियन डेवलपमेंट बैंक में 1995 से 2005 के बीच काम किया। कुमार वर्तमान में किंग अब्दुल्लाह पेट्रोलियम स्टडीज ऐंड रिसर्ट सेंटर, रियाद तथा इकोनॉमिक रिसर्ट इंस्टीट्यूट फॉर एशिया (ई.आर.आई.ए.) में अंतरराष्ट्रीय बोर्ड सदस्य हैं। भारत में वे भारत के सबसे बड़े वाणिज्यिक बैंक, स्टेट बैंक ऑफ इंडिया के केंद्रीय बोर्ड में सदस्य, गोखले इंस्टीट्यूट ऑफ इकोनॉमिक्स ऐंड पॉलिटिक्स, पुणे के गवर्निंग बोर्ड में तथा विदेश व्यापार के भारतीय संस्थान, दिल्ली में सरकार के सदस्य हैं। वे भारत सरकार के राष्ट्रीय सुरक्षा सलाहकार निगम में 2006-2008 तक एक सदस्य थे। उन्हें ऑक्सफोर्ड यूनिवर्सिटी से अर्थशास्त्र में डी.फिल. और लखनऊ यूनिवर्सिटी से पी-एच.डी. प्राप्त है।

राजीव लाल इंफ्रास्ट्रक्टर डेवलपमेंट फाइनांस कंपनी (IDFC) के कार्यकारी अध्यक्ष हैं। प्रमुख निवेश बैंकों, बहुपक्षीय एजेंसियों और शिक्षा के क्षेत्र में उन्हें तीन दशकों का अनुभव है। प्रोजेक्ट फाइनांस, प्राइवेट इक्विटी और वेंचर कैपिटल, अंतरराष्ट्रीय पूँजी बाजार, व्यापार, इंफ्रास्ट्रक्टर तथा मैक्रोइकोनॉमिक नीति से जुड़े विषय पर उन्हें विशेषज्ञता प्राप्त है। वे भारत के प्रमुख वित्तीय दैनिक अखबार बिजनेस स्टैंडर्ड में नियमित रूप से एक स्तंभ लिखते हैं।

वे इंफ्रास्ट्रक्टर पर ग्रुप ऑफ 20 वर्कग्रुप में भारत के प्रतिनिधि थे और उन्होंने विश्व आर्थिक मंच पर इंफ्रास्ट्रक्चर विषय पर ग्लोबल एजेंडा काउंसिल की अध्यक्षता की है। वे सिटी ऑफ लंदन की सलाहकार परिषद् के सदस्य हैं तथा इंफ्रास्ट्रक्टर पर भारतीय उद्योग की राष्ट्रीय समिति के परिसंघ की अध्यक्षता करते हैं। लाल एसोचैम की प्रबंध समिति के सदस्य हैं। वे शहरी विकास प्रबंधन पर योजना आयोग की स्टीयरिंग कमेटी के भी सदस्य थे, जिसकी स्थापना भारत की बारहवीं पंच वर्षीय योजना को तैयार करने में मदद के लिए की गई थी, साथ ही इंफ्रास्ट्रक्चर फाइनांस ऐंड ट्रांसपोर्ट सेक्टर डेवलपमेंट पर प्रधानमंत्री की समिति तथा भारतीय रेल के आधुनिकीकरण पर विशेषज्ञ समूह के भी सदस्य हैं। उन्होंने राजनीति, दर्शन तथा अर्थशास्त्र में ऑक्सफोर्ड यूनिवर्सिटी से बी.ए. किया है तथा कोलंबिया यूनिवर्सिटी से अर्थशास्त्र में पी-एच.डी. की है।

सोमिक वी. लाल विश्व बैंक में शहरी विकास के एक प्रमुख अर्थशास्त्री हैं। वे विश्व विकास रिपोर्ट 2009 : रिशेपिंग इकोनॉमिक ज्योग्रफी की टीम के एक प्रमुख सदस्य थे। हाल ही में वे राष्ट्रीय परिवहन विकास नीति समिति के वरिष्ठ आर्थिक सलाहकर थे। वर्तमान में वे शहरीकरण समीक्षा पर विश्व बैंक के कार्यक्रम का नेतृत्व कर रहे हैं, जो नीति निर्माताओं को तेजी से हो रहे शहरीकरण और महानगरों के विकास से निपटने के लिए उपकरण और नीतिगत ढाँचा उपलब्ध कराता है। उन्हें शहरी और स्थानिक अर्थव्यवस्था, इंफ्रास्ट्रक्चर डेवलपमेंट तथा सार्वजनिक वित्त विषयों में शोध की दिलचस्पी है, जिन पर सहकर्मियों की समीक्षा पत्रिकाओं, संपादित जर्नलों और कार्यरत पत्रों में 40 से अधिक प्रकाशित किए जा चुके हैं। वे विश्व बैंक की रिपोर्ट 'अर्बनाइजेशन बियोंड म्यूनिसिपल बाउंड्रीज:नर्चरिंग मेट्रोपॉलिटन इकोनॉमीज ऐंड कनेक्टिंग पेरी-अर्बन एरियाज इन इंडिया' के सह लेखक थे, जिसका प्रकाशन 2013 में हुआ और जो इस खंड के लिए लिखे गए लेख का आधार है।

बरुन एस. मित्रा आर्थिक विकास से लेकर वन्यजीव संरक्षण जैसे तमाम सामयिक विषयों पर एक टिप्पणीकार हैं। उनके लेख भारतीय और अंतरराष्ट्रीय प्रकाशनों में छप चुके हैं। वर्तमान में उनकी दिलचस्पी राजनीतिक संदर्भ और सार्वजनिक नीति का अंतरसंबंध और नीति प्रस्तावों की व्यावहारिकता पर उसके प्रभाव का अध्ययन करने में है। मित्रा लिबर्टी इंस्टीट्यूट के संस्थापक और निदेशक हैं, जो नई दिल्ली स्थित सार्वजनिक नीति पर स्वतंत्र शोध और समर्थन करनेवाली एक गैर-लाभकारी संस्था है, जिसे 2003 में सामाजिक उद्यमिता के लिए टेंपलटन पुरस्कार से नवाजा गया था। वे पुरस्कृत की जा चुकी एमपावरिंग इंडिया इनिशिएटिव ऑफ लिबर्टी इंस्टीट्यूट के भी निदेशक रह चुके हैं, जो लोकतंत्र को और सार्थक बनाने के साथ सक्रिय नागरिकता को प्रोत्साहित करती है। 2011 में उन्होंने जंगलों में और उसके आसपास रहनेवाले आदिवासियों को जमीन तथा स्थानीय संसाधनों पर अधिकार दिलाने के लिए गुजरात में एक्शन रिसर्ट इन कम्यूनिटी हेल्थ ऐंड डेवलपमेंट (आर्च) के साथ मिलकर संपत्ति के अधिकार की अवधारणा तैयार की। मित्रा एक प्रशिक्षित इलेक्ट्रिकल और मरीन इंजीनियर हैं।

मधुमिता डी. मित्रा एक स्वतंत्र कानूनी सलाहकार हैं। वे भारत सरकार के साथ काम

कर चुकी हैं, कॉरपोरेट क्लाइंट्स को सलाह दे चुकी हैं और गैर-सरकारी तथा अंतरराष्ट्रीय संगठनों ने नियामक संबंधी विषयों पर उनका मशविरा लिया है। वे पारदर्शिता और भ्रष्टाचार विरोधी प्रयासों, रोजगार और कारोबार की नैतिकता, संपत्ति के अधिकारों और सार्वजनिक हित के कानून में दिलचस्पी रखती हैं। मिल्तार ने वॉशिंगटन कॉलेज ऑफ लॉ से एल.आई.ए.एम. की डिग्री ली है, दिल्ली विश्वविद्यालय की लॉ फैकल्टी से लॉ में बी.ए. किया है तथा मद्रास यूनिवर्सिटी से बी.ए. और अंग्रेजी में एम.ए. किया है।

सी. राजा मोहन नई दिल्ली में ऑब्जर्वर रिसर्च फाउंडेशन में रणनीतिक अध्ययन प्रोग्राम के प्रमुख हैं तथा भारत के कई शहरों से प्रकाशित किए जानेवाले प्रमुख अंग्रेजी दैनिक, द इंडियन एक्सप्रेस में विदेश मामलों के स्तंभकार हैं। वे जवाहरलाल नेहरू यूनिवर्सिटी, नई दिल्ली में साउथ एशियन स्टडीज तथा नानयांग टेक्नोलॉजिकल यूनिवर्सिटी, सिंगापुर के प्रोफेसर थे। वे वॉशिंगटन डीसी स्थित, कारनेगी एंडॉमेंट फॉर इंटरनेशनल पीस में नॉन रेजीडेंट सीनियर एसोसिएट, सिडनी में लोवी इंस्टीट्यूट फॉर इंटरनेशनल पॉलिसी में नॉन रेजीडेंट फेलो हैं, साथ ही सिंगापुर में इंस्टीट्यूट ऑफ साउथ एशियन स्टडीज के विजिटिंग रिसर्च प्रोफेसर भी हैं। उनकी सबसे नई किताब है समुद्र मंथन : साइनो-इंडियन राइवेलरी इन इंडो-पैसिफिक।

लिगिया नोरोन्हा ऊर्जा संसाधन संस्थान (टेरी) में कार्यकारी निदेशक हैं तथा संसाधनों, विनियमन और वैश्विक सुरक्षा संभाग की निदेशक होने के साथ ही संसाधनों, पर्यावरण, व्यापार और स्थिर विकास पर शोध भी करती हैं। वर्तमान में वे भारत सरकार के राष्ट्रीय सुरक्षा सलाहकार निगम में कार्यरत हैं, प्राकृतिक संसाधनों के जिम्मेदार प्रबंधन पर ग्लोबल एजेंडा काउंसिल की तथा विश्व आर्थिक मंच की सदस्य हैं। यही नहीं, संयुक्त राष्ट्र संघ के सतत विकास समाधान नेटवर्क के थिमैटिक ग्रुप खनन और भू संसाधन के सुशासन की सदस्य भी हैं।

इला पटनायक कारनेगी एंडॉमेंट्स साउथ एशिया प्रोग्राम की नॉन रेजीडेंट सीनियर एसोसिएट हैं। वे नई दिल्ली स्थित सार्वजनिक वित्त और नीति के राष्ट्रीय संस्थान (NIPFP) की एक प्रोफेसर भी हैं। उनका प्रमुख विषय भारत का एक मुक्त अर्थव्यवस्था के रूप में अध्ययन करना है तथा उनके रिसर्च में शामिल मुद्दे हैं— पूँजी प्रवाह, व्यापार चक्र, वित्त क्षेत्र और अपने पूँजी खाते खोलते भारत में भारतीय कंपनियाँ। वे द इंडियन एक्सप्रेस और द फाइनेंशियल एक्सप्रेस में नियमित स्तंभ लिखती हैं। 2006 में NIPFP ज्वॉइन करने से पहले, उन्होंने द इंडियन एक्सप्रेस (2004-2006) में आर्थिक संपादक, एप्लाइड इकोनॉमिक रिसर्च की राष्ट्रीय परिषद् (NCAER), नई दिल्ली में वरिष्ठ अर्थशास्त्री (1996-2002) तथा अंतरराष्ट्रीय आर्थिक संबंधों की भारतीय परिषद् (ICRIER) में सीनियर फेलो (2002-2004) के रूप में काम किया। पटनायक अंतरराष्ट्रीय मुद्रा कोष में 2003, 2010 और 2013 में एक विजिटिंग स्कॉलर थीं।

तुषार शाह कोलंबो स्थित अंतरराष्ट्रीय जल प्रबंधन संस्थान (I W MI) में सीनियर फेलो हैं तथा गुजरात के आणंद से कार्य करते हैं। पिछले पैंतीस वर्षों में, शाह ने दक्षिण एशिया में जल तथा कृषि की नीतियों तथा दक्षिण एशिया, चीन, मैक्सिको और उप-सहारा अफ्रीका में

जल शासन के तुलनात्मक विश्लेषण पर काफी कुछ प्रकाशित कराया है। 2002 में, शाह को अंतरराष्ट्रीय कृषि अनुसंधान सलाहकार समूह (सी.जी.आई.ए.आर.) के उत्कृष्ट वैज्ञानिक के पुरस्कार से सम्मानित किया गया था। शाह ने कई वर्षों तक IWMI-टाटा वाटर पॉलिसी प्रोग्राम का नेतृत्व किया है। उन्होंने हाल में दक्षिण एशिया में टेमिंग द एनार्की : ग्राउंड वाटर गवर्नेंस पर काम किया है। शाह अनेक शैक्षणिक संस्थानों और एन.जी.ओ. के बोर्ड में रह चुके हैं तथा आई.सी.आई.सी.आई. बैंक के बोर्ड में निदेशक रह चुके हैं।

विकास अर्थशास्त्री, ए.के. शिवकुमार, हैदराबाद में इंडियन स्कूल ऑफ बिजनेस में विजिटिंग प्रोफेसर हैं और हार्वर्ड यूनिवर्सिटी के केनेडी स्कूल ऑफ गवमेंट में अर्थशास्त्र और सार्वजनिक नीति पढ़ाते हैं। वे यूनिसेफ इंडिया के नीति सलाहकार भी हैं। वे संयुक्त राष्ट्र विकास कार्यक्रम की मानव विकास रिपोर्ट में भी नियमित रूप से योगदान करते रहे हैं और फिलहाल मानव विकास रिपोर्ट ऑफिस के वरिष्ठ सलाहकार हैं। शिव कुमार भारत सरकार के राष्ट्रीय ग्रामीण स्वास्थ्य मिशन के मिशन स्टीयरिंग ग्रुप में काम कर चुके हैं तथा यूनिवर्सल हेल्थ कवरेज पर हाई लेवल एक्सपर्ट ग्रुप के भी एक सदस्य थे। वे अनेक गैर-सरकारी संगठनों के बोर्ड में भी हैं, जिनमें पब्लिक हेल्थ फाउंडेशन इंडिया, द इंटरनेशनल सेंटर फॉर रिसर्च ऑन वुमेन, द इंस्टीट्यूट फॉर ह्यूमन डेवलपमेंट और सेंटर फॉर साइंस ऐंड एनवायरनमेंट शामिल हैं।

रविंदर पाल सिंह पहले रक्षा अध्ययन और विश्लेषण संस्थान, नई दिल्ली में सीनियर फेलो थे और बाद में यूनिवर्सिटी ऑफ मेरीलैंड में फोर्ड फेलो भी रहे। उन्होंने स्टॉकहोम अंतरराष्ट्रीय शांति शोध संस्थान में चीन, भारत, इजरायल, जापान, दक्षिण कोरिया और थाईलैंड के लिए हथियारों की खरीद के निर्णय पर शोध परियोजना का नेतृत्व किया है। बाद में इस परियोजना ने चिली, ग्रीस, मलेशिया, दक्षिण अफ्रीका और ताइवान के लिए अध्ययन किए। जिनेवा सेंटर फॉर डेमोक्रेटिक कंट्रोल ऑफ द आर्म्ड फोर्सेस के सीनियर फेलो के रूप में, वे पूर्ववर्ती वारसा संधि देशों में सुरक्षा के क्षेत्र में सुधारों के लिए नाटो की संसदीय सभा के कार्य में शामिल हुए। 2001 में बाल्कन युद्ध की समाप्ति के बाद उन्होंने पूर्ववर्ती यूगोस्लाविया गणतंत्र में सुरक्षा के क्षेत्र में सुधारों के संयुक्त राष्ट्र विकास कार्यक्रम मिशन का नेतृत्व किया। फिलहाल वे बदलाव से गुजर रहे लोकतंत्रों में सुरक्षा क्षेत्र में शासन और नागरिक-सैन्य संबंधों पर काग कर रहे हैं।

एशली जे. टेलिस कारनेगी एनडॉमेंट फॉर इंटरनेशनल पीस में वरिष्ठ सहयोगी हैं, जिन्हें अंतरराष्ट्रीय सुरक्षा, प्रतिरक्षा और एशियाई रणनीतिक विषयों में महारत हासिल है। अमेरिकी विदेश विभाग में राजनीतिक मामलों के अंडर सेक्रेटरी के वरिष्ठ सलाहकार की भूमिका निभाते हुए, वे भारत के साथ नागिरक परमाणु समझौते में पूरी तरह से शामिल थे। पहले, उन्हें विदेश सेवा में तैनात किया गया था और फिर उन्होंने नई दिल्ली स्थिति अमेरिकी दूतावास में राजदूत के वरिष्ठ सलाहकार की भूमिका निभाई। उन्होंने राष्ट्रीय सुरक्षा परिषद् के स्टाफ में राष्ट्रपति के विशेष सहायक और रणनीतिक योजना और दक्षिण-पश्चिम एशिया के वरिष्ठ निदेशक के रूप में भी काम किया।

रीस ट्रेवर कारनेगी एनडॉमेंट फॉर इंटरनेशनल पीस के दक्षिण एशिया कार्यक्रम में सहायक

शोधकर्ता हैं, जहाँ पहले वे एक जूनियर फेलो थे, जो दक्षिण एशिया की सुरक्षा और व्यापक अमेरिकी रणनीति का अध्ययन कर रहे थे। कारनेगी को ज्वॉइन करने से पहले उन्होंने अमेरिकी प्रतिनिधि सभा में कांग्रेस के सहायक के रूप में काम किया। उन्होंने यूनिवर्सिटी ऑफ शिकागो से ऑनर्स के साथ बी.ए. की डिग्री हासिल की।

मिलन वैष्णव वॉशिंगटन डीसी स्थित कारनेगी एनडॉमेंट फॉर इंटरनेशनल पीस में साउथ एशिया प्रोग्राम में सहायक हैं। वे वहाँ कारनेगी के इंडिया डिसाइट्स 2014 का संयोजन करते हैं। इससे पहले उन्होंने सेंटर फॉर स्ट्रैटजिक ऐंड इंटरनेशनल स्टडीज, द काउंसिल ऑन फॉरेन रिलेशंस और सेंटर फॉर ग्लोबल डेवलपमेंट में पोस्टडॉक्टोरल रिसर्च फेलो के रूप में काम किया है। उन्होंने कोलंबिया, जॉर्जटाउन और जॉर्ज वॉशिंगटन यूनिवर्सिटी में भी पढ़ाया है। उनका शोध प्रमुख रूप से भारत की राजनीतिक अर्थव्यवस्था पर केंद्रित है और इस समय वे भारत में भ्रष्टाचार, लोकतंत्र और आर्थिक सुधार के बीच क्रिया-प्रतिक्रिया पर एक किताब लिख रहे हैं। उन्होंने कोलंबिया यूनिवर्सिटी से राजनीतिशास्त्र में पी-एच.डी. की है।

शिल्प वर्मा एक स्वतंत्र शोधकर्ता और डेल्फ्ट, नीदरलैंड स्थित यूनेस्को-आई.एच.ई. में वाटर सिस्टम ऐंड गवर्नेंस ग्रुप में डॉक्टोरल फेलो हैं। वर्मा ने 1998 में अर्थशास्त्र में ऑनर्स के साथ दिल्ली यूनिवर्सिटी से ग्रेजुएशन किया और 2001 में इंस्टीट्यूट ऑफ रूरल मैनेजमेंट, आणंद (IRMA) से ग्रामीण प्रबंधन में स्नातकोत्तर किया, जिसके बाद अंतरराष्ट्रीय जल प्रबंधन संस्थान (IWMI) का हिस्सा बने। 2005 में वर्मा ने यूनेस्को-आई.एच.ई. से जल संसाधन शासन में एम.एससी. करने के लिए फेलोशिप प्राप्त की। उनके शोध के प्रमुख क्षेत्र हैं, भू-जल शासन, ऊर्जा-सिंचाई का गठजोड़, नदी घाटी प्रबंधन, जल संसाधनों का सामुदायिक प्रबंधन, जल-भोजन-व्यापार नीतियाँ तथा दक्षिण एशिया और उप-सहारा अफ्रीका में छोटे जोतोंवाली खेती।

तारा विश्वनाथ इस समय विश्व बैंक में मध्य-पूर्व तथा उत्तर अफ्रीकी क्षेत्र की प्रमुख अर्थशास्त्री हैं। विश्व बैंक को ज्वॉइन करने से पहले, वे नॉर्थवेस्टर्न यूनिवर्सिटी के अर्थशास्त्र विभाग में प्रोफेसर थीं और अंतरराष्ट्रीय आर्थिक पत्रिकाओं में उनके कई लेख प्रकाशित हुए हैं। इस बैंक में उन्होंने गरीबी, लिंग तथा दक्षिण एशिया और मध्य पूर्व देशों में प्रभाव की समीक्षा को ध्यान में रखते हुए कार्य किया है। उन्होंने अर्बनाइजेशन बियोंड म्यूनिसिपल बाउंड्रीज : नर्चरिंग मेट्रोपॉलिटन इकोनॉमीज ऐंड कनेक्टिंग पेरी अर्बन एरियाज इन इंडिया नाम की रिपोर्ट पर भी काम किया है, जो 2013 में प्रकाशित हुई थी और जो इस खंड में उनके योगदान का आधार है।

□□□